西方语言学教材名著系列

AN INTRODUCTION TO LANGUAGE
(Eighth Edition)

语言引论
(第八版)

〔美〕维多利亚·弗罗姆金（Victoria Fromkin）
〔美〕罗伯特·罗德曼（Robert Rodman） / 著
〔美〕妮娜·海姆斯（Nina Hyams）

王大惟 朱晓农 周晓康 陈敏哲 / 译
王大惟 / 审订

北京大学出版社
PEKING UNIVERSITY PRESS

著作权合同登记号　图字：01-2008-2153

图书在版编目(CIP)数据

语言引论：第8版/(美)弗罗姆金(Fromkin, V.),(美)罗德曼(Rodman, R.),(美)海姆斯(Hyams, N.)著；王大惟等译. —北京：北京大学出版社，2017.9

(西方语言学教材名著系列)

ISBN 978-7-301-26054-8

Ⅰ.①语… Ⅱ.①弗… ②罗… ③海… ④王… Ⅲ.①语言学—教材 Ⅳ.①H0

中国版本图书馆CIP数据核字(2015)第168595号

Copyright © [2007] by Wadsworth, a part of Cengage Learning.
Original edition published by Cengage Learning. All Rights reserved.
本书原版由圣智学习出版公司出版。版权所有，盗印必究。
Peking University Press is authorized by Cengage Learning to publish and distribute exclusively this simplified Chinese edition. This edition is authorized for sale in the People's Republic of China only (excluding Hong Kong, Macao SAR and Taiwan). Unauthorized export of this edition is a violation of the Copyright Act. No part of this publication may be reproduced or distributed by any means, or stored in a database or retrieval system, without the prior written permission of the publisher.
本书中文简体字翻译版由圣智学习出版公司授权北京大学出版社独家出版发行。此版本仅限在中华人民共和国境内(不包括中国香港、澳门特别行政区及中国台湾)销售。未经授权的本书出口将被视为违反版权法的行为。未经出版者预先书面许可，不得以任何方式复制或发行本书的任何部分。
Cengage Learning Asia Pte. Ltd.
151 Lorong Chuan, #02-08 New Tech Park, Singapore 556741

书　　　名	语言引论(第八版) YUYAN YINLUN (DI-BA BAN)
著作责任者	〔美〕维多利亚·弗罗姆金(Victoria Fromkin)　〔美〕罗伯特·罗德曼(Robert Rodman) 〔美〕妮娜·海姆斯(Nina Hyams)　著 王大惟　朱晓农　周晓康　陈敏哲　译 王大惟　审订
责任编辑	李　凌
标准书号	ISBN 978-7-301-26054-8
出版发行	北京大学出版社
地　　　址	北京市海淀区成府路205号　100871
网　　　址	http://www.pup.cn　新浪微博:@北京大学出版社
电子信箱	zpup@pup.cn
电　　　话	邮购部 62752015　发行部 62750672　编辑部 62753027
印　刷　者	河北滦县鑫华书刊印刷厂
经　销　者	新华书店 787毫米×1092毫米　16开本　36.75印张　859千字 2017年9月第1版　2023年3月第3次印刷
定　　　价	88.00元

未经许可，不得以任何方式复制或抄袭本书之部分或全部内容。
版权所有，侵权必究
举报电话：010-62752024　电子信箱：fd@pup.pku.edu.cn
图书如有印装质量问题，请与出版部联系，电话：010-62756370

谨以本书纪念维多利亚·弗罗姆金和彼得·拉迪福吉德

第八版中译本序

《语言引论》第八版的中译本终于要出版了。原来以为只需在第四版中译本的基础上作一些修改补充就行了,后来发现不是这么一回事,与其对照原来的译本修修补补,不如重新翻译既省事又准确。第八版几乎是重新译的,每一章都有重大的增删,增加的新内容很多,词语改动也很多,有几章是完全重写。章节的安排也有重大变动,跟传统的语言学导论一样过去的版本都是先讲语音和音系,后讲词法、语法、语义,第八版颠倒过来,先讲学生更容易接受和理解的词法、语法、语义,因为教师和学生都有这样的体会,先讲繁难的语音往往使人望而生畏,气馁而放弃。

《语言引论》之所以能成为优秀的甚至经典的语言学导论书,就在于内容不断更新和表达深入浅出。内容不断更新就是与时俱进,有选择的补充介绍最新的研究成果,包括理论和方法,使学生读完之后就能大体上了解语言学最前沿的状况。表达深入浅出,更是难得,学生爱读易懂,在不知不觉中把每一章读完。每章由在这个领域有精深造诣的专家撰写,举重若轻,系统性强,清晰连贯,让学生领会语言学的科学性。引用的语言材料极其丰富,包括许多罕见的语言现象,让学生大开眼界,领略到语言的丰富性。总之《语言引论》的作者为一本导论书真正下了功夫,做得认真、做得好,这种做派正是国内大部分的导论书所缺乏的。

语言学与其他学科的交叉和融合正变得越来越明显,《语言引论》凭以上所说的两个优点,我相信对语言教学、心理学、社会学、教育学、人类学、神经科学、计算机科学诸学科内的人来说,也是一本不可多得的了解语言和语言学的入门书。

《语言引论》最初的作者之一维多利亚·弗罗姆金,一生热爱语言和语言研究,热心向人们普及语言学知识,有一篇讲口误的文章是心理语言学的经典论文,20世纪80年代她曾到我所在的单位做报告,我为她当翻译。后来,我又到她从教的加州大学洛杉矶分校进修,也跟着她做了一些汉语口误的研究。这个新译本的出版也是对这位教授为这本导论书所做的开创性贡献的承认和纪念。

这个译本仍然由多人分工合作翻译，第四版的译本由于出版时间仓促，统校工作做得不够好，这一次加以改进，译本的质量有较大提高。这个译本把每章后面设计得很好的练习题都翻译了出来，做这些练习对学生来说有加深理解、增进兴趣、提高分析能力的好处。

中国社会科学院学部委员　沈家煊

2017 年 3 月 30 日

译者的话

《语言引论》（*An Introduction to Language*）自 1974 年首版印行以来，一直畅销不衰，可能是国际语言学界最受欢迎的语言学入门教材，以行文明白易懂、例证丰富著称。国内第一次引进本书是北京语言学院出版社 1994 年出版的简体字翻译本，用的是 1988 年莱因哈特和温斯顿公司（Rinehart and Winston, Inc）出的第四版，书名译为《语言导论》。这一版的合著者只有两位，是维多利亚·弗罗姆金和罗伯特·罗德曼，译者是沈家煊、周晓康、朱晓农、蔡文兰。

本书采用的是汤森-沃兹沃斯公司（Thomson Wadsworth）2007 年的第八版。本版保留了 1994 年中译本的两位资深译者朱晓农和周晓康。本书翻译分工如下：前言、第三至五章、术语表由王大惟译，第一章和第十二章由周晓康译，第二章、第八至十章由陈敏哲译，第六章、第七章和第十一章由朱晓农译，全书由王大惟统稿。俞川对第十章，陈敏哲对第十一章译文均有较多贡献。以下人士分别对各章译文审读后提出过改进意见：曹道根、朱佳蕾（第四章），沈园（第五章），王晶晶（第二章、第十章），完权（第八章、第十章），俞川（第六章、第七章、第九章），其中曹道根的审读意见尤其细致。王大惟对全书作了细致的审订，制作了"汉英语言名对照表"和"汉英人名对照表"。本版提及的语种近 230 种，不少用例是较罕见的语言，许多学界同行对书中各语种的例句进行了核实，记录不全，无法一一穷举，在此一并表示感谢。

本书的语言学术语原则上依照戴维·克里斯特尔编、沈家煊译的《现代语言学词典》（原著第四版，商务印书馆 2000 年版），局部有所调整。

原书各章之下的小节没有序号，为了更明确地体现全书的章节结构，以数字加点格式补上序号。原书正文中术语以粗体表示，译文中以黑体表示。英文用例一般以后加括号方式给出译文。原书配有大量漫画，译者原本对漫画中的文字也作了精心的翻译，可惜由于版权关系，只能割爱。原著保留第四版文字之处，译文参考了 1994 年中译本。正文后附有术语表，按照英文术语的首字母排序。原书索引从略。为了便于读者理解，译者作了大量的译注，丰富了背景信息，对原文中存在的一些问题或者对原文表述学界有不同意见之处，也作了适当的处理和说明。

本书责编李凌做了细致的联系工作，重新请人绘制了部分插图，为了便于读者查用，还制作了按照汉语术语首字拼音排序的"汉英术语对照表"。

我们努力使译文体现原书的高可读性，以方便初学者使用，但是限于水平，并非总能实现预想。本书篇幅较长，虽经仔细审订，译文错漏之处在所难免，读者如发现问题，还请不吝赐教，通知译者（电邮 waywon@qq.com；微信 kingbigway）。

目录

前言 ·········· 1
作者小传 ·········· 1

第一编
人类语言的属性

第一章 语言是什么？ ·········· 3
1. 语言知识 ·········· 3
   1.1 语音系统的知识 ·········· 4
   1.2 词的知识 ·········· 4
      1.2.1 形式和意义之间的任意关系 ·········· 5
   1.3 语言知识的创造性 ·········· 7
   1.4 句与非句的知识 ·········· 9
2. 语言知识和语言运用 ·········· 10
3. 语法是什么？ ·········· 11
   3.1 描写语法 ·········· 11
   3.2 规定语法 ·········· 12
   3.3 教学语法 ·········· 14
4. 语言共相 ·········· 15
   4.1 语法之发展 ·········· 16
   4.2 手语：语言天赋机制的证据 ·········· 17
      4.2.1 美国手语 ·········· 17
5. 动物"语言" ·········· 19
   5.1 "会说话的"鹦鹉 ·········· 19
   5.2 鸟类与蜜蜂 ·········· 20
6. 语言和思维 ·········· 22
7. 我们对语言的了解 ·········· 24
8. 小结 ·········· 25

	9. 进阶书目	27
	10. 练习	27
第二章	脑与语言	31
	1. 人脑	31
	1.1 人脑中的语言功能定位	32
	1.1.1 失语症	33
	1.1.2 脑成像技术	39
	1.1.3 人脑的可塑性与生命早期的偏侧化	40
	1.1.4 分裂脑	41
	1.1.5 脑组织的其他实验证据	42
	2. 语言自治	44
	2.1 语言与认知之间的其他分离关系	44
	2.1.1 劳拉	45
	2.1.2 克里斯托弗	45
	2.2 语言的遗传基础	46
	3. 语言和脑发育	46
	3.1 关键期	46
	3.2 鸟鸣的关键期	49
	4. 语言的进化	50
	4.1 始端：语言的起源	50
	4.1.1 上帝给人类的恩赐？	50
	4.1.2 第一种语言	51
	4.1.3 是人类发明，还是自然的呐喊？	52
	4.2 人类的语言发展	52
	5. 小结	54
	6. 进阶书目	55
	7. 练习	56

第二编
语法篇

第三章	形态学：语言的词汇	63
	1. 词典	64

2. 实义词和功能词 65
3. 语素：意义的最小单位 67
3.1 黏着语素和自由语素 69
3.1.1 前缀和后缀 69
3.1.2 中缀 71
3.1.3 外接缀 72
3.1.4 词根和词干 73
3.2 huckles 和 ceives 74
4. 构词规则 75
4.1 派生形态学 76
4.2 词的层级结构 76
4.3 派生语素再论 78
4.4 词汇缺位 80
4.5 规则能产性 81
4.6 "小母鸡惊喜" 83
5. 手语形态学 84
6. 创造新词 84
6.1 来自名字的词 85
6.2 逆构词 86
6.3 复合词 86
6.3.1 复合词的意义 88
6.3.2 复合构词的普遍性 89
6.4 截搭词 89
6.5 缩减词 90
7. 屈折语素 91
7.1 例外和异干替换 92
7.2 形态和句法 93
8. 形态分析：辨认语素 95
9. 小结 97
10. 进阶书目 98
11. 练习 99

第四章　句法：语言的句型 108
1. 句法规则有什么用？ 109

1.1 合语法性不以什么为基础？ ……………………………………… 112
2. 句子结构 …………………………………………………………………… 114
　2.1 成分和成分测试 ………………………………………………… 115
　2.2 句法范畴 …………………………………………………………… 116
　2.3 短语结构树和规则 ……………………………………………… 119
　2.4 一些建立短语结构树的规约 ………………………………… 123
　2.5 语言的无限性 …………………………………………………… 125
　2.6 中心语和补足语 ………………………………………………… 131
　　2.6.1 选择 ……………………………………………………… 132
　　2.6.2 什么是句子的中心语？ ……………………………… 134
　2.7 结构歧义 …………………………………………………………… 137
　2.8 更多的结构 ………………………………………………………… 139
3. 句子关联性 ………………………………………………………………… 142
　3.1 转换规则 …………………………………………………………… 142
　3.2 结构依赖规则 …………………………………………………… 144
　3.3 句法依存关系 …………………………………………………… 146
　　3.3.1 Wh 疑问句 ……………………………………………… 147
4. UG 原则和参数 …………………………………………………………… 150
5. 手语句法 …………………………………………………………………… 153
6. 小结 ………………………………………………………………………… 154
7. 进阶书目 …………………………………………………………………… 155
8. 练习 ………………………………………………………………………… 155

第五章　语义学：语言的意义 ……………………………………… 165
1. 说话者对句子意义都知道些什么？ ……………………………… 166
　1.1 真值 ………………………………………………………………… 166
　1.2 衍推及相关概念 ………………………………………………… 167
　1.3 歧义 ………………………………………………………………… 168
2. 组构语义学 ………………………………………………………………… 170
　2.1 语义规则 …………………………………………………………… 170
　　2.1.1 语义规则 1 ……………………………………………… 171
　　2.1.2 语义规则 2 ……………………………………………… 172
　2.2 组构性出问题的时候 …………………………………………… 172
　　2.2.1 语义异常 ………………………………………………… 173

2.2.2 隐喻 ·· 175
　　　2.2.3 习语 ·· 176
　3. 词汇语义(词的意义) ·· 177
　　3.1 词义理论 ·· 178
　　　3.1.1 指称 ·· 178
　　　3.1.2 涵义 ·· 179
　　3.2 词汇关系 ·· 180
　　3.3 语义特征 ·· 184
　　　3.3.1 语义特征的证据 ·· 184
　　　3.3.2 语义特征和语法 ·· 185
　　3.4 论元结构 ·· 189
　　　3.4.1 题元角色 ·· 189
　4. 语用学 ··· 191
　　4.1 代词 ··· 191
　　　4.1.1 代词和句法 ·· 191
　　　4.1.2 代词和话语 ·· 192
　　4.2 直指 ··· 193
　　4.3 再谈情景语境 ·· 194
　　　4.3.1 会话准则 ·· 195
　　　4.3.2 隐涵 ·· 196
　　　4.3.3 言语行为 ·· 197
　5. 小结 ·· 198
　6. 进阶书目 ·· 199
　7. 练习 ·· 200

第六章　语音学：语言中的声音 ··· 212
　1. 音段 ·· 212
　　1.1 语音的同一性 ·· 213
　2. 音标 ·· 214
　3. 发音语音学 ··· 217
　　3.1 辅音 ··· 218
　　　3.1.1 调音部位 ·· 218
　　　3.1.2 调音方式 ·· 219
　　　3.1.3 美国英语辅音音标 ·· 224

3.2 元音 ··· 225
    3.2.1 圆唇 ··· 226
    3.2.2 复元音 ··· 227
    3.2.3 元音的鼻化 ··· 227
    3.2.4 紧元音和松元音 ··· 228
    3.2.5 不同人群的不同口音 ··· 228
3.3 主要语音类 ··· 228
    3.3.1 非通音和通音 ··· 229
    3.3.2 阻音和响音 ··· 229
    3.3.3 纯辅音 ··· 229
    3.3.4 成音节的音素 ··· 229
4. 韵律特征 ··· 230
  4.1 声调和语调 ··· 231
5. 音标和拼写的对应 ··· 233
6. 手语的"语音学" ··· 234
7. 小结 ··· 236
8. 进阶书目 ··· 237
9. 练习 ··· 238

第七章　音系学：语言的音型　243

1. 语素的发音 ··· 244
  1.1 复数形式的发音 ··· 244
  1.2 其他语素变体的例子 ··· 247
2. 音位：语言的音系单位 ··· 248
  2.1 例解音位变体：英语中的元音鼻化 ····································· 248
  2.2 /t/ 的音位变体 ··· 250
  2.3 美国手语中的最小对比对 ··· 251
  2.4 互补分布 ··· 251
3. 音位的区别特征 ··· 253
  3.1 特征值 ··· 253
  3.2 非区别特征 ··· 254
  3.3 不同语言的不同音位格局 ··· 255
  3.4 语音的自然类 ··· 256
  3.5 美国英语元辅音的特征描写 ··· 257

- 4. 音系规则 ·· 258
  - 4.1 同化规则 ··· 259
  - 4.2 异化规则 ··· 261
  - 4.3 特征改变规则 ··· 262
  - 4.4 音段删除和插入规则 ··································· 262
  - 4.5 移动(换位)规则 ······································ 264
  - 4.6 一对多和多对一 ······································· 265
  - 4.7 音系规则的作用 ······································· 267
  - 4.8 口误:音系规则的证据 ·································· 268
- 5. 韵律音系学 ·· 269
  - 5.1 音节结构 ··· 269
  - 5.2 词重音 ··· 269
  - 5.3 句重音和短语重音 ····································· 271
  - 5.4 语调 ··· 272
- 6. 音位序列的限定条件 ·· 272
  - 6.1 词汇缺位 ··· 274
- 7. 为什么存在音系规则? ······································· 274
- 8. 音系分析:发现音位 ··· 276
- 9. 小结 ··· 278
- 10. 进阶书目 ·· 280
- 11. 练习 ·· 281

第三编
语言的心理研究

第八章 语言习得 ·· 295
- 1. 语言习得的机制 ·· 296
  - 1.1 儿童是否靠模仿学习? ·································· 296
  - 1.2 儿童是否靠强化学习? ·································· 297
  - 1.3 儿童是否靠类推学习? ·································· 298
  - 1.4 儿童是否通过特意组织的言语输入来学习? ················ 299
- 2. 儿童建构语法 ·· 300
  - 2.1 天赋假说 ··· 301

2.2 语言习得的阶段 ·········· 303
2.3 语音的感知和产生 ·········· 304
2.4 最初的词 ·········· 305
2.5 语法的发展 ·········· 307
 2.5.1 音系的习得 ·········· 307
 2.5.2 词义的习得 ·········· 309
 2.5.3 形态的习得 ·········· 310
 2.5.4 句法的习得 ·········· 312
 2.5.5 语用的习得 ·········· 315
 2.5.6 助动词的发展：一个个案研究 ·········· 316
2.6 设定参数 ·········· 319
2.7 习得手语 ·········· 320

3. 通晓两种或更多语言 ·········· 321
 3.1 儿童时期的双语现象 ·········· 322
  3.1.1 双语发展理论 ·········· 322
  3.1.2 一个头脑中的两个单语者 ·········· 323
  3.1.3 输入的作用 ·········· 324
  3.1.4 双语现象的认知影响 ·········· 324
 3.2 第二语言习得 ·········· 325
  3.2.1 二语习得与一语习得一样吗？ ·········· 325
  3.2.2 母语对二语习得的影响 ·········· 327
  3.2.3 L2习得的创新部分 ·········· 328
  3.2.4 L2习得有关键期吗？ ·········· 329

4. 第二语言教学方法 ·········· 330
5. 黑猩猩能学会人类语言吗？ ·········· 331
6. 小结 ·········· 334
7. 进阶书目 ·········· 336
8. 练习 ·········· 337

第九章 语言处理：人类和电脑 ·········· 342

1. 人的心智作用：人类语言处理 ·········· 342
 1.1 言语理解 ·········· 344
  1.1.1 言语信号 ·········· 344
  1.1.2 言语知觉和理解 ·········· 346

    1.1.3 自下而上和自上而下模型 ·········· 347
    1.1.4 词汇提取和词识别 ············ 348
  1.2 句法处理 ················· 350
  1.3 言语产生 ················· 352
    1.3.1 计划单位 ··············· 353
    1.3.2 词汇选择 ··············· 354
    1.3.3 规则的应用和误用 ··········· 355
  1.4 非语言的影响 ··············· 355
2. 人类语言的计算机处理 ············· 356
  2.1 频率分析、索引和搭配 ··········· 356
  2.2 信息提取和自动摘要 ············ 357
  2.3 拼写检查程序 ··············· 358
  2.4 机器翻译 ················· 359
  2.5 能说会听的计算机 ············· 361
    2.5.1 计算语音学和计算音系学 ······· 361
    2.5.2 计算形态学 ·············· 366
    2.5.3 计算句法学 ·············· 367
    2.5.4 计算语义学 ·············· 371
    2.5.5 计算语用学 ·············· 373
  2.6 语法的计算机模型 ············· 374
3. 小结 ······················ 375
4. 进阶书目 ···················· 377
5. 练习 ······················ 379

第四编
语言与社会

第十章 社会中的语言 ················ 387
1. 方言 ······················ 387
  1.1 地域方言 ················· 388
    1.1.1 口音 ·················· 389
    1.1.2 英语的方言 ·············· 389
  1.2 社会方言 ················· 393

1.2.1 "语言规范" ·· 393
  1.2.2 非裔美国人英语 ·································· 398
  1.2.3 拉丁美洲(西班牙)英语 ······················ 403
  1.2.4 性别方言 ·· 406
  1.2.5 社会语言学分析 ·································· 407
 2. 语言接触 ·· 408
  2.1 通用语 ··· 408
  2.2 皮钦语 ··· 409
  2.3 克里奥耳语 ·· 411
 3. 使用中的语言 ··· 412
  3.1 语体 ··· 413
  3.2 俚语 ··· 414
  3.3 行话和专门语 ·· 415
  3.4 禁忌语还是非禁忌语? ··························· 417
  3.5 委婉语 ··· 419
  3.6 种族的和民族的诨名 ····························· 421
  3.7 语言与性别歧视 ···································· 422
   3.7.1 有标记形式与无标记形式 ················· 423
   3.7.2 表示通指的 He(他) ·························· 425
 4. 秘密语和语言游戏 ······································ 426
 5. 小结 ·· 427
 6. 进阶书目 ··· 428
 7. 练习 ·· 429

第十一章 语言变化:时间的音节 ····················· 437
 1. 语音演变的规律性 ······································ 438
  1.1 语音对应 ·· 439
  1.2 祖语原始语 ·· 439
 2. 音系演变 ··· 440
  2.1 音系规则 ·· 441
  2.2 元音大换位 ·· 441
 3. 形态演变 ··· 443
 4. 句法演变 ··· 444

5. 词汇演变 ·· 448
    5.1 增加新词 ··· 449
    5.2 借词或外来词 ·· 450
        5.2.1 透过借词看历史 ··· 450
    5.3 词的消失 ··· 452
    5.4 语义演变 ··· 453
        5.4.1 语义扩大 ·· 453
        5.4.2 语义缩小 ·· 454
        5.4.3 语义替变 ·· 454
6. 构拟"死"语言 ·· 454
    6.1 19世纪的比较语言学家 ·· 454
        6.1.1 同源词 ··· 455
    6.2 比较构拟 ··· 457
    6.3 历史证据 ··· 459
7. 灭绝语言与濒危语言 ··· 461
8. 语言的谱系分类 ··· 462
9. 语言的类型 ·· 467
10. 语言为什么演变？ ··· 470
11. 小结 ··· 472
12. 进阶书目 ··· 473
13. 练习 ··· 474

第十二章　文字：语言的ABC ·· 481
1. 文字的历史 ·· 482
    1.1 图画文字和表意文字 ··· 482
    1.2 楔形文字 ··· 483
    1.3 画谜原理 ··· 485
    1.4 从象形文字到字母文字 ·· 486
2. 现代文字系统 ··· 487
    2.1 词语文字 ··· 487
    2.2 音节文字 ··· 488
    2.3 辅音字母文字 ·· 490
    2.4 字母文字 ··· 490

3. 阅读、书写与言语 ……………………………………………… 492
　　3.1 阅读 ………………………………………………………… 494
　　3.2 拼写 ………………………………………………………… 496
　　3.3 拼读 ………………………………………………………… 499
4. 小结 ……………………………………………………………… 500
5. 进阶书目 ………………………………………………………… 501
6. 练习 ……………………………………………………………… 501

术语表 ………………………………………………………………… 507

汉英术语对照表 ……………………………………………………… 540

汉英语言名对照表 …………………………………………………… 550

汉英人名对照表 ……………………………………………………… 554

前　言

话说我正在写的这篇东西，叫作"引论"，实际上就是这本书的"那什么"。我把它加到书里来，一方面是免得你们感觉突然，一方面也是因为如今我没有它就不行。有一些非常聪明的作家说，书里不写"那什么"很容易办到，但是我可不敢苟同。我认为，书里不写所有别的内容，反而来得更加容易。

A. A. 米尔恩

写书写到最后才知道，书的开头得写什么。

布莱兹·帕斯卡

我们以《语言引论》第八版继续缅怀我们的朋友、同事、导师和合著者维多利亚·弗罗姆金。令人悲痛的是，薇姬①自己的导师彼得·拉迪福吉德今年②去世了。薇姬和彼得都以他们对教学和学习的献身精神激励着本书的作者，而我们也永远对此心怀感激。

薇姬生前热爱语言，而且也乐于告诉人们这一点。她觉得语言学有趣而迷人，而且她想让每个学生和教师都有同感。尽管为了行文更加晓畅、接受面更为普遍，新版完全重写了，但是我们依然保持了薇姬用来阐述一个复杂主题的轻松的个人化风格，其中包括引述著名作者的机智隽语（米尔恩就是薇姬最喜爱的作家之一）。我们希望在本书的字里行间，薇姬对语言教学的挚爱，仍然有着活泼泼的精神。

在专心教学的教师们的帮助之下，《语言引论》的前七版成功地向数以万计的学子介绍了人类语言的性质。对于本书而言，学生们乐于阅读、能够理解，教授们则感到讲解透彻、卓有成效。本书的阐述易于阅读，又不失全面，不仅语言学专业的学生从中受益，其他专业的学生也很喜欢通过本书来学习关于语言的知识，他们的专业遍及作为第二语言的英语教学、外语研究、普通教育学、心理学、社会学和人类学。

新版涵盖了语言学和相关领域的新进展，对更广大的读者将产生更大的吸引力。这方面的许多信息将使得学生更好地理解全国性媒体上出现的语言学问题和辩论，获得真知灼见，也将帮助教授和学生与时俱进，与重要的语言学研究保持同步。我们希望新版还能够纠正人们在语言和语言应用

---

① 薇姬（Vicky）是维多利亚（Victoria）的昵称。——译注
② 指 2006 年。——译注

方面一些常见的误解。

新版增加了更多练习题（总数近200道），供学生测试自己对文章材料的理解。练习中的问题如果超越了语言学习启蒙课程通常的范围，就会标明是"挑战"问题，这是本书首次采用这样的形式。教师可以得到问题的答案，使他们在其专业领域之外获得帮助。

第一章仍然是对语言一般性研究的简要介绍。现在本章除了以更多篇幅讨论手语和动物"语言"之外，还新增了"语言和思维"一节，讨论萨丕尔-沃尔夫假说。事实证明，这些内容学生都很感兴趣，会成为他们主动作进一步探索的动力。

第二章"脑与语言"保留了在本书中靠前的位置，因为我们相信：通过语言可以了解人脑，而通过人脑可以了解人类的属性。即使没有语言学的专门知识，也可以阅读并领会本章的内容。一旦认识到语言在人类属性中所处的中心地位，学生就会有动力去学习更多关于人类语言以及语言学的知识，因为这样他们就会更多地了解自己。和前一版一样，本书配有细节极为丰富的磁共振成像（MRI）和正电子发射断层成像（PET）的人脑扫描图像。本章还重点介绍了过去几年间神经语言学研究取得的一些惊人的新成果。对于语言在人脑中的自主性本书作了细致的论证，以便学生明白如何应用实验证据来支持科学理论。

第三、四两章论述形态学和句法，内容做了重大修订，以便反映目前人们对于词和句子是如何构成及理解的思路。尤其值得一提的是，讨论句法的一章还反映目前对二分叉、中心语和补足语、选择、X-杠短语结构等问题的观点，并向学生做出清楚、细致的表述。

在这两章以及全书上下，都在不同语言之间进行对比，意在使学生对语法的普遍方面以及语言之间的差异都加强理解。不过，并没有因此而牺牲这些章节的引论性质，而学生则可以通过尽可能少的形式描述与尽可能多的有见地的例子和解释，获得对词和短语结构的深层次理解，同时像以往的版本一样通过引语、诗歌和幽默作为补充。

第五章讨论语义学或者说语义问题，本章经过了从下至上的重写和重新编排。本章以"如果你懂得一种语言，那么你对语义有何认识"这一主题为基础，首先向学生介绍真值-条件语义学以及组构性原则。接下来是讨论组构性出毛病的时候会发生什么情况，比如习语、隐喻以及异常句子的情形。词汇语义学从多种角度研究词的语义，包括指称和意义、语义特征、论元结构以及题元角色等概念。最后，本章以语用学的角度收尾，内容包括话语中语言语境和情景语境的区别、指示词、会话准则、隐涵以及言语行为，为了做到行文晓畅、普遍接受，这些内容都做了新的修订。

第六章讲语音学，基本保留了以前的行文结构，只有一处重要的修改：为了与现今潮流保持一致，我们更多地采用了国际语音学会（IPA）的音标，只保留了[r]（而不是国际音标[ɹ]），目的是为了容易阅读。学生在其他出版物中可能会遇到的别的注音方式，我们和以往一样也会在本章提到。

第七章讲音系学，做了重大修订，并通过删减冗余内容使文字更加简洁。这使得我们有条件新增一个小节，来讲为什么存在着音系学规则，同时仍保留着更为精炼的论述。本章的材料的展示方式，还是着重借助少量解说明晰的形式描述，通过语言学数据来阐释观点，从而使得学生不必亲历繁重的细节就能明了形式理论的需要。

新版的第三编"语言的心理学"的各章，为了表述清楚都进行了重写和重新编排。第八章"语言习得"仍然有着丰富的来自英语和其他语言的数据,对双语现象和二语习得做了详细介绍,而且对二语教学法一节作了彻底的修订。新版还利用语言习得研究所提供的支持语言天赋假说和普遍语法的论据,向学生展示了重大科学理论是如何通过观察、实验和推理得以发现并为之提供证据的。本章还讨论了美国手语(ASL),并强调了它在理解语言的生物学基础方面的重要作用。第九章,关于心理语言学的小节作了更新,以便体现最近的发现,而计算语言学一节则反映了机器翻译、言语合成、言语识别和语言理解方面的进展。

第四编是关于社会中的语言的,内容包括社会语言学和历史语言学。第十章作了彻底的修订和重写,内容重新作了编排,与以前各版本相比,重点放在了社会方言和威廉·拉波夫的工作上,分量重了很多。新增了一节讲"性别方言",即男女在言语上的差异,社会语言学分析方面也加了新的一节。与以前版本的表述相比,皮钦语和克里奥耳语的论述作了重要修订,以反映自第七版出版以来在这些问题的理解上所取得的重大成果。最后,新版中有一节"使用中的语言",讲俚语、咒骂语、种族词语、委婉语以及类似的题目。

本章内容还包括对语言的不同态度,以及这些态度如何反映社会的观念和其他方面。对于诸如美国黑人英语(Ebonics,非裔美国人英语方言的一个流行术语)、拉丁裔移民等非母语者说的"有口音的"英语以及所谓的标准语等问题,我们确立了讨论这些问题的科学基础。另一个关于语言和性别歧视的小节反映了对这个问题日益增长的关注。

第十一章讲语言变化,内容包括一个作了很大扩充的关于句法变化及其原因的小节。为了表述清晰,本章也重写了。与关于形态学和音系学的章节一样,本章关于"如何去做"的各个小节给学生提供了进行脚踏实地的语言学研究的机会。练习题(其中许多是新编的)可以进一步提高学生对语言学工作的理解。

第十二章讲文字,特色之一是增加了关于通过互联网进行文字交流的讨论,这种交流别有一番风味。有兴趣进行阅读教学者应该研读本章,本章还分析了"为什么孩子不识字"的原因。

新版中印成粗体字的术语①在本书末尾经过修订的词表中进行了定义。词表作了扩充和改进,比第七版新增了50多个条目,为学生提供了一个有600多条术语的语言学词库。

曾经有人认为,从第三章到第七章的行文顺序不合传统。经验使我们确信:首先从形态(人们最熟悉的语言学单位——词的结构)入手让初学者了解语言的结构,是比较容易的,这一点也得到了本书之前各版以及来自世界各地的同行建议的印证。接下来讲的是句法(句子的结构),这方面许多学生,如同他们对许多语义学概念那样,也比较熟悉。再后面,我们讲(对学生来说)更加新奇的语音学和音系学,对这些内容学生经常感到畏惧。不过,本书的写法使得具体的教学者如果愿意,也能按照语音学、音系学、形态学、句法学和语义学的传统顺序(即按照第六、七、三、四、五章的顺序)讲授内容,而不会有混乱之感。

新版和以前的版本一样,主要关注的是基本理念,而不是详尽的讲解。本书假设读者以前没有语言学方面的知识。每章最后都列有经过更新的"进阶书目",便于希望更加深入探讨某个主题的学生使用。每章结尾都有"小结"和"练习",以增强学生对课文内容的兴趣和理解。

---

① 汉译本字体为黑体。——译注

我们都深深地感激向我们提供建议、订正、批评、漫画、语言材料以及练习题的所有人，而这些内容我们都尽可能地汇总到了这个新版本中。以下诸位同行曾向我们提供了无微不至的宝贵帮助：

亚当·奥尔布赖特（Adam Albright）	麻省理工学院	音系学
唐娜·布林顿（Donna Brinton）	加利福尼亚大学洛杉矶分校	二语教学
丹尼尔·布鲁恩（Daniel Bruhn）	北卡罗来纳州立大学	通稿审阅
伊瓦诺埃·卡波尼格罗（Ivano Caponigro）	米兰大学	语义学
列奥妮·科尼普斯（Leonie Cornips）	梅尔腾斯（Meertens）学院	社会语言学
苏茜·柯蒂斯（Susie Curtiss）	加利福尼亚大学洛杉矶分校	脑和语言
凯尔·约翰逊（Kyle Johnson）	马萨诸塞大学阿默斯特分校	句法学
内森·克莱恩丁斯特（Nathan Klinedinst）	加利福尼亚大学洛杉矶分校	句法学和语义学
彼得·拉迪福吉德（Peter Ladefoged）	加利福尼亚大学洛杉矶分校	语音学
戴维·莱特福特（David Lightfoot）	乔治敦大学	历史
伊恩·罗伯茨（Ian Roberts）	剑桥大学	历史
菲利普·施伦克尔（Philippe Schlenker）	加利福尼亚大学洛杉矶分校	语义学
卡森·舒策（Carson Schütze）	加利福尼亚大学洛杉矶分校	心理语言学
布鲁斯·舍伍德（Bruce Sherwood）	北卡罗来纳州立大学	通稿审阅
内尔·史密斯（Neil Smith）	伦敦大学学院	通稿审阅
东卡·斯泰里亚德（Donca Steriade）	麻省理工学院	音系学
沃尔特·沃尔弗拉姆（Walt Wolfram）	北卡罗来纳州立大学	社会语言学

我们通过电子邮件得益于以下诸位：波兰的卡罗尔·博古谢夫斯基（Karol Boguszewski）、费城的罗伯特·雷曼拉比（Rabbi Robert Layman）和韩国的李炳玟（Byungmin Lee），还和将瑜伽与语言学无缝连接的德博拉·格兰特（Deborah Grant）做了个人交流。

下列各位同行在审读本书第七版之后提出了极富见解的意见和建议，启发了第八版中的很多修改，对此我们也深表感激。这些同行是：阿祖萨太平洋大学（Azusa Pacific University）的拉尔夫·S. 卡尔森（Ralph S. Carlson）、普渡大学的罗伯特·钱农（Robert Channon）、格林斯伯勒学院（Greensboro College）的朱迪·奇塔姆（Judy Cheatham）、杨百翰大学的朱莉·达姆龙（Julie Damron）、北得克萨斯大学的罗萨莉娅·杜特拉（Rosalia Dutra）、常青州学院（The Evergreen State College）的苏珊·菲克斯代尔（Susan Fiksdal）、俄亥俄大学的贝弗莉·奥尔森·弗拉尼根（Beverly Olson Flanigan）和她的助教们、加利福尼亚州立大学圣马科斯（San Marcos）分校的朱尔·戈麦斯·德加西亚（Jule Gomez de Garcia）、中央华盛顿大学的洛雷塔·格雷（Loretta Gray）、萨姆休斯顿州立大学（Sam Houston State University）的海伦娜·哈尔马里（Helena Halmari）、华盛顿大学的莎朗·哈格斯（Sharon Hargus）、埃默里大学（Emory University）的本杰明·H. 哈里（Benjamin H. Hary）、弗罗里达国际大学的托梅特罗·霍普金斯（Tometro Hopkins）、加利福尼亚浸会大学（California Baptist University）的道恩·艾伦·雅可布斯（Dawn Ellen Jacobs）、圣地亚哥州立大学的保罗·贾斯蒂斯（Paul Justice）、亚利桑那大学的色宁·卡里米（Sirnin Karimi）、得克萨斯大学的罗伯特·D.金（Robert D. King）、加利福尼亚州立大学北岭分校的莎朗·M.克莱恩（Sharon M. Klein）、弗吉尼亚联邦大学（Virginia Commonwealth University）的伊丽莎白·库恩（Elisabeth Kuhn）、弗雷斯诺太平洋大学（Fresno Pacific University）的玛丽·安·拉森-普西（Mary Ann Larsen-Pusey）、纽约市立大学亨特学院的哈丽雅特·卢里亚（Harriet Luria）、东华盛顿大学的特雷西·麦克亨利（Tracey McHenry）、波士顿大学的卡罗尔·奈德尔（Carol Neidle）、索尔兹伯里大学（Salisbury University）的安贾莉·潘迪（Anjali Pandey）、弗拉格勒学院（Flagler College）的文森特·D.普马（Vincent D. Puma）、乔治敦大学的纳塔莉·席林·埃斯蒂斯（Natalie Schilling-Estes）、华盛顿大学的德旺·L.希普利（Dwan L. Shipley）、天普大学（Temple University）的莫菲·西格尔（Muffy Siegel）、圣爱德华兹大学（Saint Edwards University）的威利斯·沃伦（Willis Warren）以及堪萨斯大学的唐纳德·K.沃特金斯（Donald K. Watkins）。

姓名若因疏忽遗漏，还请见谅。

与以往一样，我们仍要感谢爱荷华大学医学院的汉娜和安东尼奥·达马西奥提供他们在脑研究方面的信息以及MRI和PET成像插图。我们还要感谢为教学者提供绝佳的答案手册的几位作者：克利斯蒂娜·埃斯波西托（Christina Esposito）、内森·克莱恩丁斯特、英瓦尔·洛夫斯泰特（Ingvar Lofstedt）。这几位前途远大的年轻语言学家还帮助我们编写了许多练习题。最后，我们希望感谢沃兹沃思的编辑和制作团队。他们在每一方面都表现卓越、助益良多。他们是：出版人迈克尔·罗森伯格（Michael Rosenberg）、业务开发编辑斯蒂芬·达尔芬（Stephen Dalphin）、高级制作编辑利阿内·阿内斯（Lianne Arnes）、开发编辑海伦·特里勒-扬伯特（Helen Triller-Yambert）、执行开发编辑凯伦·裘德（Karen Judd）、文字编辑金杰·克拉克（Ginjer Clarke）、版权许可编辑桑德拉·洛德（Sandra Lord）、项目经理罗恩·约斯特（Ronn Jost）、索引制作人琼·夏皮罗（Joan Shapiro）以及美工设计布赖恩·索尔斯伯里（Brian Salisbury）。

最后同样重要的是，我们要感谢那些我们爱的人和爱我们的人，以及当任何其他东西都无济于事时激励我们工作的人：尼娜的儿子迈克尔，罗伯特的妻子海伦，我们的父母以及我们深深爱戴、至今难忘的同事薇姬·弗罗姆金。

书中有关事实或判断的错误当然由我们自己承担。对于使用过这本书早先版本的教学者和他们的学生，我们一如既往地表示感谢。没有他们，就不会有这本书的第八版。

尼娜·海姆斯
罗伯特·罗德曼

作者小传

维多利亚·弗罗姆金

1944年在加利福尼亚大学伯克利分校获经济学学士学位；1963年和1965年在加利福尼亚大学洛杉矶分校（UCLA）先后获语言学硕士、博士学位。从1966年起直至去世，她一直在UCLA语言学系担任教职，并于1972至1976年任系主任。1979至1989年任UCLA研究生院院长兼负责研究生项目的副校长。她先后在斯德哥尔摩大学、剑桥大学、牛津大学任客座教授。弗罗姆金博士1985年任美国语言学会会长，1988年任全美研究生院协会主席，并曾任失语症研究会理事长。曾获加利福尼亚大学洛杉矶分校杰出教师奖和杰出成就奖。曾作为美国代表任国际语言学家常设委员会执委会委员。她还当选为美国人文与科学学院、美国科学促进会、纽约科学院、美国心理学会和美国声学学会的会员或院士。在她从事的各个研究领域内，包括语音学、音系学、声调语言、非洲语言、言语错误、语言处理模型、失语症、脑-心智-语言的接口等方面，共发表专著、单行本和论文一百余篇（部）。弗罗姆金教授于2000年1月19日逝世，享年76岁。

罗伯特·罗德曼

1961年在UCLA获数学学士学位，1965年获数学硕士学位，1971年获语言学硕士学位，1972年获语言学博士学位。曾先后任教于加利福尼亚大学圣克鲁斯分校、北卡罗来纳大学教堂山（Chapel Hill）分校、日本京都工业大学，目前在北卡罗来纳州立大学任计算机科学专业教授。他的研究领域是法律语言学和计算机言语处理。罗伯特和妻子海伦、一条名叫布鲁的拉布拉多犬和一条名叫格雷西的搜救灵缇犬现居于北卡罗来纳州的罗利。

尼娜·海姆斯

1973年在波士顿大学获新闻学学士学位，1981和1983年在纽约市立大学研究生院分别获语言学硕士和博士学位。她于1983年在UCLA任教，目前任该校语言学教授，并担任UCLA心理语言学实验室和UCLA婴幼儿语言实验室的联席主任。她的主要研究领域是儿童语言发展和句法学。她是雷德尔（D. Reidel）出版社1986年出版的语言习得研究里程碑著作《语言习得和参数理论》（Language Acquisition and the Theory of Parameters）一书的作者。她在儿童句法和形态学发展方面发表了大量论文。她曾任荷兰乌特勒支大学、莱顿大学客座教授，并在欧洲各地和日本发表多次学术演讲。海姆斯教授与儿子迈克尔、他的两条狗皮特和麦克斯现居于洛杉矶。

第一编
人类语言的属性

当我思索诺姆·乔姆斯基关于人类心智中语法的基本原理具有天赋性的理念时,我认识到语言机能的任何天赋特征一定是一组生物学结构,这些结构在人脑进化进程中接受了自然的选择。

S. E. 卢里亚
《我的自传:老虎机与破试管》

一切动物的神经系统都有许多共同的功能,其中最显著的是行动控制和感觉分析。使得人脑与众不同的是,它能够学会大量专门化程度更高的活动。这其中最卓越的范例就是语言。

诺尔曼·格施温德　1979年

语言学和其他科学一样,在对语言进行解释的时候也关注能否做到客观、系统、一致、明晰。和其他科学一样,语言学的目的在于搜集材料,测试假设,建立模型并构造理论。但是,语言学的主要内容是独特的:在一端它与物理学和解剖学这样的"硬"科学重合;在另一端它又与哲学和文学批评这样传统的"文科"学科相纠结。语言学的领域涵盖科学与人文学科两个方面,提供的学科覆盖面之广,对该学科中许多有抱负的学生来说,正是其魅力的根本源泉。

戴维·克里斯特尔　1987年

第一章 语言是什么？

> 研究人类的语言，就是探索所谓"人类的本质"，也就是探索迄今所知为人类独有的心智特性。
>
> 诺姆·乔姆斯基《语言和心智》

人们相聚时，不管他们做什么——是游戏还是拌嘴，是谈情说爱还是制造汽车——他们总要说话。我们生活在语言的世界里。我们和朋友、同事、妻子、丈夫、情人、老师、父母、亲戚说话，和对手甚至敌人说话；我们和公共汽车司机说，和素不相识的人说；我们面对面地说，还在电话里说；答话时，我们的话就更多了。电视和广播中更是充斥着滔滔不绝的话语。只要我们醒着，无时无刻不在语词的包围之中。我们甚至在梦中说话，还会梦见别人对我们说话；即便没人答腔，我们还是照说不误；我们有些人还会在熟睡时大声说话；我们与宠物交谈，有时候还自言自语。

正因为有语言，人类才与其他动物区别开来，这种属性的区别可能远远超越其他任何属性。要理解我们的人性，就必须理解使我们成为人的语言。根据许多民族的神话和宗教所表达的哲学思想，人类生活和力量的源泉正是语言。对非洲的一些民族来说，一个新生儿只是一个 kintu，即一个"东西"，还不能算是一个 muntu，即一个"人"。只有通过语言的学习，孩子才能成为一个人。从这一传统来说，我们之所以都能成为"人"，是因为我们至少都掌握了一种语言。然而，"掌握"一种语言，究竟是什么意思呢？

1. 语言知识

如果你掌握一种语言，你就会说这种语言，并且掌握这种语言的其他人，也能听懂你的话。这就意味着你有能力发出表达一定意义的音，有能力理解或解释别人所发的音。不过，语言的内容远远超过言语。失聪者"打出"和理解手语，就像听力正常者说出和理解口语一样。世界各地失聪人群的语言，除了表达的形态有所不同外，它们和口语是等价的。

几乎每个人都至少掌握一种语言。五岁的孩子在表达和理解的熟练程度上，就已经和他们的父母差不多了。然而，能进行哪怕最简单的会话也需要深刻的知识，只是通常说话者[①]对这种知识没有意识到。这一点对说任何一种语言的人来说都是事实，不管他是说阿尔巴尼亚语，还是说祖

[①] 本书用"speaker（说话者）"一词表示会说某种语言的人。——译注

鲁语。一个说英语的人能够说出一个带有两个关系从句的句子，却未必知道什么是关系从句，例如：

  My goddaughter who was born in Sweden and who now lives in Vermont is named Disa, after a Viking queen. （我那出生于瑞典、现居美国佛蒙特州的教女叫迪萨，得名于一位古代北欧海盗女首领。）

  同样道理，孩子会走路，却不理解或无法解释让人能够行走的平衡、支撑的原理以及神经生理控制的机制。对某些事我们也许能不自觉地有所知，这一事实并非语言所特有。

  那么，说英语、盖丘亚语、法语、莫霍克语或阿拉伯语的人掌握的究竟是什么知识呢？

1.1 语音系统的知识

  掌握一种语言，其中一个方面就是知道这种语言哪些音（或手势①）有，哪些没有。揭示这种不自觉的知识存在的一种方法，就是让说一种语言的人念另一种语言里的词，看他是怎么发音的。比如，假定你只会说英语，那么，当你念法语 ménage à trois（三角家庭）这样的"外国"词时，就可能用英语发音取代非英语的发音。如果你像法国人那样发音，那么你所用的音就跳出了英语的语音系统。

  法国人说英语的时候，比如念 this（这）和 that（那）这样的词，就好像它们的拼写是 zis 和 zat。英语中由词首字母 th 所代表的音，法语语音系统是没有的，而法国人的错误发音便表明，说英语的人对这一事实有不自觉的知识。

  掌握一种语言的语音系统不仅仅是知道它的语音总表。其中还包括知道哪些音在词首，哪些音在词尾，哪些音前后相继。加纳前总统的名字 Nkrumah（恩克鲁玛）的第一个音，与英语中 sink 一词的最后一个音相同。但是英语中并没有以 nk 这个音起首的字。大多数说英语的人在念这个名字时，常会错误地（以加纳语的标准来看）插入一个短元音，读成 Nekrumah 或 Enkrumah。学英语的儿童认识到英语中没有一个单词是以 nk 开头的，正如加纳儿童发现他们的语言里有些词可以由 nk 开头一样。

  我们将在第六章和第七章中学到更多关于语音和语音系统的知识。

1.2 词的知识

  知道语言里的语音和语音模式，只构成我们语言知识的一部分。掌握一种语言还意味着知道特定的语音序列表达特定的概念或**意义**。说英语的人都知道 boy（男孩）是什么意思，它不同于 toy（玩具）或 girl（女孩）或 pterodactyl（翼龙）。因此，掌握一种语言就是知道这种语言的词，也就是与特定意义相关联的语音序列。

---

① 本书各章都将讨论聋人的手语。所以提及"语言"之处，除了明确指语音或口语之外，都包括口语和手语两方面。（原注1）

1.2.1 形式和意义之间的任意关系

> 看到动物的一瞬间，我就知道它是什么。我一点都不用思考，正确的名字就脱口而出。我似乎只要看看那动物的形状和动作方式，便知其为何物。当那只渡渡鸟过来时，他（亚当）还以为是一只野猫。多亏我帮了他一把。我当时很自然地张口就来："嗯，我敢说这一定是渡渡鸟！"
>
> 马克·吐温 《夏娃日记》

如果你不懂一种语言，那么你对那种语言里的词（和句子）就基本上不知所云，因为语音和其所表达的意义之间的联系，在很大程度上是**任意的**。当学一种语言的时候，你必须学而知之，比如英语字母 house（房子）所代表的语音表示 这一概念；如果你懂法语，同样的语义是由 maison 一词来表达的；如果你懂特威语，它由 ɔdaŋ 表达；如果你懂俄语，由 dom 表达；如果你懂西班牙语，则由 casa 表达。同理， 在英语里由 hand 一词表达，在法语里为 main，特威语中为 nsa，俄语中为 ruka，西班牙语中则为 mano。

下面这些词见于某些不同的语言里。看看有多少是你认识的？

a. kyinii

b. doakam

c. odun

d. asa

e. toowq

f. bolna

g. wartawan

h. inaminatu

i. yawwa

说这些语言的人知道它们分别表达以下这些意义：

a. 一把大太阳伞（特威语，一种加纳语）

b. 生物（图霍诺·奥哈姆语，一种美洲印第安语）

c. 木头（土耳其语）

d. 早晨（日语）

e. 正看见（路易西诺语，美国加州的一种印第安语）

f. 说话（印地-乌尔都语）；疼痛着（俄语）

g. 记者（印度尼西亚语）

h. 教师（瓦老语，委内瑞拉的一种印第安语）

i. 正好！（豪萨语，尼日利亚的一种语言）

不管上面所引的马克·吐温的讽刺小品《夏娃日记》中夏娃是怎么说的，只有词所属的语言才能赋予词的语音以意义。

就像莎士比亚的戏剧《罗密欧与朱丽叶》中朱丽叶所说的：

"名字里藏着什么？我们称为'玫瑰'之物，
换成另外的名字，它照样芬芳清香。"

词的**形式**（声音）与**意义**（概念）之间的关系是任意的，手语的手势也是一样。如果你看见某人在用一种你不懂的手语，光是看手势，恐怕看不懂是什么意思。掌握中国手语（CSL）的人会发现美国手语（ASL）很难懂，反之亦然，如图1.1所示。

许多手势最初就和哑剧一样，形式和意义之间的关系并非任意。像哑剧中那样，把手放到嘴边表示"吃"，作为手势就是非任意的。就像词的发音变化一样，这种手势随着时间的推移也可能发生变化，从而失去哑剧效应；这时手势就变得**约定俗成**，所以即使知道手的形状、动作，也不能告诉我们这些手势在手语中表达什么意义，如图1.1所示。

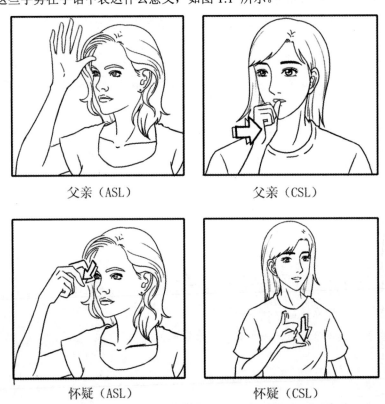

图1.1 美国手语（ASL）和中国手语（CSL），表示"父亲"和"怀疑"的语义与手势之间的任意关系

不过，语言中也有某种**语音象征**——即词的发音暗示其意义。大多数语言都有**拟声词**，如buzz（嗡嗡，蜂鸣）或murmur（喃喃自语），这些词本是模仿它们所指的东西或动作的声音。但

即便在这种情况下，拟声词的发音也是因语言而异，反映其所属语言的特定语音系统。英语中的 cock-a-doodle-doo 是表示公鸡打鸣的拟声词，而芬兰语公鸡打鸣是 kukkokiekuu。在 http://www.georgetown.edu/cball/animals/animals.html[①] 这一网址，你可以找到很多语言模仿几十种动物叫声的拟声词。如果你想知道土耳其语模仿火鸡叫声的拟声词，你可以去那里查找。这个词是 glu-glu。

有时候，特定的语音序列似乎与一个特定的概念相联系。英语中有许多以 gl 开头的词与视觉有关，如 glare（闪耀）、glint（闪光）、gleam（闪亮）、glitter（闪烁）、glossy（有光泽的）、glaze（变光亮）、glance（扫视）、glimmer（发出微光）、glimpse（瞥见）和 glisten（闪闪发光）。但是，这样的词在任何语言中都只是一小部分。而在另一种语言中，gl 可能与"视觉"毫无关系。甚至在英语中也另有一些词，如 gladiator（角斗士）、glucose（葡萄糖）、glory（光荣）、glutton（贪吃者）、globe（球）等，也与视觉无关。

说英语的人知道以 gl 开头的词哪些与视觉有关，哪些与视觉无关；他们知道拟声词，以及英语中所有的基本词汇。没有一个说英语的人能认识《韦氏第三版新国际英语大词典》中全部的 47.2 万个单词；即便有这样的人，他仍然可能并没有掌握英语。不妨想象一下通过买词典和背单词来学一门外语。然而不管你记住了多少单词，你仍然不会构造最简单的短语或句子，也听不懂母语者的话。没有人是用孤立的词来说话的。当然，你满可以在你的旅游者词典中找到单个的词，搞清楚诸如怎么说"汽车——汽油——哪儿？"多尝试几次，当地的母语者也许能听懂你提的问题，然后指给你加油站的方向。但如果他给你的回答是一个句子，那么你很可能不知所云，也没办法查词典，因为你连词与词是如何分界的都弄不清。第四章我们将探讨词如何组成短语和句子，第五章则进一步讨论词和句子的意义。

1.3 语言知识的创造性

> 阿尔伯特：那么，你是说你是那个嫁给了在你的离婚案中为你丈夫辩护的那个男人的女人的最好的朋友？
>
> 安德烈：在说话的历史上，你刚才那句话以前从来没有人说过。
>
> 尼尔·西蒙《晚宴》

语言知识能使你将语音组成词，将词组成短语，将短语造成句子。你不可能买到一本录有一种语言全部句子的词典。没有一本词典能收尽所有可能的句子，因为其数量无限。掌握一种语言，就是能说出过去从没说过的句子，能听懂过去从未听过的句子。语言学家诺姆·乔姆斯基是引发语言和认知科学现代革命的最重要的学术领袖之一，他把这一能力称为语言运用的**创造性**的一部分。这并不是说，说一种语言的所有人都能创造出伟大的文学作品，而是说，你以及所有掌握一种语言的人，在说话时都能够并的的确确在创造新的句子，同时也能理解别人所创造的新句子。

[①] 该网址已经失效，读者可以访问 http://www.eleceng.adelaide.edu.au/Personal/dabbott/animal.html，这里可以查到 17 种语言中的多种动物拟声词和吆喝动物的拟声词。——译注

乔姆斯基指出了语言的创造性一面，由此强有力地驳斥了主宰20世纪前半叶的行为主义语言观，后者认为语言是一套对刺激做出的反应，通过学习获得。而语言的创造性则表明，语言运用并非只限于刺激-反应行为。毋庸置疑，如果有人踩到了我们的脚，我们会做出反应，如下意识地发出尖叫或嘟哝，但这种声音不能算是语言。它们是对刺激不由自主的反应。当你条件反射地喊出声后，你可以接着说："多谢你踩了我的脚，因为我总怕自己得了象皮病，可这会儿我能感到疼，所以我知道我没这病。"你可以说的句子数量无限，因为你所说的特定句子不是由任何刺激所控制的。

甚至有些不由自主的叫声，如ouch（啊唷），也要受到我们语言系统的制约，就像那些在英语会话中处处可见的起填补作用的停顿：er（嗯）、uh（哦）和you know（你知道），它们所用的音都是该语言中的语音。再举一例：说法语的人停顿时所常用的，则是他们语言里表示"蛋"的词oeuf开头的元音，这个元音英语里是没有的。

我们的创造力不仅反映在我们所说的话语中，而且还包括我们理解新的或新奇的句子的能力。请考虑下面这个句子：Daniel Boone decided to become a pioneer because he dreamed of pigeon-toed giraffes and cross-eyed elephants dancing in pink skirts and green berets on the wind-swept plains of the Midwest.（丹尼尔·布恩决定当一个拓荒者，因为他梦见长着内翻足的长颈鹿和斜视眼的大象，头戴绿色贝雷帽，身穿粉红连衣裙，在中西部狂风席卷的平原上翩翩起舞。）你可以不相信这句话是真的，你可以怀疑它的逻辑性，但你能理解它的意思，尽管你很可能以前从未听到或读到过这样的句子。

可见，掌握了一种语言，就使得理解并造出新的句子成为可能。你数一下本书中你曾经看见过或听到过的句子，这个数目不会很大。下回你写文章或写信的时候，看看你用的句子有多少是新的。你的脑子里几乎没有存储什么句子，可以被提取出来，以适应某个情景，或与你所听到的某个句子相匹配。以前从未说过或听过的新句子，不可能存于你的记忆之中。

从原则上说，简单地将一种语言里所有可能的句子都背下来，是不可能做到的。假如对于一种语言里的每一个句子，都可以构成一个更长的句子，那么任何句子的长度都没有限制；因此，句子的数目也将是无限的。英语中可以说：

  This is the house.（这就是那所房子。）

  或 This is the house that Jack built.（这是杰克盖的房子。）

  或 This is the malt that lay in the house that Jack built.（这是放在杰克盖的房子里的麦芽。）

  或 This is the dog that chased the cat that killed the rat that ate the malt that lay in the house that Jack built.（这是那只追赶咬死了那只偷吃放在杰克盖的房子里的麦芽的老鼠的猫的狗。）

而且不必就此打住。那么，最长的句子又有多长呢？说英语的人可以说：

  The old man came.（老人来了。）

  或 The old, old, old, old, old man came.（一个很老很老很老很老很老的人来了。）

多少个 old（老）才算是太多？7 个？23 个？

不用说，这些句子越长，就越不可能听到有人这么说。一个句子中的 old 如果出现 276 次，那么，无论是在口语还是书面语中，碰到这样的句子都几乎不可能，即便是用来形容玛士撒拉①。但是，这样的句子在理论上是可能的，也就是说，如果你懂英语，你就知道名词前面可以添加任何数目的形容词作名词的修饰语。

所有的人类语言，都允许说本族语的人造出无限长的句子。"创造性"是人类语言的一个普遍属性。

1.4 句与非句的知识

记忆和储存无限多的句子，要求具有无限的储存能力。然而，人脑是有限的，而且就算它是无限的，我们也不可能储存新句子。学一种语言，必定是学某种有限的东西——你的词汇是有限的（不管你的词汇量有多大）——并且是可以储存的。如果将词按任何顺序排列起来总是可以构成句子，那么，语言可能就只是一套词而已。然而，对下面这些词串作一番考察，就会发现仅有词是不够的

1. a. John kissed the little old lady who owned the shaggy dog.
   （约翰吻了那个拥有那条粗毛狗的小老妇人。）
   b. Who owned the shaggy dog John kissed the little old lady.
   （谁拥有那条粗毛狗约翰吻了那个小老妇人。）
   c. John is difficult to love．（约翰让人很难爱他。）
   d. It is difficult to love John.（爱约翰很难。）
   e. John is anxious to go.（约翰急于要走。）
   f. It is anxious to go John.（走约翰很急。）
   g. John, who was a student, flunked his exams.
   （约翰是个学生，他考试没及格。）
   h. Exams his flunked student a was who John.
   （考试没及格学生一个是约翰。）

如果请你在那些你认为显得不合式②或不合语法或"不好"的例句前面打上一个星号，你会选哪些句子？我们觉得英语中句子哪些可以说、哪些不可以的直觉知识，会告诉我们应该给例（1）中的 b，f 和 h 前面打上星号*。你给哪些句子打上了星号？

你是否同意以下判断：

2. a. What he did was climb a tree.（他干的是爬树。）

---

① 《圣经》人物，是造方舟的诺亚的祖父，活到 969 岁。——译注
② "合式"和"不合式"分别为 well-formed 和 ill-formed 的译名，参见本书"术语表"。——译注

b. *What he thought was want a sports car.① （*他想的是要一辆跑车。）

c. Drink your beer and go home! （喝完啤酒就回家！）

d. *What are drinking and go home? （*什么在喝然后回家？）

e. I expect them to arrive a week from next Thursday.

（我预计他们下下个周四到达。）

f. *I expect a week from next Thursday to arrive them.

（*我预计下下个周四到达他们。）

g. Linus lost his security blanket. （莱纳斯弄丢了他的安心毛毯②。）

h. *Lost Linus security blanket his. （*弄丢了莱纳斯安心毛毯他的。）

如果你和我们一样，也觉得打星号的句子是不能接受的，那么你就已经认识到，一种语言中并非所有词串都能构成合式的句子。哪些词串是合式的句子、哪些又不是，取决于我们有关这种语言的知识。因此，除了认识语言里的词，语言知识还包括构造句子以及像你对例 1、2 中的句子做出判断所遵循的**规则**。这些规则在长度和数量上必须是有限的，这样才可以存储在我们有限的脑之中。但是，它们又必须能使我们构造和理解无限多的新句子。这些规则不是由法官或立法机构来决定的，甚至也不是语法课上所教授的，它们是我们在孩提时代随着语言能力的发展不知不觉习得的规则。

因此，语言是由全部的语音、词汇和无限多的可能句子组成的。掌握一门语言，就是掌握该语言的语音、词汇以及它们的组合规则。

2. 语言知识和语言运用

"一加一加一加一加一加一加一加一加一 等于多少？"

"不知道，"爱丽丝说，"我算不清了。"

"她连加法都不会做，"红女王打断道。

刘易斯·卡罗尔《镜中世界》

我们的语言知识能使我们把句子和短语连接起来，或在名词前面添加修饰语，从而造出越来越长的句子。不管我们是不是在加了 3 个、5 个还是 18 个形容词之后打住，对于只要我们乐意就能添加的数目，都不可能加以限制。很长的句子在理论上是可能的，但在实际上却几乎不可能。显然，拥有造句所必需的知识和如何应用这一知识，两者是有区别的。这一区别存在于以下两者之间：一是我们所掌握的知识，亦即我们的**语言能力**，二是我们如何将这种知识用于实际的言语产出与理解，亦即我们的**语言运用**。

会说任何一种语言的人都具有理解和产生具有任意长度的句子的知识。以下这个例子摘自一

---

① 星号*标在说话者认为不合乎语法的句子前。本书将始终使用这一符号。（原注 3）

② 英文为 security blanket，指小孩要抱着才感到安心的小毛毯，或能够让他们心理上觉得有安全感的类似物品。——译注

位联邦法官所作的一项裁决：

> We invalidate the challenged lifetime ban because we hold as a matter of federal constitutional law that a state initiative measure cannot impose a severe limitation on the people's fundamental rights when the issue of whether to impose such a limitation on these rights is put to the voters in a measure that is ambiguous on its face and that fails to mention in its text, the proponent's ballot argument, or the state's official description, the severe limitation to be imposed. （我们判令这个遭到质疑的终身任期禁令无效，是因为我们认为：当"是否要强制性地限制人们的基本权利"这一议题被交到选民手中投票表决，而给出的提案却在文字表述上模棱两可，并且没有在提案文本、动议案的提议者在投票表决前所作的辩论、州政府的官方陈述中说明将要强制实行严厉的限制，那么在这种情况下，州的立法动议提案不能对人们的基本权利进行强制性的严厉限制，这是关系到联邦宪法的大事。）

然而，出于生理和心理原因，形容词、副词、从句等的数目会受到限制。不然，说话者可能会喘不过气来，可能会忘了刚才说过的话，或还没等话说完就寿终正寝了。听他说话的人也可能会摸不着头脑，听累了，厌烦了，或者感到恶心了。

我们说话，总希望传递一些信息。在言语产生的某个阶段，我们必须将思想组成词串。有时候传递的信息会发生曲解。我们还可能会结结巴巴，停下不说，或者发生**口误**。

大体上，语言知识不是一种自觉的知识。语言系统——语音、结构、意义、词汇，以及将它们合为一体的规则——都是不知不觉中学会的。正如我们也许意识不到使我们得以站立、行走的那些原理一样，我们也没有意识到语言规则的存在。我们有说话、理解、判断句子是否合乎语法的能力，说明我们有关于自己语言规则的知识。这种知识是一个复杂的认知系统。这一系统的性质，正是本书的题旨所在。

3. 语法是什么？

我们使用"语法"这一术语，常带有系统性的歧义。一方面，这个术语指语言学家所建立的清晰明确的理论，主张语法是对说话者语言能力的一种描写。另一方面，它又指这一语言能力本身。

N. 乔姆斯基和 M. 哈勒《英语音系》

3.1 描写语法

世上并没有未开化的语言。即使是不幸的格陵兰人，也照样能够用自己的语言谈论基督教那些崇高、抽象的教义。

约翰·彼得·聚斯米利希，1756年在普鲁士科学院宣读的论文

我们这里所用的"语法"一词与大部分常见的用法不同。我们所说的语法，包括说话者关于自

己语言中的语言单位及其规则的知识——把语音组合成词的规则（称为**音系**），构词规则（称为**形态**），将词组合成短语、短语组合成句子的规则（称为**句法**），以及指派语义的规则（称为**语义**）。这部语法，连同列出了语言中所有词的心理词典，共同体现了我们的语言能力。要了解语言的性质，就必须了解语法的性质。

能说某种语言的人都掌握了这种语言的语法。当语言学家想要描写一种语言时，他们努力描写的是说这种语言的人头脑中存在的该语言的规则（即语法）。不同的说话者之间总会存在着差异，但他们也必定有着某些共享的知识。因为正是这种共享的知识——亦即语法的共同部分——使人们有可能用语言来进行交流。如果说语言学家的描写是一个关于说话者语言能力的真实模型，那么他们对语法和语言自身的描写就是成功的。这样的一种模型就叫作**描写语法**。它并不告诉你话应该怎么说，而是描写你的基本语言知识。它能够解释为什么你能说话，也能懂别人的话，还能判断什么样的句子具备合式性；它还能告诉你，你对自己语言中的语音、词汇、短语和句子都有哪些知识。

语言学家对"语法"一词有两种用法：第一是指说话者头脑中的**心理语法**；第二是指语言学家研究的这种内在语法的模型或描写。大约两千年前，希腊语法学家色雷斯人狄奥尼修斯将语法定义为使我们得以说一种语言或谈论一种语言的东西。从现在起，我们不再区分这两层含义，因为语言学家的描写语法，就是试图为说话者的语法建立一套形式化的陈述（或理论）。

在以后的几章中，如果我们说某个句子**合乎语法**，是指它符合（语言学家所描述的）心理语法的规则；如果我们说某个句子**不合语法**，是说它在某个方面偏离了这些规则。然而，如果我们所提出的一条英语规则，与你作为说英语者的语感不相符合，那么，我们所描写的语法，便以某种方式有别于代表你语言能力的那部心理语法；也就是说，你的语言与我们所描写的语言不是一回事。从语言学的意义上来说，没有一种语言或语言变体（称为**方言**）要比其他语言或语言变体来得优越。每一部语法都同样复杂，同样具有逻辑性，同样能生成无限多的句子，来表达任何思想。如果某事能够用一种语言或方言表达，那么，它也能用其他任何一种语言或方言来表达。虽然这可能涉及不同的方法和不同的词，但它总是可以表达的。关于方言我们在第十章会有更多的讨论。即使是那些技术上不发达的文化，其语言的情况也是如此。那些语言的语法丝毫没有未开化或不合式之嫌。在丰富性和复杂性方面，它们与技术发达的文化所使用的语言的语法并无二致。

3.2 规定语法

可以肯定地说，语法学家的任务是发现，而不是制造语言的法则。

约翰·费尔《英语语法·绪论》 1784 年

任何傻瓜都能定出规则，
每个傻瓜都把它当回事。

亨利·戴维·梭罗

无论过去还是现在，认为一切语法平等，并非所有语法学家的共同观点。从古到今，"纯语主义者"一直坚信，一种语言的某些说法要优于另一些说法，存在着所有受过教育的人说话和写作都必须遵循的"正确"形式，而语言演变是一种堕落。公元1世纪亚历山大时期的希腊人、公元8世纪巴士拉城的阿拉伯学者，以及18、19世纪众多的英语语法学家，都持这种观点。他们希望规定而不是描写语法规则，这就使得人们开始编撰**规定语法**。

在文艺复兴时期，新兴的中产阶级想要自己的子女说"上层"阶级的方言。这一愿望使得许多规定语法得以出版。1762年，罗伯特·洛思主教写了一部《英语语法简论及评注》（*A Short Introduction to English Grammar with Critical Notes*）。洛思为英语制定了许多新规则，很多规定受到了他个人偏好的影响。在这一语法著作发表之前，实际上所有人——无论上层阶级、中产阶级还是下层阶级——都说 I don't have none（我一点也没有），You was wrong about that（你当时把那个弄错了），Mathilda is fatter than me（玛蒂尔达比我胖）。但洛思认定"双重否定即为肯定"，因此，应该说 I don't have any；即使当 you（你）是单数时，后面的动词也应该用复数形式 were；在比较级结构中，than 后面应该分别用 I、he、they（我，他，他们 [主格]）而不是 me，him，them（我，他，他们 [宾格]）。这些"规则"有许多是以拉丁语语法为基础的，而在意大利语和法语这样从拉丁语发展而来的语言中，拉丁语语法早已被各种不同规则所取代。由于洛思的影响很大，加上新兴阶级又希望自己言谈"得体"，许多这样的新规则便进入了英语语法，至少在权势人物使用的语言变体——**优势方言**的语法中是这样。

有一种观点认为，习惯使用双否定式的语言是比较低级的，但是如果看一看世界上其他语言中的标准方言，就会发现这种观点是站不住脚的。举例来说，罗曼语族的语言就使用双否定式，以下是法语和意大利语的两个例子：

法　　语：	*Je*	*ne*	*veux*	*parler*	*avec*	*personne.*
	I	not	want	to speak	with	no-one.
意大利语：	*Non*	*voglio*	*parlare*	*con*	*nessuno*
	not	I-want	to speak	with	no-one.
英语翻译：	"I don't want to speak with anyone."（我不想跟任何人说话。）

洛思语法这样的规定语法，不同于我们一直在讨论的描写语法。规定语法的目标不是描写人们所知道的规则，而是告诉人们应该遵循什么规则。了不起的英国首相温斯顿·丘吉尔就英语中的句子不能以介词结尾这一"规则"说过这么一句话：It is a rule up with which we should not put（这是一条我们不应该再忍受的规则。）①

1908年，语法学家托马斯·R. 朗兹伯里写道："在过去的每一个阶段，现在也是如此，相当多的有识之士似乎总在担心英语无时不处于濒临崩溃的境地，因此必须付出坚韧不拔、持之以恒的努力，将它从毁灭的边缘拯救过来。"

---

① 英语中的短语 put up with 意思是"忍受"，该介词短语有两个介词 up 和 with 置于动词之后，按照英语规定语法的规则，该短语进入句子后，就必须把这两个介词置于 which 从句之前，如例句所示。但是，人们平时并不这么说话。丘吉尔故意按照规定语法造出这样的句子，旨在讽刺僵化死板的教条。——译注

时至今日，在我们的书店里，纯语主义者为拯救英语而撰写的著作汗牛充栋。例如，埃德温·纽曼在其《言语切正》（*Strictly Speaking*）和《公众用语》（*A Civil Tongue*）两书中，猛烈抨击那些用 hopefully 表示 I hope（我希望，但愿）的人，例如 Hopefully, it will not rain tomorrow（但愿明天别下雨），而 hopefully 的 "正规" 用法应表达 "有希望" 的意思。纽曼没有意识到的是，语言随着时间的推移而演变，而词义也在演变。对大多数说英语的人来说，hopefully 一词的意义已经扩大到可以包括两种用法。另外一些英语的 "救世主" 们指责电视、学校、甚至全国英语教师协会（National Council of Teachers of English）没有保护好标准语。只要有人认为非裔美国人英语①和其他方言同样是有生命力的完备语言，他们就会大加挞伐。

事实上，人类语言无一例外地富于充分的表现力、完整性和逻辑性，现在如此，两百年或两千年前也是如此。但愿（hopefully）本书能让你相信，所有的语言和方言都受到规则的制约，不管说话者是富还是穷，是强还是弱，学富五车还是目不识丁。社会中特定群体的语法或语言用法，可能会因为社会或政治原因而居于主导地位，但是，从语言学（科学的）角度来看，它们与社会中不那么显赫的普通阶层民众的语法和语言用法相比，并无高低贵贱之分。

话说回来，对于某些想要获得一份特定工作或就任一个尊荣职位的人来说，不可否认，**标准方言**（见第十章的定义）可能是一种更好的方言。在一个 "以言取人"（linguistic profiling）、歧视少数族群方言使用者的社会中，对于这些使用者来说，与其坐等社会变化，也许还不如先学会优势方言更有必要。但是从语言学角度而言，优势方言和标准方言的语法并不高人一等。

最后，以上讨论所说都是针对口语而言。文字（见第十二章）就不仅仅是通过简单接触说这种语言的人而自然习得的（见第八章），而是必须通过教学才能掌握。在语法、用法和文体上，文字要遵循某些口语不需要遵循的规范性规则，而且很少受方言变体的影响。

3.3 教学语法

> 我不想说语法，我想像淑女那样说话。
>
> 萧伯纳《卖花姑娘》

一种语言的描写语法，旨在描写那些在说话者头脑里内化了的规则。描写语法不同于**教学语法**，后者是用来学习另一种语言或方言的。教学语法在学校使用，以便满足语言必修课程的需要。对那些不会说某种标准方言或优势方言，但又觉得学了这种方言会给他们带来社交或经济方面好处的人来说，教学语法会很有帮助。教学语法明确地说明语言规则，列出单词及其读音，为学习一种新的语言或方言提供帮助。

对于成人来说，在没有正规指导的情况下学习第二语言，通常是很困难的。（关于第二语言习得在第八章中有更为深入的讨论。）教学语法假定学生已经掌握一种语言，并将目标语的语法与学生母语的语法进行比较。单词的意义在**释义词**中给出——即给出学生母语中与之相对应的词，如法

---

① AAE 又称作 "非裔美国人乡土英语"（African American Vernacular English, AAVE）、"美国黑人英语"（Ebonics）和 "黑人英语"（Black English, BE）。有一部分美国黑人说这种英语，但绝不是全部。这个问题将在第十章讨论。（原注 4）

语词 maison（房子）。这种方法假定学生知道释义词"房子"的意义，从而也就知道 maison 一词的意义。

目标语中那些学生母语所没有的发音，通常参照学生已知的语音来描写。这样，学生在发法语词 tu（你）中的 u 这样的音时，可以通过以下要领提供辅导："将 tea（茶）中的元音发成圆唇音。"

至于如何将词组合成合乎语法的句子的规则，也需要参照学习者母语的知识。比如，西布西索·涅姆贝齐所著教学语法《祖鲁语学习》（*Learn Zulu*）中规定："单复数的区别不在词尾，而在词首"，并提醒说，"祖鲁语没有不定冠词 a 和定冠词 the"。这样的规定假设学生知道自己语言的语法规则，如本例中就是英语的规则。虽然教学语法力图教给学生哪些是新学语言中合乎语法的结构，哪些不是，在这种意义上可能会被认为是规定语法，但是，较之于那些力图改变语言使用者已经掌握的语言规则或用法的语法，教学语法的目标有所不同。

本书主要关心的并不是规定语法或教学语法，不过，在第十章讨论标准与非标准方言时，还会涉及这一问题。

4. 语言共相

> 语法中有的部分为每种语言所共有，这部分组成所谓的一般语法。除了这些一般（普遍）的部分，还有一些只属于特定语言的部分，这部分则构成每种语言的特定语法。
>
> 杜马尔赛　约 1750 年

有些特定语言的规则，如英语、斯瓦希里语和祖鲁语，构成这些语言的个别语法的一部分，而有的规则却在一切语言中都成立。代表了所有语言普遍属性的这些规则，构成**普遍语法**。语言学家努力揭示特定语言的"法则"，同时也试图揭开关乎一切语言的法则。普遍法则特别令人感兴趣，因为它们给我们打开了一扇窗户，窥探人脑在这个认知领域的运作机理。

大约在 1630 年，德国哲学家阿尔施泰德首次使用"一般语法"这一术语，以区别于"特殊语法"。他相信，一般语法的作用是揭示那些"与语法概念的方法和来源有关的特征。这些特征为一切语言所共有"。他指出，"一般语法即是任何一种特定语法的'规范'模式"，他呼吁"有建树的语言学家将其洞察力用于这一方面"。比阿尔施泰德早三个半世纪，有一位名叫罗伯特·基尔沃比的学者就认为，语言学家应该关心如何去发现语言的一般性质。基尔沃比特别关注普遍语法，以至于把对特定语法的特征的考虑全然排除在外，认为它们"与语法科学毫不相干，正如测杆的制作材料或物体的物理特性与几何学毫不相干一样"。基尔沃比也许是一个过于极端的普遍主义者。个别语言的特定属性与语言共相的发现相关，它们本身就会引起研究的兴趣。

把拉丁语、希腊语、法语或斯瓦希里语作为第二语言来学的人，非常专注于学习第二语言当中与他们的母语不同的方方面面，对认为"语言存在着普遍法则"这样的论断也许会感到怀疑。但是，我们越考察这一问题，就有越多的证据支持乔姆斯基的观点，即存在着一种普遍语法（UG），它是人类与生俱来的语言机能的一部分。可以把UG看作是一套由规则和原则构成的系统，一切语言的语法都通过它来获得各自的特征。UG 的规则提供了一切语言都要遵循的基本蓝图。这套蓝图详细说明了这部语法具有哪些构造成分，它们之间的关系如何，这些成分的不同规则又是如何建立、如何相互作用的，等等。探索 UG 的属性，是**语言学理论**的一个主要目的。正如物理学家的目标在于揭示"物理世界的规律"一样，语言学家的目标在于揭示"人类语言的规律"。作为人脑的产物，语言的复杂性无疑意味着这个目标永远不会完全实现。一切具备科学性的理论都是不完备的，必须提出新的假设来解释新的事实材料。随着人们不断发现新的事物，理论也不断发生变化。正如爱因斯坦的相对论拓展了物理学，UG 的语言学理论也随着人们的新发现揭示出人类语言属性的新线索而不断发展。在这项事业中，对多种语言进行比较研究的重要性特别突出。

4.1 语法之发展

> 人类和世界的接触短暂、很个人化且程度有限，然而他们认识世界的能力居然能达到现在这样的水平。这究竟是怎么回事呢？
>
> 伯特兰·罗素

语言学理论不仅要描写成人说话者关于自己语言的知识，而且要解释这一知识是怎么习得的。所有正常的儿童显然都能在相对较短的时间内很容易地习得（至少一种）语言。而他们甚至不需要父母或照料者提供任何具体的语言辅导，就能做到这一点。人们常说，儿童习得语言，似乎只是听听周围的人说话，就可以"信手拈来"。儿童是语言学习的大师——不管是男是女，是出生富户还是贫家，是长在乡下还是城里，是上托儿所还是养在自己家里，所有这些因素都不会在根本上对他们语言发展的方式有所影响。儿童可以习得任何一种他们所接触到的语言——英语、荷兰语、法语、斯瓦希里语、日语——而且相当轻松。而且，尽管这些语言都各有其独特性，儿童用来学习的方法却都大体一致。例如，所有的儿童刚开始说话的时候，都是每次只用一个词。然后才把词组成简单的句子。在他们刚开始组词造句时，句子中的某些成分可能会漏掉。例如，一个说英语的两岁孩子可能会说：Cathy build house （凯西盖房子），用来表示 Cathy is building the house （凯西正在盖这座房子）。而在世界的另一头，一个说斯瓦希里语的孩子会说：mbuzi kula majani，译成英语就是：goat eat grass （羊吃草），这个句子里也漏掉了很多必需的成分。儿童还要跨越其他语言阶段，最后发展到成人那样的语言能力。到 5 岁左右，儿童说的语言和周围的成人相比，几乎已经不相上下。

再过短短的几年，尽管没有明确的指导，也不管个人的具体环境如何不同，年幼的孩子就能掌握其语言中复杂的语法结构，并习得一个规模相当可观的**词库**，尽管他们可能还不会系鞋带或做最简单的算术。儿童究竟怎样取得这一了不起的认知成果，是语言学家怀有浓厚兴趣的一个课题。儿童语言习得的成功，以及语言习得过程的一致性，都表明语言发展有着一个实体性的天赋机制。乔姆斯基追随早期的理性主义哲学家，提出人类与生俱来就有关于语言的蓝图，也就是我们前面提到过的普遍语法。儿童能够如此快速、省力地习得语言，就是因为他们无须弄懂自己语言中的全部规则，只需要弄懂那些他们那种具体的语言所特有的规则就可以了。语言的普遍属性——语言的法则——是他们生理禀赋的一部分。语言理论旨在揭示那些刻画所有人类语言共性的原理，并且展示使得语言习得成为可能的天赋语言机制。在第八章我们将详细讨论语言习得的问题。

4.2 手语:语言天赋机制的证据

> 并不是器官的缺乏(阻碍动物)……表达自己的思想……因为喜鹊和鹦鹉显然能像我们一样发出词的音来,然而它们不能像我们这样说话,也就是不能就此证明它们说的正是它们所想的。但是说到人类,即使天生聋哑……缺乏正常人赖以说话的器官,却习惯于发明某些手势来表达自己的思想,让别人明白。
>
> 勒内·笛卡尔《谈谈方法》

人类天生具有语言习得的能力,并且各种语言都受到相同普遍特性的制约,聋人群体所使用的手语,为这一观点提供了一些最好的证明。

因为聋童无法听到言语的声音,他们无法像正常儿童那样习得口语。但是,接触到手语的聋童学会手语所经历的各个阶段,和正常儿童学会口语经历的阶段有平行关系。手语是不用语音表达意义的人类语言。作为语音的替代,手语是一种视觉-手势系统,使用手、身体、面部表情作为代表词的形式。手语是非常发达的语言,手语使用者也和正常的口语使用者一样,能够创造和理解无限多的新句子。

目前关于手语的研究,对于理解人类语言习得和使用的生物学基础至关重要。因此,对手语有一定的认识,是必不可少的。

约千分之一的婴儿先天失聪,或者天生就有严重的听力障碍。由此造成的一个主要影响,就是失聪儿童学习口语非常困难。听不见语言的人,简直就不可能学会自然地说话。正常的言语很大程度上依靠来自听觉的反馈。因此失聪儿童如没有就读专门学校或修学特别为失聪者设计的课程,并接受大量训练,他们不会学会说话。

虽然可以教会失聪者说出可以听得懂的语言,但他们绝不可能像听力正常者那样理解言语。75%的语词光靠嘴唇的动作根本不能精确地读出。可见,很多失聪者理解口语的能力是异乎寻常的。他们把判断口形的读唇术与对语言结构、语义羡余的知识以及语境结合起来。

然而,从人类所有成员都有能力学会语言的意义上讲,人类语言具有普遍性,既然如此,在聋人中发展起各种非口语作为口语的替代也就不足为奇了。我们对人类的语言能力了解越多,就越发清楚语言习得和使用并不依赖于发音和听音的能力,而是依赖一种由生物机制所决定、抽象程度高得多的认知能力,这种观点能够解释口语和手语之间的相似。

4.2.1 美国手语

美国聋人使用的主要语言是**美国手语**(**ASL**)。它是在法国手语的基础上发展起来的,早在1817年由伟大的教育家托马斯·霍普金斯·加拉德特传入美国。

就像所有的语言一样,ASL也有一套自己的语法:其中包括一套相当于口语中语音系统的手势系统,一套形态、句法和语义规则,以及使用者头脑中的手势词库。

美国的教育者为了表达英语口语和书面语的需要,创造了若干手势符号系统。这些人工语言的组成方式，主要是用手势来代替英语口语中的每个词（以及像表示复数的-s 词尾、表示过去时的-ed 词尾那样的语法成分）。因此，这些代表英语的手势代码的句法和语义，和英语口语的句法和语义大致相同。这样做的结果不够自然，因为这就像说法语时把每个英语词或词尾都翻译成对应的法语词或词尾一样。由于这两种语言之间并不总是存在着对应形式，所以会造成各种问题。

有时，手语使用者需要表达的一个词或概念没有相应的手势。可以举出以下一些例子：新造词、外语词、缩略词、某些专用名词、科技术语，或是演绎手语版莎士比亚戏剧时可能会碰到的一些陈旧的废词。针对这种情况，ASL 提供了一系列手形和动作，用来代表英语字母，使得所有这样的词和概念都能通过手指拼写来表达。

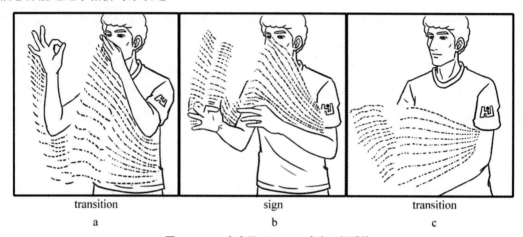

图 1.2　ASL 中表示 DECIDE（决定）的手势：
a 和 c 表现该手势的前后过渡；b 演示了手势向下移动一次的动作

不过，手势符号的产生不同于用手指拼写的单词。如克利马和贝卢吉所观察到的："DECIDE（决定）这个手势不能作为一个序列分解为若干独立的手部构形。美国手语中 DECIDE 的手势的确有一个基本的运动，但是手形与运动同时发生，这和 ASL 中所有其他的词汇手势一样，但是和 D-E-C-I-D-E 各个字母用手指单独一一拼出不一样。从外形上看，这个手势是一个连续的整体。"[①]这一手势符号见图 1.2。

用手势交流思想的速度和口语不相上下。此外，对失聪者群体而言，语言艺术也不曾失落。手语一样可以用来写诗，而谢里登的剧作《批评家》这样的舞台话剧，也由国家聋人剧团翻译为手语登台演出。

失聪儿童习得手语的方式，和听力正常的儿童习得口语是差不多的，经过语言阶段毫无二致，包括咿呀语的阶段。失聪儿童用手"咿呀"学语，就像听力正常的儿童用声带咿呀学语一样。失聪儿童打着手势进入梦乡，就跟听力正常的儿童说着话就睡着了一样。失聪儿童报告说他们用手语做梦，就像说法语的儿童用法语做梦，而说霍皮语的印第安儿童用霍皮语做梦一样。失聪儿童用手语跟洋娃娃或动物玩偶"说话"。打手语的时候会出现"手误"，就和说话会出现口误一样；"绕手令"

---

① 出处：Klima and Bellugi, *The Signs of Language*, pp. 38 and 62.（原注 5）

逗乐手语使用者，就像绕口令逗乐说话者一样。手语都和口语在所有重要的方面都很相似，这说明语言共相确实存在，尽管在语言使用的形式上存在着差异。这种普遍性是可以预测的，因为不论以何种形式来表达，语言都是一种基于生物特性的能力。

5. 动物"语言"

> 狗无法讲述自己的经历；无论它叫得多么起劲，也无法告诉你，它的父母虽穷但诚实。
>
> 伯特兰·罗素

语言是非人类莫属的特性吗？认为动物也会说话的观点，在人类社会流传之久之广，就像语言本身一样。每种文化都不乏由动物来扮演一个说话角色的传说。在西非各地，孩子们听的民间故事，主人公是一位"蜘蛛人"。"土狼"是许多美洲土著寓言中一个最受喜爱的形象；而在著名的伊索寓言中登场的动物形象就非常多了。虚构的杜利特尔医生①的特长便是能与所有动物交谈，大至巨蟒，小至麻雀。

如果语言只被看作是一种信递系统，那么，许多物种都能传递信息。人类还使用语言以外的系统互相联系，传递"信息"，比如所谓的"身体语言"。问题是，其他物种使用的信递系统是不是和人类的语言知识一样，不需要清楚详细的教学儿童也能自行习得，并且能够创造性地使用，而不是仅仅对内外的刺激做出反应。

5.1 "会说话的"鹦鹉

大多数人习得语言，是利用语音表达意义。但这样的语音并非语言的一个必要方面，这可以从手语得到证明。因此，语音的运用，在我们一直称之为"语言"的东西那里，并不是基本的组成部分。小鸟之啼啭、海豚之吟啸、蜜蜂之轻舞，都有可能代表与人类语言相似的系统。如果说动物的信递系统与人类语言不同，那并不是因为它们缺少语音。

相反，动物模仿人类说话，并不意味着它们有语言。语言是一个将语音或手势与意义联系起来的系统。像鹦鹉和八哥这样"会说话的"鸟，能够忠实地重复它们所听到的人类语言的词与短语，但它们发出的叫声并不传递任何意义。它们说的既不是英语，也不是它们自己的语言，尽管它们发出的声音听起来和我们一样。

会说话的鸟不会将它们所模仿的音切分成离散的单位。对鹦鹉来说，Polly 和 Molly 并不押韵，它们就像 hello 和 goodbye 一样完全不同。而一切人类语言的一个特征（这一点将在第六章进一步讨论）就是语音或手势单位的离散性，这些单位可按顺序排列并重新排列，可组合也可拆散。一般来说，鹦鹉只会说人们教它说的话，或是它自己听来的话，除此之外什么也不会。即使鹦鹉波利学会说 Polly wants a cracker（波利要一块脆饼干）或 Polly wants a doughnut（波利要一个炸面包圈），并学会了模仿单个的词 whiskey（威士忌）和 bagel（硬面包圈）的发音，但她还是不会像儿童那样

---

① 杜利特尔医生是美国儿童文学家休·洛夫廷在系列童书中创造的文学形象，得名于萧伯纳名著《卖花姑娘》中的女主人公伊莉莎·杜丽特尔，能听懂并说动物的"语言"。——译注

自发地造出 Polly wants whiskey（波利要威士忌）或 Polly wants a bagel（波利要一个硬面包圈）或 Polly wants whiskey and a bagel（波利要威士忌和硬面包圈）这样的句子。如果她学会了说 cat（猫）和 cats（猫，复数），dog（狗）和 dogs（狗，复数），然后又学会了 parrot（鹦鹉）这个词，但她仍然不会像三岁的孩子那样构造出复数形式 parrots；鹦鹉也不会用数量有限的单位构造出无限多的话来，更不会理解它从来没听到过的话。有关一只名叫亚历克斯的非洲灰鹦鹉的报道说明，新的动物训练方法可能使它们学会更多的东西，而以前认为这是不可能办到的。当训练者在一定的语境中使用词的时候，亚历克斯似乎就把某些语音和意义联系起来。这确实不仅仅是简单的模仿了，但是，这与儿童习得任何一种语言语法的复杂内容不是一回事，更像是狗在学习把某些语音和意义联系起来，比如"快跑、坐下、抓住"等等。德国最近的一项研究报道，一只名叫里科的 9 岁大的边境牧羊犬已经掌握了 200 个词的词汇量（包括德语词和英语词）。里科并没有接受过强化训练，但这些词中有很多它都能相当快地记住。

鹦鹉能发出类似人类语言所使用的语音的叫声，而且这些叫声可以和意义联系起来，里科能听懂语音序列，知道它们与某些具体的东西一一对应，不管这些成绩有多惊人，它们的这些能力，都不能与儿童习得人类语言的复杂语法的能力相提并论。

5.2 鸟类与蜜蜂

> 鸟类与动物彼此十分友好，从不为任何事争吵。它们都会说话，并且都与我说话。但它们说的肯定是一种外语，因为它们说的我一个字也听不懂。
>
> 马克·吐温《夏娃日记》

大部分动物拥有某种"发送信号"的信递系统。某些品种的蜘蛛有一种复杂的求爱系统。雄蜘蛛在接近爱侣之前，先要完成一套精细的动作，以向她表明自己是同类和合适的交配伙伴，而不是糕饼屑或苍蝇这样可以吃的东西。这些动作是固定不变的。人们从未发现有一只富于创造性的蜘蛛，对它们这套特殊的求爱仪式有所改变，或增添点什么新花样。

同样类型的"身势语"也见于招潮蟹。招潮蟹有 40 个不同的品种，每个品种都用自己的挥舞螯钳的动作，向其"同族"的成员发出信号。在同一品种的蟹中，每只蟹每次挥舞螯钳的时间间隔、动作走向以及身体姿势都完全一样，从不改变。不管这种信号是什么含义，它都固定不变，而且只传达一种意义。

会说话的鸟所模仿的音，与人类语言少有共同之处。但是许多鸟的叫声和歌声确实具有信递的功能，这些声音与人类语言的相像之处，在于同一物种之内也可以有不同的"方言"。**鸟叫**（由一个或多个短音符组成）传递与即时环境有关的信息，如危险、进食、筑巢、群集等等；**鸟语**（具有较复杂的音符模式）用来标记领地范围和吸引同伴。无法证明鸟语具有内部结构，也无法将它们像人类语言中的词那样切分出有独立意义的部分。在对欧洲知更鸟用以标示领地的鸟语的研究中发现，互相竞争的知更鸟仅仅注意音调的高低交替，而不管高低音孰先孰后。信息的变化，仅取决于知更鸟对其领地的占有感之强弱，及其在多大程度上准备捍卫该领地，并在其中组建家庭。

因此，高低音调的交替，表达的是一种强度，除此别无他意。知更鸟能用许多不同的方式发出同一内容的鸟语，在这方面它有创造性；但如果要它用该系统中相同的"单位"来表达具有不同意义的许多不同信息，它就缺乏创造性了。

尽管鸟叫与鸟语和人类语言有某些表面上的相似之处，但它们却是本质上完全不同的信递系统。前者所能传递的信息种类是有限的，并且这些信息是受刺激控制的。

这种差别也见于蜜蜂的信递系统。搜寻食物的工蜂能够回到蜂巢，与它的同伴沟通，告诉它们食物源的位置。它在蜂巢的立面上跳舞，以这种方式报告食物的方位和质量。有一种意大利蜂，其舞蹈行为有三种可能的模式：圆形（表示食物在蜂巢附近，距离在 20 英尺左右）；镰形（表示食物距蜂巢 20—60 英尺）；摆尾（表示食物距离蜂巢超过 60 英尺）。摆尾舞基本动作每分钟的重复次数表明精确的距离：重复速率越慢，说明距离越远。

蜜蜂的舞蹈对于蜜蜂是一种有效的信递系统。原则上，它能像人类语言一样传递无限多的不同信息；但与人类语言不同，该系统只局限于表达一种主题——即食物源。这种不变性已经得到验证。有位实验者强迫一只蜜蜂步行到食物源处，当这只蜜蜂回到蜂巢时，它所表示的距离要比实际的食物源位置远 25 倍。蜜蜂无法传递信息中的特殊情景。缺乏创造性这一点使得蜜蜂的舞蹈与人类语言有着质的区别。

早在 17 世纪，哲学家和数学家勒内·笛卡尔指出，动物的信递系统与人类使用的语言有着质的区别：

> 一个十分显著的事实是，没有人，甚至包括白痴，会退化、愚蠢到不会把不同的词组合在一起，用来陈述自己的思想，让旁人明白。而在另一方面，没有任何动物可以做到这一点，无论其本身多么完美，境遇多么幸运。

笛卡尔进一步指出，人类和动物的一个主要区别在于，人类使用语言并不像动物所发出的声音或动作那样，只是对外部甚至内部刺激的反应。他提醒人们不要将人类使用的语言与"表达激情的自然动作混为一谈，后者也可能被……动物表达"。

认为动物用来传递信息的系统与人类语言有质的区别，并不就是主张人类的优越性。人类不能用单细胞分裂的方式繁殖，但并不因此就不如单细胞变形虫，人类只是有性别罢了。他们也并不是比不上嗅觉远胜人科动物的猎狗。正如我们在下一章会讨论的那样，人类的语言能力根植于人脑，就像其他物种的信递系统决定于它们的生物结构一样。所有关于动物信递系统的研究，包括对黑猩猩的研究（见第八章的讨论），都提供了证据，支持笛卡尔在其他动物的信递系统和人科动物的创造性语言能力之间做出的区别。

6. 语言和思维

> 当时的计划是，一旦新话①一劳永逸地得到采用，旧话被人遗忘，那么异端邪说——与英社②原则相悖的思想——应该是根本无法想象的，至少，只要思想离不开语词，事情就是这样。
>
> 乔治·奥威尔《1984·附录》

很多人被"语言如何与思维相联系"这个问题深深地吸引。像语言这样对于人性来说力量强大、至关重要的东西，想象它会影响到我们如何观察或者感知周遭世界，是很自然的事。这一点在以上所引乔治·奥威尔的杰作《1984》的附录中讲得很清楚。多年以来，人们在语言和思维的关系问题上众说纷纭。认为语言结构影响说这种语言的人对周围世界的感知这一观点，与语言学家爱德华·萨丕尔和他的弟子本杰明·沃尔夫关系最为密切，所以又被称为**萨丕尔-沃尔夫假说**。萨丕尔在1929年写道：

> 人类并不仅仅生活在客观世界中，也不是像一般人认为的那样仅仅生活在社会活动的世界里，而是很大程度上受制于已经成为其所在社会表意媒介的特定语言……在很大程度上，我们之所以这样看、听，或者经历事情，是因为我们社区的语言习惯在如何解释事物方面预先倾向于某些选择。③

沃尔夫的观点更为激进：

> 每种语言中作为背景的语言系统（即语法），不仅仅是一种用来言说思想的再生工具，它本身就是思想的塑造者，规划和指导个人的心理活动、对心理印象的分析，以及对其心理上的惯用手段所进行的综合……。我们根据自己的母语所划定的路线来解剖自然。④

萨丕尔-沃尔夫假说最强的形式称为**语言决定论**，因为它认为我们所说的语言决定我们对世界的感知和思考。从这一观点来看，语言的作用就像是现实的一个过滤器。沃尔夫用以支持语言决定论的一个最有名的主张，就是霍皮印第安人对时间的感知和说欧洲语言的人不同，因为霍皮语不像英语那样对时态作语法上的区别，比如使用词或者词尾 did, will, shall, -s, -ed 和 -ing。

该假说比较温和的一个形式是**语言相对论**，认为不同的语言对不同的范畴编码，因此说不同语言的人对世界的思考有不同的方式。比如，不同的语言在色谱上截取颜色的分界点不同。在印第安纳瓦霍语里，蓝色和绿色是同一个词。俄语中的深蓝色和天蓝色用不同的词表示，而在英语里，我们需要用 dark（深）和 sky（天）来区别其中的差异。美国印第安祖尼语不区别黄色和橙色。语言在表达方位方面也不尽相同。如意大利语可以说：you ride "in" a bicycle（你骑在自行车"里"），you go "in" a country（你去一个国家"里"）；而英语却只能说：you ride "on" a bicycle（你骑在自行

---

① 原文为 Newspeak，是奥威尔的小说《1984》中"大洋国"政府发明并推行的一种以英语为基础但是词汇和语法都大大简化的新语言，目的在于控制人民的思想。与此相对，标准英语则被称为"老话"（Oldspeak）。——译注
② 原文为 IngSoc，"英格兰社会主义"（English Socialism）的简称，是奥威尔在《1984》创造的新词。——译注
③ 出处：Edward Sapir. 1929. *Language*. New York: Harcourt, Brace &World, Inc., p. 207.（原注6）
④ 出处：J. B. Carroll (ed.) 1956. *Language, Thought, and Reality; Selected Writings of Benjamin Lee Whorf*. Cambridge, MA: MIT Press.（原注7）

车"上"），you go "to" a country（你去一个国家）。在英语中，我们说：a ring is placed "on" a finger（戒指戴在手指"上"），a finger is placed "in" the ring（手指在戒指"里"），而在韩语中这两种情况用的是同一个词 kitta，表示两个物体之间紧紧相扣的关系。西班牙语用两个不同的词，分别表示一个角落的里面（esquina）和外面（rincon）。沃尔夫主张中最为大家熟悉的，就是北极因纽特语中表示雪的词远比英语多，这会影响因纽特人对世界的认识。

不同的语言在词汇和语法上表现出语言学区别，这一点毫无疑问，我们在下面几章中会看到很多这样的例子。问题是，如果真的如此，这样的区别在什么程度上影响说话者的思维和感知？萨丕尔-沃尔夫假说不无争议，但是该假说的强式版本是错误的，这一点却很清楚。人们的思维和感知并不是由他们语言中的词汇和结构所决定的。我们不是自己的语言系统的囚犯。如果说话者无法思考某个事物，是因为自己语言里没有表达这一事物的具体词，那么翻译就是不可能的，学习第二语言也无法办到。英语里虽然没有专门的词表示一个角落的里面和外面，但是我们也完全可以用不止一个词来表达这样的概念。事实上，我们在上文中就是这么做的。如果我们因为语言里没有表示某一事物的词，而无法思考这一事物的话，那么婴儿又是怎么学会第一个词的呢？更不用说学会一种语言了。

许多关于语言决定论的具体主张都被证明是错误的。比如，霍皮语中虽然没有表示具体时态的词和词尾，但是这一语言有关于时间的其他表达方式，包括表示一周中每一天的词，一天中每一阶段的词，以及表示昨天明日、月相、季节等的词。霍皮人以日暑为基础，用各种各样的历法和计时装置来计量时间。显然，他们有很成熟的时间概念，尽管他们的语言中没有时态系统。

同理，尽管不同的语言使用的颜色词不尽相同，但是说话者可以立即感知那些在他们的语言中没有得到命名的颜色。在新几内亚有一种叫大峡谷达尼语的语言只有两个颜色词：黑和白（暗色和亮色）。在实验研究中，说这一语言的人能够学会辨认红色，他们辨认鲜红色比一般的红色（off-red）更好。如果他们对颜色的感知被他们的语言固定住了的话，那这就是不可能的了。我们对颜色的感知取决于人眼的结构，而不是语言的结构。

人类学家已经证明，因纽特语表示雪的词并不比英语多（英语中也有 10 来个这样的词：sleet 雨夹雪，blizzard 暴风雪，slush 融雪，flurry 阵雪，等等），但是即便因纽特语中表示雪的词汇比英语里的多，也并不表明语言决定因纽特人对世界的经验，而应该是他们在那个特定世界中的经验产生了对某些词的需要。在这一点上，说因纽特语的人，跟关于互联网协议有一套技术用语的电脑程序员，或者关于语言有不少专业术语的语言学家，其实是一样的。在本书中，我们会给你介绍很多新词和语言学概念，你肯定都能学会！而如果你对语言的思考取决于你现有的语言学词汇，那这就不可能做到了。

在我们对世界的理解中，我们肯定不是像萨丕尔所说的那样"受制于我们所说的语言"。但是我们不妨这样设问：我们所说的语言是否以某种方式影响我们的认知？比如，在颜色范畴化这个领域里，已有证明表示，如果一种语言没有表示红色的词，那么这一语言的说话者会比较难以辨识红色的物体。换言之，有了一个标签，储存和提取记忆中的信息似乎会比较容易。

也有人提出过有关语法上的性是否影响说话者对事物的思考这一问题。许多语言都把名词分为阳性和阴性（如西班牙语、德语）；在西班牙语中，la llave（钥匙）是阴性名词，而 el puente（桥）是阳性名词。有些心理学家指出，对性加以区别的语言的使用者把事物看成像人或动物那样具有性别。有一项研究要求说德语和西班牙语的人用英语形容词来描写各种物体（这些人熟练掌握英语）。一般说来，他们用比较具有男性气质的形容词，来描述那些在他们自己的语言中语法上标为阳性的事物——该结果是根据独立评估做出的。如说西班牙语的人描写"桥"，多用的是"大、危险、长、结实、牢固"这一类的形容词；而在德语中，表示"桥"的 die Brücke 一词是阴性，所以，说德语的人用于描写"桥"的形容词更女性化，如"美丽、优雅、脆弱、安宁、漂亮、苗条"等。有趣的是，尽管英语的普通名词本身并没有语法上的性别，人们还是注意到，说英语的人也会对事物做出与性别相关的一贯评价。由此看来，也许不管说什么语言，人们都有一种把事物人性化的倾向，而如果语言本身有语法上的性别，那么这种倾向就会以某种方式得到强化。虽然对此作任何肯定的结论还为时过早，但上述及类似研究的结果似乎支持弱式的语言相对论。

政治家和营销商当然相信语言能够影响我们的想法和价值观。一个政党会把遗产继承税说成"财产税"，而它的反对党则把称之为"死亡税"。一个政客称为"为富人免税"的，另一个政客只说"减税"。在堕胎问题辩论中，有些人会说"选择权"，而另一些人则说"生命权"。术语反映了不同的意识形态，但表达方式的选择，主要是为了支配公众舆论。政治正确（politically correct，PC）的语言也反映了语言影响思维这一观点。很多人相信通过改变我们的说话方式，可以改变我们的思维方式。他们相信假如我们把表达种族主义和性别歧视的词从我们的语言中清除出去，那么我们这个社会就会变得不那么种族主义和性别歧视了。我们在第十章将会讨论，语言本身并没有种族主义或性别歧视，人自己才有，正因为如此，某些特定的词才会带上负面的意思。斯蒂芬·平克在其《语言本能》（Language Instinct）一书中用了"委婉语跑步机"的说法来说明，人们原本为了取代意思负面的词而创造出来的委婉语，通常还是会引起关于那些被替代的词的负面联想。在这些情况下，改变语言并不能让说话者产生一个新的世界观。

在语言可以用来控制社会这方面，奥威尔颇有先见之明，但是在语言和思维的关系问题上，他要谨慎得多。他在给自己的观点定性时，用词相当小心——"至少，只要思想离不开语词，事情就是这样"。现今的研究表明，语言并不决定我们如何感知和思索周围的世界。未来的研究应该会揭示，语言在多大程度上影响人类认知的其他方面，比如记忆和范畴化。

7. 我们对语言的了解

关于人类语言、语法及语言的使用，我们对其本质知之甚少。语言学这门科学关心的就是这些问题。语言学家的探索和对口语的分析，至少可以追溯到公元前 1600 年的美索不达米亚。从那以后，我们对语言有了很多认识。以下是跟所有语言都相关的众多事实：

1. 凡有人类生存的地方就有语言。
2. "未开化"的语言是不存在的——所有语言都同样复杂，都同样能表达任何观念。任何语言的词汇都可以扩大，增加表达新概念的新词。
3. 所有语言都随时间而演变。
4. 口语的语音和意义、手语的手势和意义之间的联系，大体上是任意的。
5. 所有人类语言都利用数量有限的离散语音或手势，把它们组合成有意义的成分或词，再把成分或词组合成无限多的可能句子。
6. 所有语法都包含一套类似的规则，用来构词造句。
7. 所有有声语言都包括离散的音段，如 p, n 或 a，它们都能用数量有限的语音属性或特征来界定。每一种有声语言都有一组元音和一组辅音。
8. 所有语言都有相似的语法范畴（如名词、动词）。
9. 每种语言都有普遍的语义特征，如衍推（从一个句子推断另一句子的真值）。
10. 每种语言都有特定的方式来表示否定、提问、命令，表示过去或将来，等等。
11. 会说任何一种语言的人都有能力造出和理解无限多的句子。句法共相表明，每种语言都有构造如下句子的方式：

    Linguistics is an interesting subject.（语言学是门吸引人的学科。）

    I know that linguistics is an interesting subject.（我知道语言学是门吸引人的学科。）

    You know that I know that linguistics is an interesting subject.（你知道我知道语言学是门吸引人的学科。）

    Cecilia knows that you know that I know that linguistics is an interesting subject.（塞西莉亚知道你知道我知道语言学是门吸引人的学科。）

    Is it a fact that Cecilia knows that you know that I know that linguistics is an interesting subject?（塞西莉亚确实知道你知道我知道语言学是门吸引人的学科吗？）

12. 人类习得、掌握和使用语言的能力是一种基于生物机制的能力，它根植于人脑的结构，通过不同的形式（如口语或手语）得以表达。
13. 任何正常的儿童，无论出生在何地，属于哪一种族，具有何种地理、社会和经济背景，都能学会一种所接触到的语言。

看来，阿尔施泰德和杜马尔赛（还可以列出历代许多其他"普遍主义者"）并非只是想入非非。我们都拥有人类语言。

8. 小结

我们每个人都至少对一种语言十分熟悉，即我们的母语。但我们很少有人能停下来想一想，如果我们掌握了一种语言，那么我们究竟知道些什么。没有一本书能够装得下英语、俄语，或者祖鲁语。一种语言的词汇可以在词典里列出，但词典无法列出所有的句子。一种语言既是由词汇，也是由句子组成的。说话者利用一套有限的规则构造并理解无限多的可能句子。

这些规则是一种语言**语法**的组成部分。在你习得该语言时，你的语法也会发展起来，它包括语音系统（**音系**）；词汇结构和性质（**形态和词库**）；将词组成短语和句子的方式（**句法**）；语音和意义关联的方式（**语义**）。一个词的语音和意义是以**任意**的方式结合起来的。假如你从未听说过 syntax（句法）这个词，那么，从这个词的发音，你无从知道它是什么意思。可见，语言是一种将语音（或者手、身体姿势）与意义结合起来的系统。掌握一种语言，即是掌握这一系统。

这一知识（**语言能力**）不同于行为（**语言运用**）。假如有天早晨你醒来后决定停止说话（就像天主教特拉普修道士起誓沉默后那样），但你仍然有关于自己语言的知识。这一语言能力是潜藏于语言行为背后的。如果你没掌握这种语言，你就不会说这种语言；但你如果掌握了，你却可以选择不说。

可以分出三种"语法"。一种语言的**描写语法**就是说这种语言的人自己没有意识到的语言知识或能力。每个说这种语言的人都掌握一套**心理语法**，而描写语法则是它的模型。它并不传授语言的规则，而是描写业已为说话者所掌握的规则。**规定语法**则力图立法定规，规定你的语法应该是怎样的。它意在规范，而不是描写，有也只是偶尔为之。**教学语法**是为了帮助人们学习外语或者他们母语的某种方言而编写的。

语言学家越是对世界上数以千计的语言进行考察并描写其差异，便越发现这些差异是有限的。语言共相关乎语法的所有组成部分，关系到这些部分相互关联的方式以及规则的形式。语言共相的原则组成**普遍语法**，它是一切可能的人类语言的语法蓝图。普遍语法构成人类语言机能的先天部分，它使得正常的语言发展成为可能。

孩子通过接触习得语言的方式，为普遍语法提供了强有力的证据。他们不需要有人有意识地教他们，尽管家长也许会喜欢"教"孩子学说话或者打手语。孩子可以学会所接触的任何语言，而且他们从幼年就开始学习，通过可定义的阶段最终学会。等到四五岁的时候，孩子就几乎习得了成人掌握的整部语法。这意味着，孩子生来就具备遗传的天赋机能，能够学习并使用人类语言，而这种机能是普遍语法的一部分。

失聪儿童学习**手语**的事实表明，聆听或发出声音的能力并非学习语言的一个必要前提。世界上有各种各样的手语，正如各种口语一样各不相同，它们都是视觉-手势系统，都像口语一样高度发展、结构复杂。在美国使用的主要手语是**美国手语（ASL）**。

如果仅仅把语言定义为一种信递系统或者发出语音的能力，那么语言就并非人类所特有。但是，人类语言的某些特征是任何其他物种的信递系统都没有的。人类语言的一个基本特性是**创造性**——即说话者所具备的一种能力，能够将基本的语言单位组合成无限多合式的句子，而且其中大部分是以前从未说过或者听过的新句子。

鸟类、蜜蜂、螃蟹、蜘蛛以及绝大部分其他的动物都能以某种方式传递信息，但它们所传递的信息却是十分有限并受刺激控制的，内容极为狭窄。由内在心理语法所代表的语言系统不受刺激控制，且能生成无限的信息，因而是人类所特有的。

萨丕尔-沃尔夫假说认为我们所说的特定语言决定或影响我们对世界的感知和想法。早期看来支持这种假说的证据没能经受住时间的考验。较晚近的实验研究表明，一种语言的词和语法可能对认知的某些方面产生影响，比如记忆和范畴化。

9. 进阶书目

Bickerton, D. 1990. *Language and Species*. Chicago: Chicago University Press.

Chomsky, N. 1986. *Knowledge of Language: Its Nature, Origin, and Use*. New York and London: Praeger.

_____. 1975. *Reflections on Language*. New York: Pantheon Books.

_____. 1972. *Language and mind*. Enlarged Edition. New York: Harcourt Brace Jovanovich.

Crystal, D. 1997. *Cambridge Encyclopedia of the English Language*. Cambridge, England: Cambridge University Press.

Hall, R. A. 1950. *Leave Your Language Alone*. Ithaca, NY: Linguistica.

Gentner, D., and S. Goldin-Meadow. 2003. *Language in Mind*. Cambridge, MA: MIT Press.

Jackendoff, R. 1997. *The Architecture of the Language Faculty*. Cambridge, MA: Harvard University Press.

_____. 1994. *Patterns in the Mind: Language and Human Nature*. New York: Basic Books.

Klima, E. S., and U. Bellugi. 1979. *The Signs of Language*. Cambridge, MA: Harvard University Press.

Lane, H. 1989. *When the Mind Hears: A History of the Deaf*. New York: Vintage Books (Random House).

Milroy, J. and L. Milroy. 1998. *Authority in Language: Investigating Standard English*, 3rd edition. New York: Routledge.

Napoli, D. J. 2003. *Language Matters: A Guide to Everyday Thinking about Language*. New York: Oxford University Press.

Pinker, S. 1999. *Words and Rules: The Ingredients of Language*. New York: HarperCollins.

_____. 1994. *The Language Instinct*. New York: William Morrow.

Sebeok, T. A. (ed.). 1977. *How Animals Communicate*. Bloomington, IN: Indiana University Press.

Stokoe, W. 1960. *Sign Language Structure: An Outline of the Visual Communication System of the American Deaf*. Silver Springs, MD: Linstok Press.

10. 练习

1. 说英语者的语言知识包括对该语言的语音序列的认识。当一个新产品投入市场，制作者给该产品起的名称必须符合能够被接受的语音模式。假定你被某一肥皂产品生产商聘用，让你为五个新产品起名。你会想出哪些名称？请把这些名称列出来。

我们对这些名称的读音很有兴趣。因此，请你用自己的方式描述一下你列出来的词是怎么念的。比如说，你把一种清洁剂叫作 Blick。你可以用以下任何一种方式来描述这一名称中的语音：

blood 中的 bl，pit 中的 i，stick 中的 ck

bliss 中的 bli，tick 中的 ck

boy 中的 b，lick 中的 lick

2. 考虑下列句子。在那些与你的语法规则不一致或你觉得不合语法的句子后面打个*号。如果可以的话，请说明为什么你认为它们不合语法：

A. Robin forced the sheriff go.

B. Napoleon forced Josephine to go.

C. The devil made Faust go.

D. He passed by a large pile of money.

E. He came by a large pile of money.

F. He came a large sum of money by.

G. Did in a corner little Jack Horner sit?

H. Elizabeth is resembled by Charles.

I. Nancy is eager to please.

J. It is easy to frighten Emily.

K. It is eager to love a kitten.

L. That birds can fly amazes.

M. The fact that you are late to class is surprising.

N. Has the nurse slept the baby yet?

O. I was surprised for you to get married.

P. I wonder who and Mary went swimming.

Q. Myself bit John.

R. What did Alice eat the toadstool with?

S. What did Alice eat the toadstool and?

3. 本章指出语言中有一小部分单词可能是拟声词，即其发音"模仿"其所指之物。如英语中的 ding-dong（叮咚），tick-tock（嘀嗒），bang（砰），zing（尖啸声），swish（唰唰、哗哗）和 plop（扑通、啪嗒）即属此类。请你列出 10 个新的拟声词。找至少 5 个朋友测试一下，看看它们在语音和意义上是否真的是非任意的。

4. 尽管所有语言中大多数词的语音和意义都是任意地联系起来的，但有一些信递系统中的"符号"却毫无歧义地反映其"意义"。

A. 描述（或画出）5 个直接表明其意义的不同符号。

例如：表示 S 形曲折道路的路标。

B. 描述一下其他任何一种信递系统，像语言那样，也是由任意的符号组成的。

例如：交通信号，红灯表示停止，绿灯表示通行。

5. 考虑这两个陈述：I learned a new word today. I learned a new sentence today. 你认为这两个陈述有同样的可能性吗？如果不是，为什么？

6. 狗吠、猫叫与鸟鸣和人类语言有什么相同的地方？它们之间有哪些基本的区别？

7. 狼能通过耳朵、嘴唇和尾巴的不同位置表达微妙的感情差异。其尾巴有 11 个不同的姿势用以表达自信、自信的威胁、无紧张状态、没把握的威胁、抑郁、积极、主动屈服、完全屈服等不同的情绪。这一系统看起来很复杂。假定狼用这种方式能表达一千种不同的情感，那么，你会说狼具有像人类那样的语言吗？如果不是，为什么？

8. 假设你教一只狗学会服从你的指令，用下列单词作为信号：heel（紧跟），sit up（坐立），roll over（打滚），play dead（装死），stay（站住别动），jump（跳跃），bark（叫唤）。那么，你是在教它语言吗？说出为什么是，或为什么不是。

9. 陈述你所学过的某一语法规则，它教你以正确方式说话,但你在平时的口语中并不会这么说。例如，你可能听说过，It's me 这个说法不对，正确的说法应该是 It's I。但是，这样的句子你总是用 me，你的朋友们也是如此。事实上，你觉得 It's I 听上去有点奇怪。

写一篇短文，提出理由反驳说你错了的人。说说这种不一致的现象如何表现出描述语法和规定语法之间的区别。

10. 想出一些语法"糟糕"但是一旦纠正就会失去表现力的歌名。例如，1929 年"胖子"沃勒的名曲《没有淘气》（Ain't Misbehavin）肯定比 I am not misbehaving 更精彩。请你举出 5—10 个这样的歌名。

11. 一些语言学家试图撰写一部关于语言能力的描写语法，他们面临的是一项艰难的任务。他们必须根据一套零散且经常不准确的材料，去理解那个深奥、复杂的系统。（儿童学习语言也面临同样的困难。）阿尔伯特·爱因斯坦和利奥波德·因费尔德在他们写于 1938 年的《物理进化论》（The Evolution of Physics）一书中把握住了这一难点的本质所在：

> 我们为理解现实而做出的这种努力，有时就像一个人试图了解一块密封手表的工作原理。他看到这块手表的表面和指针，甚至能听见指针嘀嗒嘀嗒走的声音，但他就是无法打开表壳。假如他够聪明，也许会画图来说明手表工作的原理，而且图上的原理能够说明他所观察到的所有现象。但是他可能永远无法保证，他画的是能够解释他全部观察的唯一可能的原理图。他永远无法把他的图和手表的实际装置相比较，甚至都无法想象这一比较可能具有怎样的意义。

写一篇短文，假想一个语言学家是如何通过观察某人说什么和不说什么（如同表面和指针）来理解这个人的语法机制实际上是怎样的（即密封的手表）。比如，一个人可能从来不会说 the sixth sheik's sheep is sick as a dog（绕口令，第六个酋长的羊病得和狗一样），但是语法应该会指出这是一个合式的句子，就如同它也会指出 Came the messenger on time（来信差准时）是不合式的句子一样。

12. 看电影《窈窕淑女》（由萧伯纳的剧本《卖花姑娘》改编而成）。请注意影片中教主人公伊丽莎·杜丽特尔语法的每一个尝试（包括发音、用词、句法）。这些都是"教学语法"的示例。

13. 许多人是双语者或多语者，会说两种或更多结构迥然不同的语言。

A. 双语现象对语言和思维关系之争有什么意义？

B. 本书的很多读者都会有一些关于第二语言的知识。想出一个在一种语言里存在而在第二语言里不存在的语言结构或词，然后讨论一下，看看当你分别说两种语言时，它会怎样影响你的思维，或者为什么不影响。（如果你只说一种语言，那就找一个你认识的双语者，问他这个问题）。

C. 你能在你所说的语言里找出一个无法翻译的词或语法结构吗？

14. 据说南美洲土著语皮拉罕语里没有 2 以上的数字，也没有不同的词来表示颜色。请对该语言作一研究。可以从 Google 搜索入手，看看皮拉罕语是否支持语言决定论或语言相对论。

第二章　脑与语言

　　人脑功能上的不对称是明确无疑的，解剖上的不对称也是如此。左半脑和右半脑的结构差异不仅用显微镜而且用肉眼也能看到。最引人注目的不对称出现在与语言有关的皮质。我们不禁要假设，这种解剖上的差别是语言的神经生物基础的标志。

安东尼奥和汉娜·达玛西奥　美国爱荷华大学医学院神经学系

　　人们一直想理解人类认知能力的复杂性，尤其是习得和运用语言的能力，这方面的努力和历史一样源远流长、持续不断。脑的本质是什么？人类语言的本质是什么？二者之间的关系又是什么？数百年来，许多哲学家和科学家都为解答这类问题殚精竭虑。早在两千多年前，就有人认为脑是人类语言和认知的源泉。在亚述人和古巴比伦人的楔形文字泥版上，就曾提到"当人脑发烧时"可能引发语言障碍。公元前1700年，埃及医生就在他们用纸莎草纸文献中留下了这样的记载：当"外来之神的气息"侵入病人体内，他们就会变得"沉默悲哀"。古希腊哲学家曾沉思脑与心智之间的关系，然而，无论是柏拉图还是亚里士多德，都没能认识到脑在认知或语言中的关键作用。在此问题上连亚里士多德都江郎才尽，因为他认为脑只是一块冰冷的海绵，只有冷却血液的用途。然而在同一时期，另一些学者的著述却表现出更深邃的洞察力，以下引文出自古希腊名医希波克拉底著于约公元前377年的"论神圣疾病[①]"一文：

　　（脑是）通向理解的使者，（也是）我们以特别方式获得智慧和知识（的器官）。

　　语言研究对理解脑与心智的关系是至关重要的。反过来说，研究人类和其他灵长类动物的脑，有助于我们回答有关语言的神经基础这类问题。研究语言的生物和神经基础的学科就是**神经语言学**。

1. 人脑

　　"兔子聪明，"小熊维尼忖着说道。

　　"是啊，"小猪说，"兔子聪明。"

　　"而且他有脑子。"

　　"是啊，"小猪说，"兔子有脑。"

[①] 此文讨论癫痫，指出它并非"神圣疾病"，和一般疾病一样有自然的病因。——译注

然后有好久大家都没出声。

"我想",小熊维尼说,"这就是他什么都不明白的原因。"

A. A. 米尔恩《小熊维尼的房子》

脑是人体中最复杂的器官。它位于颅骨之下,由大约100亿个神经细胞(神经元)和数十亿条将神经细胞相互连接在一起的神经纤维组成。脑的表层是**皮质**,通常称为"灰质",由几十亿个神经元构成。皮质是人体的决策器官,接收来自所有感官的信息,并发起机体的各种自主动作。皮质还是人类储存记忆的仓库。表征人类语言知识的语法,就位于这种灰质的某一部位。

大脑由左右两个**大脑半球**组成,两个半球之间又通过**胼胝体**相连(见图2.1)。胼胝体由200万条纤维相互连接而成,能使大脑的左、右两半球相互交流。假如没有这种连接系统,大脑的左右两半球就会各自为政。一般而言,大脑左半球控制着人体的右侧,右半球控制着人体的左侧。倘若你用右手指指点点,大脑左半球就会对你的行为负责。同样地,大脑左半球接收人体右侧获得的感觉信息(如,右耳、右手、右眼视野),大脑右半球则接收来自人体左侧的感觉信息。这种现象被称为**对侧脑功能**。

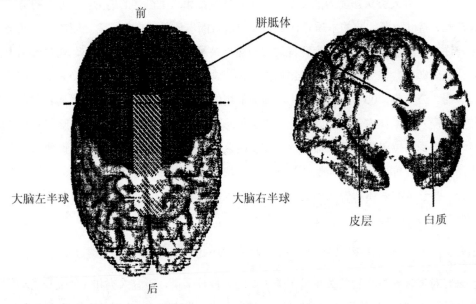

图 2.1 正常活体人脑的三维重构图

这两幅图是运用 Brainvox 脑三维成像技术从磁共振数据中得到的。

左图:俯视图;右图:脑前部按照左图虚线位置切除脑冠区后的剖面平视图。

1.1 人脑中的语言功能定位

确认人脑的哪些部分负责人类的语言能力,一直是一个核心问题。19世纪早期,弗朗兹·约瑟夫·加尔提出了(脑功能)**定位**理论。该理论认为人类的不同认知能力和行为,都由脑的特定部分所控制。从我们现有的脑知识来看,加尔的某些特定的观点还是很滑稽的。比如,他提出语言能力位于脑前叶位置，因为年轻时他曾注意到他的同学中口才最好、最聪明的人都双眼外突，他认为这反映了他们的脑物质发育过度。他还提出了一个被称为"器官学"的伪科学理论，也就是后来为世人所知的**颅相学**，即通过检查头盖骨上的"隆起"来确定个性特点、智力和其他特征的做法。加尔的一个信徒，约翰·斯普尔茨海姆，把颅相学带到了美国，制作了详尽的脑图和颅腔模型，图2.2就是一个例子，其中语言功能区就位于眼球正下方。

加尔反对当时盛行的"人脑是一个没有内在结构的器官"这一观点，在这方面他是一位先驱和勇敢的科学家。尽管颅相学作为科学理论早已遭到抛弃，但是通过对失语症和其他语言障碍的科学考察，特别是通过运用最近的脑功能成像技术，加尔的两个观点都已经得到了证实，即人脑不是一团同质性的物质，而语言和其他认知能力都是人脑局部区域的功能。

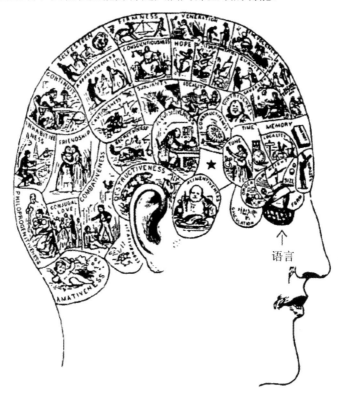

图 2.2 颅相学颅腔模型

1.1.1 失语症

在理解脑和语言的关系方面，**失语症**研究一直是一个重要的研究领域。失语症是神经病学中的一个术语，用来指因疾病或外伤造成的脑损伤而引发的任何语言障碍。19世纪后半叶，通过研究失语症病人，在语言的脑定位方面取得了重大的科学进步。1864年，法国外科医生保罗·布罗卡提出语言位于大脑左半球，更确切地说，是位于左半球的前部（现在称为**布罗卡区**）。在巴黎的一次科学会议上，他宣称我们用大脑左半球说话。布罗卡这一发现的基础，是他对因脑损伤而患上语言缺陷症的患者的研究。这些病人死后，布罗卡对其进行尸体解剖，结果表明是脑左前叶的损伤导致了失语症，而右前叶的损伤不会导致失语症。1874年，也就是布罗卡区发现13年之后，德国的神经病学家卡尔·韦尼克描述了另一种失语症：病人的脑损部位是在大脑左半球的后部，现称为"**韦尼克区**"。这也就是说，语言的定位偏侧于大脑左半球。**偏侧化**是一个术语，用来指被主要定位到脑某一侧的任何一种认知功能。

图2.3是人脑左侧图，图中标出了"布罗卡区"和"韦尼克区"：

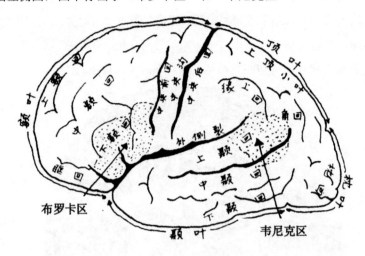

图2.3　大脑左半球侧面（外观）图

图中标示出了"布罗卡区"和"韦尼克区"的位置，它们是与语言处理有关的两个关键的皮质区域。

失语综合征的语言特征　许多失语症患者并非丧失全部语言功能，而只是不同语言功能的选择性障碍。障碍的类型，一般都与脑损伤的位置有关。由于脑损伤与语言缺陷之间存在着这种关联，所以，对失语症病人的研究为弄清语言在人脑中的组织机制，提供了大量的信息。

布罗卡区受损的病人可能患上**布罗卡失语症**，这是我们今天所用的命名。布罗卡失语症的特征为言语困难和某种找词困难，但主要是影响病人按句法规则造句的能力。布罗卡失语症最显著的特点之一就是语句的**语法缺失**，即，语言中经常缺少冠词、介词、代词和助动词，这些被我们现在称之为"功能词"的词。布罗卡失语症也常常漏掉屈折形式，比如过去时后缀"-ed"或动词第三人称单数词尾"-s"。下面是一位布罗卡失语症病人和一位医生之间的一段对话：

　　Doctor: Could you tell me what you have been doing in the hospital?
　　（医生：能告诉我你一直在医院做些什么吗？）
　　Patient: Yes, sure. Me go, er, uh, P.T. [physical therapy] none o'cot, speech… two times… read… r … ripe … rike … uh write … practice …get … ting … better.
　　（病人：是，当然。我去，呃，嗯，理疗秋垫①，说话……两次……读…… r … ripe … rike …

---

① none o'cot 也许是发音含混的 nine o'clock（九点），正如把"九点"念成"秋垫"。——译注

嗯write[写]……练……变……变……更好。）

Doctor: And have you been going home on weekends?（医生：你周末都回家吗？）

Patient: Why, yes …Thursday uh … uh …uh … no … Friday … Bar … ba … ra …wife …and oh car … drive … purpike …you know … rest …and TV.

（病人：嗯，回。周四嗯……嗯……嗯……不……周五……芭……芭……拉……妻子……和哦车……开车……灰曲①……你知道……休息……还有电视。）

布罗卡失语症患者（又称**语法缺失失语症患者**）也可能很难理解复杂句：一方面，理解复杂句要依赖句法结构；另一方面，理解这些句子时，患者对真实世界的知识派不上用场。比如语法缺失失语症患者可能对下面这类被动句中"谁在追谁"的问题一头雾水：

The cat was chased by the dog.（猫被狗追。）

因为在现实中，狗追猫或猫追狗似乎都有道理。然而，他们理解下面这句话就不那么困难了：

The car was chased by the dog.（车被狗追。）

在这里，语言之外的知识可以帮助理解这个句子的意义。他们知道汽车追狗似乎是不合理的，所以他们可以用这一知识来理解句子。

与布罗卡失语症患者不同，**韦尼克失语症**患者能够用良好的语调说出流利的话语，并且他们大致上能遵守句法规则。然而，他们的语言语义上却常常没有条理。例如，一位病人在别人问到他的健康状况时这样回答：

I felt worse because I can no longer keep in mind from the mind of the minds to keep me from mind and up to the ear which can be to find among ourselves.

（我感觉更糟因为我不能再从头脑的头脑中记住不让我记住并深深陷入这是可能的在我们自己中发现。）

另一名患者将一把餐叉描述为"需要一张时间表"，还有一名患者被问及他糟糕的视力状况时回答说"我的线路出租不当"。

韦尼克区受损的病人很难说出呈现在他们面前的物体的名称，在自然口语中还有选词困难。他们可能犯许多词汇错误（词汇替代），常常说出一些**杂乱语**和**无意义词**，如下例所示：

The only thing that I can say again is madder or modder fish sudden fishing sewed into the accident to miss in the purdles.

（我能再次说的唯一的事情是茜草鱼或modder鱼，突然捕鱼被缝入了这起会在purdles中错过的事故。）

在另一个例子中，一名韦尼克失语症患者在患上该病之前曾是一名内科医生。当有人问他是否

---

① purpike 也许是 back（回去）发成 ba…back，但是音不准，正如把"回去"念成"灰曲"。——译注

是医生时，他回答说：

> Me? Yes sir. I'm a male demaploze on my own. I still know my tubaboys what for I have that's gone hell and some of them go.
>
> （我？是的，先生。我是一个靠自己的男性demaploze。我还知道我的tubaboys有啥用，我让它见鬼去了它们有一些去。）

严重的韦尼克失语症常常被称为**杂乱性失语症**。布罗卡失语症患者和韦尼克失语症患者表现出来的语言缺陷，都指向人脑中语言的**模块性**组织。我们发现不同脑部位的损伤造成的语言障碍类型是不同的（比如，是句法还是语义）。这就为下面的假设提供了证据，即，如同人脑本身一样，心理语法并不是一个没有区别的系统，而是由具有不同功能的各不相同的单元或模块构成的。

失语症患者做出的那种词汇替换还告诉我们，词汇在心理词库中是如何组合在一起的。有时候，被替换的词与说话者想要说出的词二者语音相似，例如，pool（水池）可能被替换成tool（工具），sable（深褐色的）换成table（桌子），或者crucial（关键的）换成crucible（炉缸）。有时候二者语义相近，例如，table（桌子）换成chair（椅子）或者boy（男孩）换成girl（女孩）。这些错误和谁都可能犯的言语错误没什么两样，只不过韦尼克失语症患者犯这类错误的频率要高得多。语义上或语音上相关词的替换现象告诉我们，语义相关词之间和语音相关词之间，都存在着神经联系。在人脑中，词的心理表征并不是简单的列表，而是一个有组织的关联网络。

在阅读中也可以观察到类似的现象。脑部受损后出现诵读困难的失语症患者，常常做出许多词汇替换。他们被称为获得性诵读困难者，因为他们在脑受损之前，都是正常的阅读者（与发展性诵读困难者不同，后者学会诵读很困难）。有这样一组病人，在大声朗读印在卡片上的单词时做出了多种类型的词汇替换，如下例所示：

刺激词	反应词（1）	反应词（2）
act（行为）	*play*（玩）	*play*（玩）
applaud（鼓掌）	*laugh*（笑）	*cheers*（喝彩）
example（例子）	*answer*（答案）	*sum*（总结）
heal（治愈）	*pain*（疼痛）	*medicine*（医药）
south（南方）	*west*（西方）	*east*（东方）

同样地，语法缺失失语症患者漏掉功能词的现象表明，该类词在心理上与实义词（如名词）是不同的。做出前述语义替换的病人同时也有语法缺失问题，并且根本不能诵读功能词。给他看诸如which（哪个）或者would（将要）这样的词时，他会说，"不"或者"我讨厌那些小词"。然而他却能诵读同音的名词和动词，尽管常犯许多语义错误，如下例所示：

刺激词	反应词	刺激词	反应词
witch（女巫）	*witch*	which（哪个）	*no!*（不）
hour（小时）	*time*（时间）	our（我们的）	*no!*
eye（眼）	*eyes*（眼，复数）	I（我）	*no!*
hymn（赞美诗）	*bible*（圣经）	him（他）	*no!*
wood（木头）	*wood*	would（将要）	*no!*

获得性诵读困难通常伴有语法缺失现象，在病人误选与病人不能诵读的两类要素之间，存在着平行关系。

这些错误意味着，在我们脑中的心理词典里，实义词和功能词分别储存在不同的间隔空间内。并且，这些错误也证明了，这两类词分别在人脑的不同区域或通过不同的神经机制得到加工处理；这进一步支持了这样的观点，即，脑和语言都是以复杂的模块方式来构建的。

我们大多数人都有过找词困难的经历，不是在诵读时，就是在说话时。爱丽丝在"仙境"中说下面这段话的时候就是如此：

"现在，我是谁？我会记得的，如果我能够的话。我决心记起我是谁！"但是决心并没有给她多大帮助，冥思苦想后她只能说"L，我知道是以L打头的"。

这种**"话到嘴边"现象**（通常称为**TOT现象**）并不少见。可设想一下，要是你想要的词儿就是想不起来，你该有多烦心。然而这正是许多失语症患者的遭遇，其障碍通常包括严重的**命名不能症**，也就是没有能力找到想要说的那个词。

失语症患者所患的语言障碍，并不是由任何一般认知或智力障碍造成的，也不是由发声或听觉器官的神经、肌肉的运动控制或感觉控制失灵造成的，认识到这一点意义重大。失语症者能够发声，也能够听声，因此他们所丧失的东西只与语言机能（或者语言机能中的某一特定部分）相关。

尽管手语是视觉-空间语言，大脑左半球受损的失聪手语者表现出来的手语失语症，与听力健全的失语症患者的语言故障相似。布罗卡区受损的失聪病人表现出来的语言缺陷，与听力健全病人的语言缺陷相似，即，产生极不流畅和语法缺失的手势；而那些韦尼克区受损的失聪病人，虽能做出流畅的手势，但手语的语义却没有条理，并充斥着自己编造出来的手势。尽管失聪的失语症患者表现出了有标记的手语缺陷，但他们在处理非语言的视觉-空间关系时却毫无困难，与此相似，听力健全的失语症患者在处理非语言的听觉刺激时也没有问题。这一结论非常重要，因为它表明语言作为一种抽象的符号和规则系统被偏侧化到了大脑左半球，而不仅仅是听觉能力或言语能力。语言可以通过不同的形式来实现，比如，口语或者手语。

我们在失语症患者身上发现的这种选择性障碍，为我们提供了有关不同认知能力的组织结构（特别是语法和词汇）的重要信息。它告诉我们，语言是一个独立的认知模块，所以失语症患者的其他认知能力可能是正常的；它还告诉我们，人脑不同区域受损对语言内部不同成分所造成的影响是不同的。

历史上对失语症的记载 对失语症的研究兴趣并不是从布罗卡才开始的。比布罗卡早很久，古希腊的希波克拉底学派的内科医生就记叙了这样的现象:言语丧失常常与身体右侧瘫痪同时出现。但是与布罗卡的名字联系最紧密的,却是语言的左偏侧化。

在《新约全书》中,圣路加描述了撒迦利亚不会说话但会写字的现象,这体现了人们对语言知识的不同方面具有自主性的早期认识。在《圣经·诗篇137》中,我们找到了如下描述:"耶路撒冷阿,我若忘记你,情愿我的右手忘记技巧……情愿我的舌头贴于上腔。"尽管这段话是公元前300年到公元前200年之间的某个时候写的,但是它也说明人们已经认识到话语的丧失与身体右侧瘫痪之间的联系。

公元前30年,罗马作家瓦勒里乌斯·马克西姆斯描写过一个雅典人,他被一块石头砸到了头之后不再记得"字母"。(博物学家)老普林尼(23—79)查询了这个雅典人的资料,但他注意到"其头部遭石击后,他只是立刻忘记了字母,不能再阅读了,除此之外,他的记忆力保持完好。"

15到18世纪之间发表了许多临床记录,其中记载的一些病人有语言缺陷,但非语言认知系统完好无损。1770年,约翰内斯·格斯纳没有将这些语言障碍归咎为一般的智力缺陷或记忆力的丧失,而认为原因在于语言记忆的一种特定的障碍。他写道:"正如某些话语能力的弱化并不伴随其他话语能力的受损一样,记忆力也可能只会出现轻重程度不同的特定障碍,只与某些类别的观念相关。"

另外有些报道描述了一些患有获得性诵读困难的病人却仍然保留着书写能力;而另外一些能够进行听写的病人,却不能将自己听写下来的文字读出来。

1745年,卡尔·林奈发表了他的一个案例研究:一个患有杂乱性失语症的男人,说话时"好像是在说一门外语,所用的词全部都是他自己创造的"。1789年,瑞克洛夫·米歇尔·范根斯①观察到一个词语替换错误方面的重要病例,他对病人做了如下描述:

> 生了一场病之后,她突然得了健忘症,更确切地说,她失去了言语能力或者言语混乱。……假如她想要一把椅子,她会说要一张桌子……,有时候她自己都意识到把东西的名字说错了;还有些时候,她以为自己跟别人要的是女帽,但其实说的是扇子,等到扇子拿来了,她又会很生气。

对这些病人或遭受类似症状折磨的患者的描述表明,他们将自己心中想要说的词,替换成了与这个词在语义或语音上相似的词。他们所犯的这种错误,与健全人可能发生的正常词汇替换错误是相似的。

当时的内科医生还详细描述了其他类型的语言障碍。格斯纳研究并撰写了有关双语不对称的论文,例如,一个男修道院院长在脑受损后仍然能读拉丁文,但读不了德文了。

历史上对脑损后造成语言能力损失的描述,以及后来对失语症所进行的对照性科学研究,都提供了坚实的证据,证明语言主要且最经常是大脑左半球的功能。在大多数情况下,大脑左半球的损伤会造成失语症,而大脑右半球的损伤却不会(尽管这种损伤会造成面孔识别、模式识别或其他认知能力的缺陷)。

---

① 根斯的姓名应为 Ryklof Michel van Goens,原文误将 van 写作 von,译文已订正。——译注

1.1.2 脑成像技术

历史上对失语症的记载表明,长期以来人们一直被脑与语言之间的关联深深吸引。现在我们不再需要通过外科手术或尸体解剖来定位脑损部位,或确认人脑中的语言区域。现代无创性人脑直接成像技术,比如计算机断层成像(CT)技术和**磁共振成像(MRI)**技术,都能在伤害发生后不久,就揭示出活体人脑中的损伤部位。除此之外,**正电子发射断层成像(PET)**扫描和功能性磁共振成像(fMRI)扫描,还能够提供人脑的活动影像。所以现在可以检测脑活动的变化,并将这些变化与脑的损伤部位及其认知任务联系起来。

图 2.4 和 2.5 展示了一个布罗卡失语症患者和一个韦尼克失语症患者的 MRI 脑扫描图像。黑色区域显示了损伤的部位。每幅图代表了大脑左半球的一个切面。

PET 和 fMRI 扫描则允许我们观测特定脑区域的新陈代谢活动。活动比较强烈的区域,就是那些在扫描时最投入心理过程的区域。作为补充,还可以通过脑磁描记术(MEG)来观测活体人脑中的磁场。这些技术能够向我们展示,健康的人脑是如何对某些特定的语言刺激进行反应的。在科学对照研究中,要求正常的成年人阅读词表、阅读和理解完整的短语,以及对合乎语法与不合语法的句子做出辨别。这些研究的结果再一次证明了早期的发现,即,语言存在于大脑左半球的某些特定区域。

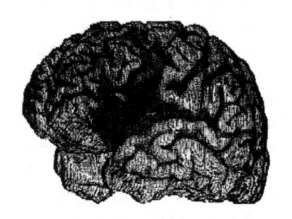

图 2.4　布罗卡失语症患者的活体人脑三维重建图

请注意受损区域在左额叶区(暗灰色区域),是由击打造成的。

图 2.5　韦尼克失语症患者的活体人脑三维重构图
请注意受损区域在左后颞和下顶叶区（暗灰色区域），是由击打造成的。

例如，要求受试者分别说出规则动词和不规则动词的过去时形式，同时用PET扫描来定位和观察他们皮质的活动。结果发现，在受试者说出规则动词过去时形式的过程中，与其在说出不规则动词过去时形式的过程相比，皮质活动的区域和活跃程度差别很大。然而，此时所有的皮质活动都在大脑左半球。这些实验既证明了语法的模块属性，也证明了语言的左偏侧化属性。

除了对布罗卡区和韦尼克区受损病人的研究外，对正常人以及其他脑区域受损病人的研究，都为"脑的结构性和分化性"提供了引人注目的证据。有的病人说人名有困难，有的说动物的名称有困难，还有的很难说出工具的名称。fMRI 研究揭示了每组病人脑受损处的部位及其形状。每组病人在左颞叶不同的、不相重叠的部位都有损伤。在后续的PET扫描研究中，要求正常的受试者说出人、动物或工具的名称。研究者发现正是在那些不能说出人名、动物名或工具名的失语症患者的脑受损部位，正常人脑出现了与之不同的激活状态。

患者脑损伤之后所做的神经病学和行为科学的研究发现，为证明认知系统的分离形态提供了进一步的证据。有些病人丧失了辨认声音、颜色或熟人面孔的能力，但却保持了所有其他的能力。当妻子走进房间时，病人可能认不出来，但当她一开口说话，却能马上辨认出来。这表明视觉和听觉处理的许多方面都是分化的。现在人们达成一项共识，即较高级的心理功能都是高度偏侧化的。

1.1.3　人脑的可塑性与生命早期的偏侧化

心智只需半个脑。

A. W. 威根　1844年

语言偏侧化到大脑左半球的过程，始于生命的早期。妊娠26周胎儿的大脑左半球中，韦尼克区就清晰可见了。一周大的婴儿大脑左半球显示出对语言有较强的电反应，而其右半球则对音乐有较强的电反应。最近对5至12个月大的失聪婴儿和听力正常婴儿的研究表明，婴儿的咿呀语主要出现在大脑左半球。

尽管大脑左半球天然倾向于专供语言使用，但也有证据表明，在语言发展的早期阶段，该系统具有较大的可塑性（即，灵活性）。这就意味着在一定的条件下，大脑右半球能够接管语言的许多的功能，而在正常情况下这些功能都居于大脑左半球。经历了称为"**大脑半球切除术**"的手术的儿童所提供的有关人脑功能可塑性的例证，令人印象深刻。这种手术过去一直用来治疗其他方法难以治疗的癫痫症。在语言习得开始后，大脑左半球被切除的儿童，最初都会经历一段失语症期，然后他们重新习得语言系统，最终他们的习得情况与正常儿童其实没有区别。这些儿童也表现出正常语言习得的许多发展模式。加利福尼亚大学洛杉矶分校的苏珊·柯蒂斯教授和她的同事已经研究了许多这样的儿童。他们提出假设说，大脑右半球潜在的语言能力被"解放"出来的原因，是病变大脑左半球的切除，因为术前左半球可能对右半球具有很强的抑制作用。

然而，在成人身上，通过手术切除大脑左半球后，不可避免地会造成严重的语言功能丧失（因此，只有在危及生命的情况下才会这么做）。另一方面，切除了大脑右半球的成人（和儿童），尽管他们的其他一些认知能力可能丧失，例如那些典型地偏侧化到大脑右半球的能力，但其语言能力却保存了下来。脑的可塑性随着年龄的增长以及大脑不同半球和区域的渐趋专门化而递减。

尽管有力的证据表明绝大多数人的大脑左半球生来就是语言半球，但也有证据表明，大脑右半球在语言习得的最早阶段也发挥着作用。在出生前、产期或童年遭受大脑右半球损伤的孩子，在咿呀学语和学习词汇方面会表现出滞后和障碍，而早期大脑左半球受损的小孩，则表现出短语和句子构造能力上的障碍。另外，许多大脑右半球被切除了的小孩，尽管他们还有大脑左半球，却始终没有语言发展。

各种发现一致表明，人类的大脑左半球天生就是为语言而设计的，而右半球则与语言发展的早期有关。这些发现还说明，在适当条件下，人脑具有很强的恢复能力，假如脑受损或外科手术发生在生命早期，大脑右半球能够承担起正常的左半球功能。

1.1.4 分裂脑

患有难治型癫痫症的病人，可能会通过切断大脑两半球之间的信息交流来进行治疗，即外科医生切开连接两半球的神经纤维网络——胼胝体（见图2.1）。当该信息通道被切断后，"两块脑"之间就没有任何信息交流了。这种**分裂脑**患者也为语言的偏侧化提供了证据，并有助于理解人脑的对侧功能。

心理学家米歇尔·盖泽尼加说：

> [胼胝体]未受损失时，身体的左右两边互相都毫无秘密可言。一旦胼胝体被切断，左右两边就变成了两个不同的意识心理区域，各自有它的行为操作的经验基础和控制系统……。这似乎不可置信，但这是最初在猫和猴子身上进行的大量系列实验研究特色独具的结论。[①]

大脑的左右两半球通过手术割裂后，来自身体左侧的某些信息只由大脑右半球来接收，右侧的

[①] 出处：M. Gazzaniga. 1970. *The Bisected Brain*. New York: Appleton-Century-Crofts. （原注1）

信息则只由左半球接收。举例来说，假设我们在训练一只猴子用双手对某种视觉刺激（例如一道闪光）做出反应。训练完成后，通过手术分开其大脑的两半球。然后，仅在其左眼视野内（大脑右半球）呈现刺激信息。这时因为大脑右半球控制着身体左侧，所以猴子只会用左手做出反应。

同样地，对做过分裂脑手术的病人进行研究后发现，如同猴脑一样，人类的大脑两半球也是彼此不同的，信息传送给大脑两半球时，不同的大脑半球接收到信息会引起不同的反应。例如，让一位分裂脑患者闭着眼睛，然后把一支铅笔放在他的左手上，该病人能够很好地使用铅笔，但是说不出它的名称来。因为大脑右半球能够感觉到铅笔，并将它与其他物体区分开来（即，知道这是支铅笔），可是由于大脑两半球的连接被切断，该信息就不能续传给大脑左半球，病人也就不能做语言命名。相比之下，假如把铅笔放在他的右手上，受试者不仅能够描述它，而且还能立刻说出它的名称，这是因为来自右手的感觉信息直接传递到了语言区域所在的大脑左半球。

诸如此类的许多实验都提供了有关大脑两半球不同功能的信息。在模式匹配任务、面孔识别和空间方向辨认等方面，右脑比左脑做得好。大脑左半球的优势在语言、节奏感知、时间顺序判断、数学思维等方面。按盖泽尼加的说法，"大脑左半球和右半球都能表现感情，但左半球能告诉你原因，而右半球则不能"。

对分裂脑患者的研究也已经表明，大脑两半球之间的视觉联系被切断后，来自左视野和右视野的视觉信息各自只限于为右半球或左半球所接收。由于左半球的重要天赋能力是语言，脑分裂后输入右半球的书写材料便无法读出，因为该信息不能传送到左半球。在分裂脑患者的右视野闪现一幅图像或图片（因而由左半球处理），患者能说出其名称。可是如果该图片闪现于左视野，信息便输入右半球的"领地"，患者就不能说出其名称。

1.1.5 脑组织的其他实验证据

双听技术是一种实验技术，它利用听觉信号来观察大脑左右两半球各自的行为，为脑功能偏侧化提供有力的证据。受试者通过耳机同时听到两个不同的声音信号，他们可能一只耳朵听见curl（卷发）一词，另一只耳朵则听见girl（女孩）一词，或者一只耳朵听见咳嗽声，另一只耳朵则听见笑声。当要求受试者说出每只耳朵听到的内容时，他们对直接输入右耳的语言刺激（词、无意义音节，等等）报告正确的次数较多，而对直接输入左耳的非语言刺激（音乐、环境噪声，等等）报告正确的次数也较多。

大脑两半球都接收来自双耳的信号，但对于对侧刺激信号的处理，胜过了对**同侧**刺激信号的处理，因为对前者的处理更为稳健。因为从解剖上来说，前者的传输路径更宽（想想四车道高速路与两车道道路之间的差别），而且不需跨越胼胝体，因而不会延迟。受试者报告他们所听见的内容的准确程度，证明了大脑左半球在处理语言信息方面，以及右半球在处理非语言信息方面，各自占有优势。

这些实验很重要，因为它们不仅表明语言是偏侧化的，而且也表明大脑左半球并非处理所有声音信息都有优势，而只是能更好地处理语音信息。所以大脑左半球专门处理语言，而非声音，这一点我们前面讨论手语研究时也注意到了。

另外一些实验技术也相继用来绘制脑图，研究语言不同方面的独立性，以及语言独立于其他认知系统的程度。甚至在20世纪80年代的成像技术取得进步之前，以及比那更晚一些时候，研究者就开始把电极贴到颅骨的不同区域，来研究脑与知觉信息和认知信息相关的电活动。在这样一些实验中，科学家测量**事件相关脑电位（ERP）**，这是人脑对不同刺激（事件）做出反应时发出的电信号。

例如，受试者听见语音时与听见非语音时相比，他的ERP就不同（大脑左半球对言语的反应更为强烈）。ERP实验也表明，受试者听见无意义的句子时，比如

The man admired Don's headache of the landscape（这个人羡慕唐的风景头痛。）

相较于听见有意义的句子时，比如

The man admired Don's sketch of the landscape.（这个人羡慕唐的风景速写。）

其ERP在计时、模式、反应区域等方面都有变化，说明大脑左半球比右半球对"不合语法"这一属性更加敏感。

这样的实验也表明，神经元在人脑中活动的位置变化，取决于所受的刺激是语言刺激，还是非语言刺激。神经元在不同时间的活动强度，随着刺激信息处理的阶段不同而变化。所以说，ERP研究又一次表明大脑左半球是专司语法的。再者，因为ERP提供了人脑处理语言时有关神经元活动计时情况的详细信息，所以对于允许人脑以百毫秒的尺度快速有效地处理语言的机制，它们也能提供重要的信息。

人们阅读不同类型的文字时的神经元活动模式提供了另外的证据。例如，日语有两套文字。一套是假名，它以日语的语音系统为基础，每个符号对应着一个音节。另一套是日语汉字，是一种表意文字，每个符号对应着一个词（详见第十二章对文字的讨论）。日语汉字的基础不是日语的语音。大脑左半球受损的日本人阅读假名的能力有障碍，而右半球受损的日本人则是阅读日语汉字的能力有障碍。对正常日语说话者进行的实验也表明，阅读日语汉字时大脑右半球比左半球处理得更准确一些，也更快一些，假名的情况则正好相反。

这些神经语言学研究使用了不同的技术和不同的受试人群，既有正常人也有脑损患者，但是都提供了我们所寻求的有关脑与各种语言和非语言认知系统之间关系的信息。然而，正如科林·菲利普斯和酒井邦嘉两位教授所指出的：

……了解人脑在什么地方支持语言，仅仅是迈出了一小步，要发现人脑中使得语言成为可能的那些区域的特殊属性，道路还很漫长……未来几年的一项重要挑战，是发现语言研究涉及的脑区域是否在神经元层次上具有不同的属性，使之能够解释人类语言的特殊属性。[①]

[①] 出处：C. Phillips and K. L. Sakai. 2005. "Language and the brain," in *Yearbook of Science and Technology 2005*. Boston: McGraw-Hill Publishers. （原注2）

2. 语言自治

除了因脑受损丧失了语言能力的人之外，还有一些儿童的脑并没受伤，但是却很难习得语言，或者与一般的儿童相比，他们习得语言的速度要缓慢得多。这些儿童并无其他认知缺陷，他们既没有患孤独症也不是智力低下，也没有知觉上的问题。这样的儿童患有**专门性语言障碍（SLI）**。只有他们的语言能力受到了影响，通常只是语法的某些特定部分有障碍。

患有SLI的儿童在使用功能词（如冠词、介词和助动词）方面特别困难，他们也很难弄清楚名词和动词的屈折后缀，比如时态标记和一致性标记。下面的例子来自一个患有SLI的4岁男孩，很能说明问题：

Meowmeow chase mice.① （咪咪捉老鼠。）
Show me knife. （给我刀。）
It not long one. （它不长。）

一项关于几名患有SLI的儿童的实验研究表明，这些小孩说出动词过去时标记（如danced中的/d/）的情形只有27%，而对照组中的正常儿童却高达95%。同样地，患有SLI的儿童说出名词复数标记-s（如boys中的/z/）的情形仅有9%，而正常儿童却有95%。

对患有SLI的儿童的研究表明，语言能力有障碍时一般智能仍保持正常。这为语法能力与其他认知系统相分离的观点提供了支持。但是在一般智能有障碍的情况下，语言能力还有可能正常发展吗？如果能找到此类个体，那么就能有力地证明"语言并非源自某种一般认知能力"这一观点。

2.1 语言与认知之间的其他分离关系

> 人脑并不是一个无结构的实体，其组成成分可以根据其功能属性加以区分。
>
> 尼尔·史密斯和艾安思·玛利亚·齐姆普莉
> 《白痴天才的心智：语言学习和语言模块性》

很多在智力方面有残疾的人，尽管丧失了某些方面的能力，却在其他一些方面表现出卓越的才能。有些顶级的音乐家和艺术家却没有简单的生活自理能力。这样的人通常被称为**白痴天才**。有些非常出名的白痴天才是速算高手，算术演算的速度惊人，或者是算日历的高手，他们能不假思索地告诉你上个世纪或下个世纪的任何一天是星期几。

直到最近，才有报道说许多这类白痴天才在语言方面都有缺陷。他们可能擅长模仿，能够像鹦鹉那样重复别人说的话，然而他们的创造性语言能力却很匮乏。不过有文献报道了一些语言白痴天才的案例，他们习得了自己语言中高度复杂的语法（有些还习得了其他语言的语法），然而却缺乏同等复杂程度的非语言能力。劳拉和克里斯托弗就是两个例子。

---

① 正确的句子依次为：The meowmeow *is* chas*ing* / chas*ed* / chas*es* mice. Show me *a* knife. It *is* not *a* long one. 斜体字部分就是句子中应该用的功能词或词缀，该患病儿童没有掌握它们。——译注

2.1.1 劳拉

劳拉是一位智力低下的女孩，非语言智商仅为41—44。她几乎没有任何数字概念，包括基本的运算规则，其绘画水平仅相当于学龄前儿童。她的听觉记忆广度仅为3个单元。可是，16岁时，一次有人要她说出一些水果的名称，她说出了pears（梨）、apples（苹果）和pomegranates（石榴）。在同一时期，她还说出了句法复杂的句子，比如He was saying that I lost my battery-powered watch that I loved.（他在说我把我的那块我很喜欢的电池手表给弄丢了。）和Last year at school when I first went there, three tickets were gave out by a police last year.①（去年在学校我第一次去那里时，去年被一个警察开了三张罚款单。）

劳拉连2+2等于几都不知道。她不能确认last year（去年）是什么时间，不知道它是在"上周"或"一小时前"之前还是之后，她也不知道"开出了"多少张罚单，也不知道3比2大还是小。但是，劳拉却说出了包含多个短语的复杂句子，她还能使用并理解被动句，也能给动词加上屈折词缀，使其与句子主语在人称和单复数上保持一致，并能依据表示过去时间的状语使用动词的过去时。这些她都能做到，甚至还不止，尽管她既不会读，也不会写，也不会判断时间。劳拉不知道美国总统是谁，不知道自己住在哪个国家，甚至不知道自己的年纪。她画的人物像就像土豆插上了细棍子般的胳膊和腿。可是，在完成一项句子模仿任务时，她却发现并纠正了其中的语法错误。

像劳拉这样的儿童有许多，他们都表现出了发展良好的语法能力，可是将语言表达式与其所指称的物体联系起来的能力却发展不够，非语言认知能力更是存在严重缺陷。

另外，有些儿童拥有良好的语言技能，但却几乎没有或只有极其有限的交际技能，比如，患有严重功能性孤独症的儿童。对这些儿童的研究表明，认为语言能力只是交际能力发展的结果的任何观念，或者认为语言能力发展的目的只是服务于交际功能的任何观念，都是错误的。语言的习得和运用所依赖的认知能力，与在社会语境中进行交际的能力似乎是不同的。

2.1.2 克里斯托弗

克里斯托弗的非语言智商值为60—70，因为他自己不能照顾自己，所以不得不生活在一个收容所里。扣上衬衫的纽扣、剪指甲，或用吸尘器清理地毯，这些事对他来说实在太难了。然而，语言学家发现他的语言能力却和任何母语者的一样——丰富而精密。

此外，如果给克里斯托弗一些用大约15至20种语言书写的文本，他能很快地翻译成英语，并且几乎没有错误。这些语言包括日耳曼语，如丹麦语、荷兰语和德语；罗曼语，如法语、意大利语、葡萄牙语和西班牙语；还有波兰语、芬兰语、希腊语、印地语、土耳其语和威尔士语。克里斯托弗是通过在他面前说这些语言的人或者语法书学会这些语言的。克里斯托弗喜欢研究、学习语言，却对其他事情没什么兴趣。他的情况极好地说明，他的语言能力独立于他的一般认知能力。

语言机能是独立的认知系统，还是源自更为一般的认知机制？这个问题目前颇受争议，也吸引了语言学家、心理学家和神经心理学家的关注和讨论。像劳拉和克里斯托弗这样的个案，都是"语

---

① gave 应为 given，a police 应为 a police officer，除这些错误外，last year 重复说了两次，但句子大体通顺。——译注

言能力源自一般智能"这一观点的反证,因为这两个人(以及其他与他们相似的人)虽然有其他的智力缺陷,语言发展却都很正常。越来越多的证据表明,自治的语言机能是人科动物与生俱来的天赋,这种机能非常专门化,并非源自人类的一般智能。

2.2 语言的遗传基础

对遗传紊乱的研究还显示,一个认知领域正常发展的同时,其他一些认知区域却可能发展失常。这些研究也突出表现了语言强大的生物基础。患有特纳氏综合征(一种染色体异常)的儿童语言发展正常,并且掌握了高级的阅读技巧,可是却有严重的非语言(视觉和空间)认知缺陷。同样地,研究患有威廉斯氏综合征的儿童和少年的语言状况,也揭示了一种独特的行为概况,即患者尽管视觉和空间认知上有缺陷,还有中度弱智,但其语言功能却似乎相对完好地保存了下来。除此之外,发展性诵读困难和至少一些类型的SLI看来也同样有遗传基础。

流行病学研究显示,SLI有家族遗传性。在一个多代同堂的家族里,有一半成员有语言功能障碍。人们对该家族进行了仔细研究。所有研究对象都是以英语为母语的成年人。该家族中语言功能有障碍的成员,都有一个非常独特的语法问题。他们不会可靠地表达动词的时态。他们总是说下面这样的句子:

She remembered when she hurts herself the other day. (几天前,她记起她是什么时候受伤的。)
He did it then he fall. (他做到了,然后倒了下去。)
The boy climb up the tree and frightened the bird away.① (那个男孩爬上树,吓走了鸟。)

这些研究结论都表明,SLI 是一种遗传性疾病。研究还表明,单卵双胞胎(同卵双生的)比双卵双胞胎(异卵双生的)更容易双双患上 SLI。因此,失语症、SLI、其他遗传紊乱,以及语言白痴天才在能力上的不对称,都有力地支持了"语言机能在语法方面是自治的、遗传决定的人脑模块"的观点。

3. 语言和脑发育

语言和脑紧密相连。脑的一些特定区域专司语言,若这些区域受损,就会使语言陷入混乱。幼儿的大脑左半球受伤或被切除,会对其语言发展产生严重的影响。反之,越来越多的证据表明,脑的正常发育,取决于早期与语言的正常接触。

3.1 关键期

在正常情况下,儿童从出生的那一刻起就开始接触语言,大人们对他说话,还在他面前相互交谈。儿童不需要明确的语言指导,但为了语言的正常发展,他们必须接触语言。在语言形成的那几年里没有获得语言输入的儿童,不会获得母语者那样的语法能力。另外,行为测试及脑成像研究表明,语言接触过晚会改变脑对语言的基本组织结构。

---

① 以上三个例句中,动词 hurts, fall, climb 应分别为过去时 hurt, fell, climbed。——译注

关键期假说设想语言具有生物基础，认为学习母语的能力在从出生到儿童时代中期这一固定期内得到发展。在此**关键期**内，语言习得容易而迅速，并且无须外界干预。关键期过后，语法的习得很困难，对大多数人来说就再也无法完全习得语法。关键期内被剥夺语言的儿童，表现出脑功能偏侧化的非典型模式。

关键期概念适用于许多物种，而且好像与因物种而异的生物性引发行为有关。比如，在孵化后的9到21小时内，小鸭子会跟着见到的第一个移动物体走，不论该物体的样貌或步态是不是像一只鸭子。此类行为不是有意识决定的结果，也不是外部指导或大量实践的结果。该行为看来是随着该物种普遍存在的、由发育过程决定的时间表而展开。同样的，以后的章节会讨论到，某些鸟类鸣叫能力的发展是在其生物属性决定的固定期限内完成的。

有些儿童在与社会完全隔离的极端环境下被抚养长大，这些事例为检验关键期假说提供了"天然的实验"。此类案例的报道至少可以追溯到18世纪。1758年，卡尔·林奈最先把"野人"归为"智人"的一个分支。根据林奈的观点，缺乏任何言语或可观察到的语言，是界定"野人"特征的一项标准。

在与世隔绝的环境下被抚养大的儿童中，最引人注目的是那些"野孩"。据报道他们是由野生动物抚养长大，或在野生环境下独自生活。1920年，印度发现了两个野孩，名叫阿尔纳拉和卡玛拉，据说一直是由狼抚养长大的。"阿韦龙的野男孩"维克多（Victor）是一个著名的例子，他于1798年被人们发现，其经历还被记录在弗朗索瓦·特吕福的电影《野孩子》中。经查明，他在很小的时候被遗弃在树林里，不知道是怎么活下来的。

还有一些儿童离群索居，是由于人们故意使他们远离正常社会交往。1970年，人们发现了一位儿童，科学报告中称之为吉尼（Genie[①]）。从18个月大到差不多14岁期间，她被关在一间小房子里，人身受到禁锢，也极少与他人接触。无论出于何种原因远离人群，当这些儿童回归社会时，他们什么语言都不会说，也完全不懂。

语言能力的丧失，可能仅仅是因这些儿童没有获得语言输入而造成的，这表明尽管语言习得是一种天生的、基于神经系统的能力，但它必须通过环境语言的输入来激活。然而，在文献记载的维克多和吉尼的案例中，这些儿童即便后来多年与语言接触，比如维克多，虽然有意让他接受了煞费苦心的语言训练，还是没能习得语言。

而吉尼的确开始习得一些语言，尽管她能够记住大量词汇，包括颜色、形状、物体、自然范畴以及具体和抽象的术语，但是她在句法和形态方面从未得到充分发展。美国加利福尼亚大学洛杉矶分校的语言学家苏珊·柯蒂斯研究吉尼多年，她报告说，吉尼的话语大部分是"将实义词连成词串，常有丰富、清楚的意义，但却少有语法结构"。当吉尼解除隔离几年后，在她15岁和更大一些的时候，她说出的许多话语仍像两岁小孩，也与布罗卡失语症患者和患有SLI者的话语不无相似之处，她的话语如下例所示：

Man motorcycle have.　　　　　　（人摩托车有。）

[①] Genie 原指阿拉伯故事中的神怪，被召唤时会听从召唤者的话去做事。——译注

Genie full stomach.	（吉尼饱肚子。）
Genie bad cold live father house.	（吉尼重感冒住父亲家。）
Want Curtiss play piano.	（想柯蒂斯弹钢琴。）
Open door key.	（开门钥匙。）

吉尼的话语中缺乏助动词、冠词、第三人称单数的一致性标记、过去时标记和大部分代词。她不能构造类型更为复杂的句子，比如主语和动词位置互换的疑问句（例如：Are you hungry? "你饿了吗？"）。吉尼是在关键期过后才开始学习语言的，因此不能完全习得英语的语法规则。

偏侧化检测（双听技术和ERP实验）表明，吉尼的语言被偏侧化到了她的大脑右半球。她在测验中的表现同患有分裂脑的病人以及切除了大脑左半球的病人相似，然而吉尼却没有遭受过脑损伤。柯蒂斯推测，在关键期过后，通常的语言区域由于语言刺激不足而发生了功能萎缩。吉尼的案例还证明，语言与交际是不同的，因为尽管吉尼的语言习得能力有限，但她的非语言交际能力却很强。

有一位名叫"切尔西"（Chelsea）的女士的情况也支持关键期假说。她天生耳聋，但被误诊为智力低下。31岁时，她终于被确诊为耳聋，并配戴了助听器。多年来她已接受了大量的语言训练和治疗，并且习得了大量词汇。然而，像吉尼一样，切尔西一直没能把语法发展出来。对切尔西的语言脑定位进行的ERP研究显示，她大脑的两个半球对语言做出的反应是相同的。换句话说，切尔西的脑也未能表现出语言正常的非对称组织结构。

天生耳聋的儿童和在习得语言之前失聪的儿童，90%以上为听力正常的父母所生。这些儿童也提供了关于语言习得关键期的信息。在他们出生时，大多数家长不懂手语，因此许多儿童的语言接触是滞后的。若干项研究调查了在不同年龄接触美国手语（ASL）的失聪手语使用者习得这种语言的情况。尽管所有研究对象使用手语都已超过20年，但从出生到6岁期间接受ASL输入的早学者，在打出和理解复杂手势和手语句方面，比在12岁以后才接触ASL的晚学者要出色得多。然而，在词汇量或词序知识方面他们的差异却很小。

在另一项研究中，研究人员比较了三类人的脑偏侧化模式：成年英语母语者、成年手语母语者，以及没有接触过手语的失聪成年人。不会手语的失聪成年人没有显示出与听力正常的成年人或失聪手语者相同的脑不对称性。

吉尼和其他被隔离的儿童的案例，与较迟才学习美国手语的失聪者的案例一样，都表明除非儿童在关键期——由生物机能决定的、人脑做好了语言发展准备的机会窗口期——接触语言，否则他们就不能完全习得语言。此外，关键期还与脑偏侧化相关。人脑生来就准备好在左半球的特定区域中发展语言，但人脑专门化的正常进程取决于在早期获得系统性的语言经验。

关键期过后，即使经过大量的语言训练或多年的语言接触，人脑似乎也不能习得语言的语法诸方面。然而，在关键期之后习得词汇和各种会话技巧，还是可能的。这项证据意味着关键期在语法能力的习得上是成立的，但未必在语言的所有方面都成立。

关键期过后，人们选择性地习得语言的某些部分，这一现象使人联想到各种语言障碍中出现的选择性障碍，其中某些特定的语言能力遭到破坏。习得和障碍中的这种选择性，都说明人脑中存在着一种高度模块化的语言机能。语言独立于其他认知系统，它是自治的，而且它本身就是一个包含各个组成部分的复杂系统。在以下章节中，我们会探讨语言中这些不同的组成部分。

3.2 鸟鸣的关键期

> 那是乖巧的画眉，每支歌儿都唱两遍
> 唯恐你误以为他不能重新演绎
> 第一遍即兴唱出的美妙狂喜！
>
> 罗伯特·勃朗宁《海外乡愁》

鸟鸣缺乏人类语言的某些基本特点，如离散的语音和创造性。然而，某些鸟类在习得它们"语言"上也表现出关键期，与人类习得语言的关键期相似。

苍头燕雀随栖息地的不同，其鸟叫和鸟鸣也不同。尽管所传达的信息相同，但其形式或"发音"不同。通常，幼鸟在孵化后不久所发出的鸟鸣，是该鸟类鸟鸣声的简化版。随后它会通过进一步学习来习得完整的复杂版。同一窝孵出的苍头燕雀，因其最终的栖息地不同，会习得不同的鸟鸣，可见有一部分鸟鸣必须通过学习才能掌握。另一方面，苍头燕雀的雏鸟即使从未听到过同类的鸣叫，也能以某种简单、低级的形式发出这种鸟鸣，可见苍头燕雀鸟鸣的某些方面是生物决定的，即天生的。

正如人类儿童习得语言一样，苍头燕雀也分几个阶段来习得完备的鸟鸣。像白冠麻雀、斑胸草雀和许多其他鸟类一样，苍头燕雀学习鸟鸣也有关键期。如果这些鸟儿在它们出生后的某些固定时期内（因鸟的品种而异）没有接触到同类的鸟鸣，鸟鸣的习得就不会发生。苍头燕雀出生10个月以后，就再也学不会鸟鸣中的新成分了。如果在它还没有学会整套复杂鸟鸣的时候就把它与其他鸟隔离，10个月后又重新接触，那么它的鸟鸣水平就不会提高。如果白冠麻雀在关键期内学会鸟鸣之后丧失听力，它们会产生有别于同类的鸟鸣。它们需要听到自己的鸣叫才能发出特定的啭鸣声和其他鸟鸣特征。然而，如果失聪发生在关键期之后，鸟鸣会保持正常。

另一方面，一些鸟类没有表现出关键期。杜鹃即使从来没有听过其他杜鹃的鸣叫，也能发出完备的鸟鸣。在信递中所传达的这种信息完全是天生的。对其他鸟类而言，似乎至少部分鸟鸣要通过学习才能掌握，而且这种学习在这类鸟的一生中都可以进行。例如，红腹灰雀会学习它接触到的鸟鸣中的成分，甚至是其他鸟类的鸣叫，并将这些成分融合到它自己柔和的颤音鸣叫中。在近期的一个非受控鸟鸣学习的实验中，丹麦的鸟类学家报告说，鸟儿已经开始模仿手机铃声了。

从人类语言研究的观点来看，鸟鸣中天生的部分和后天习得的部分之间的关系具有重要意义。显然，一些鸟类鸟鸣的基本属性生来就有，这意味着它们是由生物和遗传决定的。这一点在人类语言中也成立：其基本属性是天生的。鸟鸣以及人类语言中的细节，都是通过经验习得的，但该经验必须在关键期内发生。

4. 语言的进化

> 随着嗓音用得越来越多,在使用的遗传效应的原则作用下,发声器官一定能得到加强和完善;这又对语言能力产生反作用。但是语言的持续使用与脑发育之间的关系无疑要重要得多。即便在最不完善的言语方式开始使用之前,某些人类远祖的各种心理能力一定已经比同时代任何种类的猿都更为发达。
>
> 查尔斯·达尔文《人类的由来》

如果人脑是为习得和使用语言而构成并"装配"起来的,那么这一发展是在什么时候,通过何种方式发生的呢?美国人类学学会和美国纽约科学院曾于1974年和1976年举办论坛,评论对此问题的研究。这并不是一个新问题,它最初的提出似乎与物种起源有关。

4.1 始端:语言的起源

> 从历史文献中了解第一个人开始口齿不清地说出第一句话的确切过程,并就此一劳永逸地摆脱关于语言起源的所有理论——毫无疑问,没有什么会比这更有意思了。
>
> M. 缪勒 1871年

所有的宗教和神话都有关于语言起源的故事。古往今来的哲学家一直在辩论这个问题。经常有关于这个问题的学术著作问世。还有人由于对这个永远令人困惑的问题作出"最佳解答"而获奖。起源于神、起源于进化、起源于人类的发明等等理论都有人提出过。

回答这一问题本来就有巨大的困难。人类学家相信人类至少已经存在了一百万年,而且可能长达五六百万年。语言历史表明,今天存在的这种口语至少已存在了数万年,但能够解释的最早文字记载仅有六千年的历史。(第十二章中会讨论文字的起源。)这些记载在语言发展史上出现得太晚,根本不能提供关于语言起源的任何线索。

因为这些原因,19世纪后半期的学者由于只对"硬科学"感兴趣,他们嘲笑、忽视甚至禁止语言起源的讨论。1886年,巴黎语言学会通过了一项决议,不理会有关该主题的论文。

尽管很难找到科学证据,但是对语言起源问题的思考为人们认识语言的本质和发展提供了有价值的见解,它促使伟大的丹麦语言学家奥托·叶斯柏森声称:"语言科学不能永远回避关于语言演化的来源(和去处)问题。"简略考察一些这样的理论推测就会说明这一点。

4.1.1 上帝给人类的恩赐?

> 上帝用泥土创造了地上的各种走兽和空中的各种飞鸟,并将它们带到了亚当的面前,看他如何称呼它们。不管亚当怎么叫每一种创造出的活物,从此就是它们的名称。
>
> 《创世纪》2:19

根据犹太-基督教的信仰,上帝赋予了亚当命名万物的权力。世界各地都能找到类似的信仰。古埃及人认为语言的创造者是透特(Thoth)神。巴比伦人认为,语言是文字之神尼波(Nabu)给予的，印度人则认为独一无二的语言能力是一位女神所创：梵天（Brahma）是宇宙的创造者，而语言是他的妻子——娑罗室伐底（Sarasvati）赋予的。

语言起源于神赋的信仰与口语词的超自然属性交织在一起。各种文化里儿童都说出像abracadabra这样的"符咒"来驱邪避恶和祈求好运。哈利波特系列小说向读者介绍了大量目的在于布施魔法的咒语，如说出reparo就可使破损物品完好如初。尽管儿歌里唱道"棍棒石块砸断骨头，呼名骂人于我无损"，但呼名骂人毕竟是一种侮辱，要受法律惩罚，令人生畏。在某些文化里，当人们说到某些词时，会要求人们"敲木头"或用一些此类仪式性行为保佑平安。

许多宗教的祈祷和仪式只能用特殊的语言。公元前5世纪的印度僧人相信吠陀梵语的原始发音是神圣的，必须保持不变。这引发了重要的语言研究，因为他们的语言自写作《吠陀经》圣歌以来早已发生了巨大的变化。我们所知的第一位语言学家是帕尼尼，他在公元前4世纪撰写了一部描写性的梵语语法，揭示了当时可能被用于宗教礼拜的早期发音。（由于这项具有里程碑意义的成就，2004年印度政府以他的名义发行了一枚邮票。）

尽管神话、风俗和迷信都不能告诉我们很多关于语言起源的信息，但它们确实告诉我们人们赋予语言的重要地位。对语言起源的神赋说既无法证实也无法证伪，就像没有人能科学地论证上帝的存在或不存在一样。

4.1.2 第一种语言

> 想一想上帝居然讲法语！除了少数几个奇怪的词是希伯来语，我一直理所当然地认为上帝只说尊贵无比的英语，从来不说别的。
>
> 克拉伦斯·戴《跟父亲一块儿过日子》

在起源神赋说的提倡者中，有的人对上帝、亚当和夏娃使用的语言产生了浓厚兴趣。几千年来，为验证各种特定的有关"第一种语言"的理论，"科学的"实验屡有报道。公元前5世纪希腊历史学家希罗多德报道埃及法老萨美提克（前664—610）企图用实验方法确定最原始的语言。据说这位君主将两个婴儿安置在一个与世隔绝的深山茅屋，由一个哑巴佣人照看。法老相信，儿童没有任何语言输入就会发展出他们自己的语言，这样就揭示了人类最初的语言。这个埃及人耐心地等待两个婴儿长到能开口说话的年龄。按这个故事所说，婴儿说出的第一个词是bekos，该词在弗里吉亚语中表示"面包"，弗里吉亚语曾经在今天的土耳其一带使用。根据这一"实验"，这种早已消亡的语言在当时被认为是最初的语言。

历史中还充斥着其他建议。在13世纪时，据说神圣罗马帝国霍亨斯陶芬王朝的皇帝腓特烈二世进行了一个类似的实验，但这些受试儿童还没开口说一个词儿就夭折了。然而，苏格兰国王詹姆士四世（1473—1513）据说成功地复制了该实验并取得了惊人的结果。据该传奇故事所说，苏格兰儿童能"说非常棒的希伯来语"[①]，从而"科学地证明"希伯来语是伊甸园里使用的语言。

16世纪，J. G. 贝卡努斯主张德语肯定是最原始的语言，因为上帝一定会使用"最完美的语言"，

---

① 原文为苏格兰语 spak very guid Ebrew。——译注

1830年，美国辞典编纂家诺亚·韦伯斯特宣称原始语肯定是迦勒底语（即阿拉米语），罗马占领时期耶路撒冷使用的语言。1887年，约瑟夫·埃尔金斯主张"跟汉语相比，没有其他任何一种语言更有理由可以被认为是黎明前的世界最初使用的语言"。

所有语言有单一来源的信念——**语言起源的单源论**——不仅见于《创世纪》中通天塔的故事，还见于古代墨西哥居民托尔特克人（Toltecs）的类似传说，在其他民族的神话中也有发现。

由于史前史暧昧不明，我们今天并不比古埃及法老萨美提克更接近于发现最初的语言（无论是一种还是多种）。关于人类语言史更详细的讨论参见第十一章。

4.1.3 是人类发明，还是自然的呐喊？

> 语言诞生于人类的求爱期；在我自己的想象中，最初说出的言语有点儿像屋顶上的猫咪在夜色下吟诵的爱情诗，又有点儿像夜莺唱出的旋律优美的爱情之歌。
>
> 奥托·叶斯柏森《语言：本质、发展和起源》

希腊人探究宇宙的一切，包括语言。现存最早的有关语言起源和本质的语言学论文是柏拉图的《克拉底鲁斯篇》（又称《论正名篇》）。在此对话录中，苏格拉底表达了古希腊人普遍持有的一个观点，即远古时代曾有一位"立法者"给万事万物赋予正确、自然的名称，这些词语反映了它们意义的本质。

尽管有与此相反的证据，语言最初形式是模仿或拟声的观点一直到20世纪还有人提出。所谓的汪汪"学说"其实有些名不副实，它声称狗因其吠声而用"汪汪"一词来命名。

一种类似的观点是，语言最初是感情的发泄，是出于痛苦、恐惧、惊奇、高兴、愤怒等等的叫喊。法国哲学家让-雅克·卢梭提出语言的最初形式是"自然的呐喊"。

另一个假设认为，语言产生于男人和女人共同劳作时发出的有节奏的哼声。叶斯柏森提出了一个更迷人的观点，他认为语言源于歌唱，但它是出于情感表达而非信息交流的需要。对叶斯柏森来说，爱情是语言发展巨大的促进因素。正如语言起源于神赋的信仰，人们提出的这些起源观同样尚未通过科学方法的证实。

4.2 人类的语言发展

今天，和语言学家一样，生物学家也对语言的发展和人类进化发展之间的关系非常感兴趣。一些人将语言能力视为人类与其他灵长类动物之间程度上的差异——这是连续观；而另外一些人把具备语言能力看作人类的质的飞跃——这是非连续观。无论是支持还是反对非连续观，都有人认为语言具有物种特异性。

为了了解语言的发展过程，以往和当今的学者一直对声道和耳朵所起的作用各持己见。例如，有人认为语言不能产生于非人类灵长目，因为它们的声道在解剖上能发出的语音总量不够大。根据这一假说，语言的发展与言语产生和知觉器官的进化发展有联系。这个过程当然伴随着脑和神经系统愈加复杂的变化过程。这种观点暗示几百万年前人类祖先的语言可能在句法和音系上比当今已知的任何语言都更简单。但什么是"更简单"并没有定义。有一种看法认为原始语言的语音总量较少。

必定有一个进化步骤，它的结果是发展出能够产生人类语言利用的各种不同声音的声道，以及感知和鉴别这些声音的机制。但是这个步骤不足以解释语言的起源，证据是八哥和鹦鹉有模仿人类言语的能力，但没有习得语言的能力。

更重要的是，我们还知道对语音的听觉能力不是习得和使用语言的必要条件，因为研究发现天生失聪的人能学会他们周围使用的手语。此外，ERP实验和手语使用者的脑成像研究中获得的偏侧化证据，以及手语失语症的证据，都表明手语与口语在人脑中具有相同的组织结构。打手势时，即使不涉及语音，皮质中的某些听觉部位也会激活，这可以支持"脑在神经上的配备是用来学习语言而不是言语"这一论点。因此，发出和听见许多不同种类语音的能力，对于人类语言发展来说，看来既不是必要条件，也不是充分条件。

语言发展中的一个关键步骤极有可能与脑的进化和演变有关。语言学家诺姆·乔姆斯基表达了这样的观点：

> 人脑在发展到一定复杂程度时，可能就自动具备了某些特性，因为当你把10^{10}个神经元，塞进一个篮球大小的物体时，就会发生这种事。①

生物学家史蒂芬·杰伊·古尔德阐述了相似的观点：

> 达尔文模型也许会说，语言与其他复杂器官系统一样，是一步步进化而来的，每一步都是适应的结果。然而语言是一个"全有或全无"的一体化系统，所以很难想象它是这样进化的。也许由于人脑体积增大才变得无所不能，但这些却不是它的初始特性。②

然而，另外一些语言学家却支持有时被称为"语言本能"的自然选择发展论，更有达尔文理论的特点：

> 所有证据都表明，正是人脑微电路的精确布线，才使语言成为可能，问题不在于脑整体的大小、形状或神经元的堆积。③

很明显，要解决这一争议还需要更多的研究。还有一点尚不明确的是，如果大脑半球功能偏侧化在语言进化中起作用的话，那么它起什么作用？偏侧化确实使得进一步的专门化成为可能。可是对鸟类和猴的研究显示偏侧化并非人类所独有。因此，偏侧化可能是语言进化的一个必要步骤，但不具有充分性。

对于人脑中语言的起源问题，我们还没有界定明确的答案。为找到这些答案而进行的研究还在继续，同时也为语言和人脑的本质提供着新的见解。

---

① 出处：N. Chomsky. 1994. Video. *The Human Language Series*. Program Three. By G. Searchinger. （原注3）
② 出处：S. J. Gould. 1994. Video. *The Human Language Series*. Progran Three. By G. Searchinger. （原注4）
③ 出处：S. Pinker. 1995. *The Language Instinct*. New York: Morrow. （原注5）

5. 小结

是什么使语言习得和语言使用成为可能？为了解答这个问题，人们研究人脑-心智-语言的关系。**神经语言学**研究语言能力和语言运用背后潜在的脑机制及解剖结构，以及它们是如何随时间的推移而发展的。

脑是人体最复杂的器官，它控制着运动和感觉活动以及思维过程。一百多年来的研究显示，脑的不同部分控制身体的不同功能。构成脑表层的神经细胞称为**皮质**，它充当理智的决策者，从感觉器官接收信息并引发各种随意动作。所有高等动物的脑都分为两个部分，称为**大脑半球**，由**胼胝体**相连接；胼胝体是左右两半球能互相交流的通道。

每个半球都表现出**对侧**控制功能。大脑左半球控制着人体的右侧，右半球控制着人体的左侧。尽管人体总体上是对称的，但大量证据表明人脑是不对称的，通过偏侧化大脑的左右两半球有不同的功能。

神经语言学家有很多研究脑的工具，其中有**双听技术**实验和各种类型的扫描成像技术，如计算机断层扫描（CT）、**磁共振成像（MRI）**、功能性磁共振成像（fMRI）、**正电子发射断层成像（PET）**和脑磁描记术（MEG）等。此外，**事件相关脑电位（ERP）**测量法显示脑的特定部位对特定刺激的反应。这些技术允许人们在活体人脑处理语言时对其进行研究，揭示出大脑两半球的**偏侧化**或功能的不对称性，其中左半球专司语言。此外，通过应用这些技术对那些经外科手术切除了部分脑的病人、**分裂脑**患者和**失语症**（因脑损伤导致的语言障碍）患者进行研究，人们就可以发现脑的局部区域与特定的语言功能相关联。例如，大脑的**布罗卡区**受损的病人，可能患上**布罗卡失语症**，它常造成患者的句法障碍和**语法缺失**。**韦尼克区**受损的病人，则可能患上**韦尼克失语症**，患者说流利但语义异常的话语。更严重的是**杂乱性失语症**，患者说无意义的语言形式，因此无从理解。对其他部位的损伤可能引起**命名不能症**，是一种患者有找词困难的失语症。

大脑左半球受损的失聪手语者表现出手语失语症的症状，类似于听力正常失语症患者的语言障碍，尽管手语是一种视觉-空间语言。

其他证据也支持语言的偏侧化。因早期大脑左半球受损而接受**大脑半球切除术**（部分或全部左脑切除的外科手术）的儿童表现出特定的语言缺陷，但其他认知能力却完好无损。然而，如果右脑受损或被切除，语言能力没有障碍，但其他认知能力会发生紊乱。

语言机能具有**模块性**。它独立于与之相互作用的其他认知系统。在失语症、患有**专门性语言障碍（SLI）**的儿童、**白痴天才**，以及**关键期**过后才开始学习语言的儿童等诸项研究中，都发现了模块性的证据。患有SLI儿童虽然患有语言缺陷，但其他方面正常。语言白痴天才具有超常的语言能力，但在一般智能方面却存在缺陷。他们的存在表明，语言能力并非源自某种一般的认知能力，而是独立存在的。

对家庭遗传和双胞胎SLI的研究，以及与语言障碍相关的遗传紊乱的研究，都证明独立的语言模块有遗传基础。**关键期假说**认为从出生到儿童时代中期，存在着一扇学习第一语言的机会之窗。在此关键期过后才接触语言的人不能完全学会语言，这一现象支持以上假说。一些鸣禽在习得鸟叫和鸟鸣时似乎也存在着关键期。

有史以来，人类语言的起源一直是许多推测的主题。今天，世界各地的宗教都认为语言是上帝恩赐予人类的礼物。与此观点相关的是对语言的超自然能力的持久信仰。语言起源于神赋的假设激发了探求第一个原始语言的兴趣。为此，人们设计了很多将儿童隔离抚养的传奇性实验，因为实验者相信他们最初说出的词语会揭示什么是最初的语言。

还有一些观点主张语言是人类的发明，产生于"自然的呐喊"、早期的手势、**拟声**词，甚至主张产生于表达爱情的歌唱。古希腊人相信是一位"立法者"给万事万物按实际命名。

语言最有可能与人类一起进化而来，或许是分阶段的进化，或许是一次性的飞跃。语言学家、进化生物学家和神经学家的研究都支持这一观点，也支持人科动物从来就有学习语言的遗传天赋这一观点。对人脑进化发展的研究，为语言发展在生理和解剖上的先决条件提供了一些证据。

6. 进阶书目

Caplan, D. 1987. *Neurolinguistics and Linguistic Aphasiology.* Cambridge, England: Cambridge University Press.

_____. 1992. *Language: Structure, Processing, and Disorders.* Cambridge, MA: MIT Press.

_____. 2001. "Neurolinguistics." *The Handbook of Linguistics,* M. Aronoff and J. Rees-Miller (eds.). London: Blackwell Publishers.

Coltheart, M., K. Patterson, and J. C. Marshall (eds.). 1980. *Deep Dyslexia.* London, England: Routledge & Kegan Paul.

Curtiss, S. 1977. *Genie: A Linguistic Study of a Modern-Day "Wild Child."* New York: Academic Press.

Damasio, H. 1981. "Cerebral Localization of the Aphasias," in *Acquired Aphasia*, M. Taylor Sarno (ed.). New York: Academic Press, pp. 27-65.

Gardner, H. 1978. "What We Know (and Don't Know) about the Two Halves of the Brain." *Harvard Magazine* 80: 24-27.

Gazzaniga, M. S. 1970. *The Bisected Brain.* New York: Appleton-Century-Crofts.

Geschwind, N. 1979. "Specializations of the Human Brain." *Scientific American* 206 (Sept.): 180-199.

Lenneberg, E. H. 1967. *Biological Foundations of Language.* New York: Wiley.

Obler, L. K., and K. Gjerlow. 1999. *Language and Brain.* Cambridge, England: Cambridge University Press.

Patterson, K. E., J. C. Marshall, and M. Coltheart (eds.). 1986. *Surface Dyslexia.* Hillsdale, NJ: Lawrence Erlbaum.

Pinker, S. 1994. *The Language Instinct.* New York: William Morrow.

Poizner, H., E. S. Klima, and U. Bellugi. 1987. *What the Hands Reveal about the Brain*. Cambridge, MA: MIT Press.

Searchinger, G. 1994. *The Human Language Series: 1, 2, 3*. New York: Equinox Film/Ways of Knowing, Inc.

Smith, N. V. 1998. "Jackdaws, sex and language acquisition." *Glot International*. Available online at www.linguistlistplus.com/glot/PDF/vol3/glot 3-7.pdf

Smith, N. V., and I.-M. Tsimpli. 1995. *The Mind of a Savant: Language Learning and Modularity*. Oxford, England: Blackwell.

Springer, S. P., and G. Deutsch. 1997. *Left Brain, Right Brain*, 5th edition. New York: W. H. Freeman and Company.

Stam, J. 1976. *Inquiries into the Origin of Language: The Fate of a Question*. New York: Harper & Row.

Stromswold, K., D. Caplan, N. Alpert, and S. Rauch. 1996. "Localization of syntactic comprehension by positron emission tomography." *Brain and Language* 52: 452-473.

Stromswold, K. 2001. "The heretability of language." *Language* 77(4): 647-721.

Yamada, J. 1990. *Laura: A Case for the Modularity of Language*. Cambridge, MA: MIT Press.

7. 练习

1. 诺贝尔获奖者罗杰·史伯里强调分裂脑患者具有两种心智：

   我们迄今为止看到的一切表明，外科手术使得这些人拥有两种分离的心智，即意识的两个分离的领域。大脑右半球所经历的一切，好像完全在大脑左半球的经验领域之外。

   另外一位诺贝尔生理学获奖者约翰·埃克尔斯爵士对此持有异议。他认为大脑右半球不能思考；他在动物和人类都具有的"纯粹意识"和只有人类才拥有的语言、思维和其他纯粹为人所独有的认知能力之间做出了区分。实际上，根据他的观点，人的本性都存在于大脑左半球。

   写一篇短文论述上述两种对立的观点，对如何定义"心智"陈述你自己的想法。

2. A. 一些失语症患者在被要求读词表时，用其他的词代替印在词表上的词。在很多情况下，印出来的词和被替换的词是相似的。下列数据来自真实的失语症患者。在每个案例中，请陈述两个词之间的异同。

印出来的词语	失语症患者所说的词
i. liberty（自由）	freedom（自由）
canary（百灵鸟）	parrot（鹦鹉）
abroad（国外）	overseas（海外）
large（大的）	long（长的）
short（短的）	small（小的）
tall（高的）	long（长的）
ii. decide（决定，动词）	decision（决定，名词）
conceal（掩盖，动词）	concealment（掩盖，名词）

portray（描绘，动词）　　　portrait（人像）
bathe（洗澡，动词）　　　　bath（洗澡，名词）
speak（讲，动词）　　　　　discussion（讨论，名词）
remember（回忆，动词）　　memory（记忆）

B.（i）组和（ii）组中的词有哪些特点，说明词很可能是如何储存在人脑中的？

3. 下面这些失语症患者所说的句子，都是哈里·惠特克博士采集并分析过的。请说出每个例句与正常的非失语症患者的语言相比有哪些偏离之处。

a. There is under a horse a new sidesaddle.（在一匹马下面有一副新的横鞍。）

b. In girls we see many happy days.（在女孩那里我们看见很多快乐的日子。）

c. I'll challenge a new bike.（我会挑战一辆新自行车。）

d. I surprise no new glamour.（我没有让新魅力吃惊。）

e. Is there three chairs in this room?（这间屋子里有三张椅子吗？）

f. Mike and Peter is happy.（麦克和彼得很高兴。）

g. Bill and John likes hot dogs.（比尔和约翰喜欢热狗。）

h. Proliferate is a complete time about a word that is correct.（扩散是关于一个正确词的完整时间。）

i. Went came in better than it did before.（去来在更好比它做的以前。）

4. 对脑损伤患者的研究，一直是有关语言和其他认知系统之神经基础的一个主要信息来源。有人可能会说，这就像是试图通过观察损坏的汽车发动机来了解它以前是如何工作的。这是一个好的类比吗？如果是，为什么？如果不是，又为什么？回答时请谈谈为什么一个损坏的系统能够或不能够提供有关正常系统的信息。

5. 人们提出过哪些论证和论据，来证明脑有两个分离的部分？

6. 请讨论A. W. 威根的陈述："心智只需半个脑"。

7. 本章讨论了双听技术测试法，在测试中，受试者的每只耳朵听到不同种类的刺激声音。这些测试表明，通过戴在右耳上的耳机听到音节pa, ta, ka这样的语音刺激，受试者在报告时出错较少。若通过左耳听到警车的警笛声那样的非语音，受试者在报告时同样出错较少。这是人脑对侧控制的结果。还有一种技术，即，将视觉刺激或者由右视野即右眼单独接收（直接进入大脑左半球），或者由左视野接收（直接进入大脑右半球）。哪些视觉刺激能够用于进一步测试语言偏侧化的实验？

8. 下面的话语或者是布罗卡失语症患者说的，或者是韦尼克失语症患者说的。分别用B（代表前者）或W（代表后者）在话语旁边标出。

a. Goodnight and in the pansy I can't say but into a flipdoor you can see it.
（晚安在三色堇那里我不能说但是进了翻转门你能看见它。）

b. Well ... sunset ... uh ... horses nine, no, uh, two, tails want swish.

（好吧……落日……呃……马九匹，不，呃，两匹，尾巴要刷刷地甩。）

c. Oh, ... if I could I would, and a sick old man disflined a sinter, minter.

（哦，……如果我能的话我会的，而且一个病老头disflined一个sinter, minter。）

d. Words ... words ... words ... two, four, six, eight, ... blaze am he.

（词儿……词儿……词儿……两个，四个，六个，八个……火焰[我]是他。）

9. 莎士比亚的哈姆雷特肯定遇到了问题。有人说他由于身体超重而备受困扰，因为他在剧中第二幕第二场中独白的开头几句是：

O！that this too too solid flesh would melt,
Thaw, and resolve itself into a dew

（啊，但愿这太太结实的肉体融了，

化了，融化成一片露水）

有人则争辩说，他可能患有韦尼克失语症，如第二幕第二场中的下列段落所示：

Slanders, sir: for the satirical rogue says here

that old men have grey beards, that their faces are

wrinkled, their eyes purging thick amber and

plum-tree gum and that they have a plentiful lack of

wit, together with most weak hams: all which, sir,

though I most powerfully and potently believe, yet

I hold it not honesty to have it thus set down, for you

yourself, sir, should be old as I am, if like a crab

you could go backward.

（一派诽谤，先生；这个专爱嘲弄的无赖在这儿说：

老年人胡须灰白，

脸上满是皱纹，

眼里满是眼屎，

头脑简单得厉害

四肢还尤其软弱；这些话，先生，

虽然我信服得五体投地，可是

这样写在书上，我认为有失诚实；

因为就拿先生您本人来说，

要是您能像螃蟹一样倒着走，

那么您就和我一般年纪。）

请接受该论点的挑战。哈姆雷特患了失语症吗？讨论上述两例中的任何一例。

10. **微型研究项目**：最近，据说有"完美音高"天赋的人仍然需要在年少时练习这种能力，否则成年后天赋就会消失。找出有关此话题你能找到的所有信息，并写出一篇一页（或多页）论文，描述你的调查。文章开头要对"完美音高"做出定义。将你的发现与本章讨论的关键期假说联系起来。

11. **超短文章评论项目**：阅读、总结并批评性地评论刊登在《科学》杂志2002年11月22日第298期上的文章，题为"语言机能：它是什么，谁拥有它，它是如何进化出来的？"（The Faculty of Language: What Is It, Who Has It, and How Did It Evolve?）作者：马克·D. 豪泽、诺姆·乔姆斯基和W. 特库姆塞·菲奇。

12. 如本章所讨论的那样，语法缺失失语症患者可能在阅读无描述性内容的功能词时有困难，但他们能阅读大量的实义词，比如名词、动词和形容词。

   A. 请你预测一下，上述患者在阅读下面哪些词时会有困难？

ore（矿石）	bee（蜜蜂）	can (be able to)（能）	but（但是）
not（不[是]）	knot（结）	May（五月）	be（是）
may（可能）	can (metal container)（罐）	butt（托、柄）	or（或）
will (future)（将）	might (possibility)（也许）		
will (willingness)（愿）	might (strength)（力量）		

   B. 请谈谈功能词和实义词在脑中以不同方式储存或处理的三种证据来源。

13. 汉语（如普通话，广东话）的传统文字是表意文字（即每个概念或词由不同的语符表示）。后来，中国政府采用了一套以罗马字母为基础的拼写系统，称为"拼音"，每个符号表示一个音。下面是几个写作汉字和拼音形式的汉语词。（拼音的罗马字母后面的数字是音调标记，可忽略。）

木	mu4	tree
花	hua1	flower
人	ren2	man
家	jia1	home
狗	gou3	dog

   根据本章提供的信息，说汉语的人在阅读以上两个文字系统时，其神经活动的在脑中的位置是相同的，还是不同的？请予以解释。

14. **研究项目**：英国前首相玛格丽特·撒切尔夫人有句名言："假如你想要把事说出来，问男人……假如你想要把事做出来，问女人。"此话或许表明，男人和女人处理信息的方式不同。本练习要求你考虑这样一个有争议的问题：有关男人和女人如何处理和使用语言方面，脑行为中存在着性别差异吗？刚开始研究这个问题时，可以从男孩和女孩在 SLI、诵读困难的发病率以及语言发展差异等方面的有关问题入手，找到这些问题的答案（可以尝试在互联网上搜索）。

第二编 语法篇

　　语法理论与下列问题相关：人们拥有关于语言的知识，使他们能够正常而又创造性地运用语言，那么这种知识的属性是什么？如果掌握一种语言，就意味着掌握了一套规则，这套规则以明确的方式配置语音和语义，从而造出无限多可能的句子。

N. 乔姆斯基《语言和心智》

第三章　形态学：语言的词汇

无论是谁，只要会说一种语言，就认识成千上万的词。《韦氏第三版新国际英语大词典》的条目超过45万，绝少有人能全部认识。据估计，一个6岁儿童就认识约1.3万个词，高中毕业生的平均词汇量更达到约6万个，大学毕业生肯定会得更多。但是，不论受过何种程度的教育，我们一辈子都在学习生词。本书中就有许多生词，你得从头学起。

词汇，是语言知识的重要一环，而且构成我们心理语法的一个组成部分。但是即使学会了成千上万的词，也未必就掌握了这种语言。谁要是曾经在外国想光靠词典来与外国人沟通，就会知道此言不虚。另一方面，如果没有词汇，我们就不能通过语言传达思想，也无法理解别人的想法。

一个不懂英语的人看到Thecatsatonthemat①这句话，不会知道其中词与词的分界何在。我们用空格把写下来的词和词分隔开，但是在口语中，词和词之间往往不加停顿。如果对这种语言缺乏了解，人们就无从知道一句话里有多少个词。懂得一个词，就意味着知道某个特定的语音序列与特定的语义相关联。说英语的人可以轻而易举地把上面那段语音流切分成六个不同的词：the, cat, sat, on, the, mat，因为这些词本来就储存在他们的心理词典或者**词库**（希腊语"词典"的意思）中，而词库是说话者语言知识的一部分。与此类似，会说伯塔瓦托米语这种美国印第安语的人，知道kwapmuknanuk（意为"他们看见我们"）是一个单独的词，因为这个词以及与之相关的语义和发音，都存在他的词库里。

同样的语音序列可以有不同的理解，甚至可以跨越不同的语言，受此启发，诞生了一本有趣的书。这本书的法语书名是*Mots D'Heures: Gousses, Rames*②（《时时有词：根源和分支》），来源于《鹅妈妈童谣集》（*Mother Goose Rhymes*）——后者书名的英语发音在说法语的人听起来，会觉得有点像那个法语书名。书中第一首法语歌谣的开头是这样的：

  Un petit d'un petit
  S'étonne aux Halles.

如果当作英语来念，听起来就像是：

---

① 意为"猫坐在垫子上"，原文词与词之间没有空格。——译注
② 出处：L. d'Antin Van Routen, ed. and annotator. 1993. *Mots D'Heures: Gousses, Rames. The d'Antin Manuscript.* London: Grafton.（原注2）

Humpty Dumpty

Sat on a wall.①

以上这些例子表明，语音和语义之间的关系是一种任意的配对，就像第一章所论述的那样。在法语中Un petit d'un petit的意思是"小不点的小不点"，但是，用英语念起来发音就很像Humpty Dumpty。

如果你懂一个词，那就是说你既懂它的语音（发音），也懂它的语义。由于音义关系具有任意性，所以有可能有些词发音相同，但意义不同（如bear "熊"和bare "光秃秃的"），而另一些词则意义相同，但发音不同（如sofa和couch都是"沙发"）。

就某种语言的词汇来说，它的某些事实并不属于我们的语言知识，比如词源（指词的历史沿革，比如意思是"代数"的algebra一词来自阿拉伯语al-jabr），或者说一种语言中哪些词最长或者最短这样的信息。孩子学习这些知识所采用的方式，不同于他们学习母语词汇音义关联的方式。Pneumonoultramicroscopicsilicovolcanoconiosis（硅酸盐沉着症，又称"肺尘病"）这种肺病的名称（据说）是英语中最长的词，这一点，无论孩子还是成人，都必须有人告诉他们才会知道。我们在后面第八章会看到，儿童学会语言，用不着搞这样的研究。他们不需要有人手把手地教，或者去查字典，就能学会像elephant（大象）、disappear（消失）、mother（母亲）和他词汇量中所有别的词。

由于每个词都是一个音义结合的单位，因此我们的心理词库所储存的每个词都必须列出其独特的语音表征，决定词的发音，并附上语义。对于识字的人来说，所掌握的绝大部分词的拼写，或者说**正字法**，也包括在其中。

在你心理词库中的每一个词还包括其他信息，比如这个词是一个名词、代词、动词、形容词、副词、介词，还是连词。这就是说，心理词库还要界定词的**语法范畴**或者说**句法类**。你可能并没有清楚地意识到，love（爱）这样一个形式既可作动词，又可作名词。但是说这种语言的人具备这种知识，同时会说短语I love you（我爱你）和You are the love of my life（你是我钟情一生的爱人）。如果心理词库中没有这样一些信息，我们就不知道如何构造合乎语法的句子，也不会辨别句子是不是合乎语法。在随后的章节中，我们将讨论词汇的不同类别，比如名词、动词、形容词等等句法范畴，规定词汇发音的音系属性，以及决定词汇语义的语义属性。

1. 词典

词典，名词。一种为了束缚语言发展，使其难懂、僵化的恶毒文学手段。

安布罗斯·比尔斯《魔鬼词典》

人们在书店里购买的词典，包含着我们心理词典中的一些信息。英国第一部印行出版的词典是1499年的拉丁语英语双语词典《儿童词汇》（*Promptuorium parvulorum*）；另一部拉英词典由托玛

---

① 《鹅妈妈童谣集》中一首童谣的首句，意为"蛋头先生坐墙头"。"蛋头先生"（Humpty Dumpty）是一个鸡蛋的拟人化形象，赵元任译为"昏弟敦弟"。——译注

斯·艾列奥特爵士于1538年出版。诺亚·韦伯斯特（1758—1843）于1828年出版了两卷本《美国英语词典》（*An American Dictionary of the English Language*），其中有约七万个条目。

词典学（指词典的编撰和制作之学）最出色的成就之一是塞缪尔·约翰逊博士编著的两卷本《英语词典》（*Dictionary of the English Language*）于1755年问世。

被约翰逊博士称为"无害的苦工"的早期**词典编纂者**，绝大多数人以"规范"而非"描写"语词为己任。正如韦氏词典中所说的那样，他们努力成为确定语词"正确"发音和语义的"最高权威"。值得称道的是，约翰逊在他词典的前言中声明，他无法构造语言，而仅能加以"注册记录"。

所有的词典，从《牛津英语词典》（*Oxford English Dictionary*，通常简称为OED，并被誉为有史以来最伟大的词典著作）到更为常用的大学词典，都要提供每个词的下列信息：（1）拼写；（2）"标准"发音；（3）词的一个或多个语义的定义；（4）词性（例如，名词、动词、介词）。还可能包括其他信息，如词源，即词的历史，以及该词是否属于非标准词（比如ain't），或属于俚语、粗鄙语或陈旧的废弃词。许多词典都从出版文献中引用例子，解释所给出的定义，这是由约翰逊开创的做法。

近年来，也许是由于科学和人文学科的日益专业化，或者是人群的分化越来越大，我们看到数以百计的专业和专业分支词典大量出现。加利福尼亚大学洛杉矶分校的工程和数学图书馆的一位工具书馆员估计，该馆藏有600本以上此类图书。

俚语和行话方面的词典（见第十章）由来已久，多语种词典也是如此。除此以外，如今书店和图书馆的书架上堆满了各种专门为各界人士编写的词典，如生物学家、工程师、农学家、经济学家、艺术家、建筑师、印刷工人、男女同性恋者、异装癖者、运动员、网球手，等等——只要拥有自己的一套词汇来表达其所思所为，几乎任何群体都在此列。我们自己的心理词典大约只包括所有这些词典的条目中数量较小的一部分。但是，每个词都可以在某人的词库当中找到。

2. 实义词和功能词

"……还有，甚至……爱国的坎特伯雷大主教也发现这是可取的——"

"发现什么来着？"鸭子问道。

"发现这，"耗子有点生气地回答道，"你当然知道'这'是什么意思。"

"如果我发现一样什么东西，那么'这'是什么意思我就很清楚，"鸭子说道，"这通常是一只青蛙或一条蚯蚓。问题是，大主教发现什么了？"

刘易斯·卡罗尔《爱丽丝漫游奇境记》

语言对两类词做了重要的区分——实义词和功能词。名词、动词、形容词和副词是**实义词**。这些词指称我们可以加以考虑的事物、行为、属性和观念等概念，比如children（儿童）、anarchism（无政府主义）、soar（翱翔）和purple（紫色）。实义词有时候也被称为**开放类**词，因为我们能够也的确经常给这些词类增添新词。steganography（信息隐藏术）是一个新词，指的是在电子文本中隐藏信息的技术，这个词随着互联网革命而进入英语。像dis（轻视）这样的动词也是直到最近才进入英语，其他还包括像blog（博客）这样的名词和24/7（念twenty-four seven，意为一天24小时一周7天，全年无休）这样的副词。

不同的语言可能通过属于不同语法类①的词来表示相同的概念。举例来说，在加纳使用的阿肯语只有很少一些形容词。在英语中通过形容词表达的概念，在阿肯语中大多通过动词来表达。说阿肯语的人不会说The sun is bright today（今天阳光很明媚），而是说The sun "brights" today。

其他一些类别的词并没有清楚的词汇意义，或与之相关的明显的概念，这些词包括连词，如and（和）、or（或）和but（但是）；介词，如in（在……里面）和of（……的……）；冠词the（这/那）和a/an（一[个]）；以及代词，如it（它）、he（他）或she（她）。这些词被称为**功能词**，因为它们界定的是语法关系，而很少或根本没有语义内容。举例来说，英语中的冠词表达名词是有定的还是无定的——the boy（那个男孩）还是a boy（一个男孩）。介词of则表达领有关系，比如the book of yours（你的那本书），但是这个词还表达很多其他类型的关系。在it's raining（天正在下雨）和the archbishop found it advisable（大主教发现这是可取的）中的it是另一个例子，进一步说明有些词的功能纯粹是语法性的——它们是因为句法规则的要求才存在的，而且就像下面这幅漫画当中所说的那样，没有这些词我们寸步难行。

功能词有时被称为**封闭类**词。要想找到最近才进入某种语言的新的连词、介词或代词，是很困难的事。人称代词这个小类，如I（我，主格）、me（我，宾格）、mine（我的，属格）、he（他，主格）、she（她，主格）等等，也属于这一类。随着女性主义运动的兴起，一些人建议增加一个既非阳性亦非阴性的中性单数代词，可以用作一般的或者说**通指**形式。如果存在着这样一个代词，一所大规模大学中某个系的系主任也许就不会发表下面这样不合时宜的声明："We will hire the best person for the job regardless of his sex."（我们将聘任最佳人选担任这份工作，他的性别无关紧要。）人们提出各种建议，在英语中引入一个新的中性代词，比如e，就按照字母发音。但是，这种情况不太可能发生，因为封闭词类尤其难以接受新成员。实际上，语言的使用者宁愿使用早已存在的代词，比如they（他们，主格）和their（他们的，属格）来担负这样的功能，例如Anyone can do it if they try hard enough（谁都能干这事，只要他全力以赴）或者Everyone should do their best（每个人都应该尽他最大的努力）。用不同形式的they作为代词替代anyone和everyone，在BBC（英国广播公司）是标准用法，既可以用作单数，也可以用作复数。

通过下面这个最近在互联网上很流行的测试，可以说明实义词和功能词的区别：

下列文字请只读一遍，然后数一下其中字母F的数量：

FINISHED FILES ARE THE
RESULT OF YEARS OF SCIENTIFIC
STUDY COMBINED WITH THE
EXPERIENCE OF YEARS.

---

① 语法类即"语法范畴"，传统上称为"词类"，属于哪个词类，就有该词类的"词性"。——译注

如果你像大多数人一样，你的答案会是3个。这个答案是错的。正确答案是6个。再数数看。这次你要注意功能词OF。

这个小小的测试说明，人脑处理功能词和实义词的方式不同。大量心理学和神经生理学证据支持这种观点。举例来说，我们刚才用OF测试来说明的这种效应，在脑损害患者身上体现得尤为显著。第二章曾经讨论过，一些脑损害患者和其他有特定语言障碍的病人在使用、理解或者阅读功能词的时候，要比他们处理实义词的时候困难得多。有一些失语症患者读不懂in或which（哪个）这样的功能词，但是能读懂inn（旅社）和witch（巫婆）这样的实义词。在正常人的口误当中，这两类词也似乎发挥着不同的作用。举例来说，某人可能会一时疏忽，颠倒词序说出the journal of the editor（这个编辑的杂志），而不是the editor of the journal（这本杂志的编辑），但是颠倒或者互换功能词位置的现象却从没发现过。这种区分的证据在语言习得方面也存在（参见第八章）。在语言发展的早期阶段，儿童经常在说话时省略功能词，例如doggie barking（小狗叫）。

语言证据表明，实义词和功能词在语言中各司其职。实义词用来表达语义，而功能词则将实义词与更大的语法语境连成一体。至于功能词以何种方式起到这种连缀作用，将在本章以及后续章节加以论述。

3. 语素：意义的最小单位

"他们给了我这个作为非生日的礼物，"蛋头先生继续说道。

"你说什么？"爱丽丝迷惑不解地问。

"没什么，"蛋头先生说。

"我是说，什么叫'非生日的礼物'？"

"当然是指在你不过生日的时候给你的礼物。"

刘易斯·卡罗尔《镜中世界》

在上面的对话中，蛋头先生非常清楚英语的前缀un-意思是"非"，其用法在下面两列词中得到了进一步的表明：

A	B
desirable（合意的）	undesirable（不合意的）
likely（很可能的）	unlikely（不大可能的）
inspired（有灵感的）	uninspired（无灵感的）
happy（高兴的）	unhappy（不高兴的）
developed（发达的）	undeveloped（不发达的）
sophisticated（老练的）	unsophisticated（不老练的）

《韦氏三版新国际词典》收入了大约2700个以un-开头的形容词。如果我们假设一个词最基本

的语义单位是词，那么像un-这样有固定语义的构词部分，我们该如何看待呢？上面所有在B列中的词，其中的un-都表示同一个意思——"不"。undesirable的意思是"不desirable"，unlikely的意思则是"不likely"。B列中所有的词都至少由两个语义单位组成：un + desirable，un + likely，un + inspired，等等。

就像un-在上面的词表中都表达同一个意思一样，phon-在下列词中也都是同一个意思（下列词中有些你可能不知道是什么意思，但是读完本书之后你就明白了）：

phone（电话；音素）	phonology（音系学）	phoneme（音位）
phonetic（语音学的）	phonologist（音系学家）	phonemic（音位的）
phonetics（语音学）	phonological（音系学的）	allophone（音位变体）
phonetician（语音学家）	telephone（电话）	euphonious（声音和悦的）
phonic（声音的，语音的）	telephonic（电话的）	symphony（交响乐）

phon-是一个最小的形式，意思是说它不能再加以区分。ph 没有任何意义；pho 也许能发像 foe（敌人）这样的音，但是在语义上跟它没有任何关系；而 on 在这里不是拼写为 o-n 的介词 on（在……上面）。词表中所有词中的 phon 都有相同的语义——"与声音有关"。

词汇有服从于规则的内在结构。uneaten（未吃的），unadmired（不受钦佩的），ungrammatical（不合语法的）是英语里的词，但*eatenun，*admiredun，*grammaticalun 都不是英语的词，因为我们要构成一个词的否定意义，是通过将 un 作为前缀（加于词之首）而不是做后缀（加于词之尾）的方法。

电影先驱塞缪尔·戈德温有一次说："用两个词来说：im-possible（不可能）。"他的讲法代表了这样一种普遍的看法：词是语言的基本意义单位。我们已经知道这种看法是不正确的，因为有些词是由几个不同的意义单位组合而成的。语法形式的最基本单位，语言学术语称之为**语素**。这个词来源于希腊语 morphe 一词，意为"形式"。因此，如果戈德温修过语言学课程，他当初就会说得更为准确："用两个语素来说：im-possible。"

对于词的内部结构和构词规则的研究，就是**形态学**。这个词本身就由两个语素构成：morph + ology。后缀-ology 意思是"关于……的科学"或者指"有关……的知识分支"。因此，形态学的意义就是"关于词汇形式的科学"。

形态学是我们对某种语言语法知识的一个组成部分。和大部分语言知识一样，它通常是人们没有意识到的知识。

词可以由一个或一个以上的语素构成：

一个语素： boy（男孩）
　　　　　desire（欲望）
两个语素： boy + ish（男孩气的）
　　　　　desire + able（合意的）

三个语素：	boy + ish + ness（男孩气质）
	desire + able + ity（合意性）
四个词素：	gentle + man + li + ness（绅士风度）
	un + desire + able + ity（不合意性）
四个以上语素：	un + gentle + man + li + ness（无绅士风度）
	anti + dis + establish + ment + ari + an + ism①（反政教分离主义）

一个语素可能由单个语音来表示，比如语素 a，意思是指"非/无"，比如 amoral（非道德的）、asexual（无性的）；也可以用单个音节来表示，比如 child + ish 中的 child 和 ish。一个语素还可能由一个以上的音节组成：可以是两个音节，如 camel（骆驼）、lady（女士）和 water（水）；三个音节，如 Hackensack（哈肯萨克，地名）、crocodile（鳄鱼）；甚至四个或更多音节，如 hallucinate（产生幻觉）、apothecary（药剂师）、onomatopoeia（拟声词）。

因此，语素是最小的语言单位，是语音和语义的任意结合体，不能再进一步分析。这个定义也许过于简单，但就目前来说已经够用了。每种语言中的每一个词都是由一个或多个语素构成的。

词汇可以分解成语素，这体现了人类语言的一个基本特征——**离散性**。对所有的语言来说，离散的语言单位都以服从规则的方式构成更大的单位。语音单位结合成语素，而语素结合成词，词则结合成更大的单位——短语和句子。

离散性是区别人类语言和其他生物物种信递系统的特征之一。我们关于这些离散单位及其组合规则的知识，可以用来解释人类语言的创造性。在第一章中，我们将语言的创造性定义为一个人产生并理解无限句子的能力，其实语言创造性也体现在我们关于形态学的知识上。

在词汇方面，语言创造性意味着我们不仅能够理解我们以前从未听到过的词，而且还能创造新词。我们能把一个词分解为它的组成成分，而且如果我们知道这些组成成分的意思，还能对整个词的语义做出准确的猜测。我们还能以新颖的方式将语素结合起来创造新词，而且其语义对于会说这种语言的人来说是显而易见的。如果你知道在一张磁盘或者光盘上 write（写）意味着往里面加入信息，你就会下意识地明白，writeable（可写入）光盘是可以接受加入信息的；rewriteable（可擦写）光盘是指原有信息可以被覆盖的；而 unrewriteable（不可擦写）光盘则是指使用者无法覆盖原有信息的光盘。你知道所有这些词的意思，是因为你知道 write，re-，-able 和 un-这些语素的意思以及它们的结合规则。

3.1 黏着语素和自由语素

3.1.1 前缀和后缀

我们的形态学知识包括两个组成部分：关于单个语素的知识，以及关于语素结合规则的知识。我们有关特定语素的知识之一，是它们能不能单独使用，还是必须附着在一个词基语素上。

---

① 反对政教分离的政治哲学或立场，特指在 19 世纪的英国反对将英国圣公会与世俗政府分离、剥夺其国教地位的主张。经常作为英语中超长词的例子。——译注

一些语素，比如 boy（男孩），desire（欲望），gentle（温柔的）和 man（男子），本身就构成词，它们是**自由语素**。其他的语素，如-ish, -able, -ness, -ly, dis-, trans-, un-，则永远不能靠自己构成词，但总是词的组成部分，它们是**词缀**，称为**黏着语素**。我们知道每个词缀出现在其他语素的前面还是后面。un-, pre-（predetermine"预先决定"，prejudge"预先判断"），bi-（bipolar"双极的"，bisexual"两性的"）是**前缀**，它们出现在其他语素的前面。另一些语素只能作为**后缀**出现在其他语素的后面。英语中后缀语素有-ing（例如 sleeping"睡"，eating"吃"，running"跑"，climbing"爬"），-er（例如 singer"歌唱者"，performer"表演者"，reader"读者"，beautifier"美化者"），-ist（例如 typist"打字员"，copyist"抄写员"，pianist"钢琴家"，novelist"小说家"，collaborationist"通敌者"，还有 linguist"语言学家"），还有-ly（例如 manly"有男子气概的"，bastardly"私生子似的"，sickly"多病的"，spectacularly"壮观地"，friendly"友好的（地）"，等等，不一而足。linguist 这个词是个有趣的例子，因为当我们去掉后缀，剩下的是一个非词 ling(u)。我们在后面还会讨论这个问题。

语素是一切语言中最小的**语言符号**。很多语言都有前缀和后缀，但是，以怎样的方式来组配语素，可能各有方式不同。在一种语言当中某个语素是前缀，但是在另一种语言中可能就是后缀，反之亦然。在英语中，复数语素-s 是后缀，而在墨西哥的伊斯姆斯-萨波特克语中，复数语素 ka-则是前缀：

zigi（下巴，单数）   kazigi（下巴，复数）
zike（肩膀，单数）   kazike（肩膀，复数）
diaga（耳朵，单数）   kadiaga（耳朵，复数）

通过加上词缀所表达的意义，会因语言而不同。英语动词往往有相同形式的名词，不需要再加词缀①，在 I like to dance（我喜欢跳舞）中 dance 是动词，而在 The salsa is a Latin dance（萨尔萨是一种拉丁舞）中 dance 是名词。这两种情况下词的形式是一样的。而在土耳其语中，通过后缀-ak 可以把一个动词派生为名词，如下例所示：

dur（停住）   dur + ak（停车场）
bat（下沉）   bat + ak（下沉处或沼泽地）

英语中表达一个互相的行为要用 each other 这样的短语，如 understand each other（互相理解），love each other（互相爱慕）；而在土耳其语中，只需要在动词上增加一个语素即可，如：

anla（理解）   anla + sh（互相理解）
sev（爱）   sev + ish（互相爱慕）

上例中表示互相的后缀，其语音形式在元音后为/sh/，在辅音后为/ish/。这和英语的程序是相似的：如果名词以辅音开头，则使用 a 作为不定冠词语素，如 a dog（一条狗）；但是如果名词以

---

① 原文 In English we do not add an affix to derive a noun from a verb（在英语中我们不通过加词缀从动词派生出名词），这个表述显然不符合事实，译文做了相应改动。——译注

元音开头，则要使用 an，如 an apple。我们将在第七章讨论语素的不同发音。

在秘鲁的皮罗语中（属阿拉瓦克语族），将单独的一个语素 kaka 加于动词之后，就能表达"使……做"之义：

cokoruha（用鱼叉叉）　　　cokoruba + kaka（使……用鱼叉叉）
salwa（访问）　　　　　　salwa + kaka（使……访问）

在太平洋西北部岛屿上的一种美洲土著语卡罗克语中，如果将-ak 加在名词上，便构成一个处所副词，意为"在……里面"：

ikrivaam（房子）　　　　　ikrivaamak（在房子里面）

土耳其语和卡罗克语都有后缀-ak，只是偶然的巧合，尽管其形式相似，但意义不同。类似地，土耳其语的互动后缀-ish，和英语 greenish（有点绿的）中的后缀-ish 形式也相似。而在卡罗克语中，后缀-ara 的意义和英语的-y 相同，即"具有……的特征"（比如 hairy "多毛发的"的意思就是"具有 hair 的特征"）：

aptiik（树枝）　　　　　　aptik + ara（多树枝的）

这些例子再次说明了音义关系的任意性。

俄语中加在名词上的后缀-shchik，意思类似于英语的后缀-er，比如 reader（读者）、teenager（13 岁到 19 岁的年轻人）、Londoner（伦敦人）、racer（赛车手）和 first grader（一年级小学生）中，-er 可以添加到属于不同词类范畴的词上面。但是，俄语的后缀只能加到名词上，如下例所示：

俄语　　　　　　　　　　俄语
atom（原子）　　　　　　atomshchik（核战争贩子）
baraban（鼓）　　　　　　barabanshchik（鼓手）
kalambur（双关语）　　　kalamburshchik（爱用双关语的人）
beton（混凝土）　　　　　betonshchik（混凝土搅拌工）
lom（废铁）　　　　　　　lomshchik[①]（收废铁的）

这些不同语言的例子也阐明了自由语素和黏着语素的不同：前者如英语的 boy,土耳其语的 dur、皮罗语的 salwa 和俄语的 lom；后者如英语的-ish，卡罗克语的-ak 和俄语的-shchik，等等。

3.1.2 中缀

一些语言还有**中缀**，即插入其他语素中间的语素。在菲律宾使用的邦托克语就是这样一种语言，如下例所示：

---

① lomshchik 即俄语词 ломщик，原文解释为 salvage collector（收废铁的）。据查该词一般指采石场工人，也指靠买东西少给钱或换大额钞票时行骗的人。——译注

名词/形容词	动词
fikas（强壮）	fumikas（是强壮的）
kilad（红）	kumilad（是红的）
fusul（敌人）	fumusul（是敌人）

在这种语言里，中缀-um-插入名词或形容词的第一个辅音之后。因此，说邦托克语的人若知道 pusi 的意思为"穷"，也就知道 pumusi 的意思是"是穷的"，即使他是第一次听到这个词。这就好比说英语的人如果知道动词 sneet[①] 的意思，也就会知道 sneeter 的意思是"sneet 的人"。说邦托克语的人如果知道 ngumitad 的意思是"是黑暗的"，那么也就会知道表示"黑暗"的形容词一定就是 ngitad。

英语的中缀问题一直是互联网上的一个语言学讨论组"语言学家列表"（linguist list）所探讨的题目。人们对英语中缀产生兴趣，是因为只能将表达猥亵义的整个词插入到另一个词中，这个词通常是形容词或副词。在美国，最常见的中缀就是 fuckin'（骂詈语，意为"性交"）和该词的其他委婉形式，比如 friggin, freakin, flippin 和 fuggin，插入中缀的例子比如 in-fuggin-credible[②]（incredible，不可思议），un-fuckin-believable（unbelievable，难以置信），Kalama-flippin-zoo（Kalamazoo，卡拉马祖，密歇根州一地名）。在英国，常见的中缀是 bloody（该死的），这是英国英语中的一句骂詈语，它也有委婉形式，比如 bloomin。在电影和舞台音乐剧《窈窕淑女》中，女主人公伊莉莎·杜丽特尔演唱的一首歌曲就出现了 abso + bloomin + lutely（absolutely，绝对地）一词。

3.1.3 外接缀

一些语言还有**外接缀**，指的是在同一个词基语素的开头和末尾附加上的语素，有时候也被称为**非连续语素**。在美国俄克拉荷马州有一种属于印第安土著马斯科吉语系的奇卡索语，词的否定形式通过前缀 ik- 和后缀 -o 共同组成。在加上表示否定的后缀之前，肯定形式末尾的元音会先脱落。这种外接缀的例子如下所示：

肯定形式	否定形式
chokma（他好）	ik + chokm + o（他不好）
lakna（它是黄的）	ik + lakn + o（它不是黄的）
palli（它是热的）	ik + pall + o（它不是热的）
tiwwi（他打开[它]）	ik + tiww + o（他不打开[它]）

使用外接缀的语言中，人们更为熟悉是德语。德语规则动词的过去分词，是通过在动词词根加上前缀 ge- 和后缀 -t 构成的。给动词词根 lieb（爱）加上这样的外接缀，就会生成 geliebt（动词"爱"

---

① 这是作者生造的词。——译注
② 这样加入中缀是为了加强语气，但一般被认为是粗俗的语言。——译注

的过去分词，或者用作形容词，意为"心爱的"）。

3.1.4 词根和词干

形态复杂的词由**词根**以及一个或多个词缀构成。词根是指无法进一步分析为更小成分、具有实际词汇意义的语素。以下是一些英语词根的例子：painter（画家）中的paint（动词，画），reread（重读）中的read（读），conceive（构思）中的ceive，还有linguist中的ling。有的词根可以作为独立的词而存在，有的则不可以（paint和read可以，ceive和ling就不行）。在有外接缀的语言中，词根就是外接缀所包裹的词汇形式。举例来说，奇卡索语ik-chokm-o中的chokm就是词根。在有中缀的语言中，词根是指中缀加入其中的词汇形式。比如，邦托克语f-um-ikas中的fikas就是词根。

像希伯来语和阿拉伯语这样的闪语族语言，有一种独特的形态系统。其名词和动词是在三个辅音的基础上构成的，通过变换元音和音节的类型，就可以派生其他相关的词。举例来说，语义为"写"的词根在埃及的阿拉伯语中是ktb，在此基础上可以派生出下列的词（仅举其中数例）：

katab	（他写，过去时）
kaatib	（作家）
kitáab	（书）
kútub	（书，复数）

当词根语素和一个词缀结合，就生成一个**词干**，有的词干是词，有的则不是（painter是词，也是词干；-ceive + er只是词干）。在词干上还可以再加上其他词缀，构成更为复杂的词干，如下例所示：

词根	Chomsky（乔姆斯基）	（专有）名词
词干	Chomsky + ite（乔姆斯基信徒）	名词 + 后缀
词	Chomsky + ite + s（同上，复数）	名词 + 后缀 + 后缀

词根	believe（相信）	动词
词干	believe + able（可信的）	动词 + 后缀
词	un + believe + able（不可信的）	前缀 + 动词 + 后缀

词根	system（系统）	名词
词干	system + atic（有系统的）	名词 + 后缀
词干	un + system + atic（无系统的）	前缀 + 名词 + 后缀
词干	un + system + atic + al（无系统的）	前缀 + 名词 + 后缀 + 后缀
词	un + system + atic + al + ly（无系统地）	前缀 + 名词 + 后缀 + 后缀 + 后缀

每增加一个新的词缀，就会形成一个新的词干和新的词。语言学家有时候也用**词基**这个术语指

将词缀加到上面的任何词根或词干。在上面的例子中，system, systematic, unsystematic 和unsystematical都可以被视为词基。

3.2 huckles 和 ceives

语素的定义是语义的基本成分，指一个与特定意义任意结合、且不能进一步分析成更简单成分的语音形式。多年来，这一定义给语言学的分析造成了许多问题，尽管它对语言中大多数的语素是适用的。让我们考虑一下cranberry（蔓越莓），huckleberry（越橘），boysenberry（博伊森莓）这样的词。其中的berry（莓果）没有问题，但huckle和boysen却只能与berry共同出现。本来cran也只与berry一起出现，后来一种叫cranapple汁①的饮料面市，随后出现了其他一些使用词缀cran-的形态复杂的词。名词boysenberry中的boysen-来源于把黑莓和覆盆子杂交从而培育出该浆果植物的园艺家博伊森，但是很少有人了解这个事实。而且，这个语素是一个仅出现于这个词的黏着性词干语素。lukewarm是另一个由两个词干语素构成的词，其中luke只在这个词中出现，因为它和作为名字的Luke（卢克）并不是同一个语素。

由于存在着huckle-，boysen-和luke-这样的黏着性形式，需要重新定义"语素"这一概念。有些语素孤立地看，并无意义可言，但如果它们与其他特定语素结合，就能获得意义。因此，语素huckle与berry结合在一起，就有了意义，指一种形状小而圆的紫蓝色浆果；而luke和warm结合在一起的时候，就有了"稍微、有几分"的意思。

上面这些语素只出现在语言中的一个词中（通过与另一语素相结合），别的语素则可以出现在很多词中，但是不同的词之间似乎缺乏一个固定的意义。1066年诺曼人征服英格兰之后进入英语的许多拉丁语词，就有这种特性。举例来说，receive（收到），conceive（设想），perceive（感知），deceive（欺骗）中有一个共同的词根-ceive；remit（赦免），permit（许可），commit（托付），submit（使服从），transmit（传输），admit（承认）则共有词根-mit。对于说拉丁语的人来说，对应于ceive和mit的语素都有明确的意义——后者来自动词mittere（送），前者则来自动词capere（抓）。但是对于说现代英语的人而言，-ceive和-mit这样的拉丁语素并没有独立的意义，决定其意义的是它们在其间出现的整个词。

其他一些词似乎是由前缀加词根语素构成的，其中的词根，比如cran-或-ceive，从不单独出现，而总是和一个特定的前缀共同出现。例如，我们有inept（不适当的），但没有*ept；有ungainly（不雅的），但没有*gainly；有discern（察觉），但没有*cern；有nonplussed（陷于窘境的），但没有*plussed。

情况类似的是，upholster（装潢、修饰），downhearted（情绪低沉的）和outlandish（有异国风格的）这些词的词干并不单独出现：*holster, *hearted（表达此类语义时）和*landish不是自由语素。另外，这些词所谓的"对立"形式downholster, uphearted和inlandish并不是词。

使情况更为复杂的是，像strawberry（草莓）这个词当中的straw（草）其实跟什么草都没有关系；gooseberry（鹅莓）跟goose（鹅）也没有关系，blackberry（黑莓）事实上可以是蓝色的，也可

---

① 一种蔓越莓和苹果的混合果汁。——译注

以是红的。这些词当中的一些也许有历史上的渊源，但是与今天的用法已无意义上的联系。在《牛津英语词典》所收strawberry这一条目是这样表述的：

  本词何以得名，众说不一。一种解释认为其第一个成分straw-指的是稻草或者谷壳上的小颗粒，用以描写散布于草莓表面的颗粒状物。

  这也许确实是这个词的词源，但是今天，strawberry中的straw-，和straw hat或者straw-colored（颜色像稻草似的）当中的straw，完全不是同一个语素。

  语素的意义必须是固定的。在singer（歌手），painter（画家），lover（爱人）和worker（工人）这些词中的施事性语素-er，意思是"做某事的人"。但是，同样的语音形式还表示形容词的比较级语素，意思是"更加"，比如nicer（更好），prettier（更漂亮）和taller（更高）。可见，两个不同的语素可以有相同的发音。同样的形式代表两个语素，是因为其意义不同。同样的语音可以在另一个词当中出现，但是并不代表一个单独的语素，比如father（父亲）中的最后一个音节-er，就不是一个单独的语素，因为father并不是"fath的人"。类似的是，water中的-er也不是一个独立的语素结尾。father和water本身都是单独的语素，也称为**单语素**词。这种认识，是从语素作为音义单位这一概念而来的。

4. 构词规则

  "我从未听说过 uglification，它是什么意思？"爱丽丝壮起胆子问道。

  鹰首狮身怪惊讶地举起双爪，大声说道："从未听说过 uglifying？我想你总知道 beautify 是什么意思吧？"

  "是的，这我知道，"爱丽丝疑惑不解地说，"beautify 就是——把——不管什么东西——变得更漂亮。"

  "好，"鹰首狮身怪接着说，"如果你还不知道 uglify 是什么意思，那你就是一个十足的白痴。"

刘易斯·卡罗尔《爱丽丝漫游奇境记》

  当"滑稽龟"向爱丽丝列举"Ambition（野心）、Distraction（分心）、Uglification（丑化）、Derision（嘲弄）"①作为算术的不同分支时，爱丽丝完全莫名其妙。她可不是个白痴，因为在刘易斯·卡罗尔使用之前，uglification 并非英语中的常用词。然而，尽管我们从来也没有听说或者使用过这个词，大多数说英语的人还是立刻就会明白它的意思。那是因为我们知道构成这个词的各个组成部分的意思——词根 ugly 和词缀-ify, -cation。

  上文我们说过，形态学的知识包括单个语素的知识，即它们的发音和意义，也包括规则的知识——如何把语素结合起来构成复合词。滑稽龟把-ify 加到形容词 ugly 后面，就构成了一个动词。英

---

① 分别戏拟 Addition（加法）、Subtraction（减法）、Multiplication（乘法）、Division（除法）。——译注

语中的许多动词就是以这种方式构成的：purify（纯化），amplify（放大），simplify（简化），falsify（伪造）。后缀-ify与名词结合也能构成动词：objectify（使客观化），glorify（赞美），personify（拟人化）。请注意"滑稽龟"走得更远，他将后缀-cation加于 uglify 之上又构成名词 uglification，就像 glorification, simplification, falsification, purification 一样。通过使用英语的**形态规则**，他创造了一个新词。他使用了如下规则：

形容词 + ify → 动词 "使+形容词"
动词 + (c)ation → 名词 "'使+形容词'的过程"

4.1 派生形态学

像-ify和-cation这样的黏着语素被称为**派生语素**。把黏着语素加到一个词基上，就会派生出一个有着新语义的新词，把-ify加到pure（纯净）上就形成purify意思是"使纯净，纯化"；再把-cation加到上面，就构成一个名词，意思是"纯化过程"。如果我们发明一个形容词pouzy来描写静电对头发产生的效应，你马上就能理解下面这两个句子："在地毯上走确实 pouzified 我的头发"，"pouzification 的最佳方法就是用气球在你的头上摩擦"。这意味着在我们的心理词典中一定有一张派生语素的清单，以及决定它们如何附加到词根或词干上的规则。通过附加派生语素而得到的形式被称为**派生词**。

4.2 词的层级结构

我们在上文可以看到，附加语素有固定的次序。这种次序反映了词的**层级结构**。一个词并不是语素的简单序列，而是有内在的结构。举例来说，unsystematic（不系统的）这个词就是由三个语素构成：un-, system和-atic。其中名词system（系统）是词根，然后将后缀-atic附加到词根上，得到一个形容词systematic（系统的）。我们在这个形容词再加上前缀un-，就形成一个新的形容词unsystematic。

语言学家使用**树形图**来表征词（以及句子）的层级组成。Unsystematic的树形图如下所示：

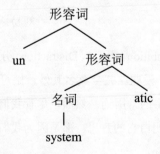

这个树形图反映了两条形态规则的应用：

1. 名词 + atic → 形容词
2. un + 形容词 → 形容词

规则1将派生后缀-atic附加到作为词根的名词上，形成一个形容词。规则2则把由规则1形成的形容词附加上派生前缀un-。树形图表明整个词unsystematic是一个形容词，由一个形容词systematic加上un-构成。而这个形容词本身又由一个名词system加上后缀-atic构成。

就像上文讨论过的离散性特征一样，层级结构也是人类语言的一个基本特征。词（以及句子）都有组成成分，都通过具体的规则管辖的方式相互关联。尽管粗粗一看，如果不考虑次序，语素un-和-atic都以同样的方式和词根system相联系，但实际情况并非如此。词根system与后缀-atic的关系，要比与前缀un-的关系更紧密，而前缀un-事实上是和形容词systematic结合在一起，而不是直接和词根system结合。实际上，*unsystem并不是一个词。

对于这个给定的结构，还能进一步应用形态规则。举例来说，英语有一个派生后缀-al，出现在egotistical, fantastical和astronomical这样的词中。在以上这些例子中，-al附加到形容词egotistic（自我中心的），fantastic（绝妙的），astronomic（天文学的）上，形成一个新的形容词。后缀-al的规则如下：

3. 形容词 + al → 形容词

另一个后缀是-ly，它附加到形容词happy, lazy（懒惰的）和hopeful（有希望的）上，形成副词happily, lazily和hopefully。以下为-ly的规则：

4. 形容词 + ly → 形容词

把这两条规则应用到派生形式unsystematic上，我们就得到unsystematically一词的树形图，如下：

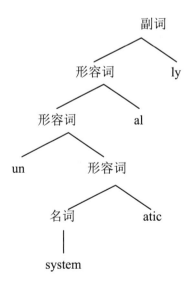

这是一个相当复杂的词。尽管非常复杂，它却是合式的，因为它遵循这种语言的形态规则。从另一方面来说，一个非常简单的词反而可以是不合语法的。在上例中，假定我们首先将前缀un-附加到词根system上，那就会形成一个非词*unsystem。

*unsystem是一个不可能的词,因为英语中没有一条允许前缀un-附加到名词上的规则。某家大型软饮料公司通过广告宣传活动推销名为Uncola("非可乐")的产品,通过藐视这条语言学规则成功地吸引了人们的注意力。在我们的语言能力中,就包括识别可能和不可能的词的能力。可能的词是遵循规则的词,不可能的词则不遵循规则。

说某种语言的人把他们语言中形态复杂的词的内在结构表征出来,而树形图则清楚地表明他们是如何进行表征的。在说话和写字的时候,我们似乎是将语素串联成一个序列,比如un + system + atic。可实际上,我们对于词的心理表征既有线性,又有层级性。这一点通过树形图就表现出来了。

体现词的层级组织最清楚的,是有结构歧义的词,也就是由于有多个结构而具有多个语义的词。以 unlockable 一词为例。想象你想在一间屋子里独处一会儿,那么如果你发现门 unlockable——无法锁上,就会感到不高兴。现在再想象你想从一间已经上锁的屋子里出来,如果你发现门 unlockable——锁可以打开,就会松一口气。这两个语义分别和对应以下两种不同的结构:

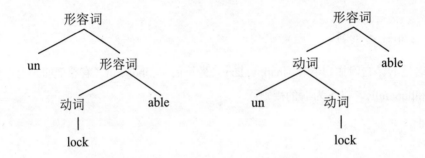

在第一种结构中,动词lock(锁上)和后缀-able组合,构成了形容词lockable(可以锁上的),然后给这个派生形容词附加上意思为"不"的前缀un-,构成一个新的形容词unlockable(锁不上的)。在第二种情况下,前缀un-先和动词lock组合,构成一个派生动词unlock(开锁),然后这个派生动词又和后缀-able组合,构成unlockable(可以开锁的)。

在英语中有整整一类词遵循这样的模式:unbuttonable(扣不上扣子的/可以解开扣子的),unzippable(拉不上拉链的/可以拉开拉链的),unlatchable(闩不上门的/可以取下门闩的),等等。产生这样的歧义,是因为表示"不"的前缀un-可以和形容词组合,如规则2所述,也可以和动词组合,例如undo(解开,取消),unstaple(取下订好的订书钉),unearth([从地下]发掘,掘出),unloosen(解开,放松,释放)。

如果词只是没有任何内部结构的语素串,我们就无法解释unlockable这样有歧义的词。这些词还说明另一个重要的问题,那就是结构对于确定语义很重要。出现在两个不同结构的unlockable中的,是三个同样的语素,但是两者语义不同。不同语义的产生,原因在于两者结构的不同。

4.3 派生语素再论

派生语素有明确的语义内容,在这个意义上它们跟实义词一样,只不过它们本身不是词,前面我们已经看到,把一个派生语素加到一个词基上,就会增加语义。派生词所属的语法类也可能与原词不同，后缀-able和-ly就是这样。如果一个动词加上后缀-able，结果就得到一个形容词，例如desire + able（可取的）和adore + able（可爱的）。如果后缀-en加到一个形容词上，就会派生出一个动词，例如dark + en（使黑暗）。还可以把一个形容词变成一个名词，例如sweet + ie（亲爱的人）。其他例子如下：

名词→形容词

boy + ish（男孩气的）
virtu + ous（有道德的）
Elizabeth + an（伊丽莎白女王时代的）
pictur + esque（风景如画的）
affection + ate（充满深情的）
health + ful（有益健康的）
alcohol + ic（含酒精的）
life + like（栩栩如生的）

动词→名词

acquitt + al（无罪宣判）
clear + ance（清除）
accus + ation（指控）
confer + ence（会议）
sing + er（歌手）
conform + ist（遵奉者）
predict + ion（预言）
free + dom（自由）

形容词→副词

exact + ly（完全地）
quiet + ly（安静地）

名词→动词

moral + ize（说教）
vaccin + ate（种牛痘）
brand + ish（挥舞）
haste + n（加快）

形容词→名词

tall + ness（高）
specific + ity（明确性）
feudal + ism（封建主义）
abstract + ion（抽象过程）

动词→形容词

read + able（可读的）
creat + ive（创造性的）
migrat + ory（迁徙性的）
run + (n)y（水分过多的）

并不是所有的派生语素都会引起语法类的改变。

名词→名词

friend + ship（友谊）
human + ity（人类，人性）

动词→动词

un + do（解开，取消）
re + cover（找回，复原）

形容词→形容词

pink + ish（带粉红的）
in + flammable（易燃的）

许多前缀都属于这一类：

a + moral（非道德的）
auto + biography（自传）
ex + wife（前妻）
super + human（超人）

mono + theism（一神教）
re + print（重印）
semi + annual（半年一次的）
sub + minimal（亚极小的，仅次于最小的）

还有一些后缀也属此列：

vicar + age（教区牧师住宅）
old + ish（上了些岁数的）
Paul + ine（保利娜）

New Jersey + ite（新泽西州人）
fadd + ist（赶时髦的人）
music + ian（音乐家）

America + n（美国人） pun + ster（爱用双关语者）

veget + arian（素食的） humanit + arian（人道主义者）

一个新词通过应用形态规则进入词库，而另一些复杂的派生却可能被**堵塞**。举例来说，Commun + ist（共产主义者）进入了英语，但是像Commun + ite（如同 Trotsky + ite"托洛茨基主义者"）或者Commun + ian（如同 grammar + ian "语法学家"）这样的词却进入不了；它们的构成被堵塞了。不过，有时候一个词的几种交替形式却可以共存：例如，Chomskyan和Chomskyist，甚至可能还有Chomskyite，都可以用（三个变体的意思都是"乔姆斯基语言学观点的追随者"）。表示"语义学家"的semanticist和semantician都可以使用，但是另一个可能的词semantite却不能。

最后，派生词缀似乎可以分成两类。其中一类增加后缀会引发发音上的细微变化。举例来说，把词缀-ity附加到specific（发音是specifi*k*，最后的字母c发k音）上，得到一个新词specificity（发音是specifisity，最后的字母c发s音）。我们如果从Elizabeth这个词派生出形容词Elizabeth + an，第四个元音会发生音变，从Beth（贝丝，女子名，Elizabeth的昵称）中的元音变为Pete（皮特，男子名）中的元音①。其他后缀如-y, -ive和-ize也可能造成类似的变化：sane/sanity（心智健全：形容词/名词），deduce/deductive（动词，演绎/形容词，演绎性的），critic/criticize（名词，批评家/动词，批评）。

另一种情况是，-er, -ful, -ish, -less, -ly和-ness这些后缀如果附加到词基上，不会影响发音，比如baker（面包师），wishful（一厢情愿的），boyish（男孩子气的），needless（不必要的），sanely（心智健全地），fullness（充实，名词）。此外，如果一个词基上已经附加了第二类词缀，那么就不能把第一类词缀再附加上去，例如：*need + less + ity, *moral + iz(e) + ive；但是，在一个词基已经附加了第一类或第二类词缀的情况下，仍然可以再附加第二类词缀，例如：moral + iz(e) + er（说教者），need + less + ness（名词，不必要）。

4.4 词汇缺位

像Chomskyan/Chomskyite这种交替形式的冗余性——所有这些形式都符合正常的构词规则——可以解释词汇中的一些**偶然缺位**（又称"**词汇缺位**"）现象。偶然缺位指合式但并不存在的词。语言中实际存在的词仅仅是可能的词的一个子集而已。会说一种语言的人可能懂数以万计的词。我们已经讲过，词典里有数以十万计的词，里面的任何一个词，说这种语言的人当中总有一些人是认识的。但是没有一本词典能够把所有**可能的词**都列出来，因为，可以用很多方式来增加一种语言的词汇量（其中一些方式将在本章讨论，其他一些则在第十一章讨论语言变化时再讲）。在词库中总是存在着缺位现象，也就是那些可能被加进来但是事实上不存在的词。有一些词汇缺位是因为一些被允许的语音序列没有附加语义内容（例如blick, slarm, 或者krobe）。请注意，语音序列必须服从于该语言的种种限制。*bnick不属于缺位，这是因为在英语中没有词是以bn开头的。我们将在第七章中讨论这些限制。

---

① Elizabeth 中最后一个元音（下画线处）读[ə]，而 Beth 的元音一般发作[ɛ]，是不同的音，不过两者的开口度都比 Elizabethan 和 Pete 中的[iː]大得多。——译注

一些语素组合本身是可能的，但从没有被使用过，这就是另一些词汇缺位的原因。会说一种语言的人能够辨别*unsystem和*needlessity这样不可能的词以及disobvious, linguisticism和antiquify这样可能但是不存在的词。这样的辨别能力进一步证明，我们的心理语法中关于词汇形态的组成部分，不仅是一个词库，即一张现有词的清单，同时还包括一些规则，使我们能够创造并理解新词，并分辨可能的词和不可能的词。

4.5 规则能产性

一些形态规则具有**能产性**，意思是说它们能够加以自由运用，从而将清单中的自由语素和黏着语素组成新词。后缀-able似乎是这样一个语素，可以和任何动词并联派生出形容词，而其语义则是动词语义和后缀-able语义两者的结合，意思差不多可以表示为"可……的"，例如：accept + able（可接受的），laugh + able（可笑的），pass + able（过得去的），change + able（可变的），breathe + able（可以呼吸的），adapt + able（能适应的，可改编的）等等。后缀-able还被赋予了"适合做……"或者"适合被……"的语义。我们发现-able可以附缀到新产生的动词上面，构成downloadable（可下载的）和faxable（可传真的）这样的词，这说明这条规则具有能产性。

我们已经说过，英语中有一个表示"不"的语素，其形式是un-。而且，如果它和afraid（担心），fit（合适），free（自由），smooth（光滑），American（美国的）和British（英国的）等形容词相结合，就构成这些形容词的**反义词**或否定形式，比如unafraid（不担心），unfit（不适合），un-American（非美国的）等等。注意和-able不同，un-附着在词干上以后，不会改变词干的词性。

我们还发现，通过形态规则派生出来的形容词，可以在上面加前缀un-：

un + believe + able（不可信的）

un + accept + able（不可接受的）

un + speak + able（坏到不能以言语表达的）

un + lock + able（锁不上的/可以开锁的）

有些形态复杂的形容词是由动词加一个up或off这样的小品词，然后加上后缀-able而构成的①：

pick + up + able（可以捡起来的）

turn + around + able（可以扭转局面的）

chop + off + able（可以剁下来的）

talk + about + able（可以谈论的）

通过添加前缀un-，可以派生出下列词：

un + pick + up + able（不可以捡起来的）

---

① 原文为：We can also add *un-* to morphologically complex verbs that consist of a verb plus a particle like *up* or *off*, plus *-able* such as。这样表述，容易被理解为：先在复杂动词前加上un-构成unpickup或unchopoff这样的动词，再加-able构成形容词，但是这样的动词未必存在。此外行文上与例子也不配合。译文做了调整。——译注

un + turn + around + able（不可以扭转局面的）

un + chop + off + able（不可以剁下来的）

un + talk + about + able（不可以谈论的）

但是un-并不具有完全的能产性。我们可以找到happy（高兴的）和unhappy（不高兴的），cowardly（怯懦的）和uncowardly（不怯懦的），但是sad（悲伤），brave（勇敢）和obvious（明显）没有对应的*unsad, *unbrave和*unobvious[①]。带星号的形式也许仅仅是词库中偶然的词汇缺位。如果有人说某人*unsad，我们也能明白那个人是"不悲伤"，而一个*unbrave的人就是不勇敢。但是，正如语言学家安珊笛所指出的，"un-规则"对于从动词派生出来的形容词来说可能最具有能产性，比如unenlightened（未经启蒙的），unsimplified（未简化的），uncharacterized（不体现特性的），unauthorized（未经授权的），undistinguished（无特色的）等。大部分能够被接受的带un-的词，其词基似乎都是多音节的，而虽然有unfit（不合适的）、uncool（不冷静的）、unclean（不干净的）这样的例子，许多不能被接受的带un-的形式，其词干都是单音节的，例如unbig, ungreat, unred, unsad, unsmall, untall等。

形态规则也许或多或少都具有能产性。英语中将-er加于动词后构成名词，表示"动作者"（一次或习惯性动作），这是一条非常能产的形态规则。大部分英语动词都接受这个后缀，例如：examiner（主考者），exam-taker（参加考试者），analyzer（分析者），lover（爱好者），hunter（猎人），predictor（预言者）等（尽管拼写不同，-or和-er发音相同，是相同的语素）。现在考虑下列例子：

sincerity（诚意）　　　来自　　sincere（诚挚的）

warmth（温暖，名词）　来自　　warm（温暖的）

moisten（弄湿）　　　来自　　moist（湿润的）

英语的许多词有后缀-ity，如chastity（纯洁，名词），scarcity（稀缺，名词），curiosity（好奇心）；后缀-th，如health（健康，名词），wealth（财富），depth（深度），width（宽度），growth（增长，名词）；后缀-en，如sadden（使悲伤），ripen（使成熟），redden（变红），weaken（削弱），deepen（加深）。但是，像*the fiercity of the lion（狮子的凶残）这样的短语听起来颇有点怪，*I'm going to thinnen the sauce（我会把酱汁弄稀一点）这样的句子也一样。也许有人会用coolth（凉爽，名词）这个词，但正如安珊笛所指出的，如果有人用fiercity（凶残，名词）、thinnen（弄稀）、fullen（弄满）、coolth这些词的时候，一般说来，或者是用词不当，或者就是意在幽默。在这种情况下，一条曾经具有能产性的形态规则（存在着scare"稀少的"/scarcity"稀少"这样相互关联的词对就表明了这一点）有可能不再具有能产性。但是，我们关于这种相互关联的词对的知识，可以使我们与已有词项类比，比照这些例子来构成新词。英语的其他一些派生语素不太具有能产性，比如下列例子中的小称后缀：pig + let（小猪），sap + ling（小傻瓜）。

[①] 作者认为 obvious 的否定形式 unobvious 不存在，所以打了星号，但是在一些辞书上可以查到，在互联网的使用频率也不低。——译注

到目前为止，我们所见到的那些形态复杂的词，都能够根据组成这个词的各个语素的意思轻易地预测其词义。比如，unhappy的意思是"不高兴的"，而acceptable的意思是"适合被接受的"。不过，对于自由语素和派生语素所派生而成的词来说，即使知道语素自身的意义，也未必总能推知词的意义。下列这些带un-的形式其语义就是无法预测的：

unloosen（等于loosen；解开，放松，释放）
unrip（等于rip；撕开，扯开，割开）
undo（逆转所做的；解开，松开，取消）
untread（返回，折回[原路]）
unearth（发掘，掘出）
unfrock（脱去……的法衣，免去……的圣职）
unnerve（使气馁，使失常）

形态复杂的词如果语义不可预测，那么就必须在我们的心理词库中一个个地列出来。但是，形态规则也必须是语法的一部分，它们揭示了词与词之间的关系，并为构成新词提供了手段。

4.6 "小母鸡惊喜"

我们关于语言中语素和形态规则的知识，往往通过我们犯的错误而显现出来。对不认识的词，我们可以猜测它的意思。有时候我们会猜错，但即便错也错得"有头脑"。

阿姆泽尔·格林把她的学生在词汇教学课上所犯的错误搜集起来，编成书出版，书名为《小母鸡惊喜》(*Pullet Surprises*)[①]。该书名取自她曾教过的一名中学生所写的句子：In 1957 Eugene O'Neill won a Pullet Surprise.（1957年尤金·奥尼尔赢得了一个小母鸡惊喜[②]）。这些错误最有趣的地方，就是它们在多大程度上揭示了学生有关英语词汇形态的知识。下列例子反映了这些学生的创造性：

词	学生的释义
deciduous[③]（每年落叶的）	能够下决心的
longevity（长寿）	极高的
fortuitous（偶然的）	得到妥善保护的
gubernatorial（总督的）	与花生有关的
bibliography（参考书目）	神圣地理学
adamant（牢不可破的）	与原罪有关的
diatribe（谩骂）	整个部族的食物

---

① 出处：A. Greene. 1969. *Pullet Surprises*. Glenview, IL: Scott, Foresman. （原注3）
② 句中的 Pullet Surprises 是 Pulitzer Prize（普利策奖）之误，应是两者发音相近而造成。——译注
③ 学生这样理解，是因为词中的某些字母组合与一些词的拼写相同或近似，受到暗示性的影响：deciduous（decide，决定）；longevity（long，长）；fortuitous（fort，堡垒）；gubernatorial（goober，[美国南方俚语]花生）；bibliography（bible，圣经；geography，地理学）；adamant（Adam，亚当）；diatribe（diet，饮食；tribe，部落）；polyglot（poly-，多的，前缀）；gullible（gull，海鸥）；homogenous（home，家；genuine 诚挚的）。——译注

polyglot（通晓多种语言的人）	一个以上的 glot
gullible（轻信的）	与海鸟有关的
homogeneous（同性质的）	忠于家庭生活的

有个学生在下面的句子中误用了 indefatigable（不屈不挠的）一词：

她试过多种节食方法，但还是 indefatigable。

他清楚地表明自己懂形态学知识：词中的 in- 意为"不"，如 ineffective（不起作用的）；de- 意为"从……离开；去掉"，如 decapitate（斩首）；fat 意为"脂肪"；-able 为"能……的"，整个词的组合意义就成了"无法去掉脂肪的"。

5. 手语形态学

手语具有丰富的形态。像口语一样，手语也有词根语素和词缀语素、自由语素和黏着语素、词汇/实义语素和语法语素①、派生语素和屈折语素，以及将这些成分组合成复杂手势的形态规则。图3.1表明在美国手语（ASL）中的派生过程，相当于英语从动词compare（比较）和measure（测量）构成名词comparison和measuring。在此过程中，除了手部运动之外，词根语素的所有东西都保持不变。

美国手语和所有其他手语中也都有手势词根的屈折变化，它以自身特征修饰手部运动以及身体近旁手势展示区域的空间轮廓。

COMPARE
（比较，动词）

comparison
（比较，名词）

MEASURE
（测量，动词）

measuring（测量，现在分词，表示测量的动作）

图3.1　美国手语中有派生关系的手势

6. 创造新词

我们已经知道，通过派生过程可以给语言增添新词，增加词汇量。新词还可以通过其他许多不同方式进入语言。一些词是出于某种目的完全生造出来的——这被称为**创造新词**。广告业给英语增添了很多新词，如Kodak（柯达/小型相机）、nylon（尼龙）、Orlon（奥纶）、Dacron（涤纶）。一些

---

① 原文为 lexical content and grammatical morphemes，根据上下文，前半部分应为 lexical/content。——译注

特定的品牌名称，如Xerox（施乐/复印机）、Kleenex（舒洁/面巾纸）、Jell-O（吉露/果冻）、Brillo（布瑞罗/皂粉毛刷）、Vaseline（凡士林），现在有时已用来表示不同品牌同类产品的通称。请注意，这些词当中有一些是在现有词的基础上创造出来的，如Kleenex（舒洁，面巾纸品牌）源自clean（清洗）、Jell-O（果冻品牌）源自gel（冻胶）。

在计算机语音处理中，新词cepstrum（倒频谱）和cepstral（倒频谱的）是有意识地通过把spectrum（频谱）和spectral（频谱的）这两个词中的字母倒序组合而构成的。关于这两个新词的读音，讲英语的人意见不统一。一些人发s音，念作"sepstrum"，因为这里c出现在e前面。另一些人则发k音，念作"kepstrum"，因为在来源词spectrum中的c是念k的。借用到英语当中的希腊语词根，也提供了一种创造新词的方式。thermos（热的）加上metron（测量）就生成了thermometer（温度计）。通过akros（最高的）和phobia（恐惧）的组合，就得到acrophobia，即"恐高（症）"。为了避免在逢星期五的13日出门，你可以说自己得了triskaidekaphobia①（黑色星期五恐惧症），这是对数字13的一种深深的恐惧。

和希腊语一样，拉丁语也提供了一些前缀和后缀，可以能产地使用到英语本身的词根或者是外来的词根上。前缀ex-（前）就来自拉丁语：

ex-husband（前夫）　　ex-wife（前妻）　　ex-sister-in-law（前夫或前妻的姐妹）

前文讨论过的后缀-able/-ible也来自拉丁语，通过法语借入，并且可以加到几乎任何英语动词上。这一点我们已经指出过，下面再多举一些例子：

writable（可写的）　　　　readable（可读的）
answerable（可回答的）　　movable（可移动的）

6.1 来自名字的词

名祖指根据专有名词而创造的新词，这也是语言借以扩大词汇的许多创造性手段之一。这里是一些例子：

　　sandwich　　"三明治"，以三明治伯爵的名字命名。他把食物夹入两片面包之间，以便一边赌博一边进餐。

　　robot　　"机器人"，因捷克作家卡雷尔·恰佩克的剧作《罗素姆的万能机器人》（*R.U.R.*）中的机器人而得名，书名为 Rossum's Universal Robots 的缩写。

　　gargantuan　　"庞大的"，得名自小说家拉伯雷塑造的一头胃口巨大的怪物高康大（Gargantua）。

　　jumbo　　"庞然大物"，因巴拿姆带到美国的一头大象而得名（不过，jumbo olives "特大橄榄"用不着像大象那么大）。

---

① 其中 triskaideka 是希腊语"十三"：tris（三）、kai（和）和 deka（十）。——译注

我们承认，lazy susan（餐桌上便于取食的转盘）因之得名的那位名不见经传的女仆苏珊①是何许人，我们一无所知。brown betty（用苹果、面包屑等烤制的布丁）中的贝蒂、charlotte russe（俄式奶油布丁）中的夏绿蒂、chuck wagon（流动炊事车）中的恰克，也是一样。但是，我们能说出：denim（斜纹粗棉布）是用来做工装裤和地毯的布料，最初是"从法国尼姆"（法语 de Nîmes）进口的；argyle（有多色菱形花纹的袜子）得名于苏格兰坎贝尔部落在阿盖尔（Argyll）的首领所穿的袜子。

英语中 paparazzo（狗仔）一词指"像狗一样追踪名人的自由职业摄影师"。这个名祖来自电影《甜蜜的生活》中一个新闻摄影师角色——帕帕拉佐（Paparazzo）先生。1997 年威尔士王妃戴安娜因为被 paparazzi（狗仔队，复数）紧追不舍，结果在一场致命的汽车事故中丧生，在此之前这个词还很少有人知道。

6.2 逆构词

有时候无知也可以挺有创意。一个新词可以因为不正确的词汇形态分析而进入语言。举例来说，由于错误地认为-er是施事后缀，就从peddler（小贩）派生出peddle（兜售）一词。这样的词称为**逆构词**。动词hawk（叫卖），stoke（给炉子添燃料），swindle（诈骗），edit（编辑）都是作为hawker（叫卖的小贩），stoker（司炉），swindler（骗子），editor（编辑）的逆构词而进入英语的。英语中pea（豌豆）一词由单数的pease（豌豆）派生而来，因为一些说英语的人以为pease（豌豆）是复数形式。

一些词是因为故意错用逆构词法才新造出来的。bikini（比基尼泳装，三点式）一词是一个单语素的名祖，因马绍尔群岛的比基尼环礁而得名。由于第一个音节bi-（比）在bicycle（自行车）这样的词中意为"两或双"，于是一些聪明人就将无上装的"一点式"泳装称为monokini。从历史上看，许多新词就是以这种方式进入英语词库的。以名动对应的act/action（行动），exempt/exemption（免除），revise/revision（修正）等成对词为根据进行类比，就从现有的resurrection（复活，名词），preemption（预先占有，名词），television（电视）等词派生出了resurrect（复活，动词），preempt（预先占有，动词），televise（拍电视）这样的新词。

纯语主义者有时激烈地反对逆构词法，并举出enthuse（表示热心）和liaise（联络）（分别来自enthusiasm"热情"和liaison"联络"）作为语言退化的例子。但是语言并不会退化，而是适应情况并发生变化。

6.3 复合词

霍恩姆人的语言中没有表示邪恶的词，只好借用人形兽（Yahoo）丑恶、病态的特征来作修饰。因此，他们说到仆人之愚蠢、儿童之疏忽、伤了脚的石头、恶劣或反常气候的延续等等，都会在每个词语后面增添 Yahoo 一词作为贬义修饰语，比如：Hnhm Yahoo, Whnaholm Yahoo,

---

① lazy susan 的字面意思是"懒惰的苏珊"；brown betty"棕色的贝蒂"；charlotte russe（法语）"俄罗斯的夏绿蒂"；chuck wagon"恰克货车"。——译注

Ynlhmnawihlma Yahoo，而一座设计拙劣的房子则称为 Ynholmhnmrohlnw Yahoo。

乔纳森·斯威夫特《格利佛游记》

两个或两个以上的词，可以组合成新的**复合词**。如下列复合词表所示，英语中出现的词的组合方式近乎无限。表中每个词目都代表几十个类似的组合。

	—形容词	—名词	—动词
形容词—	bittersweet（又苦又甜的）	poorhouse（贫民院）	whitewash（粉饰）
名词—	headstrong（任性的）	homework（回家作业）	spoonfeed（用匙喂）
动词—	—	pickpocket（扒手）	sleepwalk（梦游）

英语中 car-jack（劫车）、mall rat（在商场打发时间的人）、road rage（路怒①）、palm pilot（掌上电脑）和 slow-speed chase（慢速追车）等都是在最近才引入英语的复合词（复合词有使用连字符、空格或者直接连写等不同拼写法）。

如果两个词属于同一语法范畴，那么它们构成的复合词就属于这一范畴。名词＋名词：girlfriend（女友），fighter-bomber（战斗轰炸机），paper clip（曲别针），elevator-operator（电梯操作员），landlord（地主、房东），mailman（邮递员）；形容词＋形容词：icy-cold（冰冷的），red-hot（热得发红的），worldly-wise（老于世故的）。在英语中，最右边的那个词是复合词的**中心**。中心是一个词或短语中决定其大致意义和语法范畴的部分。因此，如果两个词属于不同的范畴，第二个或最后那个词的词性就是该复合词的语法范畴。名词＋形容词：headstrong（任性的），watertight（不漏水的），lifelong（毕生的）；动词＋名词：pickpocket（扒手），pinchpenny（吝啬鬼），daredevil（胆大妄为的人），sawbones（外科医生）。另一方面，与介词一起组成的复合词，其语法范畴和其中非介词部分是一致的：overtake（追上），hanger-on（食客），undertake（担任、从事），sundown（日落），afterbirth（胎盘），downfall（垮台），uplift（振作，高举）。这进一步证明了介词构成一个封闭类的范畴，通常不允许出现新的成员。

尽管由两个词构成的复合词在英语当中最常见，但是很难就此设置词数的上限。请看：three-time loser（连输三次者），four-dimensional space-time（四维时空），sergeant-at-arms（武装警卫官），mother-of-pearl（珍珠母），man about town（经常出入交际场的男子），master of ceremonies（司仪），daughter-in-law（儿媳妇）。

拼写本身不能告诉我们怎样的词序列构成复合词。拼写复合词时是否空格，是用连字符还是直

---

① 指驾驶汽车时因前车慢行或他车抢道而引起的愤怒，常为压力所致。——译注

接连写,取决于该复合词的特性。比如blackbird(乌鸫),gold-tail(桑毛虫),smoke screen(烟幕)。

就像派生词一样,复合词也有内部结构。下例就清楚地表明了这一点:像top + hat + rack这样的复合词有歧义,既可以表示"挂顶级帽子的架子",与树形图(1)对应;也可以表示"最高的那个挂帽架",与树形图(2)对应。

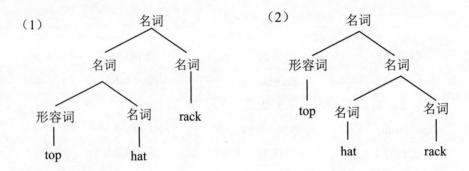

6.3.1 复合词的意义

复合词的意义并不总是其组成部分意义的总和。blackboard(黑板)可以是绿色甚至是白色。并不是每一个穿红外套的人都是Redcoat(美国革命战争期间对英军士兵的俚语说法)。以下两句话之间的差别在 1776 年的美国可谓事关重大:She has a red coat in her closet(她的壁橱里有件红外套)和 She has a Redcoat in her closet(她在壁橱里藏着个英国兵)。

其他一些复合词表现出组成成分之间的其他语义关系,而这些关系并不总是相互统一的,因为很多复合词是习语(习语将在第五章中讨论)。boathouse 是停放游艇的场所,而 cathouse 则不是养猫的场所(俚语,表示有人卖淫的房子或妓院);jumping bean 是会跳的豆子,falling star 是陨落的星星,magnifying glass 是会放大的玻璃(放大镜);但 looking glass(镜子)却不是会看的玻璃,eating apple(食用苹果)也不是会吃东西的苹果,laughing gas(笑气,即一氧化二氮)自己并不会笑。peanut oil(花生油)和 olive oil(橄榄油)都是用某种原料做成的油,但是 baby oil(婴儿油)呢?说 horse meat 是 dog meat,是否构成矛盾呢?事实上根本并不矛盾,因为前者是指马肉,而后者则是喂狗吃的肉。

在以上所举的所有例子中,每个复合词的意义至少在某种程度上包含了各组成部分的意义。但许多复合词似乎与其组成部分的意义毫不相干。比如,jack-in-a-box 是一种热带树,而 turncoat 则是叛徒,highbrow(自以为文化修养高的人)并不非得是高额头(high brow),bigwig(名人,要人)并非得有一个很大的假发套(big wig),egghead(知识分子)也并不长着形如鸡蛋的脑袋(egg head)。

就像有前缀un-的一些词,许多复合词的意义必须作为单个的词来学。有些意义可以想明白,但并非都是如此。如果你从未听说过hunchback(驼背)这个词,也许还有可能推断出它的意义;但如果你从未听说过flatfoot[①]这个词,那么,很难相信你会知道它的意义是"侦探"或"警察",

---

[①] 字面意思是"平足"。——译注

尽管你一旦知道了它的意思,便可推知它的由来。

英语复合词的发音,方法上不同于没有复合关系的两词序列的发音。复合词的第一个词通常要重读(意思是念得更响亮或者音调更高)。而在非复合词短语中,第二个词通常是重读的。因此,我们重读Redcoat中的Red,而red coat则重读coat(重音、音高和其他韵律特征在第六、七章中讨论)。

6.3.2 复合构词的普遍性

其他语言也有将词结合在一起形成复合词的规则:如法语 cure-dent(牙签),德语 Panzerkraftwagen(装甲车),俄语 cetyrexetaznyi(四层楼的),西班牙语 tocadiscos(电唱机)。美洲的一种印第安土语图霍诺·奥哈姆语中表示"事物"的词是haʔichu,当它与doakam(活物)相结合时,就构成复合词 haʔichu doakam,意为"动物生命"。

在特威语中,将意为"儿子"或"孩子"的词 ɔba 与意为"首领"的词 ɔhene 相结合时,得到一个复合词 ɔheneba,意为"王子";将表示"房子"的词 ofi 加于 ɔhene 之后,就得到意为"宫殿"的复合词 ahemfi。特威语复合词中的其他变化,是该语言的音系和形态规则所致。

在泰语中,mɛɛw 意为"猫",fâm 意为"看管",bâan 意为"房子",表示"看家猫"(就像看家狗)的词是复合词 mɛɛwfâwbâan——字面上是"猫—看—家"。

复合构词是一切语言用来扩大词汇量的共同的、频繁使用的程序。

6.4 截搭词

截搭词也是由两个词组合而成,这一点类似于复合词,但不同的是截搭词中的一部分合成之后就被删除了。以下这些截搭词的例子,在英语中已经完全获得了词的身份:smog(烟雾)是由 smoke(烟)+ fog(雾)合成;brunch(早午餐)是由 breakfast(早餐)和 lunch(午餐)合成;motel(汽车旅馆)为 motor(汽车)+ hotel(旅馆);infomercial(电视导购广告)为 info(信息)+ commercial(广告);urinalysis(尿分析)为 urine(尿)+ analysis(分析)。podcast(播客)是一个最近才进入英语的新词,意为"互联网音频广播",它是由 iPOD(苹果公司 MP3 音频播放器的品牌)和 broadcast(广播)这两个词截搭而成。刘易斯·卡罗尔所生造的 chortle(纵声欢笑,动词),由 chuckle(抿着嘴轻声地笑)+ snort(喷鼻息)合成,在英语中的可接受程度有限。卡罗尔以擅长语词的生造与截搭而著称。在《镜中世界》一书中,他描写了《胡话诗》(Jabberwocky)中那些生造词的意义:

……brillig 的意思是下午四点——即你开始烤制(*broil*)晚餐食物的时间……。slithy 意为"柔软的"(*lith*e)和"黏滑的"(*slimy*)……。你看,它像一个混合词——往一个词里塞进去两个意思……。toves 是像獾那样的东西——它们有点像蜥蜴——又有点像拔软木塞的螺丝锥……并且它们在日晷下筑窝——它们还以奶酪为生……。gyre 的意思是像陀螺(*gyroscope*)似的打转。gimble 是像钻子(*giml*et)那样钻洞。wabe 是围绕着日晷的草皮……,之所以叫 wabe,是因为它在日晷的前后延伸得很远(a long way *be*fore it and *be*hind it)……。mimsy 是"脆弱而又可怜的"（fl*imsy* + m*iserable*）（又给你弄了一个混合词……）。

卡罗尔的"混合词"就是我们的截搭词，这些词可以成为语言中常规词汇的一部分。

甚至小孩子都会截搭造词。用crocodile（鳄鱼）+ alligator（短吻鳄）造出的截搭词crocogator就出自一个三岁孩子伊莱贾·佩里格林的手笔。也不能忘了外祖母，我们就知道有一位有非洲血统的犹太外祖母造出了截搭词shugeleh，意思是"亲爱的"，我们认为这是sug*ar*（砂糖）+ bub*eleh* 截搭而成。但是得承认我们不知道这个词到底该怎么拼写（bubeleh是意第绪语，意为"钟爱"）。

6.5 缩减词

人们常常以不同的方式对词进行缩减省略，使词所传达的信息长度变短。以戏剧性的方式让我们理解这一点的，是人们在手机上打字发短信或使用其他类似通信技术时所表现的创造性。不过，我们要关注的是口语，并且观察三种缩减现象：截短词、缩略词和字母缩写词。

截短词是将较长的词减缩成较短的词，比如将facsimile（传真）写作fax，television（电视）在英国英语中也写作telly，professor（教授）写作prof，pianoforte（钢琴）写作piano，gymnasium（体操馆）则写作gym。人们曾经认为这些词是俚语，但现在已经词汇化了，也就是说完全具有词的资格。以上只是举了很少几个例子，来说明这类截短形式现在已经当作完整的词来使用。其他例子还有：ad, bike, math, gas, phone, bus和van（分别来自advertisement"广告"，bicycle"自行车"，mathematics"数学"，gasoline"汽油"，telephone"电话"，omnibus"公共汽车"和caravan"面包车"）。dis和rad（顶呱呱的）是进入英语较为晚近的两个剪切词（分别来自disrespect"藐视"和radical"极端的"），dis现在已开始作动词，意为"表示不敬"。

缩略词是由几个词的首字母派生而来的。这样的词按首字母的拼写发音：NASA（美国航天局）源自*N*ational *A*eronautics and *S*pace *A*dministration（美国国家航空航天局），UNESCO（联合国教科文组织）源自*U*nited *N*ations *E*ducational, *S*cientific, and *C*ultural *O*rganization（联合国教育、科学与文化组织），UNICEF（联合国儿童基金会）则源自*U*nited *N*ations *I*nternational *C*hildren's *E*mergency *F*und（联合国国际儿童紧急救济基金会）。Radar（雷达）源自 *r*adio *d*etecting *a*nd *r*anging（无线电检测和测距），laser（激光）源自 *l*ight *a*mplification by *s*timulated *e*mission of *r*adiation（受激辐射的光放大），scuba（水肺）源自 *s*elf-contained *u*nderwater *b*reathing *a*pparatus（自携式水下呼吸装置），RAM（内存）源自*r*andom *a*ccess *m*emory（随机存取存储器）。这些词都表现出新词创造者的创造性努力。还有第二次世界大战期间士兵创造的snafu（[使]混乱）一词也是如此，在正式场合它的全称是*s*ituation *n*ormal, *a*ll *f*ouled *u*p（情况正常，只是全乱套了）。最近增加的新造词有20世纪80年代的AIDS（艾滋病），源自*a*cquired *i*mmune *d*eficiency *s*yndrome（获得性免疫缺陷综合征），以及21世纪的SARS（非典），源自*s*evere *a*cute *r*espiratory *s*yndrome（严重急性呼吸道综合征）。

如果字母串当作一个词来发音不太容易，"缩略词"就只能把字母逐个念出来，比如代表National Football League（美国全国橄榄球联盟）的NFL，代表 University of California, Los Angeles（加利福尼亚大学洛杉矶分校）的UCLA，以及代表magnetic resonance imaging（磁共振成像）的MRI。这些特殊类型的缩略词有时也称为**字母缩写词**。

随着计算机的普及和互联网的普遍使用，每天都有新的缩略词和字母缩写词增加到词汇中去，其中包括 blog（博客，即 web log），jpeg（即 joint photographics expert group，联合摄影专家组[①]），发音为"gooey"的 GUI（图形用户界面，即 graphical user interface），PDA（个人数字助理，即 personal digital assistant），以及 MP3（MPEG 层3，即 MPEG layer 3），而其中的 MPEG 本身也是一个缩略词，即 moving picture experts group（动态图像专家组）。

7. 屈折语素

像 to, it 和 be 等功能词属于自由语素。包括英语在内的许多语言，还有一些有严格语法功能的黏着语素，它们标明"时态、数、性、格"等属性。这类黏着语素称为**屈折语素**。对于黏附在其上的词或语素，黏着语素从不改变它们的句法范畴。请考虑以下句子中动词的形式：

1. I sail the ocean blue. （我航行在蓝色的海洋上。）
2. He sails the ocean blue. （他航行在蓝色的海洋上。）
3. John sailed the ocean blue. （约翰当时航行在蓝色的海洋上。）
4. John has sailed the ocean blue. （约翰曾航行在蓝色的海洋上。）
5. John is sailing the ocean blue. （约翰正航行在蓝色的海洋上。）

在例 2 中，动词后的 -s 是一致标记，它表明该动词的主语是第三人称单数，且该动词是现在时；它不增加任何词汇意义。而后缀 -ed 表示过去时，而且英语句法规则规定，动词与 have 连用时，要带上后缀 -ed，就像动词与 be 的各种形式连用时要加上 -ing 一样。

英语已不再是高度屈折化的语言，但它确实还有另外一些屈折变化词尾，例如复数后缀，通常加在某些单数名词上，如 boy/boys, cat/cats 等等。在英语目前所处的历史阶段，一共有 8 种黏着屈折词缀：

英语屈折语素		示例
-s	第三人称单数，现在时	She wait-**s** at home. （她在家等。）
-ed	过去时	She wait-**ed** at home. （她[过去]在家等。）
-ing	进行体	She is eat-**ing** the donut. （她在吃甜甜圈。）
-en	过去分词	Mary has eat-**en** the donuts. （玛丽吃了甜甜圈。）
-s	复数	She ate the donut-**s**. （她吃了甜甜圈。）
-'s	属格	Disa**'s** hair is short. （迪萨的头发短。）
-er	比较级	Disa has short-**er** hair than Karin. （迪萨的头发比卡琳短。）
-est	最高级	Disa has the short-**est** hair. （迪萨的头发最短。）

[①] jpeg 和 MP3 主要用来指称由这两个专家组所开发的图片或多媒体文件的格式。——译注

典型的情况是，英语屈折语素跟在词的派生语素之后。因此，对于复杂派生词 commit + ment，可以添加一个表复数的词尾，构成 commit + ment + s，但是不能将词缀的顺序颠倒，衍生出不存在的 commit + s + ment = *commistsment。然而，对于复合词来说情况就比较复杂。许多说话者认为，mother-in-law（岳母）的复数形式是 mothers-in-law，court-martial（军事法庭）的复数形式是 courts-martial，attorney general（总检察长）在法律语境下复数形式是 attorneys general，但是对我们大多数人来说，其复数形式为 attorney generals。

与世界上许多其他语言相比，英语的屈折形态相对较少。有些语言屈折程度非常高。东非地区广泛使用的斯瓦希里语的动词可以与多种语素一起构成屈折变化，比如说 nimepiga 这个词（由 ni + me + pig +a 构成）意思是"他打[撞到]了什么东西"。这个动词的词根是 pig，意思是"碰到"，它有两个屈折前缀：ni 的意思是"我"；me 的意思是"完成的动作"，它的屈折后缀 a 是一个表示宾语一致的语素。

甚至我们比较熟悉的其他欧洲语言，也比英语有更多的屈折词尾。在罗曼语（指从拉丁语中演变而来的语言）中，动词根据句子主语的不同会有不同的屈折词尾。动词发生屈折变化，从而与主语在人称和单复数方面保持一致，意大利语动词 parlare（说）就是这样：

Io parl**o**	（我说话）	Noi parl**iamo**	（我们说话）
Tu parl**i**	（你说话）	Voi parl**ate**	（你们说话）
Lui/Lei parl**a**	（他/她说话）	Loro parl**ano**	（他们/她们说话）

一些语言的动词也可以增加实义语素。许多北美洲的语言就是这种类型。例如，在莫霍克语中，wahonwatia'tawitsherahetkenhten 这个词的意思是"她使得人们穿在身上的那样东西穿在他身上显得很丑"。在这样的语言中，一个词可以被翻译成整个句子。正如语言学家马克·贝克注意到的那样，类似于莫霍克语的语言"与英语这样的语言相比，采用不同的分工，在表达复杂关系时，让词汇形态担负较多职能，而句法则负担较轻"。

学生经常会问派生语素相对于屈折语素的定义是什么。回答这样的问题并不容易。可能最简单的回答就是：派生语素是没有屈折变化的词缀。屈折语素标志着语法关系，而且按照句子构成规则的要求是必须使用的。派生语素，当依附于词根和词干时，可以改变它们的语法词类，或者改变这个词的基本意义（两者可以同时改变，也可以只改变一个），在此之后，这个词还可能会发生数（单复数）、时（现在时、过去时、将来时）等屈折变化。

7.1 例外和异干替换

有一些词并不适用一般的单数名词变为复数形式的规则，比如 child（孩子）、man（男人）、foot（脚）和 mouse（老鼠）。这些词是英语复数屈折形式生成规则的例外。同样地，go（去）、sing（唱歌）、bring（带来）、run（跑）和 know（知道）这样的动词，是英语动词过去时一般形式规则的例外。

小孩子学英语的时候最先学习一般规则，他们会把这种规则用到所有的词形上去。因此，我们经常听到他们说 mans 和 goed。在后来习得语言的过程中，他们具体地学习不规则的复数变化，比如 men（男人们）和 mice（老鼠，复数），以及不规则的过去时形式，比如 came（come 的过去式）和 went（go 的过去式）。孩子们犯的这些错误，实际上证明了一般规则是存在的。

不规则形式也称**异干替换**形式，在语法中是单独分出来的。也就是说，对于 child/children 这样例外的词，不能应用一般的屈折语素规则，通过加词缀来变形，而是必须把原来的非屈折形式替换成另一个词。对于一般的词来说，在词库中可能只需要储存它们的单数形式，因为我们可以利用屈折规则来生成复数形式。但是，通过异干替换变形的例外词肯定不属于这种情况。

当一种语言收入新词时，一般的屈折规则通常是适用的。当 geek（古怪的人）一词在英语中还是一个新词的时候，它的复数形式是 geeks，而不是 *geeken，虽然有人提醒我们说，当 fax（传真）这个词作为 facsimile 的截短词进入英语的时候，有些古怪的人非要把它的复数形式写成 faxen，就像 oxen 一样。别慌：它的复数形式是 faxes。例外的情形可能出现在借词上，也就是从其他语言借来的词。比如，拉丁语词 datum（材料，数据）的复数形式一直是 data，从来不是 datums，尽管现在很多人把 data 这个曾经的复数形式当成像 information（信息）这样的单数词来用。动词 hit（击打）的过去时，比如在句子 Yesterday you hit the ball（昨天你击打了球）中，以及名词 sheep（羊）的复数形式，比如在句子 The sheep are in the meadow（羊群在牧场上）中，似乎表明：有些语素根本没有语音形式。我们知道在上面句子中的 hit 是 hit + 过去时，因为时间副词是 yesterday（昨天）；sheep 的语音形式则是 sheep + 复数，因为动词是复数形式 are。

如果一个动词是从名词衍生而来的，那么即使它与一个不规则动词同形，一般的规则也仍然适用于它。因此，ring 用作"环绕"义的时候，是由名词 ring（环）衍生而来的，而且作为动词它是规则动词。我们说 the police *ringed* the bank with armed men（警方派出武装警员包围了银行）时，不说 the police **rang* the bank with armed men。

与此类似，如果一个名词进入复合词并失去它本身的意义，比如意思是"警察"的 flatfoot，那么它的复数形式就要遵循一般规则。因此，用俚语表达一对警察的时候说 flatfoots，而不是 *flatfeet。这就好像名词在说："如果你没有得到我的意义，那么你也就不能用我特殊的复数形式。"

7.2 形态和句法

> "Curiouser and curiouser[①]！（越来越奇怪了！）"爱丽丝喊道（她大吃一惊，一时竟忘了标准的英语该怎么说）。
>
> 刘易斯·卡罗尔《爱丽丝漫游奇境记》

一些语法关系可以或者通过屈折形式（词汇形态）或者句法（作为句子结构的一部分）来表示。我们可以通过下列句子理解这一点：

England's queen is Elizabeth II.　　（英国的女王是伊丽莎白二世。）
The queen of England is Elizabeth II.　　（伊丽莎白二世是英国的女王。）

[①] 表示"好奇、有趣"的 curious 的比较级应是 more curious，这里误用为加 -er 的比较级形式。——译注

He loves books.	（他爱书。）
He is a lover of books.	（他是爱书的人。）
The planes which fly are red.	（会飞的飞机是红色的。）
The flying planes are red.	（正在飞的飞机是红色的。）
He is hungrier than she.	（他比她饿。）
He is more hungry than she.	（他比她饿。）

也许有的人用加-er 的形式来构成 beastly（野兽般的）比较级。beastlier 经常与 more beastly 互换使用，有的人两者都说。我们知道何时这两种比较级形式都可以用，比如 beastly；或者何时只能用一种，比如 curious，正如刘易斯·卡罗尔在开头引语中所指出的那样。

一种语言用屈折词缀所表示的意义，另一种语言可能用词序来表示，第三种语言则可能用功能词来表达。举例来说，在英语中，句子 Maxim defends Victor（马克西姆为维克多辩护）与 Victor defends Maxim（维克多为马克西姆辩护）表示的句子意思是不同的。英语的词序是很关键的。在俄语中，以下所有的句子意思都是"马克西姆为维克多辩护"（以下句子中 č 的发音像 cheese "奶酪"中的 ch；š 的发音像 shoe "鞋"中的 sh；j 的发音像 yet "还[没]"中的 y）：

Maksim zaščiščajet Viktora.

Maksim Viktora zaščiščajet.

Viktora Maksim zaščiščajet.

Viktora zaščiščajet Maksim.

屈折后缀-a 加到名字 Viktor 后面，派生出 Viktora，表明被辩护者是维克多而不是马克西姆。

像许多语言一样，俄语中有**格**标记，它是语法语素，放在名词后面表示这个名词是主语、宾语、领有者或者是其他语法角色。正如在前面的例子所示，-a 是宾格（指宾语）的格标记，同时它也可以表示属格（指所有），比如，mjech' Viktor + a 意思是"维克多的剑"。Vicktor + u 是与格，意思是"给维克多"，Viktor + om 意思是"由维克多"，Viktor + je 意思是"关于维克多"。很多语法关系俄语都用格形态表示，英语则用介词表示。①

在英语中，表达动词的将来义必须用一个功能词 will，比如 John will come Monday（约翰将于星期一来）。而法语动词则用一个将来时语素作屈折变形。注意，Jean vient lundi（让星期一就来）和 Jean viendra lundi（让将于星期一来）是不一样的。同样地，当英语中用到语法标记 have 时，它必须形成一个表完成（完成的动作）的句子，当用到 be 时，就形成一个表被动的句子，而其他语言则使用词缀来表达相同的意思，斯瓦希里语就是这样的例子。在斯瓦希里语里，语素-me 是动作完成的标记，语素-w 是被动标记：

ni + **me** + pig + a m + pira	nimepiga mpira	我击中了一个球。
m + pira i + li + pig + **w** + a	mpira ilipigwa	球被击中了。

---

① 这些俄语的例子是由斯特拉·德博德提供的。（原注 8）

一个形态复杂的词的意思，并不总能通过它各个语素的意思表示出来（比如说，lowlife① 意思是"声名狼藉的人"）。但对于屈折形态来说，问题就不是这样了。如果我们知道 linguist 一词的意思，我们当然也知道其复数形式 linguists 的意思。如果我们知道动词 analyze（分析）的意思，我们也就知道了 analyzed（过去时），analyzes（现在时第三人称单数），analyzing（现在分词）的意思。这说明了派生形态和屈折形态之间的另一个不同之处。

图 3.2 表示可以如何给英语语素分类。

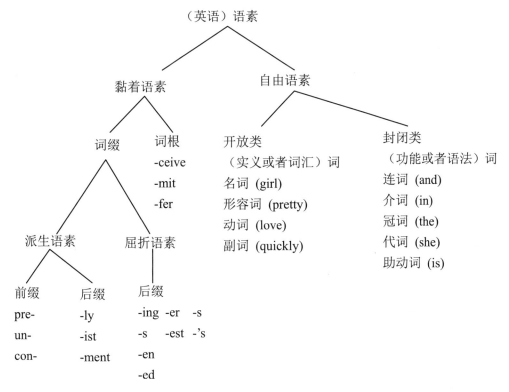

图 3.2 英语语素分类

语言学习者内化了的心理语法包括列出了所有语素的词库，以及语义无法预测的派生词。在构成和理解新词的时候，语法的形态规则使说话者得以使用并理解语素和词。

8. 形态分析：辨认语素

说一种语言的人掌握关于词内在结构的知识，因为他们的心理语法包括语素的心理词库和把语素结合起来的形态规则。当然，在学习过程中会犯错误，但是这种错误很快就会得到纠正（关于孩子如何学习语言，详见第八章）。

假设你是一个从火星来的语言学家，不懂英语，但想要分析这种语言，那么你如何才能发现英语的语素呢？你怎么才能确定这种语言中的一个词里含有一个、两个还是更多的语素呢？

---

① 字面意思是"低的生命"。——译注

首先要做的，就是问母语者是怎么把不同的词说出来的（如果有一个火星语和英语的翻译陪同会有帮助，否则，靠丰富的手势来表达也可以）。假设你在打手势方面特别有天赋，成功收集了下面的词表或者词形变化表：

形容词	语义
ugly	非常不吸引人的，丑的
uglier	更丑的
ugliest	最丑的
pretty	好看的
prettier	更好看的
prettiest	最好看的
tall	高的
taller	更高的
tallest	最高的

为了确认以上列表中的语素，一个做田野工作的语言学家首先要做的，就是看看不同的词里面是否有一些形式表达相同的意思，也就是寻找反复出现的形式。我们发现：ugly 出现在 ugly, uglier 和 urgliest 中，所有这些词都包含"非常不吸引人"的意思。我们还发现，-er 出现在 prettier 和 taller 中，给它所依附的形容词增加了"更加"的意思。类似地，-est 增加了"最"的意思。此外，通过向英语母语者提出其他问题，我们发现-er 和-est 并不单独出现，来表达"更加"和"最"的意思。因此，我们可以得出结论，英语中有以下语素：

ugly	词根语素
pretty	词根语素
tall	词根语素
-er	黏着语素"比较的"
-est	黏着语素"最高的"

随着调查的继续，我们发现了其他以-er 结尾的词（例如，singer 歌唱家、lover 爱人、bomber 轰炸机、writer 作家、teacher 教师），这些以-er 结尾的词不意味着"比较"，而是如果附加到一个动词后面，把它变成一个名词，表示 verb + s 这一动作的行为者（比如 sings 歌唱、loves 爱、bombs 轰炸、writes 写、teaches 教）。因此，我们得出结论，虽然与比较级语素的发音相同，但这是一个不同的语素。我们再继续调查，发现像 number（数字）、somber（阴天的）、umber（棕色的）、butter（黄油）、member（会员）等很多词中的-er 根本没有独立的意思——somber 不是"一个 sombs 的人"，而一个 member 也并不 memb，所以这些词一定是单语素的。

一旦你完成了英语的形态练习，可能还想再去描述另外一种语言。帕库语是一位语言学家发明的一种语言，用于 20 世纪 70 年代的一部老电视连续剧《迷失者的土地》。使用这种语言的是一个名叫帕库人（Pakuni）的猴人族。假设你现在就到了这个奇怪的地方，想找出帕库语的语素是什么。和上次一样，你会从帕库语的母语者那里收集资料，然后就像火星人分析英语那样开始调查。考虑以下帕库语的材料：

me（我）　　　　　　　meni（我们）
ye（你）　　　　　　　yeni（你们）
we（他）　　　　　　　weni（他们）
wa（她）　　　　　　　wani（她们）
abuma（女孩）　　　　abumani（女孩，复数）
adusa（男孩）　　　　adusani（男孩，复数）
abu（孩子）　　　　　abuni（孩子，复数）
Paku（一个帕库人）　　Pakuni（帕库人，复数）

通过研究这些词，你会发现所有的复数形式都是以-ni 结尾的，而单数形式则不是。因此你可以得出结论，-ni 是一个单独的语素，它作为后缀依附于一个名词，表示"复数"。

按照上文所论述的分析原则，你应该能够解决练习题中一些更加复杂的形态学习题。

9. 小结

掌握一种语言就意味着掌握该语言的**语素**，语素才是构词的元素单元。所以，moralizers（说教者）是一个由 4 个语素构成的英语词：moral + ize + er + s。当你掌握了一个词或者语素时，你就懂得它的两个方面，即**形式**（发音）和**意义**，两者都是**语言符号**不可或缺的组成部分。形式与意义之间的关系具有**任意性**。它们之间没有固有的联系（也就是说，学任何一种语言，都必须学习它的词和语素）。

语素可能是**词根语素**（girl, love, in, -ceive），可能是**派生语素**（un-, re-, -ly, -ness）或者是**屈折语素**（-ing, -s, -ed）。每个语素的发音（音系表征）、它的意义或者功能（语义属性）以及它的句法范畴等信息，都储存在你的心理词库中。同时词库中也会包含那些很难预测其意义的形态复杂的词（例如，flatfoot, lowlife）。

对词的构成和词的内部结构的研究叫作**形态学**。我们语言能力的一部分就是知道如何将语素组合起来的规则。举例来说，英语中的屈折语素是后缀，在斯瓦希里语中，它们就有可能是前缀。词是由词根语素构成的，并可能附有词缀。词缀所依附的**词基**叫作**词干**，词干本身也可能是一个词。例如，system 是一个词根，如果加上-atic 构成 systematic 一词，它就成为后者的词基；如果再加上-al 构成 systematical 一词，那么 systematic 就是后者的词基和词干；如果再加上后缀-ly 构成 systematically，那么 systematical 就是后者的词基和词干。

有些语素必须与其他语素结合在一起，是**黏着**语素，它们总是词的组成部分，而不能单独构成词。大多数语素不必附加到其他语素上面，是**自由**语素。free（自由的），king（国王），serf（农奴）

和 bore（厌倦）是自由语素，在 freedom（自由），kingdom（王国），serfdom（农奴身份）和 boredom（厌倦，名词）这些词中的-dom 是一个黏着语素。**词缀**是黏着语素，包括**前缀**、**后缀**、**中缀**和**外接缀**。前缀用在词前，后缀表示词尾，中缀用在中间，外接缀用在词干或词根周围。

有一些语素，比如说 huckleberry 中的 huckle, perceive 和 receive 中的-ceive，具有不变的音系形式，但是语义却是由它们所在的词来决定的。它们是身兼黏着语素和词根两种身份的实例。

自由语素分为**开放类范畴**（**词汇范畴**）和**封闭类范畴**（**功能范畴**）。开放类范畴，例如名词和动词，很容易扩展；封闭类范畴，例如冠词和连词，即使能够接受新成员也很难。

大多数黏着语素或是派生词缀，或是屈折词缀。派生词缀如果附加到一个词根或者词干上，可以改变这个词的句法词类和词义，或者两者之一。举例来说，把-ish 加到名词 boy 上，就派生出一个形容词；把前缀 un-加到 pleasant 上，就通过增加一个否定元素而改变词义。屈折语素是由句法规则决定的。加上屈折语素是为了使词变得完整；词中若出现任何派生语素，屈折语素就必须跟在后面（在英语中是这样），比如，只能是 moral + ize + ed，而不能是 *moral + ed + ize。

各种手语的语法也包含形态成分，包括词根、派生手语素、屈折手语素，以及它们的组合规则。

不同语言的语法都有给词库增加词和语素的方法。词可以通过**创造新词**生造出来，仅受限于创造者的想象力和构词的语音限制。**复合词**也是新词的一个来源。形态规则把两个或者两个以上的词合成，构成像 rocking chair（安乐椅），deep-sea diver（深海潜水员），和 laptop（笔记本电脑）等复杂的组合。复合词的词义往往不能通过它们各个语素的意义来预测（比如 cathouse 的意思是"妓院"）。**截搭词**与复合词相似，但是通常由两个或两个以上语素或词的缩略形式组合而成。brunch 指吃得较迟的早餐，是 breakfast 和 lunch 的截搭词。

缩略词是由几个词的首字母组合成的词——比如说 NASA（美国国家航空航天局），可以作为一个词来发音。**字母缩写词**也是由几个首字母组成，但是这些字母单独发音，比如 STD（性传播疾病，发音为 ess tee dee）。

名祖（由某个专有名词而来的词，比如说意思是"厕所"的 john。**逆构词**（比如来自 enthusiasm 的 enthuse），**截短词**（比如来自 fanatic "狂热分子" 的 fan "粉丝"）也可以添加到词汇存量中去。

语言的连续性取决于这种语言在多大程度上依靠形态来表达语言关系。与莫霍克语相比，英语相来说对形态的依赖性很小。莫霍克语中一个形态复杂的词可以包含一个完整句子的所有信息。在英语和莫霍克语之间的语言，例如斯瓦希里语和意大利语，使用词缀来表达一部分而不是全部的语法信息。尽管特定的语素和特定的形态规则取决于具体的语言，相同的一般程序在一切语言中都会发生。

10. 进阶书目

Anderson, S. R. 1992. *A-Morphous Morphology*. Cambridge, England: Cambridge University Press.

Aronoff, M. 1976. *World Formation in Generative Grammar*. Cambrudge, MA: MIT Press.

Bauer, L. 1983. *English Word-formation*, Cambridge, England: Cambridge University Press.

____. 2003. *Introducing Linguistic Morphology*, 2nd edition. Washington, DC: Georgetown University Press.

Espy, W. R. 1978. *O Thou Improper, Thou Uncommon Noun: An Etymology of Words That Once Were Names*. New York: Clarkson N. Potter.

Jensen, J. T. 1990. *Morphology: Word Structure in Generative Grammar*. Amsterdam/ Philadelphia: John Benjamins Publishing.

Katamba, F. 1993. *Morphology*. New York: Bedford/St. Martins.

Matthews, P. H. 1991 *Morphology: An Introduction to the Theory of Word Structure*, 2nd editon. Cambridge, England: Cambridge University Press.

Spencer, A. 1991. *Morphological Theory: An Introduction to Word Structure in Generative Grammar*. London: Basil Blackwell.

Stockwell, R. and D. Minkova. 2001. *English Words: History and Structure.* New York: Cambridge University Press.

Winchester, S. 1999. *The Professor and the Madman*. New York: HarperCollins.

Yoo, D. 1994. "The World of Abbreviations and Acronyms," *Verbatim: The Language Quarterly* (summer): 4-5.

11. 练习

1. 以下教你如何估计你心理词库中的词汇量。准备任何一种标准词典以备查阅。

   A. 在词典中选一页有代表性的页面，数出上面的词条数量。词条通常用的是加粗字体。

   B. 把每页的词条数目乘以字典的总页数。

   C. 在字典里随机选出 4 页，比如第 50 页、75 页、125 页和 303 页，数一下这些页面上词条的数目。

   D. 这其中有多少词你是认识的？

   E. 在这 4 页里面的词条，你认识的词的百分比是多少？

   F. 用算出来的词典的总词数（b）乘以算出来的百分比（e），就是你大概的英语词汇量。

2. 用 "+" 把下列词的语素分隔开来（有些词可能是单语素的，因此不可以分隔）。

   例子：replaces re + place + s

   a. retroactive

   b. befriended

   c. televise

   d. margin

   e. endearment

f. psychology
g. unpalatable
h. holiday
i. grandmother
j. morphemic
k. mistreatment
l. deactivation
m. saltpeter
n. airsickness

3. 把 A 栏中的词与 B 栏中对应的性质描述连线。

A
a. noisy crow（吵闹的乌鸦）
b. scarecrow（稻草人）
c. the crow（这只乌鸦）
d. crowlike（像乌鸦的）
e. crows（乌鸦，复数）

B
1. 复合词
2. 根语素加派生前缀
3. 由形容词加名词组成的短语
4. 根语素加派生词缀
5. 根语素加派生后缀
6. 语法语素后跟词汇语素

4. 对应于 A 组每个词中的斜体部分，在 B 组选出一个合适的描述。

A
a. terror*ized*（恐吓，过去分词）
b. un*civil*ized（不文明的）
c. terror*ize*（恐吓）
d. *luke*warm（温的）
e. *im*possible（不可能的）

B
1. 自由词根
2. 黏着词根
3. 屈折后缀
4. 派生后缀
5. 屈折前缀
6. 派生前缀
7. 屈折中缀
8. 派生中缀

5. A. 分析下列祖鲁语中的名词，并且进一步找出反复出现的形式。请注意，不同语言中语素的顺序是不完全相同的。因此，在一种语言中是前缀，在另一种语言中就可能是后缀或者中缀。

umfazi	（已婚妇女）	abafazi	（已婚妇女，复数）
umfani	（男孩）	abafani	（男孩，复数）
umzali	（家长）	abazali	（家长，复数）
umfundisi	（教师）	abafundisi	（教师，复数）

umbazi	（切肉刀）	ababazi	（切肉刀，复数）
umlimi	（农夫）	abalirni	（农夫，复数）
umdlali	（游戏者）	abadlali	（游戏者，复数）
umfundi	（阅读者）	abafundi	（阅读者，复数）

a. 在祖鲁语中，表示"单数"的语素是什么？

b. 在祖鲁语中，表示"复数"的语素是什么？

c. 把祖鲁语中单数和复数语素所依附的词干列举出来，并给出它们的语义。

B. 以下祖鲁语动词是由名词加上动词性后缀派生来的。

fundisa	（教）	funda	（读）
lima	（培养）	baza	（雕刻）

d. 把这些词与 A 中语义相关的词做比较，例如 umfunfidisi（老师），abafundisi（老师，复数），fundisa（教）。说明一个词属于动词的派生后缀是什么？

e. 名词性后缀是什么（即，加上它以后就构成名词的后缀）？

f. 说出祖鲁语中构成名词的形态规则。

g. 表示"读"的词干语素是什么？

h. 表示"雕刻"的词干语素是什么？

6. 仔细分析下列米却肯阿兹特克语中的词。

nokali	（我的房子）	mopelo	（你的狗）
nokalimes	（我的房子，复数）	mopelomes	（你的狗，复数）
mokali	（你的房子）	Ipelo	（他的狗）
ikali	（他的房子）	nokwahmili	（我的玉米地）
kalimes	（房子，复数）	mokwahmili	（你的玉米地）
		ikwahmili	（他的玉米地）

a. 意思是"房子"的语素是：

　　（1）kal　　　（2）kali　　　（3）kalim　　　（4）ikal　　　（5）ka

b. 意思是"玉米地，复数"的词是：

　　（1）kwahmilimes　　（2）nokwahmilimes　　（3）nokwahmili

　　（4）kwahmili　　（5）ikwahmilimes

c. 意思是"他的狗，复数"的词是：

　　（1）pelos　　　（2）ipelomes　　　（3）ipelos　　　（4）mopelo　　　（5）pelomes

d. 如果 mahkwa 的意思是"朋友"，那么意思是"我的朋友，复数"的词是：

　　（1）momahkwa　　　（2）imahkwas　　　（3）momahkwames

　　（4）momahkwaes　　　（5）nomahkwames

e. 意思是"狗"的词是：

（1）pelo　　（2）perro　　（3）peli　　（4）pel　　（5）mopel

7. 下列不定式和过去分词在荷兰语中出现。

词根	不定式	过去分词	
wandel	wandelen	gewandeld	（走）
duw	duwen	geduwd	（推）
stofzuig	stofzuigen	gestofzuigd	（用吸尘器吸尘）

参考本章论述的加前缀、后缀、中缀和外接缀的形态学程序，以及涉及的具体语素：

a. 阐述荷兰语中构成不定式的形态规则。

b. 阐述荷兰语中构成过去分词的形态规则。

8. 以下是斯瓦希里语中的一些句子：

mtoto	amefika	那孩子到了。
mtoto	anafika	那孩子快到了。
mtoto	atafika	那孩子将要到了。
watoto	wamefika	那些孩子到了。
watoto	wanafika	那些孩子快到了。
watoto	watafika	那些孩子将要到了。
mtu	amelala	那人睡着了。
mtu	analala	那人快睡着了。
mtu	atalala	那人将要睡着了。
watu	wamelala	那些人睡着了。
watu	wanalala	那些人快睡着了。
watu	watalala	那些人将要睡着了。
kisu	kimeanguka	那把刀掉下来了。
kisu	kinaanguka	那把刀快掉下来了。
kisu	kitaanguka	那把刀将要掉下来了。
visu	vimeanguka	那些刀掉下来了。
visu	vinaanguka	那些刀快掉下来了。
visu	vitaanguka	那些刀将要掉下来了。
kikapu	kimeanguka	那篮子掉下来了。
kikapu	kinaanguka	那篮子快掉下来了。
kikapu	kitaanguka	那篮子将要掉下来了。
vikapu	vimeanguka	那些篮子掉下来了。
vikapu	vinaanguka	那些篮子快掉下来了。

| vikapu | vitaanguka | 那些篮子将要掉下来了。 |

斯瓦希里语的特征之一就是存在着名词分类（一般的班图语也是如此）。每一类名词中都有特定的单数和复数前缀。这些前缀也用来表示主语名词和动词之间的一致。上面所给出的句子中，包含了两个这样的名词分类（斯瓦希里语还有很多个名词分类）。

A. 找出你发现的所有语素，并给出其语义。

例如： -toto "孩子"

m- 加在第一类名词单数形式上的名词前缀

-a 当主语是第一类名词单数形式时，加在动词上的前缀

确保找出其他名词和动词的标记，包括时态标记。

B. 以上句子中的动词是如何构成的？也就是说，哪些种类的语素按照什么顺序排列组成？

C. 在斯瓦希里语里，如何表达以下句子：

（1）那孩子快掉下来了。

（2）那些篮子到了。

（3）那人将要掉下来了。

9. 本章中有一种没有谈到的形态变化程序，就是重叠——通过重复一个词或这个词的一部分构成新词——这种现象在很多语言中都有。以下来自萨摩亚语的例子就说明了这种形态规则。

manao（他希望）   mananao（他们希望）
matua（他老）   matutua（他们老）
malosi（他强壮）   malolosi（他们强壮）
punou（他弯腰）   punonou（他们弯腰）
atamaki（他明智） atamamaki（他们明智）
savali（他旅行）   pepese（他们唱歌）
laga（他纺织）

A. 怎样用萨摩亚语表示：

（1）他们纺织

（2）他们旅行

（3）他唱歌

B. 写一条一般性的说明文字（即形态规则），阐述单数动词形式是如何构成复数动词形式的。

10. 以下列表中的词后面是不正确（幽默的？）定义：

词	定义
stalemate	不再让配偶感兴趣的丈夫或妻子
effusive	能够被合并的
tenet	一个十名歌手的组合
dermatology	皮肤学

ingenious	不太聪明的
finesse	雌鱼
amphibious	能在海洋和陆地上躺着的
deceptionist	为老板隐瞒的秘书
mathemagician	安然公司的会计
sexcedrin	供老是说"对不起，我头疼"的配偶服用的药物
testostoroni	当作意大利面服用的荷尔蒙补充剂
aesthetominophen	美容药
histauvista	跟那些过敏症告别
aquapella	淋浴时唱歌

说明以上这些傻乎乎的"定义"可能是出于什么理由才产生的。参考其他词或者语素来阐明你的答案。比如，stalemate 来自意为"不再新鲜"的 stale 和意思是"婚姻配偶"的 mate。如果结婚对象似乎已经失去了新鲜感，他们就不再像以前那样吸引人了。

11.

A．列出英语中仍然使用的五个缩略词和五个字母缩写词。不要用课文中已出现过的词。

B．发明五个缩略词和五个字母缩写词（词和首字母都要列出来）。

12．英语中存在着很多不对称，也就是一个根语素与一个前缀构成一个词，但是去掉这个前缀，剩下就是一个非词。在本章中举出了很多这样的例子。

A．以下就是一个这种非词词根的列表。给每个词根加上一个前缀，组成一个英语中存在的词。

词	非词
_____	*descript
_____	*cognito
_____	*beknownst
_____	*peccable
_____	*promptu
_____	*plussed
_____	*domitable
_____	*nomer

B．这种根语素本身不能单独构成词的多语素词有很多。看看你能想到多少个这样的词。

13．我们已经知道，复合词的语义经常是无法通过构成它的词的语义揭示出来的。纵横字谜和谜语经常利用这点，提供一个复合词的两个组成部分的意思，要求回答最终组成的复合词是什么。例如，infielder = diminutive/cease。出题问的是，通过一个意思是"diminutive（特小的）"的词与一个意思是"cease（终止）"的词组合，从而形成一个意思是"infielder（棒球内野手）"的词。答案就是 shortstop（游击手①）。看看你是否能猜出下列谜语：

  a. sci-fi TV series = headliner/journey   （科幻电视连续剧 ＝ 明星/旅程）

  b. campaign = farm building/tempest   （竞选 ＝ 农场建筑/暴风雨）

  c. at-home wear = tub of water/court attire   （家居衣服 ＝ 浴缸/法庭制服）

  d. kind of pen = formal dance/sharp end   （一种笔 ＝ 正式舞蹈/尖头）

  e. conservative = correct/part of an airplane   （保守 ＝ 正确/飞机的一部分）

14. 英语中的 ten-page book report 既可以理解为"10 页读书报告"，也可以理解为"一本 10 页长的书的报告"。

  A. 请画出两个与课本 88 页上为复合词 top hat rack 所画的树形图类似的树形图，以便揭示其歧义所在。

  B. 画一个树形图来表明 indecipherability（不可破解性）一词的内部语素结构（提示：该词有 5 个语素。）

15. 意大利语的其中一个特点是冠词和形容词都有屈折词尾，标记其所修饰的名词在性（和数）上的一致。根据以上信息，请回答以下列表中意大利语短语后面的问题：

  un uomo   一个男人

  un uomo robusto   一个强壮的男人

  un uomo robustissimo   一个非常强壮的男人

  una donna robusta   一个强壮的女人

  un vino rosso   一种红酒

  una faccia   一张脸

  un vento secco   一阵干燥的风

  A. 意为"强壮的、[酒]烈性的"的根语素是什么？

  B. 意为"非常"的语素是什么？

  C. 怎么用意大利语表示：

  （1）一种烈性红酒

  （2）一张很红的脸

  （3）一瓶很干的红酒

16. 以下是一个土耳其语的词表。在土耳其语中，表处所的冠词和语素作为词缀加在名词上。

  deniz（一个海洋）   evden（从一所房子）

  denize（去一个海洋）   evimden（从我的房子）

  denizin（一个海洋的……）   denizimde（在我的海洋里）

  eve（去一所房子）   elde（在一只手里）

---

① 棒球中，游击手是内野手的四个位置之一。——译注

A. 土耳其语中意为"到……去"的语素是什么？

B. 土耳其语中的哪种词缀相当于英语中的介词（例如，前缀、后缀、中缀、自由语素）？

C. 土耳其语中意为"来自一个海洋"的词是什么？

D. 土耳其语 denizimde 一词中有多少个语素？

17. 以下是一些来自奇卡索语中的动词，奇卡索语是俄克拉荷马州中南部地区使用的马斯科吉语系中的一员[①]。奇卡索语是一种濒危语种。目前，说这种语言的人只有约 100 个，而且大多数都超过 70 岁了。

Sachaaha	我高
Chaaha	他/她高
Chichaaha	你高
Hoochaaha	他们高
Satikahbi	我现在累了
Chitikahbitok	你当时累了
Chichchokwa	你很冷淡
Hopobatok	他当时饿了
Hoohopobatok	他们当时饿了
Sahopoba	我现在饿了

A. 下列动词的根语素是什么？

（1）"（是）高（的）"

（2）"（是）饿（的）"

B. 指出下列语素的语义：

（1）过去时

（2）"我"

（3）"你"

（4）"他/她"

C. 如果奇卡索语中表示"（是）老（的）"的词根是 sipokni，那么你会怎么说：

（1）"你老"

（2）"他当时老"

（3）"他们老"

18. 在第十一章练习13中，我们会说明"小头蛋语"（Little-End Egglish）这种语言的由来，它表现出以下材料：

a. kul（煎蛋饼） zkulego（我的煎蛋饼） zkulivo（你的煎蛋饼）

[①] 奇卡索语用例由帕梅拉·门罗（Pamela Munro）提供。（原注9）

b. vet（[鸡蛋]蛋黄）	zvetego（我的蛋黄）	zvetivo（你的蛋黄）
c. rok（鸡蛋）	zrokego（我的鸡蛋）	zrokivo（你的鸡蛋）
d. ver（鸡蛋壳）	zverego（我的鸡蛋壳）	zverivo（你的鸡蛋壳）
e. gup（蛋奶酥）	zgupego（我的蛋奶酥）	zgupivo（你的蛋奶酥）

i. 分离出表示所有关系、第一人称单数、和第二人称（我们不知道它是单数、复数，还是两者都是）的语素。指出这些词缀是前缀还是后缀。

ii. 假设 vel 的意思是蛋清，那么在小头蛋语中如何表达"我的蛋清"？

iii. 假设 zpeivo 意思是"你的水煮蛋"，那么表示"水煮蛋"的词是什么？

iv. 如果你知道了 zvetgogo 意思是"我们的蛋黄"，那么哪个语素的意思最有可能是"我们的"？

v. 如果你知道 borokego 意思是"为了我的鸡蛋"，那么哪个语素最有可能承担"为了"这个受益格的意义？

第四章 句法：语言的句型

面对语法，帝王亦俯首称臣。

莫里哀《女学究》第二幕 1672年

使用任何人类语言的任何人都可以构造并理解数量无限的句子，这个事实颇为令人惊讶。我们可以通过以下例子轻而易举地说明这一点：

The kind-hearted boy had many girlfriends. （这个好心的男孩曾经有很多女朋友。）

The kindhearted, intelligent boy had many girlfriends. （这个好心、聪明的男孩曾经有很多女朋友。）

The kindhearted, intelligent, handsome boy had many girlfriends. （这个好心、聪明、英俊的男孩曾经有很多女朋友。）

……

John found a book in the library. （约翰在图书馆找到了一本书。）

John found a book in the library in the stacks. （约翰在图书馆的书库找到了一本书。）

John found a book in the library in the stacks on the fourth floor. （约翰在图书馆四楼的书库找到了一本书。）

……

The cat chased the mouse. （那只猫追过那只老鼠。）

The cat chased the mouse that ate the cheese. （那只猫追过那只吃了奶酪的老鼠。）

The cat chased the mouse that ate the cheese that came from the cow（那只猫追过那只吃了用那头奶牛的奶做成的奶酪的老鼠。）

The cat chased the mouse that ate the cheese that came from the cow that grazed in the field. （那只猫追过那只吃了用那头在那块地吃过草的奶牛的奶做成的奶酪的老鼠。）

对于以上每个例句，说话者都可以通过增加另一个形容词、介词短语或者关系小句，把句子继续造下去。原则上，句子可以永远这样造下去。所有语言都有这样一种机制，可以生成无限量的句子。既然事实如此，一种语言的句子就无法按照词典的格式存储在我们的头脑中。更确切地说，句子是由按照一定规则结合起来的离散单位所组成的。这一规则系统解释了说话者是如何将无限的知识存储在有限的空间——我们的脑——之内的。

说话者有关句子及其结构的知识的那部分语法，称为**句法**。本章的目的就是向读者介绍句法结构以及决定句法结构的规则。大部分例子讲的都是英语的句法，但是解释句法结构的原则具有普遍性。

1. 句法规则有什么用？

句法规则将词组合成短语，将短语组合成句子。除此以外，句法规则还规定某一语言的正确词序。例如，英语的结构是主语-动词-宾语（SVO）。英语例句 1 合乎语法，因为词都按照正确的顺序排列；例句 2 不合语法，因为其词序对英语而言不正确。（前文说过，句子之前的星号是一项语言学规约，用以表明根据语法规则这个句子不合语法或不合式。）

1. The President nominated a new Supreme Court justice.
（总统提名了一位新的最高法院大法官。）
2. *President the new Supreme justice Court a nominated.
（*总统新的最高大法官法院一位提名了。）

句法第二个重要的作用，就是描述某一组特定的词的意义与这些词的配列之间的关系。一个句子的词序对于句子的意义有很大的影响。例句 3 和 4 有相同的词，但是意义却有很大的差别。

3. He burps what he means①. （他直"嗝"不讳，心里是怎么想的就怎么打嗝。）
4. He means what he burps. （他心"嗝"一致，怎么打嗝心里就是怎么想的。）

句法规则还规定一个句子的**语法关系**，诸如**主语**和**直接宾语**。换言之，句法规则提供的信息让听话人知道谁在对谁做什么。这些信息对于理解一个句子的意义非常关键。例如，例句 5 和 6 的语法关系是相反的，所以这两个在其他方面完全相同的句子意义就非常不同。

5. Your dog chased my cat. （你的狗当时追我的猫。）
6. My cat chased your dog. （我的猫当时追你的狗。）

句法规则还规定了句子必须遵守的其他制约。请看例 7 中的各个句子。作为练习你可以先阅读这些句子，并在那些你认为不合语法的句子之前加上星号。

7. （a） The boy found. （那男孩找到了。）
   （b） The boy found quickly. （那男孩很快找到了。）

---

① to burp what one means 和 to mean what one burps 是对 to say what one means（直言不讳）和 to mean what one says（心口一致）的戏拟。——译注

(c) The boy found in the house.（那男孩在房子里找到了。）

(d) The boy found the ball.（那男孩找到了那个球。）

我们认为你会发现例 7（d）合乎语法，而例 7（a-c）各句不合语法。这是因为句法规则规定像 found（找到，过去式）这样的动词后面必须有东西跟着，而且这种"东西"不能是 quickly（很快）或 in the house（在房子里）这样的词语，而必须是像 the ball（那个球）那样的词语。

同样地，我们认为你会发现例 8（b）合乎语法，而例 8（a）不合语法。

8. (a) Disa slept the baby.（迪萨睡着了那个婴儿。）

(b) Disa slept soundly.（迪萨睡得很香。）

动词 sleep（睡）和 find（找到）的用法不一样，sleep 可以仅仅跟着一个像 soundly（很香地）这样的词，但不能跟像 the baby（那个婴儿）这类型的短语。

我们同样认为，你会发现例 9（a）、9（d）、9（e）、9（f）合乎语法，而 9（b）和 9（c）不合语法。例 9 中的句子表明，特定的动词，诸如 believe（相信），try（努力）和 want（想要）后面所跟的词的模式是不一样的。

9. (a) Zack believes Robert to be a gentleman.（扎克相信罗伯特是君子。）

(b) Zack believes to be a gentleman.（扎克相信是君子。）

(c) Zack tries Robert to be a gentleman.（扎克努力罗伯特是君子。）

(d) Zack tries to be a gentleman.（扎克努力做君子。）

(e) Zack wants to be a gentleman.（扎克想要做君子。）

(f) Zack wants Robert to be a gentleman.（扎克想要罗伯特做君子。）

所有的母语者对于例 7 和 9 中的句子都有相同的判断，这一事实告诉我们语法判断既不是个人特性，也不会反复无常，而是由规则所决定的，这些规则为这一语言的使用者所共享。

在例 10 中我们看到 ran up the hill（跑上了山）这一短语和 ran up the bill（欠付了账单）用法不同，尽管两个短语表面上看起来非常相似。对于 ran up the hill 这一短语而言，语法规则认可例句 10（a）和 10（c）的词序，但不认可 10（b）的词序。相比之下，对于 ran up the bill 而言，语法规则认可例句 10（d）和 10（e）的词序，而不认可 10（f）句的词序。

10. (a) Jack and Jill ran up the hill.（杰克和吉尔跑上了山。）

(b) Jack and Jill ran the hill up.（杰克和吉尔跑了山上。）

(c) Up the hill ran Jack and Jill.（杰克和吉尔跑上了山。）

(d) Jack and Jill ran up the bill.（杰克和吉尔没有付上账单。）

(e) Jack and Jill ran the bill up.（杰克和吉尔没有付上账单。）

(f) Up the bill ran Jack and Jill.（上账单杰克和吉尔没有付。）

例 10 的句式表明，句子并非只是没有深入组织的词串。如果真是这样，我们也就没有理由认为 ran up the hill 和 ran up the bill 用法不同。因为这些短语有不同的句法结构，所以用法才不同。对于 ran up the hill 这一短语而言，up the hill 这几个词构成了一个单位，如下所示：

He ran [up the hill].

（我们使用方括号表明一组词构成了一个句法单位或成分。关于句法成分，后面我们还要做更多的讨论。）整个单位可以移动到句子的开头，如例句 10（c）所示，但是我们无法对这一单位的内部成分重新排序，如例句 10（b）所示。另一方面，在 ran up the bill 中，up the bill 这几个词并不能构成一个自然的单位，所以它们无法移动，例句 10（f）也是不合语法的。

至关重要的是，我们的句法知识包括词如何在一个句子中构成词组，以及词如何按照相互之间的层级排列。例如，短语 synthetic buffalo hides 有双重意义，可以表示"人造的水牛皮"，也可以表示"人造水牛的皮"。这个例子再次表明，在一个短语或句子当中，某些词可以分为一组。在 synthetic buffalo hides 这个短语中，有两种给词分组的方式。如果按照如下方法分组，那么我们就得到第一种意义：

synthetic [buffalo hides]①

当我们这样分组：

[synthetic buffalo] hides

我们就得到了第二种意义。

语法规则允许这两种分组，因此这个短语有歧义。下面的层次图就表明了这两种结构：

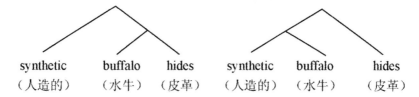

synthetic　buffalo　hides　　synthetic　buffalo　hides
（人造的）（水牛）（皮革）　（人造的）（水牛）（皮革）

这与我们在类似 unlockable 这类词的形态中的发现相似。这个词也有两种结构，对应于两种意义，我们在第三章已经讨论过了。

许多句子都表现出这种歧义，并往往造成幽默效果。请看下面两个出现在分类广告中的句子：

For sale: an antique desk suitable for lady with thick legs and large drawers.
We will oil your sewing machine and adjust tension in your home for $10.00.

在第一则广告中，可以将句子分组为[a desk] [for lady with thick legs and large drawers]（长着粗腿、穿肥大衬裤的女士使用的书桌），而符合作者本义的分组是[a desk for lady] [with thick legs and

---

① 原文从这个例句开始直至 118 页，例句与例示均未编号。——译注

large drawers]（粗桌腿、大抽屉的女士用书桌），后者表示腿和 drawers①是属于桌子的，幽默的解读就是这样产生的。第二则广告与此相似②。

因为以上歧义是由于结构不同而造成的，所以它们都是**结构歧义**的例子。

请将上述两个句子与下面这个句子相比较：

This will make you smart.

这个句子的两种不同的解读是因为 smart 有两种意思："聪明"或是"感到剧痛③"。这种词汇歧义或词义歧义与结构歧义不同，我们会在第五章讨论这个问题。

句法规则反映的是句子中词、词序以及层级结构之间的关系。句法规则也阐释词的分组如何与其意义相关，比如什么时候一个句子或者短语会有歧义。除此之外，句法规则让说话者得以说出或理解之前从未说过或听过的无限量的句子，这就是语言知识的创造性。语言学的主要目的，就是清楚、明确地揭示句法规则如何对这种知识做出说明。语法理论必须对说话者关于其语言的隐性知识做出完整的描述。

1.1 合语法性不以什么为基础？

> Colorless green ideas sleep furiously.（无色的绿色思想愤怒地睡觉。）这是一个非常有趣的句子，因为这表明句法和语义是可以分开的，也就是形式和意义可以分离。这个句子似乎没有任何条理分明的意义，但听起来却像一个英语句子。
>
> 霍华德·拉斯尼克
> 纪录片《人类语言》第一集

重要的是，一个人是否有能力判断句子的合语法性并不取决于他之前听到过这个句子。你可能从未听到或读到过这个句子：

Enormous crickets in pink socks danced at the prom.

（粉红袜子里的巨大蟋蟀在舞会上跳舞。）

但是你掌握的句法知识告诉你这个句子合乎语法。我们在本章开头就说过，人们能够理解、构建无限量的句子并且做出判断，而其中大部分句子他们之前从未听到过。这种能力表明我们的语言知识具有创造性，这里的"创造性"并不是说我们都是诗人，我们当然不是；"创造性"指的是我们谁都不会在表达上受限于固定的范围。恰恰相反，我们可以利用语言和语法的资源来构建和理解数量无限的句子，体现范围无限的观念和情感。

---

① drawer 兼有"抽屉"和"内裤"两个意义。——译注
② 该句既可以理解为"只需 10 美元我们将到您家里为您的缝纫机上油并调整皮带松紧"（[We will oil your sewing machine and adjust tension] [in your home] [for $10.00]），也可理解为"只需 10 美元我们将为您的缝纫机上油并缓解您家中的紧张气氛"（[We will oil your sewing machine] [and adjust tension in your home] [for $10.00]），由此产生幽默效果。——译注
③ 原文解释为 burning sensation（剧痛感），会令人误以为 smart 是一个名词，其实这时候它是一个不及物动词。译文做了相应调整。——译注

前文讲过，一个句子的结构会作用于其意义。然而，合乎语法和有意义并不是一回事，下面的句子就表明了这一点：

Colorless green ideas sleep furiously.

A verb crumpled the milk.（一个动词弄碎了牛奶。）

尽管这两个句子没有什么意义，但是句法上是合式的。这两个句子听起来挺"怪"[①]，但是这种"怪"法和下面这两个词串给我们的感觉还不一样：

*Furiously sleep ideas green colorless.

*Milk the crumpled verb a.

还有些句子尽管从句法规则来看不合语法，但我们还是可以理解。例如，大部分说英语的人能明白下面这个句子：

*The boy quickly in the house the ball found.

尽管他们知道词序不正确。同样地，我们可以为前一部分的例句 8（a）（Disa slept the baby）赋予意义。如果要我们把句子改对的话，我们可能会想出 Disa put the baby to sleep（迪萨哄婴儿睡着了）这样的句子。但是我们也知道，例句 8（a）并不是一个可能的英语句子。词必须遵循取决于这种语言句法规则的特定模式，才能成为一个句子。

一些句子由于有一些无意义的词而很难解释，但仍然合乎语法。所谓无意义的词是指没有公认意义的词。下面引自刘易斯·卡罗尔《胡话诗》中的诗句，就是一个例子：

'Twas brillig, and the slithy toves

Did gyre and gimble in the wabe;[②]

这些诗句从语言学的意义上来说合乎语法，因为它们符合英语的词序和其他制约条件。这样无意义的诗歌之所以有趣，恰恰是因为诗句符合句法规则，而且听起来像地道的英语。不合语法的无意义词串，就毫无娱人之处了：

*Toves slithy the and brillig 'twas

Wabe the in gimble and gyre did

是否合乎语法也不取决于句子的真假，否则撒谎就不可能了。合语法性也不取决于讨论的对象是否真实存在，或某事是否可能。不真实的句子可以合乎语法，讨论独角兽的句子可以合乎语法，说父亲怀孕的句子也可以合乎语法。

[①] 原文为 funny，"怪"有两层意思，一指滑稽有趣，二指古怪、令人不适。——译注
[②] 关于诗句中生造词的意义，请参见本书第三章中的"截搭词"一节。——译注

允许我们创建、理解句子并且做出语法判断的句法规则是一种无意识的规则。而语法是心理语法，不同于我们在学校学到的规定语法的规则。我们关于语法的心理规则发展得很早，在那以后很久我们才开始上学，第八章会对此展开讨论。

2. 句子结构

我真的不知道还有什么事能比图解句子还令人兴奋。

格特鲁德·斯泰因

假如我们想要制定一个用来描述英语句子结构的模板，更具体地说，一个能够正确为英语词排序的模板，我们可能会给出以下的图解：

Det – N – V – Det – N

这一模版规定限定词（冠词）后面跟着名词，名词后跟着动词等等。这可以用来描述如下的英语句子结构：

The child found a puppy.（孩子找到了一条小狗。）
The professor wrote a book.（教授写了一本书。）
That runner won the race.（跑步者赢得了赛跑。）

这样一个模版的意义指的是句子是由属于特定语法范畴（词性）但没有内部结构的词串构成的。但是我们知道，这样的"扁平"结构是不正确的。正如之前提到的，句子是有层级结构的；这也就是说，词被分组为正常单位，下列句子中的词：

The child found a puppy.

可以分组为 [the child] 和 [found a puppy]，分别对应句子中的主语和谓语。可以进一步细分为 [the child] 和 [[found] [a puppy]]，最后分解为各个词[[the] [child]] [[found] [[a] [puppy]]]。有时在**树形图**中更容易看出一个句子的各个部分和细节：

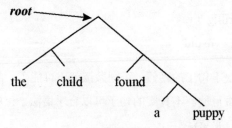

这是一棵上下颠倒的"树"，"树根"包括整个句子 The child found a puppy，而"树叶"是各个词：the，child，found，a，puppy。这棵树和层层嵌套的方括号传达的信息相同。这棵树的层级结构反映了一个句子中词的分组和再分组。

这幅树形图表明其中短语 found a puppy 可以正常地分为两枝，一枝是动词 found，另一枝是直接宾语 a puppy，另一种分法，比如 found a 和 puppy 是不正常的。

2.1 成分和成分测试

一个句子的自然分组被称为**成分**。各种各样的语言测试揭示了一个句子的成分。第一个测试是"独立"测试。如果一组词可以独立完整地存在，那么它们就是一个成分。例如用于回答一个问题的一组词就是一个成分。所以在回答问题"what did you find（你找到了什么）？"时，说话者可能会回答 a puppy（一条小狗），而不是 found a（找到一[条]）。A puppy 可以独立完整存在，而 found a 不可以。

第二个测试就是"用代词替代"。代词可以取代自然的词语组合。在回答问题"Where did you find *a puppy*（你在哪里找到了一条小狗）？"时，可以说 "I found *him* in the park（我在公园找到他的）。"像 do 这样的词同样可以取代整个谓语 found a puppy，诸如 John found a puppy and Bill *did* too（约翰找到了一条小狗，比尔也是）。如果一组词可以由一个代词或者像 do 这样的词替代，那么这组词就组成了一个成分。

第三个成分测试是"作为一个单位移动"的测试。如果一组词可以移动，那么它们就是一个成分。例如，如果我们把以下句子同 the child found a puppy（孩子找到了一条小狗）比较，我们可以发现某一部分发生了移动：

It was a puppy that the child found. （孩子找到的是一条小狗。）

A puppy was found by the child. （一条小狗被孩子找到了。）

在第一个例句当中，成分 a puppy 已经从 found 后面前移了。在第二个例句中，a puppy 和 the child 的位置都发生了改变。但是所有这些重新排序中，作为成分的 a puppy 和 the child 都保持完好。而 found a 却非如此，因为这不是一个成分。

在句子 the child found a puppy 中，正常分组或成分是主语 the child、谓语 found a puppy 和直接宾语 a puppy。

有一些句子的谓语里有介词短语，比如：

The puppy played in the garden. （小狗在花园里玩耍。）

我们可以利用我们的测试来表明 in the garden（在花园里）也是一个成分，方法如下：

Where did the puppy play? *In the garden*. （独立性测试）

The puppy played *there*. （小狗在那里玩。用类似于代词的词替代）

In the garden is where the puppy played.

（花园里是小狗玩的地方。作为一个单位移动）

It was *in the garden* that the puppy played. （小狗在那里玩的[地方]是花园。）

如前所述，一个句子的**成分结构**也可以形象地用树形图来描绘。句子 The puppy played in the garden 的树形图如下：

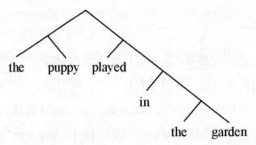

除了刚刚描述的句法测试之外，实验表明说话者并不是以词串而是以成分来描述句子。在这些实验中，受试者会听到一些随机插入嘀嗒声的句子。嘀嗒声有时候是在两个成分的交界处发出，有时候是插入了一个成分的内部。受试者被要求报告嘀嗒声在何处响起。有两个重要的结果：（1）当嘀嗒声在一个主要的成分边界发出（例如在主语和谓语之间），那么受试者就能够最好地注意到这一声响并且回忆起它的位置。（2）受试者认为实际插入在成分内部的嘀嗒声是发生在成分的交界处。换言之，受试者移动了嘀嗒声的位置，并把它们放在成分的边界。这些结果表明说话者是按照成分来分解一个句子的。

一种语言的每个句子都与一个或多个成分结构相关。如果一个句子有多于一个成分结构，那么这个句子就有歧义，而且每幅树形图会对应一种可能的意义。例如，上文的句子 I bought an antique desk suitable for a lady with thick legs and large drawers 有两棵相关的短语结构树。在一个结构中，短语[a lady with thick legs and large drawers]组成了一个成分。这个短语就可以完整地回答问题"who did you buy an antique desk for （你给谁买了一张古董书桌）？" 对于第二个意义而言，短语 with thick legs and large drawers 修饰短语 a desk for a lady，这里的结构就是[[a desk for a lady] [with thick legs and larges drawers]]。

2.2 句法范畴

Might, could, would，这些不过是无足轻重的助动词。

乔治·艾略特（原名玛丽·安·伊文思）

《米德镇的春天》

The child found a puppy 和 The boy ran up the hill 两个句子树形图中，每一个分组都是一个由相似短语组成的大类的成员。例如，the child（这孩子）隶属的大类包括 the police officer（这位警官）、your neighbor（你的邻居）、this yellow cat（这只黄猫）、John（约翰）等等无数的短语。我们可以用这个大类中的任何一个短语代替 the child，却不会影响到句子的合语法性，尽管句子的意义会发生变化。

A police officer found a puppy. （一位警官找到了一条小狗。）
Your neighbor found a puppy. （你的邻居找到了一条小狗。）
This yellow cat found a puppy. （这只黄猫找到了一条小狗。）

如果一类短语中的各个成员可以互相替代而不会导致句子损失合语法性，那么这类短语就被称为一个**句法范畴**。

The child, a police officer 等短语都属于一个句法范畴：**名词短语**（NP），这是英语和世上其他每种语言都有的句法范畴之一。NP 在一个句子中可以充当主语或是宾语。NP 通常都有一个限定词（例如 a 或 the）和一个名词，但是 NP 也可能同样包含一个专有名词、代词、没有限定词的名字甚至是小句或句子。尽管专有名词（如 John）和代词（如 he 和 him）都是单个的词，但从理论上来说，这些词也是 NP。因为它们的用法和 NP 一样，可以填写在主语、宾语或其他 NP 的位置上。

John found the puppy. （约翰找到了小狗。）
He found the puppy. （他找到了小狗。）
Boys love puppies. （男孩子们爱小狗。）
The puppy loved him. （小狗那时候爱他。）
The puppy loved John. （小狗那时候爱约翰。）

如下句所示，NP 可以更加复杂：

The girl that Paris loved married the man of her dreams.
（帕里斯爱过的那个姑娘和梦中情人结婚了。）

这句话的 NP 主语是 the girl that Paris loved（帕里斯爱过的那个姑娘），而 NP 宾语是 the man of her dreams。

说话者所掌握句法知识的一部分就是对句法范畴的详细描述。也就是说，说英语的人知道在下面的列表中只有（a），（b），（e），（f）和（g）是 NP，哪怕他们之前从来没有听说过"名词短语"这个概念。

1. （a） a bird（一只鸟）
   （b） the red banjo（这个红色班卓琴）
   （c） have a nice day（度过美好的一天）
   （d） with a balloon（和一只气球）
   （e） the woman who was laughing（当时正在笑的那个女人）
   （f） it（它）
   （g） John（约翰）
   （h） went（去，过去式）

你可以把以上每一个短语插入到以下三个语境当中来测试上述观点：
Who found _____（谁找到 _____），_____ was seen by everyone（_____ 被所有人都看见了），以及 What/who I heard was _____（我当时听到的事情/人是 _____）。

例如*Who found have a nice day 是不合语法的，而"Who found it?（谁找到了它）"或者"John was seen by everyone.（约翰被所有人都看见了）"是合乎语法的。只有 NP 才适合出现在这些语境中，因为只有 NP 才能充当主语和宾语。

还存在其他的句法范畴。短语 found a puppy 是一个**动词短语（VP）**。动词短语总是有一个**动词（V）**，还可能有其他的句法范畴，例如一个 NP 或**介词短语（PP）**。介词短语是后面跟着 NP 的介词。在列表 2 中的 VP 可以使句子"The child _____."完整。

2. （a） saw a clown （看见了一个小丑）
   （b） a bird（一只鸟）
   （c） slept（睡觉，过去式）
   （d） smart（聪明）
   （e） ate the cake （吃了这个蛋糕）
   （f） found the cake in the cupboard（在橱柜里找到了这个蛋糕）
   （g） realized that the earth was round（意识到地球是圆的）

插入（a），（c），（e），（f）和（g）都能生成合乎语法的句子，而插入（b）和（d）则会出现不合语法的句子。因此（a），（c），（e），（f）和（g）是动词短语。

句法范畴包括短语范畴，例如 NP、VP、AdjP（形容词短语）、PP（介词短语）和 AdvP（副词短语）；也包括词汇范畴，例如名词（N）、动词（V）、介词（P）、形容词（Adj）和副词（Adv）。每个词汇范畴都对应一个短语范畴，下面是词汇范畴的列表，每个词汇范畴都附有一些例子：

词汇范畴	
名词（N）	puppy, boy, soup, happiness, fork, kiss, pillow, cake, cupboard
动词（V）	find, run, sleep, throw, realize, see, try, want, believe
介词（P）	up, down, across, into, from, by, with
形容词（Adj）	red, big, candid, hopeless, fair, idiotic, lucky
副词（Adv）	again, carefully, luckily, never, very, fairly

你可能已经熟悉上述的大部分词汇范畴了。如前所述，有些词汇范畴传统上被称为"词性"。有些范畴你可能不太熟悉，例如**限定词（Det）**范畴，包括冠词 a 和 the，**指示代词**（如 this, that, these 和 those）和"计数词"①（如 each 和 every）。另一个不太熟悉的范畴是**助动词**（Aux，包括动词 have, had, be, was, were 和**情态词** may, might, can, could, must, shall, should, will, would）。Det 和 Aux 都属

---

① 原文为 counting words，正式术语应为 quantifier（量词）。——译注

于**功能范畴**，之所以这么归类是因为这类词只有语法功能但没有描述性意义。例如，限定词指明一个名词是无定的还是有定的（a boy [一个男孩，无定]和 the boy [一个男孩，有定]），或者这一名词同语境的关系（this boy [这个男孩]和 that boy [那个男孩]）。助动词则为动词加上时间框架，说明究竟是现在时（John **is** dancing 约翰正在跳舞）、过去时（John **has** danced 约翰跳过舞了）或者是将来时（John **will** dance 约翰将跳舞）。助动词还可以表明诸如可能性（John **may** dance 约翰可能跳舞）或者必要性（John **must** dance 约翰必须跳舞）等概念。

词汇范畴通常都具有特定类型的意义。例如，动词通常指动作、事件和状态（kick 踢，marry 结婚，love 爱）；形容词通常指特性和属性（lucky 幸运，old 老）；普通名词通常指一般实体（dog 狗，elephant 象，house 房子）；专有名词通常指具体的个人（Noam Chomsky 诺姆·乔姆斯基）、地方（Dodger Stadium 道奇体育场）或者其他人为命名的东西，诸如商品名（Coco-Cola 可口可乐，Viagra 伟哥）。但是语法范畴和意义之间的关系比这几个例子给出的要复杂得多。例如名词 marriage 和 destruction 指的是事件，而有些名词指的是状态（happiness, loneliness）。我们可以不用形容词，而是使用抽象名词如 honor 和 beauty 来描述属性和特性。在句子 "Seeing is believing（眼见为实）" 中，seeing 和 believing 是名词但不是实体。介词通常都用来表述与一个地点有关的两个实体之间的关系（例如：the boy is in the room 男孩在房间里，the cat is under the bed 猫在床底下），但并非总是如此。介词 of, by, about 和 with 都与位置无关。由于难以指明词汇范畴的准确意义，我们通常都不会从意义上来定义词汇范畴，而是根据它们的句法分布（出现在句子的什么地方）和语形特征来定义。例如，我们可以把名词定义为可以加限定词的、有复数形式等属性的词。

所有的语言都有句法范畴，诸如 N、V 和 NP。说话者都知道自己语言的句法范畴，即使他们不知道这些专业术语。当我们像例 1 和例 2 中那样替换等效短语，或是使用之前讨论过的多种句法测试，我们掌握的句法范畴知识就体现出来了。

2.3 短语结构树和规则

> 任何爬上语法树的人都清楚地知道名词、动词和分词都是在哪里长出来的。
>
> 约翰·德莱顿《玉外纳的第六讽刺诗》

你已经对成分结构和语法范畴有所了解，现在可以学习语言中的句子是如何构建的了。我们首先会构建简单句的树形图，然后再探讨稍微复杂一些的结构。我们在此构建的树形图比之前所看到的会更加详细，因为这棵树的树枝上贴有范畴标签，指明每条树枝的成分。在这一部分我们还要介绍句法规则，句法规则描述了不同的树形图所表现的不同类型的结构。

下面的树形图为句子 The child found a puppy 的每一个成分贴上了范畴标签，这些标签表明整个句子属于句法范畴 S（因为 S 节点包括了所有的词）。这也表明 the child 和 a puppy 属于同种范畴，即 NP，也就是说这两个短语是名词短语。而 found a puppy 属于 VP 范畴，或者说是一个动词短语，由一个动词和一个 NP 组成。树形图还指明了句子中每个词的句法范畴。

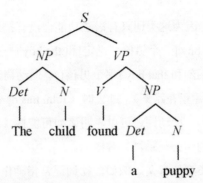

带有句法范畴信息的树形图被称为**短语结构树**或是**成分结构树**。这棵树表明这个句子既是线性的一串词，又是短语套短语的层级结构。短语结构树（简称为 PS 树）清楚地用图形表征了说话者关于他所使用的语言中句子结构的知识。

PS 树表现了说话者句法知识的三个方面：

1. 句子中词的线性顺序
2. 确定词或词组合的句法范畴
3. 句法范畴的层级结构（例如，一个 S 由一个 NP 和一个跟在 NP 后面的 VP 组成，而 VP 是由一个 V 和一个可能跟在 V 后面的 NP 组成，等等）

在第三章我们讲到每个词的句法范畴都储存在我们的心理词典当中。我们现在可以看到这一信息是如何为一种语言的句法所使用的。在树形图中，词出现在标明该词句法范畴的标记之下。名词上标 N，限定词上标 Det，动词上标 V，等等。

更大的句法范畴，比如 VP，包括在对应点或**节点**之下所有的句法范畴和词。在上面的 PS 树中的 VP 包括句法范畴节点 V 和 NP 以及词 found, a 和 puppy。因为 a puppy 可以向上追溯到节点 NP，这个成分就是一个名词短语。因为 found 和 a puppy 可以向上追溯到节点 VP，这个成分就是一个动词短语。这棵 PS 树体现了说话者对于句子中词的自然分组的直觉判断。PS 树同样也暗示了哪些词组合不是句法范畴。例如，因为在词 found 和 a 之上并没有节点连接它们，所以这两个词无法构成一个句法范畴，这也证明了我们之前判断。

在讨论树形图时，可以说每一个更高的节点**统制**着下面所有的范畴。VP 统制 V 和 NP，还统制 Det 和 N。可以说一个节点**直接统制**下一级的范畴。VP 直接统制 V 和 NP，也就是组成 VP 的范畴。直接被同一节点所统制的范畴是**姐妹**。V 和 NP 就是 the child found a puppy 的短语结构树中的姐妹。

一棵 PS 树用形式手段表征了说话者关于语言中句子结构的知识，而这种知识是我们的语言直觉所揭示出来的。当我们讲话时，我们并没有注意到我们构建的句子有这样的结构，但是对照实验表明我们在言语产生和理解时使用这样的结构，我们会在第九章讲到这一点。

PS 树中所表征的信息可以用另一种形式手段来描述：短语结构（PS）规则。PS 规则体现说话者关于一种语言中可能会有哪些结构的知识。正如一个说话者无法在脑中存储无限量的句子，他也无法在脑中存储无限量的 PS 树。实际上，有关说话者关于可能和不可能的结构的知识，必须作为有限的一套规则存在。这套规则可以"生成"（这个词是语言学家的最爱）或确定语言中任一句子的树形图。为了表明上述的结构，我们需要以下的 PS 规则：

1. S → NP VP
2. NP → Det N
3. VP → V NP

短语结构规则精确简洁地表明了合式的语言结构。这些规则说明语言的规则性并且揭示了说话者掌握的有关词序和把词分类为句法范畴的知识。例如，在英语中，一个 NP 可能包含一个限定词和一个跟在限定词后面的名词，规则 2 就体现了这一点，这条规则有两个方面：

一个名词短语可以包含一个限定词和一个跟在限定词后的名词。
后面跟着一个名词的限定词是一个名词短语。

你可以把 PS 规则当作一个模板，只有与模板匹配的树形图才是合乎语法的。在箭头的左边是统制范畴，在本例中就是 NP，而 NP 直接统制的范畴，也就是 NP 的组成部分，出现在箭头的左边，在本例中就是 Det 和 N。箭头的左边也表明了这些组成部分的线性顺序。因此，英语 NP 子树的形状如下：

规则 1 说明一个句子（S）按顺序包含（直接统制）一个 NP 和一个 VP。规则 3 说明一个动词短语包含一个动词（V）和一个跟在动词后面的 NP。这些规则都是一般性陈述，并不指任何具体的 VP，V 或者 NP。规则 1 和规则 3 所表示的子树如下所示：

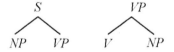

一个 VP 无须包含一个 NP 宾语，但是可以单独包含一个动词，如以下句子所示：

The woman laughed. （女人笑了。）
The man danced. （男人跳了舞。）
The horse galloped. （马奔跑了。）

这些句子的结构如下：

因此树形图可能有一个 VP 直接统制 V，这就是规则 4 所允许的，这一点要加到语法中去：

4. VP → V

下面的句子中含有跟在动词后面的介词短语：

The puppy played in the garden.（小狗当时在花园中玩。）
The boat sailed up the river.（小船当时逆河而上。）
A girl laughed at the monkey.（姑娘当时冲着猴子笑。）
The sheepdog rolled in the mud.（牧羊犬当时在泥里打滚。）

这些句子对应的 PS 树就是：

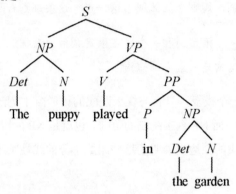

要允许这类结构，我们需要增加两条 PS 规则，也就是规则 5 和规则 6：

5. VP → V PP
6. PP → P NP

VP 可以有的另一种结构就是包含或者嵌套一个句子。例如，句子 "The professor said that the students passed the exam（教授说学生通过了考试）"，包含句子 "the student passed the exam（学生通过了考试）"。在这个**嵌套句**之前是词 that，这是一个**标补语**（C）。和 Aux、Det 一样，C 属于功能范畴。下图是这种句型的结构：

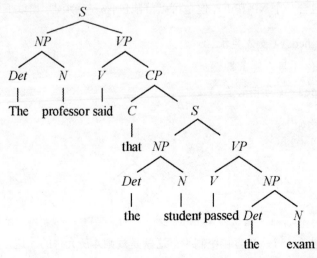

为了能够许可嵌套句，我们需要在短语结构规则中新增两条。

7. VP → V CP
8. CP → C S

CP 代表标补语短语。规则 8 规定 CP 包含一个标补语，例如 that，后面跟着一个嵌套句。其他标补语 if 和 whether 出现在如下句子中：

I don't know <u>whether</u> I should talk about this. （我不知道是不是该谈这件事。）
The teacher asked <u>if</u> the students understood the syntax lesson.
（老师问学生是不是听得懂句法课。）

这几个句子的结构和上面的句子很相似。

如下所示是我们目前为止讨论过的 PS 规则，我们之后还会再讨论其他几个规则。

1. S → NP VP
2. NP → Det N
3. VP → V NP
4. VP → V
5. VP → V PP
6. PP → P NP
7. VP → V CP
8. CP → C S

2.4 一些建立短语结构树的规约

> 任何掌握自己所说的语言的人……可以构造新的……短语，只要这些言辞与这种语言的特性相合。
>
> 米夏厄里斯　获奖论文　1769 年

人们可以将短语结构规则作为指导，构建符合语言结构限制的结构树。要建立结构树，就要遵循某些规约。S 出现在顶部，也就是树"根"之处（这种树是上下颠倒的）。另一条规约表明如何应用规则：首先，找到箭头左边为 S 的规则，然后把箭头右边的范畴放到 S 之下，如下所示：

开始着手构建之后，寻找这棵半成品结构树底端的句法范畴，找到箭头左边是这个句法范畴的规则，然后利用该规则箭头右边的范畴对结构树进行扩展。例如，我们可以使用 NP 规则扩展这棵树：

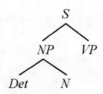

现在底端的范畴是 Det，N 和 VP，但是只有 VP 会出现在这套规则箭头的左边，所以需要使用其中一条 VP 规则进行扩展。用规则中的任何一条都可以扩展。规则在规则清单中出现的先后顺序是无关紧要的（我们刚才也可以先扩展 VP，再扩展 NP）。假设我们接下来使用规则 4，那么这个树就会长成这个样子：

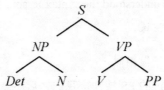

规约要求我们要继续这样扩展，直到树底端的任一范畴都不会出现在任何规则中箭头的左侧（即，任何短语范畴都必须完成扩展）。PP 必须扩展为一个 P 和一个 NP（规则 6），而 NP 要扩展为一个 Det 和一个 N。只要规则适用，一条规则需要用多少次，就用多少次。在这棵树中，我们两次使用了 NP 规则。当我们使用了所有适用的规则，树的样子就如下图所示：

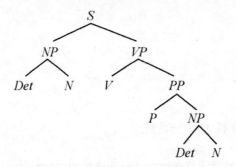

遵循规约的要求，我们生成的都是按照 PS 规则构建的树，也就是符合该语言句法的树。言外之意就是，不按照 PS 规则生成的树都是不合语法的，也就是说，不为句法所允许。在构建树的过程中，只要一条规则箭头左边的范畴出现在树的底端，就可以使用这条规则对树进行扩展。通过选择不同的 VP 规则，我们可以表明与句子相对应的不同结构，例如：

The boys left. （男孩子们离开了。VP → V）
The wind blew the kite. （风当时吹起了风筝。VP → V NP）
The senator hopes that the bill passes. （参议员希望该法案通过。VP → V CP）

因为每种语言当中可能的句子数量是无限的，因此结构树的数量也是无限的。但是，所有的结构树都是按照该语言的语法所允许的一套有限的子结构来构建的，而树的每一个子结构都是按照一套有限的短语结构规则来界定的。

2.5 语言的无限性

> 博物学家发现
> 大跳蚤身上
> 中跳蚤在咬,
> 中跳蚤身上
> 小跳蚤在咬
> 同构递归如循环
> 天道无始无终点
>
> 乔纳森·斯威夫特《论诗·狂想曲》

我们在本章的开头就讲到,一种语言的句子数量是无限的,而且语言有各种手段来构建越来越长的句子,例如增加形容词或介词短语,或者可以在一个句子内嵌套进另一个句子。即使孩子都知道如何构建并且理解非常长的句子,知道如何把句子拉得更长,正如下面这首杰克盖房子的儿歌那样:

> This is the farmer sowing the corn,
> that kept the cock that crowed in the morn,
> that waked the priest all shaven and shorn,
> that married the man all tattered and torn,
> that kissed the maiden all forlorn,
> that milked the cow with the crumpled horn,
> that tossed the dog,
> that worried the cat,
> that killed the rat,
> that ate the malt,
> that lay in the house that Jack built.

（农夫种棒子,棒子喂公鸡,公鸡早打鸣,吵醒老牧师,牧师刮胡子,主婚叫花子,花子亲小妞,小妞挤奶牛,母牛长犄角,犄角挑黄狗,黄狗追花猫,花猫吃耗子,耗子吃麦芽,麦芽堆阁楼,阁楼杰克造。）[①]

孩子在念儿歌时先从 This is the house that Jack built（这是杰克盖的房）开始,然后加长到 This is the malt that lay in the house that Jack built（这是堆在杰克盖的房里的麦芽）,然后继续加长。

你可以将下列各项添加到儿歌的开头,还是能得到合乎语法的句子:

[①] 英语原文是一个长句,汉语无法对应翻译,只能分成多个短句。——译注

I think that…（我认为……。）

What is the name of the unicorn that noticed that…

（注意到……的独角兽叫什么名字？）

Ask someone if…（问一问是不是……？）

Do you know whether…（你知道是否……？）

到这里我们尚未真正要用到短语结构规则，结构规则只是指明句法结构的一种便捷、准确的方法。但是我们只需界定语法中虽然多但是数量有限的合法的树结构，而其他的结构一律禁止使用，就可以取得相同的结果。然而，一旦我们承认句子数量是无限的，我们就需要一种形式手段来把握说话者句法知识中这个关键的方面。我们不可能再去界定每一个合法的结构，因它们的数量是无限的。

为了表明这一原理，我们看一个带多个介词短语的例句：[The girl walked [down the street] [over the hill] [through the woods] … 根据目前的规则，VP 子结构只允许一个句子中出现一个 PP（VP → V PP 一规则 5）。我们可以通过修改规则 5 而纠正这个问题：

5. VP → VP PP

这里的规则 5 不同于之前的规则，因为它重复了自己内部的范畴（VP），这就是**递归规则**的一个例子。递归规则非常重要，因为这使得语法可以生成数量无限的句子。再次使用规则 5 表明，句法是如何允许出现带多个 PP 的结构的，正如句子 The girl walked down the street with a gun toward the bank （那个女孩那时拿着一支枪沿着街道朝着银行走去）所示。

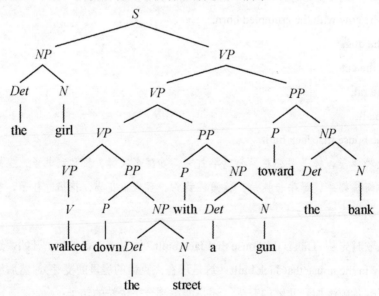

在这个结构中使用了三次 VP 规则 5，所以出现了三个 PP：[down the street]（沿着街道），[with a gun]（拿着一支枪），[toward the bank]（朝着银行）。然而我们很容易就可以看出这一规则可以用上四次、五次、六次甚至任意次数。这一点体现出这样一个知识点，也就是可以在句子的最后加上 PP，例如 for no good purpose（漫无目的地），等等。

NP 同样可以以递归的方式包含 PP。短语 the man with the telescope in a box（拿着装有望远镜的盒子的男人/在盒子里拿着望远镜的男人）就体现了这一点。

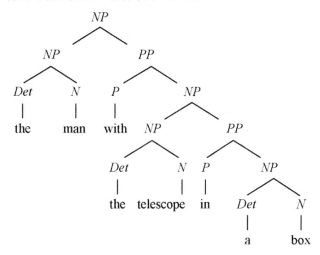

为了表明说话者可以使用这种类型的递归 NP 结构，我们需要增加以下 PS 规则，这与递归 VP 规则 5 相似。

9. NP → NP PP

PS 规则定义了语言中允许的结构，而通过定义，规则就能预测我们在制定各条规则时也许还未考虑到的结构。可以对预测结果进行检验，如果预测不成立，那么规则就必须重新界定，因为规则只界定语法允许的结构，并且界定所有这样的结构。例如，规则 7 （VP → V CP）和规则 8 （CP → C S）以及规则 1 （S → NP VP） 共同组成了递归集合（递归性是因为 S 和 VP 都可以出现在规则的左端和右端），这些规则允许 S 包含 VP，而 VP 可以包含 CP，CP 又可以包含 S，S 又可以包含 VP，这样继续下去可以无穷无尽，正如下面结构图所示。这些规则为不同的目的而制定，正确地预测语言由于句子可以嵌套在更大的句子中而带来的无限性，例如 The children hope that the teacher says that the principal decides that the school closes for the day（孩子们希望老师说校长决定今天学校不上课）。

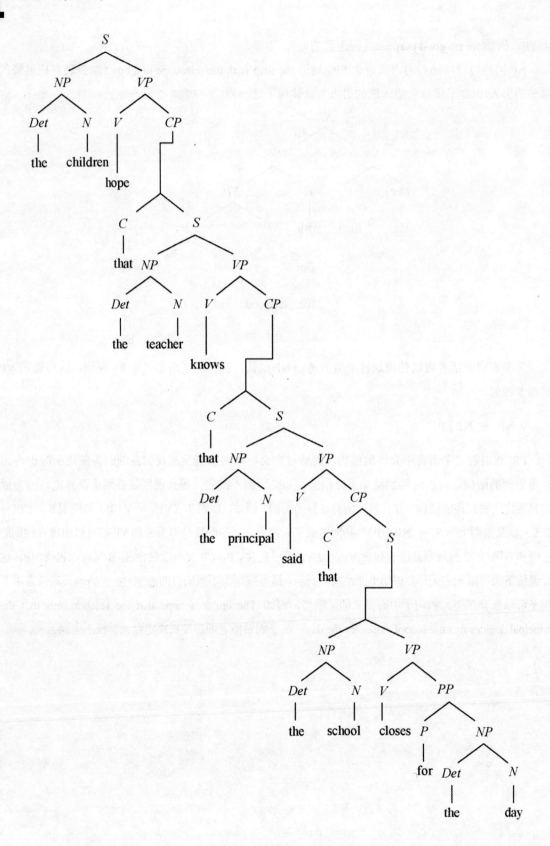

现在我们看一下本章开头的句子中带多个形容词的情形，例如句子 The kind-hearted, intelligent, handsome boy had many girlfriends（那个好心、聪明、英俊的男孩那时有很多女朋友）。在英语中，形容词出现在名词之前。首先我可以遵照目前采用的系统，引入递归 NP 规则，把形容词放在名词之前：

NP → Adj NP.

重复使用这条规则可以像所希望的那样生成带有多个形容词的树形图：

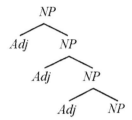

但是这样做会出错，当我们对最底端的 NP 进行扩展时就可以明显地看到这一错误。形容词可以出现在限定词之前，但这在英语 NP 中是不可能的词序。

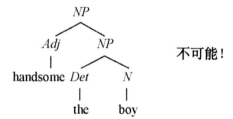

不可能！

问题在于，尽管限定词和形容词都是名词的修饰语，它们的地位不同。首先，一个 NP 所包含的限定词不能超过一个，但包含的形容词可以是多个。此外，形容词可以直接修饰名词，而限定词修饰整个"（多个）形容词＋名词"的复杂结构。短语 the big dog 指的是某一条特定的大狗，而不仅仅是可大可小的任意一条狗。一般来说，修饰关系出现在姐妹之间（我们会在第五章进一步讨论修饰关系）。如果形容词修饰名词，那么这个形容词就是这个名词的姐妹。如果限定词修饰形容词＋名词的复杂结构，那么这个限定词就是这个复杂结构的姐妹。我们可以在 NP 和 N 之间引入另一层结构来体现这种姐妹关系。我们将这层结构称为 N-杠（写作 N'）。

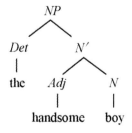

这一结构体现了我们想表达的姐妹关系，形容词 handsome（英俊的）是名词 boy（男孩）的姐妹，形容词修饰名词，而限定词是 N' handsome boy（英俊的男孩）的姐妹。我们必须修改 NP 规则

来体现这个新结构，并且为 N'增加两条规则。当然并非所有的 NP 都有形容词。第二条 N'规则就体现了这一点，在该规则中，N'仅仅统制 N。

NP → Det N'（NP → Det N 的修订版）
N' → Adj N'
N' → N

现在让我们来看一看修正后的规则如何生成带有多个（可能是无限多个）形容词的 NP。

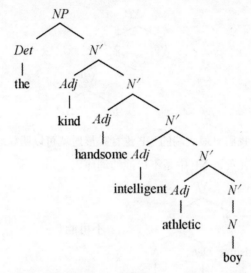

目前，我们所看到的NP都是带有一个有定限定词或无定限定词的一般性名词（例如，the cat那只猫，a boy一个男孩）但是NP也可以仅仅由代词（例如，he他，she她，we我们，they他们）或专有名词组成（例如，Robert罗伯特，California加利福尼亚，Prozac百忧解）。为了体现不带限定词的NP结构，我们需要以下规则：

NP → N'

但是还存在其他情况。还有领属性名词短语，例如 Melissa's garden（梅利莎的花园），the girl's shoes（这女孩的鞋）和 the man with the telescope's hat（拿着望远镜的那个男人的帽子）。在这些结构中，一个领属性 NP 写作 NP's，这里的撇号不应与 N-杠中的撇号相混淆。在下面的树形图中，NP's 是 N'的居左姐妹，并且修饰 N'。

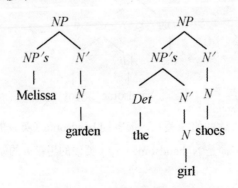

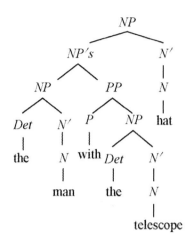

范畴内嵌套范畴，在所有语言中都是常见的。我们的脑容量是有限的，只能存储有限量的范畴和范畴组合规则。但是，这些有限量的方法让我们能掌握无限量的句子。这种语言属性同样说明了第一章所讨论的语言能力和语言运用之间的区别。所有说英语（和其他语言）的人都有一种语言能力，是其心理语法的一部分，就是把短语和句子无限地互相嵌套。然而随着结构越变越长，句子就变得越来越难以生成和理解。这可能是由于短期记忆限制、肌肉疲劳、喘不过气、厌烦和其他语言运用上的因素而造成的（我们会在第九章更加完整地讨论语言运用因素）。尽管如此，根据语法规则，这些非常长的句子也是合适的。

2.6 中心语和补足语

短语结构树同样还表现了一个句子中不同组成部分之间的关系，例如，句子的主语和直接宾语可以从结构上进行定义。主语是离树根 S 最近的，或者说由 S 直接统制的 NP。直接宾语就是离 VP 最近的，或者说由 VP 直接统制的 NP。

另一种关系就是一个短语的**中心语**及其姐妹之间的关系。短语的中心语就是其词汇范畴能够确定这个短语的类型的词，也就是名词短语中的名词，或动词短语中的动词等。回顾一下上一节提到的 PS 树，我们看到每个 VP 都包含一个动词，这就是这个短语的中心语。VP 也可能包含其他范畴，诸如 NP 或 CP，这些姐妹范畴都是**补足语**；它们使得这个短语的意义变得完整。可以宽泛地说，整个短语所指的就是这个中心语动词所表示的意义。例如，VP find a puppy 指的是 finding（找）这个事件。在 VP 中的 NP 宾语作为补足语使得 VP 变得完整。在句子 I thought <u>that the child found the puppy</u> 中加了下画线的 CP（标补语短语）同样也是补足语（请不要混淆"标补语"和"补足语"）。

因此，每一个短语范畴都有一个与其句法类型相同的中心语。NP 的中心语是名词，PP 的中心语是介词，CP 的中心语是标补语等等；每一个短语的中心语都可以有一个补足语，为这一中心语提供更多信息。在句子 The death of Lincoln shocked the nation（林肯之死震惊全国）中，of Lincoln 这一 PP 是名词中心语 death 的补足语。补足语的其他情形如下例所示，中心语用斜体表示，补足语用下画线表示：

an *argument* <u>over jelly beans</u>（关于糖豆的争论，名词补足语——PP）

his *belief* <u>that justice will prevail</u>（他认为正义必胜的信念，名词补足语——CP）

happy <u>to be here</u>（很高兴来这里，形容词补足语——不定词）

about <u>the war in Iraq</u>（关于在伊拉克的战争，介词补足语——NP）

wrote <u>a long letter to his only sister</u>（写了一封长信给他唯一的姐妹，动词补足语——NP PP）

tell <u>John that his mother is coming to dinner</u>

（告诉约翰他的母亲要来吃饭，动词补足语——NP CP）

每个例子都是一个短语（NP, AdjP, PP, VP）包含一个中心语（N, Adj, P, V），后面跟着一个结构各异的补足语，比如在 belief 一例中的 CP，或者在 write 一例中的 NP PP 等。中心语—补足语的关系是普遍的，任何语言都有这种由中心语引导的、包含补足语的短语。

但是，不同语言的中心语和补足语的顺序可能不同。例如在英语中，我们首先看到的是中心语，后面跟着补足语，而在日语中，补足语则出现在中心语前面，如下例所示：

Taro-ga	inu-o	mitsuketa	
太郎—主语标记	狗—宾语标记	找到了	（太郎找到了一条狗）
Inu-ga	niwa-de	asonde	iru
狗—主语标记	花园—在……里	玩耍	在 （狗正在花园玩耍）

在第一个句子中，补足语 inu（狗）出现在中心语动词 mitsuketa（找到了）之前。在第二个句子中，PP 补足语 niwa-de（在花园里）同样出现在中心语之前。我们注意到英语是 VO 语言，也就是指动词（V）一般出现在其宾语（O）前面。日语是 OV 语言，这一不同点也反映在中心语/补足语的词序上。

2.6.1 选择

一个动词是否带补足语取决于这个动词的属性。例如，动词 find 是**及物动词**。及物动词就需要一个 NP 补足语（直接宾语），正如例句 The boy found the ball 成立，而 *The boy found 或 *The boy found in the house 不成立。有些动词既可以是及物动词，又可以是非及物动词，比如 eat。John ate 和 John ate a sandwich 都合乎语法。

动词选择不同类型的补足语。例如，像 put 和 give 这样的动词可以同时带一个 NP 和一个 PP 作补足语，但是不能只跟着一个 NP 或一个 PP：

Sam put the milk in the refrigerator.（山姆把牛奶放进了冰箱。）

*Sam put the milk.（他放牛奶。）

Gary gave the contract to his client.（盖瑞把合同给了客户。）

*Gray gave to his client.（他给了客户。）

sleep（睡觉）是**不及物动词**，无法加上 NP 补足语。

Michael slept.（迈克尔睡觉了。）
*Michael slept a fish.（迈克尔睡了一条鱼。）

某些动词，例如 think（认为），选择句子作为补足语，例如 I think that Sam won the race（我认为山姆赢得了赛跑）。其他的动词，例如 tell（告诉），选择一个 NP 和一个句子作为补足语，例如 I told Sam that Michael was on his bicycle（我告诉山姆迈克尔骑在自行车上）；然而还有其他动词，例如 feel（觉得）或是选择一个 AdjP 或是选择一个句子作为补足语（斜体是补足语）：

They felt *strong as oxen*.（他们觉得自己体壮如牛。）
They feel *that they can win*.（他们觉得他们能赢。）

我们在下文会讨论到，作为补足语的句子通常必须跟在标补语 that 的后面。

除了动词之外，还有其他范畴同样也会对补足语进行选择。例如，名词 belief（相信，信念，信仰）选择的或是 PP 或是 CP，而名词 sympathy（同情）选择 PP 而不是 CP，如下例所示：

the belief *in freedom of speech*（对言论自由的信念）
the belief *that freedom of speech is a basic right*（相信言论自由是一种基本权利）
their sympathy *for the victims*（他们对受害者的同情）
*their sympathy *that the victims are so poor*（他们同情受害者如此可怜）

形容词也可以有补足语，例如，形容词 tired（厌倦，疲劳）和 proud（自豪）选择 PP 作为补足语：

tired *of stale sandwiches*（对不新鲜的三明治感到厌倦）
proud *of her children*（为她的孩子自豪）

对于名词选择而言，补足语经常是非强制性的，因此诸如句子 He respected their belief（他尊重他们的信仰），we appreciated their sympathy（我们感谢他们的同情），Elimelech was tired（以利米勒当时累了）和 all the mothers were proud（做母亲的都为孩子感到自豪），其句法结构都是合式的，可以根据对语境的理解补出相应的补足语，表达明确的语义。然而，动词选择补足语通常是强制性的，所以句子* He put the milk（他放牛奶）不合语法，即使语境清楚地表明了牛奶是放在哪里的。

由具体动词或者其他词汇项来选择补足语类型，这被称为 **C-选择**（C 代表 categorial "范畴的"）或是**次范畴化**，这是我们心理词库中词条的一部分内容。

动词在词条中还对这一动词的主语和补足语内在的语义属性做出说明，类似于它们对句法范畴的选择。

这种选择称为 **S-选择**（S 代表 semantic "语义的"）。例如，动词 murder 的主语和宾语应该都是人，而动词 drink 的主语应该是有生命的，而宾语是液体。像 like, hate 这样的动词要选择有生主语作为主语。下列句子违反了 S-选择规则，只能用在隐喻的情况下。（我们使用符号"！"来指出语义异常。）

!The rock murdered the man. （石头谋杀了那个男人。）

!The beer drank the student. （啤酒喝了那个学生。）

!The tree liked the boy.（这棵树喜欢那个男孩。）

本章前面讨论过的一个著名句子 Colorless green ideas sleep furiously，就是一个异常句子，其中的一个原因就是这个句子违反了 S-选择规则（例如：动词 sleep 对应的主语应是有生主语）。在第五章我们会更加详细地讨论动词及其主语、宾语之间的语义关系。

一个短语的结构是否合理至少取决于两个因素：短语是否符合在 PS 规则中讲到的语言结构限制，以及短语是否能够遵循中心语、句法（C-选择）和语义（S-选择）的要求。

2.6.2 什么是句子的中心语？

我们之前说过所有的短语都有中心语。但是我们尚未讨论的一个范畴是句子（S）。为了确保一致，我们要找出所有范畴的中心语，但是 S 的中心语是什么？要回答这个问题，我们先看一看下列句子：

Sam will kick the ball. （山姆将踢这个球。）

Sam has kicked the ball. （山姆已踢过这个球。）

Sam is kicking the ball. （山姆正在踢这个球。）

Sam may kick the ball. （山姆可能会踢这个球。）

如上所述，像 will, has, is 和 may 这样的词都是助动词，属于范畴 Aux，这一范畴还包括情态词 might, would, could, can 等词。含有这些词的结构如下图 1 所示：

1.

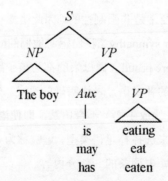

从现在开始我们将遵循一条规约，即如果一个范畴的内容对于当下的讨论并非至关重要，我们就在对应的节点下用三角形来表示。

助动词指明一个句子的时间框架，句子中描述的情况是将要发生、已经发生还是现在正在发生。像 may 这样的情态词含有"可能性"，是其意义的一部分，表明某一情况在未来的某一时间有可能发生。Aux 范畴就是充当句子 S 中心语的自然范畴。正如 VP 讲的是由动词描述的事件，例如 eat ice cream（吃冰淇淋）讲的是 eating（吃），句子讲的是在某一个时间点上发生的一个情况或事态。

这种与其他范畴的平行还有更多的表现。在图 1 中的 PS 树中，VP 是 Aux 的补足语。Aux 和 VP 之间的选择关系，就是通过特定的助动词要搭配特定类型的 VP 这一事实来体现的。例如，助动词 be 要搭配动词的进行体形式（-ing），

The boy **is** dancing.（男孩正在跳舞。）

助动词 have 选择动词过去分词（-en），

The girl **has** eaten.（女孩已经吃过了。）

而情态词则选择动词不定式（不加词缀的动词原形）

The child **must** sleep.（孩子得睡了。）

The boy **may** eat.（男孩可能会吃。）

为了采用统一的标记法，很多语言学家都用符号 **T**（= tense，时）和 **TP**（= tense phrase，时短语），而不是使用 Aux 和 S。此外，正如 NP 需要中间的 N-杠（N'）范畴，TP 同样也有中间的 T-杠（T'）范畴，正如图 2 中的短语结构树所示：

2.

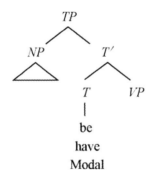

事实上，很多语言学家认为所有的 XP（即 NP, PP, VP, TP, AdjP）可以分解为三个层次，这被称作 **X-杠理论**，最基本的 X-杠图解如下：

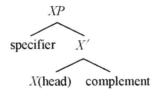

该图解说明，一个 XP 包含一个**指定语**（specifier），这本质上是一个修饰语（而且通常都是非强制性成分），还包含一个 X'。例如，一个 NP 的指定语是限定词，而一个 VP 的指定语是诸如 never 或者 often 这样的副词，一个 AdjP 的指定语是一个表示程度的词，例如 very 或 quite。任何 X'都是

由一个中心语 X 和一个补足语构成，补足语可以是短语范畴，因此这会导致出现递归。X-杠结构被认为具有普遍性，出现在全世界所有语言当中，尽管在 XP 和 X'当中各个组成部分的顺序可能相反，正如我们之前在日语中所看到的那样。

我们在描述句法的时候一般不会使用 X-杠规约，除非在某些情况下，这一标记法能够帮助我们深入理解语言的句法。对于句子我们一般使用更加直观的符号 S 和 Aux，而不是 TP 和 T，不过你应该知道，Aux 和 S 之间的关系，就如同 V 和 VP 之间以及 N 和 NP 之间的关系一样。为了采用这种更加直接的方法，我们同样不会使用 T'范畴，以后在描述主要动词 be 的句法时才会再用到 T'范畴。

在不使用 TP, T'和 T 的情况下，我们需要新增一条 PS 规则来描述包含 Aux 的结构：

VP → Aux VP

和其他递归的 VP 规则一样，这条规则也允许多个位置存在 Aux。

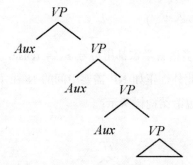

这是一种理想的结果，因为英语允许句子有多个助动词，例如：

The child may be sleeping.（孩子也许在睡觉。情态词，be）
The dog has been barking all night. （狗整夜都在叫。have, be）
The bird must have been flying home.
（鸟儿一定已经在往家飞了。情态词，have, be）

将助动词引入这一系统提出了一个问题。并不是所有的句子都有助动词。例如在句子 Sam kicked the ball 中就没有情态词、have 或 be。但是，这个句子还是有时间参照的，也就是动词 kicked 上的过去时。在没有助动词的句子中，句子的时态就是其中心语。这棵树在范畴 Aux（或 T）之下没有词，但有是"现在时"（present）或"过去时"（past）这样的时态赋值，如下图所示：

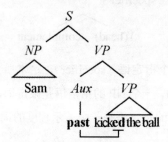

动词的屈折变化必须与 Aux 的时态相一致。例如，如果句子的时态是过去时，那么动词就必须带有-ed 后缀（否则肯定是过去式不规则的动词，比如 ate）。

英语和其他很多语言的属性就是 S 的中心语可能仅仅有一个抽象的时态赋值，不出现实际的词，如上例所示。在英语的将来时当中，will 一词出现在 Aux 中。do 一词可以承载时态，可以出现在否定句中，例如 John did not go（约翰没有去），也可以出现在疑问句中，例如 Where did John go（约翰去哪儿了），在这些句子中 did 表示"过去时"。

除了指明句子的时间参照之外，Aux 还可以指明主语的一致特征。例如，如果主语是 we，Aux 就带有第一人称复数的特征；如果主语是 he 或者 she，Aux 就有第三人称单数的特征。因此，句法规则的另一个功能，就是让 Aux 来充当主语和动词之间的"媒人"。当主语和动词都呈现同一特征时，Aux 就实现了匹配；当主语和动词的特征不相容时，Aux 就未能实现匹配，句子就不合语法。在其他语言中，句法规则的匹配功能更加明显，比如说第三章所讨论的意大利语，就有很多不同的表达一致关系的语素。看一下意为"我去上学"的意大利语句子。

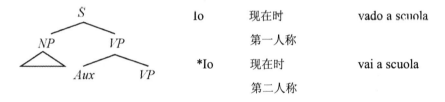

Io	现在时 第一人称	vado a scuola
*Io	现在时 第二人称	vai a scuola

出现在第一个句子中的动词 vado（去），带有表示第一人称单数的语素-o，与 Aux 中的一致特征相匹配，因此也与主语 Io（我）相匹配。因此，这个句子合乎语法。在第二个句子当中，第一人称主语和 Aux（以及动词）中的第二人称特征不匹配，所以这个句子不合语法。

2.7 结构歧义

> 每个句子的结构都是一堂逻辑课。
>
> 约翰·斯图亚特·穆勒
> 圣安德鲁大学就职演说

如前文所述，某一类歧义句的短语结构树不止一棵，每棵树都对应于不同的意义。句子 The boy saw the man with the telescope 有结构歧义。它的两个意义对应于下面两棵短语结构树（为了简洁，我们在这些结构中省略 Aux，并且回到非 X-杠的标注法）：

1.

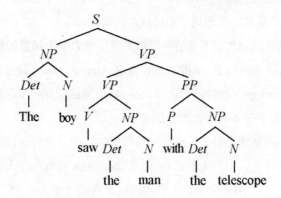

2.

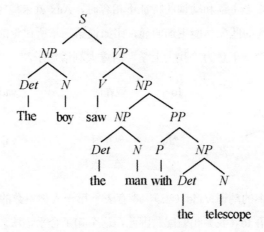

这句话的一个意义是"男孩用望远镜看到了这个男人"，第一棵短语结构树就体现了这种意义。关键就在于 PP 直接在 VP 之下这一位置。请注意尽管 PP 在 VP 之下，但它并不是一个补足语，因为短语范畴不能带补足语，而且句中动词也没有选择 PP。动词 see 只能选择 NP 为补足语。在该句中，PP 有副词功能，修饰动词。

这句话的另一个意义是"男孩看到一个拿着望远镜的男人"。PP with the telescope 出现在直接宾语 NP 之下，修饰名词 man。当第二个意义理解时，动词 see 的补足语是整个 NP——the man with the telescope。

第一个结构中的 PP 根据如下规则生成：

VP → VP PP

第二个结构中的 PP 根据如下规则生成：

NP → NP PP

这两种解读都是可能的，因为句法规则允许不同的句子结构有相同的线性词序。

以下是本章我们已经提出的 PS 规则集，序号已重新排列。

1. S → NP VP
2. NP → Det N'
3. NP → N'
4. NP → NP's N'
5. NP → NP PP
6. N' → Adj N'
7. N' → N
8. VP → V
9. VP → V NP
10. VP → V CP
11. VP → Aux VP
12. VP → VP PP
13. PP → P NP
14. CP → C S

这并不是完整的语言 PS 规则集，英语中的许多结构无法通过这些规则生成，其中一些结构我们将在后文讨论。但是即使是这套迷你短语结构语法，也能生成无限量的可能的句子，这是因为这些规则具有递归性。这些 PS 规则规定了英语的词序。我们在前文指出，各种语言在成分的线性顺序上可以各不相同。例如，在日语中宾语出现在动词前面。除了线性顺序之外，用之前给出的规则来说明的层级结构，比如 X-杠图示，基本上符合所有语言的实际情况。

2.8 更多的结构

> 正常的人脑是……不需要任何人的帮助，就能造出 1000 句他们从没有听说过的（句子）……能创造和说出从未从他们的老师或任何人口中听到过的句子。
>
> 圣胡安的胡安·瓦尔特，约 1530—1592 年

很多英语句型无法通过目前所给出的短语结构规则来做出解释，包括以下的例子：

1. The dog completely destroyed the shoe.（狗彻底毁掉了这只鞋。）
2. The cat and the dog were friends.（这只猫和这只狗是朋友。）
3. The cat is coy.（这只猫很腼腆。）

例句 1 有副词（Adv） completely（彻底地）。副词是修饰语，可以说明事件如何发生（快、慢、完全）或者何时发生（昨天、明天、经常）。作为修饰语，副词是短语（XP）范畴的姐妹。

例句 1 中的副词是 VP 的姐妹，如下图所示（我们在这个结构中不考虑 Aux）：

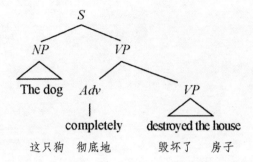

这只狗　彻底地　　毁坏了　房子

有一些副词，诸如时间副词 yesterday（昨天），today（今天），last week（上周）和状态副词 quietly（安静地），violently（暴烈地），suddenly（突然地），carefully（小心地）同样出现在 VP 的右边，如下图所示：

这只狗　毁坏了　房子　昨天

副词还可以作为 S（别忘了，S 也是一个短语范畴，即 TP）的姐妹出现。

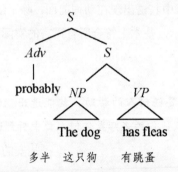

多半　这只狗　有跳蚤

现在你应该可以再写出三条能够解释这些副词位置的 PS 规则了。①

例句 2 中有**并列结构** The cat and the dog。当属于相同范畴的两个成分（在本例中是两个 NP）由一个连词（例如 and 或 or）连接起来的时候，就产生了并列结构。并列 NP 有如下结构：

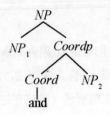

---

① 答案：S→Adv S　VP→Adv VP　VP→VP Adv（原注 1）

尽管这一结构看起来违反直觉，在并列结构中，并列关系的第二项（NP_2）和连词 and 组成了一个成分。我们可以进行"作为一个单位移动"的成分测试说明这一点。在例句 5 中，把 and a CD 这几个词移动到句子末尾，但是在例句 6 中成分割裂，导致句子不合语法。

4. Caley bought a book and a CD yesterday.（卡利昨天买了一本书和一张 CD。）

5. Caley bought a book yesterday and a CD.（卡利昨天买了一本书和一张 CD。）

6. *Carley bought a book and yesterday a CD.

我们再次鼓励你写出两条能够生成这个结构的 PS 规则。①

你同样可以为其他类型的并列结构（例如 VP 或 PP 的并列结构）构建结构树，它们遵循同样的模式。

Michael writes poetry and surfs.（迈克尔既写诗也冲浪。VP 和 VP）

Sam rode his bicycle to school and to the pool.（山姆上学和去游泳池都骑自行车。PP 和 PP）

例句 3 有主要动词 be，后面跟着一个形容词。be 句的结构最好使用 T'标注法来说明。主要动词 be 的用法和情态词以及助动词 be 和 have 相似。例如，在问句中 be 可以移动到句子的开头(Is the cat coy?这只猫腼腆吗？)。因此我们假设主要动词 be 出现在 T 之下，并且以 XP 为补足语。XP 可能是 AdjP，如以下例句 3 的树结构所示：

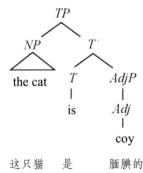

XP 也可能是 NP，如 The cat is a feline（猫是一种猫科动物）所示；XP 还可能是 PP，如 The cat is in the tree（猫在树上）所示。

和之前一样，我们会将此作为给你布置的练习题，由你来为这些句型构建 PS 规则，并画出这些规则生成的树结构②（你可以试图画出这些树结构，它们应该和上图很相似）。

除了我们讨论过的，还有其他形式的嵌套句，例如：

Hilary is waiting for you to sing（希拉里在等你唱歌。参见：You sing. 你唱歌。）

The host wants the president to leave early.（主人要总统早点走。参见：The president leaves early. 总统走得早。）

---

① 答案：NP→NP CoordP, CoordP →Coord NP（原注 2）
② 答案：TP→NP T', T'→T XP (where XP=AdjP, PP, NP)（原注 3）

The host believes the president to be punctual.（主人相信总统是守时的。参见：The president is punctual. 总统是守时的。）

尽管这些不同嵌套句的详细结构超出了本书的讨论范围，你仍然应该注意到一个嵌套句可能是一个**不定式**。不定式句子没有时态。嵌套句 for you to sing, the president to leave early，和 the president to be punctual 都是不定式。want 和 believe 这样的动词可以把一个不定式作为补足语。和其他选择属性一样，这一信息也属于选择其他成分的动词（即在树形图中位置较高的动词）的词条。

3. 句子关联性

我把词写下来，再推它们一把。

伊芙琳·沃

我们句法能力的另一个方面就是我们知道某些句子是相关联的，例如下面这对句子：

The boy is sleeping.（男孩正在睡觉。）
Is the boy sleeping?（男孩在睡觉吗？）

这些句子描述相同的情景，在此意义上它们相关联。前一个句子断言存在着"男孩在睡觉"这样一种特定的情景。这样的句子被称作**陈述句**。后一个句子被称作**是非问句**。这两个句子意义的唯一实质区别，就是一个句子断言存在某一情景，而另一个句子要求对某一情景进行确认。这个语义要素是通过不同的词序来表示的。因此这一对句子表明，两个句子可能有系统地对应于语义差异的结构性差异。这一语言事实是语法必须说明的。

3.1 转换规则

方法完全在于对我们应当关注之事的合理排列和配置。

勒内·笛卡尔《文集》第十卷

短语结构规则解释大部分的句法知识，但是无法解释语言中某些句型之间具有的系统关联性。描述这种关系的标准方法，就是说明这些相关联的句子有共同的底层结构。是非问句就是这样一个例子，而这又让我们回到对助动词的讨论。助动词对于构建英语中的是非问句和某些其他句型非常关键。在是非问句中，助动词出现在主语之前的位置。以下是更多的例子：

The boy is sleeping.	Is the boy sleeping?
The boy has slept.（男孩已经睡过了。）	Has the boy slept?（男孩已经睡过了吗？）
The boy can sleep.（男孩可以睡了。）	Can the boy sleep?（男孩可以睡了吗？）
The boy will sleep.（男孩要睡了。）	Will the boy sleep?（男孩要睡了吗？）

把握陈述句和是非问句之间关系的一个方法，就是要允许 PS 规则生成一个与陈述句相对应的

结构。然后，另一个称为**转换规则**的形式手段把助动词移位到主语之前。"移位 Aux"规则可表述如下：

把位置最高的 Aux 移位并与（树根）S 附接。

换言之，"移位 Aux"适用于以下这样的结构：

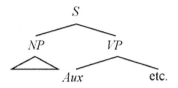

移位后给出的结构如下：

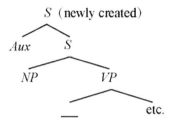

例如：

The boy is sleeping → Is the boy ____ sleeping

这一规则利用由短语结构规则生成的基本的（NP-Aux）结构，推导出第二棵树（横线代表在这个位置上的成分被移出）。Aux 通过**附接**被连接到树上。附接指的是一种句法操作，即复制现有节点（在本例中就是节点 S），创建一个新的层次，并把移出的范畴（在本例中就是 Aux）附加到这个层次上。

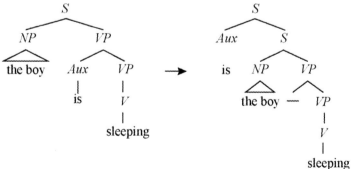

由此可通过以下两个步骤生成问句：

1. 短语结构规则生成一个基本结构。
2. 使用助动词移动规则导出新结构。

句子的基本结构（又称**深层结构**或 **d-结构**）遵循短语结构规则。基于基本句子结构的变体可以通过转换派生出来。通过两个步骤生成问句之后，我们就可以宣布问句及其相关陈述句之间存在一种关系。我们从直觉上知道这样的句子是相关联的。而转换规则以形式化的方式体现了这一知识。

派生结构——通过应用转换规则生成的结构——称为**表层结构**或 **s-结构**。语言的音系规则——决定发音的规则——适用于 s-结构。如果无法进行转换，那么 d-结构和 s-结构相同。如果进行转换，那么 s-结构就是所有的转换完成之后得出的结果。很大一部分无法用短语结构规则描述的句法知识可以用转换来解释。转换可以通过移动、增加和删除树的组成部分而改变短语结构树。

其他通过转换相关联的句型还有：

主动—被动

  The cat chased the mouse. → The mouse was chased by the cat.

  （猫追老鼠。→老鼠被猫追。）

there 句

  There was a man on the roof. → A man was on the roof.

  （当时有一个人在屋顶上。 → 当时一个人在屋顶上。）

PP 前置

  The astronomer saw the quasar with the telescope. → With the telescope, the astronomer saw the quasar.

  （那个天文学家用望远镜看见了那个类星体。 → 通过望远镜，那个天文学家看见了那个类星体。）

3.2 结构依赖规则

转换是对结构进行转换，无须考虑句子具体有哪些词。转换是**结构依赖**的。只要 PP 是由 VP 直接统制的，PP 前置的转换规则就可以移动 PP，例如：In the house, the puppy found the ball（在房子里，小狗找到了球）；或者 With the telescope, the boy saw the man（通过望远镜，男孩看到了那个男人）；等等。

转换结构依赖的证据，就是句子 With a telescope, the boy saw the man 没有歧义。它只有一个意义——"男孩用望远镜看到那个男人"。这个意义对应于 2.7 小节的短语结构 1。在这个结构中，PP 直接由 VP 统制。在与另外一个意义"男孩子看到一个拿着望远镜的男子"相应的结构中，正如 2.7 小节的短语结构 2 所示，PP 由 NP 统制。PP 前置的转换适用于 VP-PP 的结构，不适用于 NP-PP 结构。

另一条规则允许出现在嵌套句之前的标补语被省略，但是处于主语位置的句子之前的标补语不能省略，如以下句子对所示：

  I know that you know. I know you know.（我知道你知道。）

  That you know bothers me. *You know bothers me.（你知道这件事，这让我不安。）

这进一步表明规则是结构依赖的。

一致规则也是结构依赖的。在许多语言（包括英语）中，动词必须与主语保持一致。当主语是第三人称单数时，动词后面要加上 s。

This guy seems kind of cute.（这个男人看上去挺可爱。）
These guys seem kind of cute.（这些男人看上去挺可爱。）

现在考虑下列句子：

The *guy* we met at the party next door seems kind of cute.
（那个我们在隔壁邻居家的聚会上遇到的男人看上去挺可爱。）
The *guys* we met at the party next door seem kind of cute.
（那些我们在隔壁邻居家的聚会上遇到的男人看上去挺可爱。）

动词 seem 必须与主语 guy 或 guys 相一致。尽管在名词中心语和动词之间有多个词，动词总是与名词中心语相一致。此外，中间可以插入多少个词，或是这些词是单数还是复数，都没有限制，如下句所示：

The guys (guy) we met at the party next door that lasted until 3 A.M. and was finally broken up by the cops who were called by the neighbors seem (seems) kind of cute.

（那些[个]我们那次一直玩到凌晨 3 点、最后被邻居叫来的警察制止、在隔壁邻居家的聚会上遇到的男人看上去挺可爱。）

这个句子的短语结构树解释了语言能力的这个方面：

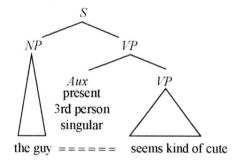

在这棵树中，"======"代表原则上可以无限长、非常复杂的插入结构。但是说英语的人都知道一致关系依赖于句子的结构，而不是线性的词序。一致关系存在于主语和主要动词之间，其中主语在结构上被定义为直接由 S 统制的 NP。一致关系通过 Aux 来协调，Aux 有时态和一致特征，并与主语和动词相匹配。就一致规则而言，其他句子材料可以不予考虑，尽管在实际的运用中如果主语和动词的间距过大，说话者可能会忘了名词中心语是什么。

最后表明结构依存性的一个例子就是之前讨论过的陈述－疑问句对。看一看下面的一对句子：

The boy who is sleeping was dreaming. （正在睡觉的男孩在做梦。）
Was the boy who is sleeping dreaming? （正在睡觉的男孩在做梦吗？）
*Is the boy who sleeping was dreaming?
The boy who can sleep will dream. （可以睡觉的男孩会做梦。）
Will the boy who can sleep dream? （可以睡觉的男孩会做梦吗？）
*Can the boy who sleep will dream?

不合语法的句子表明，要构建一个问句，就要移动位置最高的 S 的 Aux，也就是说把跟在整个第一个 NP 之后的 Aux 移位到主语之前，而不是移动句子中出现的第一个助动词。我们可以通过如下简化的短语结构树明白这一点。一共有两个助动词，一个出现在主语关系小句中，一个出现在主句中。规则能影响的是出现在位置较高的主句中的助动词。

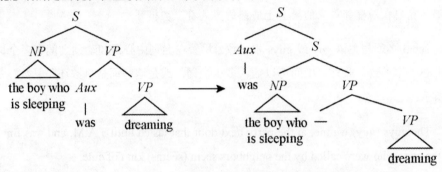

如果规则挑选移动第一个 Aux，那么我们就会得出不合语法的句子 Is the boy who ___ sleeping was dreaming。为了派生出正确的 s-结构，诸如移动 Aux 这样的转换应该参照句子结构，而不是句子成分的线性顺序。

结构依存性是普遍语法原则，所有的语言都存在这种特性。例如，在具有主语-动词一致的语言当中，结构依存性是在动词和名词中心语之间，而不是在动词和其他名词（如离得最近的名词）之间。如下面的意大利语、德语、斯瓦希里语和英语句子所示（与第三人称单数一致的语素标黑体，语素与标有双下画线的名词中心语相关联，而不与标有单下画线的名词相关联，尽管后者离主要动词最近）：

La <u>madre</u> con tanti <u>figli</u> lavor**a** molto.
Die <u>Mutter</u> mit den vielen <u>Kindern</u> arbeite**t** viel.
<u>Mama</u> anao <u>watoto</u> wengi **a**najitahidi.
The <u>mother</u> with many <u>children</u> work**s** a lot.
（子女多的母亲要干很多活儿。）

3.3 句法依存关系

句子是根据两个基本原则组织的：成分结构和句法依存关系。正如我们说过，成分结构指的是一个句子各个部分的层级结构。第二个重要的属性就是句子各成分的依存关系。换言之，也就是一个具体的词或语素的存在依赖于句子中其他词或语素的存在。我们已经看过至少两个句法依存关系的例子。补足语选择就是一种依存关系，句子中是否有直接宾语，取决于动词是及物的还是不及物的。更一般地说，补足语取决于所在短语的中心语的属性。一致关系是另一种依存关系，Aux（和动词）的特性必须与主语的特性相匹配。

3.3.1 Wh 疑问句

Whom are you?[①] 他问道，因为他可是念过夜校的。

乔治·艾德《砰！砰！钢盒》

下列 **Wh 疑问句**体现了另一种依存关系：

1. （a） What will Max chase?（麦克斯会追什么？）
   （b） Where has Pete put his bone?（皮特把骨头放在哪里了？）
   （c） Which dog do you think loves balls?（你认为哪条狗喜欢玩球？）

这几句话有几个有趣之处。首先，句子 1（a）中的动词 chase 是及物的，但是后面却没有跟着直接宾语。在直接宾语应该出现的位置上没有词。句子 1（b）中的动词 put 理应选择一个直接宾语和介词短语作补足语，但是在 his bone 后面并没有跟着 PP。最后，在句子 1（c）中的嵌套动词 loves 带有第三人称的语素-s，但是却不存在一个明显的主语需要实现这样的一致关系。如果我们移除 wh 短语，那么剩下的句子就不合语法。

2. （a） *will Max chase_____?
   （b） * has Pete put his bone_____?
   （c） * dog do you think_____loves balls?

例 2 带有空白的句子是否合乎语法，取决于在句子的开头是否有 wh 短语。例 1 合乎语法，是因为 wh 短语在（a）中充当宾语，在（b）中充当介词短语，在（c）中充当嵌套主语。

如果我们假设，在与每个例句相对应的陈述结构中，wh 短语原先的位置就在句子的空白处，那么我们就可以解释 wh 短语和缺失的成分之间的依存关系。

3. （a） Max will chase *what*?
   （b） Pete has put his bone *where*?
   （c） You think (that) *which* dog loves balls?

然后，根据转换规则"移动 wh"，wh 短语被移到句子的开头。因为我们知道嵌套的 wh 短语（例如 *I wonder* who Mary likes 我想知道玛丽喜欢谁）是标补语短语（CPs），我们可以推导出主句问句（Who does Mary like）也是 CP，如下：

---

① 英语中问"你是谁"一般说 Who are you，这是讽刺学了语法反而不会说话了。——译注

然后可以把 wh 短语移动到句子的左边，也就是空缺的标补语（Comp）位置。

因此，可以通过如下三个步骤生成 wh 问句。

  1. 短语结构规则生成 CP 的 d-结构，wh 短语在 S 内处于 NP 的位置：例句（3a）中的直接宾语、例句（3b）中的介词宾语和例句（3c）中的主语。

  2. "移动 Aux"规则移动助动词，附接到与 S 相邻的位置。

  3. "移动 wh"规则将 wh 短语移动到 Comp 的位置。

下面的树形图表现了句子 What will Max chase? 的 d-结构。

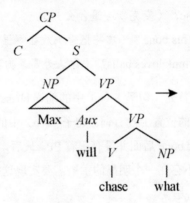

这句话的 s-结构如下所示：

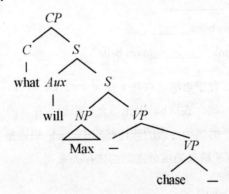

在问句 1（c）中有助动词 do。和其他助动词（例如：can, have, be）不一样，do 并不是问句 d-结构的一部分，问句"Which dog did Michael feed（迈克尔喂了哪条狗）？"的 d-结构是"Michael fed which dog？"因为"移动 Aux"规则是结构依赖的（和所有规则一样），而不考虑范畴的内容。因此，即使当 Aux 只有时态特征（如过去时），该规则仍会移动 Aux。在这种情况下，另外一种转换规则，即"do 支持"规则，会在结构中插入 do 来标明时态：

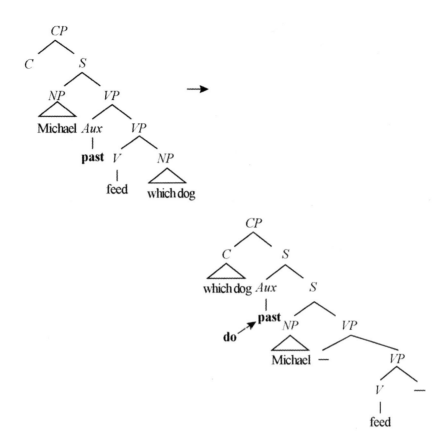

第一棵树是 d-结构，适用 Aux 和 wh 短语移动规则。第二棵树展示了上述转换和插入 do 后的结果。do 结合了过去时，生成 did。

我们之前看到的规则都是在短语或小句内发挥作用，但和这些规则不同的是，"移动 wh"可以将 wh 短语移动到所在小句之外。对于 wh 短语可以移动多远没有限制，正如下列句子所示。破折号标明 wh 短语移出之前的位置。

Who did Helen say the senator wanted to hire _____?
（海伦说过参议员曾经想要雇佣的是谁？）
Who did Helen say the senator wanted the congressional representative to try to hire _____?
（海伦说过参议员曾经想要众议员尽量雇佣的是谁？）
Who did Helen say the senator wanted the congressional representative to try to convince the Speaker of the House to get the Vice President to hire _____?
（海伦说过参议员曾经想要众议员尽量说服众议院议长让副总统雇佣的是谁？）

wh 短语移动造成的长距离依存关系是人类语言最基本的部分。这进一步表明了句子不仅仅只是词的串接，还要短语结构树搭建起繁复的脚手架作为支撑。这些树表明了一个句子的底层结构及其与该语言中其他句子之间的关系，同时还总是能够反映你的句法知识。

4. UG 原则和参数

> 每当德国文人潜入句子的海洋之中，你要一直等到他从大西洋的彼岸露出头来，嘴里衔着他那个动词时才能再见到他。
>
> 马克·吐温《一个康州美国人在亚瑟王朝》

本章我们主要关注的是英语句法，但我们所描述的大部分英语语法结构也适用于其他语言，这是因为普遍语法（UG）为所有的人类语言提供了基本的设计。而各个语言只是这一基本设计的变异而已。想象要造一座新的房子，所有的房子都有相同的楼面平面图，但是用户要做出一些选择。他们可以铺地毯或硬木地板，挂窗帘或者百叶窗，他们可以选择自己的厨房橱柜和台面，还有浴室瓷砖等。运用句法多多少少就像是造房子。各类语言都符合基本设计，不过还是存在不同的选择和变异。

所有语言都存在短语结构规则，规定允许哪些 d-结构。所有语言的短语都由中心语和补足语组成，句子都以 Aux（或 T）为中心语，Aux（或 T）指的是有关时态、一致关系和情态有关的信息。然而，在不同语言的短语和句子内，词序可能不同。正如之前讨论过的，英语和日语词序不同，这表明语言的一般属性和具体属性之间的互动关系。UG 规定了一个短语的结构，短语必须有一个中心语，可能会有一个或多个补足语类型（前面讨论过的 X-杠图示）。然而，每种语言都会定义自己的成分相对顺序：英语是中心语先于补足语，日语则是补足语先于中心语。我们把这种变化称为**参数**。

所有的语言似乎都有移位规则。"移动 Aux"是存在于各种语言中更为普遍的规则之一。例如在荷兰语中，如果存在助动词，那么助动词是可以移动的，如例句 1 所示，如果不存在助动词，就移动主要动词，如例句 2 所示：

1. Zal Femke fietsen?
   Will Femke bicycle ride　　（冯柯会骑自行车去吗？）
2. Leest Meindert veel boeken?
   Reads Meindert many books　（梅恩德特读书很多吗？）

在英语中，除了 be 之外的主要动词并不移动。但是，英语中有"do 支持"规则，能够标明时态和一致特征。询问关于 who（何人），when（何时），where （何地），what（什么）和 how（怎样）的信息，所有语言都有自己的表达方式。即使一个问句并不总是以 wh 开头，我们也把这样的问句称为 wh 问句。在一些语言中，例如日语和斯瓦希里语，wh 短语通常不能移动，仍然保留在原先 d-结构中的位置。在日语中，句子会标出疑问语素 no：

Taro-ga　nani-o　mitsuketa-no?　（太郎找到了什么？）
太郎　　什么　　找到

回想一下日语的词序是 SOV，所以 wh 短语 nani（什么）是宾语，出现在动词之前。斯瓦希里语当中的 wh 短语也是 nani，这纯粹是巧合，这个短语也保留在原先的位置上：

Ulipatia   nani   kitabu　（你给了谁一本书？）
你给了   谁   一本书

然而，在所有 wh 短语可移动的语言中（例如：移动疑问短语），被移动的句子成分会放置到标补语位置。被移动短语的"落点"是由 UG 决定的。在所有 wh 短语可移动的语言中，会出现一些变化。在罗曼语中，如意大利语，wh 短语的移动和英语一样，但是如果 wh 短语询问的是介词宾语，那么介词就必须和 wh 短语一起移动。相比之下，在英语中，介词可以被"悬置"（即，可以留在原来的位置上）：

A chi hai dato il libro?
To whom (did) you give the book?（你把这本书给了谁？）
*Chi hai dato il libro a?
Who(m) did you give the book to?

在德国的一些方言中，wh 短语的长距离移动会导致一长串的 wh 短语出现在嵌套句内的标补语位置上：

Mit   wem   glaubst   du   mit   wem   Hans   spricht?
With   whom   think   you   with   whom   Hans   talks
（Whom do you think Hans talks to? 你认为汉斯和他说话的是谁？）
Wen   willst   du   wen   Hans   anruft?
Whom   want   you   whom   Hans   call
（Whom do you want Hans to call? 你要汉斯给谁打电话？）

在捷克语中，疑问短语 how much（多少）可以移动，而把该短语修饰的 NP 留在原处：

Jak   velké   Václav   koupil   auto?
How   big   Václav   bought   car
（How big a car did Václav buy? 瓦尔克拉夫买了多大的一辆车？）

尽管有上述种种变异，wh 短语的移动总要受一定的限制。尽管 wh 短语，如 what, who, which boy 等，可以插入到任何 NP 位置，并且从原则上来说，可以自由移动到标补语位置上，但是也有一些具体的例子不允许移动 wh 短语。例如，wh 短语无法移出一个关系小句，如 ...the senator that wanted to hire who（想要雇佣谁的那个参议员）中 who 无法移出，如例句 1（b）所示。wh 短语也无法从以 whether 或 if（都指"是否"）开头的小句中移出，如例句 2（c）和 2（d）所示（提醒：wh 短语从中移出的位置会标上____。）

1. （a） Emily paid a visit to the senator that wants to hire who?
   （艾米莉拜访了想要雇佣谁的那个参议员？）

   （b）* Who did Emily pay a visit to the senator that wants to hire __?

2. （a） Miss Marple asked Sherlock whether Poirot had solved the crime.
   （马普尔小姐问了福尔摩斯波洛是不是破了案。）

   （b） Who did Miss Marple ask__ whether Poirot had solved the crime?
   （马普尔小姐问了谁波洛是不是破了案？）

   （c） *Who did Miss Marple ask Sherlock whether __ had solved the crime?
   （马普尔小姐问了福尔摩斯谁是不是破了案？）

   （d） * What did Miss Marple ask Sherlock whether Poirot had solved __?
   （马普尔小姐问了福尔摩斯波洛是不是破了什么？）

例句 2（b）合乎语法，2（c）和 2（d）不合语法，这两类句子之间唯一的区别，在于在例 2（b）中，wh 短语来自层级更高的小句，而在例 2（c）和 2（d）中，wh 短语来自 whether 小句内部。这说明移动受到的限制取决于句子的结构，而不是长度。

有些句子非常短但还是不允许 wh 短语移动：

3. （a）Sam Spade insulted the fat man's henchman.
   （山姆·斯贝德侮辱了胖子的打手。）

   （b）Who did Sam Spade insult?（山姆·斯贝德侮辱了谁？）

   （c）Whose henchman did Sam Spade insult?（山姆·斯贝德侮辱了谁的打手？）

   （d）*Whose did Sam Spade insult henchman?

4. （a）John ate bologna and cheese.（约翰吃了香肠和奶酪。）

   （b）John ate bologna with cheese.（约翰就着奶酪吃了香肠。）

   （c）*What did John eat bologna and?（约翰吃了香肠和什么？）

   （d）What did John eat bologna with?（约翰就着什么吃了香肠？）

例句 3 表明 wh 短语不能从领属性 NP 内部提取出来。在例句 3（b）中，可以就整个直接宾语提问。在例句 3（c）中，只要移动整个 wh 短语，甚至可以就领属性 NP 的一部分提问。但是例句 3（d）表明，把 wh 短语从领属性 NP 中移出是非法的。

例句 4（a）是一个并列结构，和例句 4（b）的意义大致相同。在例句 4（c）中，把 wh 短语从并列结构中移出导致出现句子不合语法，而在句子 4（d）中，可以把 wh 短语从 PP 中移出。句子 4（c）不合语法是与其结构有关，与意义无关。

对于 wh 短语移动的限制并非英语所特有。这样的限制在 wh 短语可以移动的所有语言中都起作用。正如结构依存原则和决定短语如何构成的那些原则一样，wh 短语移动限制是 UG 的一部分。语法的这些方面是不需要学习的。语言的这套蓝图是儿童在完成语言习得这一任务时带来的天生知识。儿童必须学习的是某一语言特有的语法知识。当出现变异参数时，儿童必须对自己的语言做出正确的选择。日本儿童必须确定在 VP 中动词出现在宾语之后。而说英语的儿童则使用 VO 词序。说荷兰语的儿童习得的一条规则是动词要移位，而说英语的儿童则必须将自己的移位规则限于助动词。意大利、英国和捷克的儿童学到的是造一个问句要移动 wh 短语，而说日语和斯瓦希里语的儿童则确信不能移位。据我们所知，儿童可以很快地修正这些参数。我们会在第八章中更加详细地讨论儿童是如何做到这一点的。

5. 手语句法

如果说所有语言和英语句法规则的细节不尽相同，那么它们的类型还是相似的，这一点手语也不例外。手语有给出层级结构和成分顺序的短语结构规则。手语者通过手势的顺序区别 The dog chased the cat（狗追猫）和 The cat chased the dog（猫追狗）。美国手语（ASL）的基本词序是 SVO，但是和英语不同的是，在 ASL 中形容词跟在名词中心语后面。

ASL 有 Aux 范畴，用来表明诸如时态、一致关系和情态等概念。在泰语中，要表明一个动作是连续的，助动词 kamlang 就要插到动词的前面。因此，kin 的意义是"吃"，而 kamlang kin 的意义就是"正在吃"。在英语中，则要插入 be 的一个形式，并且把主要动词变为 -ing 形式。在 ASL 中，打一个动词（比如"吃"）的手势，可能要通过大幅度的重复移动来实现相同的效果。这种大幅度的重复动作就是一种助动词。

许多语言，包括英语在内，都可以做把直接宾语移位到句首的转换，以便引起更多的注意，例如：

Many greyhounds, my wife has rescued.（很多灵缇犬，我妻子救过。）

这种转换被称作**话题化**，因为吸引注意力的宾语通常都是句子或对话的话题（这句话底层的 d-结构是 My wife has rescued many greyhounds 我妻子救过很多灵缇犬）。

在 ASL 中，对手势进行类似的重新排序，就要皱眉头或是向上抬头来实现相同的效果。手语者的头部动作和面部表情起到特殊词序标记的作用，很像英语的语调，或是其他语言添加前缀或后缀的功能。

类似于上节所说的 wh 短语移动所受的限制，话题化也有限制。在英语中，下列词串是不合语法的：

*Henchman, Sam Spade insulted the fat man's.

（打手，山姆·斯贝德侮辱了胖子的。）

*This film, John asked Mary whether she liked.

（这部电影，约翰问玛丽她是不是喜欢。）

*Cheese, John ate bologna and for lunch. （奶酪，约翰吃香肠和当午饭。）

与如下合乎语法的句子进行比较：

The fat man's henchman, Sam Spade insulted. （胖子的打手，山姆·斯贝德侮辱了。）
This film, John asked Mary to see with her.
（这部电影，约翰请玛丽和他一起去看①。）
Bologna and cheese, John ate for lunch. （香肠和奶酪，约翰吃了当午饭。）

手语表现出类似的限制。和口语一样，手势顺序打成*Henchman, Sam Spade insulted the fat man's 或其他标星号的例句，在 ASL 中也是不合语法的。

ASL 有 wh 短语。ASL 中的 wh 短语可以移位，也可以像日语和斯瓦希里语那样留在 d-结构的位置上。"Who did bill see yesterday?" 和 "Bill saw who yesterday?" 的 ASL 对等句均合乎语法（两句话的意思都是"比尔昨天见到了谁？"）在话题化句子中，wh 问句都伴有非手势的标记。对于问句而言，这种标记可以是皱眉的面部表情或者头向后仰。

ASL 和其他手语表明语言的普遍属性和具体属性之间的互动关系，这和口语是一样的。手语规则也是结构依赖的，而且正如之前所示，移位规则也以多种方式受限。其他方面则是手语所特有的，比如说，面部表情是手语语法，但不是口语语法的构成部分。UG 的原则和参数在口语和手语两种模态中都成立，这一事实表明人脑的设计是能够学习并且使用语言，而不仅仅只是言语。

6. 小结

说某一语言的人可以识别自己语言中合乎语法的句子，并且知道如何对句子中的词进行排序和组合来传达某一意义。所有的说话者都可以构建并理解之前从未听过说过的无限量的新句子。他们还会识别歧义，知道什么时候不同的句子意义相同，并且能够正确地觉察句子中的语法关系。诸如**主语**和**直接宾语**。这种知识来自于他们有关**句法规则**的知识。

句子中有可以用**短语结构树**来表示的结构，而短语结构树则有**句法范畴**。短语结构树体现了说话者对句子的心理表征。有歧义的句子可能有一棵以上的短语结构树。

短语结构树揭示了词的线性顺序和每个句法范畴的成分组构。有不同类型的句法范畴：**短语范畴**，如名词短语（NP）和动词短语（VP），是由其他句法范畴构成的；**词汇范畴**，如名词和动词；**功能范畴**，诸如限定词（Det）、助动词（Aux）和标补语（Comp），不可再分解，而且通常对应于单个词。短语范畴的内部结构有普遍性，包括一个**中心语**和中心语的**补足语**。在短语中构成成分的特定顺序是由每种语言的**短语结构规则**（PS 规则）所规定的。NP, VP 等以名词、动词等作为中心语。句子（S 或 TP）是以 Aux（或 T）作为中心语，用以标明时态、一致关系和情态等信息。

语法就是指对心理语法或者说话者的语言能力的明确的形式化表述。短语结构规则描绘语言的基本短语结构树，也就是 **d-结构**。

---

① 原文是 with her（和她），应改为 with him（和他）。——译注

某些 PS 规则允许相同的句法范畴在一个短语结构树中重复出现，比如一个句子嵌套在另一个句子当中。这些规则是**递归的**，反映说话者有能力产出无数长度不限的句子。

词库指的是说话者对于他们语言的词汇的知识。这种知识包括词的句法范畴和哪些成分可以放在一起，也就是 **c-选择**或者**次范畴化**。词库还包括语义信息，比如哪些 NP 可以作语义上讲得通的主语和宾语，即 **s-选择**。

转换规则解释句子之间的关系，比如陈述和疑问句对，包括 wh 问句。转换可以移动句子的成分，或者在句子中插入类似 do 这样的功能词。句子的大部分意义是通过 d-结构来解读的。应用转换规则的结果是句子的 **s-结构**，语言的音系规则适用于该结构。

语言的基本设计具有普遍性。普遍语法规定句法规则是**结构依赖**的，而且移动规则可能无法将短语从某些结构中移出，比如并列结构。这些限制因素在所有的语言中都存在，包括口语和手语，而且不需要学习。UG 还包括变异参数，比如中心语和补足语的顺序以及移位规则的变异。习得某一语言的儿童必须确定该语言的 UG 参数。

7. 进阶书目

Baker, M. C. 2001. *The Atoms of Language: The Mind's Hidden Rules of Grammar*. New York: Basic Books.

Chomsky, N. 1995. *The Minimalist Program*. Cambridge, MA: MIT Press.

_____. 1972. *Language and Mind*, rev. (ed.). New York: Harcourt Brace Jovanovich.

_____. 1965. *Aspects of the Theory of Syntax*. Cambridge, MA: MIT Press.

Haegeman, L. 1991. *Introduction to Government and Binding Theory*. Oxford, England: Basil Blackwell.

Jackendoff, R. S. 1994. *Patterns in the Mind: Language and Human Nature*. New York: Basic Books.

Pinker, S. 1999. *Words and Rules: The Ingredients of Language*. New York: HarperCollins.

Radford, A. 1997. *Syntax: A Minimalist Introduction*. New York: Cambridge University Press.

8. 练习

1. 除了辨别合乎语法和不合语法的句子之外，句法规则还阐明了其他类型的语言知识，例如：
   a. 一个句子什么时候出现结构歧义。（参见：The boy saw the man with a telescope）
   b. 两个结构不同的句子什么时候意义相同。（参见：The father wept silently 和 The father silently wept）
   c. 两个句子之间形式和意义上的系统关系，比如陈述句和对应的疑问句。（参见：The boy can sleep 和 Can the boy sleep）

利用你掌握的英语语言知识，举例说明上述各类情况（请用本章没有出现过的例子）。说明为什么你的例子能说明这些问题。如果除了英语之外你还懂其他语言，如果有可能的话，请举一些这种语言的例子。

2. 请看下列句子：

a. I hate war.

b. You know that I hate war.

c. He knows that you know that I hate war.

A. 再写一个句子，其中要包含句子 c。

B. 这组句子揭示了语言的哪种本质？

C. 人类语言的这种特征与语言能力和语言运用之间的差异有什么关系？（提示：复习第一章讲的这两个概念。）

3. 从两个方面解释下列句子，以表明你已经理解其中的歧义。

例如：Smoking grass can be nauseating.（把叶子当烟抽会令人作呕。）

      i. 把叶子放在烟斗里吸会让你感到恶心。

     ii. 叶子燃烧冒烟会让你感到恶心。

a. Dick finally decided on the boat.

b. The professor's appointment was shocking.

c. The design has big squares and circles.

d. That sheepdog is too hairy to eat.

e. Could this be the invisible man's hair tonic?

f. The governor is a dirty street fighter.

g. I cannot recommend him too highly.

h. Terry loves his wife and so do I.

i. They said she would go yesterday.

j. No smoking section available.

4. 画出两个短语结构树形图来表示句子 The magician touched the child with wand 的两个意义。写出哪个意义与哪个树形图相对应。

5. 画出下列句子中斜体 NP 的子树形图：

a. *Every child's mother* hopes he will be happy.

b. *The big dog's bone* is buried in the garden.

c. *Angry men in dark glasses* roamed the streets.

d. *My aunt and uncle's trip* to Alaska was wonderful.

e. 挑战练习：*Whose dirty underwear* is this?

6. 所有的语言都有句子中包含小句的情形。例如，在练习 2 中，句子（b）包含句子（a），句子（c）包含句子（b）。换一种说法，句子（a）嵌套在句子（b）中，而句子（d）嵌套在句子（c）中。有时嵌套句与正常形式相比会稍有不同，但是你应该能够识别出来。请在以下例子中的嵌套句下面画线。如果给出的是非英语句子，请在非英语句子下画线，不要画在译文下面（第一句是举例）：

a. Yesterday I noticed my accountant repairing the toilet.

b. Becky said that Jake would play the piano.

c. I deplore the fact that bats have wings.

d. That Guinevere loves Lorian is known to all my friends.

e. Who promised the teacher that Maxine wouldn't be absent?

f. It's ridiculous that he washes his own Rolls-Royce.

g. The woman likes for the waiter to bring water when she sits down.

h. The person who answers this question will win $100.

i. The idea of Romeo marrying a 13-year-old is upsetting.

j. I gave my hat to the nurse who helped me cut my hair.

k. For your children to spend all your royalty payments on recreational drugs is a shame.

l. Give this fork to the person I'm getting the pie for.

m. khăw   chyâ   wăa   khruu maa. （泰语）

   He   believe   that   teacher come

   He believes that the teacher is coming.

n. Je   me   demande   quand   il   partira. （法语）

   I   me   ask   when   he   will leave

   I wonder when he'll leave.

o. Jan   zei   dat   Piet   dit   boek   niet   heeft   gelezen. （荷兰语）

   Jan   said   that   Piet   this   book   not   has   read

   Jan said that Piet has not read this book.

7. 根据课文中各种树形图的模式，为下列句子画出短语结构树形图（提示：当 N'统制单个 N 时，你可以省略 N'层次，比如说：the puppy 的结构就是 NP [Det N]）。

a. The puppy found the child.

b. A frightened passenger landed the crippled airliner.

c. The house on the hill collapsed in the wind.

d. The ice melted.

e. The hot sun melted the ice.

f. A fast car with twin cams sped by the children on the grassy lane.

g. The old tree swayed in the wind.

h. 挑战练习：The children put the toy in the box.

i. The reporter realized that the senator lied.

j. Broken ice melts in the sun.

k. My guitar gently weeps.

l. A stranger cleverly observed that a dangerous spy from the CIA lurks in the alley by the old tenement. （提示：参见 140 页脚注①）

8. 利用课文 2.7 节列出的规则，分别用 6、7、8、9 和 10 个词创建五个短语结构树形图。用你心理词库中的词填写树形图的最底层。

9. 我们已经指出，句法规则对该语言中所有合乎语法的句子做出规定，且仅对合乎语法的句子做出规定。为什么说"仅"是很重要的？如果一部语法把所有真正合乎语法的句子和少数不合语法的句子都规定为合乎语法，会犯什么错误？

10. 本章我们介绍了 X-杠理论，根据该理论，每个短语都有三个层次的结构。
用 X-杠标记法为每个短语范畴——NP, AdjP, VP 和 PP 相应地画出子树形图。
挑战练习：根据 X-杠标记法，CP 的结构应该是什么？
进阶挑战练习：对于每一个充分利用其整个结构的树形图，都给出一个短语结构的例子，比如，对于 NP 的树形图可以给出以下的例子：the father of the bride （新娘的父亲）。

11. 利用本章讨论过的一个或者多个成分测试（即，独立、作为一个单位移动、用代词替代），确定下列句子中的黑体部分是哪些成分，并给出这些成分的语法范畴。

a. Martha found **a lovely pillow** for the couch.

b. The **light in this room** is terrible.

c. I wonder **if Bonnie has finished packing her books**.

d. Melissa slept **in her class**.

e. **Pete and Max** are fighting over **the bone**.

f. I gave a bone to Pete **and to Max** yesterday.

g. I gave a bone to **Pete and** to Max yesterday.

12. 下面这两个句子都含有动词小品词：

i. He ran *up* the bill. （他跑上了山。）

ii. He ran the bill *up*. （他欠付了账单。）

动词小品词 up 和动词 run 互相依存形成动词短语 run up 独特、特殊的意义（running up a bill 既不涉及 running "跑"也不涉及位置 up "上"）。我们此前讲过，这种情况下小品词和宾语并不构成一个组构成分，因此它们不能作为一个单位移动。

iii *Up the bill, John ran （比较 Up the hill John ran ）

A. 利用一个副词，比如 completely（彻底地），说明在 [run up] the bill 中，小品词与动词一起组成了组构成分，而在 run [up the hill] 中，介词与 NP 宾语一起组成了组构成分。

B. 现在考虑下列语料：

i. Michael ran up the hill and over the bridge. （迈克尔跑上了山，跑过了桥。）

ii. *Micheal ran up the bill and off his mouth.

iii. Michael ran up the bill and ran off his mouth. （迈克尔欠付了账单，还说个不停。）

利用以上语料论证像 up the bill 和 off his mouth 这样的表达法不是组构成分。

13. 根据 c-选择的限制，解释为什么以下句子不合语法：

a. *The man located.

b. *Jesus wept the apostles.

c. *Robert is hopeful of his children.

d. *Robert is fond that his children love animals.

e. *The children laughed the man.

14. 在这章里，我们观察了选择单个 NP 直接宾语的及物动词，比如 chase （追赶）。英语中也有**双及物动词**，其后可以带两个 NP，比如 give（给）：

The emperor gave the vassal a castle. （皇帝给了诸侯一个城堡。）

给出 3 个英语中的双及物动词，并举出例句。

15. 列出下列动词所选择的不同类型的补足语，并为每种类型举出一个例句：

a. want

b. force

c. try

d. believe

e. say

16. 所有的 wh 短语都能移到句子的左边。

A. 编三个分别以 What which 和 where 开头的句子，其中 wh 词不在句子 d-结构的位置上。给出句子的两种版本。以下是一个 wh 词 when 的例子：When could Marcy catch a flight our of here？来自于 Marcy could catch a filght out of here when？（玛西什么时候能坐飞机离开这里？）

B. 用本章论述的短语结构和移位规则，在这些句子中选择一个，画出短语结构树形图。

挑战练习：对于用来派生 wh 问句（比如 What has Mary done with her life？"玛丽在她的生命中做了些什么？"）的移位规则，你如何利用 X-杠 CP 结构来重新表述？（参见练习 10）

17. 本章讨论了的陈述句与疑问句之间的关系，句子之间有许多类似的结构依赖的系统性关系。以下是根据双及物动词给出的另一些例子（参见练习 14）。

The boy wrote the senator a letter. （男孩写给参议员一封信。）

The boy wrote a letter to the senator. （男孩写了一封信给参议员。）

A philanthropist gave the animal rights movement $1 million. （慈善家捐给动物权利运动 100 万美元。）

A philanthropist gave $1 million to the animal rights movement. （慈善家捐了 100 万美元给动物权利运动。）

A. 描述这两对句子中第一句和第二句之间的关系。

B. 陈述为什么从一个结构派生出另一个结构的转换是可行的？

18. 仅利用以下给出的句子，指出英语和以下语言相比至少有哪三个不同之处。不考虑词义的差异（即，不同的词汇）。下面举例说明：

泰语： dèg   khon   níi   kamlang   kin.
      boy   *classifier*   this   *progressive*   eat
      男孩   标类语素   这个   进行体   吃

This boy is eating.（这个男孩正在吃东西。）

      mǎa   tua   nán   kin   khâaw.
      dog   *classifier*   that   eat   rice
      狗   标类语素   那个   吃   米饭

That dog ate rice.（那条狗吃了米饭。）

三个不同之处是：(1) 泰语中有标类语素（量词），而英语中没有。(2) 泰语中的词（实际上是限定词）this 和 that 接在名词之后，而英语中限定词放在名词之前。(3) 泰语中"进行体"由一个单独的动词来表达而且不会改变形式。在英语中，进行体是通过出现动词 to be 和在动词词尾加上 -ing 的形式来表示的。

    A. 法语

      cet   homme   intelligent   comprendra   la question.
      this   man   intelligent   will understand   the question
      这个   男子   聪明的   将理解   这个问题

This intelligent man will understand the question.

（这位聪明的男子将理解这个问题。）

      ces   hommes   intelligents   comprendront   les questions.
      these   men   intelligent   will understand   the questions
      这些   男子们   聪明的   将理解   这些问题

These intelligent men will understand the questions.

（这些聪明的男子会理解这些问题。）

B. 日语

watashi	ga	sakana	o	tabete	iru.
I	*subject marker*	fish	*object marker*	eat (*ing*)	am
我	主语标记	鱼	宾语标记	吃（正在）	am

I am eating fish.（我正在吃鱼。）

C. 斯瓦希里语

mtoto alivunja kikombe.

m-	toto	a-	li-	vunja	ki-	kombe
class marker	child	he	*past*	break	*class marker*	cup
类标记	孩子	他	过去时	打破	类标记	杯子

The child① broke the cup.（男孩打破了杯子。）

watoto wanavunja vikombe.

wa-	toto	wa-	na-	vunja	vi-	kombe
class marker	child	they	*present*	break	*class marker*	cup
类标记	孩子	他们	现在时	打破	类标记	杯子

The children break the cups.（孩子总是打破杯子。）

D. 韩语

kɨ sonyɔn-iee wɨyu-lɨl masi-ass-ta.

kɨ	sonyɔn-	iee	wɨyu-	lɨl	masi-	ass-	ta
the	boy	*subject marker*	milk	*object marker*	drink	*past*	*assertion*
这个	男孩	主语标记	牛奶	宾语标记	喝	过去时	断言

The boy drank milk.（这个男孩喝了牛奶。）

ki-nin muɔs-il mɔk-ass-ninya.

kɨ	nin	muɔs-	il	mɔk-	ass-	ninya
he	*subject marker*	what	*object marker*	eat	*past*	*question*
他	主语标记	什么	宾语标记	吃	过去时	问句

What did he eat?（他吃了什么？）

---

① 此处应为 boy，因为原文已经体现了性别是男性。——译注

E. 他加禄语

nakita	ni	Pedro-ng	puno	na	ang	bus.
nakita	ni	Pedro	-ng	puno	na	ang	bus
saw	*article*	Pedro	that	full	already	*topic marker*	bus
看见（过去时）	冠词	佩德罗	that	满	已经	话题标记	公共汽车

Pedro saw that the bus was already full.（佩德罗看见公共汽车已经上满了人。）

19. 变形可能会删除某些成分。比如说，歧义句 George wants the presidency more than Martha 的 s-结构可能可以从以下两个 d-结构派生出来：

a. George wants the presidency more than he wants Martha.（比起想要玛莎来，乔治更想得到总统职位。）

b. George wants the presidency more than Martha wants the presidency.（乔治比玛莎更想得到总统职位。）

删除转换或者是从例句（a）的结构中删去 he wants，或者是从例句（b）的结构中删去 want the presidency。这是由**转换所致歧义**的实例：两个语义解释各异的不同的 d-结构转换成同一个 s-结构。

根据以下的问答例子解释删除转换的作用：

——Do you still love me as much as you used to?

——As much as I used to *what*?

20. **高级练习**：比较以下法语和英语句子：

法语	英语
Jean boit toujours du vin.	John always drinks some wine.（约翰总是喝点红酒。）
Jean drinks always some wine （*Jean toujours boit du vin.）	*John drinks always some wine
Marie lit jamais le journal.	Mary never reads the newspaper.（玛丽从不读报纸。）
Marie reads never the newspaper. （*Marie jarnais lit le journal.）	*Mary reads never the newspaper.
Pierre lave souvent ses chiens.	Peter often washes his dogs.（皮特经常给他的狗洗澡。）
Pierre washes often his dogs. （*Pierre souvent lave ses chiens.）	*Peter washes often his dogs.

A. 根据以上语料，关于法语和英语副词的位置你会提出什么假设？

B. 假设 UG 规定，在所有语言中，VP 紧跟在频率副词（比如，always "总是"、never "从不"、often "经常"、sometimes "有时候"）之后，如下面树形图所示。你会需要假设存在一条什么规则才能得出正确的法语表层词序？（提示：副词不允许移位）

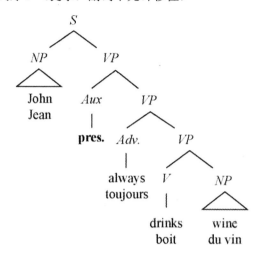

（pres.指现在时）

C. 英语中有动词遵循与法语动词相同的模式吗？

21. 画出与下面句子画线部分相对应的树形图。

The hole <u>should have been being filled</u> by the workcrew.

22. 通过应用成分测试——独立、作为一个单位移动、用代词替换——来证明嵌套的 CP 是一个组构成分。表述你的答案时请考虑以下例句，如果可以的话，请提供更多的例句（黑体字部分是 CP）。

Sam asked **if he could play soccer.**

I wonder **whether Michael walked the dog**.

Cher believes **that the students know the answer.**

It is a problem **that Sam broke his arm.**

23. 挑战练习：

A. 画出下面这个句子的 d-结构树形图：Which dog does Michael think loves bones？（迈克尔认为哪只狗喜欢骨头？）（提示：标补语 that 必须出现）

B. 画出下面这个句子的 d-结构树形图：What does Michael think that his dog loves？（迈克尔认为他的狗喜欢什么？）

C. 考虑以下语料：

　　i. *Which dog does Michael think that loves bones?

　　ii. What does Michael think his dog loves?

在例句（ii）中，标补语删除规则已经删去了that。这个规则是非强制性的，也就是说无论有没有that这个句子都合乎语法。在例句（i）中，标补语成分必须删除以防止产生不合语法的句子。是什么因素支配这个非强制性的规则？

第五章 语义学：语言的意义

没有意义的语言是毫无意义的。

罗曼·雅可布森

当然这一切并不是没有意义的。

赫尔曼·梅尔维尔《白鲸》

数千年来，哲学家都在深思"**意义**"这个词的意义，而说某种语言的人可以轻易理解别人对他们说的话，还可以组成对其他说话者有意义的词串。我们使用语言向他人传达信息（"我的新自行车是粉红色的！"）、提出问题（"谁提早从派对上走了？"）、发出命令（"别撒谎了！"）和表达希望（"愿地球和平。"）。

如果你懂得一种语言，那么你对语义有何认识？答案是：太了解了！首先，你知道"词"是有意义（flick"轻弹"）还是没意义（blick），知道"句子"是有意义（Jack swims"杰克游泳"）还是没意义（swims metaphorical every"游泳隐喻每"）。你知道词有歧义（bear"熊；承受；怀有"），句子有歧义（Jack saw a man with a telescope"杰克用望远镜看到一个人；杰克看到一个带着望远镜的人"）。你知道有时候两个词基本上是一个意义，是同义的（sofa和couch，都是"沙发"），有时候两个句子也是同义的（Jack put off the meeting. Jack put the meeting off."杰克把会议延后了"）。而如果词或句子有相反意义的话，你也知道（"活/死"；"杰克会游泳/杰克不会游泳"）。

如果你掌握了适当信息，你就知道词语所指的对象，比如"法国总理"，有时就算词语没有指称，比如"当今的法国国王"，或者说"一只独角兽"，你仍然对它们的意义有所了解，而如果所说的具体对象正好存在，你的知识能帮你辨识它们。

你知道，或者说你能够发现，一个句子的真假。也就是说，如果你知道一个句子的意义，你就知道它的真值是什么。在某些情况下这是很明显的，或者说是多余的（"所有的国王都是男性"[真]；"所有的单身汉都是已婚的"[假]）；然而在另一些情况下，你就需要进一步的非语言知识（"钼导电"）。但是如果你了解其中的意义，你会知道你需要的是哪种常识。通常情况下，如果你知道一个句子是真的（"妮娜给她的狗洗了澡"），你就能推断出另一个句子一定是真的（"妮娜的狗被打湿了"），也就是说，第一个句子**衍推**第二个句子。

就像您对句法的了解一样,您对意义的了解也可以延伸至无穷的句子,同时,这也是语法的一部分。语言学家的工作就是发现并说明每个说话者都具备的、关于意义的知识。

对语素、词、短语和句子的语言学意义的研究叫作**语义学**。语义学的分支学科包括**词汇语义学**,与词的意义以及词与词之间的意义关系有关;还有**短语**或**句子语义学**,研究的是比词大的句法单位的意义。而对语境如何影响意义的研究,比如,为什么"这里很冷"这个句子在某种情景下会被解释为"把窗户关上",则称为**语用学**。

1. 说话者对句子意义都知道些什么?

"那么你应该心里想什么,嘴里说什么。"三月兔继续道。

"我是这样做了,"爱丽丝急忙回答,"至少——我是嘴里说什么,心里想什么——你知道,这是一回事。"

"这绝不是一回事!"帽匠说,"要是那样的话,你满可以说'我吃什么,看见什么'和'我看见什么,吃什么'是一回事了!"

"你还满可以说,"三月兔加上一句,"'我得到什么喜欢什么'和'我喜欢什么得到什么'是一回事了!"

"你也满可以说,"睡鼠也补充道……"'我睡觉的时候我呼吸'与'我呼吸的时候我睡觉'也是一回事了!"

"对你来说,这都是一回事喽!"帽匠说。

刘易斯·卡罗尔《爱丽丝漫游奇境记》

在本章中我们讨论的是您所拥有的语言学知识,运用语言学知识,您能够判断句子真假,判断一个句子在何时衍推另一个句子,判断句子是否有歧义。我们将系统地说明将词义组合构成句子意义的句法规则,说明它们按照句法构成的方式,为您解释这个语法知识。这通常被称作**真值条件语义学**,因为它需要以真值语义知识为基础。它也被称作**组构语义学**,因为它是通过将小单位的意义组合到一起来计算句子的真值。我们会将探讨限于"杰克游泳"或"杰克吻了劳拉"这种陈述句,因为我们可以判断这类句子的真假。而它们的意义至少有一部分是它们的**真值**。

1.1 真值

……我们趁机讨论了谎言和虚假的表达,好不容易才使他明白我的意义……因为他争辩道:使用言语是为了互相理解,获得有关事实的信息;而如果有人说的都是假话,那么,这些目的就不复存在;因为不能认为我们对此人所说的话理解是正确的……这些就是他对这种为人类所熟知并普遍付诸实践的撒谎本能的看法。

乔纳森·斯威夫特《格列佛游记》

我们先回到杰克这里,他正在泳池里游泳。假设你正在泳池边上,听到"杰克游泳"这个句子,知道句子的意义,你就会判断出这个句子是真的。换个情况,假设你在屋里,而且正好知道杰克从来没有学过游泳,这时候你听到同一个句子——"杰克游泳",你会判断这个句子是假的,而且你会认为说话者要么所掌握的信息有误,要么就是在说谎。总的来说,如果你知道一个句子的意义,你就可以判断,它在什么情况下是真的,在什么情况下是假的。

注意,并不是说一定要知道一个句子的真假才能了解它的意义。了解意义可以为你提供信息,判断真值。"钼导电"这个句子有意义,而且完全可以准确理解,因为我们知道如何判断它的真假。

而了解句子的含义,就意味着知道它的**真值条件**。在理解语言的各种语义属性时,将关于意义的问题提炼成关于真值条件的问题是非常有成效的。

对于大多数句子来说,笼统判断它们的真假是没有意义的。在一定程度上,它们的真假要视给定情景而定,就像我们之前看到的"杰克游泳"这个句子一样。但是有少量的句子永远是真的,无论你是在何种情景下说出来。这种句子叫作**同义反复**("**分析的**"这一术语也用来指此类句子)。同义反复的例子如"圆圈是圆的"或"单身的人没结婚"。它们的真值是受到组成部分和它们的组合方式所保证的,与环境无关。

同样,也有些句子总是假的。这类句子称为**矛盾**。矛盾句的例子如"圆圈是方的"或"单身汉是已婚的"。

最后,有一种数量不多的句子叫作**二难**,没办法赋予它们真值。有一个著名的二难句,就是"本句为假"。它不可能是真的,为真句子就是假的;它也不可能是假的,为假句子就是真的。因此,虽然它肯定有意义,但它却没有真值。这说明了一点,就是真值条件语义学虽然可以提供信息,但却不完整。

1.2 衍推及相关概念

"再来点儿茶吧,"三月兔很热心地对爱丽丝说道。

"我还什么都没喝呢,"爱丽丝生气地回答道,"所以我就没法再来点儿。"

"你的意思是说,你不可能再少喝了,"帽匠说,"没有喝过,再喝一点儿是很容易的。"

刘易斯·卡罗尔《爱丽丝漫游奇境记》

如果我们知道句子"杰克游泳游得很好"是真实的,那我们也就知道句子"杰克游泳"肯定是真实的。这种意义关系就叫作**衍推**。我们说由"杰克游泳游得很好"衍推出了"杰克游泳"。更一般的说法是,在一切可以想象的环境下,如果只要第一个句子是真实的,第二个句子也总是真实的,那么第一个句子衍推出第二个句子。

通常,衍推是单向的。所以,"杰克游泳游得很好"可以衍推出"杰克游泳",反过来衍推就不正确了。仅仅知道"杰克会游泳"是真实的,并不能保证"杰克游泳游得很好",杰克可能游得很糟糕。

衍推的概念经常被用来揭示我们关于其他语义关系的知识。比如说,不考虑同义反复句和矛盾句,如果两个句子在相同的情况下同时为真或者同时为假,这两个句子就是**同义句**(或者是**释义句**)。像"杰克推迟了会议"和"杰克推后了会议"就是同义句,因为当其中一句为真时,另一句也必然为真;当其中一句为假时,另一句也必然为假。我们可以用衍推的概念以一种更加简洁的方式来描述这种模式:

两个句子如果互相衍推,它们就是同义句。

因此,如果句子 A 衍推出句子 B,而且反之亦然,那么只要 A 为真,B 也为真,反之亦然。虽然衍推没有具体描述句子为假的情形,但是显然如果句子 A 衍推句子 B,那么只要 B 为假,A 肯定也为假(否则,假使 A 为真,那么 B 也必须为真)。并且如果 B 同时也衍推 A,那么当 A 为假时,B 也必然为假。因此,两个句子相互衍推确保它们在任何情况下都具有相同的真值。当句子是同义句的时候,我们说他们互为**释义句**。

当一个句子为真,而另一个句子为假时,它们就是**矛盾的**,换句话说,它们不可能同时为真或者同时为假。举例来说,"杰克活着"和"杰克死了"是矛盾的,因为如果句子"杰克活着"为真,那么"杰克死了"为假,或者就反过来。换句话说,"杰克活着"和"杰克死了"真值相反。正如同义句一样,矛盾也可以简化成衍推的一个特例。

如果其中一个句子衍推另一个句子的否定,它们就是矛盾的。

比如说,"杰克活着"衍推"杰克死了"的否定,也就是说"杰克没有死"。同样地,"杰克死了"衍推"杰克活着"的否定,也就是说"杰克没有活着"。

矛盾(总是为假)和矛盾的(真值相反)的概念相互关联——如果两个句子是矛盾的,那么用 and(且)把它们联结起来(即合取)就产生一个矛盾。因此"杰克活着且杰克死了"本身就是一个矛盾,在任何情况下都不可能为真。

1.3 歧义

我们的语义知识告诉我们,当词或者短语(包括句子)有一个以上的意义时,它们是有歧义的。在第四章我们看到,句子 The boy saw the man with a telescope 就是一个结构歧义的例子。说它有歧义,是因为它可以表示那个男孩用望远镜看见那个男人,或者那个男孩看见那个男人正拿着一个望远镜。这个句子有结构歧义,因为它与两个不同的短语结构相关联,每个短语对应着不同的意义。这两个结构图示如下所示:

(1)
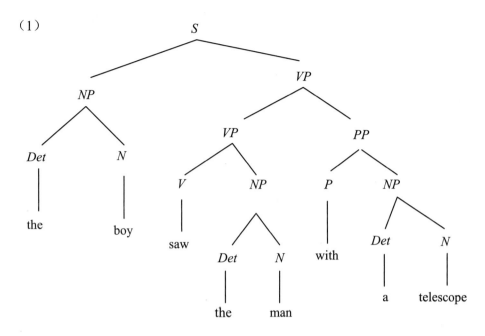

(2)
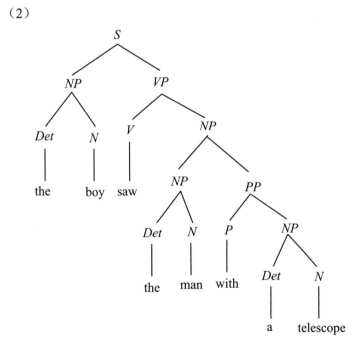

在例（1）中，介词短语（PP）with a telescope（用望远镜）修饰动词短语（VP），意义解释为"看"这个动作是通过使用望远镜发生的。在例（2）中，with a telescope 这个 PP 修饰名词短语（NP）the man（那个男人），意义解释为那个男人手里有个望远镜。

当短语中的一个词有一个以上意义时，就会产生词汇歧义。比如说句子 This will make you smart 有歧义，因为 smart 一词有两个意义："聪明的"和"烫的感觉"。

我们关于词汇歧义和结构歧义的知识表明，语言表达式的意义建立在它所包含的词和它的句法结构之上。一个表达式的意义由其各个部分的意义组构而成，取决于它们如何在结构上组合起来，这个概念称为**语义组构性原则**。在下一节中，我们会讨论根据组构成分来计算短语和句子意义的规则。

2. 组构语义学

我们已经了解，句法规则表达说话者所掌握的关于合语法性（是否合乎语法）、成分结构、句子间的关系等知识。同样地，语法的语义规则必须能解释我们刚才讨论过的语义知识，包括真值、指称、衍推和歧义等。一个主要的特质就是我们的句法必须能够解释语言知识的创造性，也就是说，我们可以说出、生成一个无穷的句子集合，并对之作出是否合乎语法的判断。为了能够解释语言的这种创造性，我们在第四章得出结论，语法构建句子根据的是递归句法规则——也就是词如何组成短语，短语如何组成句子。

语义知识中也存在相同的创造性。你知道数目无限的句子的意义，也因此知道如何判断其真值，而其中大部分句子你从来没有听见过。而且，你还知道这些句子的衍推和歧义。对于一个无穷集合中的句子来说，我们的语义知识都成立，因此我们肯定可以得出结论，我们的语法包含一般的语义规则，把词义组成有意义的短语和句子。

2.1 语义规则

在句子"杰克游泳"中，我们知道"杰克"一词通常被称为**专有名词**，指的是世界上一件具体的东西，这就是它的**指称**。比如说，在上文给出的情景中，"杰克"的指称意义是你的一个朋友，他现在正很高兴地在游泳池里游泳。由此我们知道"杰克"这个名字的意义是它所指的某一个体（在后面关于词汇语义学的小节中，我们将学习更多关于专有名词和指称的知识。）

我们的语义规则必须对单个词的意义和它们所出现的结构敏感。举个简单的例子，"杰克游泳"，看看语义规则怎样计算这个句子的意义。我们从每个词的意义开始。关于专有名词的知识告诉我们，"杰克"这个名字指的是一个个体。那么动词"游泳"的意义是什么呢？它意义中的一部分，是一组游泳的个体（人类或者是动物）或者他们的集合。你马上就会知道，"游泳"这个词在语义这方面，是怎样通过与我们的语义知识一致的方式来帮助我们理解句子的。单个词的意义总结如下：

词义
杰克　　指的是（或者意义是）个体杰克
游泳　　指的是（或者意义是）游泳的个体的集合

这个句子的短语树形图如下所示：

句法结构

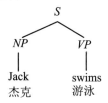

以上树形图告诉我们语义上 NP "杰克" 和 VP "游泳" 组成一个句子。我们想要在语义水平上反映这种结合，换句话说，我们想把 NP "杰克"（一个个体）的意义和 VP "游泳" 的意义（个体的集合）组合起来得到 S "杰克游泳" 的意义。这是通过语义规则 1 来实现的。

2.1.1 语义规则 1

[$_S$ NP VP]的意义是以下真值条件：

如果 NP（一个个体）是 VP（个体的集合）的一个成员，那么 S 为真，否则为假。

规则 1 表明，如果主语 NP 指的是个体，且该个体是构成 VP 意义的集合中所有成员中的一个，那么这个由主语 NP 和 VP 构成的句子为真。注意这个规则具有完全的普遍性；它不仅仅指某一个特定的句子、个体或者动词。它也同样适用于这样的句子："艾伦唱歌" 或者 "麦克斯大喊"。因此，"麦克斯大喊" 的意义是真值条件（即上文中的 "如果" 句），该条件表明如果 "麦克斯" 所指的个体是 "大喊" 所指的集合中的一个个体，那么这个句子为真，以此类推。

让我们试着解释一个更加复杂的句子 "杰克吻了劳拉"。这个例子与上面例子的主要句法区别，在于这个句子中有一个及物动词，要求其后有另外一个 NP 作宾语；否则我们的语义规则会利用与第一个例子相同的机械程序推导出其意义。我们还是从词的意义和句子结构开始。

词义

杰克　　指的是（或者意义是）个体杰克

劳拉　　指的是（或者是）个体劳拉

吻了　　指的是（或者意义是）成对个体 X 和 Y 所组成的集合，且 X 吻了 Y。

句法结构

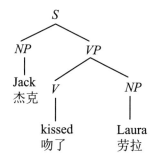

及物动词"吻"的意义仍然是一个集合，但是这次是一个成对个体的集合。不过，VP 的意义仍然是个体的集合，亦即那些吻了劳拉的个体。这可以通过语义规则 2 从形式上来表达。

2.1.2 语义规则 2

[$_{VP}$ V NP]的意义是个体 X 的集合，其中 X 是 V 意义中任一成对个体中的第一个成员，而第二个成员则是 NP 的意义。

上述句子的意义首先通过应用语义规则 2 推导出来，确定 VP 的意义是作为个体的某个集合，也就是说那些吻了劳拉的人。接着可以直接应用语义规则 1，并且把以下真值作为语义赋予句子：VP "吻了劳拉"的意义是一个集合①，那么只要"杰克"的意义是这个集合的一个成员，决定句子 S 为真的真值条件就是 S 的语义。换言之，如果杰克吻了劳拉，S 就为真，反之为假。这两条语义规则可以处理本质上数量无限的表达不及物和及物语义的句子。

下面所举的最后一个例子将说明衍推的语义知识如何在语法中得到表征。考虑"杰克游泳游得很好"并进一步考虑副词"很好"的意义。它的意义显然不是一个个体或者是个体的集合，相反，"很好"的意义是一个操作，使得作为动词短语意义的集合缩小。当应用于"游泳"的意义时，这个副词把游泳的个体的集合缩小为游泳游得很好的个体的集合。我们不从形式上来表达这个规则，但是现在很容易看出衍推的一个来源。通过在所有游泳的个体中，较少的个体游得很好这一事实，使得"杰克游泳游得很好"为真的真值条件，要比使得"杰克游泳"为真的真值条件来得狭窄。因此任何使得"杰克游泳游得很好"为真的真值条件必然使得"杰克游泳"为真，由此得出"杰克游泳游得很好"衍推"杰克游泳"。

这些规则，以及很多类似的规则，着眼于词的意义并且根据句子的句法结构将词组合起来，解释了我们关于句子真值的知识。从上面的例子中我们可以很容易地看出歧义是如何产生的。因为一个句子的意义是根据它的层级结构来计算的，不同的树形图有不同的意义——结构歧义——甚至即使句子的词都相同的时候，例如 The boy saw the man with a telescope。 歧义词的出现——词汇歧义——如果与其他句子成分结合，可以使整个句子变得有歧义，例如 She can't bear children（她不能忍受小孩子/她不能生小孩）。

我们刚才概述的有关句子意义的语义学理论不是唯一可能的一种，不过已经证明在研究自然语言的语义性质方面，组构性真值语义学是一种极为强大、有用的工具。

2.2 组构性出问题的时候

即使对某种语言的母语者来说，词语的意义也并不总是一目了然的。意义会以各种方式被弄得暧昧不明，或者说至少需要一些想象力或者特殊的知识才能理解。诗人、学究，没错，甚至教授，都可能令人难以理解。

在前面的章节中我们看到，语义规则根据词的意义以及词所在的句法结构，以组构方式计算出

---

① 即所有可能亲吻劳拉的人。——译注

句子的意义。但是，也有一些组构性不起作用的有趣例子，有的是因为词出了问题，有的则是因为语义规则有问题。如果一句话里有一个或几个词没有意义，那么显然整句话都无法计算出意义来。此外，就算每个词都有意义，但是无法根据句法结构和相关语义规则的要求组合起来，那么也无法得出句子的意义。我们把这些情况称为**语义异常**。从另一个角度来说，意义的推导可能需要许多创造力和想象力。**隐喻**就是这样的。最后一点是，有些被称为"**习语**"的词语有固定的意义，也就是说，习语的意义不是组构性的。把组构规则用到习语上，就会闹笑话或者产生不恰当的意义。

2.2.1 语义异常

用不着告诉我有人能够说话有意义，谁说话都有意义，谁还能尽说没意义的话？

威廉·皮特

世上最大的错误，莫过于以为无论何种废话都缺乏意义。

利·亨特

词的语义特征决定它们可以和其他哪些词相结合。语言学家常用下面这个句子（我们在第四章中讲过）来说明这一事实：

Colorless green ideas sleep furiously.（无色的绿思想愤怒地睡觉。）

这个句子完全遵循英语的句法规则。其主语是 colorless green ideas（无色的绿思想），谓语是 sleep furiously（愤怒地睡觉）。它与下面这个句子具有同样的句法结构：

Dark green leaves rustle furiously.（暗绿色叶子哗哗猛响。）

但前一句在语义上显然有点毛病。colorless 的意义包含"无色"这一语义特征，然而它却又与形容词 green 相结合，后者具有"绿色"这一特性。某物怎么可能既是"无色"而同时又是"绿色"的呢？这一句子中还出现了其他一些违反语义规则的现象。这样的句子语义异常。

另外还有一些英语"句子"根本毫无意义可言，因为它们中的一些"词"本身没有意义；它们是**无法解释的**。我们只有给每一个无意义的词都凭空想出一点意义来，才能对"句子"作出解释。刘易斯·卡罗尔的《胡话诗》也许算得上是这方面最有名的一首诗了。诗中所用的大部分实义词都毫无意义——它们在语法的词库中根本不存在。然而，诗中所有的句子听上去似乎"应该"或者"可以"算英语句子：

'Twas brillig, and the slithy toves
Did gyre and gimble in the wabe;
All mimsy were the borogoves,
And the mome raths outgrabe.
…
He took his vorpal sword in hand:

Long time the manxome foe he sought—
So rested he by the Tumtum tree,
And stood awhile in thought.

即使不知道 vorpal 的意义，仍然可以把 He took his vorpal sword in hand（他手中拿着 vorpal 剑。）理解为：

He took his sword, which was vorpal, in hard. （他手中拿着剑，剑[很]vorpal。）
It was in his hand that he took his vorpal sword. （vorpal 剑是拿在他手中。）

如果懂得英语，并假定 vorpal 在这三个句子中指的都是同样的东西（因为读音相同），那么，我们就可以确定这三个句子的涵义（即真值条件）是相同的。换言之，即使不知道两样东西各自的意义，你也能确定它们实际上是一回事。你这样确定，靠的是假定 vorpal 的语义特征在任何时候都一样。

现在你该明白为什么爱丽丝读完《胡话诗》之后会说出下面这样的想法了：

"……它（指这首诗）看上去很漂亮，可却很难理解！"（你瞧，她甚至对自己也不想承认她实际上一点也看不懂。）"它好像给我的头脑装满了想法——可就是我弄不清楚究竟是些什么想法！但不管怎么样，有人杀死了一个东西：这一点是清楚的——"

在诗歌中违背语义规则可能产生怪诞而不失有趣的审美意象。例子是戴伦·托马斯的一个短语：a grief ago（一段悲哀以前）。ago（以前）通常与具有某种时间语义特征的词连用：

a week ago（一周前）   *a table ago（*一张桌子以前）
an hour ago（一小时前）   但不用于   *a dream ago（*一个梦前）
a month ago（一个月前）   *a mother ago（*一个母亲以前）
a century ago（一个世纪以前）

而当托马斯将 grief 与 ago 连用时，他为了诗歌的效果，给 grief 增加了一个表示延续的语义特征。所以，尽管这个名词短语异常，却能激发某种情感。

在坎明斯的诗歌中，有这样的一些短语：

the six subjunctive crumbs twitch（六个虚拟语气的碎屑在抽搐）
a man… wearing a round jeer for a hat（一个男子……戴着一个圆形的嘲弄当作帽子）
children building this rain man out of snow（孩子们用雪堆起这个雨人）

虽然这些短语都违背了某些语义规则，但我们仍然能够理解；正是由于打破了规则才创造出所期望的意象。我们能够理解，或者至少能解释这些异常短语，并且同时又看出它们的异常性，这一事实体现了我们关于语言的语义系统和语义特征的知识。

2.2.2 隐喻

> 我们的怀疑是叛徒。
>
> 莎士比亚
>
> 墙有耳。
>
> 塞万提斯
>
> 夜空闪烁着千万双眼睛
> 而白昼仅有一明眸。
>
> 弗朗西斯·威廉·鲍迪隆

如果看来是异常的词语仍然被理解为一个有意义的概念，那么这个词语就成了一个隐喻。异常词语和隐喻词语之间并没有严格的区分。从理论上来说，隐喻都是异常的，但是这种异常的属性创造出一种隐喻通常都具备的显著意义。a grief ago（一段悲哀以前）是异常的说法，但是说英语的人会把它解释为"一个悲伤事件之后的一段伤心时光"，于是它就成了一个隐喻。

隐喻除了隐喻意义之外，还可能有字面意义，所以在某种意义上它们是有歧义的。但是，举例来说，如果把语义规则应用于"墙有耳"，会发现其字面意义根本不可能成立，所以听话者就会通过想象去寻找另外的解释。组构性原则非常有"弹性"，如果它无法产生一个可以接受的字面意义，听话者就会努力调整和拓展意义。这种调整的根据是语义特征，它们是推断出来的，或者提供某种相似之处或比较，最终形成有意义的概念。

但是，这种作用是有一定限度的。"我们的怀疑是叛徒"有什么字面意义，很难说清楚，但是说怀疑一个可贵的信念这一行为是自我背叛，这样一个概念意义似乎又言之成理。为了解释隐喻，如果不理解整个隐喻的字面意义，我们至少也需要理解组成隐喻的词的意义，以及有关客观世界的事实（这一点很重要）。为了理解下面这个隐喻：

> 时间就是金钱

必须了解在我们的社会中，人们常常是按照劳动的小时数或者天数取酬的。事实上，"时间"这个抽象概念是许多隐喻的主题。我们"节约时间""浪费光阴""管理时间""回首往昔"（push things "back in time"）、"借时度日"（live on "borrowed time"），随着"时间之砂"（sands of time）的流逝，遭受"时间的摧残"（ravages of time）。实际上，这些隐喻抓住时间的抽象概念，把它当作一种有价值的实体。

隐喻有很强的文化成分。莎士比亚使用的一些隐喻，许多今天的戏剧观众都已经听不懂了。"我是一个在命运的利爪下遍体鳞伤的人"——这个隐喻在莎士比亚时代的社会效果最好，因为当时通常把"命运"描写成女人。另一方面，"我的程序里有一个bug①"在一个没有计算机的文化中就没什么意思了，尽管任何东西里"有虫子"在意念上都表明"出问题了"。

---

① 字面意义为"虫子"，在计算机领域指设计上的缺陷。——译注

现在人们认为是按照字面意义理解的词语可能来源于隐喻,比如the fall of the dollar(美元的下跌),意义是它在世界市场上的贬值。许多人对于"节约"或者"浪费"时间的字面解释满不在乎①(这又是一个隐喻)。隐喻是语言变化的因素之一(详见第十一章)。隐喻用法是语言创造性的最高表现。但是,使用隐喻的基础却仍然是所有说话者都拥有的关于词及其语义特性和组合能力的普通语言知识。

2.2.3 习语

掌握一种语言,即是掌握该语言里的语素、单纯词、复合词以及它们的意义。此外,还要掌握该语言里的固定短语。固定短语由一个以上的词组成,其意义不能从单个词的意义中推知。有些词语表现很像单个语素——不可分解,有着固定的、必须记住的意义,在它们那里组构性原则不起作用。用来组合意义的通常的语义规则在这里并不适用。所有语言都有许多这样的词语,它们被称为"习语",或者"**习语性短语**",如以下英语中的例子所示:

  sell down the river(欺骗,出卖)
  rake over the coals(责备,申斥)
  eat my hat(我决不……)(赌咒语)
  let their hair down(不拘礼节)
  put his foot in his mouth(说错话,做错事)
  throw her weight around(滥用权势,仗势欺人)
  snap out of it(突然改变情绪或习惯;振作起来)
  cut it out(停止!住嘴!)
  hit it off(相处得好,合得来)
  bite your tongue(保持沉默!)
  give a piece of your mind(直言不讳)

习语在结构上与普通的短语相同,但它们的形式倾向于凝固,不能轻易地与其他词语组合或允许改变词序。因此,

(1)She put her foot in her mouth.(她说错了话。)

与例(2)具有同样的结构。

(2)She put her bracelet in her drawer.(她把手镯放进了她的抽屉。)

但是

The drawer in which she put her bracelet was hers.(她放手镯的抽屉是她的。)

---

① 原文为 wouldn't bat an eyelash,字面意义是"连睫毛都不动一下"。——译注

Her bracelet was put in her drawer.（她的手镯被放进了她的抽屉。）

是与例（2）有联系的句子。而

The mouth in which she put her foot was hers.（她放进脚的嘴是她的。）
Her foot was put in her mouth.（她的脚被放进了她的嘴。）

则没有例（1）那样的习语意义，除非，也许用于幽默的表达。
另一方面，有些习语中的词可以移位但不影响其习语意义：

The FBI kept tabs on radicals.（联邦调查局监视激进分子。）
Tabs were kept on radicals by the FBI.（针对激进分子的监视由联邦调查局实施。）
Radicals were kept tabs on by the FBI.（激进分子受到联邦调查局监视。）

类似隐喻，习语可以打破语义特征组合的规则。如 eat（吃）的宾语通常必须是具有"可食用"这一语义特征的某种东西，但以下例子

he ate his hat[①]（他决不……）
eat your heart out[②]（忧伤过度，极度悔恨）

却违反了这一限制。
习语经常造成幽默：

——那个动了外科手术从猪身上移植了心脏瓣膜的素食者，大夫对他有什么医嘱？
——没问题，只要他没有 eat his heart out 就行。

习语在语法上和语义上都有特殊的性质。它们必须作为单独的项目进入词库或心理词典，并列明其意义，而且说话者必须了解它们在句子中使用时的特殊限制。
大多数习语起始于隐喻性的词语，它们在语言中站住了脚，形式和意义变得凝固。

3. 词汇语义（词的意义）

"这是你的荣耀！"
"我不懂你说的'荣耀'是什么意义？"爱丽丝问道。
蛋头先生轻蔑地笑了笑。
"当然啰，我不告诉你，你是不知道的——我的意思是说，那对你可真是个'不容反驳的论证'！"

---

① 字面意义：他吃了自己的帽子。——译注
② 字面意义：他吃掉了自己的心。——译注

> "可'荣耀'的意思不是什么'不容反驳的论证'。"爱丽丝回嘴道。
>
> "但我用一个词的时候，"蛋头先生不屑一顾地说，
>
> "我想要它表达什么意义它就表达什么意义——不多也不少。"
>
> "问题在于，"爱丽丝说，"你是不是可以让一个词表达这么多不同的意思。"
>
> 刘易斯·卡罗尔《镜中世界》

如上所述，一个短语或者句子的意义，其中一部分是它们所包含的词的意义的一个函数。与此类似，许多词的意义也是组成这些词的语素（的意义）的一个函数，这一点我们在第三章已经了解到了。然而，在词的意义（或者"词汇语义"）与句子意义之间有一个基本的区别。大多数词和所有的语素的意义是规约性的，也就是说，一种语言的说话者默认其意义，而习得这种语言的儿童必须真正完全地记住这些意义。另一方面，大多数句子的意义必须通过应用语义规则来构建。在本节中我们将讨论存在于词和语素之间的意义关系。

尽管一个词约定俗成的意义在一个语言社区中可能随着时间而改变，正如我们将在第十一章所看到的那样，我们作为个体不能随心所欲地改变词的意义；否则的话我们就无法互相沟通了。正如我们在节首的引语中所看到的那样，蛋头先生不愿意接受这种规约。幸亏蛋头先生这样的人不多。说一种语言的人都有一套基本的词汇——亦即语素和词的音与义。我们每个人都懂数以千计的词的意义。这种知识使我们得以用词来表示我们的思想并且理解别人的思想。词的意义是语言知识的一部分。你用来贮存词和语素信息的心理仓库就是我们一直称之为"词库"的东西。

像《牛津英语词典》或者《韦伯斯特大学词典》这样的词典里写满了词和它们的意义。词典使用其他的词来给出词的意义，而不是通过某种更基本的词汇。在这个意义上来说，词典提供的只是释义句，而不是意义。词典依赖我们关于语言的知识才能让我们理解定义。在我们的心理词库中，与词相关的意义很可能并不像我们在《牛津英语词典》或韦伯斯特词典中所发现的那样，尽管人们承认很难精确地描述说话者如何在心理上表征词的意义。

3.1 词义理论

> 认为除了……符号的指称之外，还有东西和符号相关联……这是很自然的……，我想称之为符号的涵义……
>
> 戈特劳伯·弗雷格《涵义与指称》

如果一个词的意义不同于一个词典条目，那它是什么？这个问题哲学家和语言学家已经争论了几个世纪。一种理论认为一个词的意义是它的**所指**，也就是现实世界中它所指的一个或者多个事物。

3.1.1 指称

我们已经确定，一个专有名词（比如说"杰克"）的意义，就是它所指的一个个体，或者说它的指称。专有名词是名词短语（NP），你可以在一个句子中任何一个 NP 的位置换上专有名词，句

子仍然合乎语法。还有其他 NP 也指称个体。例如，在你观察到杰克正在游泳的情况下，"快乐的游泳者、我的朋友、那个男人"这些 NP 都可以用来指称杰克。人称代词也是一样，比如说"我、你、他"都可以起到 NP 的作用。在以上所有这些情况下，NP 的指称——在使用它的情况下单独指出来的个体——是 NP 意义的一部分——亦即它的指称。

另一方面，并不是每个 NP 都指称个体。比如说，在句子"没有婴儿游泳"包含 NP "没有婴儿"，但是你的语言知识告诉你，这个 NP 并不指称任何特定的个体。如果"没有婴儿"没有指称，但并不是没有意义，那么意义中必然存在着除了指称以外的其他东西。

我们有这样一种知识，即当在特定情况下"快乐的游泳者"和"杰克"可能有相同的指称，但是前者还有某些更多的意义，因为我们知道"快乐的游泳者很快乐"是同义反复——在任何想象的情况下都为真，但是"杰克很快乐"并不是同义反复，因为在某些情况下这个句子可能为假。这种知识也支持上面说的意义还包含"额外的某种东西"。

3.1.2 涵义

如果意义只是指称，那么词和词语的意义就是在现实世界中指出来的物体。比如说"狗"这个词的意义是"犬类物体"的集合。这种词义理论很有吸引力，因为它强调这样一种观点：意义是两者之间的连接，一头是语言，另一头是现实世界中的物体和事件。

然而，这种理论的一个显著的问题就是，说话者知道很多在现实世界中没有所指的词（比如"霍比特人、独角兽、哈利·波特"）。可是，说话者确实知道这些词语表达的意义。与此类似，像 of （……的）和 by（由、被）这样的功能词以及像 will（将）和 may（可能）这样的情态动词，指的是现实世界中的什么实体？

还有一个问题就是，两个词语可能指的是同一个个体，但是意义不同。比如说，Donald Trump（特朗普）①和 the President（总统，定指）目前指的是同一个个体，但是 the President 这个 NP 的意义基本上是"国家元首"，也就是说，意义中的这个成分脱离了它的指称，也更为持久。这种意义的成分通常被称为**涵义**。它就是我们上文所说的"额外的某种东西"。"霍比特人""独角兽"和"哈利·波特"有涵义，但是没有指称（在现实世界中）。相反地，典型的专有名词只有指称。一个名字，比如说"克里斯·琼斯"可能指的是某个特定的人，也就是他的所指，但是除此之外它没有多少语言意义。有些时候，两个不同的专有名词有相同的所指，比如说"马克·吐温"和"塞缪尔·朗赫恩·克莱门斯"②，或者"大学航班炸弹客"（Unabomber）③和"西奥多·卡辛斯基"。两个这样的词语是否有相同的涵义，这个问题在语言哲学领域是一个争论热烈的问题。

另一种理论认为，一个词的意义是它在讲话者心目中激发起来的心理形象。这种理论解决了"独角兽""霍比特人"和"哈利·波特"的问题；尽管他们没有真实的指称，但是我们可以从书籍、

---

① 原文是 George W. Bush（小布什）。——译注
② 马克·吐温的原名，"马克·吐温"是笔名。——译注
③ 1978—1995 年，哈佛神童卡辛斯基 16 次在大学和飞机航班投放炸弹，这些案件的警方代号为 UNABOM (University & Airline BOMber)（大学及飞机航班炸弹投放者），媒体因此称之为 Unabomber。——译注

电影等等获得这些实体的清晰形象。然而，很多有意义的词语，与说某种语言的大多数人所公认的清晰、独特的形象，无法产生任何联系。比如说，very（很）、if（如果）和306这些词语能唤起什么形象？虽然很难说清楚，但是这些词语当然是有意义的。氧气不同于氮气的形象是什么？——两者都是透明的气体，但是它们的意思截然不同。关于"狗"我们有什么样的心理形象？这个形象广泛到能够涵盖约克郡小猎犬和丹麦种大犬，同时又将狐狸和狼排除在外。宇航员对于"太空舱"这个词语的心理形象与普通人比很可能大相径庭，但是只要普通人和宇航员讲同一种语言，关于"太空舱"他们完全可以互相交流。

虽然认为词的意义对应于心理形象这样的观点很直观（因为很多词确实激发意象），但是就人们对词义的知识而言，此论作为一个一般的解释显然不够充分。

3.2 词汇关系

　　回回帽，突厥帽
　　有沿无沿大礼帽
　　斯瓦特土邦的王
　　你到底戴的什么帽？
　　弹簧床，棕棚床
　　能伸能收帆布床
　　斯瓦特土邦的王
　　你到底睡的什么床？
　　墨迹污点加油腻
　　纸上别沾脏东西
　　斯瓦特土邦的王
　　你写信写得可整齐？

爱德华·李尔《斯瓦特土邦的王》[①]

尽管没有一种关于词义的理论是完备的，但是我们知道，说话者对其心理词库中不同的词之间的意义关系，有相当可观的知识，而任何理论都必须考虑这种知识。

词以多种多样的方式在语义上相互联系。描述这些关系的词经常是以黏着语素 -nym结尾的。人们最了解的词汇关系是同义词，以上爱德华·李尔的诗就是一个例子，此外还有反义词和对立词。**同义词**是指在某些或者所有语境中都有相同意义的词或词语。有专门的同义词词典，里面列有数以百计的条目，比如：

apathetic / phlegmatic / passive / sluggish / indifferent

[①] 1876年1月22日，位于今巴基斯坦北部的斯瓦特土邦的王（Akond of Swat）逝世，当时的英国人对这个遥远的东方国度及其统治者几乎一无所知，李尔觉得此事很有意思，于是写了这首幽默诗。——译注

（这些词都表示"冷淡、漠然、无动于衷"之义）

pedigree / ancestry / genealogy / descent / lineage

（这些词都具有"谱系、血统、出身、门第"之义）

圣地亚哥野生动物园的一个标语上写着：

请勿激怒、折磨、纠缠、妨害、戏弄、烦扰、吵闹、侵扰、骚扰、刁难、迫害、激扰、恐吓、惹恼、扰乱、折腾、困扰、打扰、挑逗、惹火、逗引或触怒动物。

一直有人说，没有绝对的同义词——也就是说，没有两个词会有绝对相同的意义。但下面这两个句子的意义还是非常相近的：

He's sitting on the sofa. /He's sitting on the couch.（他坐在沙发上。）

我们在第十一章中会讲到，在英格兰的诺曼征服时期，英语引入了许多法语词。结果，英语中就有了很多成对的同义词，其中一个词有日耳曼语词根，另一个则有拉丁语词根，例如：

manly	virile	（有男子气概的）
heal	recuperate	（痊愈）
send	transmit	（输送）
go down	descend	（下降）

词义相反的词就是**反义词**。反义词分为几种。一种是互补反义词对：

| alive/dead | present/absent | awake/asleep |
| 活的/死的 | 在场/缺席 | 醒着/睡着 |

说它们互补，是因为alive（活的）= not dead（不是死的），而dead（死的）= not alive（不是活的）。

还有**级差**①**反义词**对：

| big/small | hot/cold | fast/slow | happy/sad |
| 大/小 | 热/冷 | 快/慢 | 喜/悲 |

级差反义词对中形容词的语义，与它们所修饰的对象有关。这些词不提供一个绝对的量级。例如，我们知道"一头小象"比"一只大老鼠"要大得多，"快"用在飞机上比用在汽车上更快。

某些级差反义词对有另一个特征：其中一个是**有标记的**，另一个则是**无标记的**。无标记的成员用于对程度的提问。通常我们问How *high* is the mountain?（那座山有多高？），而不是How *low* is it?（它有多低？）。回答时，则说Ten thousand feet *high*（一万英尺高），而绝不会说Ten thousand feet

---

① 即程度差异。——译注

low（一万英尺低），除非是出于幽默或讽刺。因此，high（高）是high/low（高/低）中无标记的成员。与此类似，tall（高）也是tall/short（高/矮）中无标记的成员，fast（快）则是fast/slow（快/慢）中无标记的成员。

另一类对立涉及下面这样的词对：

give/receive	buy/sell	teacher/pupil
给予/得到	买/卖	教师/学生

这些词称为**关系对立词**，它们表现出意义上的对称。如果X把Y"给予"了Z，那么Z就从X"得到"了Y；如果X是Y的"教师"，那么Y就是X的"学生"。以-er和-ee结尾的词对通常是关系对立词。如果玛丽是比尔的employer（雇主），那么比尔就是玛丽的employee（雇员）。

有些词是它们自己的反义词。这些"自反义词"是这样一些词：例如cleave（切开/黏住）和dust（擦掸/撒扬①），后者可分别用在dusting furniture（擦拭/掸除家具上的灰尘）和dusting crops（扬谷）。拼写不同但是发音一样的反义词对和自反义词类似：raise（种植，喂养，募集）和raze（拆毁，抹除）就是这样一个词对。

在英语中，有几种方法来构成反义词。你可以加前缀un-：

likely/unlikely	able/unable	fortunate/unfortunate
很可能/不太可能	能的/不能的	幸运的/不幸的

可以加non-：

entity/nonentity	conformist/nonconformist
实体/非实体	国教教徒/非国教教徒

或者也可以加in-：

tolerant/intolerant	discreet/indiscreet	decent/indecent
宽容的/不宽容的	谨慎的/不谨慎的	体面的/不体面的

但是这些构词策略有时候会适得其反。loosen和unloosen（松开），flammable和inflammable（易燃的），valuable和invaluable（珍贵的），还有一些其他的"假反义词"②实际上意义相同或近似。

其他的词汇关系包括同音形词、一词多义和下义词。

像bear（熊）和bare（光秃秃的）这样的词是**同音形词**（又称"**同音词**"）。同音形词意义不同，但发音相同，而拼写则可能相同，也可能不同。尽管拼写不同，to（去，介词）、too（也）和two（二）是同音形词。trunk(s)一词有三个意义（象鼻、行李箱、拳击短裤），也是同音形词。

---

① 其实不是典型的"自反义词"，因为前者虽然是"去除"，但是去除的对象不是宾语（比如家具），而是宾语上的附着物（比如灰尘），而后者是"留存"，对象是宾语。——译注

② 假反义词（antiautonym）是指一对这样的词，其中的一个看上去应该与另一个意义相反（比如带有表示否定义的词缀等），但其实却意义一样或近似。这个概念和"自反义词"有联系，但不同。——译注

同音形词可以造成歧义。下面这个句子：

I'll meet you by the bank.（我会在bank边上和你见面。）

意义可能是"我会在银行边上和你见面"或者"我会在河岸边上和你见面"。

同音形词既能造成理解上的混乱，也能取得很好的幽默效果，下面节选自《爱丽丝漫游奇境记》的两段文字就是这样的例子。

"面包是怎么做的？"

"这我知道！"爱丽丝热情地叫道。

"准备一些面粉（flour）——"

"到哪儿去采花（flower）？"白女王问道，"花园里还是树篱上？"

"咦，面粉不是采来的，"爱丽丝解释道，"是磨（ground）出来的——"

"那要多少英亩土地（ground）呢？"白女王又问道。

还有一段：

"我的故事（tale）①说来真是又长又伤心，"耗子说道，随即转向爱丽丝，叹了一口气。

"不错，你的尾巴（tail）果真很长，"爱丽丝说道，不解地看着耗子的尾巴，"可你为什么说它伤心呢？"

这几段文字幽默的基础在于几对不同的同音形词：flower（花）和flour（面粉），还有ground的两个意义。爱丽丝说的ground意义是grind（磨）的过去时，而白女王则把ground理解成"土地"了。第二段文字则是tale和tail这两个同音形词造成了误会。

如果一个词有概念上或者历史渊源上相互联系的多个意义，它就被称为是"**一词多义的**"（polysemous，发音是polly-seamus）。举例来说，diamond一词既指一种几何形状（菱形），又指有这种几何形状的棒球场地，它就是一词多义的。打开一部英语词典的任何一页，你会发现许多词的定义不止一个（例如，guard"卫兵/保护"，finger"手指/指认"和overture"序曲/友好姿态"）。这些词都是一词多义，因为每个词都有几个相互联系的意义。

说英语的人都知道red（红）、white（白）和blue（蓝）都是颜色词。与此类似，lion（狮子）、tiger（老虎）、leopard（豹子）和lynx（猞猁）都是猫科动物。这样成组的词称为"**下义词**"。上下义关系，存在于较一般的词项（如"颜色"）及其较具体的实例（如"红"）之间。因此，"红"就是"颜色"的下义词，而"狮子"则是"猫科动物"的下义词；同样可以说，"颜色"有"红"这个下义词，而"猫科动物"有"狮子"这个下义词。

如果一个词用某个物体来代指与该物体相关联的属性或概念的名称，那么它就是一个**转喻词**。用crown（王冠）来代指国王，或者国王统治下的政府，就是转喻词的一个例子。用brass（黄铜制

---

① 英语中tale（故事）和tail（尾巴）虽拼写不同，但读音相同，而意义迥异，这里爱丽丝把耗子说的"故事"误解为"尾巴"。
——译注

品）来指军事领导人，也是一样。新闻通讯社经常运用转喻词。体育新闻撰稿人在这方面尤其机敏，他们用gridiron（美式橄榄球场）来代指美式橄榄球，用diamond（菱形球场）代指棒球，用ice（冰）代指冰球，turf（赛马草场）代指赛马，等等。代指各国政府的转喻词，例如Kremlin（克里姆林宫，前苏联）、Whitehall（白厅，英国）、Washington（华盛顿，美国）和Baghdad（巴格达，伊拉克），都已是老生常谈。转喻词不一定非是单个词。Madison Avenue（麦迪逊大道）是指广告业的一个转喻词；Scotland Yard（苏格兰场）则指英国刑事调查局。两者的联系是：伦敦警察厅的所在地曾经在伦敦一个叫"大苏格兰场"的地方。

3.3 语义特征

在前面的几个小节中我们讨论了词与真实世界中物体相关的意义，这使得我们可以推导出一种基于真值的语义学。我们还探讨了词与其他词相关的意义。然而，寻找更加基本的一套**语义特征**或特性也是可能的，它们是词义的组成部分，并反映出我们对词意味着什么所具有的直觉。

把词义分解为语义特征，能够阐明特定的词是如何与其他词相关联的。举例来说，反义词的基本特性，就是除了一个语义特征之外，它们共同具有双方全部的语义特征。我们知道big（大）和red（红）不是反义词，因为它们共同的语义特征太少。两者都是形容词，但big有一个"关于尺寸"的语义特征，而red则有一个"关于颜色"的语义特征。另一方面，buy（买）和sell（卖）是关系对立词，因为两者都包含"改变处所或领属关系"这一语义特征，而只在改变的方向上相区别。

人们认为，语义特征是一个人用来理解词和句子意义的概念成分。举例来说，考虑一下这个句子：

The assassin killed Thwacklehurst.

如果你的心理词典有 assassin（刺客）这个词，你就知道这是某个人，他谋杀了一个叫 Thwacklehurst（舒瓦克赫斯特）的重要人物。你所了解的 assassin 一词的意义告诉你，杀人的不是一头动物，并且舒瓦克赫斯特也不是一个开香烟铺子的小老头。懂 assassin 这个词，意味着知道该词所指的个体是人，是一个谋杀者，而且是一个刺杀重要人物的凶手。可见，这样的一些信息，便是说该语言的人所公认 assassin 一词语义特征中的一部分。所有的名词、动词、形容词、副词——亦即实义词，甚至像 with（和……一起）或 over（在……之上）这样的一部分功能词，至少都可以部分地由这类特性来确定。

3.3.1 语义特征的证据

语义特性无法直接观察到，其存在必须从语言证据中推知。其中一个证据的来源就是我们每个人都会犯的言语错误，亦即"言语错误"或"口误"。考虑下面说话者实际说出来的一些口误，他们无意中用一些词代替了原本想说的词：

原想说的	实际说的（口误）
bridge of the nose（鼻梁）	bridge of the neck （脖梁）
when my gums bled（牙床出血）	when my tongues bled（舌头出血）
he came too late（他来得太晚）	he came too early（他来得太早）
Mary was young（玛丽很年轻）	Mary was early（玛丽早到了）
the lady with the dachshund（带猎獾狗的女士）	the lady with the Volkswagen（有大众汽车的女士）
that's a horse of another color（那是另一种颜色的马）	that's a horse of another race（那是另一个品种的马）
he has to pay her alimony（他必须付她赡养费）	he has to pay her rent（他必须替她付房租）

这些错误，连同人们所收集到并编制目录登记的成千上万例其他错误，都表明，错换的词并非随意为之，而是与意图中想说之词有着某些共同的语义特征。nose（鼻子）、neck（脖子）、gums（牙床）、tongues（舌头）都是"身体器官"或"头的一部分"；young（年青）、early（早）、late（迟）都与"时间"有关；dachshund（猎獾狗）和 Volkswagen（大众汽车）都是德语中的词，而且都比较"小"①；color（颜色）和 race（品种）之间，以及 alimony（赡养费）和 rent（房租）之间共有的语义特征，都是相当显而易见的。

描写词的语义所用的语义特性，不能与其他非语言特性，如物理特性，混为一谈。科学家们知道水是由氢和氧组成的，但是这样的知识并非词义的一部分。我们则知道水是柠檬水或洗澡水的一种基本成分。但是我们根本不需要知道这些事情中的任何一点，也明白"水"这个词是什么意义，并且能够在句子中使用和理解。

3.3.2 语义特征和语法

能进一步证明词是由更小的意义组成的证据，在于语义特征和语法的不同方面（如形态和句法）之间存在互动。这些效应在名词和动词中均有体现。

名词的语义特征 相同的语义特征可能为许多词所共有。[女性]②是一个语义特征，有时用黏着后缀-ess表示，构成名词意义的一部分，例如：

tigress（母虎）	hen（母鸡）	aunt（阿姨）	maiden（少女）
doe（母鹿）	mare（母马）	debutante（初次登台的女演员）	widow（寡妇）
ewe（母羊）	vixen（雌狐）	girl（女孩）	woman（女人）

后两列中的词也因为含有 [人] 的语义特征可以加以区别，它还见于下列词中：

---

① 猎獾狗和德国大众汽车都以体量小著称。——译注
② 原书用斜体表示词，用双引号表示语义特征，为了照顾汉语的习惯，本书用方括号"[ ]"表示语义特征。——译注

| doctor（医生） | dean（院长） | professor（教授） | teenager（少年） |
| bachelor（单身汉） | parent（父母） | baby（婴儿） | child（儿童） |

baby和child二词中含有的另一部分意义是：他们是 [年轻的]。father（父亲）有 [男性] 和 [成人] 的特性，uncle（叔叔）和bachelor也是如此。

尽管英语并非如此，在一些语言中，名词与**标类语素**同时出现，它们是能标记词的语义类别的语法语素。例如，在斯瓦希里语中，一个具有语义特征 [人] 的名词，在单数时用前缀 m- 标记，而复数时用 wa- 标记，如mtoto（孩子）和watoto（孩子们）。另外，具有 [人工制品] 特征的名词，如bed（床）、chair（椅子）或knife（刀），单数时用标类语素 ki 标记，复数时用 vi 标记，比如kiti（椅子）和viti（椅子，复数）。

语义特性可能产生句法效果。比如，一个名词可以和哪些限定词一起出现，这是由这个名词是"可数"名词还是"物质"名词这一点来决定的。

请考虑以下语言事实：

I have two dogs.（我有两条狗。）   *I have two rice (s).（我有两个米。）

I have a dog.（我有一条狗。）   *I have a rice.（我有一个米。）

*I have dog.（我有狗。）   I have rice.（我有米。）

He has many dogs.（我有很多条狗。）   *He has many rice (s).（我有很多个米。）

*He has much dogs.（我有很多狗。）   He has much rice.（我有很多米。）

可数名词可以计数且成为复数——one potato（一个土豆），two potatoes（两个土豆）。可数名词前面可以加不定冠词a和量词①many，如many potatoes（许多土豆），但不能加much，不能说*much potato。可数名词前面必须加上某种类型的限定词。rice（米），water（水）和milk（牛奶）这样不能计数且不能成为复数的名词，叫作**物质名词**②。不可数名词前面不能加a或many，但可以使用量词much，或完全不加限定词。可数/物质（不可数）的区分抓住了一个事实，即对于不同名词与不同类型的限定词的结合是否合乎语法，说话者是有判断的。如果没有这种区分，我们将无法描述这种不同。

一般来说，可数/不可数的区分对应于离散物体和同质物质之间的差异。认为这种区别的基础在于人类感知的说法是错误的，因为不同语言看待同一物体的方式可能有所不同。例如，在英语中，hair（头发）、furniture（家具）和spaghetti（意大利式细面条）是物质名词。我们说Some hair is curly（有些头发是卷的），Much furniture is poorly made（很多家具做得很糟糕）以及John loves spaghetti（约翰喜欢意大利面）。但是，在意大利语中这些词是可数名词，如下列例句所示：

Ivano ha mangiato molti spaghetti ieri sera.

---

① 语义学上的"量词"（quantifier）概念主要指一组表示数量对立的词语，比如"所有的、有些、每个"等；教学语法中的"量词"（measure word）指的是"块、条"等"名量词"和"次、趟"等"动量词"。——译注

② 为了与"可数名词"对应，又称"不可数名词"。——译注

Ivano ate many spaghettis last evening.（伊万诺昨天晚上吃了很多意大利式细面条。）

Piero ha comprato un mobile.

Piero bought a furniture.（皮耶罗买了一件家具。）

Luisella ha pettinato i suoi capelli.

Luisella combed her hairs.（路易塞拉梳理了她的头发。）

如果要说讲意大利语的人和讲英语的人对头发、家具、意大利式细面条有不同的认知，我们就不得不假设一种激进形式的语言决定论（请回忆第一章中的萨丕尔-沃尔夫假说）。更合理的假设是，对于所指相同的词，各种语言给它们所指派的语义特征，会有某种程度的差异，并不取决于这些语言将所指概念化的方式。即使在一种特定语言内部，也会有不同的词——可数的和不可数的都有——描述同一物体或物质。比如，在英语中就有shoes和footwear（可数/不可数，鞋），coins和change（可数/不可数，硬币、零钱）。

动词的语义特征　动词也可以分出语义特征来。比如，[致使]是darken, kill, uglify等动词的特征。

darken　　（使……变黑）
kill　　　（使……致死）
uglify　　（使……变丑）

[去] 这一特征意味着处所或领属的变化，如swim, crawl, throw, fly, give或buy：

Jack swims.（杰克游泳。）

The baby crawled under the table.（婴儿在桌子下面爬。）

The boy threw the ball over the fence.（男孩朝栅栏扔球。）

John gave Mary a beautiful engagement ring.（约翰给玛丽一个漂亮的订婚戒指。）

swim这样的词还有另一个特征 [在液体中]，而crawl的特征有 [接近表面]。

[变成] 这一特征表示某些动词的动作最终状态。比如，动词break的意义可以被分解为以下成分：[致使] [变成] 坏的。

试想一个人在训练一条蛇做roll over（翻滚）这个动作，如果蛇的反应是蜷缩成一团，那就说明它不理解roll over的一个特殊的语义特征，类似于 [绕着最长轴活动]，那条蛇是绕着自己的最短轴打滚。

动词特征，与名词特征类似，也可能产生句法上的结果。例如，动词既可以表示**事件**，例如John kissed Mary/John ate oysters（约翰吻了玛丽/约翰把牡蛎吃了①），也可以表示**状态**，例如John knows Mary/John likes oysters（约翰认识玛丽/约翰喜欢牡蛎）。事件/状态的区别映射在句法上。当使用被动态、进行时，表达祈使义，以及与某些副词连用时，事件句听起来比较自然：

---

① 后一句译成"把字句"是出于译文自然度的考虑，原文并没有和"把字句"的对应性。——译注

事件句

Mary was kissed by John.
（玛丽被约翰亲吻了。）

Oysters were eaten by John.
（牡蛎被约翰吃了。）

John is kissing Mary.
（约翰在亲吻玛丽。）

John is eating oysters.
（约翰在吃牡蛎。）

Kiss Mary!
（亲吻玛丽！）

Eat oysters!
（吃牡蛎！）

John deliberately kissed Mary.
（约翰故意亲吻了玛丽。）

John deliberately ate oysters.
（约翰故意把牡蛎吃了。）

套用同样形式的状态句，即使算不上不合语法或语义异常，仍然显得怪异（例句前的"？"表示句子怪异）。

状态句

?Mary is known by John.
（玛丽被约翰认识。）

?Oysters are liked by John.
（牡蛎被约翰喜欢。）

?John is knowing Mary.
（约翰正认识玛丽。）

?John is liking oysters.
（约翰正喜欢牡蛎。）

?Know Mary!
（认识玛丽！）

?Like oysters!
（喜欢牡蛎！）

?John deliberately knows Mary.
（约翰故意认识玛丽。）

?John deliberately likes oysters.
（约翰故意喜欢牡蛎。）

否定是某些动词意义中特别有趣的成分。在某些简单肯定句中使用像ever（再）、anymore（再）、budge an inch（稍有改变或让步）等许多此类词语是不合语法的，但在相应的否定句中就合乎语法。这些词语叫作**否定极项**，因为在句中另一处的否定特征允许它们在句中出现。请看下列语言事实：

*John thinks that he'll ever fly a plane anymore.（约翰认为他将永远驾驶飞机不再。）

John doesn't think that he'll ever fly a plane anymore.（约翰认为他再也不会驾驶飞机了。）

*Vohn hopes that he'll ever fly a plane anymore.（沃恩希望他将永远驾驶飞机不再。）

John doubts that he'll ever fly a plane anymore.（约翰怀疑他再也不会驾驶飞机了。）

John despairs that he'll ever fly a plane anymore.（使约翰感到绝望的是再也不会驾驶飞机了。）

这表明，在doubt和despair这类动词的意义中有否定的成分，比如doubt中的"认为没有"，以及despair中的"没有希望"。动词中的否定特征，使得否定极项在没有明显出现not的情况下合乎语法地出现在句子中。

3.4 论元结构

动词能拿来作补足语的NP在数量和类型上有所不同。我们在第四章中已经注意到，及物动词，如find（找到）、hit（打）、chase（追）等，能拥有或c-选择一个直接宾语作为补足语；而不及物动词，如dance（跳舞）或sleep（睡觉），则完全没有补足语。双及物动词，如give（给）或throw（投掷），有两个宾语作为补足语，如在句子John threw Mary a ball（约翰扔给玛丽一个球）中。此外，大多数动词有一个主语。与动词一起出现的各种NP是该动词的**论元**。因此，不及物动词有一个论元：主语；及物动词有两个论元：主语和直接宾语；双及物动词有三个论元：主语、直接宾语和间接宾语。一个动词的**论元结构**是其意义的一部分，包含在它的词条中。

动词不仅能决定一个句子中论元的数量，还可以限制其主语和补足语的语义特征。例如，find 和 sleep要求（s-选择）有生主语。那个著名的例句colorless green ideas sleep furiously之所以在语义上是异常的，是因为"思想"（不论是否有颜色）不是有生的。一个动词的语义成分也关系到它能选择怎样的补足语。例如，例句（1）和（3）中的动词可以有两个宾语，而（2）和（4）中的动词则不可以。

（1）John threw/tossed/kicked/flung the boy the ball.（约翰把球投掷/扔/踢/踹给男孩。）

（2）*John pushed/pulled/lifted/hauled the boy the ball.（约翰把球推/拉/举/拖给男孩。）

（3）Mary faxed/radioed/emailed/phoned Helen the news.

（玛丽把消息传真/无线电传送/电邮/电话给海伦。）

（4）*Mary murmured/mumbled/muttered/shrieked Helen the news.

（玛丽把消息低声地/咕哝着/嘀咕着/尖叫给海伦。）

虽然例句（1）和（2）中的动词都表示动作，但这些动作在如何用力方面却有所不同：（1）中的动词指的是一次单一快速的动作，而（2）中的动词则涉及力的持续使用。与之类似，（3）（4）中的动词都表示交流，但它们的意义在交流信息的方式上有所不同；（3）中的动词涉及外部设备，而（4）中动词的意义还包括所用语音的类型。最后，双及物动词的意义中有 [把直接宾语转移给间接宾语] 这个特征，是 [去] 这个特征的扩展。在（1）中，球被转移给了男孩。在（3）中，新闻被转移，或至少传达给了Helen。双及物动词give, write（写），send（发送），throw等都有这一特性。即使在这种转移并不明显的时候，也可以推测出来。因此，在John baked Mary a cake（约翰给玛丽烤了一块蛋糕）中，可以推测出约翰把蛋糕转移给了玛丽。这些意义中的细微之处不仅影响了动词的论元结构，还体现出句法和语义之间的某些关系。

3.4.1 题元角色

句子中的NP主语和VP中的论元在语义上以各种方式与动词相关联。这些关系取决于这个特定动词的意义。例如，在下面句子中的NP the boy（那个男孩）：

（1）　The boy rolled a red ball.（那个男孩滚动一个红色的球。）
　　　施事　　　主位

是滚动动作的"行使者"又称**"施事"**，NP a red ball（一个红色的球）是滚动动作的**主位**，或"经受者"。像施事、主位和其他我们马上要提到的关系都称为**题元角色**。题元角色表达动词的论元和动词描述的情景类型之间关系的种类。

下面的句子是另一个例子：

（2）The boy threw the red ball to the girl.（男孩扔了红色的球给女孩。）
　　　　施事　　　　主位　　　　目标

Throw的主语也是一个施事，所以在The boy threw the red ball to the girl中，the boy执行了动作。the red ball是主位，而the girl担当了"目标"这一题元角色，也就是处所和领属变化的终结点。这个动词短语解释成这样的意义：throw的主位最后来到目标的位置。其他的题元角色包括：**来源**，即动作开始之处；**工具**，即为完成动作而使用的手段；以及**感事**，即接受感觉输入的个体。

由动词指派的特定题元角色，其源头可以追溯到动词意义的成分。比如，之前我们注意到如throw, buy, fly这类动词中包含一个特征 [去]，表示处所或领属的变化。因此，特征 [去]就和主位、来源和目标这些题元角色的出现联系起来了。

题元角色的指派也与句法结构有关。在例句（2）中，主位角色指派到直接宾语the ball之上，而目标角色则指派到间接宾语the girl之上。像sell和buy这样的动词对也都涉及特征 [去]。因此，它们连接着一个主位的题元角色，指派到直接宾语，如下列句子所示：

（3）John sold the book to Mary.（约翰把那本书卖给了玛丽。）
　　　　施事　　主位　　目标

（4）Mary bought the book from John.（玛丽从约翰那儿买了那本书。）
　　　　施事　　　主位　　　来源

此外，sell与目标（转移动作的接受者或终点）的出现相关联，buy则与来源（转移动作的发出者）的出现有关。因此，buy/sell是关系对立词，因为它们都包含一个语义特征 [去]（货物或服务的转移），而不同的只是转移的方向，也就是说，一个的间接宾语是来源，而另一个的则是目标。题元角色并不是任意地指派给论元。动词的意义和这个动词所在句子的句法结构是有联系的。

我们关于动词的知识包括它们的句法范畴、它们选择哪些论元，以及它们为其论元所指派的题元角色。

一个句子的题元角色在释义的句子中不会改变。

（1）The dog bit the stick. / The stick was bitten by the dog.
　　　（狗咬了棒子。/棒子被狗咬了。）

（2）The trainer gave the dog a treat. / The trainer gave a treat to the dog.
　　　（训练师给了狗一个奖励。/训练师把一个奖励给了狗。）

在例句（1）中，the dog是施事，the stick是主位。在例句（2）中，the treat是主位，而the dog是目标。

在不是释义的句子中，题元角色也可能保持一致，如下例所示：

The boy opened the door with the key.（男孩用钥匙打开了门。）
The key opened the door.（钥匙打开了门。）
The door opened.（门打开了。）

在所有这三个句子中，the door 都是主位，是被打开的宾语。在前两个句子中，the key 尽管处于不同的结构位置，其题元角色都是工具。讲英语的人知道，这三个句子的语义都是由动词 open 的意义决定的。

4. 语用学

语用学讲的是语言意义在语境中的解释。有两种互相关联的语境。第一种是语言语境——需要解释的短语或句子上文中的**话语**；第二种是情景语境——实际上包括说话者所处环境中所有非语言的东西。

说话者知道如何将词和短语组成句子，同时他们也知道如何将句子组成更大的语篇来表达复杂的思想和意见。**话语分析**关注由多个句子组成的宽泛的言语单位，涉及风格、得体性、衔接性、修辞力、主题/次主题结构、书面和口头话语之间的差异，以及语法特性等问题。

在一段话语中，上文的句子能以各种方式影响下文中句子的意义。例如，代词的指称或意义往往取决于先前的话语。同时，先前的话语往往能消除 bank 这类词的歧义，因为所讨论的话题可能是河上泛舟，也可能是金融利率。

另一方面，情景语境是指句子或话语发生于其间的非语言环境。正是这样的语境，能使说话者完整无缺甚至不知不觉地把 Can you pass the salt?（能把盐递一下吗？）这样的问题解释为完成某个动作的要求。情景语境包括说话者、听话者和任何在场的第三方，还有他们的想法，以及他们关于别人有何种想法的想法。情景语境包括物理环境、谈话主题、所处时间等等，以至于无穷。在适当的情况下，几乎任何想象力所及的语言外因素都可能影响到解释语言的方式。

代词提供了一个很好的方式来说明这两种影响意义的语境——语言和情景。

4.1 代词

代词是从句子或更大话语中的其他 NP 那里获得意义的词项。换言之，代词的解释对句法和语境非常敏感。我们首先讲句法问题。

4.1.1 代词和句法

代词有不同的类型。**反身代词**是指 himself（他自己）和 themselves（他们自己）这样的代词。在英语中，反身代词总是通过回指同一个小句中的 NP 先行语而获得语义，如下例所示（下画线表示反身代词回指 NP）：

（1） <u>Jane</u> bit <u>herself</u>.（简咬了她自己。）

（2）　*Jane said that Bill bit herself.（*简说比尔咬了她自己。）

（3）　*Herself left.（*她自己离开了。）

在例（1）中Jane这个NP和herself都在一个S中。例（2）中的herself在嵌套句Bill bit herself 中，因此离先行语Jane太远了。例（3）中herself根本没有先行语，于是就无法从中获得语义。

语言中有的代词没有反身性，比如he（他，主格）、she（她，主格）、us（我们，宾格）、him（他，宾格）、her（她，宾格/属格）、you（你/你们，主格/宾格）等，我们只简单地称之为"代词"。代词要获得语义也得依靠其他成分，但是代词的句法条件和反身代词是不一样的。代词无法指称同一个小句内的先行语，但是可以自由地指称小句外的NP，如以下例句所示（同上，下画线表示代词回指NP这个解释）：

（4）　*John believes him.（*约翰相信他。）

（5）　John believes that he is a genius.（约翰相信他是一个天才。）

例（4）中的句子如果作代词回指的解释是不合语法的，因为him不能把John当作自己的先行词。但是，例（5）中的代词he可以解释为John。注意，在这两个句子中代词都有可能指称句子中没有提到的某个别的人，例如皮特或者哈里。在这种情况下，代词从更大的话语或非语言语境中获得指称。

4.1.2 代词和话语

> 911报警台的接线员想得到关于枪手的描述，就问："他穿着什么样的衣服？"
>
> 莫劳斯基先生以为问的是麦克科卢先生[因枪伤倒地奄奄一息的受害者]，于是答道："他穿着血迹斑斑的衬衣，还有蓝色牛仔裤，衬衣上有紫色条纹。"
>
> 于是接线员就把[受害者的]描述当作枪手的报告给了警方。
>
> 北卡罗来纳州罗利市《新闻和观察者报》1989年1月21日

代词可以用来替代前面话语中的名词短语，或者用来指称假定话语的参与者知道的实体。如果这个假定不成立，就可能导致本节开头处的那种沟通错误。

在一段话语中，上文的语言语境在解释代词的意义时起到主要作用。在下面的话语中：

It seems that the man loves the woman.（看来那个男人爱那个女人。）
Many people think he loves her.（许多人认为他爱她。）

对her最自然的解释就是第一个句子中提到的the woman，不管她到底是谁。但是her也有可能指称别的什么人，也许是一个用手势指出来的人。在这种情况下，说her的时候会特别重读：

Many people think he loves *her*!

以上的说法也适用于he的指称——通常它是和the man同指，但未必一定如此。和上面的例子一样，语调和重读也会提供线索。

当语义规则和语境解释确定一个代词与一个NP同指，我们就说这个代词**受约束**于名词短语先行词。如果前面的例子中her指the woman，那么它就是一个受**约束**代词。反身代词总是受约束性的。如果一个代词指称话语中没有明确提及的对象，它就被称为**自由**或者**非受约束**代词。自由代词的指称最终必须取决于情景语境。

第一和第二人称非反身代词（I/we"我，主格/我们，主格"，you"你/你们，主格/宾格"）分别受约束于说话者和听话者。因此他们依赖于情景语境，也就是说，谁在说话，以及话说给谁听。至于第三人称代词，如前面的例子所示，语义规则允许her或者受约束于the woman，或者作一个自由代词，用来指称没有明确提到的某人。最终的解释依赖于语境。

拿前面的那段话语来说，严格地说，如果话语变成下面这样，就不会不合语法：

It seems that the man loves the woman.
Many people think the man loves the woman.（许多人认为那个男人爱那个女人。）

但是，大多数人会觉得这段话语听起来呆板不自然。在话语中代词的使用经常是一个风格上的决定，属于语用学的范畴。

4.2 直指

在所有语言中，某些词或词语的指称完全取决于说话时的情景语境，并且只有根据这些情况才能被理解。这部分语用学叫作**直指**（deixis，发音为dike-sis）。正如之前讨论过的，第一和第二人称代词I（我）、me（我，宾格）、my（我的，属格）、mine（我的，名词性）、we（我们）、us（我们，宾格）、our（我们的，属格）、you（你/你们，主格、宾格）、your（你/你们的，属格）、yours（你/你们的，名词性）总是直指的，因为它们的指称完全取决于语境。要解释它们，你必须知道说话者和听话者分别是谁。

如果第三人称代词是自由代词，那它们就是直指的。如果它们是受约束的，那么从语言语境可以了解它们的指称。

下面这样的词语：

this person（这个人） these women（这些女人）
that man（那个男人） those children（那些孩子）

也是直指的，因为需要情景信息才能使听话者建立一个指称上的连接来理解其意义。这些例子说明的是**人称直指**。它们还表明，像this和that这样的**指示冠词**也是直指的。

此外，还有**时间直指**和**地点直指**。下列的例子都是时间直指词语：

now（现在） then（当时）
tomorrow（明天） this time（这一次）

that time（那一次）　　　　seven days ago（七天前）
two weeks from now（两个星期后）　last week（上周）
next April（明年四月）

为了弄清楚这些词语所指的具体时间，我们需要知道说话的时间。显然，next week（下星期）这个词语，今天说与下个月的今天说相比，指称是不一样的。如果你看到一张没有写日期的广告上说"下周大甩卖"，那么你就不知道这场甩卖是否已经发生。

地点直指的词语需要关于说话时所处地点的语境信息，如下面的例子所示：

here（这儿）　　　　　　there（那儿）
this place（这地方）　　　that place（那地方）
this ranch（这个牧场）　　those towers over there（那边的那些塔）
this city（这个城市）　　　these parks（这些公园）
yonder mountains（那边的山）

表示方向的词如：

before/behind（前/后）　　left/right（左/右）　　front/back（前/后）

是直指的，因为你需要了解对话参与者在空间中的朝向才能知道这些词的指称。在日语中，动词kuru（来）只能用于表示朝向说话地点的运动。说日语的人打电话给朋友的时候不能这样提问：

May I *kuru* to your house?（我能来你家吗？）

而在英语中你可以说 May I come to your house?（我能去你家吗？）上例中正确的日语动词应该是iku（去），表示离开说话地点的运动。因此，在日语中这些动词的意义有直指性的一面。

直指在语言使用中比比皆是，并且标志着语用学和语义学的一个分界。对于像 I（我）、an hour from now（一个小时以后）、behind me（在我后面）这样的直指词语，只要能用一种规则性的方式，把它们作为"词语使用的情景"的函数来确定它们的指称，那么它们就是有意义的（比如，I 指说话者）。为了完善其意义，确定其指称，就必须了解情景语境。

4.3 再谈情景语境

根据屈折变化，法语 ah bon 可以表示震惊、怀疑、冷漠、激怒或喜悦。

彼得·梅尔《永远的普罗旺斯》

许多话语如同电报：动词短语不具体说明，整个小句被省略，直接宾语消失，代词则比比皆是。然而，人们仍然可以相互理解，其中部分的原因是语法规则以及话语规则与语境知识结合起来填补了缺失之处，使话语变得连贯。许多语境知识是指知道谁在说话、谁在听、正在讨论什么对象，以及关于我们生活于其中的世界的普遍事实——这些我们在上文一直称之为**情景语境**。

通常我们表达的并不是所说的字面意义。当我们在餐桌旁问有没有人"能递一下盐",我们不是在询问他们这样做的能力,而是在要求他们这样做。如果我说"你正站在我的脚上",我不是在聊闲天,而是在要求你站到别的地方去。我们说"这里很冷",表达的是"关上窗户",或是"打开暖气",或是"我们走吧",或是取决于说话时现实世界情景的许多其他意义。

在以下几个小节中,我们将考查现实世界语境如何影响意义并与之互动的若干方法。

4.3.1 会话准则

> 这些虽是疯话,却有深意在内。
>
> 威廉·莎士比亚《哈姆雷特》

说话者能辨认出一组句子是"连成一气"还是毫无条理。使波洛涅斯发表了上述言论的,就是下面这段话语(出自《哈姆雷特》第二幕,第二场),它看似不大对劲——它前后不连贯。

> 波洛涅斯:您在读些什么,殿下?
>
> 哈姆雷特:都是些空话,空话,空话。
>
> 波洛涅斯:讲的是什么事,殿下?
>
> 哈姆雷特:谁同谁的什么事?
>
> 波洛涅斯:我是说您读的书里讲到些什么事,殿下。
>
> 哈姆雷特:一派诽谤,先生;这个专爱把人讥笑的坏蛋在这儿说着,老年人长着灰白的胡须,他们的脸上满是皱纹,他们的眼睛里黏满了眼屎,他们的头脑是空空洞洞的,他们的两腿是摇摇摆摆的;这些话,先生,虽然我十分相信,可是照这样写在书上,未免有伤厚道;因为就是拿您先生自己来说,要是您能够像一只蟹一样向后倒退,那么您也应该跟我一样年轻了。①

哈姆雷特正在装疯卖傻,他拒绝"如实地"回答波洛涅斯的问题。他违反了某些会话的规约,或者说**会话准则**。最先讨论这些准则的是英国哲学家H. 保罗·格莱斯,因此有时也被称为"格莱斯准则"。其中一条叫作**适量准则**说,说话者所提供的话语应按照要求提供信息——不多也不少。哈姆雷特在多和少两个方向上都违反了这一原则。他用"空话,空话,空话"来回答他在读什么这个问题,提供的信息太少。而他最后那段话则走向了另一个极端,提供的信息太多。

他还把读书讲的什么事这个问题"误解"成是两个人之间的什么事,这时他又违反了**相关准则**。

哈姆雷特最后一段话喋喋不休的性质是对**方式准则**的违反,是说话不连贯的另一个原因。最后一句把越活越年轻不无荒诞地隐喻为向后倒退,更是增强了这种前言不搭后语的效果,违反了要求真诚和真实的**质真准则**。

以下是关于四个会话准则的一个总结,它们属于宽泛意义上的**合作原则**。

---

① 译文引自《莎士比亚全集》中译本第9卷,45页,朱生豪译,人民文学出版社,1978。译者略有修改。——译注

准则名称	准则描述
适量准则	按照话语的要求说得不多也不少
相关准则	要相关
方式准则	要简要且有条理；避免歧义和晦涩
质真准则	不要说谎；不提没有依据的主张

除非说话者（像哈姆雷特那样）有意地不合作，他们会坚持这些准则和其他会话原则，并假定别人也这么做。

在没有特殊语境的情况下，如果一个人（诚实地）对另一个人说"我从来没有和你的妻子睡过觉"，这将成为激怒对方的理由，因为这个谈话的主题毫无必要，违反了适量准则。

在饭桌上问一个身体健全的人，"你能递一下盐吗？"如果从字面上回答，将迫使回答者陈述一件显而易见的事，这也会违反适量准则。为了避免这种情况的发生，被问的人会探寻提问的缘由，并推导出提问者是想拿到盐瓶。

相关准则能解释，对一个站在打开的、通风良好的窗户旁的人说"这里真冷"，怎么会被解释为一个关上窗户的请求，否则的话，为什么一开始要对那个特定的人说这句话呢？

这样的会话原则使句子的各种意义合理地组合成话语意义，并和语境结合在一起，这就好比句子的语法规则使词的意义合理地（并合乎语法地）组合成句子的意义。

4.3.2 隐涵

> 到底yet是什么意思？I haven't seen *Reservoir Dogs* yet.（我还没有看过《落水狗》这部电影。）这是什么意思？这就是说着你要去看，不是吗？
>
> 尼克·霍恩比《高保真》

在会话中我们推测和下结论所根据的不只是所说的话，有时候还会假设说话者试图达到什么目的并以此为根据。在刚刚讨论过的例子中——"这里真冷""你能递一下盐吗"还有"我从来没有和你的妻子睡过觉"——听话者推导出来的意义不是句子的字面意义。在第一个例子中，听话者假设他正在被要求关上窗户；第二个例子中，听话者知道对方不是在问他一个问题，而是在要求他递一下盐；第三个例子中，听话者理解的正好与所说的话相反，即说话者和他的妻子睡过了。

这些推论被称为**隐涵**。隐涵是根据话语所表达的内容做出的演绎，但不是严格推理出来的。倒不如说，隐涵是根据会话准则，同时考虑话段的语言意义以及说话时的特定情境而得到的。

考虑一下下列会话：

说话者A：史密斯最近没有女朋友。

说话者B：他最近总去达拉斯。

隐涵是史密斯在达拉斯有一个女朋友。推理是B的回答是不相关的，除非其中提供了与A的问题有关的信息。我们假设两位说话者试图合作。于是，可以合理地得出结论：B说出第二个句子是因为史密斯①去达拉斯的理由是他在那里有一个女朋友。

因为隐涵是根据关于说话者的假设得出的，而这些假设可能是错的，所以隐涵很容易被取消。出于这个原因A可以做如下回应：

说话者A：他去达拉斯是为了看望生病的妈妈。

虽然B的话段暗示史密斯去达拉斯的原因是去看望他的女朋友，但A的回答取消了这个隐涵。

之前我们讨论过衍推。回想一下，如果只要一个句子为真，另一个句子都必然为真，那么第一个句子就衍推第二个句子。因此，句子"杰克游泳游得很好"衍推"杰克游泳"。这就是说，"杰克游泳游得很好而且杰克不游泳"是一个矛盾句。与隐涵不同，衍推不可被取消。在上文的例子中，玛丽不是史密斯的女朋友，是A的第一个话段的衍推，因为"史密斯最近没有女朋友而且玛丽是他的女朋友"是一个矛盾句。与之相比，"他最近总去达拉斯而且他在达拉斯没有女朋友"在任何情况下都不是矛盾句。

4.3.3 言语行为

你可以用语言来做事。你可以用语言来作出承诺、打赌、发出警告、命名船只、提名候选人、表示祝贺或宣誓作证。**言语行为**的理论说明这是如何做到的。

通过说"我警告你在衣橱里有一个牧羊犬"，你不仅说了些什么，还警告了某人。如bet（打赌）、promise（承诺）、warn（警告）等动词是**施行动词**。在句子（第一人称、现在时）中使用这类动词，会在陈述之外增加一些额外的东西。

每种语言都有数以百计的施行动词。下面的句子说明了它们的用法：

I *bet* you five dollars the Yankees win.（我跟你赌五块钱，洋基队准赢。）

I *challenge* you to a match.（我向你挑战，赛一场。）

I *dare* you to step over this line.（我看你敢跨过这条线！）

I *fine* you $100 for possession of oregano.（因你非法拥有牛至叶，我罚你100美元）

I *move* that we adjourn.（我提议我们休会。）

I *nominate* Batman for mayor of Gotham City.（我提名蝙蝠侠为高谭市市长。）

I *promise* to improve.（我保证改进。）

I *resign*!（我辞职！）

I *pronounce* you husband and wife.（我宣布你们为合法夫妻。）

在所有这些句子中，说话者是主语（即句子是第一人称）。主语通过说这些句子来完成一些别的行为，如挑战、提名或辞职。此外，所有这些句子都是现在时的肯定陈述句。它们是典型的**施行句**。

---

① 原文是 A goes to Dallas（A 去达拉斯），应为笔误，按照上下文做了修正。——译注

判断一个句子中是否含有施行动词的一个非正式测试，是在句子前面加上I hereby...（我特此……）。这样开头只有施行句听起来是正确的。对比一下I hereby apologize to you（我特此向你道歉）和有些奇怪的I hereby know you（我特此认识你）。一般认为前一句是一个道歉的行为。在以上所有给出的例子中，插入hereby（特此）都是可以接受的。

在言语行为的研究中，语境的重要性显而易见。在一些情景中，"乐队排练，我家，6点到8点"是一句提醒，但同样的句子在不同的语境下可能变成警告。这些我们称之为"隐含的目的"或"说话者意图"——可能是一个提醒、警告、承诺、威胁或别的什么，也就是言语行为的**示意语力**。因为言语行为的示意语力取决于说话的语境，所以言语行为理论是语用学的一部分。

5. 小结

掌握一种语言意味着懂得如何产生并理解数量无限的句子的意义。对语言意义的研究称为**语义学**。**词汇语义学**研究语素与词的意义；**组构语义学**则研究短语和句子。对语境如何影响意义的研究称为**语用学**。

说话者对句子意义的知识包括对以下内容的了解：什么是陈述句的**真值条件**；一个句子何时**衍推**另一个句子；两个句子何时是**释义**的关系，何时又是**矛盾**的关系；一个句子何时是**重言**、**矛盾**或**二难**；句子何时有歧义，等等。组构语义学通过**语义规则**用较小语言单位的语义来构建短语或者句子的意义。

在某些情况下，较大语言单位的意义并不对各个组成部分的意义亦步亦趋。如果各部分的意义无法合乎情理地相互结合，就会造成**语义异常**，比如"无色的绿思想愤怒地睡觉"；**隐喻**是看似语义异常其实可以与有意义的概念相联系的句子，比如"时间就是金钱"；**习语**是固定的词语，其意义不是组构性的，而是必须作为一整个单位来学习，比如意为"死"的 kick the bucket（翘辫子）。

词语的部分意义可能是词所指的对象，亦即其**指称**，但是词义经常不限于所指的对象，这部分意义称为**涵义**。the president（总统，定指）一词的指称（目前）是特朗普，但是这个词语的涵义是"最高行政职务"。一些词语有指称，但是没有什么涵义，比如专有名词；另一些则有涵义，但是没有指称，比如"现任法国国王"。

词以各种方式相互联系。他们可以是**同义词**，各种**反义词**（**级差反义词**、**关系对立词**），或者**同音形词**，即发音相同但意义不同的词，比如 bare（裸的）和 bear（熊）。

词的部分意义可以用**语义特征**来描述，比如 [雌性] [年轻] [致使] [去] 等等。名词可能有 [可数] 的特征，指可以计算其数量（比如，一个土豆、两个土豆），或者有 [物质/不可数] 特征，指计数可能需要语境来解释（比如，*one milk "一个牛奶"，*two milks "两个牛奶"一般不能说，但可能指"一杯、一夸脱或者一份牛奶"）。一些动词有 [事件] 特征，另一些则有 [状态] 特征。许多词中都有否定的语义特征，**否定极项**的出现就是一个例证（例如，John doubts that Mary gives a hoot "约翰不相信玛丽会在乎"能说，但是*John thinks that Mary gives a hoot "约翰认为玛丽在乎"就不行）。

动词有各种**论元结构**，描述与特定动词共现的 NP。举例来说，不及物动词只带一个 NP 主语，而**双及物**动词则带一个 NP 主语，一个 NP 直接宾语和一个 NP 间接宾语。**题元角色**描述一个动词及其 NP 论元之间的语义关系。以下是一些题元角色：**施事**——动作的行使者；**主位**——动作的经受者；还有**目标**、**来源**、**工具**和**经历者**。

对语境如何影响语言解释的一般研究就是语用学。语境可以是语言的——之前所说或者所写的——或者世界知识，包括言语情景，我们称之为**情景语境**。

话语由若干句子组成，包括说话者之间的对话。语用学在解释话语时很重要，例如，确定句子中的代词是否与另一句子中的名词短语是否指称相同。

直指词语，如 you（你/你们，主格/宾格）、there（那儿）、now（现在）、the other side（另一边），需要话段所在情景（听话者、地点、时间、空间朝向）的知识，才能对其指称做出解释。

说任何一种语言的人，都遵守以真诚交际为目的的各项**合作原则**，这些原则称为**会话准则**。像"要相关"或"按照话语的要求说得不多也不少"这样的准则，使得说话者对"这里很冷"这样的句子做出间接的解释，得出"关上窗户"或者"打开暖气"的推论。当会话准则在一个情景中得到遵守，其中发生的话段所伴随的推断称为**隐涵**，比如从"能递一下盐吗？"得出"递一下盐！"的推论。隐涵的真值取决于话语中的句子，这一点和衍推一样。不同的是，衍推必然为真，而隐涵却可以用后加的信息加以取消。

言语行为理论告诉我们，人们用语言做事，比如打赌、提出警告，或者提名候选人。通过"我提名比尔·史密斯"这句话，你可能就完成了一个提名行为，让比尔·史密斯可以竞选公职。"做事"的动词称为**施行动词**。说话者说话时的意图称为**示意语力**。就施行动词而言，示意语力是明确提及的，在其他情况下则必须根据语境来确定。

6. 进阶书目

Austin, J. L: 1962. *How to Do Things with Words.* Cambridge, MA: Harvard University Press.

Brown, G., and G. Yule. 1983. *Discourse Analysis.* Cambridge, England: Cambridge University Press.

Chierchia, G., and S. McConnell-Ginet. 2000. *Meaning and Grammar*, 2nd edition. Cambridge, MA: MIT Press.

Davidson, D., and G. Harman, (eds.). 1972. *Semantics of Natural Languages.* Dordrecht, The Netherlands: Reidel.

Fraser, B. 1995. *An Introduction to Pragmatics.* Oxford: Blackwell Publishers.

Green, G. M. 1989. *Pragmatics and Natural Language Understanding.* Hillsdale, NJ: Lawrence Erlbaum Associates.

Grice, H. P. 1989. "Logic and Conversation." Reprinted in *Studies in the Way of Words.* Cambridge, MA: Harvard University Press.

Jackendoff, R. 1983. *Semantics and Cognition.* Cambridge, MA: MIT Press.

———. 1993. *Patterns in the Mind*. New York: HaperCollins.

Lakoff, G. 1987. *Women, Fire, and Dangerous Things: What Categories Reveal about the Mind*. Chicago: University of Chicago Press.

Lakoff, G., and M. Johnson. 1980. *Metaphors We Live By*. Chicago: University of Chicago Press.

Larson, R., and G. Segal. 1995. *Knowledge of Meaning*. Cambridge, MA: MIT Press.

Levinson, S. C. 1983. *Pragmatics*. Cambridge, England: Cambridge University Press.

Lyons, J. 1995. *Linguistic Semantics: An introduction*. Cambridge, England: Cambridge University Press.

Mey, J. L. 2001. *Pragmatics: An Introduction*, 2nd edition. Oxford, England: Blackwell Publishers.

Saeed, J. 2003. *Semantics*, 2nd edition. Oxford, England: Blackwell Publishers.

Searle, J. R. 1969. *Speech Acts: An Essay in the Philosophy of Language*. Cambridge, England: Cambridge University Press.

7. 练习

1.（本练习要求掌握基础的集合论知识。）

A. 假设 swims 的指称（意义）是一个由个体 Anna（安娜）、Laura（劳拉）、Paul（保罗）和 Benjamin（本杰明）组成的集合。下面例子中的哪些句子符合根据语义规则 1 得出的真值？

a. Anna swims.（安娜游泳。）

b. Jack swims.（杰克游泳。）

c. Benjamin swims.（本杰明游泳。）

B. 假设 loves 的指称（意义）是由以下各对个体组成的集合：<Anna, Paul>, <Paul, Benjamin>, <Benjamin, Benjamin>, <Paul, Anna>。根据语义规则 2，下面各动词短语的意义是什么？

a. loves Paul（爱保罗）

b. loves Benjamin（爱本杰明）

c. loves Jack（爱杰克）

C. 根据上一题 B 所给出的信息，下面例子中的哪些句子符合根据语义规则 1 得出的真值？

a. Paul loves Anna.（保罗爱安娜。）

b. Benjamin loves Paul.（本杰明爱保罗。）

c. Benjamin loves himself.（本杰明爱他自己。）

d. Anna loves Jack.（安娜爱杰克。）

D. **挑战练习**：考虑句子 Jack kissed Laura（杰克吻了劳拉）。语义规则 1 和语义规则 2 将如何决定这句话为假，如果下面这句话为真：

a. Nobody kissed Laura.（没有人吻劳拉。）

如果下面这句话为真，结果又会怎样？

b. Jack did not kiss Laura, although other men did.（杰克没有吻劳拉，但其他人吻了。）

2. 以下句子或者是同义反复（分析的）、矛盾，或者是情景为真或情景为假，用 T 标注同义反复句，C 标注矛盾句，S 标注其他句子。

   a. Queens are monarchs.（女王是君主。）
   b. Kings are female.（国王是女的。）
   c. Kings are poor.（国王很穷。）
   d. Queens are ugly.（女王很丑。）
   e. Queens are mothers.（女王是母亲。）
   f. Kings are mothers.（国王是母亲。）
   g. Dogs are four-legged.（狗是四条腿。）
   h. Cats are felines.（猫是猫科动物。）
   i. Cats are stupid.（猫很笨。）
   j. Dogs are carnivores.（狗是食肉动物。）
   k. Gcroge Washington is George Washington.（乔治·华盛顿是乔治·华盛顿。）
   l. Geroge Washington is the first president.（乔治·华盛顿是首任总统。）
   m. Geroge Washington is male.（乔治·华盛顿是男的。）
   n. Uncles are male.（叔叔是男的。）
   o. My aunt is a man.（我的阿姨是个男人。）
   p. Witches are wicked.（女巫很邪恶。）
   q. My brother is a witch.（我弟弟是个女巫。）
   r. My sister is an only child.（我妹妹是独生女。）
   s. The evening star isn't the evening star.（昏星不是昏星。）
   t. The evening star isn't Venus.（昏星不是金星。）
   u. Babies are adults.（婴儿是成人。）
   v. Babies can lift one ton.（婴儿能举起一吨重。）
   w. Puppies are human.（小狗是人。）
   x. My bachelor friends are all married.（我的单身汉朋友都已婚。）
   y. My bachelor friends are all lonely.（我的单身汉朋友都孤单。）
   z. Colorless ideas are green.（无色的思想是绿的。）

3. 你在一个小山村，在那里所有的男人都必须剃胡须，村里唯一的（男性）理发师只为所有不给自己剃胡须的男人剃须。根据以上情景写出一个悖论。

4. 无论说话者说出任何一个有意义的词语时实际上表示的是什么意思，语法的语义部分都应该能够解释吗？为你的观点辩护。

5. A. 以下句子可能有词汇歧义或者结构歧义，或者两者都有。为每个句子写出释义句，表明你理解了所有这些意义。

例　子：I saw him walking by the bank.

意义 1：我看见他了，他正走过河岸。

意义 2：我看见他了，他正走过银行。

意义 3：我正走过河岸的时候看见他了。

意义 4：我正走过银行的时候看见他了。

a. We laughed at the colorful ball.

b. He was knocked over by the punch.

c. The police were urged to stop drinking by the fifth.

d. I said I would file it on Thursday.

e. I cannot recommend visiting professors too highly.

f. The license fee for pets owned by senior citizens who have not been altered is $1.50.（真实招贴）

g. What looks better on a handsome man than a tux? Nothing!（据说是早期好莱坞影星梅·韦斯特所说）

h. Wanted: Man to take care of cow that does not sinoke or drink.（真实招贴）

i. For Sale: Several old dresses from grandmother in beautiful condition.（真实招贴）

j. Time flies like an arrow.

（提示：至少能写出四个释义句，但是其中有些需要有点想象力）

B. 如 A 要求的那样，为下列报纸标题写出释义句：

k. POLICE BEGIN CAMPAIGN TO RUN DOWN JAYWALKERS

l. DRUNK GETS NINE MONTHS IN VIOLIN CASE

m. FARMER BILL DIES IN HOUSE

n. STUD TIRES OUT

o. SQUAD HELPS DOG BITE VICTIM

p. LACK OF BRAINS HINDERS RESEARCH

q. MINERS REFUSE TO WORK AFTER DEATH

r. EYE DROPS OFF SHELF

s. JUVENILE COURT TO TRY SHOOTING DEFENDANT

t. QUEEN MARY HAVING BOROM SCRAPED

6. 通过为下列句子多个意义提供两个或者两个以上的释义句，解释它们的语义歧义。例如：She can't bear children 的意义可以是"她不能生小孩"或者"她不能忍受小孩"。

a. He waited by the bank.

b. Is he really that kind?

c. The proprietor of the fish store was the sole owner.

d. The long drill was boring.

e. When he got the clear title to the land, it was a good deed.

f. It takes a good ruler to make a straight line.

g. He saw that gasoline can explode.

h. You should see her shop.

i. Every man loves a woman.

j. **挑战练习**：Bill wants to marry a Norwegian woman.

7. 开始习语搜捕。在几小时与人谈话或者偷听到的谈话中，把用到的所有习语都写下来。如果你愿意，也可以看一两个小时的"肥皂剧"或者类似的节目，把所有的习语都写下来。如果你父母或者其他人看见你在看电视，把本书拿给他们看，告诉他们你在做作业。

8. 对下面给出的每组词，按要求回答（a）组词和（b）组词共有的一个语义特征，表明哪个或哪些语义特征可以区别（a）组词和（b）组词。

例子：（a）widow, mother, sister, aunt, maid

（b）widower, father, brother, uncle, valet

（a）组词和（b）组词都有特征［人］。

（a）组词有特征［女性］，（b）组词有特征［男性］。

A. （a）bachelor, man, son, paperboy, pope, chief

（b）bull, rooster, drake, ram

（a）组词和（b）组词都有特征：_____

（a）组词有特征：_____

（b）组词有特征：_____

B. （a）table, stone, pencil, cup, house, ship, car

（b）milk, alcohol, rice, soup, mud

（a）组词有特征：_____

（b）组词有特征：_____

C. （a）book, temple, mountain, road, tractor

（b）idea, love, charity, sincerity, bravery, fear

（a）组词有特征：_____

（b）组词有特征：_____

D. （a）pine, elm, ash, weeping willow, sycamore

（b）rose, dandelion, aster, tulip, daisy

（a）组词和（b）组词都有特征：_____

（a）组词有特征：_____

（b）组词有特征：_____

E. （a）book, letter, encyclopedia, novel, notebook, dictionary
（b）typewriter, pencil, pen, crayon, quill, charcoal, chalk
（a）组词有特征：_____
（b）组词有特征：_____

F. （a）walk, run, skip, jump, hop, swim
（b）fly, skate, ski, ride, cycle, canoe, hang-glide
（a）组词和（b）组词都有特征：_____
（a）组词有特征：_____
（b）组词有特征：_____

G. （a）ask, tell, say, talk, converse
（b）shout, whisper, mutter, drawl, holler
（a）组词和（b）组词都有特征：_____
（a）组词有特征：_____
（b）组词有特征：_____

H. （a）absent-present, alive-dead, asleep-awake, married-single
（b）big-small, cold-hot, sad-happy, slow-fast
（a）组词和（b）组词都有特征：_____
（a）组词有特征：_____
（b）组词有特征：_____

I. （a）alleged, counterfeit, false, putative, accused
（b）red, large, cheerful, pretty, stupid
（提示：alleged murderer "嫌疑杀人犯" 总是杀人犯吗？pretty girl "漂亮姑娘" 总是姑娘吗？）
（a）组词有特征：_____
（b）组词有特征：_____

9. 有许多以词缀-nym结尾的词描述词和词类的语义关系和事实。本章学习了一些，比如说synonym（同义词）、antonym（反义词）、homonym（同音形词）、hyponym（下义词）和metonym（转喻词）。你还能找到多少个-nym词并写出其意义？试着找到5个。10个最好。15个也是可能的。（提示：其中一个词是1997年全美拼字大赛的冠军决胜词！）

10. 反义关系有几种，在下面C栏中填写c, g或者r，分别表明 A 栏 和 B 栏词的关系是互补、级差还是关系对立。

A	B	C
good	bad	_____

expensive	cheap	_____
parent	offspring	_____
beautiful	ugly	_____
false	true	_____
lessor	lessee	_____
pass	fail	_____
hot	cold	_____
legal	illegal	_____
larger	smaller	_____
poor	rich	_____
fast	slow	_____
asleep	awake	_____
husband	wife	_____
rude	polite	_____

11. 根据下列每一个定义，在第一条横线上写出具有该意义的词，在第二条（以及第三条，如果有的话）横线上写出与第一个词拼写不同的同音形词。第一个字母是提示。

　　例子：A pair（一对）： t（wo） t（oo） t（o）

　　a. Naked（裸的）： b _____ b _____
　　b. Base metal（贱金属）： l _____ l _____
　　c. Worships（礼拜、祈祷，动词）： p _____ p _____ p _____
　　d. Eight bits（8比特）： b _____ b _____ b _____
　　e. One of five senses（五官感官之一）： s _____ s _____ c _____
　　f. Several couples（几对）： p _____ p _____ p _____
　　g. Not pretty（不漂亮）： p _____ p _____
　　h. Purity of gold unit（黄金纯度单位）： k _____ c _____
　　i. A horse's coiffure（马鬃）： m _____ m _____ M _____
　　j. Sets loose（释放，动词）： f _____ f _____ f _____

12. 下列为美国饭馆的一些专有名词。你能想出这些名字的由来吗？（本题出于娱乐目的，不必评分）

　　a. Mustard's Last Stand
　　b. Aunt Chilada's
　　c. Lion on the Beach
　　d. Pizza Paul and Mary

e. Franks for the Memories

f. Weiner Take All

g. Dressed to Grill

h. Deli Beloved

i. Gone with the Wings

j. Aunt Chovy's Pizza

k. Polly Esther's

l. Dewey, Cheatham & Howe （提示：这也是一家虚构律师事务所的名字。）

m. Thai Me Up Café （真的，它位于加州）

n. Romancing the Cone

13. 以下句子由一个动词、作主语的名词短语以及各种补足语和介词短语构成。判断各个名词短语的题元角色，在名词上标注字母 a, t, i, s, g, e，分别代表施事（agent）、主位（theme）、工具（instrument）、来源（source）、目标（goal）、经历者（experiencer）。

例子：　　　　　　a　　　　　t　　　　　　s　　　　　　　i
The boy took the books from the cupboard with a handcart.

a. Mary found a ball.

b. The children ran from the playground to the wading pool.

c. One of the men unlocked all the doors with a paper clip.

d. John melted the ice with a blowtorch.

e. Helen looked for a cockroach.

f. Helen saw a cockroach.

g. Helen screamed.

h. The ice melted.

i. With a telescope, the boy saw the man.

j. The farmer loaded hay onto the truck.

k. The farmer loaded the hay with a pitchfork.

l. The hay was loaded on the truck by the farmer.

14. 在刘易斯·卡罗尔所著的《镜中世界》中找到完整版本的《胡话诗》。找一本好词典，查询诗中所有的无意义词，看其中有多少是英语的词项。注意它们的意义。

15. 在体育运动方面，有很多词语具有"施行"性质。在棒球中，一垒裁判通过喊 You're out（你出局了）完成一个行为。想出 6 个左右类似的例子，并且解释它们的用法。

16. 施行话段的一个标准是，你能否用I hereby（我特此）作为话段的开头。注意，如果你大声说出句子（a），听起来就是真正的道歉，但是如果你大声说出句子（b），听起来就很滑稽，因为你不能施行"认识"这个动作：

a. 我特此向你致歉。

b. 我特此认识你。

在以下句子中插入 hereby（特此），试试它们听起来是否对头，并以此判断其中哪些是施行话段。

c. I testify that she met the agent. （我证明她与代理商见了面。）

d. I know that she met the agent. （我知道她与代理商见了面。）

e. I suppose the Yankees will win. （我猜测洋基队会赢。）

f. He bet her $2500 that Bush would win. （他跟她赌2500美元布什会赢。）

g. I dismiss the class. （我宣布下课。）

h. I teach the class. （我教这个班。）

i. We promise to leave early. （我们答应提早离开。）

j. I owe the IRS $1 million. （我欠美国国税局一百万美元。）

k. I bequeath $1,000,000 to the IRS. （我将一百万美元遗赠给美国国税局。）

l. I swore I didn't do it. （我发过誓我没有做过这件事。）

m. I swear I didn't do it. （我发誓我没有做过这件事。）

17. 考虑以下"事实"，然后回答问题：

A 部分说明在句法规则删除句子的某些部分之后你仍能解释句子意义的能力；而B 部分说明关于语义特征和衍推你具备了哪些知识。

A. Roses are red and bralkions are too. （玫瑰是红色的，bralkions也是。）

Booth shot Lincoln and Czolgosz, McKinley. （布斯枪杀了林肯，而乔尔戈什枪杀了麦金莱。）

Casca stabbed Caesar and so did Cinna. （卡斯卡用刀捅了凯撒，秦纳也这么干了。）

Frodo was exhausted as was Sam. （弗罗多筋疲力尽，萨姆也是。）

（a）What color are bralkions? （bralkions是什么颜色？）

（b）What did Czolgosz do to McKinley? （乔尔戈什对麦金莱做了什么？）

（c）What did Cinna do to Caesar? （辛纳对凯撒做了什么？）

（d）What state was Sam in? （萨姆处于什么样的状态？）

B. 现在请考虑以下事实，然后回答问题：

Black Beauty was a stallion. （黑美人是一匹公马。）

Mary is a widow. （玛丽是个孀妇。）

John pretended to send Mary a birthday card. （约翰假装给玛丽送了一张生日卡片。）

John didn't remember to send Jane a birthday card. （约翰忘了给简送生日卡片。）

Flipper is walking.（弗利普正走着。）

（T = 真；F = 假）

（e）Black Beauty was male?（"黑美人"是雄性的？）　　　　T_____　　　F_____

（f）Mary was never married?（玛丽从来没结过婚？）　　　T_____　　　F_____

（g）John sent Mary a card?（约翰给玛丽送了卡片？）　　　T_____　　　F_____

（h）John sent Jane a card?（约翰给简送了卡片？）　　　　T_____　　　F_____

（i）Flipper has legs?（弗利普有腿？）　　　　　　　　　　T_____　　　F_____

18. 下列句子如果为真，那么即使不完全了解情景，也可得出某些衍推。请写出这些衍推出来的句子。

例子：The minors promised the police to stop drinking.（那些未成年人答应警察不再喝酒。）

衍推：The minors were drinking; the minors communicated with the police.（未成年人原来在喝酒；未成年人与警察交流过。）

a. We went to the ballpark again.（我们又去了棒球场。）

b. Valerie regretted not receiving a new T-bird for Labor Day.（瓦莱丽后悔没有接受一辆新的雷鸟轿车作为劳动节礼物。）

c. That her pet turtle ran away made Emily very sad.（艾米丽的宠物海龟逃走了，她非常难过。）

d. The administration forgot that the professors support the students.（政府忘了教授是支持学生的。）

e. It is an atrocity that the World Trade Center was attacked on September 11, 2001.（世贸中心在2001年9月11日受到的攻击是一场暴行。）

f. It isn't tolerable that the World Trade Center was attacked on September 11, 2001.（世贸中心在2001年9月11日受到的攻击是不能容忍的。）

g. Disa wants more popcorn.（迪萨还想要些爆米花。）

h. Mary drank one more beer before leaving.（玛丽在离开前又喝了一瓶啤酒。）

i. Jack knows who discovered Pluto in 1930.（杰克知道是谁在1930年发现了冥王星。）

j. Mary pretended to be asleep.（玛丽假装睡着了。）

19. 圈出下列句子中的直指词语。（提示：专有名词和含有定冠词 the 的名词短语不算直指词语。）

a. I saw her standing there.（我看见她站在那儿。）

b. Dogs are animals.（狗是动物。）

c. Yesterday, all my troubles seemed so far away.（昨天，我所有的烦恼都看似遥远。）

d. The name of this rock band is "The Beatles."（这支摇滚乐队的名字叫"披头士"。）

e. *The Declaration of Independence* was signed in 1776.（《独立宣言》于1776年签署。）

f. *The Declaration of Independence* was signed last year.（《独立宣言》是去年签署的。）

g. Copper conducts electricity.（铜导电。）

h. The treasure chest is to your right.（藏宝箱在你右边。）

i. These are the times that try men's souls.（现在是考验人们灵魂的时候。）

j. There is a tide in the affairs of men which taken at the flood leads on to fortune.（人生总有涨潮时，趁着高潮一往无前，定能功成名就。）

20. 说明下列句子中的每个代词是自由的、黏着的，还是两可（自由或者黏着）。请单独考虑每个句子。

例子：John finds himself in love with her.（约翰发现自己爱上她了。）

　　　himself—黏着；her—自由

例子：John said that he loved her.（约翰说他爱她。）

　　　he—两可；her—自由

a. Louise said to herself in the mirror: "She's so ugly."（路易斯对着镜子里的自己说："她真丑。"）

b. The fact that he considers her pretty pleases Maria.（他觉得她很漂亮，这让玛利亚很高兴。）

c. Whenever she sees it, she thinks of herself.（每当看见它她就想到自己。）

d. John discovered that a picture of himself was hanging in the post office, and that fact bugged him, but it pleased her.（约翰发现邮局里挂着他自己的照片，这让他觉得很添堵，却让她很高兴。）

e. It seems that she and he will never stop arguing with them.（看起来她和他要跟他们一直吵下去。）

f. Persons are prohibited from picking flowers from any but their own graves.（On a sign in a cemetery.）（禁止在坟墓前攀折花枝，自己的除外。）（墓地指示牌）

21. 以下所述情景，每个单句陈述句中都至少有一个隐涵。它们的隐涵是什么？

a. Statement: You make a better door than a window.（陈述：你做门比做窗子更合适。）

　Situation: Someone is blocking your view.（情景：有人阻挡你的视线。）

b. Statement: It's getting late.（陈述：时候不早了。）

　Situation: You're at a party and it's 4 a.m.（情景：你在参加派对，而现在是凌晨4点。）

c. Statement: The restaurants are open until midnight.（陈述：餐馆营业至午夜。）

　Situation: It's 10 o'clock and you haven't eaten dinner.（情景：现在10点了，你还没吃晚餐。）

d. Statement: If you'd diet, this wouldn't hurt so badly.（陈述：如果你减肥的话就不会这么痛了。）

　Situation: Someone is standing on your toe.（情景：有人踩在你的脚趾上。）

e. Statement: I thought I saw a fan in the closet.（陈述：我想我在壁橱里看到一台风扇。）

　Situation: It's sweltering in the room.（情景：房间里好热。）

f. Statement: Mr. Smith dresses neatly, is well-groomed, and is always on time to class.（陈述：史密斯先生穿着干净，仪容整洁，一直按时上课。）

   Situation: The summary statement in a letter of recommendation to graduate school.（情景：写给研究生院推荐信中的简要说明。）

g. Statement: Most of the food is gone.（陈述：东西大部分吃光了。）

   Situation: You arrived late at a cocktail party.（情景：你很晚才到鸡尾酒会。）

h. Statement: John or Mary made a mistake.（陈述：约翰或者玛丽犯了错。）

   Situation: You're looking over some work done by John and Mary.（情景：你在检查约翰和玛丽的工作。）

22. 下文杰克和劳拉的对话中，每段对话都有会话隐涵。它们的隐涵是什么？

   a. Jack:　Did you make a doctor's appointment?（杰克：你预约医生了吗？）
      Laura: Their line was busy.（劳拉：他们的电话占线。）

   b. Jack:　Do you have the play tickets?（杰克：你有戏票吗？）
      Laura: Didn't I give them to you?（劳拉：我不是给你了吗？）

   c. Jack:　Does your grandmother have a live-in boyfriend?（杰克：你祖母有同居男友吗？）
      Laura: She's very traditional.（劳拉：她很传统。）

   d. Jack:　How did you like the string quartet?（杰克：你觉得这弦乐四重奏怎么样？）
      Laura: I thought the violist was swell.（劳拉：我觉得中提琴手很不错。）

   e. Laura: What are Boston's chances of winning the World Series?（劳拉：波士顿赢得世界职棒大赛的概率有多大？）
      Jack:　Do bowling balls float?（杰克：保龄球能飘起来吗？）

   f. Laura: Do you own a cat?（劳拉：你是不是有只猫？）
      Jack:　I'm allergic to everything.（杰克：我对什么东西都过敏。）

   g. Laura: Did you mow the grass and wash the car like I told you to?（劳拉：你有没有照着我说的割草洗车？）
      Jack:　I mowed the grass.（杰克：我割草了。）

   h. Laura: Do you want dessert?（劳拉：你要吃甜点不？）
      Jack:　Is the Pope Catholic?（杰克：教皇信天主教吗？）

23. A. 请想出10个否定极项词，如give a hoot（计较）或have a red cent（身"有"分文）。

    B. **挑战练习**：你是否能想出其他语境，虽然没有显性否定，却仍然"允准"它们的使用？（提示：课文中已经讨论过一个答案，还有其他的。）

24. **挑战练习**：假设与课文里的论述相反，名词短语no baby（没有婴儿）就像the baby（那个婴儿）一样，完全可以指某个个体。它未必是一个实际存在的婴儿，而是我们称之为 Ø（空集）的某种抽象的"空"对象。说明如果应用句法规则 1 并且考虑副词的限定性质（例如，如果说某人游泳"游得很好"，那么他肯定是游泳的），那么上述研究no baby语义的方法就会预测：No baby sleeps soundly（没有婴儿睡觉睡得很香）衍推 No baby sleeps（没有婴儿睡觉），解释为什么这是错的。

第六章 语音学：语言中的声音

> 我逐渐意识到，语音学对于人类关系来说意义重大——如果不同民族的人民能够以准确的发音说对方的语言（即使词汇和语法方面不那么完美），对拉近彼此距离会产生令人惊讶的效果；如此待人以平等，互相谅解之情自会油然而生。
>
> 丹尼尔·琼斯，日记

懂一门语言即是知道该语言中有哪些音，懂得如何把这些音组合成词。如果你懂英语，你就知道由字母 b, s, u 表示的音，也能够把它们组合成 bus（巴士）或 sub（潜水艇）这些词。

尽管各种语言的音可能各不相同，但世界上所有语言的语音都是人类声道天生能够发出的一组声音。本章我们讨论这些语音是如何发出，又是如何分类的。

1. 音段

研究语音的科学叫**语音学**。为了描写语音，先得判定什么是"单个的音"以及各个音之间是如何相互区别的。这项工作看似容易，其实不然。这是因为说话时语音是连在一起的，一个音哪儿开始哪儿结束并不那么显而易见。不过，要是我们懂这种语言，我们就能用我们的"心耳"来听出那些单个的音。

讲英语的人知道 bus 这个词里有三个音，但从物理上来说，这个词仅仅是一段持续的音。因为你懂英语，所以能把一段持续的音**切分**成几部分。这些片段出现于他处时，你也能够辨认出来，例如 bet 或 rob 中的 b，up 中的 u，以及 sister 中的 s。

假如我们听见的是清嗓子的声音，那就无法把它切分成一串分离的单位。这不是因为清嗓子是一个持续不间断的声音，而是因为这样的声音不用于言语，因而无法把它切分成语音。

讲英语的人懂英语，所以能够把 keepout（禁止入内）拆成两个词 keep 和 out，说话时一般不会在词跟词之间停顿（除了吸气），尽管我们可能觉得是停顿了的。学说话的小孩揭示了这个事实。一个两岁的孩子下楼梯的时候听见妈妈说：hold on（抓住[扶手]）。他答道：I'm holing don, I'm holing don[①]，不知道词跟词之间该在哪儿断开。事实上，误解词的分界在历史上改变了某些词的读音。早

[①] 应为 I'm holding on（我正抓着呢）。——译注

期英语中"围裙"一词发成 napron，而不是 apron。但是，a napron（一条餐巾）这个词组常被误解为 an apron，结果 napron 的声母 n 失落了。某些词语印出来很清楚，但说话时却有歧义。大声读出下面成对的词语，看看为什么会对我们所听到的词语产生误解：

Grade A　（优等）　　　　　　gray day　（阴天）
I scream　（我叫喊）　　　　　Ice cream　（冰淇淋）
The sun's rays meet　（阳光相遇）　The sons raise meat　（儿子们举起肉）

说话时词语甚至单个的音段之间没有停顿，这让我们觉得外国人说话词语堆砌在一起，其实我们自己也这样却不自知。这在说话时拍下的 X 光高速连续相片上昭然若揭，在说单个的音段时说话者的舌头、下巴、嘴唇在持续不断地活动。

不过，要是你懂那种语言，你就不难切分连串的音，不管是口语还是书面语，也不管听话的人识字不识字。任何人只要懂那种语言，就知道怎么把句子切分成词，再把词切分成音段。

1.1 语音的同一性

> 舌头微微一动，就能发出无数不同的元音，这些元音说英语的人都会用到，然而要让他们发出相同的元音，就和让他们按出同样的指印一样少见。
>
> 萧伯纳

想想人的能力真是够神奇的，言语信号是连续的，我们却能在一段话里听清单个的音段。更令人惊叹的是，没有任何两个人说同一个词是一模一样的，而我们照样能区分听清。某甲说 cat 所发出的言语信号，跟某乙说的 cat 并不完全相同，甚至同一个人说两次 cat，也会有某种程度的差别。

我们的语言知识决定了我们何时把物理上不同的声音判定为相同。我们知道发音的哪些方面在语言学上是重要的，哪些不重要。举例来说，假如某人一边咳嗽一边说"你（咳咳）好！"听话人会把这段信号仅理解为"你好！"而不理会咳嗽声。人们说话时可以有不同程度的音高[①]，不同的速率，甚至像电影《星球大战》中的黑武士一样脑袋罩在头盔里瓮声瓮气的，但是这些个人差异没有语言学意义。

我们的语言知识使我们能够忽略言语中无语言学意义的差别。此外，我们还能发出许多声音，这些声音我们凭语感就知道不是自己语言中的语音。许多讲英语的人都能发一种"啧啧啧"那样的表示不同意的"啹[②]音"或"啹啧音"[③]，有时就写作 tsk。啹音从来也不作为任何一个英语词的一部分出现。对很多讲英语的人来说，甚至很难把啹啧音跟其他音拼合成词。但在南部非洲的科萨语、祖鲁语、索索托语和科依科依语中，啹啧音跟英语中的 k 或 t 一样是地道的语音。说这些语言的人在把它们跟其他音拼合成词时并不感到困难。因此，tsk 在科萨语中是语音，但在英语中不是。而

[①] 这是指像英语那样无声调的语言，世界上有声调的语言可能要多于无声调语言，比如汉语中音高度不同是区别意义的。——译注
[②] 啹的发音是 zhōu，原指人在唤鸡时发出的声音。——译注
[③] 汉语中"啧啧"可以是不满，也可以是称奇。——译注

think 中的 th 在英语中是一个语音，但在法语中却不是。总的来说，各种语言的不同或多或少地体现在用以构词的语音库的区别上。

语音科学试图描写世界上所有语言中所用的所有的音。**声学语音学**关注语音的物理属性；**听觉语音学**关注听者如何感知语音。**发音语音学**研究的则是声道如何发出语音，这也是本章的主题。

2. 音标

英国人不尊重自己的语言，不会教他们的孩子如何说英语。他们不懂如何拼写英语，因为除了一套老式的外国字母，他们没其他东西可用来拼写英语。即使用这套外国字母也只有辅音（还不是全部）有公认的音值。

萧伯纳《卖花姑娘·序》

字母拼写的**正字法**在表示某个语言中的语音时并不总是前后一致的。如果要科学点儿——语音学的确是一门科学——我们必须想出一种办法，同一个音总是用同一个字母来表示，而同一个字母总是表示同一个音。我们通常用来拼写的罗马字母在这方面令人遗憾地难以胜任，请看下面的例句：

D*i*d h*e* bel*ie*ve that C*ae*sar could s*ee* the p*eo*ple s*ei*ze the s*ea*s? （他当时是否相信恺撒能够目睹人民征服海洋？）

The sill*y* am*oe*ba stole the k*ey* to the mach*i*ne. （愚蠢的变形虫偷了开机器的钥匙。）

这两个句子中同一个[i]音，却用了多种字母（组合）来表示：e, ie, ae, ee, eo, ei, ea, y, oe, ey, i。反过来，再看另一个句子：

My f*a*ther w*a*nted m*a*ny *a* vill*a*ge d*a*me b*a*dly. （我父亲那时非常想得到很多村妇。）

这儿，同一个字母 a 在不同的词中又用来表示不同的音。

下面的例子——多字母组合可以只表示单个的音——则把拼写这潭水搅得更混了：

sh*oo*t	*ch*aracter	*Th*omas	*ph*ysics
ei*th*er	d*ea*l	r*ough*	na*tion*
c*oa*t	gl*aci*al	*th*eater	pl*ai*n

或者反过来，单个的字母 x 不发成 z 时，常常表示 ks 这么两个音，如在 sex 这个词中（你得说得大声点才听得清楚 sex 是发成 seks）。

有些字母在某些词里不发音（所谓"哑字母"）。

*m*nemonic	autum*n*	resi*g*n	*g*host
*p*terodactyl	*w*rite	hol*e*	cor*p*s
*p*sychology	s*w*ord	de*b*t	*g*naw
bou*gh*	lam*b*	is*l*and	*k*not

或者反过来，有些音出现在词中但却没有字母来表示。在很多词里，u 这个字母表示的是 y+u 的音。

c*u*te	（听上去像 k*y*ute；跟 c*oo*t 不同）
f*u*me	（听上去像 f*y*ume；跟 f*oo*l 不同）
*u*se	（听上去像 *y*use；跟 *U*zbekistan 不同）

几百年来英国学者一直在呼吁拼写改革。萧伯纳是怨气冲天，他说英文拼写是如此不一致，fish 都可以拼成 ghoti——就像 tough 中的 gh，women 中的 o，nation 中的 ti。但是，文字改革家们无法改变我们的拼写习惯，这让语音学家发明了一套字母，绝对保证一音一符的对应。要想科学地研究全人类语言的语音舍此别无他法。

1888 年国际语音学会编制出一套标音字母，也就是**音标**，来表示所有语言中的音。这套音标中有些是普通的罗马字母，也有些是新设计的。每个音标在全世界任何语言中都只表示一个唯一的音值。懂了这套音标就能念出用音标来标写的词语，也能在听到一个词语后用音标来转写该词。发明这套**国际音标**（IPA）的人知道应该有足够的符号来表示所有语言中那些基本的音，同时又不应该也不能够囊括那些基本语音的非关键性的变体，诸如人际差异极大的音高[①]。

表 6.1 中列出了用来表示英语语音的国际音标。这些音标没有详细到告诉我们所有细节，有些语音细节可能因人而异，也可能在一个词的不同位置上也有所不同。这些符号并未穷尽描写英语语音所需要的所有音标，后文详细讨论语音时还会加些必要的符号。

表 6.1 英语发音的国际音标

辅音						元音			
p	pill	t	till	k	kill	i	beet	ɪ	bit
b	bill	d	dill	g	gill	e	bait	ɛ	bet
m	mill	n	nil	ŋ	ring	u	boot	ʊ	foot
f	feel	s	seal	h	hill	o	boat	ɔ	bore
v	veal	z	zeal	l	leaf	æ	bat	a	pot/bar
θ	thigh	tʃ	chill	r	reaf	ʌ	butt	ə	sofa
ð	thy	dʒ	Jill	j	you	ai	bite	aw	bout
ʃ	shill	ʍ	which	w	witch	ɔj	boy		
ʒ	measure								

[①] 又要强调一下，如果中国语言学家来写"语言引论"，就不会举出这样的例子来了。音高作为声调在世界上大多数语言中都不是"非关键性变体"。——译注

表右下 sofa 一词中的[ə] 叫作混元音①，这个音标只用来表示音节②中的音长很短的非强调元音。发混元音时嘴巴处于中性状态③，是个无特殊音色的短元音。混元音只用来表示弱化所有缩减音节中的元音④，尽管其音值由于在词中所处的位置不同或发音人不同也会稍有不同。表中其他元音音标都出现于多少有些重读的音节中。

美国不同地区的人有些词的发音不同。例如，有些人把 which 和 witch 发成同音，这样的话，这两个词中开头的音都用表中符号[w]来表示。假如你不发成同音，那么，which 中那个气化的 wh 就要表示为[ʍ]。又如有些人把 bought 和 pot 中的元音发成一样，而另一些人则把 bought 的元音发成跟 bore 的一样，把 pot 的元音发成跟 bar 的一样。因此我们把这两个词都列在音标图中。不过，如果想把表示英语中所有的发音差别的音标都列出来，就很困难了。你说的方言中的一些音在表中也许没列出来，也许有些音列出来了，但在你的方言中没有，那都没关系。说到发音，英语算得上变化多端。

表 6.1 中的符号都是国际音标，但有一个例外。英语中的 r 音在国际音标中是用一个倒置的 r （ɹ）来表示的⑤。我们和其他很多作者一样，为了英语读者的清楚起见，用了个右向正立的 r 符号。除了 r 之外，其他有些作者沿用转写美国英语的传统音标。你在他们写的书里会碰到这些传统符号，下面是一些对应的符号。

国际音标	其他写法
ʃ	š
ʒ	ž
ʧ	č
ʤ	ǰ
ʊ	U

有了 IPA 音标，我们可以无歧义地表示发音了。例如，在下面六个词里，字母 ou 表示六个不同的元音，gh 除了在 rough 里读[f]，其他都不发音；th 表示两个音，而 would 中的 l 是哑字母。用音标来进行语音转写则告诉了我们实际的发音。

拼写	发音
though	[ðo]
thought	[θɔt]
rough	[rʌf]
bough	[baw]

---

① 亦译作"央元音"。——译注
② 作者指英语的情形。——译注
③ 即"不开不闭，不圆不展，不前不后"。——译注
④ 作者所指的应是英语中的韵腹元音。——译注
⑤ 其实用[ɹ]还是一个近似的音标，英语 read 中的 r 的实际音值是个卷舌性的[ɻ]。——译注

through　　　　　　[θru]
would　　　　　　　[wʊd]

本书内国际音标都放在方括号内，以区别于日常书写的字母。

3. 发音语音学

　　语音由唇舌发出……人说话靠的是他所吸入体内尤其是腹腔中的空气。当空气通过空间排出时由于颅腔共鸣，便产生一种声音。舌头的活动控制了发音。它先把空气聚在咽喉，然后让空气顶开腭、齿的阻碍，把它们压出，于是造成某种有特定音质的声音。假如每次都不让舌头活动以控制发音，说话就不清楚，只能发出很少几个音。

希波克拉底（公元前 460—377）

　　任何语音（甚至任何音）的产生都靠气流活动。绝大部分语音产生于把肺部气流通过声带（两片薄膜），上穿喉咙进入口腔或鼻腔，最后压出体外。现在来一点解剖课。声带之间的开口叫**喉门**或**声门**，位于**喉头**内。喉头上方喉咙的管状部分叫**咽**（**喉**）。再往上大部分人叫作"嘴巴"的，我们语言学工作者称为**口腔**，以区别于**鼻腔**。鼻腔包括鼻子、连接鼻子和喉咙的通道，加上鼻窦。以上这些加起来叫**声道**。从图 6.1 上可以看得更清楚（声带和喉头在图中没有特别指明）。

　　语音之间怎么互相区别？敲打大圆鼓是一种声音，敲打小圆鼓是另一种声音，敲打小腰鼓声音又不同了。容纳流动空气的容器的形状和大小不同使得声音不一样。发音也是如此。声道就像那容纳空气的容器。声道大小形状改变，发出的音也不同。

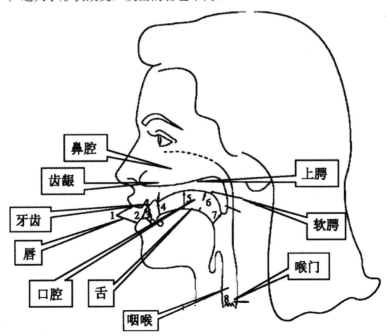

图 6.1　声道调音部位
1.双唇；2.唇齿；3.齿沿；4.龈；5.（前）腭；6.软腭；7.小舌；8.喉门

3.1 辅音

所有语言中的语音分为两大类：辅音和元音。发辅音时口腔内有某种阻塞或阻碍，妨碍肺部呼出的气流。语音学中的辅音和元音指的是语音的类别，而不是指用来表示语音的字母。在谈到字母表时，我们会说 a 是元音，b 是辅音，但意思仅仅是说我们用字母 a 表示元音，用字母 b 表示辅音。

3.1.1 调音部位

辅音分类的标准是气流在声道内的成阻点，这叫**调音部位**。移动舌头、嘴唇可以收紧，以各种方式改变口腔形状以发出不同的音。下面讨论主要的调音部位。阅读下文关于各类音的说明时，请参看表 6.1 中包含各个音的关键例示词。朗读一下这些词，努力体会发音时哪些调音器官在移动（使用镜子会更有帮助）。下文中的术语请参考图 6.1。

双唇音[p] [b] [m]：发这些音时用下唇去接触上唇。

唇齿音[f] [v]：也用嘴唇，但是用下唇去接触上齿。

齿沿音（或**齿间音**）[θ] [ð]：这两个音在英文中都拼写为 th。发音时舌尖插在上下齿之间。不过有些人只是把舌头触及上齿沿后，所发之音更应称为**齿音**。对着镜子发 think [θɪŋk]（想）和 these [ðiz]（这些）。看看你的舌尖跑到哪儿。

龈音[t] [d] [n] [s] [z] [l] [r]：发这七个音时，舌头抬向**齿龈隆骨**，但方式有所不同。

- 发[t], [d], [n]时舌尖抬起触及齿龈隆骨，部位稍前。
- 发[s], [z]时，舌前部两侧抬起，但舌尖稍低，空气可以从上流出。
- 发[l]时，舌尖抬起，而其他部位仍保持低位，让空气从舌头两侧流出。因而[l]叫作**边音**。你可以发 tra la la 体会 la 的位置。
- 大部分说英语的人在发[r]时，会卷起舌尖到齿龈隆骨后（这时是卷舌音），或者在齿龈隆骨后拱起舌背①。

龈后音（或**腭音**）[ʃ] [ʒ] [tʃ] [dʒ] [j]：例如 mission [mɪʃən]（任务），measure [mɛʒər]（量度），cheap [tʃip]（便宜），judge [dʒʌdʒ]（裁判），yoyo [jojo]（溜溜球）。发这些音时舌前部抬向龈后腭前造成收紧。

软腭音[k] [g] [ŋ]：另有一类音发音时把舌后部抬向**软腭**。例如，kick [kɪk]（踢）和 gig [gɪg]（鱼叉）两词第一个和最后一个音素，back [bæk]（后背），bag [bæg]（袋子），bang [bæŋ]（砰）等词的最后一个音素都是这样发的，这叫软腭音。

小舌音[R] [q] [G]：发音时舌背后部抬向**小舌**，那是喉咙口垂下的一块软体。法语中的 r 经常发成小舌颤音，标为[R]。阿拉伯语中有[q]和[G]。小舌音一般不出现于英语中。

喉音（或**声门音**）[h] [ʔ]：[h]的后面常常跟一个元音，发音时空气通过打开的喉门，流过准备

---

① 所以英语的 r 实际上是个龈后音，大部分情况下是龈后的卷舌音。只是英美语言学中按长期的传统称为龈音，并用非卷舌的符号来标示，严式用[ɹ]，宽式用[r]。——译注

发后接元音的舌头和嘴唇。

如果声带紧闭而空气在喉门处被完全阻断，那么，声带松开时所发之音就是**喉塞音**（或**声门塞音**）[ʔ]。牙医有时会惊叫一声（你大概最不愿意听见了）uh-oh，这里就有两个喉塞音，语音学上标写为[ʔʌʔo]。

上面讨论了调音部位，英语辅音按此的分类见表 6.2。

表 6.2　英语辅音的调音部位

双唇	p　b　m
唇齿	f　v
齿沿	θ　ð
龈	t　d　n　s　z　l　r
腭	ʃ　ʒ　ʧ　ʤ
软腭	k　g　ŋ
喉	h　ʔ

3.1.2　调音方式

我们已经按调音部位描写了几类辅音，但每一类内仍无法互相区别。例如[p]跟[b]有什么区别，[b]和[m]又有什么不同？他们都是双唇音。又如，同是龈音的[t], [d]和[n]之间有什么区别？

肺部气流流出口鼻时的不同方式会影响语音。气流可以被完全阻断，或部分受阻；声带可能振动，也可能不振动。我们把这些叫作**调音方式**①。

带音和清音。说话时如果声带打开，气流自由流过喉门进入口腔，这样发出的音**不带声**，称为**清音**。英语中有几个清音，super [supər]（超级）中的[s]和[p]，就是其中的两个。

发音时如果声带合拢，肺部气流就得强夺其路而出，结果引起声带振动，这样发出的音**带声**，称为**带音**。英语中带声辅音很多，buzz [bʌz]（蜂鸣）中的 b 和 z 即为其中之二。要对带声有个概念，你可以发带音 z-z-z-z-z，同时用指头堵住耳朵，就能感觉到声带振动。再发清音 s-s-s-s-s，就感觉不到声带振动（尽管你可能会听到口中的嗞嗞声）。如果发耳语声，那么话语中所有的音都是清音。

英语中的清带区别很重要。下列四对词都是用清带这个语音属性来区分的：

rope/robe　　　fate/fade　　　rack/rag　　　wreath/wreathe

[rop]/[rob]　　[fet]/[fed]　　[ræk]/[ræg]　　[riθ]/[rið]

每对词的前一个都以清音收尾，后一个以带音收尾。每一对词的其他方面的特征都相同，唇形、舌位都一样。

下面每一对词中也是清带区别，前一个词以清音开头，后一个以带音开头：

---

① 声带振动与否是发声问题，不是调音方式问题。不过由于英语语音中的发声态很简单，出于简明目的，这里把清声、带声便宜行事地处理为或寄放于调音方式。——译注

fine/vine	seal/zeal	choke/joke	pear/beat	tote/dote	kale/gale
[fajn]/[vajn]	[sil]/[zil]	[tʃok]/[dʒok]	[pit]/[bit]	[tot]/[dot]	[kel]/[gel]

上面讨论[p]时，我们没有把 pit 中的第一个音和 spit 中的第二个音加以区别。但此处有个语音差别。发清音时，喉门打开，空气从声带之间通畅流出。如果清音后接一个带音如元音，声带必须关闭以便振动。

清音依声带关闭时间分为两类。按照声带关闭时间，清音可分成两类。说 pit 这个词时，在双唇打开 p 除阻后声带还有一小段时间未关闭。这样的 p 叫作**送气**，因为在喉门关闭之前有一小股空气流出。而在发 spit（吐痰）的 p 时，双唇刚分开，声带就开始振动了。这种音叫作**不送气**。把手掌放在嘴巴前 5 厘米的地方，然后说 pit，你会感觉到一股气流，而说 spit 的时候就没有气流①。tick（嘀嗒）中的 t 和 kin（亲戚）中的 k 也是送气清塞音②，而 stick（手杖）中的 t 和 skin（皮）中的 k 是不送气音。

最后，在发带音[b]（还有[d]和[g]）时，整个嘴唇闭合期声带都在振动，然后在嘴唇打开后接元音时仍继续振动。

送气音用一个上标 ʰ 符号来表示，例见下：

pool [pʰul] spool [spul]

tale [tʰel] stale [stel]

kale [kʰel] scale [skel]

图 6-2 以图解形式显示了双唇闭合时间跟声带状态的关系。

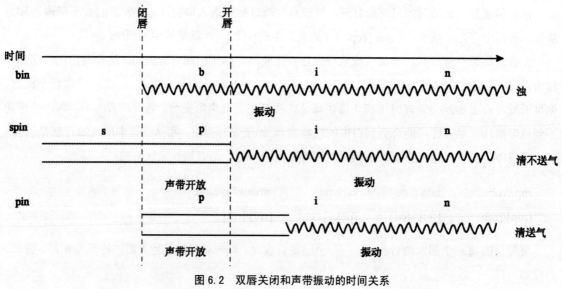

图 6.2 双唇关闭和声带振动的时间关系
（上）带③爆音[b]，（中）不送气爆音[p]，（下）送气爆音[pʰ]

---

① 汉语中的"皮"和"比"就是送气和不送气的对立。——译注
② 描述不带声的语音，为简略起见，有时只用一个"清"字。——译注
③ 描述带声的语音，为简略起见，有时只用一个"带"字。——译注

鼻音和口音 清带对立可以区分开唇音[b]和[p]，但问题是[m]也是双唇带音，它跟[b]有什么区别呢？

从图 6.1 上可以看到，口腔天花板分为（硬）腭和软腭。硬腭是口腔前部的骨质结构。你可以用大拇指去感觉一下。先洗手，然后伸进拇指沿着硬腭往后一直到喉咙口，你会碰到柔软的软腭。软腭的末端是小舌。对着镜子，张大嘴巴发"啊——"，就能看到小舌。软腭可活动，当它抬高顶到喉壁时，通向鼻腔的通道关闭，气流只能从口腔流出。

发音时软腭抬起不让气流从鼻子里溢出，这样的音叫**口（部）音**，因为空气只能从口腔流出。所有的语言中的大部分音都是口音。如果软腭不抬起，空气就会同时从鼻子和嘴巴里流出，这样发出的音叫**鼻音**。[m]是个鼻音，因此可与[b]区别开，后者是口音。

图 6.3 中可以看到发[m], [b]和[p]时双唇和软腭的位置。发这三个音时双唇关闭挡住空气流出，[p]是清音，[m]和[b]是带音；[m]和[b]的区别在于前者是鼻音，后者是口音。

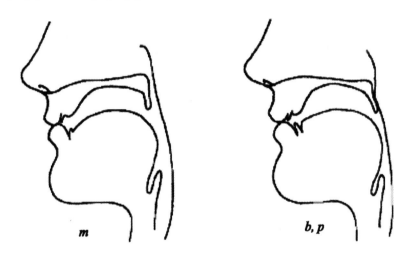

图 6.3　发 m 和 b, p 时双唇与软腭的位置

发 m 时双唇关闭，软腭下垂；发 b, p 时双唇关闭，软腭抬起。

同样的口鼻对立也见于 raid [red]（袭击）~ rain [ren]（下雨），rug [rʌg]（地毯）~ rung [rʌŋ]（ring "打铃"的过去分词形式）。发[d]和[g]时软腭抬起，不让空气从鼻腔流出。而发[n]和[ŋ]时软腭垂下，空气从鼻子里流出，等到除阻时，还从口腔流出。因而[m], [n]和[ŋ]是鼻音，[b], [d], [g]是口音。鼻音和带声这两个**语音特征**的出现与否可以把所有音素分为四类：带音、清音、鼻音、口音，见表 6.3。

表 6.3 四类音素

	口音	鼻音
带音	b d g	m n ng
清音	p t k	*

* 英语鼻辅音通常是带音。有些语言中既有带声鼻音，又有清鼻音。

现在我们可以从三方面来为辅音分类了：带声性、调音部位、鼻音性。例如：[p]是双唇清口音，[n]是带声龈鼻音，等等。

塞音 [p] [b] [m] [t] [d] [n] [k] [g] [ŋ] [tʃ] [dʒ] [ʔ]：现在我们把音素越分越细了。不过，[t]和[s]都是清龈口音，它们之间的区别在哪儿？毕竟 tack（大头针）和 sack（麻袋）是两个不同的词。

塞音是发音时气流在口腔中被完全阻塞一小段时间（数十毫秒）。塞音以外的是**通音**。[t]是塞音，[s]是通音。

- [p], [b], [m]是双唇塞音，双唇完全关闭，气流被阻于口中。
- [t], [d], [n]是龈塞音，舌头在齿龈隆骨处完全封闭，气流受阻于此。
- [k], [g], [ŋ]是软腭塞音，软腭处完全关闭。
- [tʃ], [dʒ]是硬腭塞擦音，塞音式完全关闭。进一步分类见后。
- [ʔ]是喉塞音。空气在喉门处完全被阻。

上面讨论了英语中的音素。有些音素，包括有些塞音，其他语言中也有，而英语没有。例如玻利维亚和秘鲁的盖丘亚语中有小舌塞音。发音时舌体后部往后伸与小舌接触造成完全闭塞。小舌清塞音用语音符号[q]来表示，Quechua（盖丘亚语）这个词本身就是以 q 开头的。该语言中还有小舌带声塞音[G]。

擦音[f] [v] [θ] [ð] [s] [z] [ʃ] [ʒ] [x] [ɣ] [h]：某些通音发音时气流严重受阻，以致造成摩擦。这种音因而叫作**擦音**。下列成对的音素中前一个是清擦音，后一个带擦音。

- [f]和[v]是唇齿擦音，摩擦产生于上齿与下唇间，只有很窄的通道允许空气逸出。
- [θ]和[ð]是齿沿擦音，在 thin（瘦）和 then（然后）中用 th 表示。摩擦产生于舌头与上齿的缝隙间。
- [s]和[z]是龈擦音，摩擦产生于齿龈隆骨处。
- [ʃ]和[ʒ]是硬腭擦音，两者在 mission [mɪʃən]（任务）和 measure [mɛʒər]（量度）中有对立。气流通过舌头和龈后前腭处产生了摩擦。硬腭带擦音从不在英语固有词的开头出现，除了外国借词如 genre（文体）。硬腭清擦音可以出现于词首，如 shoe [ʃu]（鞋子）, sure [ʃʊr]（肯定）；也可以词末如 rush [rʌʃ]（匆忙）, push [pʊʃ]（推）。
- [x]和[ɣ]表示软腭擦音。发音时抬高舌体后部，但没碰到软腭。气流通过此处的狭隘通道时造成摩擦。这两个音一般不出现于英语，除了在快速话语中有可能，另外在苏格兰英语中有些词中有[x]，如 loch（湖）中的最后一个音。作曲家巴赫（J. S. Bach）名字最后一个音也发成[x]。这个音在德语中很常见，这也是为什么德语被认为有浅喉音。

- [h]是喉擦音。这是一个相对而言较弱的音，由气流通过打开的喉门和咽腔形成。

所有擦音都是通音。尽管气流在口腔中受到阻碍，但并未完全阻断。

塞擦音[tʃ]和[dʒ]，发音时先成阻，紧接着是一个较慢的除阻，造成了擦音的效果。在 church（教堂）和 judge（判断）两词的起音和收音分别是硬腭清塞擦音和硬腭带塞擦音。塞擦音不是通音，因为它在开头有阻塞。

流音[l]和[r]，发音时口腔中有某种程度的阻碍，但还不足以形成真正的收紧或摩擦。这就是**流音**。前面龈音一节中提到，这两个流音发音方式相当不同，但能放在同一个类中，是因为声学特征相似。也因为如此，外国人讲英语时可能会混淆两者。

滑音[j] [w]：you [ju]（你们）和 we [wi]（我们）两词的起音分别是[j]和[w]。发音时口中气流几无阻碍。除了在复元音中（见后文），它们后面总是紧接着一个元音。发[j]或[w]时舌头很快地滑向紧挨的元音的舌位，因而有了**滑音**这个术语。滑音都是过渡音，介于辅音和元音之间，因而有时叫半元音。不过我们认为它们是辅音，因为它们跟辅音一样，从不能做音节的韵核，而元音可以。

[j]是腭滑音，发音时舌叶（舌前部不包括舌尖）抬向硬腭，部位跟发 beat [bit]（打）中的元音 i 几乎相同。发 you [ju]（你）时舌头从[j]很快滑向元音[u]。

发滑音[w]时，舌后部抬向软腭，同时撮圆嘴唇。因此它是一个**圆唇软腭滑音**。在 which（哪个）和 witch（巫婆）发音不同的英语方言中，前一个词中的软腭滑音是清音，用符号[ʍ]（倒置的 w）表示。[w]的舌位和唇型跟发 suit [sut]（适合）中的元音 u 相似。发 we [wi] 时，舌头很快地从[w]滑向元音[i]，就像你很快地说 gooey（胶粘的），但不念前面那个声母[g]。

近音 有些书上把[j], [w], [r], [l]又叫作近音，因为调音器官接近到擦音的程度，但还未真正形成摩擦。前三个是中近音，最后一个是边近音。

虽然本章内我们主要谈英语语音，但是 IPA 的音标和分类是面向全世界所有语言的。例如许多语言有颤音，还有些有咂音，见下。

颤音和闪音 许多语言中的 r 音可能与英语的[r]不同。发音人通过快速振动发出颤音 r。西班牙语中的"狗"一词为 perro，舌尖顶着齿龈隆骨振动。严格说起来，西语中的这个 r 才是国际音标的 [r]，尽管英语里占用了这音标表示英语的那个流音 r。很多说法语的人把 rouge 中的头一个音发成小舌颤音，发音时小舌振动，国际音标为[ʀ]。

另一种 r 音叫作**闪音**，发音时舌头在齿龈隆骨处闪刮一下。听起来像一个"很快的 d"。西班牙语词 pero（但是）中的 r 是个闪音。英国英语 very（非常）中的 r 也是闪音，国际音标是[ɾ]。大部分讲美国英语的人在发 writer（作家）或 rider（骑手）时，发的是闪音，而不是塞音[t]或[d]，结果两者变为同音的[ɾaɪɾər]。

咂音 这种音很少见，发音是气流在不同的调音器官之间活动。英语中表示不赞同的音写作 tsk

就是一个龈咝音①。南部非洲有一些语言如祖鲁语中就有咝音。科萨语中有边咝音，听起来像赶马的声音。其实，Xhosa（科萨语）一词中的 X 表示的就是咝音②。

3.1.3 美国英语辅音音标

现在我们可以用带声性、鼻音性、调音部位和调音方式来区别英语中所有的辅音。例如，[f] 是唇齿清（口）擦音；[n] 是龈（带）鼻塞音。括号中的特征一般由于有冗余性就不说了。除非特别指出是鼻音之外，其他所有音都是口音；英语中所有鼻音都是带声的。

表 6.4 按语音特征列出英语的辅音。横行表示调音方式，竖列表示调音部位。这些项目足以区别所有英语词。例如，单个的音标[p]表示送气和不送气的双唇清塞音，加上表示双唇带声塞音[b]，就能区别 peat [pit]（泥炭）和 beat [bit]（揍）。如果需要窄式标音，则可把 peat 标为 [pʰit]，以区别于 speed [spid]（速度）中的 [p]。

表 6.4 美国英语使用的一些辅音音标（未穷尽）

		双唇	唇齿	齿沿	龈	腭	软腭	喉
塞音（口）	清	p			t		k	ʔ
	带声	b			d		g	
鼻音（带声）		m			n		ŋ	
擦音	清		f	θ	s	ʃ		h
	带声		v	ð	z	ʒ		
塞擦音	清					tʃ		
	带声					dʒ		
滑音	清	ʍ					ʍ	
	带声	w				j	w	
流音（带声）	边				l			
	卷舌				r			

含有表中辅音的例词见表 6.5。

表 6.5 美国英语辅音例词

		双唇	唇齿	齿沿	龈	腭	软腭	喉
塞音（口）	清	pie			tie		kite	(ʔ)uh-(ʔ)oh
	带声	buy			die		guy	
鼻音（带声）		my			night		sing	
擦音	清		fie	thigh	sue	mission		high
	带声		vie	thy	zoo	measure		
塞擦音	清					chime		
	带声					jive		

---

① 类似于汉语口语中说"啧啧啧"，气流往里进去。——译注
② 这种音作为音位诚如作者所说"很少见"，但作为边缘音很常见，大部分汉语方言中的呼鸡声就是个典型龈后咝音。——译注

滑音	清	which			which	
	带声	wipe			yank	wipe
流音（带声）	边			lye		
	卷舌			rye		

3.2 元音

发元音时从肺部压出的空气没有受到实质性的阻碍。音质取决于气流通过时的声道形状。舌头的不同部位可以抬高或降低；嘴唇可以展平也可撮圆；软腭可以抬起也可降低。

元音携有音高和响度，因此可以高低不同地唱元音，也可以强弱不同地喊元音。元音还可长可短。元音能独自成立，前后不必有辅音。例如，你可以掐头去尾，只发 beat [bit]（揍），bit [bɪt]（一点儿），boot [but]（靴子）中的元音，而不发声母[b]和韵尾[t]。但要想单发一个[b]或[t]而不捎带一点儿元音则难多了。

语音学家能够从声学或电学角度来描写元音，见本书第九章。本章内从发音特征来描写元音，就像前面描写辅音一样。就像说发[d]时把舌尖抬到齿龈隆骨，我们可以说发[i]时舌体抬向硬腭。发[b]时双唇合拢，发 cat 中的元音[æ]时舌头下降，舌尖抵到前齿。

如果观察某人说话时舌头活动的 X 光（不是 X 级！）录像，可以看到舌头各部位在口腔中抬高降低，时前时后。这就是描写元音发音的参数，元音分类是根据如下三个问题：

1. 舌头在口腔中的多高多低？
2. 舌头在口腔中的多前多后？
3. 嘴唇是圆（撮）还是展？

舌位

希金斯：听音听烦了？

皮克林：烦透了。真费力。我能分清 24 个元音，已经觉得不算坏了；可你能分别出 130 个元音，真比我高明多了。大部分音我都听不出有什么区别。

希金斯：噢，多练习就听得出了。一开始听不出区别，但是听久了，你就听出它们都有区别，就像 A 跟 B 有区别一样。

萧伯纳《卖花姑娘》

图 6.4 中上面两幅小图显示了在发 he [hi]（他）和 who [hu]（谁）的元音[i]和[u]时舌头在口中抬得很高。发 he 时是舌前部（但不是舌尖）抬高，而发 who 时是舌后部抬高。（延长这两个词里的元音，自己试着体会一下舌体抬起的部位。）这两个元音是高元音，[i]是前高元音，[u]是后高元音。

图 6.4 中下面一幅小图显示，发 hah [ha]（啊）中的元音[a]时，舌后部降低。（医生检查喉咙时会让你说"啊"，原因就是舌头降低，便于看清。）因而这是个后低元音。

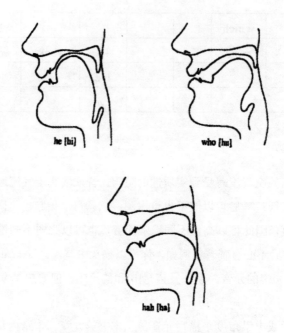

图 6.4　发 he, who, hah 中元音时的舌位

英语 hit [hɪt]（打）和 put [pʰʊt]（放）两词中的元音类似于 beat 和 boot 中的元音，只是舌位稍低。

发 hack [hæk]（劈砍）中的元音时舌前部降低，与发低元音 a 相似，只不过是舌前部而不是舌后部降低。连续发 hack, hah, hack, hah, hack, hah ……你可以感觉到舌头在口腔下部前后活动。因而[æ]是前低元音。

英语 bait [bet]（诱饵）和 boat [bot]（船）中的元音是中元音，发音时舌头抬至上述高、低元音之间的中间位置。bet [bɛt]（打赌）和 bore [bɔr]（钻孔）中的[ɛ]和[ɔ]也是中元音，舌位稍低于[e]和[o]。[e]和[ɛ]是前元音，[o]和[ɔ]是后元音。

发 butt [bʌt]（烟蒂）中的[ʌ]时舌位不高不低，不前不后。这是个中央而稍低的元音。混元音[ə]出现于 about [əbaut]（大约）中作为头一个音，以及 sofa [sofə]（沙发）的最后一个音。发这个元音时舌头处于高低前后两端之间，多少有些中性的位置。混元音大多用来表示非重读元音（后文将讨论重音问题）。

3.2.1 圆唇

元音还可按嘴唇是否圆展来区别。boot（靴子），put（放），boat（小船），bore（钻孔）中的元音[u]，[ʊ]，[o]，[ɔ]是**圆唇元音**，发音时圆唇或撮唇。延长 who 这个词，就好像猫头鹰的叫声 whoooooooooooo，你可以感觉到圆唇。现在对着照相机摆个姿势，说 cheese 并延长元音发成 cheeeeeeeeese，词中的前高[i]是不圆唇元音，嘴唇像微笑状态，这一点你可以感觉到，或者从镜子中看到。bar, bah, aha 中的低元音[a]是美国英语中仅有的不圆唇后元音。英语中的非后元音都是不圆唇的。

其他语言并非如此。例如法语和瑞典语中有英语中没有的圆唇前元音。英语中也没有后高不圆唇元音，但汉语普通话[①]、日语以及喀麦隆的菲菲语等语言中都有。这个元音的国际音标是[ɯ]。此处指明圆唇性很重要，因为我们注意到汉语普通话中不圆唇的[sɯ]是"四"，而圆唇的[sɯ]（发音类似英语 sue）是"速"。

图 6.5 中的元音按舌位"地理"摆放。水平方向的元音位置表示元音前后这一参数。垂直方向的元音位置是舌位高低。例如，我们可以看到[i]是前高元音，[o]是后中（圆唇）元音，[ʌ]是中央次低元音，稍靠后。

图 6.5 美国英语元音分类

3.2.2 复元音

复元音是元音加滑音两个音的组合。许多语言包括英语在内，都有复合元音。到现在为止我们所研究的都是单个元音，叫**单元音**。Bite [bajt]（咬）一词中的元音就是 father（爸爸）中的[a]，后接一个滑音[j]，组合为复元音[aj]。同样，bout [bawt]（回合）中先发元音[a]，紧接着发一个滑音[w]，组合成[aw]。英语中还有第三个复元音，那就是 boy [bɔj]（男孩）中的[ɔj]，先发一个如同 bore 中的元音[ɔ]，后接腭滑音[j]组合而成。由于英语的多样性，这几个复元音其实际音值不一定跟我们的描写完全一样。

3.2.3 元音的鼻化

元音跟辅音一样，发音时既可抬起软腭挡住空气从鼻子逸出，也可降低软腭允许空气经过鼻腔通道。堵塞鼻腔通道，发出的是口元音；鼻腔通道开放，发出的是鼻元音（或鼻化元音）。英语中鼻元音大多出现于同一音节的鼻辅音前，口元音则出现于其他场合。

有鼻化元音的词如 bean（豆子），bone（骨头），boom（隆隆），bam（哄），bang（呼）等。在音标转写时标写元音鼻化用一种**附加符号**浪线"~"放在元音上，如 bean [bĩn]，bone [bõn]。

法语、波兰语和葡萄牙语中，不跟鼻辅音相邻，也可出现鼻化元音。法语"声音"一词是 son [sõ]。拼写的 n 不发音，仅表示元音是鼻化的。

[①] 在语言学界 Mandarin 既可以指以普通话为标准语的现代汉语，也可以指汉语方言中的官话，这里指的是前者。——译注

3.2.4 紧元音和松元音

图 6.5 表明元音[i]的舌位稍高于[ɪ], 同样, [e]稍高于[ɛ], [u]稍高于[ʊ], [o]稍高于[ɔ]。这四对元音中的前一个发音时一般舌头肌肉较后一个更为紧张, 时长也稍长。我们可以用语音特征"紧"和"松①"来区别这四对词, 见下:

紧		松	
i	beat	ɪ	bit
e	bait	ɛ	bet
u	boot	ʊ	put
o	boat	ɔ	bought

在不同的人或不同的社区中, 紧元音会略有复元音化。前紧元音后接一短滑音[j], 因此, [i]和[e]会分别发成[ij]和[ej]; 而后紧元音后接一短滑音[w], 因此 u 和 o 会分别发成[uw], [ow]。不过我们还是用单元音符号来表示。

此外, [a]是紧元音, 而[æ], [ʌ], 当然还有 [ə] 都是松元音。紧元音可以出现于词末: [si], [se], [su], [so], [pa]表示的是英语词 see, say, sue, sew, pa。松元音大多不能出现于词末, 因此发音为[sɪ], [sɛ], [sæ], [sʊ]和[sə]的, 都不可能是英语词。以上概括的例外是松元音[ɔ], 它可以出现于 saw [sɔ]等词中。

3.2.5 不同人群的不同口音

图 6.5 中的元音没包括所有讲英语的人所拥有的元音。你可能有些特定的元音没表达在图中。很多讲英国英语的人有一个图中没有的后低圆唇元音, 例如 hot 一词中的元音。还有很多英国人发的紧元音有很重的复元音倾向, 比美国人厉害得多, 如 gate 发成[gejt], go 发成[gow]。与此相对的是讲英语的爱尔兰人, 他们都发成单元音。辅音也有地区差别, 如果不说是人际差别的话。某人名义上的"龈"塞音很可能实际上是齿塞音, 舌尖都顶到上齿背了。美国英语词末的 [t], [d]在英国英语中常常被喉塞音取代。整个英语世界很像一首老歌唱的: "我说 tomayto②[təmejto], 你说 tomahto[təmato]", 而我们语言爱好者都高呼"差异万岁"。

3.3 主要语音类

生物学家们用宽式和严式两种方式来描写生物。他们可以区别动物和植物, 在动物内部可以区别脊椎动物和非脊椎动物。在脊椎动物内, 可以区分哺乳动物和爬行动物, 如此等等。

语言学家用同样方式描写语音。所有音素要么是辅音, 要么是元音。而辅音要么是带声的, 要么是不带声的③如此等等。本章前面描写的所有语音类还可聚合为更大更一般的类, 这对于构建世界语言的语音格局很重要。

---

① 这里的"松紧"是刻画欧洲语音的调音特征, 但在东亚语言中用的"松紧"是远为复杂的发声特征。——译注
② tomayto 和 tomahto 分别是美国英语与英国英语对 tomato（西红柿）的发音。——译注
③ 这是指的是语音情况较为简单的欧洲语言, 亚非语言远非如此。——译注

3.3.1 非通音和通音

前面提到，塞音是**非通音**。发非通音时空气在口腔中完全阻断。还包括鼻塞音（虽然空气从鼻子里无间断地流出）和塞擦音。所有其他辅音，还有全部元音都是通音，发音时气流无间断地流出嘴巴。

3.3.2 阻音和响音

非鼻塞音，擦音，还有塞擦音组成一个大类，叫作**阻音**。发非鼻塞音和塞擦音时气流完全阻断，发擦音是部分阻碍。擦音是通音性阻音。发擦音时气流不间断地流出口腔，虽然口腔内的阻碍足以造成构成此类音特点的摩擦。

非鼻塞音和塞擦音是非通阻音，发音时空气完全阻断。塞音的除阻突然而迅速，而塞擦音除阻较缓，结果造成摩擦。

阻音以外的音素是有共振的**响音**。发响音时空气较为自由地从口腔或鼻腔流出。它们的声学能量比阻音大，大部分能量都消耗在推动空气通过较窄的声道。鼻塞音是响音，尽管气流在口腔中受到阻断，但在鼻腔中持续地造成共振。元音、流音[l]和[r]，滑音[j]和[w]，也是响音，因为空气在通过声道时较少阻碍而有共振。

3.3.3 纯辅音

全世界语言中的所有音素归入两大类：辅音和元音。但不是所有的辅音都"生而平等"：有些辅音性很强，有些不那么强。阻音的辅音性最强，最不像元音。鼻音和流音辅音性较弱，而较像元音，因为它们像元音一样共振。辅音性最弱的是滑音，但同时滑音也不像元音，程度仅次于阻音。语言学家看到这些性质渐变的情况，把阻音、流音、鼻音归入辅音下的一个次类，称为**纯辅音**。滑音不够条件，不是纯辅音，当然也不是元音。

下面是纯辅音的下位分类，但没有穷尽所有辅音，那需要上完整的语音课才能做到，此处不赘。

唇音[p] [b] [m] [f] [v]。唇音是用嘴唇来发的，包括双唇音[p], [b], [m]和唇齿音[f], [v]。

舌冠音[θ] [ð] [t] [d] [n] [s] [z] [ʃ] [ʒ] [tʃ] [dʒ] [l] [r]。发音时抬起舌叶，包括龈音[t], [d], [n], [s], [z]；腭音[ʃ], [ʒ]；塞擦音[tʃ], [dʒ]；流音[l], [r]。

前腔音[p] [b] [m] [f] [v] [θ] [ð] [t] [d] [n] [s] [z]。前腔音调音部位在口腔前部，即齿龈隆骨往前。包括唇音、齿沿音、龈音。

咝音[s] [z] [ʃ] [ʒ] [tʃ] [dʒ]。还有一类纯辅音是以声学特征而不是发音特征来刻画的。咝音产生的摩擦造成了高频区尖利声。

3.3.4 成音节的音素

可以充当音节核心的音素具有成音节性这一特征。显然，元音是成音节性的，但还有其他音类可以充当音节核心。

流音和鼻音也有成音节性，如 dazzle [dæzl̩]（耀眼），faker [fekr̩]（伪装者），rhythm [rɪðm̩]（节奏），button [bʌtn̩]（按钮）（[l̩], [r̩], [m̩], [n̩]下的小竖杠是表示成音节的附加符号）。在这几个成音节的流音和鼻音前插入一个混元音[ə]也显示出这是分离的音节，即这四个词可以分别标为[dæzəl]，[fekər]，[rɪðəm]，[bʌtən]，本书就使用这种标写法。同样，bird, verb 等词中的元音有时标写为成音节的[r]，即[br̩d]和[vr̩b]。为一致起见，我们用混元音来标写[bərd], [vərb]。这是用混元音来表示重读元音的仅有的词例。

阻音和滑音从来不能自成音节，因为它们总是伴随一个充当韵腹的元音。

4. 韵律特征

音长、音高以及复合特征重音都是**韵律**或**超音段**特征。这些特征加在带声性和调音部位的音段取值之上，这就是超音段中"超"的意思。"韵律"一词来自诗歌，原指诗句的节律结构。英语诗歌的一个基本特征是重音安置在哪些音节上，这决定了诗的句式。

调音部位、方式相同的语音有可能长短不同。英语中紧元音一般比松元音长，不过只是稍长一点，大约几十毫秒。但在有些语言中长元音可能长出一倍，这能用来区别词义①。例如日语中 biru [biru] 是"建筑"，如果是长 i，biiru [biːru]，那就是"啤酒"了。（形如冒号的：是 IPA 表示音段长或者音程加倍的符号。）

日语和很多其他语言，如芬兰语、意大利语还有区别词义的长辅音，长辅音可以是成阻期长，也可以是阻碍期长。日语 saki 一词中如果是短 k，是"早于"的意思，如果是长 k，sakki，那就是"之前"义。

英语中元音或辅音的长短不区别词义。你可以说"stooooooop！"强调你要某人 stop（停下）的愿望，但 stop 一词并没改变词义。你也可以说"whatttttt a dump！"（什么破地方！），来表示对某个旅馆房间的不满，延长 t 的成阻期，但 what 的词义还是没变。

说话时还会改变**音高**。音高取决于声带振动的快慢，振动快，音高就高。女性和孩童的喉头较小，声带较短，振动就快，音高也高，当然其他条件都相同的话。那就是为什么女人和小孩的声音一般比男人来的高的原因。后面讨论声调语言时，将会看到音高可以影响词义。

在很多语言中，一个词中某个音节可能比其他音节响度更大些，音高和时长都长点。这就是**重读**音节。例如，名词 digest（文摘）的第一个音节重读，而动词（消化）则是重读第二个音节。重音可由几种方式来标示。例如可以加一个重音符号：dígest 对 digést。英语是"重音语言"。一般而言，一个英语词中至少有一个音节是重读的。法语不是重音语言，每个音节的响度、音高和长短都大致相同。英国人说法语常常会重读一些音节，结果法国人就听到了一种"带英语重读口音"的法语。而法国人说英语，不会像英国人那样在某些音节上重读，发出的英语就带上"法国腔"。

---

① 在鄂温克语中，长元音可能比短元音长 5 倍，甚至更长。——译注

4.1 声调和语调

上面我们看到长短和重音可以区分音段性质相同的音素，如英语中两个 digest。音高在某些语言中也能区分不同的词。

不管说什么话，每个人说话时音高总在变动。音高对于音节的影响在不同语言中有所不同。英语中说 cat 这个词，不管用高调还是低调都没关系，意思总是指"猫"。但在尼日利亚的努佩语中，你如果用高调说 ba，意思是"酸"，如果低调，就成了"算"。那些在元音或音节上①用音高区别词义的语言叫**声调语言**。

世界上大多数语言是声调语言。单单在非洲就有一千多种声调语言。很多亚洲语言如汉语普通话、缅甸语、泰语都是声调语言。例如泰语中同一串音段 [na:]，可以加上低调、中调、高调、降调、升调，意思都不一样。因此泰语有五个语言学声调，见下：

（在下面的音标转写中用附加符号表示声调）

[ˋ]	L	低调	[nà:]	一种绰号
[ˉ]	M	中调	[nā:]	稻田
[ˊ]	H	高调	[ná:]	小舅、小姨
[ˆ]	HL	降调	[nâ:]	脸
[ˇ]	LH	升调	[nǎ:]	厚

声调分两种。如果在整个音节都是平的调，就是**调域调**；如果音高在音节上有变动，或升或降，那就是**曲拱调**。曲拱调内又分平仄，泰语是三个平调和两个仄调。声调语言通常有两到三个平调，还可能有一两个仄调。②

声调语言中重要的不是音节的绝对音高，而是不同音节音高的相对关系。所以尽管男人、女人、小孩的音高很不一样，照样能交际。

声调一般有词汇功能，即能区别词义。但在某些语言如尼日利亚中西部的埃多语中，声调还有语法功能。后接直接宾语的单音节动词上的声调表示动词的时态和及物性。低调表示现在时及物，高调表示过去时及物，如下：

òtà   gbě   èbé
Ota   write+PRES+TRANS   book
Ota writes a book. （奥塔写一本书。）

---

① 应该就是音节，而不是元音。——译注
② 原文为"如果整个音节的调都是平的，那就是调域调；如果音高在音节上有变动，或升或降，那就是曲拱调。泰语有三个平调和两个曲拱调。声调语通常有两到三个调域调，还可能有一两个曲拱调。"原文表达欠精确，故此对译文做了一些修改。作者主要是混淆了两件事：（1）调域调（或更应该叫"高低调"）和曲拱调（或更应该叫"平仄调"）是声调类型学中的概念，指的是音系学的"型"；（2）具体某个语言中的声调的"平"和"仄"（升降凹凸等），指的是语音学的"形"。中部非洲语言中的声调是调域型的，音系学中都处理为"高/中/低"高度不同的"平调"，尽管音声学上的"低调"在语音学上往往是个降调（调形）。亚洲语言，包括本书所举的泰语例子，其声调类型音系学上是属于曲拱型的，但在语音学上既有升降调（形），也有平调（形）。——译注

òtà　　gbɛ́　　　　　　　èbé
Ota　　write+PAST+TRANS　　book
Ota wrote a book. （奥塔写了一本书。）

在很多非洲声调语言中，我们可以看到绝对音高在整句话上不断下降。不过，相对音高则保持不变。下面是一个加纳的特威语的句子，其中相对音高比绝对音高更为重要。

科菲为他朋友的小孩找一些吃的。

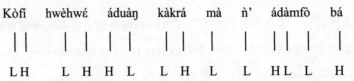

这些音节上的实际音高彼此间很不相同，见下类似五线谱的图（数字大表示音高高）。

7	fí						
6		hwɛ́	á				
5	Kò			krá			
4		hwè				á	
3			duàŋ	kà			bá
2					mà	n'	
1						dàmfò	

这种音高下降的情况叫**下漂**。在有下漂情况的语言中，一个在低调后的高调，比起前一个高调来要低；高调后的低调也如此。注意句子中第一个高调的音高值是 7 度，第二个高调（即间隔了一个低调者）是 6，低于前一个高调。

以上例子说明在分析声调时，跟分析音段一样，所有物理属性都不必考虑①。在语言中只有基本特征是重要的——此处指的是无论一个声调相对于其他声调是高还是低，都是如此。绝对音高不是必要的。

英语是非声调语言，这样的语言叫**语调语言**。说话时**音高曲拱**不断变化，但是语调语言跟声调语言不同，音高不是用于区别词义。语调可以影响整个句子的含义，比如用降调说 John is here（约翰在这里）是陈述语气，而用升调说就变成了疑问语气。语调问题在下一章展开讲。

---

① 这种看法不一定对。——译注

5. 音标和拼写的对应

表 6.6 显示了美国英语辅音和元音的语音与拼写之间的对应关系。(我们还未对每个音都给出所有的拼写方式，不过这些例子可以帮助你把英语正字法和语音系统对应起来。)我们纳入了清送气塞音的音标以说明一般人通常认为的一个音，例如 p，其实语音学上可能是两个音：[p]和[pʰ]。

表中有些发音可能跟你的不同。例如，你可能把 cot（帆布床）和 caught（catch "抓" 的过去分词）发成同音。在此处描写的英语变体中，这两个词不同音，cot 的元音跟 car（轿车）一样，是 [a]，而 caught 中的元音是[ɔ]，跟 core（核心）一样。

还存在着其他差异，因为英语是全世界使用的语言，在美国国内外人们所说的英语形式多种多样。本书中所用的英语例子是几种美国英语方言的折中，你不必因此而心生疑虑。我们的目的是教授一般意义上的语音学，告诉你语音学如何使用适当的音标和附加符号来描写世界上任何语言的语音。我们只不过用美国英语来做例子，通过用一些主要的音标来标示美国英语，以便说明这些音标是如何用于任何语言的语音的。

表 6.6 音标和英语拼写的对应

辅音

音标	例子
p	**sp**it ti**p** **app**le am**p**le
pʰ	**p**it **p**rick **p**laque a**pp**ear
b	**b**it ta**b** **b**rat **b**u**bb**le
m	**m**itt ta**m** s**m**ack E**mm**y ca**m**p co**mb**
t	**st**ick pi**t** kiss**ed** wri**t**e
tʰ	**t**ick in**t**end **pt**erodactyl a**tt**ack
d	**D**ick ca**d** **d**rip love**d** ri**d**e
n	**n**ick ki**n** **sn**ow **mn**emonic **gn**ostic **pn**eumatic **kn**ow
k	**sk**in sti**ck** **sc**at criti**qu**e el**k**
kʰ	**c**url **k**in **ch**arisma **c**ritic me**ch**anic **c**lose
g	**g**irl bur**g** lon**g**er Pittsbur**gh**
ŋ	si**ng** thi**n**k fi**n**ger
f	**f**at **ph**ilosophy **f**lat **ph**logiston co**ff**ee ree**f** cou**gh**
v	**v**at do**v**e gra**v**el
s	**s**ip **s**kip **p**sychology pa**ss** pat**s** democra**c**y **s**cissors fa**s**ten decei**v**e de**s**cent
z	**z**ip ja**zz** ra**z**or pad**s** kis**s**es **X**erox de**s**ign la**z**y s**c**issors mai**z**e
θ	**th**igh **th**rough wra**th** e**th**er Ma**tth**ew
ð	**th**y **th**eir wea**th**er la**th**e ei**th**er

ʃ	**sh**oe mu**sh** mi**ss**ion na**ti**on fi**sh** gla**ci**al **s**ure
ʒ	mea**s**ure vi**si**on a**z**ure ca**su**al deci**si**on rou**ge**
tʃ	**ch**oke ma**tch** fea**t**ure ri**ch** righ**te**ous
dʒ	**j**udge mi**dg**et **G**eorge ma**g**istrate resi**du**al
l	**l**eaf fee**l** ca**ll** sing**l**e
r	**r**eef fea**r** Pa**r**is singe**r**
j	**y**ou **y**es f**eu**d **u**se
w	**w**itch s**w**im q**u**een
ʍ	**wh**ich **wh**ere **wh**ale（对那些 which 和 witch 发音不同的人来说）
h	**h**at **wh**o **wh**ole re**h**ash
ʔ	bo**tt**le bu**tt**on glo**tt**al（部分人这样发），(**ʔ**)uh-(**ʔ**)oh
ɾ	wri**t**er ri**d**er la**tt**er la**dd**er

元音

音标	例子
i	b**ee**t b**ea**t b**e** rec**ei**ve k**ey** bel**ie**ve am**oe**ba p**eo**ple C**ae**sar V**a**seline s**e**rene
ɪ	b**i**t cons**i**st **i**njury b**i**n
e	g**a**te b**ai**t r**ay** gr**ea**t **eigh**t g**au**ge r**eig**n th**ey**
ɛ	b**e**t s**e**renity s**ay**s g**ue**st d**ea**d s**ai**d
æ	p**a**n **a**ct l**au**gh c**o**mrade
u	b**oo**t l**u**te wh**o** s**e**wer thr**ou**gh t**o** t**oo** tw**o** m**o**ve L**ou**
ʊ	p**u**t f**oo**t b**u**tcher c**ou**ld
ʌ	c**u**t t**ou**gh am**o**ng **o**ven d**oe**s c**o**ver fl**oo**d
o	c**oa**t g**o** b**eau** gr**ow** th**ou**gh t**oe** **ow**n **o**ver
ɔ	c**augh**t st**a**lk c**o**re s**a**w b**a**ll **aw**e
a	c**o**t f**a**ther p**a**lm s**e**rgeant h**o**nor h**o**spital mel**o**dic
ə	s**o**fa **a**lone s**y**mphony s**u**ppose mel**o**dy b**i**rd v**e**rb th**e**
aj	b**i**te s**igh**t b**y** d**ie** d**ye** St**ei**n **ai**sle ch**oi**r l**ia**r **i**slang h**eigh**t s**ig**n
aw	**a**bout br**ow**n d**ou**bt c**ow**ard
ɔj	b**oy** d**oi**ly

6. 手语的"语音学"

前面我们谈到手语和其他所有人类语言一样，受到包括句法和词法的语法系统的制约。手语和有声语还有一点一样的是手势信号可以分解成更小的单位,这些小单位在很多方面跟我们前面讨论过的语音特征类似。有声语言根据调音部位和方式来区分语音,与此相似,手语也根据手部发出的信号的部位和方式来区分信号。例如,美国手语 ASL 中的信号用四个大特征来构成。

手的形态(手形)
手和臂朝向或背离身体的动作
手相对于身体的位置
手掌的朝向

例如,"手臂"这个信号是手摊平,移动碰到上臂。它有三个特征:平手,向上活动,上臂。

跟有声语言一样,这些参数中只要有一个改变,就能产生一个不同的词。英语里 rope [rop](绳子)和 robe [rob](长袍)韵尾辅音清音和带音的不同形成了两个不同的词,同样,有些语言中的超音段,如声调,能区别不同的词,例如泰语中[nà:]带低调是"一种绰号",中调[nā:]是"稻田"的意思。在美国手语中,位置、手形、动作、手掌方向一旦变化,就会变成意义大相径庭的不同手势。例如,表示 father(父亲)的手势和表示 fine(好)的手势的差别仅在于打手势触及的身体部位。两个手势都使用张开五指的手形,但拇指碰到打手势者额头的是 father,碰到胸部的是 fine。

(a)仅有手形对立的手势

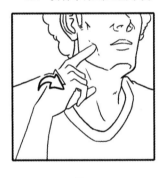 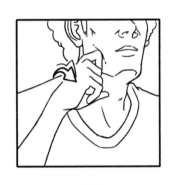 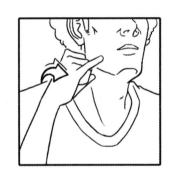

糖果　　　　　　　　　　　苹果　　　　　　　　　　　嫉妒

(b)仅有位置对立的手势

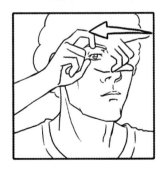  

夏天　　　　　　　　　　　丑陋　　　　　　　　　　　干燥

（c）仅有动作对立的手势

带子　　　　　　　　　　椅子　　　　　　　　　　火车

图 6.6　图示几个主要参数的最小对立

7. 小结

研究语音的科学叫**语音学**，旨在提供对描写和区分全世界语言中所有的音所必需的一组属性。

说话时产生的物理学上的音是一连串无间断的音，这是一串语言学上分离的**音段**的物理表征。懂某个语言的人能把连续的话语分离为单个的音和词。

英语等语言中拼写和发音之间的不合促生了一音一符的音标，当前使用的**音标**主要是**国际音标 IPA**，包括稍加改造的拉丁字母和**附加符号**，以表达所有人类语言的语音。为了使**音标转写**跟**正字法**（拼写）有所区别，可以把音标放在方括号里，如 phonetic [fənɛtɪk][①]。

英语的所有音素都是用肺部气流呼出声道来发的。空气通过**喉门**或**声门**（声带之间），上行过咽腔，通过口腔或鼻腔，再由嘴巴或鼻子呼出。

人类的语音按照语音属性分类。所有的音素不是**辅音**，就是**元音**。而所有辅音不是**阻音**就是**响音**。辅音在声道中有某种阻碍，阻碍处就定义了它们的**调音部位**，其中有**双唇**、**唇齿**、**龈**、**腭**、**软腭**、**小舌**、**喉门**。

辅音还可进一步按**调音方式**分类。可以分为**清音**或**带音**、**口音**或**鼻音**、**长音**或**短音**等。也可以分为**塞音**、**擦音**、**塞擦音**、**流音**或**滑音**。发带音时声带合拢并振动，发清音时声带打开不振动。清音可以是**送气的**或**不送气的**。发送气音时除阻后声带还分开一会儿，结果有一股气流冲出。辅音还可按照某些特征组成更大的类，如**唇音**、**舌冠音**、**前腔音**、**咝音**等。[②]

元音构成音节的韵核。元音按舌位的高中低和前央后，以及唇形的圆展来分类。英语的元音还可分为**紧和松**，紧元音稍长于松元音[③]。元音还可分为**重读的**（较长较响较高）和**非重读的**。跟辅音一样，元音也可分为口元音和鼻元音，尽管任何语言中的大部分元音都是口元音。

[①] 在拼音文字里为避免混淆，音标需要加方括号或用黑体字，以区别于字母。中文文字中用音标就不一定要加方括号了，除非是和汉语拼音或英文混排的情形。——译注

[②] 此处分类是就欧洲语音来说的，亚洲、非洲语音情况有所不同。所以全球性的语音的完备分类需看有关汉语著作。——译注

[③] 这是英语里的松紧概念。在汉语、藏缅、苗瑶、侗台、南亚、南岛语中，松紧的情况是很不同的。——译注

长短、音高、响度、重音是**韵律**或**超音段**特征，附加于音节中语音的音段值之上。在很多语言的音节中，元音的音高具有语言学意义。例如，两个词的音段都一样，但如果一个高调，一个低调，意义就可能不一样。这样的语言叫声调语言。此外，还有可以用音高升降来区别句子意义的**语调**语言。英语陈述句 Mary is a teacher（玛丽是一位教师）以降调结尾，但如果是问句，Mary is a teacher? 那就要以升调结尾了。

英语等语言用重音来区别词义，如 cóntent 和 contént。有些语言中长短元音或长短辅音有对立。日语中 biru 和 biːru，saki 和 sakːi 分别是不同的词。

表示鼻化、长度、重音、声调等的附加符号可以和音标一块儿使用，以表示严式标音。例如 main 的标音可以用一个浪线符号加在元音上表示鼻化：[mẽn]。

手语中也有与有声语言中相似的"语音"特征。美国手语中有手形、动作、位置、手掌方向四个特征。跟有声语言一样，在一个参数上加以改变就能生成一个新词，下一章中我们将详细讨论特征能够改变词义的属性。

8. 进阶书目

Abercrombie, D. 1967. *Elements of General Phonetics*. Chicago: Aldine.

Catford, J. C. 2001. A *Practical Introduction to Phonetics,* 2nd edition. New York: Oxford University Press.

Crystal, D. 2003. *A Dictionary of Linguistics and Phonetics,* 5th edition. Oxford, England: Blackwell Publishers.

Fromkin, V. A. (ed). 1978. *Tone:* A *Linguistic Survey.* New York: Academic Press.

International Phonetic Association. 1989. *Principles of the International Phonetics Association,* rev. (ed.). London: IPA.

Ladefoged, P. 2005. *Vowels and Consonants,* 2nd edition. Oxford, England: Blackwell Publishers.

Ladefoged, P. 2006. *A Course in Phonetics,* 5th edition. Boston, MA: Thomson Learning.

Ladefoged, P., and I. Maddieson. 1996. *The Sounds of the World's Languages.* Oxford, England: Blackwell Publishers.

MacKay, I. R. A. 1987. *Phonetics: The Science of Speech Production,* 2nd edition. Boston: Allyn and Bacon. (Appeared in 1991.)

Pullum, G. K., and W. A. Ladusaw. 1986. *Phonetic Symbol Guide.* Chicago: University of Chicago Press.

9. 练习

1. 根据你自己的发音，写出下列词第一个音的音标。

例子：ooze　　[u]　　　　psycho　[s]

  a. judge　　　[　]　　　f. thought　[　]
  b. Thomas　　[　]　　　g. contact　[　]
  c. though　　 [　]　　　h. phone　　[　]
  d. easy　　　　[　]　　　i. civic　　　[　]
  e. pneumonia [　]　　　j. usual　　 [　]

2. 写出下列词最后一个音的音标。

例子：boy [ɔj]（复元音应视为一个音）

  a. fleece　[　]　　　f. cow　　　[　]
  b. neigh　[　]　　　g. rough　　[　]
  c. long　　[　]　　　h. cheese　 [　]
  d. health　[　]　　　i. bleached [　]
  e. watch　[　]　　　j. rags　　　[　]

3. 根据你自己的发音，写出下列词的音标转写。

例子：knot [nat]　　delightful [dilajtfəl] 或 [dəlajtfəl]

有些学生可能对下列不同的词发同样的音。

  a. physics　　　　　　h. Fromkin
  b. merry　　　　　　 i. tease
  c. marry　　　　　　 j. weather
  d. Mary　　　　　　　k. coat
  e. yellow　　　　　　l. Rodman
  f. sticky　　　　　　 m. heath
  g. transcription　　　n. 你的英文名字

4. 以下是刘易斯·卡罗尔的韵律诗《海象和木匠》的音标转写，转写人的发音未必和你完全一样；正确的音标转写可以有很多种。转写的每一行音标中都有一个较大的错误，讲美国英语的人不可能这样发音。这个错误也许是在单词中多写了或者少写了一个符号，或者符号写错了。转写使用的是**窄式**标音，送气与否、元音的鼻化都做了标注。这是为了给出详细的音标转写。将每一行中音标标错的单词改正过来，写出正确的音标。

	正确的音标

a. ðə tʰãjm hæz cʌ̃m   [kʰʌ̃m]

b. ðə wɔlrəs sed

c. tʰu tʰɔlk əv mẽni θĩŋz

d. əv ʃuz ãnd ʃɪps

e. æ̃nd silĩŋ wæx

f. əv kʰæbəgəz æ̃nd kʰĩŋz

g. æ̃nd waj ðə si ɹs bɔjlĩŋ hat

h. æ̃nd wɛθər pʰɪgz hæv wĩŋz

5. 以下标音使用的是宽式标音（省略了鼻化和送气等细节），根据音标写出对应的词，拼写要符合规范。

a. [hit]

b. [strok]

c. [fez]

d. [ton]

e. [boni]

f. [skrim]

g. [frut]

h. [pritʃar]

i. [krak]

6. 写出与下列语音描写相对应的音标，然后举出一个含有这个音的词。

例子：带声龈塞音　　　　　　[d] dough

a. 双唇不送气清塞音　　　　[   ]

b. 前低元音　　　　　　　　[   ]

c. 边流音　　　　　　　　　[   ]

d. 软腭鼻音　　　　　　　　[   ]

e. 带声齿沿擦音　　　　　　[   ]

f. 清塞擦音　　　　　　　　[   ]

g. 硬腭滑音　　　　　　　　[   ]

h. 中松前元音　　　　　　　[   ]

i. 后高紧元音　　　　　　　[   ]

j. 送气清龈塞音　　　　　　[   ]

7. 在下面的每对词中，加粗的斜体部分有一个或多个不同的语音特征。将斜体部分注出音标，并陈述其异同之处。

例子：phone-phonic

phone 中的 o 是中、紧、圆唇；phonic 中的 o 是低、不圆唇；两者都是后元音。

a. ba*th*-ba*th*e

b. redu*c*e-redu*c*tion

c. c*oo*l-c*o*ld

d. wi*f*e-wi*v*es

e. cat*s*-dog*s*

f. i*m*polite-i*n*decent

8. 下面这首题为《英语》的诗作多年前登载于英国报纸上，注出其中斜体词的音标。

I take it you already *know*

Of *tough* and *bough* and *cough* and *dough*?

Some may stumble, but not *you*,

On *hiccough*, *thorough*, *slough* and *through*?

So now you are ready, perhaps,

To learn of less familiar traps?

Beware of *heard*, a dreadful *word*

That looks like *beard* and sounds like *bird*.

And *dead*, it's *said* like *bed*, not *bead*;

For goodness' sake, don't call it *deed*!

Watch out for *meat* and *great* and *threat*.

(They rhyme with *suite* and *straight* and *debt*.)

A *moth* is not a moth in *mother*,

Nor *both* in *bother*, broth in *brother*.

9. 阐述下面每一组音共有的语音特征。

例子：[p] [b] [m] 特征：双唇、塞音、辅音

a. [g] [p] [t] [d] [k] [b]

b. [u] [ʊ] [o] [ɔ]

c. [i] [ɪ] [e] [ɛ] [æ]

d. [t] [s] [ʃ] [p] [k] [tʃ] [f] [h]

e. [v] [z] [ʒ] [dʒ] [n] [g] [d] [b] [l] [r] [w] [j]

f. [t] [d] [s] [ʃ] [n] [tʃ] [dʒ]

10. 将下列宽式音标改写为规范的英语拼写。

a. nom tʃamski ɪz e lɪngwɪst hu titʃəz æt ɛm aj ti

b. fənɛtɪks ɪz ðə stʌdi əv spitʃ sawndz

c. ɔl spokən læŋgwɪdʒəz juz sawndz prədust baj ðə ʌpər rɛspərətɔri sɪstəm

d. ɪn wʌn dajəlɛkt əv ɪŋglɪʃ kat ðə nawn ænd kɔt ðə vərb ar prənawnst ðə sem

e. sʌm pipəl θɪŋg fənɛtɪks ɪz vɛri ɪntərɛstɪŋ

f. vɪktɔrijə framkən rabərt radmən ænd ninə hajəmz ar ðə ɔθərz əv ðɪs bʊk

11. 区分 A、B 两栏中各组音的语音特点是什么？

A   B

a. [i] [ɪ]   [u] [ʊ]

b. [p] [t] [k] [s] [f]   [b] [d] [g] [z] [v]

c. [p] [b] [m]   [t] [d] [n] [k] [g] [ŋ]

d. [i] [ɪ] [u] [ʊ]   [e] [ɛ] [o] [ɔ] [æ] [a]

e. [f] [v] [s] [z] [ʃ] [ʒ]   [tʃ] [dʒ]

f. [i] [ɪ] [e] [ə] [ɛ] [æ]   [u] [ʊ] [o] [ɔ] [a]

12. 下列哪一组音具有相同的调音方式，这个调音方式是什么？

a. [h] [ʔ]   f. [f] [ʃ]

b. [r] [w]   g. [k] [θ]

c. [m] [ŋ]   h. [s] [g]

d. [ð] [v]   i. [j] [w]

e. [r] [t]   j. [j] [dʒ]

13. A. 下列哪些元音是松元音，哪些是紧元音？

a. [i]   b. [ɪ]   c. [u]   d. [ʌ]   e. [ʊ]

f. [e]   g. [ɛ]   h. [o]   i. [ɔ]   j. [æ]

k. [a]   l. [ə]   m. [aj]   n. [aw]   o. [ɔj]

（提示：复元音是紧元音）

B. 想象一个普通的、不带任何情感特色的英语词，用上面的元音构成只有一个音节的词，并以[ʃ]结尾。这样构成的词里面，有哪些是不可能在英语中出现的？

例子：fish [fɪʃ] 就是这样一个词，英语中不可能出现以[-ajʃ]结尾的词。

C. 从松紧的角度来看，这样的词中出现哪一种元音类型的概率最高？

14. 造一个句子，并用窄式标音写出音标，至少包含六个不同的单元音和两个不同的双元音。

15. 英语中的前元音 [i, ɪ, e, ɛ, æ]都是不圆唇的，但是很多语言，比如法语，就有前圆唇元音。法语中有三个前圆唇元音，试着找出正确的国际音标符号来描述这些前圆唇元音。（提示：可以参考本书给出的文献书目，或者用谷歌搜索）

法语中 tu（你）的元音是高前圆唇元音，其音标为[　]。

bleu（蓝色）的元音是中前圆唇元音，其音标为[　]。

heure（小时）的元音是低中前圆唇元音，其音标为[　]。

（提示：heure 中的 h 不发音）

16. A. 用表 6.6 中的元音（除了混元音[ə]）组成以[t]结尾的单音节词，写出单词并注出音标。

例子：beat [bit] foot[fʊt]，等等。

B. 同上。组成以[r]结尾的单音节词，并指出在你自己的方言中，哪种情况不易出现。

C. 同上。组成以[ŋ]结尾的单音节词，并指出在你自己的方言中，哪种情况不易出现。

D. 做 a 到 c 的题目时，你有没有发现所举单词数目上的不同？

E. 在 b 中出现的单词大多数是松元音还是紧元音？c 呢？

F. 简要总结在练习当中所遇到的困难。

第七章 音系学：语言的音型

言语属于人类，而神明、野兽和亡灵则无语；因此我们既得学会说话，又得学会沉默。

托马斯·卡莱尔（1795—1881）

音系学研究的不过是打电话怎么说得文质彬彬。①

一个中学生

你认为全世界语言的总数和全部语言中的语音总数，哪个更多？是的，世界上有数千种语言，但只有数百个语音，有些在前一章中已有所考察。更让人惊奇的是，只要用数十种特征，如带声性、双唇性、塞音性等，就足以描写每一种语言中的每一个音了。

如果是那样的话，你可能会问，为什么各种语言听起来那么大相径庭？那是因为这些音在不同的语言中构成不同的组合。英语中有鼻化元音，但只出现在具有鼻辅音的音节中。法语中鼻元音到处可见，不管前后有没有鼻辅音。song 一词末尾的音，即软腭鼻音 [ŋ] 在英语中不能用于词首②，但在越南语中可以。越南人有个常用姓氏，拼写为 Nguyen（阮），就是以此音开头，英美人很少有人能把这个音节念得准确，原因就在于这不符合英语音型或语音搭配。

英国人发不好词首的[ŋ]，越南人很容易发，这一事实说明没有"调音难度"这么一种一般性的观念，来解释特定语言中的音型。相反，某些音或音组的易发或难发，取决于说话者对其母语音型的一种无意识的知识。

音系学研究的是语音如何组合成型。这些音型可简单可复杂。简单的音型，例如英语的音节首不能出现软腭鼻音 [ŋ]；复杂的音型，例如为什么 g 在 sign 一词中不发音，但在其派生词 signature 中却又是发音的。注意，这是种音型，而不是个例外。不妨想想，这种区别同样出现在 autumn 和 autumnal 中的 n，或是 bomb 和 bombard 中的 b 上。

音系学不仅指说话者对其语言中音型的知识，也指语言学家对这种知识的描写。就像我们对语法的定义一样：你脑子里面的语言知识，以及语言学家对它的描写。

说话者的音系知识几乎是无限的，他能够辨出外国腔，能组合新词语，能加上合适的音段构成复数和过去时，能删除某个音而不改变该词（你在说 general 的时候，中间的元音既可以发音也可以不发音，没什么区别），也可以加入某个音而不改变该词（你可以说 across 或是 acrosst，两者是

---

① phonology（音系学）一词的前半部分 phono，容易令学生误以为与 phone（电话）有关，由此产生这种错误的理解。——译注
② 严格表达应该是声母，也就是音节首，而不是词首。——译注

一个词）。音系学告诉你，哪个是母语的音素，哪个不是；还告诉你，怎样组合音段是合法的，无论得到的是个实际的词（如 black）或者不是（如 blick）；而怎样组合音段又是不合法的（如 lbick）。音系学也解释了为什么有些语音特征对于区别词义很重要，如英语中 pat 与 bat 的区别；而另一些则可有可无，如上一章提到的，英语中的送气。

这一章我们会观察一些你①从小就知道的音系过程。开始你可能会觉得它们看上去复杂得没道理。但是请记住，我们只是想弄明白，你对此到底知道些什么，而复杂性正是你心智的一个绝妙特征。

1. 语素的发音

t 是不发音的，就像它在 Harlow 中一样。②

玛戈·阿斯奎思（名字被琼·哈洛叫错时的回应）

音系学知识让我们在看到一个词或语素（那是词的组成部分）时能决定怎么发音。有些语素常常根据语境不同而发音不同，下面介绍一种使用音系规则来描写这种变体的方法。先从英语例子开始，再看其他语言中的例子。

1.1 复数形式的发音

几乎所有英语名词都有一个复数形式：cat/cats, dog/dogs, fox/foxes。但你大概没注意过这些复数形式都该怎么发音。请试着听一下，一个以英语为母语的人都是怎么读下面这些名词的复数形式的。

A	B	C	D
cab	cap	bus	child
cad	cat	bush	ox
bag	back	buzz	mouse
love	cuff	garage	criterion
lathe	faith	match	sheep
cam			badge
can			
bang			
call			
bar			
spa			
boy			

---

① 这里指的是以英语为母语的读者。——译注

② Margot（玛戈）是法语姓名，末尾的 t 不发音，好莱坞影星琼·哈洛（Jean Harlow）称呼英国首相夫人阿斯奎思的时候总是把 t 发出来，首相夫人忍无可忍，故有此语。——译注

A 列所有名词的复数形式都是[z]——一个带声龈音。B 列的复数形式则是[s]——一个清龈音。C 列，复数形式是 [əz]。同一个语素有多种发音，这只是我们的第一个例子：规则的复数语素可以被读成 [z]，[s] 或是 [əz]。请注意，A、B、C 三列的复数变化都是规则的，而 D 列则是不规则的。D 列中的复数变化——children, oxen, mice, criteria 和 sheep——简直是一群特例凑在了一块儿。无论母语是不是英语的人，在学英语的时候，都得一个个儿地记住它们。这是因为，这些词的复数形式无法预知。

我们是怎么知道这些复数语素是怎么发音的呢？它们的拼写方式，无论是 s 还是 es，都起着误导作用——一个 z 都没有——除非你会说英语，才能读得像我们刚刚说的那样。当遇到这种问题的时候，比较有效的办法是列个表，把该语素的每个变体（一个更专业的叫法是**语素变体**）所出现的语音环境给记录下来。用宽式记音把前三列的词写下来，我们就得到一个关于复数语素的列表。

语素变体	出现环境
[z]	在[kæb], [kæd], [bæg], [lʌv], [leð], [kæm], [kæn], [bæŋ], [kɔl], [bar], [spa], [bɔj]之后，例如[kæbz], [kædz] ... [bɔjz]。
[s]	在[kæp], [kæt], [kʌf], [feθ]之后，例如[kæps], [kæts]...[feθs]。
[əz]	在 [bʌs], [buʃ], [bʌz], [gəraʒ], [mætʃ], [bædʒ] 之后，例如 [bʌsəz], [buʃəz] ... [bædʒəz]

为了找出复数发音背后的音型，我们要找到与每组语素变体相关的语音环境的特征。例如，对[kæb]或[lʌv]来说，究竟是什么决定了其复数语素选择[z]的形式，而不是[s]，或是[əz]？

为了指导我们的研究，我们要从我们的词表里找出**最小对比对**。最小对比对是两个意思不同的词，语音形式一样，只在某个相同的位置上存在音段区别。例如，cab [kæb] 和 cad [kæd] 就是一对最小对比对，只在它们的最后一个音段上存在差别。而 cat [kæt]和 mat [mæt] 则是一对在首音段上存在区别的最小对比对。在我们的列表中，其余的最小对比对还包括了 cap/cab, bag/back 以及 bag/badge。

那些有着不同语素变体的最小对比对对我们的研究尤其有用。例如，考虑 cab [kæb] 和 cap [kæp]，其复数形式的语素变体分别为 z 和 s。很明显，两者只有最后一个音段不同，因此最后一个音段才是导致不同语素变体的原因。bag [bæg] 和 badge [bædʒ] 也同样如此。它们的最后一个音段决定了它们有不同的语素变体 [z] 和 [əz]。

很明显，在英语中，名词单数形式的最后一个音段决定了复数语素变体的分布。只考虑词末音段的话，我们可以把我们的列表画得更清楚一点。

语素变体	出现环境
[z]	在[b], [d], [g], [v], [ð], [m], [n], [ŋ], [l], [r], [a], [ɔj]之后
[s]	在[p], [t], [f], [θ]之后
[əz]	在[s], [ʃ], [z], [ʒ], [tʃ], [dʒ]之后

现在我们想知道为什么英语的复数形式按照这样的音型分布。要回答这种问题，我们总是从观察环境音段的语音特性开始。我们发现，激发[əz]这种复数形式的音段都是咝音，而对于非咝音来说，清音导致复数形式表现为 [s]，带音则导致复数形式表现为[z]。这条规律可以写成更一般的形式：

语素变体	出现环境
[z]	在带声非咝音之后
[s]	在不带声非咝音之后
[əz]	在咝音之后

如果要更精确的表达这条规律，则可以假设复数语素的基本形式或是底层形式为/z/，其意义为"复数"。这是它的默认发音。这条规则告诉我们什么时候不适用默认状态：

1. 如果一个规范名词以咝音结尾，在复数语素/z/前面插入一个 [ə]，得到 [əz]。
2. 如果一个规范名词以清音结尾，复数语素/z/变成清音[s]。

这两条规则可以推导出所有规则名词的语音形式（也就是读音）。复数的基本形式是/z/，如果没有任何规则被应用，复数形式将被实现为 z。下面的示意图展示了 *bus*，*butt* 和 *bug* 的复数形式是如何形成的。第一行是它们的基本形式，接下来，适合的规则一步步被应用。规则 1 的输出形式成为规则 2 的输入形式。最下面一行则是最后的语音实现——这些词的实际读音。

	bus+复数	*butt*+复数	*bug*+复数
基本形式	/bʌs+z/	/bʌt+z/	/bʌg+z/
规则（1）	ə	NA*	NA
规则（2）	NA	s	NA
语音实现	[bʌsəz]	[bʌts]	[bʌgz]

*NA 意为"不适用"。

将这些规则公式化之后，（1）必须在（2）之前应用。如果倒过来，对于 *bus* 一词的复数，我们会推导出不正确的语音形式。我们用一个和上表差不多的表格来说明这一点：

	bus+复数
基本形式	/bʌs + z/
规则（2）	s
规则（1）	ə
语音实现	*[bʌsəs]

决定复数语素或是其余语素的语音实现的专有规则叫作**形态音位规则**。这些规则与特定语素的发音相关。因此，复数形态音位的规则仅作用于复数语素而非英语中所有语素。

1.2 其他语素变体的例子

规则的英语动词过去时变化形式与规则的复数变化形式相平行。就像复数一样，有些过去时形式毫无规则，需要个别记忆。例如 go/went, sing/sang, 以及 hit/hit。另一个相同点是，规则动词的过去时语素也有三种不同的语音形式：d, t 和əd。下面是一些宽式记音的例子。研究一下 A，B，C 三组动词，试着在往下看之前，找出其中的规律：

A 组：grab [græb], grabbed [græbd]; hug [hʌg], hugged [hʌgd]; faze [fez], fazed [fezd]; roam [rom], roamed [romd]

B 组：reap [rip], reaped [ript]; poke [pok], poked [pokt]; kiss [kɪs], kissed [kɪst]; patch [pætʃ], patched [pætʃt]

C 组：gloat [glot], gloated [glotəd], raid [red], raided [redəd]

从 A 组可以看出，如果动词以带音结尾，则加一个带音d以构成过去时。从 B 组则可以看出，如果动词以清音结尾，则加一个清音t以构成过去时。C 组则告诉我们，如果动词以龈塞音t或d结尾，则加上一个混元音与一个d以构成过去时。这使得我们想起咝音结尾的名词，其复数形式也会插入一个混元音。

正如/z/是复数语素的基本形式那样，/d/是过去时语素的基本形式，而且规则动词的过去时生成规律与规则名词的复数生成规律很相似。这是一条仅应用在过去时语素/d/上的形态音位规则。和名词复数的生成规则一样，规则 1 的输出成分（如果有的话）为规则 2 提供了输入成分。该规则同样有其应用的顺序。

1. 当一个规则动词以非鼻音性龈塞音结尾的时候，在过去时语素前面插入一个ə，生成əd。
2. 当过去时词素前面是一个清音的时候，将过去时语素变为t。

英语中还有两组语素变体，它们是所有格语素和第三人称单数语素，拼写为 s 或 es。这两组语素按照和复数语素规则相同的规则变化。在 ship 的后面加上s就可以得到 ship's；在 woman 的后面加上z就可以得到 woman's，在 judge 的后面加上əz则得到 judge's。动词 eat，need 和 rush 同样如此。它们的第三人称单数分别是加 s 的 eats，加z的 needs 和加 [əz] 的 rushes。

音系规律基于音段特征而非个别词汇的特征，是儿童能够在相对很短的时间内学会他们母语的一个重要因素。儿童不必学每个词的复数形式，每个词的过去时态，每种所有格形式和每个动词的词尾变化。只要学会一条规则，就能知道成千上万的词形变化。在第八章讨论语言的发展的时候，我们还会看见，有很清楚的证据说明，儿童在学习形态音位规则（例如复数规则）的时候，会把这些规则用过了头，结果产生类似 mouses, mans 等在成人语言中被认为是不正常的形式。

英语不是唯一一个在不同音系环境下语素读音不同的语言。很多语言中都会有语素变化，这些变化也都可以用类似于我们在英语中写出的那些规则来描写。例如，西非阿肯语中的否定语素有三种鼻音性语素变体：在 p 前面是 [m]，在 t 前面是 [n]，而在 k 前面则是 [ŋ]，如下例所示（mɪ 意为"我"）：

mɪ pɛ	我喜欢	mɪ mpɛ	我不喜欢
mɪ tɪ	我说	mɪ ntɪ	我不说
mɪ kɔ	我去	mɪ ŋkɔ	我不去

描写语素变体分布的规则如下：

改变鼻音性否定语素的调音部位与其后紧接的辅音的调音部位相一致。

上面描写的这条改变鼻辅音读音的规则可以被称为**同位鼻音规则**——"同位"指的是相同部位——因为鼻音的调音部位与其后紧接的辅音一致。同位鼻音规则是世界语言中的一条普遍规则。

2. 音位：语言的音系单位

> 在现实世界中，普通的说话者和听话人感觉到的是音，但他们自以为所发的和所听到的音，实际上是"音位"。
>
> 爱德华·萨丕尔　1933 年

前一节讨论的音系规则仅应用于特定语素，然而另一些音系规则适用于语言中的所有语素。这些规则表达了我们对于整个语言中音型的知识。

这一节介绍**音位**和**音位变体**的概念。音位被我们称作是一个音的最基本形式，它存在于我们的心理感知中，但不能被说出或是听到。每个音位都和一个以上的音相关，这些音叫作音位变体，它们表达了该音位在不同环境下的真实音值。例如，音位/p/在 pit 中表现为送气的[pʰ]，而在 spit 中表现为不送气的[p]。一个音位在什么环境下表现为哪个音位变体，只要看作用于它的音系规则就明白。

2.1 例解音位变体：英语中的元音鼻化

英语中有一条普遍的音系规则，决定了元音发生鼻化的环境。在第六章中我们注意到，英语中出现的鼻元音与口元音都是音值性的。这从下面的例子可以看出：

bean [bĩn]　　bead [bid]
roam [rõm]　　robe [rob]

把口元音看成是基本形式——也就是看作音位——我们有下面的音系规则：

同一音节中，鼻辅音音段前面的元音发生鼻化。

这条规则表达了你关于英语发音的知识：鼻化元音仅出现在鼻辅音前面。表 7.1 是这条规则作用的一些例子：

表 7.1 鼻元音与口元音：成词形式和不成词形式

成词形式			不成词形式		
be [bi]	bead [bid]	bean [bĩn]	*[bĩ]	*[bĩd]	*[bin]
lay [le]	lace [les]	lame [lẽm]	*[lẽ]	*[lẽs]	*[lem]
baa [bæ]	bad [bæd]	bang [bæ̃ŋ]	*[bæŋ]	*[bæ̃d]	*[bæŋ]

如表 7.1 所示，英语中的口元音仅出现于词尾或是非鼻辅音前面；鼻化元音则仅出现在鼻辅音前面。这些不成词形式告诉我们，鼻化元音不出现在词尾或是非鼻辅音前面；同样口元音绝不出现在鼻辅音前面。

你自己在发元音的时候可能没有注意到这一变化，但这是自然而然的。在你说出或是听见 bean 中的元音的时候，是否鼻化并不重要。如果没有鼻化，听起来会有点奇怪，像是某种外国腔，但是读成[bĩn]或者[bin]的 bean 表达的都是同一个词。同样的，如果你把 bead 读成[bĩd]，中间的元音发生了鼻化，人们会觉得你感冒了，或是说话瓮声瓮气，但 bead 这个词儿不会变。因为鼻化与否不是区别一个词的必要特征，所以我们一般觉察不到。

元音高度的改变则很不一样。如果你想说 bead 而说了 bad，那就不是一个词儿了。bead 中的[i]和 bad 中的[æ]是不同的音位。不同音位间的替换可以得到不同的词，而 bead 中的[i]是否鼻化为[ĩ]词义不会改变。所以，这两个音属于同一个音位，一个抽象的前高元音，我们通常将其放在双斜杠之间，写作/i/。

音位不是语音的物理形式，它们是一个语言中音系单位的抽象心理表达。这些单位用来表达我们脑中词库里的词汇。语言中的音系规则作用于音位上，决定词汇的实际读音。

有个鉴别语言中音位的好方法：用另一个音替换词中的某个音，看其意义是否改变。下面是一组仅仅在元音上有区别的词：

beat	[bĩt]	[ĩ]	boot	[but]	[u]
bit	[bɪt]	[ɪ]	but	[bʌt]	[ʌ]
bait	[bet]	[e]	boat	[bot]	[o]
bet	[bɛt]	[ɛ]	bought	[bɔt]	[ɔ]
bat	[bæt]	[æ]	bout	[bawt]	[aw]
bite	[bajt]	[aj]	bot	[bat]	[a]

其中任何两个词都可以组成一对最小对比对。所谓最小对比对，是指两个不同的词，它们在其他地方都一样，只有两个出现于音流同一位置的音段有区别。[bid] 和 [bĩd] 这一对则不是最小对比对，它们是同一个词的不同变体。因此，[i]和[ĩ]不属于不同音位。它们是同一音位的不同实现。

从这一组 b-t 的最小区别组中，我们可以推断出，英语至少有 12 个元音音位（我们认为复元音和单元音的功能一样）。除了这 12 个音位之外，我们还能在其中加入音位 /ʊ/，这可以通过比较诸如 book [bʊk] 和 beak [bik] 这样的最小对比对而得到。此外还能加入音位 /ɔj/，这可以通过比较诸如 boy [bɔj] 和 buy [baj] 这样的最小对比对而得到。

我们通过最小对比对分析得到了十一个单元音音位和三个复元音音位。它们是/i, ɪ, e, ɛ, æ, u, ʊ, o, ɔ, a, ʌ/ 和 /aj, aw, ɔj/。（这组音位可能和别的英语方言稍有不同。）重要的一点是，每个元音音位都（至少）有两个音位变体（也就是至少有两种读法，例如 [i, ɪ, e] 既可以照字面读作口元音，也不妨读作鼻化的 [ĩ, ɪ̃, ẽ]。），这是由音系规则中的鼻化规则决定的。

一个音位的某种特定实现（发音）叫作一个**音素**，同一个音位的所有音素集合，称作该音位的所有音位变体。英语中，每一个元音音位都有口元音和鼻化元音两个音位变体。语言中音位变体的选择不是胡乱选的，而是有规律的。

我们用双斜杠 / / 和方括号 [ ] 来区别音位和音位变体。例如 [i] 和 [ĩ] 是音位 /i/ 的两个音位变体，[ɪ] 和 [ɪ̃] 是音位 /ɪ/ 的音位变体，诸如此类。所以，bead 和 bean 的音位标写分别是 /bid/ 和 /bin/，我们称其为这两个词的音位音标。但英语中口元音与鼻化元音的分布规律告诉我们，这两个词得分别读成 [bid] 和 [bĩn]。它们的实际读音用国际音标表示，并写在方括号里。

2.2 /t/ 的音位变体

辅音同样有按规律分布的音位变体。对于音位/t/来说，下面的例子可以说明问题：

    tick [tʰɪk]   stick [stɪk]   hits [hɪts]   bitter [bɪɾər]

在 tick 中我们可以找到送气的[tʰ]，而在 stick 和 hits 中我们找到不送气的 [t]，在 bitter 中则找到搭拍音 [ɾ]。就像前面讲到鼻化元音的时候所说的，如果把这些不同的 t 互换，并不会改变词义。如果我们把 bitter 发成送气的[tʰ]，那还是这个词，只是听起来不大自然而已（对大多数美国人来说）。

为了解释 t 的读音问题，我们假设音位/t/有三个音位变体，[t, tʰ, ɾ]。此外还得假设一条音系规则，其内容大致是，/t/在重读元音前面读为送气的 tʰ，当前面或后面接着 s 的时候则读为不送气的 t，而夹在重读元音与非重读元音之间的时候则读为搭拍音ɾ。对很多说话者来说，/t/也可以读作喉塞音 ʔ，例如在 butler [bʌʔlər] 这个词里面。所以，[ʔ] 也算是/t/的一个音位变体。

无论我们把 tick 读作 [tʰɪk]、[tɪk]、[ɾɪk] 还是 [ʔɪk]，我们说的都是同一个词，不管发音有多奇怪。同一音位的音位变体之间不产生对立。但是如果我们把开头的辅音变成带音，例如 Dick，或者改变一下调音方式，变成 sick，或者将其鼻音化变成 nick，我们都可以得到新的词儿。这些音之间是有对立的。因此，tick、Dick、sick 和 nick 构成了一个最小比对，告诉我们英语中有四个音位/t/、/d/、/n/、/s/。我们继续使用这个方法可以发现更多的音位，如 pick、kick、Mick（就像摇滚歌星贾格尔 Jagger 的名字），Vic、thick、chick、lick 和 Rick。从这些词里面我们得到/p/、/k/、/m/、/v/、/θ/、/tʃ/、/l/、/r/这几个音位。如果再利用别的最小对比对，我们可以得到更多的辅音音位。例如/ð/，在 thy-thigh 和 either-ether 这两对词中，和/θ/对立。

每个音位都有自己的变体，哪怕只有一个音素。这等于说，在所有环境下该音位的发音都一样。绝大多数音位都有一个以上的变体，而音系规则可以告诉我们什么时候该出现哪个音位变体。要讲明白的是，一个音在哪儿怎么读不是随机过程，而是有规律性和系统性的。尽管这些系统和规则看起来很复杂，但每个说话者都有那么一套。

2.3 美国手语中的最小对比对

跟说话一样,手语中也存在最小对比对。在第六章中的图 6-6 展示了包括手势、调音部位和移动三方面的最小对比对。

意为"糖""苹果"和"嫉妒"的手语词,是在脸部的相同位置发出的,而且有相同的移动,但是他们的手势存在区别。"夏天""丑陋"和"干燥"则是在调音部位上存在对立的最小对比对。而"磁带""椅子"和"火车"则是在移动上有区别。

2.4 互补分布

最小对比对告诉我们某些语音在语言中有对立,而这些对立的音代表了这个语言的音位集合。我们也看到有些音是没有对立的,他们没有区别意义的作用。例如 [t] 和 [ʔ] 就不产生对立。两者的互相替换不会产生最小对比对。

英语中的鼻化元音和口元音同样不对立。而且每个元音音位所包含的口元音和鼻化元音的变体从不出现于相同的音系环境下。如表 7.2 所示:

表 7.2 英语音节中口元音和鼻化元音的分布

	在音节尾	在鼻辅音前	在口辅音前
口元音	出现	不出现	出现
鼻化元音	不出现	出现	不出现

在口元音出现的位置,鼻化元音就不会出现,反之亦然。从这点上来说,音素是彼此互补的,或者说处于互补分布。总的来说,一个音位的所有音位变体之间都是一种互补分布的关系——从不出现于相同的环境之下。互补分布是音系学的基本概念。有趣的是,它在日常生活中很常见。下面是两个从日常英语读写中找出的例子。

第一个例子关注的是印刷字体,就像我们这本书上的这种。每个英语的印刷字体都有两种变体,小写和大写。如果我们仅考虑那些不是姓名或是缩写的词,我们可以写出一条简单的规则,很好地决定该印什么字体。

一个句子中,首词的第一个字母大写,其余则小写。

就算忽略了姓名和缩写词,这条规则也只是大致正确,不过也凑合了。这规则也可以解释,为什么把句子写成下面这种样子,会看起来很奇怪。

phonology is the study of the sound patterns of human languageS.

pHONOLOGY iS tHE sTUDY oF tHE sOUND pATTERNS oF hUMAN lANGUAGES.

在合乎该规则的范围之内,英语字母的大小写变体就处于互补分布。大写字母出现在某种特殊环境中(即句首位置),而小写字母则出现在其余环境(也就是词的其余位置)。因此,就像英语的每个元音音位都有口元音和鼻化元音两个出现于不同环境下的变体,每个英语字母也有两个变体,或者叫作字母变体，它们出现在不同的书写环境中。无论是元音还是字母，同一个心理表达（音位或是字母）的两个不同变体处于互补分布，因为它们从不在同一环境中出现。此外，如果用一个变体替换另一个——用鼻化元音替换口元音，或用大写字母替换小写字母——听起来或看起来会觉得奇怪，但不会改变所说或所写的意义。

我们的第二个例子是英语的手写草体字，你们在小学里应该都学过。从某种程度上来说，写草体字比印刷更接近于说话，因为在写草体字时，词中的每一个字母都和下一个字母相连——就像是说话时邻近的语音之间的互相影响。下面的图演示了在草体字中，不同的字母连接造成的不同环境下的字母变体。

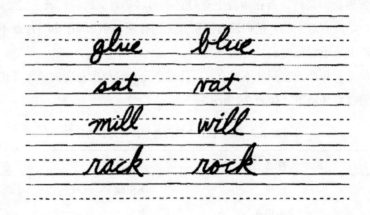

比较一下字母 l 在字母 g（在 glue 中）和字母 b（在 blue 中）后面的区别。前者 l 从底线附近的位置起笔，后者 l 在中线位置起笔（用虚线表示）。也就是说，字母 l 有两个变体。无论 l 从何处起笔，它都是个 l。类似的，无论一个元音在英语中是否鼻化，都还是那个元音。在词中出现那种变体，是由前面的字母所决定的。当前面的字母像 g 那样，在底线收笔的时候，就出现在底线起笔的那个变体；当前面的字母像 b 那样，在中线收笔的时候，就出现在中线起笔的那个变体。因此，l 的两个变体处于互补分布之中。

这种互补分布并不是仅出现于字母 l，同样出现在其他的草体字母上。观察 sat 和 vat，mill 和 will，rack 和 rock 三对词，你可以发现字母 a, i, c 的变体相对也处于互补分布。每一种情况下，紧接的字母决定了何种变体的出现，结果导致了字母的变体处于互补分布之中。

我们现在回到关于音位和音位变体的整体讨论。当语音处于互补分布时，它们不对立。语音间的互相取代不会改变词义，尽管听起来不像一个典型的英语发音。有了这些关于语言中音型的事实，就可以把音位定义成处于互补分布的，语音上相似的音的集合。一个这样的集合可能只有一个元素。所以有些音位仅用一个音表达，它们只有一种音位变体。当集合中存在不止一个音位变体的时候，这些音素听上去应该相似，也就是说，共享绝大部分的语音特征。在英语中，软腭鼻音 [ŋ] 和声门擦音 [h] 处于互补分布；[ŋ] 不出现在词首而 [h] 不出现在词尾。但是，它们只共享很少的语音特征；[ŋ] 是一个带声软腭鼻音，而 [h] 是一个清声门擦音。因此它们不是同一音位的音位变体，而属于不同音位。

语言的使用者通常把同一音位的不同变体感知为一个音素。例如，绝大多数说英语的人不觉得 bead 和 bean 中的元音是不同的音素，因为从心理上来说，说话者说出和听见的都是音位，而不是音素。

3. 音位的区别特征

我们通常不关心我们语言中用以区别音位的语音性质或特征。语音学提供了一个描写语言中音素的手段，展示这些音如何产生，并如何变化。音系学则告诉我们这些不同的音如何形成各种音型，产生音位与其变体。

两个语音形式若要区别意义并使之对立，那么在替换的音素之间必须有某种语音差别。最小对比对 seal（图章）和 zeal（热心）表明，[s] 和 [z] 在英语中代表两个对立音位。它们不是同一音位的音位变体，因为把 s 替换为 z 不可能不改变词义。此外，它们也不处于互补分布；这两个音都可以出现在词首，元音 i 的前面。因此，它们是两个对立的音位/s/和/z/的音位变体。从第六章语音学讨论中我们知道，[s] 和 [z] 的唯一差别是带声性；[s] 不带声，[z] 带声。就是这个语音特征区别了 seal 和 zeal。这个特征还能区别 feel（感觉）和 veal（小牛肉）[f]/[v]，以及 cap（帽子）和 cab（车厢） [p]/[b]。如果一个特征能区别开两个音位，从而区分开两个词，它就是**区别特征**（即**音位特征**）。从下面给出的最小对比对中我们举例说明英语音系里的一些区别特征。

3.1 特征值

可以把带声和不带声看作是"带声"这个特征的实现或是缺位。这一个特征可以有两个值：正值（+），表示该特征生效，负值（−），表示该特征缺位。例如，b 是 [+带声] 而 p 是 [−带声]。

类似的，鼻音的实现或缺位也可以写作 [+鼻音] 或 [−鼻音]。m 就是 [+鼻音]，而 b 和 p 则是 [−鼻音]。一个带有 [−鼻音] 特征的音，是一个口音。

可以把语音符号和音位符号都看作是包含一组区别特征的集合符号。它们是标明一个音段语音性质的简化写法。音素与音位并不是不可分的单位。它们由语音特征组成，就像原子组成分子一样。因此对于音位/p/，/b/，/m/，一个更明晰的描写可以由如下的特征矩阵给出。

	p	b	m
塞音	+	+	+
唇音	+	+	+
带音	−	+	+
鼻音	−	−	+

在描写这些单位的时候，送气并没有作为一个特征列出。因为在描写音位时区别 p 和 p^h 并非必要。但在语音描写中，送气特征必须在其出现的地方标明。

当一个语音特征在某些词中实现为 + 值，而在另一些词中实现为 − 值，两者出现对立的时候，这个特征就是区别性的。在一个语言中，至少有一个特征是把每个音位与其余音位区别开的。

因为音位/b/, /d/, /g/依靠其调音部位相区别——唇，龈和软腭——这些部位特征在英语中同样是区别性的。由于英语中没有小舌音，"小舌"这个部位特征就不是区别性的。英语带声塞音的区别特征如下所示：

	b	m	d	n	g	ŋ
塞音	+	+	+	+	+	+
带声	+	+	+	+	+	+
唇	+	+	-	-	-	-
龈	-	-	+	+	-	-
软腭	-	-	-	-	+	+
鼻音	-	+	-	+	-	+

表中的每一个音位，都至少和其余音位有一项特征有区别。

元音同样有区别特征。例如，在所有特征中，特征[±后]就将 rock [rak]（[+后]）和 rack [ræk]（[-后]）中的元音区别开，因此它就是区别性的。类似的，在所有特征中，[±紧] 可以将 i 和 ɪ 区别开（beat 与 bit），因此也是元音系统中的一个区别特征。

3.2 非区别特征

我们看到，鼻音在英语的辅音中是个区别特征，但是在英语的元音中，它是**非区别特征**。根据音义之间的任意关系，我们没法预知 meat 一词以双唇鼻塞音 m 起首，而 beat 一词以双唇口塞音 b 起首。你知道这个，是因为你学过这些词。另一方面，在 bean, mean, comb 和 sing 这些词的元音中，鼻音这一特征的值是可以预知的，因为它只出现在鼻辅音前。当某一类音的某个特征值可以通过规则预知的时候，这个特征就是非区别性的，或是**冗余的**，或者叫作这一类音的一个**可预测特征**（这三个术语是等价的）。因此，鼻音是英语元音的一个冗余特征，但却是英语辅音的一个**非冗余**（区别性或是音位性的）特征。

并非所有语言都是如此。在法语中，鼻音对元音和辅音来说都是区别特征：gars（小伙子）读作[ga]，和 gant（手套）[gã]相对立。同时 bal（舞蹈）[bal]和 mal（恶）[mal]相对立。因此，法语既有口元音和口辅音音位，也有鼻元音和鼻辅音音位；英语有口辅音音位和鼻辅音音位，但只有口元音音位。

和法语一样，非洲加纳的阿肯语有鼻化元音音位。对于阿肯语的元音来说，鼻化是一个区别特征，就像下面的例子所示：

[ka]	咬	[kã]	说
fi	来自	fĩ	脏
tu	推	tũ	洞
nsa	手	nsã	烈酒
tʃi	恨	tʃĩ	榨
pam	缝	pãm	同盟

在阿肯语中，鼻化就像在英语里一样是不可预知的。阿肯语中没有鼻化规则，正如最小对比对[pam]和[pãm]所示。如果你用一个口元音替换一个鼻元音，或是反过来，你就会改变整个词。

两个语言可能拥有相同的语音音段（音素）但却有不同的音位系统。从语音上来说，鼻元音和口元音既存在于阿肯语中也存在于英语中。但英语没有鼻化元音音位，阿肯语却有。同样的语音音段在两个语言中的功能是不同的。在英语中，元音的鼻化是冗余的，非区别性的；而在阿肯语中则是非冗余的，区别性的。

英语中的另一个非区别特征就是送气，在前一章中我们指出，英语中既有送气清塞音又有不送气清塞音。送气清塞音 [pʰ、tʰ、kʰ] 和不送气清塞音 [p、t、k] 在英语中处于互补分布，如下所示：

在词首重读元音前			在词首的/s/后面			非词*		
[pʰ]	[tʰ]	[kʰ]	[p]	[t]	[k]			
pill	till	kill	spill	still	skill	[pɪl]*	[tɪl]*	[kɪl]*
[pʰɪl]	[tʰɪl]	[kʰɪl]	[spɪl]	[stɪl]	[skɪl]	[spʰɪl]*	[stʰɪl]*	[skʰɪl]*
par	tar	car	spar	star	skar	par*	tar*	kar*
[pʰar]	[tʰar]	[kʰar]	[spar]	[star]	[skar]	[spʰar]*	[stʰar]*	[skʰar]*

出现不送气塞音的地方就不会出现送气塞音，反之亦然。如果你高兴，你可以把 spit 的 p 发成送气的[pʰ]，读成 [spʰɪt]，这还是会被理解为 spit，但是听者可能会认为你是把这个词给"吐"了出来。从这个分布中我们可以看出，在英语中送气是个冗余的，非区别性的特征；送气可以预知，它是清塞音的一个特征，出现于词首重读音节之前。

这就是说英语的人通常把 pill 里的 [pʰ] 和 spill 里的 [p] 感知为同一个音的原因，就像他们认为 bead 里面的 [i] 和 bean 里面的 [ĩ] 同样表达了音位/i/一样。他们这样做是因为两者间的区别是可预知的，冗余的，非区别性的和非音位性的（这些术语都是等价的）。这些例子说明了为什么我们把音位看作是一个抽象单位或是一个心理单位。我们不能发出音位，我们只能发出音素，也就是语言中音位的变体。在英语中/p/是个音位，根据不同环境实现为（被发成）[p] 和 [pʰ] 两个音。音素 [p] 和 [pʰ] 是音位/p/的音位变体。

3.3 不同语言的不同音位格局

我们看到，同样的音素出现在不同语言中，由于音系不同，音型也不同。英语、法语和阿肯语都有口元音和鼻元音。在英语中，口元音和鼻元音是同一个音位的音位变体，而在法语和阿肯语中则表示不同的音位。

清塞音的送气进一步说明了不同语言的音系造成的不对称。送气和不送气清塞音都同时出现于英语和泰语，但它们在这两个语言中作用不同。英语中送气性不是音位特征或区别特征，因为它的出现与否是可预见的。但在泰语中则是不可预见的，请看下例：

清不送气	清送气
[paa]	[pʰaa]
[tam]	[tʰam]
[ka]	[kʰat]

泰语中送气清塞音和不送气清塞音不是互补分布，它们在上述最小对比对中出现于同一位置。它们有对立，因而是泰语音位。英语和泰语都有[p] [pʰ] [t] [tʰ] [k] [kʰ]这些音素，它们在英语中代表三个音位/p/ /t/ /k/；在泰语每个音素各自代表一个音位——/p/ /pj/ /t/ /tʰ/ /k/ /kʰ/。[±送气]在泰语中是区别特征，但在英语中是个非区别的语音特征。

单凭语音情况揭示不了什么是辨义即音位性的。话语的语音表征表明说话者知道话语的发音，话语的音位表征表明说话者掌握话语的语音格局。pot /pat/（壶）和 spot /spat/（斑点）都标成同一个 /p/ 说明这样一种情况：讲英语的人认为 pot [pʰat]中的 [pʰ] 和 spot [spat] 中的 [p] 是同一个 /p/ 音位的语音表现。这点也反映到拼写上，比起个体音素，与音位更加契合。

元音和辅音的长度在英语中无对立。你在说英语词时维持它的元音——即把元音拉长——词义并不改变。不过，在其他语言中，元音音长是不可预见的，一个元音是长还是短能够区别意义。朝鲜语中元音音长是音位性的。请看如下朝鲜语中的最小对比对：（符号":"表示"长"）

il	日	i: l	工作
seda	算	se: da	强
kul	蠔	ku: l	孔

意大利语"祖父"是 nonno /nonno/，与之对立的词是"第九" nono /nono/。因此在罗马，辅音长度是音位性的。非洲卢干达语长短辅音也对立，/k:ula/ 意为"财宝"，/kula/ 意为"成长"。因此辅音长度在卢干达语中不可预见，就像在英语中一个词以 /b/ 还是 /p/ 起头不可预见一样。

3.4 语音的自然类

和真的一样大，比真的还自然。

刘易斯·卡罗尔《镜中世界》

我们已经了解说话者通过音韵（音系）规则可以知道语音中哪些可预见的方面。在英语中这些规则决定了元音鼻化或是清塞音送气的语音环境。这些规则适用于英语中所有的词，甚至还适用于实际不存在但有可能进入英语的无义词（像 sint, peeg 或 sparg，它们可以用音位标写为/sɪnt/, /pig/, /sparg/，或用音标标写为[sĩnt], [pʰig], [sparg]）。

语言学家对全世界成千上万种语言的音系考察得越多，就越能发现音系规则适用于同样的大音类，如鼻音类、清塞音类等等。例如，包括英语在内的很多语言中都有这样一条在鼻辅音前面元音鼻化的规则：

在同一个音节中元音后紧邻鼻辅音时，元音发生鼻化。

这条规则适用于所有的元音音位。当同一个音节中紧接着元音出现一个带[+鼻]特征的音段时，就在元音的特征矩阵中加入一个[+鼻]特征。只需这条规则我们就可以对英语中元音鼻化进行描写。无须列出这条规则所应用的元音以及应用后的结果。

许多语言有关于[+带声]和[-带声]的规则。例如英语的送气规则就应用于处于词首位置的，具有[-带声]特征的非通音。就像元音鼻化规则一样，我们不必考虑个别音段，该规则自动适用于词首的/p/, /t/, /k/和/tʃ/。

音系规则一般应用于语音的**自然类**。自然类是指一组被少数区别特征所描述的音，例如/p/, /t/, /k/和/tʃ/可以被[-带声]和[-通]所描写。区别该类中任一成员都需要比定义该类更多的特征，因此/p/不但是[-带声]和[-通]，还得有[+唇]。

音系规则和自然类之间的关系说明，为什么音段可以被看成一束区别特征。假如音位音段不是用特征矩阵来刻画，/p/, /t/, /k/ 之间或 /m/, /n/, /n/ 之间的相似点就无法揭示。似乎语言中可以有这么一条规则

1. 元音在 /p/, /i/, 或/z/前鼻化。

同样也可以有下面一条规则

2. 元音在 /m/, /n/, 或 /ŋ/ 前鼻化。

第一条规则无法从语音学上来解释，而第二条能。在预见到要发后面的鼻辅音时放下软腭使前面的元音产生鼻化。在规则 1 中的语音环境仅是一堆不相干的音的杂凑，不能用少数特征来描写。规则 2 则应用于鼻辅音的自然类，也就是那些[+鼻]、[+辅]的音。

第六章中讨论的不同的语音类也定义了不同的自然类，所有语言的音系规则可能都与其相关。它们也可以用+和-这两个值来描写。表 7.3 显示这些特征是如何组合定义主要音位类别的。如果出现+/-，说明这个音是否拥有该特征取决于其环境。例如词首的鼻辅音是[-成音节]的，但有些词末鼻辅音则可以是 [+成音节]的，如在 button [bʌtn̩]中那样。

表 7.3 主要语音自然类的特征描写

特征	阻音	鼻音	流音	滑音	元音
辅音	+	+	+	−	−
响音	−	+	+	+	+
成音节	−	+/−	+/−	−	+
鼻音	−	+	−	−	+/−

3.5 美国英语元辅音的特征描写

以下是英语元辅音的特征矩阵。通过挑出所有在一个或多个特征上相同的音段，你可以辨别出自然类。例如，高元音的自然类 /i, ɪ, u, ʊ/ 可以在表 7.4 的元音特征图中标为 [+高]；带声塞音的

自然类 /b, m, d, n, g, ŋ, dʒ/ 可以在表 7.5 的辅音特征图中标记为 [+带声] [-通]。

表 7.4　美国英语的元音特征

特征	i	ɪ	e	ɛ	æ	u	ʊ	o	ɔ	a	ʌ
高	+	+	-	-	-	+	+	-	-	-	-
中	-	-	+	+	-	-	-	+	+	-	+
低	-	-	-	-	+	-	-	-	-	+	-
后	-	-	-	-	-	+	+	+	+	+	-
央	-	-	-	-	-	-	-	-	-	-	+
圆唇	-	-	-	-	-	+	+	+	+	-	-
紧	+	-	+	-	+	+	-	+	-	+	-

表 7.5　美国英语中一些辅音的特征

特征	p	b	m	t	d	n	k	g	ŋ	f	v	θ	ð	s	z	ʃ	ʒ	tʃ	dʒ	l	r	j	w	h
辅音	+	+	+	+	+	+	+	+	+	+	+	+	+	+	+	+	+	+	+	+	+	-	-	-
响音	-	-	+	-	-	+	-	-	+	-	-	-	-	-	-	-	-	-	-	+	+	+	+	+
成音节	-	-	-/+	-	-	-/+	-	-	-/+	-	-	-	-	-	-	-	-	-	-	-/+	-/+	-	-	-
鼻音	-	-	+	-	-	+	-	-	+	-	-	-	-	-	-	-	-	-	-	-	-	-	-	-
带声	-	+	+	-	+	+	-	+	+	-	+	-	+	-	+	-	+	-	+	+	+	+	+	-
通音	-	-	-	-	-	-	-	-	-	-	-	-	-	-	-	-	-	-	-	-	+	+	+	+
唇音	+	+	+	-	-	-	-	-	-	+	+	-	-	-	-	-	-	-	-	-	-	-	+	-
龈音	-	-	-	+	+	+	-	-	-	-	-	-	-	+	+	-	-	-	-	+	+	-	-	-
腭音	-	-	-	-	-	-	-	-	-	-	-	-	-	-	-	+	+	+	+	-	-	+	-	-
前腔音	+	+	+	+	+	+	-	-	-	+	+	+	+	+	+	-	-	-	-	+	+	-	+	-
软腭音	-	-	-	-	-	-	+	+	+	-	-	-	-	-	-	-	-	-	-	-	-	-	-	-
舌冠音	-	-	-	+	+	+	-	-	-	-	-	+	+	+	+	+	+	+	+	+	+	-	-	-
咝音	-	-	-	-	-	-	-	-	-	-	-	-	-	+	+	+	+	+	+	-	-	-	-	-

注意：音位/r/和/l/通过[边音]特征来区别的，表中未列出。/l/是唯一具有[+边音]特征的音位。

4. 音系规则

但以后的事情
都要照规矩办。

威廉·莎士比亚《安东尼和克娄巴特拉》

在这一章中我们强调了，贮存于心中的音位表征和反映词音的语音表征，两者的关系是"规则控制的"。这些音系规则把音位表征和语音表达联系起来，它们是说话者语言知识的一部分。

音位表征是最低限度刻画的，因为有些特征或特征值是可预测的。例如，在英语中所有的鼻辅音都是带声的，所以我们不用在鼻音的特征矩阵中特别说明带声这一条。同样的，我们也不用特别说明非低后元音的圆唇特征。如果表7.5是严格音位化的，那么m, n和ŋ在 [带声] 这一行就该留空，而不是用一个 + 号表示。同样 u, ʊ, o, ɔ 在 [圆唇] 这一行也该留空。这种描写不足反映了音系学中的羡余性，也同样是说话者语言知识的一部分。我们写语法，为的是揭示这种知识，因此排除那些可预测的特征是有必要的。如果把它们包括在里面，我们就不能达到我们的目的，精确地表达出说话者的知识。

音位表征只包括表示词的音位链的不可预见的区别特征，从运用这些规则而派生的语音表征才包括所有跟语言学有关的各方面语音情况，但不包括话语语音的所有物理性质，因为物理信号在许多方面多变而对音系几无关系。语音的绝对音高、言语的速度或响度在语言学上没什么意义。因此，语音转写也是一个物理信号的抽象，它包括话语中不变的语音部分，也就是那些人跟人之间，此时彼时之间保持相对一致的特征。

尽管音韵规则的描述各个语言不同，但是规则的类型，规则的作用以及规则所表达的自然类是全世界相同的。

4.1 同化规则

我们看到英语中元音的鼻化是非音位性的，因为可以通过规则预见。元音鼻化规则是一条**同化规则**；它使一个音段同化另一个音段，靠的是"复制"或"传递"后继音位的某个特征，使得两个音段更为近似。同化规则在大部分场合是由调音过程引起的。说话时有一种倾向，总想提高**调音省力**水平，也就是高效地调音。当语流中元音位于鼻音之前时，在发元音时降低软腭要比等元音完成之后迅速用力移动软腭要简单得多。

我们希望对我们讨论过的音系规则看得更深入些。在前面我们已经讲过元音的鼻化规则是：

元音在鼻辅音前鼻化（同一音节中）

这条规则指出了受到规则影响的<u>语音类</u>：

元音

这条规则表述了将发生什么样的<u>语音变化</u>：

从音位性的口元音变成语音性的鼻化元音

这条规则也指出了有关语音的语境或<u>音位环境</u>：

同一音节中的鼻辅音之前。

一种简化的规则书写方式，如像物理学家和数学家那样用符号来表示规则，可以使得规则的陈述更简明扼要。例如每个物理学家都知道 $E=mc^2$ 的含义是"能量等于质量乘以光速平方"，或是连小孩都知道 2+6=8 的意思是"二加六等于八"。我们可以用类似的记法，把鼻化规则写成

V → [+鼻] / ____[+鼻]$

我们逐段来看这条规则：

V	→	[+鼻]	/	____	[+鼻]	$
元音	发生	鼻化	的环境是	后面跟着	鼻辅音	在同一音节中

箭头的左边是受到规则作用的音类，右边是发生的音变。斜线后面是发生变化的音系环境。下画线的部位表示在环境中发生音变的音所在的位置，在这里是鼻音的前面。$号表示音节的界限，保证整个环境不会扩展到下一个音节上。

这规则告诉我们，像 den /dɛn/ 这样的词会发生鼻化，变成 dɛ̃n，但 deck /dɛk/ 则不会受到影响，还是发成 dɛk，因为/k/不是个鼻音音段。同样，像 den$tal /dɛn$təl/这样的词会发成 dɛ̃n$təl（我们已经清楚地标出了音节界限）。但是，door$man /dɔr$mæn/中的第一个元音不会鼻化，因为鼻音音节不能跨越音节界限，因此"在同一音节中"这个条件没有被满足。

从技术上来说，我们的规则是不完备的。它不能将 dent 或 dents 中的元音鼻化，因为这条规则不允许辅音插入鼻音和音节界限之间。我们可以在音节中引入可有可无的辅音，用大写字母 C 表示，为了表示其可有可无，再给它加上小括号。因此这条规则可以写成下面的样子，并且适用于所有情况：

V → [+鼻] / ____[+鼻]（C）（C）$

这条规则可以读成：

元音在同一音节的鼻音前鼻化，在此音节中，鼻音后面可能跟着一或两个辅音。

所有形式化的规则都可以用一句话表示。使用形式化符号为的是使信息表达更精简。符号表达比语言更清晰地揭示了规则的功能。从形式表达中很容易可以看出该规则是一条同化规则，因为在[+鼻]音段前发生了[+鼻]变化。语言中的同化规则反映**协同发音**——语音既可预见（后面的音影响前面的）也可接续（或者说"保留"，即前面的音影响后面的）调音过程来传播语音特征。结果使得这个词听起来更流畅一些。

从下面例子可以看到，英语元音同化规则如何应用于词的音位表征以及该规则的同化性质，即，元音的特征值由音位表征中的[-鼻]变为语音表征中的[+鼻]：

	Bob（鲍伯）			boom（隆隆）		
音位表征	/b	a	b/	/b	u	m/
鼻音性：音位特征值	−	0	−	−	0	+
运用鼻化规则	NA*				↓	
鼻音性：语音特征值	−	−	−	−	+	+
语音表征	[b	a	b]	[b	ũ	m]

*NA 表示"不适用"。"0"表示在音位层次没有表现。

在英语和其他语言中，还有许多别的同化规则的例子。前面说到，英语的规则名词复数后缀，带声的/z/，在清音后面变成 /s/，与此类似的，英语的规则动词过去时后缀，带声的/d/，在清音后面变成/t/。这些都是带音被同化的例子。在这些例子里，[带声]这个特征从[+带声] 变成 [−带声]，这是由于词干结尾辅音的[−带声]特征的同化作用，如下面 cats 一词的推导所示：

/kæt + z/ → [kæts]

我们在阿肯语中可以看到一种不同的同化规则。鼻音否定语素在 /p/ 前面表达为 /m/，在 /t/ 前面表达为 /n/，在/k/前面表达为 /ŋ/（这叫作同位鼻音规则）。在这个例子中，鼻音的调音部位——双唇，龈，软腭——被其后所接辅音的部位所同化。同样的变化在英语中也有，否定词素前缀到底拼成 im- 还是 in-，是跟其所接的词的调音部位一致的。所以我们有 impossible [ĩmpʰasəbl]， intolerant [ĩntʰalərənt]和 incongruous [ĩŋkʰãngruəs]。实际上，这条规则使得相邻的两个辅音互相更相似。

4.2 异化规则

可以理解，为什么世界上那么多语言都有同化规则，因为同化规则允许更多的调音省力。而要是听说语言中还有**异化规则**就未免显得奇怪，按这规则，一个音段将变得不那么像另一个音段。有意思的是，异化规则有着和同化规则同样的解释：有时候发两个不相似的音会比较省力。绕口令 the sixth sheik's sheep is sick 难说，正是因为相似语音的重复。如果把某些音改得不那么相似，如 the fifth sheik's fourth sheep is sick，就好说多了。上面的漫画也说明了这一点，toy boat 要比 sail boat 难于重复。因为 toy 里面的 ɔj 比 sail 里面的 e 更像 o。

在英语的某些变体中可以找到异化作用导致省力发音的例子。有一条擦音异化规则，应用在擦音序列 /fθ/ 和 /sθ/ 上，将其变为 /ft/ 或 /st/。擦音 /θ/ 变成了塞音，与它前面的擦音变得不相似。例如 fifth 变成了 fift，sixth 变成了 sikst，如果按照其发音来拼写的话。

拉丁语中有一个异化规则的经典例子，其结果反映在英语中就是派生词缀 /-ar/。在拉丁语中，派生后缀-alis 加在名词后面形成形容词。当其加在带有流音/l/的名词后面时，该后缀变为 -aris；也就是后缀中的流音/l/变成了流音/r/。这些词进入英语后成为以-al 或者其异化形式-ar 结尾的形容词，如下例所示：

-al	-ar
anecdote-al	angul-ar
annu-al	annul-ar
ment-al	column-ar
pen-al	perpendicul-ar
spiritu-al	simil-ar
ven-al	vel-ar

所有带 -ar 的形容词都有个 /l/，而且如 columnar 这个词所示，/l/ 不必在词尾，紧邻被异化的音段。

异化规则比同化规则少见，但确实出现于世界语言之中。

4.3 特征改变规则

我们所见的同化与异化规则都算是特征改变规则，在这种情况下一个已有的特征被改变。复数语素/z/ 的 [+带音] 特征，当其紧跟在一个清音后面的时候变成 [-带音]。类似的，音位性否定前缀语素/ɪn/中的/n/，位于双唇音或软腭音前面时，其调音部位特征会发生改变。在拉丁语的异化规则那个例子里面，[+边]特征变成了[-边]，因此/l/读成了 r。

我们还可以看到，另一种特征的变化是特征的增加，英语元音的鼻化规则就是个例子。从音位上来说，元音是没有鼻音特征标记的，在该规则指定的环境中，[+鼻]特征被加在元音上。

还有些改变特征的规则既非同化规则也非异化规则。英语中的音节首清塞音送气规则，只是加入了一个非区别特征。一般说来，它只有在后面的元音重读的时候才会送气。pit 和 repeat 中的/p/读成 [pʰ]，但 inspect 和 compass 中的/p/ 则是个不送气的 [p]。我们还注意到，就算其间有辅音插入，还是送气，所以诸如 crib，clip 和 quip（[kʰrɪb] [kʰlɪp] 和 [kʰwɪp]）都以送气的 [kʰ] 开头。最后，塞擦音/tʃ/也受到此规则作用，因此 chip 读作 [tʃʰɪp]，我们现在可以陈述这条规则：

一个非通清音出现在包含重读元音的音节首的时候，无论其与元音间是否被插入一个辅音，都在它的特征矩阵中加入 [+送气] 特征。

送气在英语任何一个音位特征矩阵中都没份，之所以加入这个特征，仅仅是由于除阻时间，而不是像同化或异化规则那样，使音段变得更相似或更不相似。

记住 /p/ 和 /b/（以及所有这样的符号）只是覆盖符号，并不揭示其中的音位区别。在音位性的或语音性的特征矩阵中，这些区别更为显著，如下面的音位矩阵所示：

	p	b	
辅音性	+	+	
通	-	-	
唇	+	+	
带声	-	+	← 区别性差异

非区别性的特征 [±送气] 并不包括在该音位表征中，因为送气是可预测的。

4.4 音段删除和插入规则

音系规则还能删除或增加整个音位性音段。这类规则不同于我们前面所见的增加特征的规则或是改变特征的规则，那些规则只能改变音段的一部分。插入辅音或元音音段的过程叫作**增音**。

英语中形成规则名词复数，所有格和动词第三人称单数的规则都是增音规则。下面是前面给出的，形成复数的规则的前半部分：

当一个规范名词以咝音结尾的时候，在复数语素/z/前面插入一个 [ə]，得到 [əz]。

如果用符号 Ø 表示"零"形式，我们可以把这种形态音位的增音规则写得更形式化一点，变成"在两个咝音之间，零形式变成混元音"，或者像这样：

Ø → ə / [+咝音] ___ [+咝音]

类似的，我们还记得英语中形成规则动词过去时的规则的前半部分：

当一个规则动词以非鼻音性龈塞音结尾的时候，在过去时语素前面插入一个ə，生成əd。

这条增音规则可以写成更形式化的形式：

Ø → ə / [-鼻，+龈，-通] ___ [-鼻，+龈，-通]

对于插入混元音，有一个说得通的解释。如果我们仅仅在 squeeze 的后面插入一个 z 构成其复数，我们会得到[skwiz:]，对于说英语的人来说，很难将其与[skwiz]区别开。类似的，如果我们仅仅在 load 后面加一个 d 构成过去时，就成了 lod:，同样很难跟[lod]区别开，因为英语中没有长短辅音的区别。这些例子以及其余例子说明，语言中的形态与其音韵规则很有关系。

音段删除规则在语言中很常见，比音段插入规则常见的多。有个这样的例子出现于日常或快速语流中。下面词中用黑体字标出的非重读元音是我们常常删除的：

myst**e**ry   gen**e**ral   mem**o**ry   fun**e**ral   vig**o**rous   Barb**a**ra

按日常语流中的读法，这些词可以写成：

mystry   genral   memry   funral   vigrous   Barbra

在 sign 和 design 这些词里，不发音的 g 常常让拼写者很烦恼。事实上，这是某种深层音韵过程的标志，在此情况下，某一个音段被删除。看看下面的例子：

A		B	
sign	[sājn]	signature	[sɪgnətʃər]
design	[dəzājn]	designation	[dɛzɪgneʃõn]
paradigm	[pʰærədājm]	paradigmatic	[pʰærədɪgmærək]

A 列没有一个词的 g 是发音的，但 B 列与之相对应的词，g 都发音。我们的英语音韵法知识可以解释这个语音区别。"有 g——无 g"的交替很常见，我们可以将其应用到我们闻所未闻的词上面。譬如某人说：

"He was a salignant [səlɪgnõnt] man"

就算不知道这个词什么意思（当然不会知道，这个词是我们造的），你也会问：

"Why, did he salign [səlājn] somebody?"

说英语的人不大可能会把这个动词不加-ant 的形式读成[səlɪgn]，因为英语的音系规则会将出现在该环境中的/g/删除。规则可以写成：

当/g/出现于词尾鼻音之前时将其删除。

这规则可以更普遍些，就像 gnostic[nastɪk] 和 agnostic [ægnastɪk] 这对词所示。

更普遍的规则可以写作：

当/g/出现于词首，后面紧接鼻音时，或是出现于词尾鼻音之前时，将其删除。

有了这条规则，像 sign/signature, design/designation, malign/malignant, phlegm/phlegmatic, paradigm/paradigmatic, gnosis/agnostic 等词对中的词干，在不加词缀的时候，/g/都会被删除。如果概括地看/g/后面的音类（鼻音），而不是某个特定的鼻音的话，那么可以说，这条规则在/m/和/n/之前删除/g/。

学习法语的学生常常拿发音开玩笑，把词的后半段省略掉。这种夸张来自法语中末尾字母不发音的事实。例如 petit（小）中的 t 不发音，或是 nos（我们的）中的 s 不发音，诸如此类。一条简单的音段删除规则可以解释法语中多数不发音现象：

法语词末辅音当它后接一个以阻音、流音或鼻音打头的词时便要删除

从表 7.3 我们注意到，阻音，流音和鼻音音段组成了[+辅]这个自然类。现在我们可以看到，为什么自然类是有用的。用符号 Ø 表示"零"形式，用#表示词界，可以把法语中的规则简写成：

[+辅]→Ø /——# # [+辅]

这条规则能"翻译"成如下词句：

一个[+辅]音段（阻音、流音或鼻音）被删除（即变为零形式，→段），当它处于（ / ）词末（__#）并后接一个以阻音、流音或鼻音打头的词（#[+辅]）时。

在法语语法中有了这条规则，petit 从音位表达上来说就是/pətit/。并不用画蛇添足地表达成/pəti/，因为规则决定了/t/是不发音的，这条规则对以/t/结尾的法语词都适用。

4.5 移动（换位）规则

音系规则还可重列音位的顺序，这种规则叫作**换位**规则。例如，有些说英语的人 ask（问，动词）一词发成[æks]，但 asking（问，动名词）发成 [æskɪŋ]。这条换位规则在特定环境中"转换" /s/ 和/k/。古英语中动词"问"也是 aksian, /k/在/s / 前。在大多数英语方言中有一条历史换位规则，发 ask 时转换那两个辅音。儿童话语中也表现出许多换位例子（后来当小孩语言接近成人语法时这些换位被纠正了）：把 animal（动物）发成 aminal [æmənəl]，把 spaghetti（细面条）发成 pusketti [pʰəskɛti]，都是常见的儿童发音。喜欢狗的人会把 Shetland 牧羊犬换位读成 Sheltie, 还有至少两位美国总统把多数美国人读成 [nyukliər] 的 nuclear 一词给换位了。这些政坛精英将其读成[nukyələr]。

现在我们看到音系规则可以引起如下变化：

	功能	例子
1.	改变特征值	英语和阿肯语中的元音鼻化
2.	增生新特征	英语送气
3.	删除音段	法语尾辅音删除
4.	增生音段	英语复数与过去时中的混元音插入
5.	重列音段	ask 与 aks 的换位

这些规则运用于词语音位表征时产生出可以跟音位形式有实质差别的语音形式。这种差别如果不可预见，我们就会发现难以解释我们如何才能理解我们所听到的，也难以解释我们如何才能说出我们所希望表达的意思的话语。不过，我们对语言考察越多，就越多地看到，话语语音形式的许多方面初看起来既不规则又难预见，但实际上是规则控制的。当我们从小学话时，我们学习或构建这些规则（见第八章）。这些规则是形成语音格局的重要形式。

4.6 一对多和多对一

语言中音位与音素之间的关系复杂多变。很少有一个音位实现且只实现为一个音素的。我们常常发现一个音位实现为好几个音素，就像英语的清塞音可能实现为送气或是不送气。我们还发现同一个音素可以是数个不同音位的语音实现。下面是一个戏剧性的多对一的例子：

考虑下列各对词的元音：

	A	B
/i/	compete [i]（竞争，动词）	competiton [ə]（竞赛，名词）
/ɪ/	medicinal [ɪ]（医药的）	medicine [ə]（医学）
/e/	maintain [e]（维持，动词）	maintenance [ə]（维持，名词）
/ɛ/	telegraph [ɛ]（电报）	telegraphy [ə]（电报收发过程）
/æ/	analysis [æ]（分析）	analytic [ə]（分析的）
/a/	solid [a]（坚固的）	solidity [ə]（坚固性）
/o/	phone [o]（音素）	phonetic [ə]（音素的）
/u/	Talmudic [ʊ]（犹太法典的）	Talmud [ə]（犹太法典）

A 栏中所有加粗体元音都重读，元音音素都不一样，B 栏中所有加粗体元音不重读，元音都发成[ə]，如何解释每对词中同一词根的不同读音呢？对于说英语的人来说，把这些词的词根拟成单一音位形式，并用一条通则将 A 栏中的重读元音弱化为 B 栏中的混元音 [ə]，是不合理的。这同样也回避了 A 栏中的词和 B 栏中的词存在系统对应这一事实。

在这些例子中，考虑到这些词不同的后缀，英语的重音规则改变了词的重音形式。在一种词形中重读的元音，在另一种词形中被弱化，因而读成 [ə]。所有词根语素的音位表达都包含一个未弱化的元音如 /i/ 或 /e/，当其弱化后在语音上实现为 [ə]。因此我们的结论是，[ə] 是英语中所有元音音位的音位变体，派生混元音的规则能简单陈述如下：

元音不重读时变为[ə]。

一种我们不了解的语言，它的音系规则并不总能从语音标写中判定音位表征是什么样的。如果不做彻底的音位分析，我们怎么可能从 phonetic 一词的发音[fənætɪk]中导出音位/o/？但是，给定音位表征和音系规则，我们总是能够派生出正确的语音标写。当然，在我们内在的心理语法中，这种派生没什么问题，因为词是以音位表征编排贮存，而我们又知道语言的音系规则。

再举一个例子来说明音系学这方面的问题。英语 /t/ 和 /d/ 都是音位，如在最小对比对 tie/die（领带/死），bat/bad（蝙蝠/坏）中所见。当 /t/ 或 /d/ 出现于一个重读元音和一个不重读元音之间时，它们都变为闪音 [ɾ]。许多讲英语的人把 writer（作者）和 rider（骑手）发成同音 [rajɾər]；但他们心里明白由于 write /rajt/（写）的缘故，writer 有个 /t/音位，而 rider 由于 ride /rajd/（骑）的缘故，有个/d/音位。"闪音规则"可以非正式表述为：

齿龈塞音如果前有重读元音后接非重读元音则变为带声闪音。

此规则的运用可按如下方式说明：

	write	writer	ride	rider
音位表征	/rajt/	/rajt+ər/	/rajd/	rajd+ər/
		↓		↓
应用规则	NA	ɾ	NA	ɾ
语音表征	[rajt]	[rajɾər]	[rajd]	[rajɾər]

这个例子是关于辅音的，它说明这样一种情况：两个辨义音位可以在语音上实现为相同的音素。

种种情况表明，单靠考察话语的语音表征是无法完成音系分析的。假如只寻找最小区别对作为唯一的音系学证据，我们就不得不得出这么个结论：[ɾ] 是英语音位，因为它在语音上跟其他语音单位有对立，如 riper [rajpər]（成熟的，比较级），rhymer [rājmər]（打油诗人），riser [rajzər]（起床的人），等等。语法可要比这成对的词语所表现的更为复杂。write 和 ride 加上后缀后改变语音形式，这一情况表明在词的音位表征和发音之间的映射是错综复杂的。

根据闪音规则从/t/和/d/这两个不同音位派生来的音位变体在特征上跟英语所有其他音位都不同。也就是说，/ɾ/音位不存在，但有[ɾ]音素。对送气清塞音和鼻化元音来说也是这样。音素的集合要比音位的集合来得大，音素集合中包含的某些元素所拥有的特征矩阵，跟任何音位的特征矩阵都不相同。

英语"闪音规则"也可用来说明一个叫作**中和化**的重要的音系变化过程。/t/ 和 /d/ 之间的带声性对立在特定场合中和化了。即，当处于一个重读和一个不重读元音之间时，/t/ 和 /d/ 从不对立。

其他语言中也能看到此类表明音位和音素之间不存在一一对应关系的规则。在俄语和德语中，出现于词末或音节之末的带声阻音变为清音。（书中没有这句话）带声阻音和清阻音在德语中都是作为音位出现的，请看下列最小对比对：

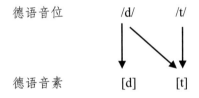

但带声阻音出现在词末或是音节末的时候，就会清化，因此在德语的词尾只出现[t]。Bund /bʊnd/（束）和 bunt /bʊnt/（色彩斑斓）同音，都发成 [bʊnt]，以 [t] 结尾。在音节末尾的位置上，带声阻音发生了中和化。

德语中的清化规则改变了特征的刻画。德语 Bund 词末塞音的音位表征是 /d/，特征刻画为 [＋带声]；上述规则把它变为 [-带声]，结果在词末位置上派生出 [t] 音素。这再次证明在音位与其音位变体之间，并不存在简单的对应关系。德语展现给我们的是这样一幅图景：

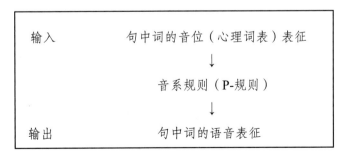

这条德语规则还说明这么个问题：仅给出语音形式是无法确定词的音位表征的；[bʊnt] 既能从 /bʊnd/ 又能从 /bʊnt/ 中派生而来。音位表征和音系规则，共同决定语音形式。

4.7 音系规则的作用

语法中的音系规则的作用在于提供对话语发音必需的语音信息。我们可以用下列方式来说明这一点：

```
输入        句中词的音位（心理词表）表征
                      ↓
            音系规则（P-规则）
                      ↓
输出        句中词的语音表征
```

也就是说，输入 P-规则的是音位表征，P-规则运用或施行于音位链，产生作为输出的语音表征。

以这种方式运用规则叫作**派生**。我们已举过好多派生的例子，有复数形式是如何推导出来的，有口元音音位如何变为鼻音的,还有[t]和[d]如何在某种环境下变为闪音的。因而派生以一种明晰的方式既显示出一个语法音系规则的作用,又显示出一个语法中音系规则的作用结果。

到现在为止我们所考察的派生例子都是只运用了一条音系规则。复数和过去时的例子有些不一样,那是一条规则中的两个部分。但是,必定还有数条规则作用于一个词的情况。例如 tempest 一词,音位上标成/ tempest/（这从 tempestuous [tʰɛ̃mpʰestʃuəs]一词的发音上就可以看出来）,但语音是[tʰɛ̃mpəst]。有三条规则作用于它:送气规则、元音鼻化规则,以及混元音规则。我们可按如下过程从音位表达中派生出语音形式:

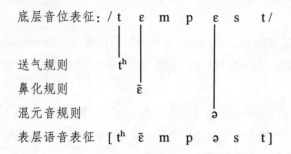

我们使用的是语音符号,而不用里面有特征值变化的矩阵。不过,用两种符号表示的派生是等价的,只要我们明白语音符号是个统称,它表示含有全部标为+或-的区别特征的矩阵（当然不包括非区别特征,如英语元音音位的鼻音性真值）。

4.8 口误:音系规则的证据

"口误"亦即**言语错误**,指以某种方式偏离了我们原本想说的话。口误显示实际应用中的音系规则。有言必有失,言语错误谁都免不了。而这些失误告诉我们许多有关语言及其使用的有趣事情。请看如下言语错误:

	原想说的	实际说的
（1）	gone to seed	god to seen
	[gɒn tə sid]	[gad tə sĩn]
	（去播种）	（上帝去被看①）
（2）	stick in the mud	smuck in the tid
	[stɪk ĩn ðə mʌd]	[smʌk ĩn ðə tʰɪd]
	（粘在泥中）	
（3）	speech production	preach seduction
	[spitʃ pʰrədʌkʃn]	[pʰritʃ sədʌkʃn]
	（言语产生）	（宣扬诱奸）

例（1）中第一和第三个词的尾辅音换了个位。注意,辅音换位也改变了元音的鼻音性。在原

---

① to 后加上 be 后才成话。——译注

想说的话中第一个元音/a/是鼻化[ã]，但在实际所说的话中鼻化"失落"，因为在它后面不再是鼻辅音了。左栏中第三个词的元音原来是个非鼻音[i]，但失误为[ĩ]，因为后面跟的是/n/。鼻化规则起了作用。

在另两例失误中，我们看到送气规则起了作用。在想说的 stick 中，/t/ 本应实现为不送气音，因为它跟在音节起首的/s/后面，但它跟 mud 的 /m/ 换位后发成送气的 [tʰ]，因为现在处于词首了。例（3）也说明了实际运用中的送气规则。言语错误不仅仅是好玩儿，在语言学上也是有趣的现象，因为它为音系规则以及将语音分解为特征提供了进一步的证据。

我们在第九章讨论语言处理的时候会了解更多关于言语错误的内容。

5. 韵律音系学

5.1 音节结构

词语由一个或多个音节组成。**音节**是由一个或多个音位组成的音系单位。每个音节都有一个音节核，即**韵腹**，通常是个元音（也可能是个成音节的流音或鼻音）。在韵腹之前可以有·个或多个音位，称为**声母**；韵腹之后也可以跟着一个或多个音段，叫作**韵尾**。儿童在很小的时候就会发现有些词是押韵的。两个押韵的词，其最后一个音节的韵腹和韵尾都是相同的。正像下面顺口溜里的一样：

Jack and Jill（杰克和吉尔）
Went up the hill（爬到山上）
To fetch a pail of water（去提一桶水）
Jack fell down（杰克摔倒了）
And broke his crown（摔破了王冠）
And Jill came tumbling after（吉尔跌跌撞撞跟在后面）

由于这个原因，韵腹和韵尾共同组成**韵体**这一低于音节的单位。

因此，在音节中存在一个层级结构。用希腊字母 σ（西格玛）表示音节这一音系单位，则单音节词 splints 的层级结构如下所示：

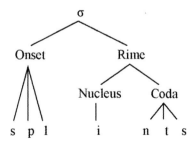

5.2 词重音

在英语和许多其他语言中，每个实义词（除去像 to、the、a、of 等"小品词"以外的其他词）

都有一个或一个以上的音节要重读。在下面的例子中，我们用锐音符号（´）来标记重读音节，重读音节比非重读音节在感觉上来得重：

pérvert（名词，堕落者）	如 My neighbor is a pervert.（隔壁住了个二流子。）
pervért（动词，使堕落，歪曲）	如 Don't pervert the idea.（别歪曲那想法。）
súbject（名词，主题）	如 Let's change the subject.（咱们换个话题吧。）
subjéct（动词，使遭受）	如 He'll subject us to criticism.（他要批判我们。）

这些最小对比对表明英语中重音能辨义，在这些例子里，重音区别的是名词和动词。

有些词里重读的不止一个元音，但有一个重读元音比其他更重。我们在最重的元音上加一锐音符号（我们说这元音有锐重音，或主要重音，或主重音）；其他重读元音上加一钝音符号（`）（这些元音有次重音）。

rèsignátion（辞职）	lìnguístics（语言学的）	systemátic（系统的）
fùndaméntal（基本的）	introdúctory（介绍的）	rèvolútion（公转）

一般来说，人们都知道母语中哪些音节是主重音，哪些是次重音，哪些会弱化（完全不重读），这是他们语言知识的一部分。通常来说区别重音和非重音很容易，因为弱化（非重读）音节中的元音会发成混元音[ə]，除非是在某些词的词尾，例如 confetti 或是 laboratory，区别主重音和次重音可能难一些。如果你不确定一个词的主重音在哪里（当然你英语说得很好），试着把这个词喊出来，就像隔着一条嘈杂的大街跟人交谈那样。这样做通常会使得重音区别变得更显著。

词的重音的读法，说英语的人彼此之间也会不一样。例如，在大多数美国英语的方言中，láboratòry（实验室）[l´æbərət`ɔri]一词有两个重读音节；但在大多数英国方言中它只有一个重音 [ləb´ɔrətri]。因为英语元音音质与重读与否密切相关——元音在非重读的时候通常会弱化成混元音或是被删除——因此该词的英国元音跟美国元音不一样，事实上，该词中的第四个元音在英国读音中因为不重读而完全"失落"。

有很多表示重音的方法。我们用锐音符号表示主重音，用钝音符号表示次重音。词中的重读音节我们用 s 来标记，而非重读音节则用 w 来标记，如果不重读（弱化），则不做标记。

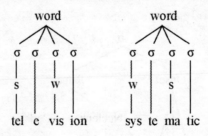

有时候，主重读或锐重读音节可在音节上放个"1"来指明，指明次重音用"2"，非重读元音不加符号。

```
  2              1               2
fundamental    introductory    sencondary
  1              2               1
```

重音是音节的特征,而不是音段特征,因而它是韵律特征即超音段特征。要发重读音节,可以改变音高(通常是升高),增大音节音响,或延长音长。我们常常同时用这三个语音特征来重读音节。

5.3 句重音和短语重音

词组成短语和句子时,有一个音节比其他音节重音更强。那跟说单个词时只有一个主重音一样,短语或句中也只有一个元音是主重音或**锐重音**,所有其他重读元音"减"为次重音。单词未进入短语时某音节读主重音,进入短语后可能只读次重音了,请看如下例子:

```
    1       1         1     2
tight+rope→tightrope(杂技用绷索)
    1       1         2     1
tight+rope→tight rope(拉紧的绳索)
   1      1       1   2
hot+dog→ hotdog("热狗",一种食品)
   1      1       2   1
hot+dog→ hot dog(一只体温过高的狗)
   1      1         1    2
red+coat→Redcoat(英国兵)
   1      1       1    2
red+coat→red coat(红颜色的外套)
    1        1         1      2
white+house→ White House("白宫",美国总统府)
    1        1         2      1
white+house→white house(白色的房子)
```

自然地大声读这些例子,同时感觉其重音的类型。如果英语不是你的母语,大概这样做没用。但建议你听一个以英语为母语的人给你读一遍。

英语中,一个形容词加一个名词组成一个复合式合成名词(有时候写成一个词,有时写成用短横杠连接的两个词,有时写成两个分开的词)时,主要重音放在前面的形容词上,但如果还不是复合词时,重音就放在后面的名词上。因此,上述词对的区别是可以预见的:

复合名词	形容词+名词
tightrope	tight rope
Redcoat	red coat
hotdog	hot dog
White House	white house

这些最小对比对表明,根据形态或是句法,重音也是可预见的;也就是说,音系学和语法其他部分存在交互作用。前一节中所讨论的名动对(作为名词和动词的 subject)之间的重音差别成可从词范畴来预见。

5.4 语调

在第六章中，通过声调语言与语调语言的比较，我们讨论了作为语音特征的音高。在这一章中我们又讨论了区别词义的音高特征。现在我们知道，在汉语、泰语以及阿肯语这样的声调语言中，音高是一个音位特征。我们将这些相对音高称为**区别性声调**。在英语那种语调语言中，表现为短语或句子的**音高曲拱**或**语调**的音高依然起着重要作用。

在英语中，语调可以反映句法或是语义的区别。我们用降调说 John is going（约翰要去了），是陈述句，在句末用升调则成了疑问句。同样的，What's in the tea, honey? 这一句的意思也得靠语调来表达。可以是问某个"honey（亲爱的）"茶里有些什么（在句末使用降调），也可以是问茶里面是否有"honey（蜂蜜）"（句末使用升调）。

写出来有歧义的句子，说出来可能并没有歧义，因为可以靠音高曲拱来区别，就像我们在上一段的例子里看到的。这里有个更细致的例子。如果把句 1 写出来，我们不清楚到底特利斯特拉姆是要伊索尔德去读说明书之后照着使用，还是要伊索尔德跟着他去：

1. Tristram left directions for Isolde to follow.

说话时改变语调能消除句子歧义。假如想说特利斯特拉姆（Tristram）要伊索尔德（Isolde）跟着他，那就要在 follow（跟随）的第一音节处提高音高，然后降低，如句 2 所示（经过高度简化）：

2. Tristram left directions for Isolde to follow. （特利斯特拉姆留下他的去向，要伊索尔德跟着去。）

在这一句的发音中，主重音落在 follow 上。

如果解释为特利斯特拉姆给伊索尔德留下用法说明音高最高处应落在 directions（用法说明）的第二个音节上，高度简化后如句 3 所示：

3. Tristram left directions for Isolde to follow. （特利斯特拉姆留下用法说明，要伊索尔德照着使用。）

我们所指出的音高变化方式忽略了很多细节。在音高大上升之前声音当然不会一直留在单一的低调上。上面的示意图只是指出音高何处有个特殊变化。

因此，音高不管在声调语言中还是在语调语言中都起着重要作用，只是起作用的方式因不同语言的音位系统而有所不同。

6. 音位序列的限定条件

假设给你下面四个英语的音位，然后叫你用其组合出所有可能的英语词汇：

/b/   /ɪ/   /k/   /l/

你可能会组合出下面的结果来：

/b l ɪ k/
/k l ɪ b/
/b ɪ l k/
/k ɪ l b/

只有这几种形式才是在英语中可能出现的音位组合。*/lbkɪ/, */ɪlbk/, */bkɪl/ 和 */ɪlkb/都不是英语中可能出现的词。尽管/blɪk/和/klɪb/这两个词在英语中并不存在，但如果你听见有人说：

"我刚买了个漂亮的新 blick。"

你会问：

"blick 是什么？"

或者，如果你听见别人说：

"我刚买了个漂亮的新 bkli。"

你会说：

"你说你刚买了个新的什么？"

你关于英语音系的知识包括了哪些音位组合在英语中是被允许的，而哪些不是。在同一个音节里，/b/, /g/, /k/或/p/这样的辅音后面出现另一个塞辅音，在音系学上是不允许的。如果一个词以/l/或是/r/开头，下一个音段一定是一个元音。故而*/lbɪk/听起来不像是个英语词。它违反了音位序列的限定。喜欢玩填字游戏的人比一般人更关心这些限制。正如我们强调的一样，一般人对于这方面的知识往往是不经意的。

在英语中也有别的类似的限制。如果以 chill 或是 Jill 的词首音作为词首，下一个音必定是一个元音。/tʃʌt/, /tʃon/或是/tʃæk/这些词在英语中都是可能的，就像是/dʒæl/, /dʒil/或/dʒalɪk/一样，但*/tʃlɔt/和*/dʒpurz/不行。一个词的词首不能出现三个以上的辅音，而三个辅音相连也仅限于/s/+/p, t, k/+/l, r, w, y/。就算这个条件满足，也还有别的限制。例如/stl/就不是一个允许的序列，所以 stlick 不是一个可能的英语词，而 strick 则是，spew/spju/, sclaff/sklæf/（高尔夫中的击地球）和 squat/skwat/也都是可能的英语词。

别的语言也有不同的序列限制。在波兰语中 zl 和 kt 这种组合可以出现在音节首，例如/zlev/"洗手池"，/kto/ "谁"。克罗地亚语中允许像 Mladen（姆拉登）这样的名字。日语对于什么音可以成为音节首有很严格的限制；绝大多数辅音组合（例如/br/或是/sp/）都是不允许的。

音段序列的限制被称为**音位配列限制**。音位配列限制是音节的基础而不是词的基础。也就是说，只有能成为音节首的组合才能成为词首，同样，只有能成为音节尾的组合才能成为词尾。

在多音节词中会出现看上去不合法的组合，例如在 explicit/ɛksplɪsɪt/中出现的/kspl/。但是在/ks/和/pl/之间存在音节界限，我们可以用符号$将其表示得清楚一点：/ɛk $ splɪs $ ɪt/。所以我们有一个被允许的音节尾/k/以结束一个音节，接着是一个被允许的声母/spl/开始另一个音节。另一方面，说英语的人知道 condstluct 不是一个词，因为第二个音节开头的声母，无论是/stl/还是/tl/，都是不允许的。

在加纳的特威语中，一个词只能以一个元音或一个鼻辅音结尾。序列/pik/在特威语中不是一个被允许的词，因为它破坏了该语言中的音位配列规则。而/mba/在英语中不是个潜在的词，尽管其在特威语中是一个词。

所有语言都有音位序列的限制，尽管不同语言的限制也不一样。正如有声语言存在不允许出现的语音序列，手语也有不允许出现的特征组合。不同的手语限制各不一样，正如不同的有声语言有不同的语音组合限制。中国手语中允许出现的手势可能不被美国手语所允许，反之亦然。儿童在习得有声语言或是手语时会学到这些限制，正如他们学会什么是音位，以及音位如何与语音音段相关一样。

6.1 词汇缺位

Bot [bɑt]和 crake [krek]这两个词可能并非所有说英语的人都知道，但它们是词。反而[bʊt]（和 put 押韵），creck [krɛk], cruke [kruk], cruk [krʌk]和 crike [krajk]尽管都是潜在的词，但现在都还不是英语的词汇。

专业广告人常用潜在但尚未出现的词汇做新产品的名称。尽管我们不可能期待一个新产品或新公司出现在市场上的时候叫作 Zhleet [ʒlit]——一个不可能出现在英语里的词——但我们从未由于 Bic, Xerox /ziraks/, Kodak, Glaxo 或 Spam（一种肉类产品，不是垃圾邮件）而感到惊奇，因为这些英语中原来没有的词都遵守英语的音位配列规则。

一个潜在的词由音位构成遵守该语言音位配列规则的序列。一个事实上出现的词，是一个潜在的词和某个意义的结合。没有意义的可能词有时候叫作**无意义词**，有时也指词库中的偶然缺位，或**词汇缺位**。因此，像 creck 和 cruck 这种"词"都是无意义词，代表了在英语词汇中碰巧产生的缺位。

7. 为什么存在音系规则？

到现在为止我们都还没有问一个很重要的问题：为什么语法中总有音系规则？或者说，为什么底层形式不能原封不动地出现在表层，而要经历一系列变化？

在前一节我们讨论了音位配列的限制，这属于我们音系知识的一部分。正如我们所见，音位配列限制说明了哪些语音序列可以在某种语言中出现，因此在英语中 blick 是一个潜在词，但 lbick 不是。很多音系学家相信音系规则的存在保证了表层，或词汇的语音形式不会违反音位配列限制。如果底层形式维持不变，常会违反该语言的音位配列规则。

例如，考虑英语的过去时规则，回忆一下，它有两条次规则。第一条是当一个规则动词以龈塞音（/t/或/d/）结尾时插入一个混元音，例如 mated[metəd]。第二条使得过去时词素/d/在出现于清音前时清化，例如 raped[ript]或 peaked[pikt]。注意，使/d/清化的规则反映了英语中的一条限制：一个词不能以清塞音+d 的序列结尾。英语中不可能出现这样的词，就像[bkɪl]一样。

更常见的是，没有词以带声性不一致的阻音序列结尾。因此[kɑsb]这样的词，词末辅音一个是

[-带声]，一个是[+带声]，是不可能的，[kabs]这样词末辅音一个是[+带声]、一个是[-带声]的，也一样不可能。另一方面，[kasp]和[kɛbz]这样的词被认为是潜在的词，因为词末的两个音段的带声性一致。因此，在英语中可以有这样一条普遍限制，如下所述：

(A) 词末的阻音序列，其带声性特征不可以不一致。

我们可以看到，过去时规则中起清化作用的部分改变了过去时词素的底层形式，创造出一个符合这条普遍限制的表层形式。

类似的，过去时规则中的混元音插入部分把不可能的语音序列改成可能的语音序列。英语通常并不允许一个音节中出现互相非常相似的语音序列，像[kk], [kg], [gk], [gg], [gg], [pp], [sz], [zs]等（拼写为 egg 或是 puppy 的词，读音为[ɛg]和[pʌpi]。）因此插入混元音这条规则，将由于互相太相似而不被允许的语音序列给分开了，例如，在/mɛnd+d/中的/d/和/d/的序列，变成了[mɛndəd] mended，或是/part+d/中的/t/和/d/的序列，变成了[partəd] parted。有关的限制可以陈述如下：

(B) 仅仅在带声性特征上有别的阻音序列在英语词汇中是不允许的。

（A）和（B）这样的限制要比过去时规则这样的特定规则普遍得多。例如，限制 B 也可以解释为什么 smooth 这样的形容词在变成抽象名词的时候是 smoothness，而不是加上一个词缀-th[θ]，就像在 wide-width，broad-breadth，和 deep-depth 中的一样。给 smooth 加上-th 词缀会产生太过相似的阻音序列，smoo[ðθ]，仅仅在带声性特征上有别。这说明语言会在不同的语法环境下满足限制。

因此音系规则的存在，是由于语言中有限制潜在语音序列的通则。规则说明了底层形式在转换为满足限制的表层形式时所需的最小修正。因此，根据不同的音系环境，我们可以发现某一底层形式的不同变体。

有一种观点认为存在音系限制的普遍集合，且此集合是有序的，某些限制相对其他限制处于更高的级别。限制的级别越高，对该语言所施加的影响越大。这种观点称作**优选论**，认为不同的语言，其限制的级别顺序也不一样，而不同的限制级别顺序导致了各种语言中不同的音型。例如，限制 B 在英语中级别很高，因此我们有英语的过去时规则以及别的规则，包括复数规则（作了一些调整），来修正太过相似的语音序列。限制 B 在其余语言里的等级也很高，例如在现代希伯来语中，以/t/开头的后缀，和以/t/或/d/结尾的词根之间，往往用插入[e]的方法来分开，例如/kiʃat+ti/→[kiʃateti]，意为"我装饰"。在柏柏尔语中，相似的辅音如 tt, dd, ss 等可以出现在词末。在该语言中，限制 B 的级别就没那么高；另一些等级较高的限制则对该语言有更强的影响，明显地，该语言限制表层形式与相对应的底层形式之间的差异。这类被称为忠实性限制的限制，在改变底层形式的限制序列中发生竞争。忠实性限制反映了语言中希望一个语素只有一个独特形式的趋向，这种趋向与像 A 和 B 这样的限制互相竞争。在英语过去时词素的例子里，这种要求单一语素的趋向在拼写中表现了出来，其形式总是-ed。

我们在第四章讨论句法规则的时候，注意到普遍语法（UG）原则在句法中起作用。关于这一点有两个例子，一是转换规则的结构依赖原则，一是移位规则不能将短语移出并列结构的限制。如果优选论是正确的,且普遍音系限制存在于不同语言中,其排序各不相同,则音系规则就像句法规则一样,受到普遍原则的限制。语言间限制排序的不同,在某种程度上与第四章中讨论的不同语言中的不同句法参数设置是平行的。我们注意到儿童在获得其语言的句法时,必须将其普遍语法的参数值设置为合乎其语言环境的值。与此类似,在获得其语言的音系时,儿童必须按照接受的语言来决定正确的限制排序。在下一章中我们会讨论更多关于语言习得的问题。

8. 音系分析:发现音位

在嘈杂中发现简洁

在紊乱中发现和谐

阿尔伯特·爱因斯坦

就像我们将要在第八章读到的,儿童不用教就会在很小的时候意识到音位。在读这本书之前,或是在学习任何与音系学相关的知识之前,你已经知道 p 是英语中的一个音位,因为 pat 和 cat,pat 和 sat,pat 和 mat 这几组词中存在对立。但你可能不知道 pat 中的 p 和 spit 中的 p 是不同的音。在英语中只有一个/p/音位,但是这个音位有不止一个的音位变体,包括一个送气的和一个不送气的。

如果一个不说英语的语言学家来分析英语,应该如何发现关于 p 音的这个事实?更普遍地说,语言学家如何发现语言中的音位系统?

为了做音位分析,用于分析的词汇必须在语音上描写得很细致,因为我们没法事先知道哪些特征会产生对立,哪些不会。

考虑下面的芬兰语词汇:

1. [kudot]   失败   5. [madon]   一条虫的
2. [kate]   盖   6. [maton]   毯子的
3. [katot]   屋顶   7. [ratas]   轮子
4. [kade]   嫉妒   8. [radon]   轨道的

从这些词来看,清龈塞音 [t] 和带声龈塞音 [d] 究竟是代表不同音位还是相同音素的音位变体呢?

下面是一些提示,音系学家可能就会照这个程序做:

1. 检查是否存在最小对比对。
2. 单词 2 和 4 是最小对比对:[kate](盖)和 [kade](嫉妒)。单词 5 和 6 也是最小对比对:[madon](一条虫的)和 [maton](毯子的)。
3. 因此[t]和[d]在芬兰语中代表不同的音位 /t/ 和 /d/。

这是个简单的问题。

现在考虑希腊语的材料,主要关注下面这些音:

[x]　清软腭擦音
[k]　清软腭塞音
[c]　清硬腭塞音
[ç]　清硬腭擦音

1. [kano]（做）　　9. [çeri]（手）
2. [xano]（输）　　10. [kori]（女儿）
3. [çino]（倒）　　11. [xori]（舞蹈）
4. [cino]（移动）　12. [xrima]（钱）
5. [kali]（魅力）　13. [krima]（羞愧）
6. [xali]（誓约）　14. [xufta]（一把）
7. [çeli]（鳗鱼）　15. [kufeta]（棒棒糖）
8. [ceri]（蜡烛）　16. [oçi]（不）

为了确定 [x], [k], [c] 和 [ç] 的地位，你得先回答下面的问题。
1. 是否存在使这些音发生对立的最小对比对？
2. 是否有非对立的音处于互补分布？
3. 如果找到了非对立的音，什么是它们代表的音位，它们的音位变体又是什么？
4. 推导出这些音位变体的音系规则是什么？

1. 通过分析这些材料，我们发现[k]和[x]在一些最小对比对中存在对立，例如在[kano]和[xano]中。因此[k]和[x]是有区别的。[c]和[ç]同样在[cino]和[çino]中存在对立，因此也是有区别的。但是软腭擦音[x]和硬腭擦音[ç]又如何？软腭塞音[k]和硬腭塞音[c]又如何？我们找不到可以证明它们代表不同音位的最小对比对。

2. 下面我们来回答第二个问题：这些不对立的音素，[x]/[ç]和[k]/[c]，是否处于互补分布？考察语音是否处于互补分布的一种方法是列出每个音素出现的语音环境，如下所示：

音素	环境
[k]	在 [a], [o], [u], [r]前
[x]	在 [a], [o], [u], [r]前
[c]	在 [i], [e]前
[ç]	在 [i], [e]前

我们发现[k]和[x]不处于互补分布中；它们都只出现于后元音前面。[c]和[ç]也不是互补分布，它们只出现于前元音前面。但塞音[k]和[c]处于互补分布；[k]出现在后元音和[r]的前面，从不出现在前元音前面。而[c]只出现在前元音前面，不出现在后元音和[r]的前面。最后，[x]和[ç]也因为同样的理由，处于互补分布。所以，我们知道[k]和[c]是同一音位的音位变体，擦音[x]和[ç]也是同一音位的音位变体。这两对音位变体也满足语音相似性的标准。前者都是[-前]塞音，后者都是[-前]擦音

（如果比较[k]和[ç]，以及[c]和[x]，就会发现没那么相似）。

3. 在每对音中，哪个音更基本，其特征更能用于定义该音位呢？当两个音位变体可以从一个音位推导出来的时候，应该选使得音位变体导出规则与音位特征矩阵尽可能简单的那个音作为底层形式，就像我们在处理英语的送气与不送气塞音的时候所做的那样。

在希腊语的软腭/硬腭塞音与擦音的这个例子里，无论选哪一组作为底层，规则都一样简单。但是，除了简明性标准之外，我们还希望规则可以用自然音变来解释。这也常常是最简单的解决方法。在很多语言中，软腭音在前元音前面变成硬腭音。这是一条同化规则。因此我们选择/k/作为音位变体[k]和[c]的音位，以及/x/作为音位变体[x]和[ç]的音位。

4. 现在我们可以列出从软腭音推导出硬腭音来的规则。

软腭音在前元音前面腭化。

这条规则可以用特征表达为：

[+软腭] → [+硬腭]/_____[-后]

因为只有辅音才用[软腭]特征来标记，只有元音才用[后]特征来标记，因此规则中不必包含诸如[辅音]或是[音节]这样的特征。我们在定义规则所作用的音段以及规则所应用的环境时，同样不需要包含任何冗余特征。因此在该规则中，描述音变只需[+硬腭]特征就足够，而[-后]这个特征也足以定义前元音。简明性标准让我们尽可能把规则说得简单些。

9. 小结

一个人的语言知识，其中有一部分就是掌握该语言的**音系**即语音系统。它包括了**音素**总藏——该语言中出现的语音段——以及它们搭配的方式。正是这种配合关系决定了**音位**总藏——用于辨别词汇的基本抽象单元。

语音段放在方括号[ ]内，音位放在斜杠/ /中。如果音素以**互补分布**出现，它们就是音位的**音位变体**——可预见的语音变体。例如，英语中送气清塞音，如 pill 词首音，跟 spill 的不送气清塞音处于互补分布，这两套音从不出现于相同的音系环境。因此，送气[p^h]和不送气[p]分别是/p/音位的音位变体。这一总结同样适用于清塞音/t/和/k/。另一方面，出现于相同的环境并区别单词的音素，如 boat[bot]和 moat[mot]中的[b]和[m]代表两个辨义音位/b/和/m/。

有些音素可以是一个以上音位的音位变体。语言的音位和其音位变体之间并没有一一对应的关系。例如在英语中，重读元音在齐整规则的作用下不重读，最终弱化为混元音[ə]。混元音[ə]是所有英语元音的音位变体。

音系音段——音位和音素——由**语音特征**组成，如带声性、鼻音性、唇音性、通音性的出现或不出现，用+号或-号表示，这些特征把音段彼此区别开。如果这些语音差别使词发生对立，比如/m/的鼻音性对/b/的非鼻音性，它就是区别（辨义）特征。因此，英语中二分特征[±鼻]是区别特征，而[±送气]则不是。

当两个不同的词仅靠同一位置上的单个音素区别时，它们就组成了一对**最小对比对**。有些最小对比对，例如 boat 和 moat，仅靠单个区别特征发生对立，在这里就是[±鼻]，/b/是[-鼻]而/m/是[+鼻]。另有些最小对比对可能以不止一个特征来显示对立，如 dip 与 sip。/d/是一个带声龈塞音，是[+带声，-通]，而/s/是一个清龈擦音，是[-带声，+通]。最小对比对同样出现于手语中。手势可以通过手型、部位、运动与掌位来产生对立。

可以预测的语音特征是非区别性且**冗余的**。英语中的鼻元音就是一个冗余特征，因为所有的元音在鼻音前都会发生鼻化。因此元音中这个特征的正负值可以预测。某个特征可以在一组音中是区别性的，而在另一组音中是**非区别性的**。鼻音性在英语辅音中是区别性的，而在英语元音中则是非区别性的。甲语言中的非区别性（不辨义）语音特征到乙语言中可以是辨义的。送气在泰语中辨义但在英语中不辨义，泰语中送气清塞音和不送气清塞音都是音位。

在某些语言中，从音位上区别单词也可以用韵律即超音段特征，如音高、重音以及音段的长度或音长。有的语言用音高造成音节或词的对立，这种语言叫**声调语言**。其余的叫**语调语言**，它是用短语或句子上的音高变化来分辨意义差别。

英语中重音可以区分词语，如名词 pérvert（堕落者）第一个音节重读，动词 pervért（堕落）第二个音节重读。又如，合成词 hótdog（热狗，食品名）对形容词＋名词短语 hot dóg（浑身发热的狗），前者重音在 hot 上，后者在 dog 上。

元音音长和辅音音长可以是音位性的特征，两者在日语、芬兰语、意大利语和其他很多语言中都能造成对立。

词句的音位表征和语音表征（这些词句的发音）之间的关系是由音系规则决定的。一种语法的音系规则作用于音位链，使之发生各种变化，派生出语音发音：

1. 可以是**同化规则**，通过改变音段的特征值来传递语音性质，英语中鼻辅音前的元音发生鼻化的规则即是同化规则。

2. 可以是**异化规则**，如拉丁文的流音规则改变特征值，使同一链中两个音位变得更不像。

3. 可以增加从语境可预见的**非区别特征**。英语中词首或音节之首清塞音变为送气的规则即是此类规则。

4. 可以在音位链中插入原本没有的音段。插入又称**增音**。英语复数形式规则中的混元音插入规则即是一条音段增生或插入规则（例如，kisses [kʰɪsəs]）。

5. 可以把特定语境中的音位段**删除**。法语中有一条在某些环境下删除词末辅音的规则，因此 petit livre（小册子）中的末尾/t/是不发音的。

6. 可以颠倒或移换同一链中的音段。这种**换位**规则见于许多语言。某些美国英语方言把词末的/sk/变为/ks/的规则即是换位规则。

音系规则通常指整个音类，而不是单个的音。这些**自然类**的性质由语音性质即特征来刻画，语音特征适用于每一自然类的所有成员,例如带音可以刻画为[+带声]。描写一个自然类所用的特征数，少于用来划分出该类中的某个成员的特征数。

在书写规则的时候可以使用形式化标记法，这能揭示音系变化的语言学上的概括性。元音鼻化规则的形式化陈述（V→[+鼻]/____[+鼻]$）揭示了这是个同化规则。因为[+鼻]这个特征既是变化，也是规则生效的环境。

一个词素可能有不同的语音表达；这由**形态音位规则**所决定。形态音位规则是一种作用于特定语素的音系规则，不是通则。所以规则复数语素在语音上实现为[z], [s], [əz]，是根据前面名词的词尾音位来定的。

一个语言的音系也包括对该语言音位序列的制约条件（**音位配列学**）；这可以英语单词不能以两个相连的塞辅音打头为例来说明，还有，sing（唱）一词收尾的软腭鼻音从不出现于词首也是一例。这些序列约束决定了一个语言中不出现但潜在的词是什么样的，还决定什么样的语音链"不可能"或"不合法"。例如，blick[blɪk]不是现有的英语单词，但它有可能成为英语单词；而 kbli [kbli]或 ngos [ŋos]不可能成为英语单词。潜在而未出现的词构成了**偶然缺位**，也是**无意义词**。

音系规则的存在，部分是为了加强音位配列的限制。英语的复数规则包含了混元音[ə]的插入，就是为了防止不合法的序列[sz]的出现。**优选论**假设了一套普适的有序限制，处于较高级别的限制优先于处于较低级别的限制，这个系统决定并控制了音韵规则的性质与顺序。

为了发现一个语言中的音位，语言学家可以用寻找最小词对的方法，或寻找处于互补分布的音。一个音位的音位变体共同的区别特征矩阵，来自对于音系规则的最简陈述，从中可以由底层形式派生出所有的音位变体。

语言中的音系规则说明词汇或短语的音位形式和其语音形式并不完全吻合。音位不是真实的语音，而是抽象的心理构造，在类似于本章所述的那些规则的作用下实现为语音。这些规则不用去学，但每个人都下意识地知道这些规则。

10. 进阶书目

Anderson, S. R. 1985. *Phonology in the Twentieth Century: Theories of Rules and Theories of Representations.* Chicago: University of Chicago Press.

Bybee, J. 2002. *Phonology and Language Use.* Cambridge, UK: Cambridge University Press.

Chomsky, N., and M. Halle. 1968. *The Sound Pattern of English.* New York: Harper & Row.

Clark, J., and C. Yallop. 1990. *An Introduction to Phonetics and Phonology.* Oxford, England: Basil Blackwell.

Clements, G. N., and S. J. Keyser. 1983. *CV Phonology: A Generative Theory of the Syllable.* Cambridge, MA: MIT Press.

Dell, F. 1980. *Generative Phonology.* London, England: Cambridge University Press.

Goldsmith, J. A. (ed.). 1995. *The Handbook of Phonological Theory.* Cambridge, MA: Blackwell.

Hogg, R., and C. B. McCully. 1987. *Metrical Phonology: A Coursebook.* Cambridge, England: Cambridge University Press.

Hyman, L. M. 1975. *Phonology: Theory and Analysis.* New York: Holt, Rinehart & Winston.

Kaye, Jonathan. 1989. *Phonology: A Cognitive View.* Hillsdale, NJ: Erlbaum.

Kenstowicz, M. J. 1994. *Phonology in Generative Grammar.* Oxford: Blackwell Publications.

11. 练习

1. 下面几组最小对比显示了/p/和/b/在词首、词中和词尾的语音对立：

词首	词中	词尾
pit/bit	rapid/rabid	cap/cab

为下面几组辅音对立给出相应的最小对比对例子。

a. /k/—/g/   d. /b/—/v/   g. /s/—/ʃ/

b. /m/—/n/   e. /b/—/m/   h. /tʃ/—/dʒ/

c. /l/—/r/   f. /p/—/f/   i. /s/—/z/

2. 牛津拉德克利夫医院有一个年轻的病人，他头部受伤之后，对从拼写到发音以及从读音到拼写的规则识别产生障碍（这些规则可以帮助我们读写新词或一些无意义的词串），与此同时，他还无法对自己心理词库中的词实现音位表达。下面是他朗读发音和听音拼写的一些例子：

刺激	朗读发音	听音拼写
fame	/fæmi/	FAM
café	/sæfi/	KAFA
time	/tajmi/	TIM
note	/moti/ or /nɔti/	NOT
praise	/pra-aj-si/	PRAZ
treat	/tri-æt/	TRET
goes	/go-ɛs/	GOZ
float	/flɔ-æt/	FLOT

是哪些规则或者模式将他的朗读发音与给出的书写刺激联系起来？又是哪些规则或者模式将他的听音拼写与给出的听写刺激联系起来？例如，朗读发音时，字母 a 对应的发音是/a/和/æ/；听写时，/e/和/æ/对应的字母是 A。

3. 以下是[r]和[l]在韩语中的分布（练习 3 和 4 中的转写有些变化被简化,但不影响题目本身）：

rubi（红宝石）   mul（水）

kir-i（道路，主格）   pal（手臂）

saram（人）   səul（首尔）

irurn-i（名字，主格）   ilgop（七）

ratio（广播）   ibalsa（理发师）

[r]和[l]是一个音位还是两个音位的音位变体？

A. 它们会产生最小对比对么？

B. 它们是互补分布吗？

C. 在哪种情况下，上述的情况会出现？

D. 如果你认为它们是一个音位的音位变体，阐释形成这种语音音位变体的规则。

4. 以下是韩语中的一些其他材料：

son（手）　　　　　ʃihap（游戏）

som（棉花）　　　　ʃilsu（错误）

sosəl（小说）　　　 ʃipsam（十三）

sɛk（颜色）　　　　ʃinho（信号）

isa（移动）　　　　maʃita（是鲜美的）

sal（人肉）　　　　oʃip（五十）

A. [s]和[ʃ]是同一个音位的不同音位变体，还是不同音位的各自变体，给出你的理由。

B. 如果你认为它们是一个音位的音位变体，阐释形成这种语音音位变体的规则。

5. 在南部刚果语——安哥拉使用的一种班图语，非腭化的[t, s, z]与腭化的[tʃ, ʃ, ʒ]形成分布互补。如以下词所示：

tobola（钻孔）　　　tʃina（切割）

tanu（五）　　　　　tʃiba（香蕉）

kesoka（被割）　　　ŋkofi（狮子）

kasu（憔悴）　　　　nselele（白蚁）

kunezulu（天堂）　　aʒimola（施舍物）

nzwetu（我们的）　　 lolonʒi（清洗房屋）

zevo（然后）　　　　zeŋga（切割）

ʒima（伸展）

A. 说出每一对音段的分布。（假定[t]不出现在[e]前是偶然的缺位。）

　　例子：[t]-[tʃ]: [t] 出现在 [o], [a]或[u]前；[tʃ]出现在[i]前。

　　　　　[s] -[ʃ]:

　　　　　[z]-[ʒ]:

B. 从简单性角度考虑，对于南部刚果语中的每一对腭音与非腭音，哪个音素应该用作底层音位？

C. 试着用你自己的话给出一个音系规则，从而可以从音位中得出所有的语音音段。所谓的音系规则是通则，不是为一个音段单独设立的规则，而是能够适用于你在 b 中列出的三个音位。尽量对你提出的规则作形式化的表述。

6. 在英语的某些方言中，下列词中的元音发音会不同，如下列音标所示：

A		B		C	
bite	[bʌjt]	bide	[bajd]	die	[daj]
rice	[rʌjs]	rise	[rajz]	by	[baj]
ripe	[rʌjp]	bribe	[brajb]	sigh	[saj]
wife	[wʌjf]	wives	[wajvz]	rye	[raj]
dike	[dajk]	dime	[dãjm]	guy	[gaj]
		nine	[nãjn]		
		rile	[rajl]		
		dire	[dajr]		
		writhe	[rajð]		

A. 如何描述 A 栏和 B 栏词中尾音类别的特点？即，哪一项特征能够说明所有 A 栏词的尾音段和所有 B 栏词的尾音段？

B. C 栏的词与 A 栏和 B 栏有什么不同。

C. [ʌj]和[aj]是互补分布吗？理由是什么？

D. 如果[ʌj]和[aj]是一个音位的两个变体，它们是来自于/ʌj/还是/aj/？理由是什么？

E. 给出下列词在该方言中的语音表达：

life_____ lives_____ lie_____

file_____ bike_____ lice_____

F. 给出一条能够将上述词的音位表达与语音表达联系起来的规则。

7. top 和 chop，dunk 和 junk，so 和 show，Caesar 和 seizure 这几对词显示/t/和/tʃ/，/d/和/dʒ/，/s/和/ʃ/，/z/和/ʒ/在英语中是不同的音位。看看下列材料中腭化与非腭化辅音的对立（腭音形式是非强制性的，经常出现在随意的语气中）。

非腭化		腭化	
[hɪt mi]	（打我）	[hɪtʃ ju]	（打你）
[lɪd hĩm]	（领我）	[lɪdʒ ju]	（领你）
[pʰæs ʌs]	（递给我们）	[pʰæʃ ju]	（递给你［们］）
[luz ðɛm]	（失去他们）	[luʒ ju]	（失去你［们］）

给出一条规则，说明什么时候/t/，/d/，/s/和/z/会变成腭化的/tʃ/，/dʒ/，/ʃ/和/ʒ/。将这条规则用特征标记法写出来，并说明这个形式化表述是否体现了以上的概括。

8. 下面是一些日语词的宽式语音转写。注意龈塞擦音[ts]就和腭擦音[tʃ]一样，应该用一个音标来表示，发作 *ts*unami（海啸）起首的音。除了外来词，日语里没有*[ti]和*[tu]这样的语音系列。

tatami（榻榻米）　　　tomodatʃ（朋友）　　　utʃi（房子）

tegami（信）　　　totemo（非常）　　　otoko（男性）

tʃitʃi（父亲） tsukue（书桌） tetsudau（帮助）
ʃita（在……下面） ato（后来） matsu（等待）
natsu（夏天） tsutsumu（包裹） tʃizu（地图）
kata（人） tatemono（楼） te（手）

A. 以这些材料为基础，是否可以说[t], [tʃ]和[ts]是互补分布？

B. 阐释这些音素的分布，先说明在词汇中的分布，然后用语音特征说明。

C. 针对[t], [tʃ]和[ts]，对这些材料做音位分析，即找出它们的音位和音位变体。

D. 以下为一些日语词的语音转写，写出相应的音位表达式。假定除了[t], [tʃ]和[ts]，语音表达和音位表达是一样的。

tatami _____ tsukue _____ tsutsumu _____
tomodatʃ _____ tetsudau _____ tʃizu _____
utʃi _____ ʃita _____ kata _____
tegami _____ ato _____ koto _____
totemo _____ matsu _____ tatemono _____
otoko _____ degutʃi _____ te _____
tʃitʃi _____ natsu _____ tsuri _____

9. 下面的例子是帕库语的一些词，是美国 NBC 公司的电视连续剧《迷失者的土地》中帕库人说的一种语言（实际上是 V. 弗罗姆金创造的一种语言）。锐音符号（上方小撇）表示重读元音。

a. ótu （邪恶，名词） h. mpósa （没有毛发的）
b. túsa （邪恶，形容词） i. ámpo （没有毛发的一个）
c. etógo （仙人掌，单数） j. ãmpóni （没有毛发的多个）
d. etogóni （仙人掌，复数） k. ámi （母亲）
e. Pákũ （帕库人，单数） l. ãmíhi （母亲们）
f. Pakúni （帕库人，复数） m. áda （父亲）
g. épo （毛发） n. adáni （父亲们）

（1）重读是否可以预测？如果可以，规则是什么？

（2）鼻化是元音的区别特征吗？说明你的理由。

10. 看下列英语的动词。A 栏的动词重音落在倒数第二个音节上，而 B 栏和 C 栏的动词重音都在倒数第一个音节上。

A	B	C
astónish	collápse	amáze
éxit	exíst	impróve
imágine	resént	surpríse
cáncel	revólt	combíne

elícit   adópt   belíeve

práctice   insíst   atóne

a. 将 A、B 和 C 栏的词进行音位转写。（用半元音标写所有不重读的元音，不管是否存在不同的元音音位。）

b. 仔细考虑这些动词重读音节的音位结构。A 栏和 B 栏词最后一个音节有什么不同？总结一条可以预测重读的规则。

c. C 栏中的动词重读只发生在最后一个音节。要为上述规则附加什么条件才能解释这个事实。（提示：对于 A 栏和 B 栏的动词，要考虑的是最后一个辅音，而对于 C 栏的动词，要考虑元音。）

11. 下面是十个"词"的语音转写，其中有些是英语词，有些可能是英语词，还有些词根本不可能是英语词，因为他们违反了英语的词序列规则。将其中的英语词拼写出来，并将其他词标上"可能"或"不可能"成为英语词，如果标注的是"不可能"，请给出理由。

例子	词	可能	不可能	理由
[θrot]	throat			
[slig]		X		
[lsig]			X	英语中没有任何词是以一个流音后接一个阻音来开头的

	词	可能	不可能	理由
a. [pʰril]				
b. [skrɪtʃ]				
c. [kʰno]				
d. [maj]				
e. [gnostɪk]				
f. [jũəkʰɔrn]				
g. [fruit]				
h. [blaft]				
i. [ŋarl]				
j. [æpəpʰlɛksi]				

12. 仔细观察下列希伯来语词的语音形式。

[v]-[b]   [f]-[p]

bika   （哀悼的）   litef   （中风的）

mugbal   （有限的）   sefer   （书）

ʃavar   （破产的，阳性）   sataf   （洗过的）

ʃavra   （破产的，阴性）   Para   （母牛）

ikev （延误的） mitpaxat （手帕）
bara （创造的） haʔalpim （阿尔卑斯山）

假定这些词及其语音序列在希伯来语中具有代表性，而且你的答案不能仅仅考虑单个的音而要考虑声音的分类。

A. [b]和[v]是同一个音位的两个音位变体吗？它们分布互补吗？在哪一种语音环境下，它们会出现？你能归纳一条音系规则阐释这种分布么？

B. 描写[b]和[v]的规则与描写[p]和[f]的规则是同一条规则么？或者缺少一条规则？如果不是，给出理由？

C. 有一个词丢了一个音，音丢掉的地方有个空格：hid__ik。
找出正确的表述：
（1）[b]会出现在空位上，不会是[v]；
（2）[v]会出现在空位上，不会是[b]；
（3）[b]和[v]都有可能出现在空位；
（4）[b]和[v]都不可能出现在空位。

D. 对于不完整的词语 __ana，下面那个表述是正确的：
（1）[f]会出现在空位上，不会是[p]；
（2）[p]会出现在空位上，不会是[f]；
（3）[p]和[f]都有可能出现在空位；
（4）[p]和[f]都不可能出现在空位。

E. 现在看下面几个可能是词的"词"（语音转写形式）：
laval   surva   labal   palar   falu   razif
如果这些音真的是希伯来语词，它们是否会：
（1）迫使你重新修订有关双唇塞音和擦音的分布规则；
（2）支持你最初的结论；
（3）既不支持也不驳斥最初的结论。

13. 在非洲的马宁卡语中，后缀-li 有不止一个读音（就像英语的后缀-ed 一样）。这个后缀的作用与英语的-ing 和-ion 很相似，都是将动词变成名词。

参照下文马宁卡语的材料：

bugo	"hit"	bugoli	"hitting"	（打）
dila	"repair"	dilali	"repairing"	（修）
don	"come in"	donni	"coming in"	（进来）
dumu	"eat"	dumuni	"eating"	（吃）
gwen	"chase"	gwenni	"chasing"	（追）

A. 相当于语素"ing"的两种形式是什么？

（1）_____　　　　　　（2）_____

B. 你能预测会出现哪种语音形式吗？如果可以，给出你的规则。

C. 针对下列动词，ing 的形式应该怎么变化？

da　　"lie down"（躺下）_____　　farnu　　"understand"（理解）_____

men　　"hear"（听见）_____　　sunogo　　"sleep"（睡）_____

14. 下列是班图语系的卢干达语的材料（材料做了适当的调整，以使问题简单点）。除了最后一行，A栏和B栏词拥有相同的词根，但是A栏拥有一个前缀，表达的意思是冠词"一个"，B栏也有一个前缀，表达的意思是"小……"。

A		B	
ẽnapo	（一座房子）	aka:po	（小房子）
ẽnobi	（一个动物）	akaobi	（小动物）
ẽmpipi	（一个肾脏）	akapipi	（小肾脏）
ẽŋko:sa	（一片羽毛）	akako:sa	（小羽毛）
ẽm:ã:m:o	（一个夹子）	akabã:m:o	（小夹子）
ẽŋ:õ:m:e	（一个号角）	akagõ:m:e	（小号角）
ẽn:ĩmiro	（一座花园）	akadĩmiro	（小花园）
ẽnugẽni	（一个陌生人）	akatabi	（小树枝）

假定这个语言里的所有词都遵循这个规则，给出你对下列问题的答案。（提示：将长音音段 /m:/ 改写为 /mm/，可以帮助你更好地理清其中的音系规则。）

A. 卢干达语的鼻化元音是音位吗？可以预测吗？

B. 语素"花园"的音位表达是 /dimiro/ 么？

C. 语素 canoe 的音位表达是什么？

D. [p] 和 [b] 是同一个音位的音位变体吗？

E. 如果 /am/ 是一个固定的前缀语素，你能否得出这个结论：[ãmdãno] 是这个语言中某个词被加了前缀后，存在的一个语音形式？

F. 在卢干达语中，是否存在同位的鼻化原则？

G. 如果"小男孩"这个词语的语音表达是 [akapo:be]，给出"一个男孩"这个词语的音位和语音表达。

音位_____　　　　语音_____

H. 下面哪种形式是冠词 a 的音位表达？

（1）/en/　　（2）/ẽn/　　（3）/ẽm/

（4）/em/　　（5）/eŋ/

I. 词语"一个树枝"的语音表达是什么？

J. 词语"小陌生人"的音位表达是什么？

K. 根据卢干达语的材料，说出三条音系规则。

15. 下列词是日语动词形式的宽式语音转写。它们代表动词现在时的两种形式（敬体和简体的）。语素通过一个加号"+"被分开。

释义词	简体	敬体
call	yob + u	yob + imasu
write	kak + u	kak + imasu
eat	tabe + ru	tabe + masu
see	mi + ru	mi + masu
leave	de + ru	de + masu
go out	dekake + ru	dekake + masu
die	ʃin + u	ʃin + imasu
close	ʃime + u	ʃime + masu
swindle	kata + ru	kata + rimasu①
wear	ki + ru	ki + masu
read	yom + u	yom + imasu
lend	kas + u	kaʃ + imasu
wait	mats + u	matʃ + imasu
press	os + u	oʃ + imasu
apply	ate + ru	ate + masu
drop	otos + u	otoʃ + imasu
have	mots + u	motʃ + imasu
win	kats + u	katʃ + imasu
steal a lover	neto + ru	neto + rimasu②

A. 给出每一个动词词根的音位转写。

B. 总结一条规则适用于这些动词词根的不同语音形式。

C. 正式语气和不正式的语气前缀都有不止一个语素变体，分别列出它们的语素变体，并总结出一条或几条规则来说明它们的分布。

17. 看下面缅甸语的材料。鼻音下面的小圆圈代表清音，声调与这道题无关，所以被省略。③ [m]和[m̥]，[n]和[n̥]是音位变体还是音位？给出你的理由。

mjiʔ　（河流）　　　m̥on　（面粉）
nwe　（弯曲，动词）　　m̥a　（命令）

---
① 原文误为 kata+masu，译文已订正。——译注
② 原文误为 neto+masu，译文已订正。——译注
③ 因版权问题，英文版第 16 题未录。

nwa　　（母牛）　　　　　ŋwej　　（加热，动词）
mi　　（火焰）　　　　　ŋa　　　（鼻孔）

18. 下面是一种人造语，被称为瓦坎蒂语。（为了分析方便，长辅音用双写的符号代表。）

[aba]　　（我吃）　　　　　[amma]　　（我不吃）
[idej]　　（你睡）　　　　　[innej]　　（你不睡）
[aguw]　　（我去）　　　　　[aŋŋuw]　　（我不去）
[upi]　　（我们来）　　　　[umpi]　　（我们不来）
[atu]　　（我走路）　　　　[antu]　　（我不走路）
[ika]　　（你看见）　　　　[iŋka]　　（你看不见）
[ijama]　　（你发现了）　　　[injama]　　（你没有发现）
[aweli]　　（你爬上去了）　　[amweli]　　（你没有爬上去）
[ioa]　　（你跌倒了）　　　　[inoa]　　（你没有跌倒）
[aie]　　（我打猎）　　　　　[anie]　　（我不打猎）
[ulamaba]　（我们放到最高处）　[unlamaba]　（我们不放到最高处）

A. 根据材料说出表示否定的语素的音位形式是什么？

B. 它的语素变体是什么？

C. 给出一条规则能够根据语素变体潜在的音位形式，推出语音形式。

D. 给出另一条适用于这些材料的音系规则，清楚地陈述这条规则并说明适用于辅音的哪些自然类。

E. 给出所有否定句式的音位形式。

19. 下面每对例子都形成语音和语义的对应：（"+"用来指语素之间的界限）

语音	语义	语音	语义
[bãm]	爆炸装置	[bãmb +ard]	用爆炸装置攻击
[kʰrãm]	一口（点）	[kʰrãmb+əl]	粉碎
[ajæm]	一英尺	[ajæmb+ Ic]	以英尺组成
[θãm]	与其他手指（脚趾）对置的手指（脚趾）	[θãmb+alĩnə]	童话中的小女人

A. 每一行的材料里，根语素的两个语素变体是什么？

B. 潜在的根语素的语音形式是什么？（提示：考虑一下诸如 atom/atomic（原子/原子的）和 form/formal（形式/形式的）这样的词对。）

C. 写出一条可以得出语素变体的规则。

D. 如果你懂英语，把这些词拼写出来。

20. 看下列希伯来语的材料：（ts 是一个独立的齿龈啜擦音，就如 sh 代表腭擦音[ʃ]。单词 lehit 是一个反身代词。）

以非咝音起首的动词		以咝音起首的动词	
kabel	（接受）	tsadek	（证明……正当）
lehit-kabel	（被接受）	lehits-tadek	（致歉）
		（不是 *lehit-tsadek）	
patef	（开除）	shamesh	（为……使用）
lehit-pater	（辞职）	lehish-tamesh	（使用）
		（不是*lehit-shamesh）	
bayesh	（使蒙羞）	sader	（安排）
lehit-bayesh	（感到羞愧）	lehis-tader	（安排自己）
		（不是*lehit-sader）	

A. 描述在第二栏里出现的音系变化。

B. 尽可能详细地阐述一条音系规则来解释这些变化，确保你的规则不影响第一栏里的希伯来语材料。

21. 下面是一些日语的材料，大部分与练习 8 的材料相同，只是用了更完善的语音转写，不发声的元音被标了出来（元音下面的一个小圆圈代表该元音不发声）。

词语	语义	词语	语义	词语	语义
tatami	垫子	tomodatʃi	朋友	utʃi̥	房子
tegami	信	totemo	非常	otoko	雄性
su̥kiyaki	寿喜烧	ki̥setsu	季节	busata	寂静，名词
tʃi̥tʃi	父亲	tsu̥kue	课桌	tetsudau	帮助
ʃi̥ta	在……之下	ki̥ta	北方	matsu	等待
degutʃi̥	出口	tsuri	钓鱼	ki̥setsu	情妇
natsu	夏天	tsu̥tsumu	包裹，动词	tʃi̥zu	地图
kata	人	fu̥ton	被子	fugi	讨论
matsu̥shi̥ta	松下，人名	etsu̥ko	悦子，女名	fu̥kuan	一个计划

A. 哪些元音可能会不发声？

B. 这些不发声的元音是否与相应发声的元音形成分布互补？如果是，说明它们的分布。

C. 每对发声/不发声的音位变体属于同一个音位吗？

D. 用语言或公式阐释一个规则，解释拥有不发声音位变体的元音什么时候会产生音位变体。

22. 当学习复数和过去时的变化规则时，我们发现正确的顺序非常重要。就像课文中所举的例子，如果顺序颠倒，bus 的复数形式就会变成[bʌsəs]，而不是[bʌsəz]；state 的过去时也会变成[stetət]，而不是[stetəd]。下面有两条试图约束复数和过去时变化的规则，但是正确和不正确的复数与过去时形式都适用于这两条规则，你认为应该附加一条什么规则以防止出现[bʌsəs]和[stetət]的情况？

A. 谈到词尾阻音序列的带声特点，阻音序列可以不变化。

B. 阻音序列发生变化，仅仅是当"带声"在英语中不允许出现的时候。

23. 我们描述过一条德语里的规则——词尾的阻音清化。（比如/bund/被读为/bunt/）这条规则实际上是下面这条约束规则的修订：

带声的阻音不能出现在词尾。

如果这条约束规则具有普遍意义，你能够解释英语中 band 没有依照"优选论"（OT）被读为[bænt]，而仍然被读为[bænd]的原因吗？

24. 对于很多说英语的人，当词尾的/z/是一个单独的语素时，常常会将其清化。比如有些复数形式，如 dogs，days 和 dishes，常被读为[dɔgs]，[des]和[dɪʃəs]而不是[dɔgz]，[dez]和[dɪz]。表达所属格和第三人称单数的动词现在时也是如此。Dan's，Jay's 和 Liz's 被读为[dæns]，[dʒes]和[lɪzes]而不是[dænz]，[dʒez]和[lɪzez]；相应的 reads，goes 和 fusses 被读为[rids]，[gos]和[fʌsəs]而不是 [ridz]，[goz]和[fʌsəz]。

（但是，daze 和 Franz 依然被读为[dez]和[frænz]，因为 z 在这里不是单独的语素，所以在这个方言中 Franz 和 Fran's 不是一个音。）用 OT 理论如何解释这个现象？

25. 德语中，第三人称单数现在时的动词后缀是-t。下面是三组德语动词的词干形式（底层形式）和第三人称现在时的形式。

词干　　　　　第三人称
/lo:b/　　　　[lo:pt]　　　　他赞美
/zag/　　　　 [zakt]　　　　他说
/rajz/　　　　[rajst]　　　　他旅行

动词词干尾的辅音在第三人称变化后，虽然不在词尾，但是也经历了清化的过程，这是哪条规则在起作用？它与英语的复数和过去时变化规则的异同之处在哪里？

第三编
语言的心理研究

心理语言学这一领域,即语言的心理学,旨在发现那些使人能够习得和使用语言的心理过程。

让·贝尔科·格里森　南·伯恩斯坦·拉特纳

《心理语言学》　1993年

第八章　语言习得

语言的习得"无疑是我们每个人曾经和必须取得的最了不起的智力成就"。

伦纳德·布龙菲尔德《论语言》 1933 年

我们作为一个物种，学习语言的能力是根深蒂固的，就像走路、抓取东西、识别面孔的能力一样。儿童①不管是在拥挤的城市贫民窟、偏僻的山区村落，还是优越的郊区别墅长大，我们没发现这种能力有什么重大差别。

丹·斯洛宾
纪录片《人类语言系列》第二集　1994 年

语言极其复杂。但是幼儿——在 5 岁以前——就已经掌握了组成语言的大部分复杂的语法系统。在能够计算"2+2"之前，他们已经在连接句子、提出问题、选用适当的代词、否定句子、组成关系小句、改变动词和名词的屈折形式，总之，就已经大体习得了语法中的句法、音系、形态和语义等规则。

很明显，儿童学会一种语言并不是靠简单地记忆这种语言的句子并将它们一一存储在一部巨大的心理词典中。词的数目是有限的，但是没有一部词典能包容所有的句子，句子的数量是无限的。其实，儿童是习得一个使他们得以构造和理解句子的规则系统，大多数这些句子他们过去从未说过或听到过。儿童跟成人一样在使用语言时具有创造性。

没有人将语法规则教给儿童。儿童的父母跟儿童一样意识不到音系、形态、句法、语义等规则。即便你记得你小时候的情形，你记得有人告诉过你一个名词短语加上一个动词短语构成一个句子，或者加上[s]或[z]构成复数形式吗？儿童的行为就像已经掌握一种完善语言理论的高效率的语言学家，他们利用该理论建立他们所接触到的那种语言的语法。

从前面各章你已经看到人类语言的丰富和复杂（但还只是管中窥豹）。儿童究竟如何能如此快速、毫不费力地习得一个这么复杂的系统呢？儿童还必须从充满"噪声"的素材中推算出语言的规则，这就更增加了习得的难度。他听到的话是句子的片断、错误的开头、言语错误和插话，没有人会告诉他"这一句合乎语法，那一句不合语法"，然而他却能根据他从周围听到的语言，重新创造

---

① 这里指的"儿童"泛指婴幼儿和学龄前的孩子。——译注

出所在言语社团使用的那种语言的语法。本章的主题就是说明儿童是如何完成这一非凡任务的。

1. 语言习得的机制

关于语言习得的心理机制有各种各样的说法。早期的语言习得理论深受行为主义——20世纪50年代盛行的一个心理学派——的影响。顾名思义，行为主义关注的是可以直接观察到的人的行为，而不是支持这些行为的心理系统。行为主义视语言为一种言语行为，提出儿童是通过模仿、强化、类推和其他相似过程学会语言的。行为主义心理学的创始人之一 B. F. 斯金纳在其著作《言语行为》（*Verbal Behavior*, 1957）中提出了一个语言习得的模型。两年之后，诺姆·乔姆斯基在"评《言语行为》"① （1959）一文中对斯金纳的模型做出了颠覆性的回应，乔姆斯基证明语言是一个复杂的认知系统，不可能通过行为主义的原则来习得。

1.1 儿童是否靠模仿学习？

儿童：My teacher holded the baby rabbits and we patted them.（我的老师 holded [抱着]小兔子，我们轻轻拍打它们。）

成人：Did you say your teacher held the baby rabbits?（你是说你的教师 held [抱着]小兔子？）

儿童：Yes。（是的。）

成人：What did you say she did?（你说她做什么来着？）

儿童：She holded the baby rabbits and we patted them.（她 holded [抱着]小兔子，我们轻轻拍打它们。）

成人：Did you say she *held* them tightly?（你是说她紧紧 held [抱着]它们？）

儿童：No, she holded them loosely.（不，她松松地 holded [抱着]它们。）

初看起来要回答儿童如何习得语言的问题似乎并不很难。儿童不就是听到他周围说些什么然后模仿着说么？**模仿**是起一些作用，但是儿童早期说出的词和句子表明他们不是简单地模仿成人的言语。儿童并没有听到 holded 或 tooths②这样的词，或是 Cat stand up table（猫站上桌子③）这样的句子，或者他们在2—3岁期间说出的许多其他语句，如下例所示④：

a my pencil（一支我的铅笔⑤）

two foot（两只脚⑥）

---

① 出处：N. Chomsky 1959. "A Review of B. F. Skinner's *Verbal Behavior*", in *Language*, 35, No. 1, 26-58.
② tooth（牙齿）的错误复数形式，应为 teeth。——译注
③ 动词应为第三人称单数 stands；动词 stand up 不能直接后接 table，而应加上介词 on，名词 cat 和 table 没有冠词等限定形式，可以改为"The cat stands on the table"。——译注
④ 本章所举儿童语言的例子很多取自 CHILDES（儿童语言数据交换系统），该系统为儿童习得英语及许多其他语言时自发言语的计算机数据库。出处：B. MacWhinney and C. Snow. 1985. "The Child Language Data Exchange System", *Journal of Child Language* 12:271-96.（原注 1）
⑤ 英语中只能说 a pencil 或 my pencil，a 和 my 不能连用。——译注
⑥ foot 应为复数形式 feet。——译注

what the boy hit?（那个男孩撞倒了什么？①）
other one pants（另一条裤子②）
Mommy get it my ladder（妈咪拿它我的梯子③）
cowboy did fighting me（牛仔是跟我打了架④）

即使儿童在努力模仿听到的话，他们也无法模仿不是他们自发说出来的句子。下面是儿童试图模仿成人说话的情形：

成人：He's going out.（他正要出去。）

儿童：He go out.

成人：That's an old-time train.（那是一辆老式火车。）

儿童：Old-time train.

成人：Adam, say what I say. Where can I put them?（亚当，跟着我说：我能把它们放在哪里？）

儿童：Where I can put them?

"模仿"理论也不能解释另一重要现象。有些儿童由于神经和生理原因自己不能说话；但这些儿童学会别人说给他们听的语言并理解所说的内容。当他们克服言语障碍后他们马上能用这种语言说话。

1.2 儿童是否靠强化学习？

儿童：Nobody don't like me.（没人喜欢我⑤）

母亲：No, say "Nobody likes me."（不对，说 Nobody likes me.）

儿童：Nobody don't like me.

（对话重复了 8 次）

母亲：Now, listen carefully, say "Nobody likes me."（现在仔细听，说 Nobody likes me.）

儿童：Oh, nobody don't likes me⑥.

在行为主义传统内提出的另一种假说是，儿童学会说出正确的（合乎语法的）句子是由于他们说得对时受到正强化，说得不对时受到负强化的缘故。强化的一种方式是纠正"差的语法"奖励"好的语法"。哈佛大学的罗杰·布朗及其同事研究了父母和儿童之间的对话，报告说强化实际上很少发生，即便发生，纠正的也通常是不正确的发音或不符合事实的报告。例如，他们指出，不合语法的句子 Her curl my hair（她的卷我的头发）没有被纠正，因为孩子的母亲实际是在给她卷头发。相反，当孩子说出合乎语法的句子 Walt Disney comes on Tuesday（迪士尼动画片星期二播放）时她母

---

① 应为 What did the boy hit?这里的助动词 did 不可省略。——译注
② 应为 other pair of pants。英语 pants 是复数，表达"一条裤子"要加 a pair of。——译注
③ 应为祈使句，这里的 it 是冗余的，应为 Mommy get my ladder。——译注
④ 助动词 did 后面必须用动词原形，应为 cowboy did fight me。——译注
⑤ 此处的双重否定不合英语语法，动词应该是第三人称单数 doesn't。——译注
⑥ 除了原来的错误以外，又多了一个错：助动词否定式 don't 后面只能用动词原形 like，不能第三人称单数 likes。——译注

亲却纠正她，因为这个电视节目星期三播放。布朗的结论是，"是真值而不是句法合式性起主要作用，并决定父母是否用显性语言加以强化——这就和事实有点南辕北辙，因为这种训练日程培养出来的成年人反而是言语非常合乎语法，但内容却未必那么真实。"

即使成人对儿童句法的纠正确实比现在更频繁，这仍然既不能解释儿童如何从这样的成人反应中学习，或学习什么，也不能解释儿童如何发现和建立正确的规则。事实上，"纠正"儿童语言的尝试看来注定会失败。儿童不知道自己错在什么地方，即使有人指出错误，他们也不能加以改正，上面的例子已经说明这一点，下面的例子也是如此：

儿童：Want other one spoon①, Daddy.（要另一只一勺，爹爹。）

父亲：You mean, you want "the other spoon".（你是说你要"那另一只勺"。）

儿童：Yes，I want other one spoon, please, Daddy.（是的，我要另一只一勺，请给我，爹爹。）

父亲：Can you say "the other spoon"?（你能不能说"那另一只勺"？）

儿童：Other … one … spoon.（另一只……一勺。）

父亲：Say … "other".（说……"另一只"。）

儿童：Other.（另一只。）

父亲：Spoon.（勺。）

儿童：Spoon.（勺。）

父亲：Other…spoon.（另一只……勺。）

儿童：Other…spoon. Now give me other one spoon?（另一只……勺。现在给我另一只一勺？）

父母和儿童之间的这类对话不常发生，以上对话发生在一个研究儿童语言的语言学家和他的孩子之间。妈妈和爸爸通常为自己的幼儿能开口说话而高兴，不管孩子说些什么他们都觉得每句话都是宝贝。孩子所犯的"错误"是逗人喜爱的，父母总是乐意一遍又一遍地讲给愿意听的人听。

1.3 儿童是否靠类推学习？

还有人提出，儿童通过**类推**将词组成短语和句子，也就是把听到的句子作为例子来组成其他句子。但是类推并不管用，莉拉·格莱特曼指出：

……假如儿童听到过句子 I painted a red barn（我画了一座红色的谷仓），于是通过类推他就能说出 I painted a blue barn（我画了一座蓝色的谷仓）。这正是我们所要的那种理论。你听到一个例子，就根据相似性将其扩展到所有新的情形。……除了 I painted a red barn，你可能还听到过句子 I painted a barn red（我把一座谷仓油漆成了红色的），这看来就是颠倒了最后两个词的次序。……然后你想将这个句子扩展到 see（看见）的情形，因为你要看谷仓而不是画谷仓。你听到过 I saw a red barn（我看见了一座红色的谷仓），于是你就（通过类推）试着说一个……新句子——I saw a barn red（我把一座谷仓看成了红色的）。这就出错了。这就是一个类推，但

---

① other 后面 one 和 spoon 不能同时出现，如果不定指，则应说 another one 或者 another spoon；如果定指，则应说 the other one 或者 the other spoon。——译注

是这个类推并不管用。它不是个英语句子。

这种问题会不断出现。再看一个例子。儿童听到如下成对的句子：
The boy was sleeping.（那个男孩在睡觉。）
Was the boy sleeping?（那个男孩是不是在睡觉？）

根据这样的成对句子，儿童建立起一条构成问句的规则："将助动词移到主语前面的位置"。然后，他习得较复杂的关系小句结构：

The boy who is sleeping is dreaming about a new car.
（在睡觉的男孩正梦到一辆新轿车。）

现在他要组成一个问句，他该怎么办呢？如果他按照简单是非问句类推，就会将第一个助动词 is 移位，得到：

*Is the boy who sleeping is dreaming about a new car?①

对自发言语的研究和实验都表明，儿童从来不犯这类错误。如第四章所述，句子是有结构的，助动词移位规则这样的语法规则对结构而不是对线性次序敏感。儿童似乎在很小的年纪就已经知道了规则对结构的依赖性。

最近有人提出一种语言表征和习得的计算机模型，叫作"**连接主义**"，它部分地依靠行为主义的学习原则，如类推和强化。在连接主义模型中不存在语法规则。语言知识，如有关过去时的知识，是由不同音系形式（如 play 和 played，dance 和 danced，drink 和 drank）之间类似神经元的一组连接来表征的。反复地接触输入言语中特定的一对动词，模拟类似规则的行为，会强化二者之间的连接。根据词与词之间的相似性，这个模型就能产生未曾接触过的过去时形式。例如，类推 dance-danced 就会将 prance（昂首阔步）转换成 pranced，类推 drink-drank，就会将 sink（沉没）转换成 sank。

作为语言习得的一种模型，连接主义面临一些严重的挑战。这个模型假设儿童所处环境中的语言有很具体的特性。然而对儿童实际接收的言语输入的调查表明，这一假设不符合事实。还有一个问题是，诸如形成过去时的规则不可能只依据音系形式，而是必须同时注意词库中的信息。例如，由名词派生而成的动词其过去时总是规则的形式，即便已经有不规则的形式存在。在棒球赛中，如果接球手接住了一个高飞球，我们就说击球手 flied out（高飞球接杀）而不说 flew out。同样，如果一个不规则的复数形式是复合名词的组成部分，它可能会转变为规则形式。当我们看到迪士尼那只著名的米老鼠的几个不同图像时，我们说 Mickey Mouses 而不说 Mickey Mice。

1.4 儿童是否通过特意组织的言语输入来学习？

还有一种观点是，儿童能学会语言是因为成人对他们使用一种特别的"简化"语言，有时也称"妈妈语"，或者"儿童导向语"（CDS，简称"儿向语"），非正式的名称又叫"宝贝儿语"。这一

---

① 应为 Is the boy who is sleeping dreaming about a new car?（在睡觉的男孩正梦到一辆新轿车吗）。——译注

假说十分注重环境对促进儿童语言习得的作用。

在我们的文化中，成人确实通常以一种特殊的方式跟幼童说话，一般会说得比较缓慢、清晰，语调夸张，句子一般都合乎语法。但是，妈妈语其实在句法上并不简单，而是包含多种句型，如句法上很复杂的问句 Do you want your juice now?（你现在要喝果汁吗），嵌套句 Mommy thinks you should sleep now.（妈咪觉得你现在该睡觉了），祈使句 Pat the dog gently!（轻轻地拍拍那条狗），带疑问尾句的否定句 We don't want to hurt him, do we?（我们不想弄伤他，是吧）等等。成人也不会为了简化语言而丢掉动词和名词的屈折形式，也不会省掉限定词和助动词之类的功能词。妈妈语在句法上并不受局限（即降低难度），这实为幸事。要是受限的话，儿童从中提取规则时就会缺乏足够的信息。

虽然与正常的成人言语相比，婴儿更喜欢听妈妈语，但一些对照研究表明妈妈语并不对儿童的语言发展产生重要的影响。在许多文化里，成人并不用特殊的语域（风格）跟儿童说话，甚至在有的社会成人都很少跟儿童说话。然而，世界各地的儿童不管所处的环境如何千差万别，都以大致相同的方式习得语言。在这项事业中，成人与其说是引领者，还不如说是跟随者。儿童语言的发展不是因为儿童接触的语言越来越像成人的语言，而是成人不断调整自己的语言来适应儿童越来越成熟精密的语言水平。妈妈语那夸张的语调和其他特点，也许有助于吸引并保持儿童的注意，但并不是儿童语言发展的驱动力。

总之，类推、模仿、强化都不能解释儿童语言发展，因为它们所依据的（隐性或者显性的）假设是，儿童习得的是一个句子或形式的集合，而不是语法规则的集合。那些假设"语言习得要依赖特意组织的言语输入"的理论过分强调环境的作用，而忽视儿童建立语法的能力。这些理论都不能解释儿童在习得语言过程中表现出来的创造性，为什么习得会经历不同的阶段，以及为什么会犯某些类型的"错误"而不是另外一些。例如，同样是错句，为何儿童只会说 Give me other one spoon，但不会说 Is the boy who sleeping is dreaming about a new car?

2. 儿童建构语法

> 我们天生会走路。……不可能有人来教我们走路。语言的情形大致相同。没有人教我们学会语言。事实上你都不可能不让儿童学会语言。
>
> N. 乔姆斯基
> 纪录片《人类语言系列》第二集　1994 年

语言习得是一个创造过程。没有人给儿童有关规则的显性信息，既不靠教学，也不靠纠正。儿童必须以某种方式从周围听到的语言中提取语法规则，而为了他们能做到这一点，语言环境并不需要具有任何特殊性。观察儿童在不同文化社会环境里习得不同的语言，会发现他们有着相似的发展阶段，可能具有普遍性。即便是聋哑父母所生的聋哑儿童，他们习得手语所经历的阶段也跟正常儿童习得口语的阶段类似。许多语言学家因此相信，儿童具备一个天生的语言模板或蓝图——我们在前文称之为普遍语法（UG），这张蓝图帮助儿童完成建立母语语法的任务。这种理论称为**天赋假说**。

2.1 天赋假说

支持天赋假说最有力的证据来自这样的观察,即我们最终习得的语法完全不取决于我们的语言经验。换言之,我们最终获得的语言知识大大超出了我们从周围听到的语言样本。支持普遍语法天赋假说的这一论据叫作**刺激贫乏**。

虽然儿童听到许多语句,但是他们听到的语言不完整、有噪声而且缺乏组织性。前面说过,儿童导向语基本上是合式的,但是儿童还要接触成人之间的交谈。后者包括许多口误、错误的开头、不合语法和不完整的句子,但并不包括哪些语句合式而哪些又不合式的信息。然而,最重要的事实是,尽管儿童没有获得有关语法的任何信息,他们最终还是逐渐掌握了语法的方方面面。这就是说,儿童接触到的数据是**贫乏的**。他们所接触的数据远不足以解释他们所掌握语法的丰富性和复杂性。

例如,前面说过儿童建立的规则是**结构依赖**的。儿童构造问句不是像例 1 那样移动第一个助动词,而是像例 2 那样正确地倒置主句的助动词。(我们用"____"标示一个成分移位前所处的位置。)

1. *Is the boy who ____ sleeping is dreaming of a new car.
2. Is the boy who is sleeping ____ dreaming of a new car.

移动主句的助动词而不是第一个助动词,要得出这条规则儿童必须对句子结构有所了解。没有人告诉他们什么是结构依赖,或者什么是成分的结构。他们接收的输入只是一个语音串,而不是一个短语结构树。不管怎么模仿、强化、类推或有意组织信息输入,都不能引导儿童画出短语结构树,更不用说得出结构依赖原则了。然而儿童确实创建出了短语结构,而且他们习得的规则确实对这一结构敏感。

儿童和成人具备的关于抽象原则(这些原则不是在输入中得出的)的知识可以有无数种表现方式。wh-问句的组成规则也是一个例子。在提问时,儿童学会用合适的 wh-词 who(谁)、what(什么)或 where(哪里)来取代不同的名词短语(NP)Jack(杰克)、Jill(吉尔)、ice cream(冰激凌)或 school(学校),或者并列名词短语 Jack and Jill(杰克和吉尔)、bagels and lox(硬面包和熏鲑鱼),如下例所示:

陈述句	问句
<u>Jack</u> went up the hill.	<u>Who</u> went up the hill?
(<u>杰克</u>上了山。)	(<u>谁</u>上了山?)
<u>Jack and Jill</u> went up the hill.	<u>Who</u> went up the hill?
(<u>杰克和吉尔</u>上了山。)	(<u>谁</u>上了山?)
Jack and <u>Jill</u> went home.	Jack and <u>who</u> went home?
(杰克和<u>吉尔</u>回家了。)	(杰克和<u>谁</u>回家了?)
Jill ate <u>bagels and lox</u>.	Jill ate <u>what</u>?
(吉尔吃了<u>硬面包和熏鲑鱼</u>。)	(吉尔吃了<u>什么</u>?)

Jill ate cookies and <u>ice cream</u>.　　　Jill ate cookies and <u>what</u>?
（吉尔吃了小甜饼和<u>冰激凌</u>。）　　（吉尔吃了小甜饼和<u>什么</u>？）

Wh-短语可以取代任何一个主语或宾语 NP，但是在并列结构里，wh-短语必须留在原来的 NP 位置，它不能像下面的句子那样移位：

*Who did Jack and ＿＿＿ go up the hill?

*What did Jill eat bagels and ＿＿＿?

第四章论述的"并列结构限制"禁止 wh-短语从并列结构中移出，语言学家已研究过的所有语言的语法中都有这一条。儿童早期说出的 wh-问句确实有错误，但是他们从来不犯上面打星号句子里的那种错误。没有人告诉他们这些句子是不可能的，也没有人纠正他们，因为儿童根本就不会说这样的话。那么儿童是如何知道 wh-短语是凝固在并列结构里的呢？根据天赋假说，儿童"预装"了普遍语法的知识，其中包括结构依赖和并列结构限制以及许多其他原则。

儿童必定还要从他特定的语言环境中学到许多方面的语法知识。说英语的儿童知道主语（S）最先出来，而在动词短语（VP）里动词（V）在宾语（O）之前，也就是说英语是一种 SVO 语言。日本儿童习得的是一种 SOV 语言，他们知道宾语在动词之前。日本儿童还知道，要组成一个是非问句，须在动词后加后缀语素-ka，而日语是非问句的句子成分不用重新排序。

说英语的儿童必须知道，将助动词移位到句子的开头处才能构成是非问句，例如：

You will come home.（你会回家。）→ Will you ＿＿＿ come home?（你会回家吗？）

因为这条规则是通过学习掌握的，所以可能出错。最初儿童可能不是倒置助动词来构成问句，例如：

Where Mommy is going?[①]（妈咪去哪里？）

What you can do?[②]（你能做什么？）

但是在一个复杂句里移动不该移动的助动词，这种错误他们从来都不犯。说英语的儿童知道 wh-问句的 wh-短语是按以下方式移位的（还需增加如何插入 do 这一额外难度）：

You like who. → Who do you like ＿＿＿?（你喜欢谁？）

学说汉语普通话和许多其他亚洲语言的儿童，都知道要在组成问句时把提问词留在原来的位置上，在那些语言里这是正确的，比如下面汉语普通话的例子：

你喜欢谁？

根据天赋假说，儿童从语言环境中提取那些因语言而异的语法规则，如词序规则和移位规则，但是他们无须学习像结构依赖、并列结构限制这样的普遍原则，或造句的一般规则，比如各个语类

[①] 应为 Where is Mommy going?——译注

[②] 应为 What can you do?——译注

的中心语可以带补足语，因为这些都是儿童语言天赋蓝图的组成部分，儿童用它们来建构自己语言的语法。

天赋假说回答了乔姆斯基提出的语言习得的逻辑问题：面对贫乏的数据，语言的习得何以能如此轻松、快速和一致？答案是，儿童之所以只需要接触语言，除此之外不靠任何特殊帮助，就能快速、轻松地习得一部复杂的语法，是因为他们不是从零开始。普遍语法帮助他们提取自己语言的规则并避免许多语法错误。因为儿童按照天赋的蓝图建构语法，所有儿童都要经历相似的发展阶段，这一点下一节还会讲到。

天赋假说还预测所有的语言都遵循普遍语法的原则。我们离了解普遍语法原则的全部属性还差得很远。对更多的语言进行研究，使我们可以验证并列结构限制这类原则，语言学家认为它们是人类语言遗传构造的组成部分。如果在调查中发现一种语言，假设中的普遍语法原则在其中并不存在，那么我们就必须修正已有的理论，并代之以新的原则，就像任何领域的科学家所做的那样。尽管如此，人类语言遵循一些抽象的普遍原则，人脑装备有特殊的机能用来习得人类语言的语法，对此没有什么可怀疑的。

2.2 语言习得的阶段

>……因为我已不再是一个无言的婴儿，而是一个会说话的男孩。这些我都记得，从那以后我就一直在观察我是如何学会说话的。不是我的长辈们用固定的方法……教我用词，而是我……我自己学会的……在记忆里练习那些音……。通过不断地听在各种句子里出现的词……就这样我能按自己的意愿说出话来。
>
>圣奥古斯丁《忏悔录》

儿童不是在某个晴朗的早晨一觉醒来头脑里就有了一部完整的语法。相对于他们最终掌握的成人语法的复杂性而言，他们习得语言的过程很快，但也不是瞬间完成的。从会说第一批词到实际具备成人的语言能力需要三到四年时间，其间要经历若干个语言阶段。起初是咿呀语，然后习得第一批词，再过几个月就开始遣词造句了。

观察习得不同语言的儿童可以发现，他们经历的阶段相似，可能有普遍性。最早对儿童语言习得的研究来自父母的日记。较晚近的研究使用磁带录音、录像和对照实验。语言学家记录儿童的自发言语并有意引他们说话，以此来研究儿童的言语产生和理解。研究者还发明了一些精巧的技术来研究还不会说话的婴儿的语言能力。

儿童早期的语句看上去也许不太像成人说的句子，但是儿童语言并非只是成人语言的一种残缺形式。儿童在每个发展阶段产生的词和句子，都符合他到那个阶段为止所发展出来的语法规则。虽然儿童语法和成人语法在一些方面有差异，但仍有许多共同的形式特性。跟成人一样，儿童有 NP 和 VP 这样的语法范畴，有构成短语结构的规则和成分移位的规则，还有各种音系、形态、语义的规则，他们还遵循诸如结构依赖的普遍原则。

从成人语法的角度看，像 Nobody don't like me 和 want 'nother[①] one spoon, daddy（要另一只一

[①] 'nother 是 another（另一个）的省音形式，another 后面也不能同时出现 one 和 spoon。——译注

勺，爹爹）这样的句子有错，但是在儿童眼里并不是错误，而是反映了他当时的语法。儿童所犯的所谓错误，为我们提供了观察他们语法的窗口。

2.3 语音的感知和产生

> 儿郎啼，儿郎啼，
> 夜也啼，日也啼，
> 不说话，只哭啼。
>
> 阿尔弗雷德·洛德·丁尼生《悼亡诗——纪念汉勒姆》

新生儿生下来头脑有如一块白板，这种陈旧的观点现在已经遭到反对，因为大量证据表明，婴儿仅对他们环境中的某些而不是其他的细微差别高度敏感。也就是说，他们的头脑似乎天生就已经调好频道，只接收某些种类的信息。

有一些实验表明，当给婴儿的（视觉或听觉）刺激发生变化时，他们的吮吸速率会增加，而反复施加同一刺激则使吮吸速率减慢。婴儿会对视觉深度和距离差别、物体的固定或可变物理特性的差别以及人脸等做出反应，对其他视觉刺激则没有反应。

同样，新生婴儿对人类语言中的语音对立做出反应，即使这种差别在婴儿家里所说的语言中并不是音位差别。婴儿听到从扩音器上传出 [pa][pa][pa] 的声音，就会逐渐减慢吮吸速率。如果声音变为[ba]甚至[pʰa]，吮吸速率就急剧增快。一些对照实验表明，成人要区分一个音位的各个音位变体时很困难，而婴儿区分起来就很自如。日本婴儿能区分[r]和[l]，而他们的父母反而不能。婴儿能听出送气塞音和不送气塞音的区别，而即使是上过语音学导论课程的学生也做不到。婴儿还能区分在其他语言里有音位对立而在他们父母所说的语言里没有音位对立的音。例如，印地语的卷舌音[t]和龈音[t]有音位对立。在说英语的成人听来这两个音是一样的，而对婴儿来说却不同。

婴儿能感知带声性的对立，如[ba]与[pa]；发音部位的对立，如[da]与[ga]；发音方式的对立，如[ra]与[la]，或[ra]与[wa]，这种对立还有很多。但是，对于在任何人类语言中都不构成音位对立的差别，如声音大小的差别，或介于两个音位之间的音的差别，婴儿没有反应。此外，举例来说，我们感知为[i]的元音分别由男人、女人和小孩发出时，都是物理上不同的音，但是儿童会像成人一样忽视言语信号中这些非语言的方面。然而，让计算机语言学家给计算机编出程序，让它把这些发音不同的[i]识别成同一个音位，目前仍然很困难。

婴儿看来天生具备一种能力，只感知在某一语言里属于音位的那些声音。所以儿童有可能学会所接触的任何一种人类语言。在出生后的最初几年里，婴儿的任务就是发现这种语言的语音。从大约6个月的时候起，对在他自己语言中不构成音位的音，他开始失去分辨能力。婴儿的语言环境开始塑造他最初的知觉。日本婴儿不再能听出[r]和[l]的区别，因为它们在日语中不构成对立，而在说英语的家庭里婴儿仍然保留着这种知觉。他们已经开始学习父母语言中的语音。在此之前，他们知道的似乎是一般人类语言的语音。

语言环境对知觉的塑造功能也见于婴儿产生的言语中。在6个月左右，婴儿开始咿呀学语。这个阶段产生的语音包含许多在家庭语言里不出现的音。然而，**咿呀语**并不是混乱的语言。世界语言里 12 个最常见的辅音占到婴儿咿呀语里所用辅音的 95%。可见即使在这么早的阶段，语言上就已经有了限制。早期的咿呀语主要是一些重复的辅音-元音串，如 mama, gaga, dada 等。后期的咿呀语变化更多。

婴儿的咿呀语渐渐变得只包括在目标语中出现的那些语音和语音组合。咿呀语开始听上去像词，尽管也许并不带有特定的意义。这个时候成人能够分辨婴儿是在咿呀学英语，还是在咿呀学广东话或阿拉伯语。出生后的一年里，婴儿的言语知觉和言语产生不断地根据环境中的语言（一种或数种）作精细的调节。

失聪婴儿发出的咿呀语听上去不同于有听觉的婴儿。可见咿呀语跟听觉输入有关，而且具有语言的性质。对正常儿童的口头咿呀语和失聪儿童的咿呀手势的比较研究，支持"咿呀语是一种跟儿童获得的那种语言输入相关的语言能力"这一观点。这些研究表明，4 至 7 个月大的正常婴儿接触口语，会说出有限的一组语音形式。接触手语的同龄失聪儿童也能打出有限的一组手势。这两组形式分别是从口语可能有的一套语音和手语可能有的一套手势中提取出来的。

咿呀语表明在幼年阶段人类的心智就已经准备好对语言输入做出反应。在咿呀语阶段，听力正常的婴儿发出的语调曲拱开始接近于成人所说句子的语调曲拱。不同的语调曲拱是儿童最早感知和产生的语言对立之一。还是在这个年龄段，失聪婴儿发出的声音是随机、不重复的。与此类似，听力正常婴儿打出的手势也跟接触手语的失聪婴儿大不相同。正常婴儿手指运动和握拳的方式是任意的，手势很少有重复或根本不重复。而失聪儿童重复使用十几种手势，它们都是美国手语或其他国家聋人社区所用手语中的成分。

人们普遍接受一个观点，即人类生来就具有一种能力来发现用于表达语义的单位，并且在一个遗传上确定的神经发育阶段，儿童会发出这些单位——声音或手势——这取决于儿童接收到怎样的言语输入。这表明咿呀语是最早的语言习得阶段，这与早期把咿呀语看作前语言阶段且从根源上仅具有神经肌肉性质这一观点是对立的。"把咿呀语当作语言习得"这个假说得到了最近神经学研究的支持，将咿呀语与大脑左半球的若干语言中心联系起来，并且也提供进一步的证据，证明在婴儿很小的时候脑就为语言功能发生了专门化，正如第二章中讨论的那样。

2.4 最初的词

> 从这颗金蛋生出一个人，普拉贾帕提。……一年过去了，他想要说话。他说出 bhur，大地出现了；他说出 bhuvar，空间出现了；他说出 suvar，天空出现了。这就是为什么婴儿出生一年之后开始说话……。普拉贾帕提第一次张口说话时，他说出一个或两个音节。这就是为什么儿童第一次张口说话时都说出一个或两个音节。
>
> 印度神话

大约一年之后，儿童开始反复用同一语音串表示同一事物。在这个阶段，他们知道语音与意义相关。他们已经说出了第一批真正的词。这是个令人惊叹的成就。他们是怎么发现一个词从哪儿开始，另一个词又在哪儿结束的呢？话语是连续的语流，只有呼吸换气才会中断。儿童面临的困境就像你把收音机调到一个外语广播电台一样。对（电台里）在说什么，都有哪些词句，你完全是一头雾水。了不起的是，儿童只用比较短的时间就解决了这个问题。儿童解决这个问题的年纪因人而异，不过这与儿童的智力毫无关系。（据报道，爱因斯坦直到三四岁才开始说话。）

儿童最初的语句与成人语言不同。以下是一个 16 个月大的幼儿 J. P. 所说的话语，可以说明这一点：

[ʔaw]	"not, no, don't"（不）
[bʔ]/[mʌʔ]	"up"（向上）
[da]	"dog"（狗）
[iʔo]/[siʔo]	"Cheerios"（燕麦圈）
[sa]	"sock"（袜子）
[aj]/[ʌj]	"light"（光亮）
[baw]/[daw]	"down"（向下）
[sː]	"aerosol spray"（喷雾器）
[sʲuː]	"shoe"（鞋）
[haj]	"hi"（嗨）
[sr]	"shirt"（衬衫），"sweater"（毛衣）
[sæː]/[əsæː]	"what's that?"（那是什么），"hey, look!"（嗨，看！）
[ma]	"mommy"（妈咪）
[dæː]	"daddy"（爸爸）

大多数儿童都经历了语句仅由一个词组成的阶段。该阶段被称为**独词语**阶段（"独词语"一词为 holophrastic，holo 意为"完全的"或"不可分割的"，phrase 意为"短语"或"句子"），因为这些独词语句似乎表达了更复杂的信息。比如，J. P. 说 down 时，他可能是在请求将他放下来，或是在评说一个从架子上掉下来的玩具。当他说 cheerios[①] 时，他可能只是在说面前那个装燕麦片盒子的名称，也可能是在要一些小圆圈形状的燕麦食品。这表明在这个阶段儿童拥有的心理表征比其语言允许他们表达的东西要复杂得多。理解实验证实了儿童的语法能力比他们的语言生产能力超前这一假说。

有证据表明，聋哑儿童打出第一批手势的时间早于正常儿童说出第一批词的时间。这引导人们开发出一种名为"婴儿手语"的技术手段，让听力正常的父母为孩子学习并示范各种手势，比如表示"牛奶""疼痛"和"母亲"的手势。它的用意是为了让婴儿在还不能说出口语词的时候也能表达自己的需求和愿望。婴儿手语的倡导者（和许多父母）说这种方法能使婴儿减少困扰和哭泣。如果婴儿手语是成功的，那么它就为说话能力滞后于语言能力（在这里仅指词的知识）这一假说提供了进一步的证据。

[①] Cheerios 是美国的燕麦食品品牌，做成小圆圈形状，同时也指这一类食品。——译注

2.5 语法的发展

儿童天生具有习得语法各方面内容的能力。在本小节中,我们会考察语言的每一个组成部分是如何得到发展的,我们也会举例说明普遍语法在这种发展中的作用。

2.5.1 音系的习得

在音系方面,J.P.和处于这个阶段的大多数幼儿一样,他的第一批词一般都是CV(辅音—元音)组配的单音节形式。元音部分可能是双元音,这取决于习得的是什么语言。他的音位或语音总藏——在这个阶段两者是一回事——数量比成人语言少得多。语言学家罗曼·雅可布森提出,无论儿童听到的是何种语言,他们首先习得的是世界上一切语言中都常见的、为数不多的一组语音。在随后的阶段,儿童才习得自己语言中不太常用的语音。比如,大多数语言中都有[p]和[s]这两个音,[θ]就少见了。J.P.的语音系统正是雅可布森的理论所预言的那样。他早期的音系总藏中就包含有[b, m, d, k]这些在世界语言中频繁出现的辅音。

一般而言,按发音方式分类,习得语音类别的顺序是:先习得鼻音,然后是滑音、塞音、流音、擦音和塞擦音。按发音部位特征区分的自然类,在儿童语句中也是按次序出现:唇音、软腭音、龈音和腭音。所以,mama是许多儿童早期习得的一个词,这并不奇怪。

要是说幼儿的第一年专门用来搞清楚目标语的语音总藏,那么第二年就是用来学习如何在该语言的音系中使用这些语音,尤其要学习哪些语音对立是音位对立。当他们初次区分一对音时——即当他们学知/p/和/b/是对立的音位时,他们也开始区分/t/和/d/,/s/和/z/,以及所有其他清—带声音位对比对。跟我们预料的一样,这种概括是指语音的自然类。

对照实验表明,儿童在此阶段能够感知或理解的音系对立,要比他们自己能够说出来的多得多。将rabbit说成[wæbɪt]的儿童似乎分别不出[w]与[r]的差异,但是,在图片识别任务中,当该儿童必须指出某张图片是ring(戒指)还是wing(翅膀)时,却不会出错。另外,因为发音方式的缘故,儿童有时发出的音会使成人观察者无法识别。对儿童话语的声学分析表明,儿童发的wing和ring这两个音是物理上不同的语音,尽管对于成人听者来说它们似乎是一样的。一个进一步的例证是,一个三岁的儿童似乎将elephant(大象)一词发成了ephant,但频谱分析却清楚地显示[l]音出现在该词的语音表征之中,尽管成人实验者听不见它。

许多轶事报道也表明,在这个阶段儿童的言语产生与言语知觉不一致。语言学家尼尔·史密斯与他两岁的儿子阿玛尔之间的一段对话就是一个例子(在该年龄阶段,阿玛尔将mouth(嘴巴)发成[maws][①])。

史密斯:[maws]是什么意思?
阿玛尔:像猫(cat)一样。
史密斯:是的,还有什么?
阿玛尔:没什么了。

---

① 其中的[s]应发成[θ]。——译注

史密斯：它是你头上的一个部位。

阿玛尔：[来兴趣了]

史密斯：[碰了碰阿玛尔的嘴巴]这是什么？

阿玛尔：[maws]

按照史密斯的说法，阿玛尔过了一会儿才认识到他用来指mouse（老鼠）的词和指mouth（嘴巴）的词是一样的。并不是阿玛尔和其他儿童没有听见成人对这个词的正确发音。他们听见了，然而在幼年阶段，这个词他们还不能自己正确地发音。另一个语言学家的孩子（的确，语言学家喜欢拿自己的孩子来做实验）将light（灯）发成了yight [jajt]。然而，要是有人对他说"噢，你想要我开yight"。他会回答说"不，不。不是yight，是yight！"。

因此，即使在这个阶段，也不可能仅仅通过观察儿童的言语产生来确定他们掌握语法（这里指音系）的程度。有时必须利用不同的实验技术和仪器技术来探究儿童的语言能力。

儿童的第一批词说明用一个特征替代另一个特征，或用一个音位替代另一个音位的现象很多。在前面的例子中，[mawθ]被发成[maws]，其中的龈擦音[s]替代了比较少见的齿沿擦音[θ]；[lajt]成了[jajt]，其中的滑音[j]替代了流音[l]；还有rabbit（兔子）成了wabbit，其中的滑音[w]替代了流音[r]。儿童习得滑音要早于流音，因此他们用前者来代替后者。这类替代是对成人发音的简化。它们使得发音容易一些，一直到儿童获得更强的发音控制力。

但是，儿童早期发出的音并不是随意的。音系中的替代现象受规则制约。下面是另一个儿童减缩版词库的记录。该儿童名叫迈克尔，年龄在18到21个月之间。

[pun]	"spoon"（勺子）	[peyn]	"plane"（飞机）
[tɪs]	"kiss"（吻）	[taw]	"cow"（奶牛）
[tin]	"clean"（干净的）	[poəlr]	"stroller"（婴儿车）
[majtl]	"Michael"（迈克）	[dajtər]	"diaper"（尿布）
[pati]	"Papi"（爸爸）	[mani]	"Mommy"（妈妈）
[bərt]	"Bert"（伯特）	[bərt]	"(big) Bird"（[大]鸟）

迈克尔系统性地用龈塞音[t]替代软腭塞音[k]，如在他的cow，clean，kiss等词和他自己的名字中。当[t]出现在词中时，他用唇音[p]来替代，如在他的词 Papi 和 diaper 中。他删减 spoon，plane 和 stroller 等词中的辅音丛，还创造了一个有歧义的形式[bərt]，既可指 Bert 也可指 Big Bird。难怪只有父母理解孩子的第一批词！

迈克尔所用的替代在习得早期所使用的音系规则中很典型。其他常见的规则还有重叠和词尾辅音脱落，前者如将 bottle（瓶子）发成[baba]，water（水）发成[wawa]；后者如将 bed 发成[be]，cake 发成[ke]。这两个规则说明儿童喜欢简单的 CV 音节。

在儿童创造的众多音系规则当中，没有哪个儿童必须运用所有规则。早期的音系规则总的来说反映自然的音系处理过程，该处理过程也出现在成人语言中。比如，许多成人语言中都有"音节末辅音清化"这个规则（德语是这样的，英语不是）。儿童并没有创造稀奇古怪或者异想天开的规则。他们的规则遵循普遍语法所提供的可能性。

2.5.2 词义的习得

> 忽然间我感到一种什么东西被遗忘了似的朦胧意识——一种重拾回忆的兴奋；不知怎么地，语言的秘密就在我面前揭开了……任何事物都有名字，每个名字都产生一个新想法。
>
> 海伦·凯勒

除了音系规则外，儿童早期的词汇量也提供了了解儿童如何使用词汇和建立词义的途径。对于 J. P. 来说，如果他在地板或者在自己的高脚椅子上，up（向上）这个词起先仅仅用来表示 Get me up!（抱我起来）的意思，但后来他也用它来表示让他妈妈 Get up!（起来）的意思。J. P. 用来表示 sock（袜子）的词，除袜子之外还用来表示其他高于脚面的贴身衣物，比如裤衩。这个例子说明儿童是如何将一个词的意义从一个特定的所指（即指称对象）拓展到包括一个较大的类别。

J. P. 刚开始用这些词时，所指物必须在现场，但这种要求持续的时间不长。他最初只有在指着一条真实的狗时才用 dog 这个词，但后来，他用这个词来指各种书本里狗的图片。J. P. 长到 17 个月时，他的词汇中出现了一个新词 uh-oh（喔唷）。如果他闯了祸，不小心把橙汁弄洒了，或者故意把酸奶倒在高脚椅边上，他都会说这个词。他对这个词的使用表明他正在把语言的运用发展到用于社会性目的。这时候他又增加了两个表示"不"的新词[do:]和[no]，不管谁想从他那里把他想要的东西拿走，或企图让他做不想做的事，他就会用这两个词。他既将这两个词用来表示祈使义，如"别这样！"也用于表示断言义，如"我不要这样。"可见，即使在这个幼年阶段，J. P. 已经在用词传达各种思想、感情和社会意识。

但是，儿童是如何学习词的意义的呢？很多人没有将语言习得的这个方面当作一个大问题来对待。凭直觉会认为儿童看着一个对象，母亲说一个词，然后儿童就把语音和对象联系起来。然而，事情并不像看起来这么简单，下面的引文说明了这一点：

> 一个儿童观察到一只猫蹲坐在垫子上，那么他同时也观察到垫子托着猫，垫子在猫下面，地板托着垫子和猫，等等。倘若成人现在说，"那只猫在垫子上"，即使说话时用手指着垫子上的猫，可儿童该如何从该情景的不同理解中做出选择呢？①

即使儿童的妈妈只说 cat（猫），那儿童碰巧把这个词与垫子上的动物联系起来，他也许会将猫理解为 Cat——某一只特定动物的名字，或将之理解为整个物种的名字。换句话说，为了学会像 cat 或 dog 这样表示某一类对象的词，儿童必须了解这个词的确切指称。若听到 dog 这个词时狗在现场，那么儿童怎么知道 dog 这个词能够指称任何一个毛茸茸、会吠叫的四脚动物呢？它是否应该包括看起来互相差别很大的贵妇犬、约克夏犬、斗牛犬和大丹麦犬呢？奶牛、羔羊和其他四脚哺乳动物又该怎么处理呢？为何它们不是 dog 呢？这里一个很困难但很重要的问题是：哪些相关的特征界定了

---

① 出处：L. R. Gleitman and E. Wanner. 1982. *Language Acquisition: The State of the Art*. Cambridge, England: Cambridge University Press, p. 10. （原注2）

我们称之为 dog 的这类对象，儿童又如何习得关于它们的知识呢？即使儿童成功地把一个词和一个对象联系起来了，可是没有人向他提供显性的信息，告诉他如何把该词的用法拓展到它所指称的其他对象上去。

所以说，儿童经常过度扩展一个词的词义，如 J. P. 对 sock 词义的扩展，也就不足为奇了。一个儿童也许学会了一个词，如 papa（爸爸）或 daddy（爹爹），最初的时候，她只是用它们来表示自己的父亲，后来却将其意义拓展为表示所有男人，这就和她可能用 dog 一词表示任何四脚动物如出一辙。等到这个儿童学会了最初的 75 到 100 个词，那些过度扩展的词义就开始缩小范围，直到与其他说话者的词义一致为止。然而，至今人们还未完全明白这是如何发生的。

词义习得之谜不仅吸引了语言学家，也吸引了哲学家和心理学家。我们知道所有的儿童都以相似的方式看待世界，并运用同样的普遍原则来帮助他们确定词义。比如，过度扩展常常基于大小、形状和质地等物理特征。ball（球）这个词可以指称所有圆形的东西，bunny（小兔子）可以指称所有毛茸茸的东西，等等。可是，儿童不会根据颜色进行过度扩展。在许多实验中，儿童会按照形状对物体进行分组并为其命名，但他们不会给一组红色物体命名。

倘若一个实验者指着一个物体，并在一个儿童面前用 blick 这样一个无意义词说 that's a blick（这是一个 blick），那么这个儿童会认为这个词指整个物体，而不是该物体的某个部分或某些特征。假定词汇学习中所受刺激贫乏，那么"形状优先于颜色原则"和"整体原则"等各项原则会帮助儿童用促进词汇学习的方式来组织经验。如果说没有这些原则儿童还能如此迅速地学会词汇，就令人怀疑了。在其生命的最初 6 年中，儿童每天大约学会 14 个词。这就相当于平均每年学会大约 5,000 个词。有多少学生在学习一门外语两年之后能掌握一万个词呢？

2.5.3 形态的习得

儿童习得形态的过程为规则学习提供了最明确的证据。儿童在形态上所犯的错误表明儿童习得了语法的正常规则并将它们过度概括了。在儿童把不规则的动词和名词当作规则的来对待时，**过度概括**就会发生。我们大家可能都听到过儿童说 bringed, goed, drawed, runned, 或 foots, mouses, sheeps, childs。[①]

这些错误告诉我们很多关于儿童如何学习语言的知识，因为这些形式不可能是模仿来的。儿童在家里使用这些形式，但其父母从来不会说这种"糟糕的英语"。实际上，在习得不规则形式时，儿童一般要经历 3 个阶段：

阶段 1	阶段 2	阶段 3
broke	breaked	broke
brought	bringed	brought

在阶段 1 中，儿童能用正确的形式，如，brought 或 broke。但此时儿童在语法上并没有把 brought

---

① 正确的动词过去式应为 brought（带来），went（去），drew（画），ran（跑）；正确的名词复数形式应为 feet（脚），mice（鼠），sheep（羊），children（小孩）。——译注

这个形式与动词原形 bring（带来）联系起来，或把 broke 与 break（打破）联系起来。这些词都被看成单独的词项。阶段 2 很关键。这时儿童建立起构成过去时的规则，并将规则的过去时语素附在所有动词之后——play（玩），hug（拥抱），help（帮助），当然也包括 break 和 bring。儿童在为有系统的现象寻找一般的处理模式。在阶段 2 中，他们还不知道该规则有例外。此时，他们的语言比成人语言更加规则。在阶段 3 中，儿童知道规则有例外，所以再次使用 brought 和 broke 这些正确的形式。与阶段 1 的情况不同的是，此时这些不规则形式会与根形式联系起来。

儿童的形态规则出现得相当早。有一个经典的研究是这样的，实验者给学龄前的和一、二、三年级的儿童看一张图画，上面画着一个并不存在的动物，样子就像下列插图中的古怪动物。每个这样的动物都取了个无意义的名字。实验者指着图画对儿童说 This is a wug①（这是一只 wug）。

然后实验者又给儿童看一张上面有两个这种动物的图画，并对他说：Now here is another one. There are two of them. There are two_____？（现在这是另一张图画。上面有两只（那种动物）。有两个_____？）

儿童的任务是给出复数形式 wugs [wʌgz]。另一个虚构的小动物取名为 bik，在给儿童看画有两个 bik 的图画时，也要求他们说出复数形式[bɪks]。儿童把有规律的复数构成规则应用到他们从未听到过的词上。他们能在动物名称的尾音带声时加[z]，而以清音结尾时则加[s]，这种能力表明儿童使用规则是根据对音系音段自然类的理解，而不是仅仅模仿他们先前听到的词。

最近，对儿童习得屈折形态变化比英语更丰富语言的研究显示，儿童在很小的时候就学会了保持语法一致和区分格标记。例如，意大利语的动词必须进行屈折变化，以便在人称和数方面与主语保持一致。这犹如英语中的主谓一致规则："当主语是第三人称单数时，在动词后加 -s 构成现在时形式"——He giggles a lot（他总是咯咯笑），但主语是复数时用原形 We giggle a lot（我们总是咯咯笑）——只是学意大利语要习得更多的动词形式。年龄在 1 岁 10 个月到 2 岁 4 个月之间学说意大利语的儿童，已经能够正确地完成动词的屈折变化，如下列意大利儿童的语句所示：

Tu leggi il libro.	（你读[第二人称单数]那本书。）
Io vado fuori.	（我走[第一人称单数]出去。）
Dorme miao dorme.	（睡觉[第三人称单数]咪咪睡觉。）
Leggiamo il libro.	（[我们]读[第一人称复数]这本书。）

习得西班牙语、德语、加泰罗尼亚语和斯瓦希里语等其他屈折变化丰富语言的儿童，很快就习得了语法一致的形态变化。他们极少犯语法一致方面的错误，这就像说英语的儿童几乎不会说 I goes②一样。

---

① 沈家煊译《现代语言学词典》中译为"蛙狗"（商务印书馆，2000：389）。——译注
② 第一人称动词一般现在时用原形，应为 I go。——译注

在这些语言中，名词词组内部的核心名词与冠词和形容词之间也存在着性和数的一致关系。但是，仅仅两岁大的儿童就能够遵守这些一致关系的要求，如下面的意大利语例子所示：

E mia gonna.	（[这]是我的[阴性单数]裙子。）
Questo mio bimbo.	（这[是]我的[阳性单数]婴儿。）
Guarda la mela piccolina.	（看看这个小[阴性单数]苹果。）
Guarda il top piccolino.	（看看这个小[阳性单数]老鼠。）

许多语言都有格形态变化，其中名词根据不同语法功能（主语、宾语、领有者等等）有不同的形式。研究表明习得俄语和德语（这两种语言都有丰富的格系统）的儿童很早就学会了格的形态变化。

儿童还表现出知道自己语言的派生规则，并且能用这些规则来创造新词。比如英语可以由名词派生出动词。由名词 microwave（微波）派生出动词 to microwave（用微波炉加热）；由名词 e(lectronic) mail（电子邮件）派生出动词 to e-mail（发送电子邮件）。儿童很快就习得这条派生规则并经常运用，因为他们的动词词汇量中有许多缺位。

儿童语句	成人翻译
You have to scale[①] it.	You have to weigh it.（你必须称称它的分量。）
I broomed it up.	I swept it up.（我打扫干净了。）
He's keying the door.	He's opening the door (with a key).（他在用钥匙开门。）

这些新形式提供了进一步的证据证明语言习得是创造性过程，儿童的语句反映了他们的内在语法，其中包括派生和屈折变化规则。

2.5.4 句法的习得

在儿童处于独词语阶段时，成人听到一个独词语句时常感觉儿童正尝试表达更复杂的信息。新的实验技术显示，在这个阶段（甚至更早）儿童就已经知道了一些句法规则。在这些实验中，幼儿坐在妈妈膝上听扩音器里播放一句话，同时观看两段描述不同行为的视频，其中一段与那句话相对应。对那段与听到的那句话相对应的视频，幼儿倾向于看更长时间。这种方法使研究人员能够探究那些只能使用独词语或者根本不会说话的儿童的语言知识。研究结果表明，仅 17 个月大的儿童就能够理解诸如 Ernie is tickling Bert（尔妮在胳肢波特）与 Bert is tickling Ernie（波特在胳肢尔妮）这样句子之间的区别。因为这些句子中的词完全相同，所以儿童不可能仅凭理解词义来理解句子。他必须知道词序规则以及这些规则如何决定主语和宾语之间的语法关系。此类研究结果强有力地表明，儿童的句法能力领先于言语产生能力，他们音系也是这样发展出来的。

大约两周岁时儿童开始遣词造句。起先他们的语句看似就是把两个儿童早期的独词语连成串，每个词都有自己的单音高曲拱。很快他们就开始构成句法和语义关系都很清楚的真正的两词句。两

---

① 在这三个例句中，儿童将名词 scale（称）、broom（拖把）、key（钥匙）直接当动词使用。——译注

个词的语调曲拱扩展到整个语句，两词之间不再用停顿隔开。下列语句显示了该阶段儿童语句中发现的此类模式：

allgone sock	（都不见了袜子）	hi Mommy	（嗨妈咪）
byebye boat	（再见小船）	allgone sticky	（都没了胶泥）
more wet	（更湿）	it ball	（它球）
Katherine sock	（凯瑟琳袜子）	dirty sock	（脏袜子）

这些早期的语句能够表达多种语义和句法关系。例如，在像 Mommy sock（妈咪袜子）的"名词+名词"型的句子里，当妈妈给孩子穿袜子的时候，它能表示"主语+宾语"的关系；而当儿童用手指着妈妈的袜子时则表示领属关系。两个名词也可以用来表示主语——方位关系，如 sweater chair（毛衣椅子）意为"毛衣在椅子上"，或表示 dirty sock（脏袜子）那样的性质归属关系[①]。儿童常常有许多修饰语，比如 allgone（都不见了），more（更多）和 byebye（再见）。

由于儿童发育的速度不一样，而且开始说话和遣词造句的年纪也各不相同，因此用实际年龄来衡量儿童语言的发展并不合适。研究人员用儿童的"**语句平均长度**"（MLU）来比较其语言进展。MLU 是指儿童在某特定时期所产生语句的平均长度。MLU 通常用语素而不是词作为度量单位，所以 boys（男孩，复数），danced（跳舞，过去时）和 crying（哭，现在分词）这些词的长度都是两个语素。即使年龄各不相同，拥有相同 MLU 的儿童很可能有相似的语法。

在儿童最初的多词语句中，他们在运用 to 和 the 这样的功能词（语法语素）、can 和 is 这样的助动词，以及动词屈折形式方面缺乏一致性。许多（尽管不是全部）语句仅由开放类词或实义词组成，而一些甚至所有功能词、助动词和动词屈折形式都没用到。在这个时期，儿童说话常常听起来像是在发送电子信息或者念一封老式电报（只包含基本理解所必需的词），因此这样的语句有时被称为"电报式言语"：

Cat stand up table.	（猫站起来桌子。cat 前缺冠词，stand 缺时态标记，table 前缺冠词、介词）
What that?	（那是什么？缺系动词 is）
He play little tune.	（他演奏小曲。play 缺时态标记，little tune 前缺冠词）
Andrew want that.	（安德鲁要那个。want 缺时态标记）
Cathy build house.	（凯茜造房子。build 缺时态标记，house 前缺冠词）
No sit there.	（别坐那儿。缺助动词，应为 Don't sit there.）

J.P.的早期话语与此相似（方括号中的词是 J. P. 的话语中缺失的）：

年龄

25 个月	[dan? ɪ? tˢɪ?]	"Don't eat (the) chip"	（别吃[那]土豆片。）
	[bʷa? tat]	"Block (is on) top."	（[那块]积木[在]顶上。）

[①] 此时表示"上面有毛衣的椅子"。——译注

26个月	[mamis tu hæs]	"Mommy's two hands."	（妈咪的两只手。）
	[mo bʌs go]	"Where bus go?"	（[这辆]巴士去哪儿？）
	[dædi go]	"(Where) Daddy go?"	（爸爸去[哪儿]？）
27个月	[ʔaj gat tu dʲus]	"I got two (glasses of) juice."	（我有两[杯]桔汁。）
	[do bajʔ mi]	"Don't bite (kiss) me."	（别咬[吻]我。）
	[kʌdər sʌni ber]	"Sonny color (ed) (a) bear."	（桑尼给[一只]熊上了色。）
28个月	[ʔaj gat pwe dis]	"I ('m) play (ing with) this."	（我[正在]玩这个。）
	[mamis tak mɛns]	"Mommy talk (ed to the) men."	（妈咪[跟那些]男人说了话。）

儿童可以花上好几个月才能前后一致地运用所有语法语素和助动词。然而，儿童并非像成年人发送手机短信时那样刻意地省略功能词。这些句子反映了儿童在那个特定语言发展阶段的语法。尽管这些句子可能缺少某些语素，但它们却有类似于成人语法的层级成分结构和句法规则。比如，儿童几乎从来不违反他们语言中的词序规则。对于英语这样词序相对固定的语言，儿童从一开始就使用SVO词序。

电报式言语也是用来证伪"儿童通过模仿来学习句子"这一假说的极好证据。成人——即使是说妈妈语的成人——在跟儿童说话时决不会省略功能词。

在词序较为自由的语言中，比如土耳其语和俄语，语法关系（如主语和宾语）的标记一般是用屈折形态（如格标记）。正在习得这些语言的儿童很快就学会了形态格标记。例如，两岁大学说俄语的儿童能给主语标上主格标记，给宾语标上宾格标记，并且很少出错。多数错误都出现在那些带特殊或不规则格变化的词上。这使人想起儿童在处理英语中的不规则动词形态变化时所犯的过度概括的错误。儿童要花更多时间来习得语法中不能通过规则进行预测的那些知识。

儿童对词序、格标记和一致规则的正确使用表明，即使他们通常可能省略了功能语素，但是他们知道成分结构和句法规则。他们的话语绝不是简短地把词随意串在一起。儿童从很小的时候就掌握了构成短语和句子的原则，以及第四章中提到过的各种结构依赖，如下面的成分结构树形图所示：

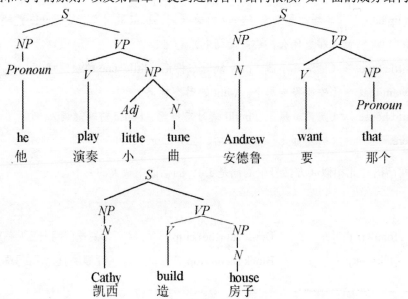

在 2 岁 6 个月到 3 岁 6 个月之间的某个年纪，儿童的头脑中会发生一场事实上的"语言爆炸"。此时很难确认不同的语言阶段，因为儿童语言的许多方面都正在迅速发展。到 3 周岁时，多数儿童能前后一致地运用功能语素。另外，他们已经开始说出结构复杂的句子，包括并列句和各种形式的嵌入句，如下面的例子所示：

  He was stuck and I got him out.   （他被卡住了，我把他弄出来了。）
  I want this doll because she's big.   （我要这个娃娃，因为她大。）
  I know what to do.   （我知道做什么。）
  I like to play with something else.   （我想玩别的东西。）
  I think she's sick.   （我想她病了。）
  Look at the train Ursula bought.   （看看厄休拉买的火车。）
  I gon'① make it like a rocket to blast off with. （我要把它做成可以点火起飞的火箭。）
  It's too early for us to eat.   （现在还太早，我们不吃饭。）

2.5.5 语用的习得

  除了习得语法规则之外，儿童还必须学会在语境中恰当地使用语言，也就是语用，比如第五章中讨论过的语用"会话准则"。

  人们需要语境才能确定代词的指称。一个句子，如，Amazingly, he loves her（令人惊奇的是他爱她）是无法理解的，除非说话人和听话人都知道句中的代词 he（他）和 her（她）指称的是谁。如果这个句子前面的句子是 I saw John and Mary kissing in the park（我看见约翰和玛丽正在公园接吻），那么句中代词的指称就是明确的。儿童对和他们谈话的人的需求并不总是敏感的，他们也许无法确立代词的所指。对 3 至 4 岁的（甚至更大的）儿童来说，突如其来地使用代词的情形并不少见，比如有时儿童冲着妈妈喊 He hit me（他打我），可妈妈根本不知道是谁干的。

  说话人和听话人也是话语语境的一部分。I（我）和 you（你[们]）的意义取决于谁在说话和谁在听话，这随着情况的变化而变化。年纪小些的儿童（2 岁左右）难以理解这些代词的"指称转移"。在该年龄段，儿童所犯的典型错误就是用 you 来指称他们自己，比如，说 You want to take a walk（你想去散步），实际上意思是 I want to take a walk（我想去散步）。

  儿童某些时候使用冠词的方式显示出语用意识的缺乏。与代词一样，对冠词的理解也取决于语境。只有当说话人和听话人都清楚他们在谈论的是哪个男孩时，the boy（这个男孩）中的定冠词（the）才可能用得恰当。在话语中，首次提及一个新的所指时，必须用不定冠词（a/an），而随后再提到的时候可以用定冠词（或代词），如下面的例子所示：

  A boy walked into the class.（一个男孩走进了教室。）
  He was in the wrong room.（他走错了教室。）
  The teacher directed the boy to the right classroom.（老师给男孩指明了他该去哪个教室。）

---

 ① gon' 是 gonna 的缩略形式，相当于 going to（将要），句子中缩略了 am。——译注

儿童并不总是遵守冠词的语用规则。在实验研究中，3 岁大的儿童在引入一个新的所指的时候，使用定冠词和不定冠词的可能性一样大。换句话说，如果没有用语言中的恰当方式建立起指称关系，儿童倾向于假定听话人知道他在谈论谁。

儿童可能要花上好几个月甚至好几年，才能掌握那些为功能语素（如限定词和代词）确立指称关系的各种语用知识。而儿童习得其他方面的语用知识却很早。处在独词语阶段的儿童使用具有不同示意语力的独词语句。J. P. 在他 16 个月大的时候说出的语句 up，可能只是简单的陈述，如 The teddy is up on the shelf（玩具熊坐在架子上），也可能是请求，如 Pick me up（抱我起来）。

2.5.6 助动词的发展：一个个案研究

在本章中，我们已经看到习得语言涉及语言各部分的发展——词库、音系、形态和句法，也包括语用。这些不同的模块之间以复杂的方式相互影响，共同绘制出语言发展的总体进程。

以下我们举一个英语助动词的个案为例。前面我们已经注意到，处在电报式言语阶段的儿童，其典型特征是不会使用 can, will 或者 do 这类助动词，并且他们的话语中常常省略 be 和 have。然而，英语中的一些句法结构都要依靠助动词的出现，其中最主要的是问句和否定句。否定主动词要用助动词 do 或者情态助动词，如下例所示：

I don't like this movie.（我不喜欢这部电影。）
I won't see this move.（我不会看这部电影。）

成人不说 I not read this book（我不读这本书）。

同样地，如第四章中讨论过的那样，英语中是非问句和 wh-问句都是通过把助动词移动到主语前面而形成的，如下例所示：

Can I leave now?（我现在可以离开吗？）
Where should John put the book?（约翰应该把这本书放在哪儿呢？）

尽管这位两岁大的儿童不会能产地使用助动词，但她有能力组成否定句和问句。在电报式言语阶段时，该儿童说出了下面这类问句：

是非问句
I ride train?（我乘火车？）
Mommy eggnog?（妈咪蛋奶酒？）
Have some?（吃点儿？）

这些话语都带上升语调类型，这是英语是非问句的典型语调类型。然而因为句中没有助动词，所以就没有助动词移位。wh-问句中也没有助动词，但是一般都有一个被移位到句首的 wh-短语。在 Cowboy doing what?（牛仔在做什么）中，wh-短语仍然保留在其深层结构的位置上，学说英语的儿童不会说出这样的句子。

两岁儿童的词库是不充分的。助动词的缺失，意味着她不能使用一个与形成英语问句相关的特定句法手段——助动词移位。然而，她却有如何提出请求或询问信息的语用知识，并且有恰当的韵律，而这就需要懂得问句的音系和句法结构方面的知识。她也知道语法规则要求把 wh-短语前置。语言的许多部分都必须各就各位，才能构造出类似成人说的那种问句。

在不需要用助动词来构造问句的语言中，儿童造出的问句与成人的更为类似。比如，在荷兰语和意大利语的问句是主动词移位。由于许多主动词都要求放在助动词之前，所以当处在电报式言语阶段时，学说荷兰语和意大利语的儿童说出来的问句符合成人的语法规则：

荷兰语

En wat doen ze daar?	and what do they there	"And what are they doing there?"
（还有，他们在那儿做什么？）		
Wordt mama boos?	becomes mama angry	"Is mommy angry?"
（妈妈生气吗？）		
Weet je n kerk?	know you a church	"Do you know a church?"
（你知道[哪里有]一座教堂吗？）		

意大利语

Cosa fanno questi bambini?	what do these children	"What are these babies doing?"
（这些婴儿在做什么？）		
Chando vene a mama?	when comes the mommy	"When is Mommy coming?"
（妈咪什么时候来？）		
Vola cici?	flies birdie	"Is the birdie flying?"
（这只小鸟在飞吗？）		

这些学说荷兰语和意大利语的儿童告诉我们，句法移位规则本质上一点都不难。学说英语的儿童在说出类似成人的问句上的滞后，可能只是由于助动词的习得晚于主动词，而英语通过只移位助动词来构造问句恰恰是其异乎寻常之处。

在电报式言语阶段，助动词的缺失也影响到否定句的形成。一个学说英语的儿童说出的否定句如下例所示：

He no bite you.[①]	（他[不/没]咬你。）
Wayne not eating it.	（韦恩没在吃它。）
Kathryn not go over there.	（凯瑟琳[不/没]去那儿。）
You no bring choo-choo train.	（你没带火车来。）
That no fish school.	（那不[是]鱼群。）

因为助动词缺失，这些语句看上去与成人说的不一样。然而，处在这个阶段的儿童懂得否定的

---

① 第 1 例的 no 应为 not，前面缺助动词 does/did；第 2、3 例在 not 前分别缺少助动词 is 和 does/did；第 4 例 no 应为 not，前面缺助动词 did；第 5 例 no 前缺助动词 is。——译注

语用语力。一个在要求他睡午觉时说"no！"的儿童完全明白自己要表达什么意思。

在儿童习得助动词的过程中，他们通常能够正确使用。就是说，助动词常常出现在主语之前，但也不总是这样。

是非问句
Does the kitty stand up?　　（小猫是站着的吗？）
Can I have a piece of paper?　（我能要一张纸吗？）
Will you help me?　　　　　（你能帮我一下吗？）
We can go now?　　　　　　（我们现在可以走了吗？）

Wh-问句
Which way they should go?　（他们应该走哪条路？）
What can we ride in?　　　　（我们坐/乘什么[交通工具]？）
What will we eat?　　　　　（我们吃什么？）

助动词进入儿童语法，对否定句也有影响。尽管在许多例子中助动词 be 仍然缺失，但我们现在可以发现否定形式正确的助动词：

Paul can't have one.　　　　（保罗不[（可）能]有一个。）
Donna won't let go.　　　　（多娜不肯放手。）
I don't want cover on it.　　（我不要那上面有盖子。）
I am not a doctor.　　　　　（我不是医生。）
It's not cold.　　　　　　　（天不冷。）
Paul not tired.[①]　　　　　（保罗不累。）
I not crying.　　　　　　　（我没在哭。）

儿童总能将否定词放在与 be 或其他助动词相关的正确位置上。主动词在否定词之后，而 be 则在否定词前面。儿童实际上从来不会犯以下两个句子那样的错误：Mommy dances not 和 I not am going[②]。

诸如法语和德语这样的语言与意大利语和荷兰语一样，都有一条规则要求对经过屈折变化的动词进行移位，并出现在否定标记前面。学说法语和德语的儿童遵守这条规则，如下例所示（德语例子中的 nich 是 nicht 的宝贝儿语形式）：

法语
Veux pas lolo.　　　　want not water　　"I don't want water."　（我不要喝水。）
Marche pas.　　　　　walks not　　　　"She doesn't walk."　　（她不会走。）
Ça tourne pas.　　　　that turns not　　"That doesn't turn."　　（那个不转。）

---

① 最后两例在 not 前分别缺少助动词 is 和 am。——译注
② 分别应为：Mommy does not dance（妈咪不跳舞）和 I am not going（我不去）。——译注

德语

Macht nich aua.	makes not ouch	"It doesn't hurt."	（这个不痛。）
Brauche nich lala.	need not pacifier	"I don't need a pacifier"	（我不要奶嘴。）
Schmeckt auch nich.	tastes also not	"It doesn't taste good either."	（这个味道也不好。）

无论儿童在习得荷兰语、德语、意大利语、法语，还是其他任何一种语言，都会经历电报式言语阶段，这只不过是儿童在获得成人语言能力的过程中要经历的许多阶段之一。每个阶段都与儿童已经内化的一套规则系统（即语法）相符合，并且包括词库和语用规则。尽管儿童语言看起来可能与成人语言不完全一样，但也受规则约束，并不仅仅是成人语言的偶然近似物。

尽管语言发展的各个阶段具有普遍性，但正是儿童习得中的特定成人语言的语法指引着各阶段的进程。学说德语、法语、意大利语和英语的儿童都经历电报式言语阶段。在此期间，他们都不用助动词，但是用不同方式来构造否定句和问句，因为在他们各自学习的成人语言中问句和否定句的构造规则是不同的。这就告诉我们有关语言习得的某些基本特征：在儿童语言发展的最初阶段，他们就对成人语言的规则敏感。他们的音系很快就准确调校到与成人语言一致，他们的句法系统也是如此。

儿童拥有非凡的能力，能在相对较短的时间内构造复杂的规则，围绕这些规则使用语言并为之构建各自的语法。跨越多样的民族和语言，语言习得的阶段具有相似性，这说明儿童具有特殊的能力，使他们知道需要寻找哪些概括，又应该忽略哪些，以及如何发现语言的规律性。

儿童发展语言能力，采用的正是他们发展坐直、站立、爬行或步行能力的方式。没有人教他们做这些事，但所有的正常儿童都在大约相同的年龄开始做这些事。学习步行或语言与学习阅读或骑自行车不一样。许多人从没学会阅读，因为没有人教他们，此外，在世界上的很多地方，许多人都没有书面语。然而，他们都有语言。

2.6 设定参数

儿童习得句法的某些方面特别快，即便他们还处在电报式言语阶段时也是这样。这些早期的发展阶段跟我们前面谈到的普遍语法**参数**是一致的。我们在第四章中讨论过一个这样的参数，即中心语参数，它决定一个短语的中心语是放在补足语前还是放在补足语后，例如，VP 的次序是像英语那样的动词—宾语（VO），还是像日语那样的 OV。儿童在其最初产生的多词语句就能使用自己语言的正确词序，而且早在言语产生的独词语阶段他们就已经懂得什么是词序了。根据普遍语法的参数模式，儿童实际上不必建立一个词序规则。相反，他只需在两个已经确定的值之间做出选择：中心语在前还是中心语在后？他根据从周围听到的语言来确定正确的值。说英语的儿童能够很快断定，英语的中心语在补足语之前，而说日语的儿童同样也能很快确定他的语言是中心语在后。

其他的普遍语法参数涉及动词移位规则。在有些语言中，动词能够从 VP 中移出来放到短语结构树中高一级的位置上去。我们在上一节讨论的荷兰语和意大利语问句中已经见过这种移位。在其他的语言中，比如英语，动词不能移位（只有助动词才可以）。动词移位参数为儿童提供了一种选择：我的语言允许/不允许动词移位。我们已经看到，说荷兰语的儿童和说意大利语的儿童很快就将动词移位参数设定为"允许"值，所以他们通过移位动词来构造问句。说英语的儿童即使还没有学会助动词的时候也从不犯移位动词的错误。在这两个个案中，儿童都为自己的语言设定了正确的参数值。即使在说英语的儿童习得了助动词以及助动词移位规则之后，他们也从来不会过度概括这种移位，把动词也包括在内。这证明了一个假说——参数在儿童语言发展早期就已经设定并且不能解除。假如是这样的话，那么儿童就没有必要建立一个动词移位的规则，也没有必要学习何时做动词移位以及移到哪里。这是由普遍语法给定的。他仅需确定在自己的语言中动词移位能否发生。

普遍语法参数把语法选项限制在一个经过明确界定的小集合内——我的语言是中心语在前还是在后，我的语言有没有动词移位，如此等等。参数极大地减轻了儿童习得语言的负担，也有助于解释儿童能轻松快捷地习得语言的原因。

2.7 习得手语

使用手语的失聪父母所生的失聪儿童自然会接触到手语，正如听力正常儿童自然会接触到口语一样。假定手语和口语具有共性，那么这些失聪儿童的语言发展与口语习得的各个阶段具有平行性也就不足为奇了。失聪儿童最初咿呀学语，然后发展到与独词语阶段所说的单个词相似的单个手势，最后他们开始把手势组合起来。在此期间也有一个可能会省略功能性手势的电报式阶段。失聪儿童能够前后一致使用功能手势的年龄，与能够这样使用口语功能词的正常儿童基本相同。儿童手语者达到各习得阶段时的年龄，与听力正常儿童习得口语时相当。

与口语的习得一样，手语的习得也涉及普遍性部分与具体语言特定部分之间的互动。在我们对英语问句习得的讨论中，我们了解到儿童很容易习得受普遍原则管辖的 wh-词移位，而他们在运用助动词移位方面却表现出某种滞后，这是因为他们首先必须学会英语中独特的助动词。

在美国手语（ASL）的 wh-问句中，wh-词既可以移位，也可以保持在原来的位置上。下面两个句子都是合乎语法的句子：

  ———————————— whq
  WHO BILL SEE YESTERDAY?（谁比尔看见昨天？）

  ———————————— whq
  BILL SAW WHO YESTERDAY?（比尔看见谁昨天？）

  （注意：我们遵循用大写字母拼写手语释义词的规范。）

ASL 中没有助动词移位，但是发问时伴随着皱眉的面部表情和后仰的头部动作。这由位于 ASL 释义词上面的 whq 来表示。这个非手势标记是 ASL 语法的一部分。这有点像我们用英语和其他口语提问时使用的上升语调。

在一项关于 ASL 中 wh-问句习得的研究中，研究人员发现儿童很容易学会与 wh-短语相关的规则。这些儿童与成人手语者一样，有时候会将 wh-短语移位，有时又会让它留在原位。但是，这些儿童却常常省略非手势标记，而这在成人手语中是不可能发生的。

有时，习得手语和习得口语之间的相似性令人吃惊。ASL 中的一些语法语素是语义透明或**象似的**，就是说，它们的样子就是所表达的意义。例如，表示代词"我"的手势就是说话人指着自己的胸部，表示代词"你"的手势则是手指着听话人的胸部。我们前面讨论过，在大约两岁的时候，正在习得口语的儿童常常将代词"我"和"你"颠倒。有趣的是，在同样的年龄阶段，儿童手语者也会犯同样的错误。他们在表示"你"时常常手指着自己，而表示"我"时却手指着听话人。尽管这些特定手势的意义是透明或象似的，但正在习得 ASL 的儿童还是会犯这种错误，这是因为儿童手语者（与成人手语者一样）把这些代词当作语言符号，而不仅仅是指点的手势。代词指称转移是语言的一个组成部分，无论是对儿童手语者，还是对正常口语儿童来说，它所造成的问题都是一样的。

失聪父母所生的听力正常儿童，如果同时置身于手语和口语环境之中，那么两样都能习得。研究显示，习得魁北克手语（LSQ）的加拿大双语儿童发展这两种语言的过程，同习得两种口语的双语儿童是一样的。习得 LSQ 和法语的双语者习得每门语言时达到各个重要阶段的时间，与习得法语和英语的加拿大儿童具有平行性。他们习得每种语言产生的第一批词和第一批相互组合的词，都发生在相同的时间。与单语儿童相比，就到达语言习得的各个重要阶段而言，两组儿童都没有表现出滞后。

听力正常父母所生的失聪儿童，出生后若没有置身于手语环境中，就会在语言习得方面遭遇重大缺陷。可能要到多年以后，这些儿童才能够使用一种口语或者接触到一种规范的手语。但是人类习得语言的本能极为强烈，使得这些失聪儿童开始发展出自己的手势来表达想法和欲求。一项对 6 个此类儿童的研究表明，他们不但创造出单个的手势，而且还对它们进行配对，并构造出具有确定句法词序和系统性制约的句子。尽管这些所谓的"家庭手势"并不是像 ASL 和 LSQ 那样完善的语言，但它们已经具有语言的复杂性和系统性，而这些不可能来自言语输入，因为根本没有言语输入。这样的一些个案不仅证明人类具有通过语言来进行交流的强大驱动力，而且也证明语言结构有先天的基础。

3. 通晓两种或更多语言

就"语法"的基本特性而言，理解一种语言的语法的人也能理解另一种语言的语法。他不会说也听不懂另一种语言，这是由于词及其各种形式的多样性，但这些都是语法的偶然特性。

罗杰·培根（1214—1294）

在许多不同的情况下，人们能够习得另一种语言。在你开始读初中、高中或大学的时候，你也许已经学会了另一种语言。搬家到一个新的国家往往意味着习得一种新的语言。另外有些人，他们生活的社区或家庭中说多种语言，因此他们可能同时习得两种（或更多）语言。**第二语言习得**或**二语习得**这个术语一般指已经习得了母语的人（成人或儿童）再去习得另一种语言。**双语语言习得**这个术语则是指从婴儿时期（或三岁之前）开始同时习得两种语言。

3.1 儿童时期的双语现象

说希伯来语和英语的双语儿童:"我说希伯来语和英语。"

说英语的单语儿童:"英语是什么?"

世界上大约一半人口的母语都不止一种语言。这就意味着这些人在儿童时期就经常地、持续地接触多种语言。在世界上的许多地方,特别是在非洲和亚洲,双语现象(甚至多语现象)是常态。相反,许多欧洲国家(尽管决非所有的)认为自己是单语社会,即使有许多说多种语言的人生活在那儿。在美国和许多欧洲国家,双语现象常常被视为与移民有关的过渡现象。

双语现象是个令人感兴趣的话题。人们想知道一个儿童怎么可能同时习得两种(或多种)语言。涉及双语现象的问题很多,比如,儿童会弄混这两种语言吗?习得双语要比习得单语花更长的时间吗?双语儿童更聪明吗?或者,习得两种语言是否对儿童其他方面的认知发展产生负面影响?一个儿童必须接触每种语言到什么程度,才能成为双语者?

许多对双语现象的早期研究都集中讨论这样一个事实,即双语儿童有时会在同一个句子中混用两种语言。法英双语儿童所说的下列例句就说明了这一点。在第一个例子中,一个法语词出现在本该是英语的句子里。在其他两个例子中,所用的词都是英语的,然而句法却是法语的:

His nose is perdu.	"His nose is lost."	(他的鼻子不见了。)
A house pink.	"A pink house"	(一座粉红色的房子)
That's to me.	"That's mine."	(那是我的。)

在对双语现象的早期研究中,对该类语言混用的评价是负面的,它表明儿童被两种语言弄糊涂了,或者说,儿童很难习得两种语言。事实上,在面对这个问题时,许多父母有时候会因为采纳了教师或心理学家的建议,不再以双语方式抚养孩子。然而,现在看来已经清楚的是,在双语习得过程的早期,某种程度的语言混用是正常现象,未必就表明有语言问题。

3.1.1 双语发展理论

这些双语混用的语句在双语儿童的语法上提出了一个有趣的问题。双语儿童开始习得双语时是否只有一套语法,而该语法最终分化,成为两套不同的语法?还是从一开始她就为每种语言建立不同的语法?**单一系统假说**认为儿童在双语习得的初始阶段只建构一个词库和一套语法。出现诸如上面所列举的混用语句,常被看成是证明该假说成立的确凿证据。另外,在习得早期的各个阶段,双语儿童常常只掌握一种语言中表达某些特定事物的词。例如,一个说西班牙语和英语的双语儿童可能知道西班牙语中表示牛奶的词是 leche,而不知道英语怎么说;或者她也许知道 water(英语,水),而不知道 agua (西班牙语,水)。这种互补性也常常被作为证据来支持"儿童只有一个词库"这一观点。

然而,对双语儿童词汇的细致研究表明,尽管他们在两种语言中掌握的词也许并不完全相同,但是两者之间多有重叠,足以证明单一词库说不符合事实。儿童在两种语言中掌握的词可能并不是一个相同的集合，这是因为他们在不同的情况下使用这两种语言并习得适合各使用情状的词汇。例如，说英语和西班牙语的双语儿童可能在用餐时只听到西班牙语，这样他将首先学会西班牙语中表示食物的词。此外，双语儿童在每种语言中的词汇量起初都比单语儿童在一种语言中的少。出现这种情况是有道理的，毕竟一个儿童每天只能学会那么多词，而双语儿童要同时建立两个词库。出于以上理由，在语言发展的一个可比较的阶段，双语儿童的词汇空缺可能会比单语儿童更多，并且这些空缺在每种语言中还可能有所不同。

分立系统假说认为，双语儿童为每种语言分别建立了词库和语法。为了检验分类系统假说，就必须调查儿童如何习得两种语言在语法上不同的部分。例如，如果两种语言中都有"主—动—宾"（SVO）词序，那么它就不适合用来检验该假说。一些研究已经表明，在两种语言分野之处，儿童习得每种语言的不同规则。人们已经证明，西班牙语—英语双语儿童与法语—德语双语儿童，除了能够正确运用每种语言中表示一致关系的语素外，还能够恰当运用每种语言的词序。其他研究也已经表明，儿童会为两种语言建立两套不同的音位和音系规则。

前面讨论过的对使用魁北克手语（LSQ）和法语的双语儿童的研究，也可以用来支持分立系统假说。这些儿童在这两种语言中拥有语义对等的词，这与说两种口语的双语者是一样的。另外，与所有的双语儿童一样，这些儿童能够根据听话人的语言来调整语言上的选择，这表明他们能够区分这两种语言。与大多数双语儿童一样，使用 LSQ 和法语的双语儿童也会生成含有两种语言词的混合语句。特别有意思的是，这些儿童会发生同时的语言混用。他们会同时在打出一个 LSQ 符号的同时说出一个法语词。只有在说一种语言的同时使用一种手语，这种现象才可能出现。这一发现对于双语语言习得来说具有普遍意义。它表明双语儿童的语言混用并不是因混乱而造成的，而是两种语言的语法同时作用的结果。

如果说双语儿童有两种语法和两个词库，那么对于混用语句又应该如何解释呢？人们已经提出了各种各样的解释。其中一个解释认为，儿童混用语言是因为有词汇空缺，如果那个法英双语儿童不知道英语词lost，她就会用自己知道的词perdu来替代——所谓"管用就好①"策略。另一种可能的情况是儿童语言中的这类混用与许多成年双语者的特殊语言用法一样，称为"**语码转换**"（将在第十章中讨论）。在特定的社会情景中，成年双语者说一个句子时，可能会在两种语言中来回转换语码，例如，I put the forks en las mesas②（我把餐叉放在桌上了）。语码转换表明两种语言的语法同时都起作用，这并不是"糟糕的语法"或"蹩脚的英语"。成年双语者只有在跟其他的双语者说话时才会转换语码。有人提出，双语儿童的混用语句是语码转换的一种形式。支持这种观点的证据是，多种研究表明，年仅两岁的双语儿童就能根据语境选择适当的语言：在跟单语者说话时他们只用一种语言，而跟双语者说话时则两种语言混用。

3.1.2 一个头脑中的两个单语者

尽管我们必须研究许多双语儿童才能得出确实的结论，但到目前为止积累的证据似乎支持这样

---

① 原文意为"在暴风雨中任何一个港口都是好的"。——译注
② en las mesas 是西班牙语，意思是"在桌子（复数）上"。——译注

的观点,即儿童从一开始就建构多种语法。此外,双语儿童发展不同语法的过程似乎与单语儿童走相同的路线,他们都要经历咿呀语、独词语、电报式言语等阶段。在电报式言语阶段,他们使用每种语言时表现出与单语儿童一样的特征。例如,英语单语儿童在句中常常省略动词的屈折词尾,比如,Eve play there(伊芙常在那儿玩),Andrew want that①(安德鲁想要那个),德语单语儿童则这样使用不定式:S[ch]okolade holen②(拿巧克力)。但是,西班牙语和意大利语单语儿童从来不省略动词屈折词尾,或者这样使用不定式。引人注目的是,两岁大的德意双语儿童说德语时使用不定式,而在说意大利语时却不用。年幼的西英双语儿童会省略英语动词的屈折词尾,但不会省略西班牙语动词的;德英双语儿童则会省略英语动词的屈折词尾,而在德语中用动词不定式(替代变位形式)。这样的观察结果使得一些研究人员提出,双语儿童就像是"一个头脑中的两个单语者"。

3.1.3 输入的作用

有一个问题双语儿童的父母与研究双语现象的研究人员都感兴趣,那就是言语输入和熟练程度之间的关系。在帮助儿童将两种语言分开的过程中,言语输入发挥了何种作用?有一种被认为能够促进双语发展的输入条件是"一人一语③"。在该条件下,每个人,比如妈妈和爸爸,只对儿童说一种语言。这种想法是说,在输入中使两种语言处于分离状态,会使得儿童更容易把它们始终区分开来。至于这是否会对儿童的双语发展产生重要的影响,目前尚无定论。在实践中,很难达到这种"理想的"言语输入状态,而且这种状态也可能并无必要。前面我们了解到,婴儿会适应输入语言的韵律、音位组配法等音系特征。这可能就打下了充分的基础,使得双语儿童能够始终把两种语言分开。

另一个问题是在两种语言中,一个儿童分别需要输入多少才能成为每种语言的"母语者"?对此目前还没有直接的答案。从直觉上来讲,如果一个儿童每天听12个小时的英语,但仅仅听两个小时的西班牙语,那么看来他的英语会比西班牙语发展得更快、更完整。可是事实上,在这样的条件下,他也许根本就不能获得正常西班牙语单语者所具有的那种程度的西班牙语语法能力。

在现实生活中,双语儿童是在不同的环境中长大的。有些可能接触两种语言的程度大致相当;有些可能其中的一种语言听得多一些,另一种少些,但是两种语言中每种语言的输入量都足够使他成为该语言的"母语者";还有一些也许最终有一种语言居于主导地位,但程度有强有弱。研究人员根本不知道,一个人需要与两种语言有多少语言接触才能变成一个平衡的双语者。从实际出发,单凭经验的方法是儿童应该在两种语言获得数量大致相等的言语输入,才能两种语言都达到母语水平。

3.1.4 双语现象的认知影响

还有一个问题,是双语现象对智力发展或认知发展的影响。成为双语者是不是让你或多或少地

---

① 两句分别省略了 play 和 want 后面的第三人称单数屈折词尾-s。——译注
② holen(拿)以不定式(相当于英语的 to get)替代动词的变位形式。——译注
③ 原文为法语 une personne-une langue。——译注

变得聪明并有创造力呢？诸如此类的问题还有。历史上对这个问题的研究经常遇到方法论上的问题，而且常常深受当时盛行的政治和社会气候的影响。许多早期的研究（20世纪60年代以前）表明，在智商与其他认知和教育测试中双语儿童比单语儿童表现要差一些。最近的研究结果显示，在解决某些类型的问题时，双语儿童要比单语儿童出色。双语儿童还似乎有更好的**元语言意识**——说话者关于语言和语言使用的自觉意识。它与语言知识形成对立，正如我们已经了解的那样，语言知识是指对语言的理解，而且是无意识的。比如，双语儿童对事物与其名称之间的任意性关系的理解就要早一些。并且他们拥有足够的元语言意识，能够根据语境选择使用合适的语种，这我们在上文已经讲到过。

成为双语者是否让儿童享受到某些认知或教育上的好处，似乎在很大程度上取决于语言以外的因素，比如，他们在儿童群体或社团中所处的社会和经济地位、教育状况以及两种语言的相对"声望"，等等。研究表明，获得最积极的影响（例如，学业成绩提高）的儿童，一般都在这样的社会环境中长大：两种语言都受到重视，儿童的父母对两种语言都感兴趣，并且支持他们的双语发展。

3.2 第二语言习得

每学会一门新的语言，你就获得了一个新的灵魂。

斯洛伐克谚语

与以上讨论过的双语者不同，许多人在获得了第一种语言（L1）的母语能力后，会接触到第二种语言（L2）。作为成人，如果你已经有试图掌握第二语言的经历，那么你肯定已经发现这很有挑战性，与你第一语言的经历大相径庭。

3.2.1 二语习得与一语习得一样吗？

除了少数例外，成年人通常不能轻松地获得第二语言。要熟练掌握第二语言，即使不经过大量学习和背诵，通常也要刻意用心。同样，除了一些非同寻常的人之外，学习第二语言的成年人（L2者）的L2通常不能获得母语者那样的语法能力，在发音方面尤其如此。他们总是有口音，还可能犯句法或形态方面的错误，而这些错误与习得第一语言的儿童（L1者）所犯的错误是不一样的。比如，除了在合语法性和格上常常犯形态错误之外，L2者还常常犯词序错误，特别是在语言发展的早期。L2中的错误可能**固化**，如果这样，无论怎么教或改都无法矫正。

任何儿童对于任何语言的L1习得都会一样成功。与此不同，成人完全习得L2的能力因人而异，差别很大。有些人在语言学习上天赋异禀，有些人则根本毫无希望。大多数人处在这两个极端之间的某个位置上。成功可能取决于一系列因素，包括年龄、才能、动机，以及你是身在说那种语言的国家，还是仅仅每周花5个上午坐在教室里然后就对该语言的母语者敬而远之。因为所有这些原因，许多人包括许多研究L2习得的语言学家都相信，第二语言习得与第一语言习得很不一样。这种假设被称为L2习得的"**根本差异假说**"。

然而，在某些重要的方面，L2习得与L1习得相似。与L1者一样，L2者也不是一夜之间就习得第二语言的，他们也要经历不同的阶段。与L1者一样，L2者也要建构语法。这些语法反映他们在每个阶段的 L2 能力，所以在任何特定时间，他们的第二语言尽管达不到母语水平，也都受规则管辖，并非随机现象。L2 者在习得目标语的道路上所创造的中间状态语法被称为"**中间语语法**"。

我们来看看将德语作为第二语言习得的罗曼语（如，意大利语、西班牙语和葡萄牙语）母语者中间语语法中的词序。罗曼语的词序是"主语（S）—（助动词 Aux）—动词（V）—宾语（O）"（像英语）。德语有两种基本词序，这取决于助动词出现与否。带助动词的句子的词序是"主语—助动词—宾语—动词"，如例（1）所示；不带助动词的句子的词序是"主语—动词—宾语"，如例（2）所示。（请注意，与上文中的儿童语言数据相似，这些 L2 句子，除了我们所讨论的词序事实之外，可能还含有各种其他"错误"。）

1. Hans hat ein Buch gekauft. "Hans has a book bought" （汉斯让人买了一本书）
2. Hans kauft ein Buch. "Hans is buying a book" （汉斯在买一本书）

研究表明说罗曼语的人是以片断的形式习得德语词序的。在初始阶段他们使用德语词，但词序还是用自己母语的 S-Aux-V-O，如下所示：

阶段 1： Mein Vater hat gekauft ein Buch.

"My father has bought a book."（我父亲买了一本书。）

在第 2 阶段时，他们习得 VP 的词序"宾语—动词"：

阶段 2： Vor Personalrat auch meine helfen.

in the personnel office [a colleague] me helped.

"A colleague in the personnel office helped me."（人事处的一位同事帮了我。）

在第 3 阶段时，他们习得把动词（或者助动词）放入第二个位置的规则：

阶段 3： Jetzt kann sie mir eine Frage machen.

now can she me a question ask

"Now she can ask me a question."（现在她可以问我一个问题。）

I kenne nich die Welt.

I know not the world

"I don't know the world."（我对这个世界不了解。）

这些阶段与将德语作为第一语言来习得的儿童所经历的阶段是不同的。例如：德国儿童早就知道德语有 SOV（主语—宾语—动词）词序。

与L1者一样，L2者也要努力揭示目标语的语法，然而他们成功的程度却不一样，而且他们通常都学不会目标语。"根本差异假说"的支持者相信，L2者建构语法所依据的原则与第一语言习得者的不同。这些原则不是为语言习得，而是为解决问题的技能而专门设计的，后者用于像下象棋或者学习数学这样的任务。根据这种观点，L2者无法使用L1者用以帮助自己习得母语的那些普遍语法的特殊语言原则。

与上面的观点相反，另一些人争辩说成年人解决各类非语言问题的能力都比儿童的强。如果他们把这些解决问题的才能用于学习L2，那么他们不是应该全都比现在要学得更成功一些吗？一些语言天才的例子，如第二章中讨论过的克里斯托弗，也反对这种认为L2习得只涉及非语言认知能力的观点。克里斯托弗的智商和问题解决技能最多也只是最低限度的，然而他却娴熟地掌握了好几门语言。

许多 L2 习得的研究人员都不相信 L2 习得与 L1 习得之间存在着根本差别。他们指出，各种研究都表明中间语语法一般来说都不违反普遍语法原则，这使得这个习得过程更加类似于 L1 习得。在上面以德语为 L2 的例子中，这些中间语规则对德语或罗曼语来说也许是错误的，但它们却不是"不可能的规则"。这些研究人员也注意到，尽管就其最终的语法而言，L2 者可能达不到 L1 者的水平，但他们习得规则的方式似乎与 L1 者是一样的。

3.2.2 母语对二语习得的影响

L1习得与L2习得明显不同的一个方面，在于成年L2者第一语言的语法已经发展到完善的程度。正如第一章中讨论过的那样，语言能力是无意识的知识。我们不能抑制运用自己语言规则的能力，也不能下决心让自己不懂自己的母语。同样地，L2者——特别当他还处在L2习得初始阶段时——似乎在某种程度上依赖L1的语法。一个证明就是L2者所犯的那类错误经常涉及来自其L1的**语法规则迁移**。

这一点在音系上表现很突出。一般而言，L2者说该语言时都有口音，这是由于他们可能把第一语言的音位、音系规则或者音节结构迁移到了他们的第二语言之中。这一点我们可以从学说英语的日本人那儿观察到。他们不区分write [rajt]（写）和light [lajt]（光、灯），因为在日语中/r/和/l/之间不构成音位性质的区别。学说英语的法国人会说ze cat in ze hat（这猫在这帽子里），因为法语没有[ð]这个音。学说英语的德国人会将尾辅音清化，将have发音成[hæf]。学说英语的西班牙人会在词首的辅音丛中插入混元音，比如将school发成[əskul]，snob发成[əsnab]。

同样，英语母语者在发其他语言中他们所不熟悉的语音时也可能会有困难。比如，在意大利语中，长（或者双）辅音是音位性质的。意大利语中有如下最小对比对：

ano	"anus"	（肛门）	anno	"year"	（年）
pala	"shovel"	（铲）	palla	"ball"	（球）
dita	"tingers"	（手指，复数）	ditta	"company"	（公司）

以意大利语作为 L2 的英语母语者在听懂或发出对立的长、短辅音时会有困难。这会导致非常尴尬的局面，比如在元旦前夜，本该祝福人们 buon anno（新年好），你却祝他们 buon ano（肛门好）。

母语影响在句法和形态中同样存在。有时候这种影响显现为某一特定语法的广泛迁移。例如，学习英语的西班牙语母语者也许会省掉英语非祈使句中的主语，因为在西班牙语中这是可以的，如下例所示：

Hey, is not funny. （嗨，没意思。）

  In here have the mouth. （嘴长在这儿。）
  Live in Columbia. （我住在哥伦比亚。）

  或者，如我们在上文罗曼语—德语中间语的例子中所见到的那样，L2者刚开始的时候可能把母语的词序用于L2。

  母语的影响也可能以更微妙的方式显现。比如，L1是德语的人习得英语是非问句要比日语母语者快一些。这是因为德语中构造是非问句的动词移位规则非常接近于英语中的助动词移位规则，而在日语中构造问句不需要任何句法移位。

3.2.3 L2 习得的创新部分

  要是认为L2习得仅仅涉及将L1的特征迁移到L2中间语之中，那就把事情太简单化了。L2习得中有着高度创新性的部分。L1语法中许多因语言而异的部分是不会迁移的。那些母语者认为不规则、不常见或语义上较难的部分不太会迁移到L2中。例如，习得者一般不会迁移L1中的习语，如He hit the roof（他生气了）。他们似乎更有可能迁移语义关系透明的结构。例如，下面例（1）中的结构就比例（2）中的更容易被迁移：

  1. It is awkward to carry this suitcase.（携带这个手提箱不顺手。）
  2. This suitcase is awkward to carry.（这个手提箱携带起来不顺手。）

在例（1）中，名词短语this suitcase（这个手提箱）处在逻辑上的直接宾语位置，而在例（2）中它却从选择它的动词后移动到了主语的位置。

  L2者确实会犯的许多错误并不是从他们的L1中衍生出来的。例如，一项研究发现，尽管学习德语的土耳其人的母语和目标语中都有S-Adv-V词序，但在他们习得德语的某个特定阶段，其德语中间语中的嵌入分句使用S-V-Adv（主语—动词—副词）词序，如下例中的wenn从句：

Wenn	ich	geh	zumck	ich	arbeit	elektriker	in der Türkei.
if	I	go	back,	I	work (as an)	electrician	in Turkey
如果	我	回去，		我	当	电工	在土耳其

（如果我回到土耳其，我会在那儿当电工。）

  嵌入的S-V-Adv词序，最有可能是对我们前面讨论过的"主句中动词位置居次"这一条件的过度概括。我们此前就已经注意到，过度概括是一条规则被习得的一个明确标志。

  为什么L1中的某些规则会迁移到中间语语法中，而另一些则不会，其中的原因人们还不是很清楚。然而，有一点却是很清楚的，那就是尽管L2的语法结构受到L1的影响，语言发展的原则——可能具有普遍性——也在L2习得中起作用。L1各不相同的习得者都要经历相似的L2习得阶段，这个事实就是很好的证明。比如，以土耳其语、塞尔维亚-克罗地亚语、意大利语、希腊语和西班牙语为母语的人，在将德语作为L2习得时都会在某种程度上省略冠词。因为这些L1中有些是有冠词的，所以这不可能是由迁移引起的，而是一定涉及语言习得上更具有一般性的某个特征。

3.2.4 L2习得有关键期吗?

> 先生,身边尽是这些外国人,我都不知道您怎么应付得来;您根本就不知道他们在说些什么。当这些可怜人刚到这里的时候,他们说话就像鹅一样又快又含糊不清,但孩子们倒是很快就说得相当好了。
>
> 玛格丽特·阿特伍德《又名格雷丝》

在L2习得中年龄是一个重要因素。一个人接触第二语言时的年龄越小,她的语言能力就越有可能达到母语水平。在一项有关年龄对L2习得最终效果之影响的重要研究中,杰奎琳·约翰逊和埃丽莎·纽珀特测试了好几组已经习得了第二语言英语的中国人和韩国人。受试对象全都在美国生活了至少5年,测试的是他们在英语形态和句法某些特定方面的知识。研究者要求他们判断句子是否合乎语法,如下例所示:

The little boy is speak to a policeman.① (那个小男孩在跟警察说话。)
The farmer bought two pig. (这个农民买了两头猪。)
A bat flewed into our attic last night. (一只蝙蝠昨晚飞进了我们的阁楼。)

约翰逊和纽珀特发现测试的结果严重依赖于受试者来美国时的年龄。在孩提时代(3至8岁)来到美国的人在测试中表现得与美国的母语者一样好。8至15岁之间来的人表现不如母语者。而且对这个组来说,每个赴美年龄段似乎都各有不同。9岁来的就比10岁来的表现得更好,11岁来的也比12岁来的要好,以此类推。17岁到31岁之间来美国的那一组在测试中得分最低。

这是否意味着存在一个L2习得的关键期呢?也就是说是否存在着一个年龄,在此之后就不可能习得一门新语言的语法呢?要做出如此极端的断言,多数研究人员会感到犹豫。尽管在获得母语水平的L2能力方面,年龄是一个重要因素,但是作为成年人习得一门第二语言无疑还是有可能的。许多十几岁的少年和成年学习者熟练掌握了L2,有少数天分极高的人甚至会被当作是母语者。

习得L2的能力随着年龄的增大而逐渐下降,而且要像母语者那样掌握L2的某些方面则存在着"敏感期"——这种说法是比较恰当的。习得音系的敏感期最短。要想获得L2母语者那样的发音,一般要求习得者在孩提时代就接触该语言。语言的其他方面,比如句法,拥有的时间窗口可能大一些。

近年来对"继承语"(并非在儿童时代学习的祖先语言,比如爱尔兰的盖尔语)学习者的研究提供了更多的证据,证明L2习得中的敏感期概念确实存在。加利福尼亚大学洛杉矶分校(UCLA)的心理学家特瑞·奥和她的同事调查了大学生对西班牙语的习得,这些大学生在孩提时代就无意中听到过该语言(而且有时候还懂几个词),但是除此以外他们既不会说也听不懂西班牙语。他们把这些"无意听到者"与那些14岁之前从未接触过西班牙语的学生进行对比研究。所有学生都是将继承语当作第二语言来学习的英语母语者。奥的研究结果显示,"无意听到者"习得了更像母语者的口音,而其他学生则没有。然而,"无意听到者"在习得西班牙语的语法语素方面却没有表现出任

---

① 第一句 speak 后省掉了 -ing;第二句 pig 后省掉了 -s;第三句 flewed 应为 flew。

何优势。早期对某种语言的接触可能会留下痕迹,有利于以后对该语言某些方面的习得。

近年来对第二语言习得的神经学效应的研究表明,相对于单语者,双语者的大脑左半球皮层的密度有所增加,并且这种增加在较早开始的第二语言学习者身上比较晚开始的学习者更显著。这项研究也表明,大脑皮层的密度与第二语言的熟练程度之间呈正相关关系。研究者总结说,习得第二语言的经历会改变人脑的结构。

4. 第二语言教学方法

多年以来,人们已经研究出许多第二语言或外语教学的方法。尽管这些方法可以彼此差异很大,许多专家相信第二语言教学不存在单一的最好方法。所有方法都有其长处,而且事实上只要有语言能力达到或接近母语水平的有天赋的教师、学习积极努力的学生和合适的教学材料,任何教学方法都能获得成功。只要适合特定的教育环境,并为教师所理解和接受,所有方法都能达到最好的效果。

第二语言教学方法分为两大类:**综合法**和**分析法**。如其名称所示,综合法强调逐步地讲授语言的语法、词汇、音系和功能单位。这是一种自下而上的方法。学习者的任务就是把构成语言的离散成分组合或综合到一起。较为传统的语言教学法强调语法教学,都属于这一类。

综合法的一个极端例子,就是直到20世纪60年代中期还受到青睐的**语法翻译法**。运用该方法,学生学习词汇表、动词词形变化表和语法规则表。学习者把一段段文章从目标语译为母语。典型的情形是教师用学生的母语授课,授课重点是对课文进行语法分析,很少或根本就不会将所教授的语言情景化。所阅读的短文经过精心安排,只包含有学生已经接触过的词汇和结构。学生翻译中的错误教师会当场纠正。教师会测试学生对语法规则、动词词形变化和词汇的掌握程度。除了大声朗读自己翻译过来的短文外,学生并不经常使用目标语。

分析法更加自上而下。其目的不是要显性地教授目标语的各组成部分或规则,而是由教师挑选跟学生的需求和兴趣相关的主题、课文和学习任务。而学生的任务就是随后去发现该语言中的各个组成部分。这种方法假定成人与习得第一语言时的儿童一样,能从没有经过组织的言语输入中将该语言的规则提取出来。

目前,使用面最广的一种分析教学法就是**基于内容的教学法**,其重点在于使语言有意义,并鼓励学生用目标语交流。该方法鼓励学生用目标语谈论他们感兴趣的各种话题,发表自己的意见和看法。这些话题可能包括"网上恋爱"或"对我们的环境负起责任"等。该方法仅根据实际需要教授语法规则,且注重表达流畅甚于语法准确。一般而言,该方法所选定的(书面的和听觉的)课文都不是为语言学习者量身定做的材料,但这些材料更贴近学生的生活,因而更能激起学生的兴趣。该方法的评估内容是学生对目标语的理解程度。

并非所有的第二语言教学法都可以清楚地归入相应的类。应该把综合法和分析法看作是一个连续统一体上相对立的两端,各种不同的第二语言教学法都可以置于两者之间的某处。同样,笃行某特定方法的教师也不必严格遵守该方法的所有原则。真实的课堂实践往往更为折中,教师运用各种自己习惯的、效果良好的手段和方法,纵使这些手段和方法并不完全与他们所笃行的教学法一致。

5. 黑猩猩能学会人类语言吗?

> 那是一只巨大的狒狒,但在许多事情上跟人如此相像……。我确实相信它早已能理解不少英语;我还觉得也许能教会它说话或打手势。
>
> 塞缪尔·佩皮斯《日记》一则　1661年8月

在这一章中,集中讨论了人类的语言习得。近年来,不少人努力想确定非人类灵长目(黑猩猩、猴、大猩猩)是否能学会人类语言。

灵长目动物在它们的自然栖息地通过视觉、听觉、嗅觉和触觉等信号系统互相交流信息。这些信号有不少似乎具有与动物的直接环境或情感状态相联系的意义。它们能表明"危险",能传递敌意和表示臣服。有些雌性的灵长目动物能发出一种特定的叫声,表明自己正处于不动情期(性欲沉寂期),借此来阻止雄性动物的交媾企图。然而,所有非人类灵长目动物所发出的自然声音和姿势,都表明它们的信号是一成不变的,而且传递信息的种类和数量极为有限。它们的基本"词汇"以特定情形下的情感反应为主。它们无法表达昨天感受的愤怒和对明天的期望。

非人类灵长目的自然信息交流系统虽然有限,但仍然令人感兴趣的是,这些动物究竟是否有能力习得类似人类语言的较为复杂的语言系统。

上世纪30年代,温思罗普·凯洛格和露爱拉·凯洛格夫妇把一只取名"古娃"(Gua)的幼年黑猩猩和自己的幼子一起抚养,想由此确定在人类环境中长大并接受语言教育的黑猩猩能否学会人类语言。16个月大时,古娃能够理解大约100个词,比夫妇俩同龄的儿子懂得还多;但古娃再也没有超过这个程度。此外,理解语言也不仅仅是理解孤立的词的意义。当他们的儿子能够理解I say what I mean(我有话直说)和I mean what I say(我说话算数)的差别时,古娃却两个句子都理解不了。

凯斯和凯茜·海斯夫妇抚养的一只名叫"维基"(Viki)的黑猩猩也学会了好些单个的词,甚至还学会了念mama(妈妈)、papa(爸爸)、cup(杯子)和up(向上)等词,虽然很费力气。它在语言产生上就是这个水平。

心理学家艾伦·加德纳和比阿特里思·加德纳夫妇发现灵长目动物的缺陷之一是生理上不能发出许多不同的声音。没有足够数量的音位对立,就不可能有人类的口语。灵长目中有不少物种有灵巧的手,于是加德纳夫妇决定尝试教一只黑猩猩使用美国手语(ASL)。他们给它取名叫"瓦修"(Washoe),与他们在内华达州所居住的县同名。瓦修成长的环境与在聋人社会中长大的人类儿童很相似,它不断接触使用ASL的人。专门有人教瓦修打手势,而由失聪手语者抚养长大的儿童不需要明确的教授就能像听觉正常的儿童学会口语一样习得手语。

当瓦修长到4岁时(1969年6月),它已经习得85个手势,其意义包括"多、吃、听、给我、钥匙、狗、你、我、瓦修、赶快"等。据加德纳夫妇报道,瓦修还能打出一些手势的组合,如"婴儿我的、你喝、赶快拥抱、给我花、还要水果"等。

大约在瓦修成长的同期,心理学家戴维·普雷麦克和他的妻子安·普雷麦克在自己家里养了一只取名"萨拉"(Sarah)的黑猩猩。他们设计了一种在某些方面类似于人类语言的人工语言,并且试着教萨拉这种语言。萨拉"语言"中的"词"是一些形状和颜色各异的塑料片，背面是金属的。萨拉和它的训练者在一块磁性板上排列这些符号，用这种方式进行"对话"。训练者教萨拉将特定的符号与特定的意义联系起来。这些"语素"或"词"的形-义联系是任意的：小红方块表示"香蕉"，小蓝矩形表示"杏"，而红色用灰色塑料片表示，黄色则用黑色塑料片表示。萨拉学会了好些"名词""形容词"和"动词"，以及表示"相同、不同、否定、疑问"等抽象概念的符号。

萨拉实验中有一些不足之处。训练者不允许她自发地"说话"，而只能对训练者做出反应。因此有可能她的训练者无意中提供了暗示，而萨拉只是对这些暗示做出反应。

为了避免这些问题和其他问题，杜安·朗博和苏·朗博夫妇及其合作者从1973年开始在耶克斯地区灵长目研究中心向拉娜（Lana）、谢尔曼（Sherman）和奥斯汀（Austin）三只黑猩猩教授一种不同的人工语言，称为耶克斯语。耶克斯语的词称为"词符"，是计算机键盘上显示的几何符号。这些词符的某些固定顺序构成耶克斯语合乎语法的句子。计算机一一记录下每一次击键，这样就全年无休地获得了黑猩猩话语的完整记录。研究者特别感兴趣的是，灵长目动物使用抽象的功能性符号传递信息的能力。

另一个旨在教灵长目动物手语的实验涉及一只名叫"科科"（Koko）的雌性大猩猩。教科科的是它的训练者弗朗辛·"彭尼"帕特森。帕特森声称科科学会了几百个手势，能把手势组合成句，能开语言上的玩笑和说双关语，会用词押韵，例如，BEAR HAIR（熊毛，口语中押韵，但在ASL中不押韵），还能创造隐喻，例如用"手指的手镯"指戒指。

心理学家H. S. 特雷斯和同事专门设计了一个实验项目，用来验证先前的灵长目实验中提出的语言学观点，他们对一只取名"尼姆·奇姆斯基"的黑猩猩进行了研究。一位有经验的ASL教师教它手语。在精心控制的实验条件下（包括全程记录和很多小时的录像），尼姆的教师希望确定无疑地证明黑猩猩具有类似人类的语言能力，这与诺姆·乔姆斯基（尼姆因他得名，以示嘲讽[①]）提出的语言为人类所特有的观点针锋相对。

在近四年的学习时间里，尼姆学会125个手势，在最后两年尼姆的老师记录了两万多个含有两个或更多手势的"语句"。尼姆刚受训四个月就打出了第一个ASL手势（DRINK喝），这使研究小组在研究初期大受鼓舞。但是他们的热情很快开始衰退，因为尼姆看来永远不会显著地超越双词阶段。特雷斯在文章中做出结论，"它的三手势组合不……提供新信息……。尼姆最常使用的双手势和三手势组合是PLAY ME（玩我）和PLAY ME NIM（玩我尼姆）。PLAY ME后加上NIM纯粹是冗余"。尼姆用16个手势组成的一个语句就是这种冗余的一个例子：GIVE ORANGE ME GIVE EAT ORANGE ME EAT ORANGE GIVE ME EAT ORANGE GIVE ME YOU（给橙子我给吃橙子我吃橙子给我吃橙子给我你）。和我们前文引述的儿童的早期句子相比，尼姆其他的典型句子听上去也颇为不同。

Nim eat Nim eat.（尼姆吃尼姆吃。）

[①] 尼姆·奇姆斯基（Nim Chimpsky）戏拟诺姆·乔姆斯基（Noam Chomsky），用其姓、名分别与chimpanzee（黑猩猩）中的im和chimp截搭而成。——译注

Drink eat me Nim.（喝吃我尼姆。）
Me Eat Me eat.（我吃我吃。）
You me banana me banana you.（你我香蕉我香蕉你。）

尼姆很少像儿童刚开始使用语言（说话或打手势）时那样自发地打手势，他产生的语句中只有12%是自发的。尼姆所做的手势，大部分只是对训练者的刺激做出的反应，而且只与吃、喝、玩耍等相关；也就是说，这些手势"受刺激控制"。它打出的手势中多达40%只是重复训练者打出的手势。随着年龄的增长，儿童主动与人交谈的频率越来越高，而他们重复成人先前说过的语句的数量则越来越少，有些儿童很少模仿在会话中听到过的话。总之，儿童在语言使用中变得越来越有创造性，而尼姆几乎没有表现出具有这种创造性的倾向。此外，随着年龄的增长，儿童的语句长度和复杂程度也不断增加，最终会体现成人的语法，而尼姆的"语言"却做不到这一点。

尼姆打手势缺乏自发性，而又过多地带有非创造性的模仿属性，这导致尼姆的语言习得和使用在性质上有别于儿童。在仔细审视了瓦修、科科和其他一些猩猩的录像资料后，对其他灵长目动物所打的手势特雷斯也得出了相似的结论。

打手势的黑猩猩和人类的区别还在于，当几只黑猩猩在一起时它们不像人在类似情形下那样自由地互相用手势交谈。至今也没有任何证据表明，一只会打手势的（或用塑料片或计算机符号传递信息的）黑猩猩会向另一只黑猩猩教授语言，或它的后代会从父母那里习得语言。

跟特雷斯一样，普雷麦克夫妇和朗博夫妇也认为对手语的研究缺乏足够的控制，所报告的研究结果有如奇闻轶事，不足以证明灵长目动物能够习得人类语言的观点。他们还提出质疑，认为所有试图教灵长目动物手语的研究可能都有所谓"聪明的汉斯"现象而存在缺陷。

"聪明的汉斯"（Clever Hans）是一匹会表演的马，在19世纪末期很有名，因为它似乎能做算术，能阅读和拼写，甚至还能解答音乐和声上的问题。它用蹄子敲打地面的次数来回答提问者的问题。毫不奇怪，结果表明汉斯根本不懂得2 + 2 = 4，但它十分聪明，能捕捉到训练者无意识传递的微妙线索，从而知道什么时候该停止蹄子的敲打。

与聪明的汉斯一样，萨拉也从训练者那里以及环境中找到提示，从而用塑料片来组成句子。以下塑料片序列代表：

SARAH　INSERT　APPLE　PAIL　　BABANA　DISH
萨拉　　放入　　苹果　　水桶　　香蕉　　　盘子

对此做出反应，萨拉需要理解的只是把某些水果放入某些容器。它只需看见苹果符号在水桶符号的旁边、香蕉符号在盘子符号的旁边就可以决定把哪种水果放入哪个容器。没有任何证据表明萨拉实际上能把词串分解为组成成分。也没有任何迹象表明萨拉会理解一个新的这种类型的复合句。这种行为没有表现出作为人类语言中重要组成部分的创造力。

拉娜对耶克斯语的"习得"同样也有问题。汤普森和丘奇对"拉娜计划"进行了研究，他们设法用一个计算机模型模拟拉娜的行为。他们的结论是，这只黑猩猩学会把词符和物品、人或事件联系起来，并且（像聪明的汉斯一样）根据情景提示从好几个"常备句"中选一个"说"出来，这可以解释她的全部"语言"行为。

萨拉和拉娜学会操作符号的方式与儿童习得语言的方式在好几个重要的方面都不同。黑猩猩学习时，每一条新规则或一个新的句子形式都是在高度限定的条件下有意引入的。然而，当父母对儿童说话时，父母不会连续数月只限于说词序固定的几个词，不会每当儿童对指令做出正确的反应就奖励一块巧克力或一只香蕉。他们也不会等到儿童掌握了一条语法规则之后再引入另一种结构。除非他们是语言学家，一般的父母不知道如何做这类事情。总之，幼儿不需要任何特殊的语言训练。

对非人类灵长目动物的语言能力的研究还在继续。两位调查者帕特瑞西亚·格林菲尔德和苏·萨维奇-朗博①研究了一个不同种类的黑猩猩——一只名叫"坎兹"（Kanzi）的雄性矮黑猩猩（又名侏儒黑猩猩）。两位调查者使用了教拉娜学习人类语言所用的那种"塑料词符"和计算机键盘。他们得出的结论是，坎兹不仅学会了一些语法规则，而且还发明了一些语法规则，而这些语法规则的复杂程度与两岁大的儿童所使用的语法规则一样。他们说的语法规则是一个组合，在一个词符（例如意思是"狗"）后接一个表示"走"的手势。将这些手势组合在一起做给坎兹看，坎兹就会去狗所待的地方和它们玩耍。格林菲尔德和萨维奇-朗博声称这种"排序"规则不是坎兹对饲养员语句的模仿，他们说饲养员使用的是相反的排序，其中"狗"放在"走"之后。

两位调查者报告说，坎兹习得"语法技能"的速度比儿童慢，花了大约3年的时间（从5岁半开始学）。坎兹发出的所谓句子，大多是固定的套语，几乎没有内部结构。坎兹还未表现出3岁儿童所具有的语言知识，这种语言知识相当复杂，包括结构依赖和层级结构的知识。另外，坎兹只是用了与饲养员不同的词序，但是儿童却能迅速确立普遍语法的词序参数，与言语输入相对应。

正像科学研究中经常发生的那样，为了解答某类问题所做的探索却为其他问题找到了答案。灵长目动物的语言实验使我们对其认知能力的理解有了许多进展。普雷麦克继续研究黑猩猩脑的其他能力，如因果推理能力；格林菲尔德和萨维奇-朗博正继续研究黑猩猩使用符号的能力。这些研究也表明，儿童到三四岁时无须明确的教授和明显的强化，就能创造出以往从未说过也从未听过的复杂的新句子，这是多么了不起的一件事。

6. 小结

当儿童习得一门语言时，他们习得那门语言的语法——音系、形态、句法和语义等规则。他们也习得那门语言的词库和语用规则。儿童不是被教会语言的。相反，他们从自己周围的语言中抽象出规则（和词库中的许多词）。

人们提出了许多学习机制来解释语言习得过程，提出的机制有模仿成人言语、强化和类推等。可是这些可能的学习机制都不能解释这样一个事实，即儿童能够根据自己的语言规则创造性地生成新句子，也解释不了另一个事实，即儿童犯某些类型的语言错误，可是从来不犯另一些类型的语言错误。对**妈妈语**假说的实证研究表明，语法的发展并不依赖于特意组织的言语输入。语言习得的**连**

---

① 与前文提及的"苏·朗博"是同一个人，在人生不同阶段她使用不同的姓。——译注

接主义模型也需要认为儿童接收的是特意组织的言语输入。

尽管儿童接收的语言**刺激贫乏**，他们习得语言快捷且不费力气，而且所有儿童习得任何语言要经历的发展阶段都是一致的，这表明语言能力是天生的，幼儿面临复杂的语言习得任务时早就被赋予了普遍语法。普遍语法不同于英语语法或阿拉伯语语法，它指的是所有人类语言都遵守的原则。语言习得是一个创造性的过程。儿童以语言输入为基础创造语法，并受到普遍语法的指引。

儿童语言的发展分为不同的阶段，而且这些阶段具有普遍性。儿童一岁时发展自己语言的语音。儿童通过发出和感知许多语言输入中不存在的语音进入**咿呀语**阶段。渐渐地，他们所发出和感知的语音根据环境完成准确调校。儿童在该阶段后期所发出的咿呀语具备了输入语言的全部音系特征。出生后就接触手语的失聪儿童也会打出咿呀语手势，这表明咿呀语作为语言习得的最初阶段具有普遍性，并且取决于接收到何种言语输入。

儿童在一岁末期就能够说出最初的词了。两岁时他们学会更多的词并将该语言的大部分音系发展出来。儿童最初的语句是一个词的"句子"（**独词语**阶段）。几个月后，儿童就能够把两个或更多的词组合在一起。这些早期的句子不是词的任意组合：这些词具有确定的模式，表达句法和语义关系。

在**电报式言语阶段**时，儿童能说出更长的句子，但这些句子常常缺少功能或语法语素。儿童的早期语法中仍然缺乏成人语法中的许多规则，但两者之间并没有质的差别。处在此阶段的儿童的话语有正确的词序以及一致关系规则和格规则，这表明他们有关于语言结构的知识。

儿童在习得语言时会犯特定类别的错误，例如，他们会对形态**过度概括**，说出bringed或者mans之类的形式。这表明他们正在习得特定语言的规则。但是，儿童从来不会犯违背普遍语法原则的错误。

接触**手语**的失聪儿童和接触口语的听觉正常儿童所经历的语言习得阶段完全相同。

儿童可能会同时习得一门以上的语言。**双语**儿童和单语儿童似乎经历相同的语言习得阶段，只不过双语儿童同时发展两套语法和两个词库。同时习得两门口语的儿童和同时习得一门口语和一门手语的儿童都是这样的。至于双语儿童是否两门语言都能达到同等熟练的水平，取决于他们所接收的语言输入以及习得语言时所处的社会条件。

与第一语言学习者一样，**L2学习者**也建构目标语的语法，他们也要经历被称为"中间语语法"的阶段。在**第二语言习得**中，来自习得者第一语言的影响使得L2习得与L1习得有所不同。成人的L2通常达不到类似母语者的能力水平，特别是在发音方面。在青春期以后学习其他语言时会碰到困难，可能是因为存在着L2习得的敏感期。有些第二语言习得的理论认为，解释第一语言习得的那些原则在第二语言习得中也起作用。另一种观点则认为，与成年人学习第二语言相关的是一般的学习机制，而不是儿童习得语言时所用的特定语言规则。

第二语言教学已经提出了数种教学法。其中一些方法更为注重目标语的语法方面，另一些方法更关注的则是促使学生用目标语进行交际，而较少注意语法的准确性。

语言是否为人类所独有这样的问题，促使研究者尝试向非人类的灵长目动物教授据说是类似于人类语言的信递系统。

有关语言是否为人类所独有的问题，使得一些研究者尝试把各种交际系统教给非人类灵长目动物，据说这些交际系统都与人类语言相类似。

一些黑猩猩（如萨拉和拉娜）学会了如何摆弄符号以获得奖赏，另一些黑猩猩（如瓦修和尼姆·奇姆斯基）则学会了一些ASL的手势。仔细考察这些黑猩猩用ASL打出的"语句"后发现，它们的语言与儿童语言不同，很少表现出自发性，具有高度的模仿（拟声）性，并且缺乏句法结构。据称倭黑猩猩坎兹表现出的语法能力比其他研究过的黑猩猩都强，但是仍未达到三岁儿童的语言能力。

人类语言习得过程具有普遍性，语言发展阶段也有普遍性，儿童一律在较短的时间内无须明确的教授即能构建复杂的语法系统，而另一方面，黑猩猩实验无一不是成果有限，这表明人类天生就有特殊的语言习得能力，语言在生物学和遗传学上是人类神经系统的组成部分。

世界各地的正常儿童都学习语言。这种能力不依赖于种族、社会阶级、地理环境，（在正常范围之内）也不依赖于智力。这种能力是属于人类的，独一无二。

7. 进阶书目

Brown, R. 1973. *A First Language: The Early Stages.* Cambridge, MA: Harvard University Press.

Cairns, H. 1996. *The Acquisition of Language.* Austin, TX: PRO-ED.

Crain, S., and D. Lillo-Martin. 1999. *An Introduction to Linguistic Theory and Language Acquisition.* Oxford: Blackwell Publishers.

Gass, S., and L. Selinker. 1994. *Second Language Acquisition.* Hillsdale, NJ: Lawrence Erlbaum Associates.

Golinkoff, R., and K. Hirsh-Pasek. 1996. *The Origins of Grammar.* Cambridge, MA: MIT Press.

Guasti, M. T. 2002. *Language Acquisition: The Growth of Grammar.* Cambridge, MA: MIT Press.

Hakuta, K. 1986. *Mirror of Language: The Debate on Bilingualism.* New York: Basic Books.

Hyltenstam, K., and L. Obler. 1989. *Bilingualism Across the Lifespan: Aspects of Acquisition, Maturity and Loss.* Cambridge, England: Cambridge University Press.

Ingram, D. 1989. *First Language Acquisition: Method, Description and Explanation.* New York: Cambridge University Press.

Jakobson, R. 1971. *Studies on Child Language and Aphasia.* The Hague: Mouton.

Jusczyk, P. W. 1997. *The Discovery of Spoken Language.* Cambridge, MA: MIT Press.

Klima, E. S., and U. Bellugi. 1979. *The Signs of Language.* Cambridge, MA: Harvard University Press.

Landau, B., and L. R. Gleitman. 1985. *Language and Experience: Evidence from the Blind Child.* Cambridge, MA: Harvard University Press.

Premack, A. J., and D. Premack. 1972. "Teaching Language to an Ape." *Scientific American* （October）: 92—99.

Sebeok, T. A., and J. Umiker-Sebeok. 1980. *Speaking of Apes: A Critical Anthology of Two-Way Communication with Man.* New York: Plenum Press.

Terrace, H. S. 1979. *Nim: A Chimpanzee Who Learned Sign Language.* New York: Knopf.

White, L. 2003. *Second Language Acquisition and Universal Grammar.* Cambridge: Cambridge University Press.

8. 练习

1. "宝贝儿语"是一个术语，用来标示许多成年人跟儿童说话时所用的词的形式。英语中的例子有用 choo-choo 表示"火车"，用 bow-wow 表示"狗"。每种语言和文化中似乎都有宝贝儿语。对于宝贝儿语来说，有两点似乎具有普遍性，即具有宝贝儿语形式的词都属于某些语义范畴（比如食物和动物），这些词的语音要比相应的成人形式简单一些（比如，用 tummy/tʌmi/ "肚皮"表示 stomach/stʌmɪk/ "肚子"）。请列举出自己母语中能想到的所有宝贝儿语，然后（1）把它们归入不同的语义范畴；（2）尝试说明宝贝儿语产生音系缩减或简化的普遍规则。

2. 在本章中，我们讨论了儿童习得问句构成规则的方法。下面是儿童早期问句的例子，儿童产生这些例句时所处的阶段，比本章所讨论的阶段要晚一些。请以归纳性文字来描述这个阶段。

Can I go?（我能走了吗？）   Can I can't go?

Why do you have one tooth?（为什么你只有一颗牙？）   Why you don't have a tongue?

What do frogs eat?（青蛙吃什么？）   What do you don't like?

Do you like chips?（你喜欢薯片吗？）   Do you don't like bananas?

3. 找一个年龄在 2—4 岁间的儿童，与他/她玩儿约 30 分钟。记录下所有使用不当的词和"句子"。请描述该儿童用这些词可能想要表达的意思。描述儿童在句法或形态上的错误（包括省略）。如果该儿童在说多词构成的句子，请写出一部能够解释你所收集到的句子材料的简单语法。

4. 下面引用的是诺姆·乔姆斯基的一句话：

要证明类人猿具有语言能力，这就好比某地有一个孤岛，上面生活着一种不会飞的鸟类，在等待着人类去教会它们飞翔。

请根据本章中所提供的证据，对乔姆斯基的上述言论发表评论。你是同意还是反对他的说法？或者，你是否认为本章中的证据还不足以得出结论？

5. 罗杰·布朗和他的同事在哈佛大学研究了三个儿童的语言发展，这三个儿童在文献中称为"亚当""夏娃"和"萨拉"。下面是他们处在"二词句阶段"时的语句样本：

see boy（看见男孩）   push it（推它）

see sock（看见袜子）   move it（移动它）

pretty boat（漂亮小船）   mommy sleep（妈咪睡觉）

pretty fan（漂亮扇子）   bye-bye melon（拜拜瓜）

more taxi（更多的士） bye-bye hot（拜拜热）
more melon（更多瓜）

A. 假设这些语句在儿童语法中都是合乎语法的句子。

（1）请编写一套微型语法来解释这些句子。

例子：一个规则可能是：VP ⟶ V N

（2）请画出每句话语的短语结构树形图。例如：

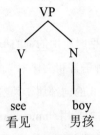

B. 布朗观察到儿童说出的这些句子和短语中，有许多从成人语法的角度来看都不合语法。该研究小组根据以下语句归纳出了儿童语法中名词短语的生成规则，即：

NP → M N（其中M = 任何修饰语）

A coat（一件大衣）	My stool（我的凳子）	Poor man（可怜人）
A celery（一根芹菜）	That knee（那个膝盖）	Little top（短上衣）
A Becky（一个叫贝基的）	More coffee（更多咖啡）	Dirty knee（脏膝盖）
A hands（一只手[复数]）	More nut（更多坚果）	That Adam（那个亚当）
My mummy（我的妈咪）	Two tinker-toy（两个锡玩具）	Big boot（大皮靴）

（3）以上名词短语中如有任何不合英语成人语法的，请用*号标出。

（4）说明每个标出*号的短语有何"违规"之处。

例如：如果其中的一个语句是 Lotsa book，你可以说明："修饰语 lotsa① 后接的可数名词必须是复数形式。"

6. 在儿童语言习得的"独词语"阶段，儿童的音系与成人语法之间存在着系统性的差异。儿童的语音总藏和音位对立都比成人的小或者少，但对音位组配规则的限制则更大。（请参见第七章对音系学相关方面的讨论。）

A. 下面是儿童说出的一些词，请说明每个词中发生了怎样的替代，以及由此造成的其他差别。

例如：spook [pʰuk]中的替代：词首的辅音丛[sp]缩减为单辅音；/p/变为送气音，这表明儿童已经习得了送气规则。

（1）don't [dot]
（2）skip [kʰɪp]
（3）shoe [su]

---

① lotsa 是口语中 lots of（很多）的紧缩形式。——译注

（4）that　　　　　[dæt]

（5）play　　　　　[pʰe]

（6）thump　　　　[dʌp]

（7）bath　　　　　[bæt]

（8）chop　　　　　[tʰap]

（9）kitty　　　　[kɪdi]

（10）light　　　　[wajt]

（11）dolly　　　　[dawi]

（12）grow　　　　[go]

B. 请说出一些普遍的规则来解释儿童发音与成人发音之间的偏差。

7. 儿童学会下列词的时间较晚：指示词，比如 this（这），that（那），these（这些），those（那些）；时间词，比如 now（现在），then（那时），tomorrow（明天）；空间词，比如 here（这儿），there（那儿），right（右边），behind（后边）。这些词有什么共同之处？这种因素为什么会延迟儿童的习得？

8. 在本章中，我们看到儿童是如何过度概括规则（比如复数规则），从而产出像 mans 或 mouses 这样的形式。对于下列成人词，学习英语的儿童会用什么样的形式来替代呢？

a. children

b. went

c. better

d. best

e. brought

f. sang

g. geese

h. worst

i. knives

j. worse

9. 下列词来自两名儿童的词库，一个 1 岁 6 个月（1；6），另一个两岁（2；0）。请把下列词的发音与成人的发音相比较。

儿童1 （1；6）　　　　　　　　儿童2 （2；0）

soap　　[doʊp]　　bib　　　[bɛ]　　　　light　　[wajt]　　bead　　[bi:]

feet　　[bit]　　　slide　　[daj]　　　sock　　[sʌk]　　pig　　　[pɛk]

sock　　[kak]　　　dog　　　[da]　　　geese　　[gis]　　cheese　[tis]

goose　　[gos]　　cheese　　[tʃis]　　fish　　[fis]　　biz　　　[bɪs]

dish　　[dɪʧ]　　　shoes　　[dus]　　　　　sheep　　[ʃip]　　bib　　[bɪp]

A. 这两个儿童的语言中的尾辅音发生了什么变化？请用文字拟定其中的规则。是不是所有的尾辅音都这样变化？如果不是，那么哪些辅音遵守上述规则？这是不是一个自然的类？

B. 根据以上读音数据，有没有哪些词让你能够确认两名儿童的语法中的音位？都有哪些音位？请解释你是如何得出答案的。

10. 请设计一套"wug 测试"来检测儿童有关下列语素的知识：

比较级　　-er　　　（例如　bigger "更大"）
最高级　　-est　　　（例如　biggest "最大"）
进行体　　-ing　　　（例如　I am dancing "我在跳舞"）
施事格　　-er　　　（例如　writer "作家"）

11. 儿童常常说下列句子：

Don't giggle me.（别让我发笑。）

I danced the clown.（我让小丑跳舞。）

Yawny Baby——you can push her mouth open to drink her.（哈欠宝贝——你可以把她的嘴打开让她喝水。）

Who deaded my kitty cat?（谁弄死了我的小猫咪？）

Are you gonna nice yourself?（你会自己乖乖的吗？）

A. 对于说出上述句子的儿童的语法或词库与成人英语之间的差别，你会怎样描述？

B. 你是不是能够想到成人英语中与之相似但形态完好的例子？

12. 许多说阿拉伯语的人在说英语词时都倾向于插入一个元音。下面第 1 栏中的例子来自 L1 为埃及阿拉伯语的 L2 者；第 2 栏中的例子来自说伊拉克阿拉伯语的 L2 者（把[ʧ]当作单辅音）：

L1=埃及阿拉伯语　　　　　　　L1=伊拉克阿拉伯语

[bilastik]　　plastic　　　　　[iflo:r]　　floor
[θiri:]　　three　　　　　　　[ible:n]　　plane
[tiransilet]　　translate　　　[ʧilidren]　　children
[silayd]　　slide　　　　　　[iθri:]　　three
[firɛd]　　Fred　　　　　　　[istadi]　　study
[ʧildiren]　　children　　　　[ifrɛd]　　Fred

A. 说埃及阿拉伯语的人插入的是什么元音？插入位置在哪里？

B. 说伊拉克阿拉伯语的人插入的是什么元音？插入位置在哪里？

C. 根据第3个例子中插入元音的位置，你能不能猜出下面A、B两列句子中哪一列属于埃及阿拉伯语，哪一列属于伊拉克阿拉伯语？

阿拉伯语A	阿拉伯语B		
kitabta	katabtu	"I wrote him"	（我给他写信）
kitabla	katablu	"He wrote to him"	（他写信给他）
kitab*i*tla	katabt*i*lu	"I wrote to him"	（我写信给他）

13. 下面的句子都是处在电报式言语阶段的儿童说出来的（第二栏是逐词的释义词，最后一栏是句子的翻译，包括被儿童省略的成分。）

	儿童的语句	释义词	翻译
瑞典语	Se, blomster har	look flowers have（看花有）	"Look, (I) have flowers"（看，[我]有花）
英语	Tickles me		"It tickles me"（它使我发痒）
法语	Mange du pain	eat some bread（吃一些面包）	"S/he eats some bread"（她/他吃一些面包）
德语	S[ch]okolade holen	chocolate get（巧克力拿）	"I/we get chocolate"（我/我们拿巧克力）
荷兰语	Earst kleine boekje lezen	first little book read（首先小书读）	"First, I/we read a little book"（首先，我/我们读一本小书）

在儿童说的每个句子中主语都缺失了，尽管从各语种的成人语法来看这是不合语法的（与此相反，在西班牙语和意大利语中省略主语是合乎语法的）。

A. 请提出两个假设，解释为什么儿童在此阶段会省略句子的主语。例如，一个可能的假设是"儿童能够说出的句子的长度有限，因此他们省略主语"。

B. 对不同的假设做出评价。例如，对A中提出的假设，可能会有如下反对意见——"倘若句子长度是一个相关的因素，那么为什么儿童省略的总是句子的主语，而不是宾语呢？"

第九章 语言处理：人类和电脑

一个合理的语言使用模型无疑要包括一部作为基础部分的生成语法，它表达说话人—听话人的语言知识；但是这部生成语法本身并没有规定一个感知模型或一个言语产生模型的特性或功能。

诺姆·乔姆斯基《句法理论的若干问题》

1. 人的心智作用：人类语言处理

心理语言学是语言学的一个研究领域，它关注的是语言运用，即我们在言语（手语）产生和理解时如何使用语言能力。人脑不仅能够习得和存储心理词库和语法，而且能够通达那个语言仓库，实时地说出和理解语言。

我们如何处理知识，在很大程度上取决于那种知识的性质。比如，如果语言不是"无穷无尽的"，而只是人们记忆中储存有限的固定短语和句子，那么说话也许就只不过是找出一个句子来表达我们所希望表达的某一思想。理解的过程可能正相反——将听到的语音与储存着的表达一定意义的某个语词串相匹配。这样做当然是荒谬可笑的！这样做是不可能的，因为语言有创造性。在第八章中，我们了解到儿童学习语言不是靠模仿和储存句子，而是靠构建一部语法。在说话时，我们通达词库找到语词，运用语法规则构造新的句子，然后产生语音，表达我们想要传递的信息。在听人说话和理解所说的内容时，我们也要通达词库和语法，为我们听到的语音指派结构和意义。

言语的言说和理解可以看作是一条言语链，是一种"脑到脑"的链接，如图 9.1 所示：

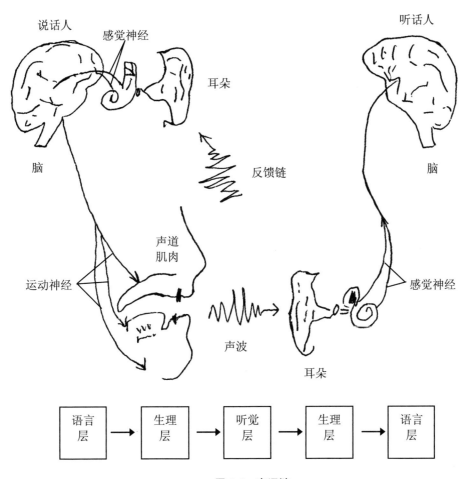

图 9.1 言语链

说出来的一个语句,首先是说话人脑/心中的一条信息。该信息转换成语言形式并被解读为一条说话指令,以声学信号的形式出现。信号经听话人耳朵的处理后,发送至他的脑/心,在那里得到解读。

语法将语音和意义联系起来,而且语法中包含使言语产生和理解得以实现的语言单位和规则。然而,其他的心理过程也被用于语句的产生和理解。某些机制使得我们能够把连续的语音流切分成音位、音节、词等各种语言单位以便于理解,也使得我们能够把各种语音组合成词,以便产生有意义的言语。另一些机制决定了我们如何从心理词库提取词,还有一些机制则解释我们如何为提取出来的词构建短语结构表征。

通常,我们用自己的语言来理解和构造句子不会觉得困难。我们这样做的时候并不费力,或者说根本意识不到处理的过程。然而,我们都有犯言语错误的经验,都有"词在嘴边"却无言以对的经验,也都有面对语法完美无缺的句子却不能理解的经验,比如例(1):

1. The horse raced past the barn fell.(跑过谷仓的马倒下了。那匹马跑过去谷仓倒了。)

当听到这个句子时,许多人会断定它不合语法,可是他们却认为另一个与例(1)句法结构完全相同的句子合乎语法,比如:

2. The bus driven past the school stopped. （驶过学校的公共汽车停下了。）

与此类似，例（3）与例（1）表达的意义相同，但人们却会认为它没有问题。

3. The horse that was raced past the barn fell. （跑过谷仓的马倒下了。）

相反地，有些不合语法的句子却很容易理解，比如例（4）。合语法性与可理解性之间的错配告诉我们语言处理所涉及的不只是语法。

4. *The baby seems sleeping.[①]

语言运用的理论试图详细说明同语法一起共同作用从而促进语言产生和理解的心理机制。

1.1 言语理解

"我完全同意你的意见，"公爵夫人说，"由此得出的教训是——'别人觉得你是怎么个人，你就是怎么个人。'或者，如果你喜欢说得简单些，就是：'不要想象你自己不是别人心目中认为你是的那种人，你过去是怎么个人或者可能是怎么个人也并非不是更早以前他们认为你不是的那种人。'"

"我想，要是我把这话写下来，我会更明白些，"爱丽丝非常客气地说，"可是你说出来，我就不大跟得上了。"

刘易斯·卡罗尔《爱丽丝漫游奇境记》

公爵夫人说出的这个句子虽合乎语法却难以理解，为这一现象的存在提供了又一个例证。这个句子很长，并且其中好几个词需要借助额外信息才能处理，比如，多次运用了否定词和 otherwise（否则）之类的词。爱丽丝注意到要是有笔和纸，她能够更容易地揭示这个句子的意义。心理语言学的任务之一就是描述人们在言说和理解语言时通常运用的处理过程。语言运用中各种各样的卡壳现象，比如词到嘴边说不出、言语错误以及对棘手的句子无法理解，让我们了解许多有关语言处理器如何工作的信息，正如儿童在语言习得中的错误告诉我们许多有关语言发展相关机制的信息一样。

1.1.1 言语信号

理解一个句子涉及许多层次上的分析。首先我们必须理解听到的单个语音。我们意识不到自己用来理解语言的复杂处理过程，正如我们意识不到消化食物和利用食物中的营养成分的复杂过程。我们必须慎重、科学地研究这些过程。语言运用的首要问题之一涉及声学信号的切分。了解一些信号的知识会有助于理解这个过程。

我们在第六章对语音的描写是根据语音产生的各种方式——舌位、唇形和软腭的位置，声带的状态，发音器是否阻塞气流的自由流通，等等。所有这些发音特征都反映在所发出的语音的物理特性上。

语音也可以用物理或**声学**术语来描写。从物理上讲，每当空气微粒的位置受干扰就有声音产生。

---

① seems 后面应该加上 to be。——译注

古代的哲学家问，一棵树在森林深处倒下但没有人"听见"，这时有没有声音产生？这个问题已由声学这门科学做出了回答。客观上有声音产生，主观上则没有声音。事实上，有一些声音我们听不见，是因为我们的耳朵并不是对所有频率都敏感。声学语音学只研究语音，所有语音都是正常人耳能听见的声音。

当我们从肺部通过声门挤压出空气时，声带随之振动；这个振动又产生空气脉冲，它们从口腔（有时也从鼻腔）逸出。这些脉冲实际上是由于空气微粒的波形运动而造成的空气压力的微小变化。

我们产生的语音可以按空气压力变化发生的快慢来描述，它决定了语音的**基频**，是感觉者听到的音高。我们还可以描写这种变化的强度或**音强**，它决定语音的响度。语音的音质——不管是[i]还是[a]，或者其他的音——都取决于空气通过时声道的形状。该形状把基频调制为音强或强或弱的一组频谱，人们听见的某个特定的语音就是这种"或强或弱"的特定组合。

声学研究的一个重要的工具是一种能把言语信号分解成频率成分的电脑程序。当言语（通过话筒或录音）输入电脑时，就会呈现言语信号的"图像"。产生的图像模式就称作**声谱图**，说得生动点，叫**声纹**。语词heed（留意）、head（头）、had（有，过去式）和who'd（谁愿）的声谱图如图9.2所示。

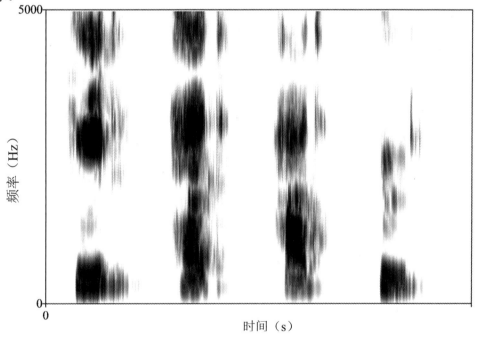

图9.2　按英国口音说出的语词heed，head，had和who'd的声谱图

图9.2中，时间在x轴上以毫秒为单位从左向右水平递增；y轴上的"曲线图"代表音高（用术语来说，是频率）。每个频率成分的强度通过颜色的深浅来表示：强度越大，颜色越深。每个元音有几处暗黑带，频率不同，其位置也不同。它们代表声道形状所产生的最强的和声，称作元音的**共振峰**。（和声是特殊的频率，它是基频的整数倍，如2倍、3倍等。）因为每个元音的舌头位置不同，元音的共振峰频率也各不相同。共振峰的不同频率可以解释你听到的不同元音音质。尽管不是很显

著，声谱图以标记为P的浊音杠表示整个发音的音高（调形）。稀疏的竖线构成的条纹代表声带的一次开合。当这些条纹间隙较大时，声带振动较慢，音高偏低；当条纹间隙较小时，声带振动较快，音高偏高。

通过研究各种语音和许多不同语句的声谱图，声学语音学家已掌握了反映语音发音特征的基本声学成分的大量知识。

1.1.2 言语知觉和理解

言语是连续的信号。在自然言语中，语音相互交迭，相互影响，然而听话人的印象是他们听见的是像词、语素、音节和音位这样的离散的语言单位。言语知觉的一个核心问题，是要解释听话人是如何把连续的言语信号分割成意义单位的。这被称为"切分难题"。

另一个问题是，当特定的语音出现在不同的语境或当它们由不同的人说出来时，听话人是如何辨认它们的？例如，男人发的[d]声音非常低沉，小孩发的[d]则音高很高，那么听话人怎么能判定两者属于同一个语音单位呢？它们在声学上是不同的。另外，出现在元音[i]前面的[d]，与出现在元音[u]前面的[d]，在声学上也有所不同。听话人怎么就知道两个物理性质不同的语音实例是一回事呢？这被称作"不变性缺失难题"。

针对后一个问题，实验结果显示，听话人能够校准自己的知觉，以便控制因说话人声道的大小和形状的不同而造成的差异。与此类似，听话人调整他们理解言语信号中时间信息的方式，随着说话人语速快慢的变化而变化。这些规整程序使得听话人能始终把[d]理解成[d]，不管说话人是谁和语速的快慢。要把前后语音的影响排除在外，就需要更复杂的调节。

不出所料，我们能够感知的语言单位取决于我们所掌握的语言。说英语的人能感知[l]和[r]之间的差别，因为这些音在该语言中代表不同的音位。说日语的人就很难把这两个音区别开，因为在他们的语言中这两个音只是同一个音位的音位变体。回想一下我们在第八章中对语言发展的讨论，这些知觉偏向在人生命的第一年就已发展成型。

现在我们回到切分难题，口语中的词前后很少会有停顿这样的边界。然而，词显然是知觉的单位。书写英文时词之间留有空白，支持这个观点。那么，我们是如何在言语流中找到词的？

假如你听见有人说：

A sniggle blick is procking a slar.

你能感知其中的语音如下

[ə s n ɪ ɡ ə l b l ɪ k ɪ z p r a k ĩ ŋ ə s l a r]

但你仍不能给这些语音指派一种意义，因为一个句子的意义主要取决于句中词的意义，而这个语音串中，只有语素a, is和-ing才是英语的词项①。这个句子没有任何英语中的实词。（然而，你会认为它是语法上合式的句子，因为它符合英语句法规则。）

---

① 英语词汇学术语 lexical item（词项）包含-ing 这样的词缀。——译注

只要你（有意无意地）尝试在自己的心理词库中寻找那些你判定是"可能的词"的音系串，你就能判定这个句子没有意义。这个过程被称为"**词汇提取**"，或者词识别，后面还会详细讨论。如果发现没有sniggle, blick, prock和slar这样的词条，你就能下结论说这个句子中的音系串无意义。对这些"词"的切分和搜索取决于对语法语素和句法的了解。然而，如果遇到到不熟悉的词，未必总能找出唯一的切分方式。

但是，如果你听到某人说The cat chased the rat（猫追了耗子了），通过类似的词汇查询过程你会断定发生了一个与一只猫、一只耗子和追逐活动有关的事件。要想明白这一点，你首先必须把连续的言语信号中的词切分出来，把它们分析为音系词单位，然后把这些单位与储存在心理词库中与之相似的音系串匹配起来。当然，词库还包含附属于这些音系表达式的意义。（但是这仍然没有告诉你谁追了谁，因为那得靠句法分析。）

重音和语调为句法结构提供一些线索。例如，我们知道He lives in the white house（他住在白房子里）和He lives in the White House（他住在白宫）这两个句子的意义差别可以通过不同的重音模式来体现。言语的这类韵律也有助于将言语信号切分成词和短语。例如，位于短语末尾的音节，其发音长度要超过位于短语之首的音节，并且调形能标示出小句的边界。

1.1.3 自下而上和自上而下模型

> 我一遍又一遍地做实验，现在终于明白，[水]从不往山上流，除非是在黑暗中。我知道在黑暗中水往山上流，因为山上的水塘从来不会干掉；当然，要是水在夜里不流回来，它一定会干了的。要证明什么事最好做实验；做了就明白了；如果你只是靠猜测、靠假设、靠臆想，你就永远没文化。
>
> 马克·吐温《夏娃日记》

> 在这个实验室，唯一永远正确的是这只猫。
>
> 阿图罗·罗森布卢斯实验室箴言

语言理解的速度非常快，并且是自动的。我们听见或读到一句话立刻就能理解。然而我们知道这种理解至少必须涉及以下一些操作：把连续的言语信号切分成音位、语素、词和短语；在心理词库中查寻这些词和语素；为有歧义的词找到适当的词义；将这些词义分析成树形结构；出现句法歧义时，在不同的可能结构中做出选择；理解句子；选取一个言语心理模型，更新模型使其反映新句子的意义；还有其他一些操作，限于版面无法详述。这看起来似乎是在很短的时间内完成大量的工作；我们能以每秒20个音位的速度来理解口语。也许有人会断定必定存在某种诀窍这一切才有可能发生。从某种意义上来说确实有诀窍。由于语言的序列性特征，在线理解过程中总会涉及一定的猜测。许多心理语言学家提出语言的知觉和理解不仅涉及**自下而上处理**，而且还涉及**自上而下处理**。

自上而下过程从处理语义和句法信息开始，然后再处理来自感官输入的词汇信息。通过利用更高层级的信息，我们就能预测接下来的言语信号内容。例如，一听见限定词the，就知道说话人开始构建一个名词短语（NP），并预计接下来可能是一个名词，如the boy（这个男孩）。在这个例子中，短语结构知识可以是信息的来源。

自下而上过程从处理发过来的听觉（或视觉）信号开始，然后是语义理解，仅仅根据感官数据和伴随的词汇信息来构建言语结构的每个部分。按照这种模型，听话人直到听见the和boy，才开始构建NP，然后再等接下来的词，如此等等。

一些实验要求受试者在有噪音的情况下识别口语中的词，从中发现了自上而下处理的证据。当词单独呈现时听话人识别出错的次数，要比当它们在句子中出现时多。另外，要是词出现在异常或无意义的句子中，受试者出错的次数更多；倘若词出现在不合语法的句子中，受试者出错的次数最多。显然，受试者在用自己的句法和语义关系上的知识帮助缩小候选词的集合。

自上而下处理也为另一类实验所证明。受试者听见一些事先录制的句子，其中部分信号被消除后用咳嗽或蜂鸣声代替，比如句子The state governors met with their respective legislatures convening in the capital city（州长们会见了在州府开会的各自州的州议会成员）中带下画线的s。受试者感觉他们"听见"的句子是完整的，没有丢失任何音位，而且实际上他们甚至很难说出噪音在词中出现的准确位置。这种效应称作"音位复原"。倘若只是发现受试者能够猜到包含咳嗽声的词是legislatures，那并不足为奇。令人称奇的是，即便告诉他们[s]这个音没有发，受试者还是相信自己确实听到了。就这个例子而言，自上而下的信息显然优先于自下而上的。

在切分过程中语境（自上而下的信息）也发挥作用。在一些例子中，即使一个语句包含的都是熟悉的词，仍然有可能以多种方式进行切分。例如，在讨论"肉"或"蛋"时，语音序列[grede]可能被听成Grade A（一等品）；而在讨论天气时，则可能听成grey day（阴天）。在其他情况下，尽管某个音位序列可能符合两种不同的切分（如[najtret]），但是发音的语音细节能够标示词的边界。在night rate（夜间价格）中，第一个[t]音是第一个音节的音节尾，所以是不送气的；而在nitrate（硝酸盐）中，它处于第二个音节的首音，所以是送气的。

1.1.4 词汇提取和词识别

噢，你来自威尔士吗？
你认识一位名叫乔纳的小伙子吗？
他过去在鲸肚子里住过一阵。①

格鲁丘·马克思

词汇提取和词识别就是我们从自己的心理词库中获得一个词的意义和句法属性，心理语言学家已经对此做了大量研究。有若干种实验技术用于词汇提取研究。

其中一种技术要求受试者判定一串字母（如果用的是听觉刺激，就是一串语音）是不是一个词。如果该刺激是一个实际的词，他们就得按下一个按钮作为回应，倘若不是实际的词，就得按另一个按钮，他们做的就是**词汇判定**。在这些以及与之相似的实验中，回应时间或反应时间（通常称为RTs）

---

① "乔纳"源于《圣经·旧约》中的先知"约拿"，拼写都是 Jonah。约拿曾被大鱼吞噬，三天后安然脱身；whales（鲸，复数）与 Wales（威尔士）同音。——译注

被测定并记录下来。实验的基本假设是，受试者对某个特定任务的回应耗时越长，则所做的处理就越多。测定的反应时间表明词汇提取在一定程度上取决于词频。同我们很少碰见的词比如fig（无花果）相比，我们对较常用的（口语或书面的）词，比如car（轿车），反应速度更快。

词汇提取的许多特征可以通过词汇判定实验来检验。在以下例子中，当前呈现的词和刚刚呈现过的词之间的关系被控制起来。例如，当受试者判定doctor（医生）一词时，倘若刚刚判定的词是nurse（护士），而不是与doctor语义上毫无关系的词，如flower（花朵），那么前者判定的速度就更快。这种效应称为"**语义启动**"：我们说nurse一词启动doctor一词。这种效应的成因也许在于语义相关的词处于心理词库的同一区域，因此，当我们听到一个启动词并在心理词库中查寻它时，它附近语义上与之相关的词会被"唤醒"，更容易在短时间内提取。

最近的神经语言学研究开始显示词汇判定技术的局限性。现在人们可以测量受试者做词汇判定实验时的脑电活动，并把脑反应的模式与反应时间的模式进行比较（该技术与第二章提到的事件相关脑电位ERP相似）。这类实验得出的结论与反应时间数据相冲突。例如，对脑活动的测量表明成对的动词形式（如"教"的原型和过去式teach/taught）在词汇提取的早期阶段发生启动，然而这类成对动词在词汇判定的反应时间上却没有发生启动。这是因为词汇判定涉及若干个处理阶段，早期阶段中的模式可能被其后阶段中的不同模式所遮蔽。相比之下，脑测量则是持续进行的，因此允许研究者对处理过程的早期和晚期分开进行测量。

词汇提取中最有意思的事实是，听话人会回忆起一个词的所有意义，即使包含这个词的句子只是偏向于其中一个意义。这一点在实验中得以体现：有歧义的词会启动与两个意义都相关的词。例如，假定受试者听见下面这个句子：

The gypsy read the young man's palm for only a dollar.
（吉普赛人看过年轻男人的手相/棕榈后，只向他要了一块钱。）

palm（手掌、手相）启动hand（手）一词，所以对hand进行词汇判定时，该句的反应时间就比不包含palm的句子短。然而，该句对tree（树）一词的反应时间也较短。palm的另一个意义（即"棕榈树"中的"棕榈"）显然也被激活，即便启动句并没有这个意义。

可见，在听读时一个字母串或语音串表示的所有意义都会被触发。这证明自上而下处理的作用是有限的，因为听见单个的词palm，对它的处理在某种程度上独立于该词的语境。因此，该词就能启动与其所有词义有关的其他词。然而，人们会很快（在250毫秒以内）利用句中的消歧信息摒弃那些不适合该句的意义。在前面的例子中，如果我们考察的不是紧接着palm一词后面而是only（仅仅）一词后面的启动，我们会发现启动的词是hand而不再是tree。

另一种实验技术称为"**命名任务**"，该任务要求受试者大声朗读打印出来的词。（"命名任务"的一种变体也被用来研究失语症患者，要求他们说出图片中物体的名称。）受试者朗读像dough（生面团）和steak（牛排）这样拼写不规则的词，比朗读像doe（雌鹿）和stake（树桩）这样拼写规则的词稍慢一些，但仍然比朗读cluff这样捏造的字母串要快。这表明受试者在"命名任务"中能够同时做两件事情。他们在自己的心理词库中查找这个符号串，如果能够找到（即该符号串是真词），那么他们就能根据储存在词库中的音系表达式发音。另外，他们凭借对某些字母或字母序列（比如gh, oe等）最常见的发音方式的知识，也能够"把它念出来"。要找到并不存在的词的发音，后者显然是唯一的方法。

朗读拼写不规则的词比朗读拼写规则的真词慢，这个事实表明心智会"注意"到这种不规则性。这可能是因为脑正试图并行处理两个任务：查找词和拼读词，以便尽快完成命名。如果两个方向得出的结果不一致就会出现冲突，需要花一些时间来解决。

1.2 句法处理

Teacher Strikes Idle Kids

（老师敲打吊儿郎当的小孩；老师罢工，小孩放羊。）

Enraged Cow Injures Farmer with Ax

（被激怒的奶牛伤害拿着斧头的农夫；被激怒的奶牛用斧头伤害农夫。）

Killer Sentenced to Die for Second Time in 10 Years

（凶手10年之内第二次被判死刑；凶手被判10年之内接受第二次死刑。）

Stolen Painting Found by Tree

（失窃的油画在树边被找到；失窃的油画被树找到。）

模棱两可的标题

心理语言学研究也关注句法处理。除了识别词以外，听话人还必须判定句子中词和短语之间的句法和语义关系，这就是我们前面所称的"分析"。对句子的分析主要是由语法规则决定的，但语言的序列性特征也有很大影响。

当听话人听到一个句子时会积极地构建该句的短语结构表征。因此，他们必须判定每个"发过来的"词的语法范畴，以及在所构建的树形图中该词应该处于什么位置。许多句子都表现出暂时的歧义，比如，一个或一些词同时属于多个句法范畴。例如，词汇串The warehouse fires…接下去的方式可能有两种：

1. … were set by an arsonist. （仓库的几场火灾是纵火犯干的。）

2. … employees over sixty. （仓库开除了几个60岁以上的雇员。）

在例（1）中，fires（火灾）是复合名词the warehouse fires（几场仓库火灾）的一部分，而在例（2）中，它却是动词。正如先前我们注意到的那样，对这类句子进行的实验研究说明当受试者碰到歧义词时，它的两个意义和句法范畴都被激活。然后根据句法和语义的语境以及该词两种用法的使用频率，歧义很快就会消除（故称"暂时的歧义"）。歧义的消除非常迅速而且天衣无缝，因此除了收集语料的语言学家，人们很少会注意到本小节开头列举的那些模棱两可的新闻标题。

另一种重要的暂时歧义类型是指这样一类句子，短语结构规则允许句中一个成分有两种与其他成分连接的可能，如下例所示：

After the child visited the doctor prescribed a course of injections.
（那个小孩就诊后，医生开了一个疗程的针剂。）

当人们阅读此类句子时追踪其眼球运动的实验表明，可能存在着独立于语境或句子意义的优先的成分连接操作。当心理句法处理器或者说分析器接收到doctor（医生）这个词时，它将其连接到从句中动词visit（看，拜访）的宾语位置。因此，当受试者碰到动词prescribed（开药方）时，会经历一种奇怪的知觉效应。他们必须"改变主意"，把the doctor连接到主句的主语位置。引发这种结果的句子被称为"花园小径句"。在本章开头所举的例句The horse raced past the barn fell（跑过谷仓的马倒下了）也是一个"花园小径句"。人们很自然地把raced（跑）理解为主动词，而实际上主动词是fell（倒）。

把人们引向歧途的最初的连接选择也许反映了心理句法分析器用来处理句法歧义的一般原则。人们已经提出了两条这样的一般原则，称为"**最少连接**"和"**最新闭合**"。"最少连接"原则指"建立符合某种语言语法的最简单的结构"。在词串The horse raced ...中，the horse作主语而raced作主动词是简单一些的结构；而复杂一些的则类似于句子The horse that was raced ...（被骑着奔跑的马......）的结构。我们可以用句子目前的句法树形图中结构的数量来理解"简单"和"复杂"。

第二个原则"最新闭合"是说"把新到来的语言材料连接到正在处理的短语上"，如下例所示：

The doctor said the patient will die yesterday.（医生昨天说这个病人快死了。）

在这个句子的结尾处，读者常常体验到花园小径的影响，因为他们最初的倾向是把yesterday（昨天）分析为will die（快死了）的修饰语，但它们在语义上不相容。"最新闭合"原则可以对此做出解释：一方面，当听话人在处理主动词为die（死）的嵌入性小句时，他听到了yesterday这个词。另一方面，yesterday应该修饰的是动词said，后者是主句的一部分，但是在听到yesterday前面几个词的时候并没有得到处理。所以听话人必须原路返回，把yesterday连接到包含said的主句上。

对句子的理解取决于句法处理，该过程综合运用语法与特殊的分析原则来建构树形图。我们刚刚讨论过的那些花园小径句表明，心理分析器有时会强烈地偏向于某种可能的语法分析。情况是否总是这样，这是否意味着彻底忽略所有其他的语法分析，这些都是语言学家正在研究的尚未解决的问题。

有关句法处理困难的另一个突出例子是一首经过重新编排的小诗，选自《鹅妈妈童谣集》。原诗中有下面这个句子：

This is the dog that worried the cat that killed the rat that ate the malt that lay in the house that Jack built.
（这是那只狗，它撕咬的那只猫咬死了那只老鼠，而那只老鼠偷吃了放在杰克盖的房子里的麦芽。）

理解这个句子没问题吧？好的，现在试试以下意义与之相当的描写：

Jack built the house that the malt that the rat that the cat that the dog worried killed ate lay in.
（杰克盖了那所那只狗撕咬了的猫咬死了的老鼠偷吃了的麦芽放在里面的房子。）

没戏，是吧？

尽管这个让人糊涂的句子符合形成关系小句的规则，理解the cat that the dog worried（那只狗撕咬了的那只猫）也没有什么困难，但是似乎关系小句嵌入一次就够了。如果把同样的嵌入过程运用两次，得到the rat that the cat that the dog worried killed（那只狗撕咬了的那只猫咬死了的老鼠），处理起来就有些困难了。要是我们第三次运用嵌入过程，就会得到这样的结构the malt that the rat that the cat that the dog worried killed ate（那只狗撕咬了的那只猫咬死了的老鼠偷吃了的麦芽），要想理解它就一点希望都没有了。

分析这类句子的困难在于它与记忆限制有关。在处理这个句子的过程中，你不得不一直记住the malt（麦芽）这个短语，直到你听到动词ate（吃了）。可是在此过程中，你又不得不一直记住the rat（老鼠）这个短语，直到你听到动词killed（灭了）。而在这样做时，以此类推，……。这是一种摆弄语言结构的游戏形式，很难玩得好。我们显然没有足够的记忆能力来记清楚所有这些必要的项目。尽管我们有能力造出这样的句子——实际上，我们有能力造出一个包含一万个词的句子，然而语言运用的限制会阻止我们造出此类畸形的句子。

各种实验技术方法都被用来研究句子理解。除了启动和阅读实验之外，在**影子跟读任务**中，要求受试者尽可能快地重复他们听到的内容。特别优秀的影子跟读者能够在听到所说的词语的一个音节之后（约300毫秒）开始跟读。然而，我们大多数人影子跟读的迟滞时间是500—800毫秒，这仍然相当快了。更有意思的是，念得很快的影子跟读者常常会不知不觉地更正言语错误或读音错误，如果有屈折词尾的遗漏他们也会补上。即使告诉他们要影子跟读的言语中包含错误，并要求他们重复那些错误，他们也很少能做到。当目标词可以从前面说过的内容中预测时，更有可能发生对错误的更正。

这些影子跟读实验至少证明了两点：（1）它们证明可以极快地使用自上而下处理的信息：由于目标词可预测而造成的差异在约四分之一秒之内起作用；（2）它们表明心理分析器进行语法分析的速度非常快，因为要更正某些错误，比如，表示一致关系的屈折形式的遗漏，就必须对紧接在它们前面的词做出成功的分析。

理解对我们所说的话的能力是一个复杂的心理过程，其中涉及内部语法、最少连接和最新闭合这样的分析原则、频率因素、记忆以及语言和非语言语境。

1.3 言语产生

把语言赋予大众，他们会借以交流想法；赋予智者，他们则借以隐匿自己的思想。

罗伯特·索斯《布道词》 1676年

正如我们前面见到的那样，言语链源自说话人，经过一系列复杂的神经-肌肉处理，然后产生代表思想、想法或信息的声学信号。该声学信号传递到听话人那里，他必须对信号解码才能获得与原意相近的信息。目的在于了解说话人如何处理言语的实验，设计起来要难于目的在于了解听话人如何处理言语的实验。在这方面，许多最可靠的信息都来自于对自发言语的观察和分析。

1.3.1 计划单位

我们不妨假设，先通过一个语义映射过程把说话人的思想简单地"翻译"成一个一个的词，然后根据该语言句法规则的要求加上语法语素，最后每个词的语音表征又映射为神经-肌肉指令，指示发音器官产生代表语音表征的声学信号。

然而，我们知道，这个假设没有反映言语产生的真实图景。虽然词中的语音和句中的词都按照线性顺序排列，可是言语错误或口误现象（在第七章中也讨论过）表明调音前阶段所涉及的单位要大于单个音位音段，甚至大于词。

那种错误正是"斯普纳现象"①的一个例子。这个术语因20世纪初期牛津学院著名的院长威廉·阿奇博尔德·斯普纳而得名。据说，斯普纳院长曾称维多利亚女王为That queer old dean（那个古怪的老教务长）而不是That dear old queen（那位亲爱的老女王），并且他本想严厉指责他班上的学生说，You have missed my history lecture. You have wasted the whole term.（你们缺席我的历史课，把整个学期都浪费了），结果却说成了You have hissed my mystery lecture. You have tasted the whole worm（你们在我的推理小说课上发出嘘声，尝了整条蠕虫）。

其实，在一个音都还没产生的时候，短语甚至整个句子已经构建完毕。语误还表明，特征、音段、词和短语等成分都可以预置，也就是说，它们的产生早于想要说话的时候，也早于语音的前后倒置（如典型的斯普纳现象那样），因此，后来产生的那些词或短语（预想中上述成分会出现在其中）必定早已形成概念。这一点可以用以下例子中的言语错误来说明（想要说的话在箭头左边；实际说出的包含语误的话在箭头右边）：

1. The *h*iring of minority faculty.（少数民族教员的雇用）→ The *f*iring of minority faculty.（少数民族教员的解雇；本想发[h]音，结果被预想中语句后面的faculty中的[f]所取代。）
2. *a*d hoc（特别）→ *o*dd hack（古怪的老马；第一个词的元音/æ/和第二个词的元音/ɑ/发生互换或倒置。）
3. *b*ig and *f*at（又大又肥）→ pig and vat（猪和大桶；一个特征的正负值发生交替：big中的 [+浊音性] 变为 [−浊音性]，而fat中的 [−浊音性] 变为 [+浊音性]。）
4. There are many ministers in our church.（我们教堂里有许多牧师）→There are many churches in our minister.（我们的牧师里有许多教堂；词干语素minister和church互换；语法复数语素留在短语结构中预想的位置上。）
5. Seymour sliced the salami with a knife.（西摩尔用刀把萨拉米香肠切成了薄片）→ Seymour sliced a knife with the salami.（西摩尔用萨拉米香肠把刀切成了薄片；两个完整的名词短语——冠词 + 名词——之间发生互换。）

在这些语误中，语调的调形（主重音音节和音高变化）保持不变，与想要说的话一样，即使词的顺序错乱也是如此。在例（5）中，想要说的话中最高的音高应落在knife上，而在错乱句中最高

---

① 也称"首音误置现象"。——译注

的音高落在salami的第二个音节上。所以音高提升和响度增加由句子的句法结构所决定，独立于单个的词。因此，句法结构独立于占据句法结构的词而存在，而语调的调形可以被映射到那些结构上面，不必与任何特定的词相结合。

上文刚刚引用的那种错误受到限制，而其受限的方式很有意思。音系错误涉及音段或特征，如例（1—3）中的错误，主要发生在实词上，而不是语法语素上，这也说明了这两类词之间的差异。另外，词和词汇语素之间可以互换，但语法语素之间却不能。我们找不到把The boys are singing（男孩们正在唱歌）说成The boying are sings这样的错误。典型的情况如例（4）所示，当词汇语素互换之后，屈折词尾留在原位，随后以适当的音系形式附加在经过移位的词汇语素上。

例（1—5）中的那类语误表明，言语产生通过特征、音段、语素、词、短语等语法中存在的单位进行实时运作。它们还表明，当我们说话时先选好词，并排好顺序，然后要等一会儿才说出来。总之，我们不是从心理词典中先选一个词说出来，然后再选下一个词说出来。

1.3.2 词汇选择

> ……两个意思组合成一个有如混合词的词，蛋头先生的这种理论在我看来是对所有这类现象的正确解释。比如，有两个词fuming（冒烟）和furious（狂怒）。先打定主意要同时说出这两个词，但没有决定先说哪一个。现在开口说吧！如果……你有最罕见的禀赋，有绝对平衡的心智，你就会说frumious（七窍生烟）。
>
> 刘易斯·卡罗尔《猎蛇鲨·序》

在第五章中，用词汇替换的错误来说明词汇的语义特性。这样的替换往往不是任意为之；它们表明在说话时我们试图用词库中的词来表达自己的思想，这时我们可能由于意义的部分相似或相关而选择不正确的词。

截搭词是通过截取一个词的一部分与另一个词的一部分搭配而成，它进一步说明言语产生的词汇选择过程；我们可能同时选择两个或三个词来表达一个概念，但不是在这几个词之间做出选择，而是将它们作为"混合词"说出来，就像蛋头先生给这类词取的名称那样。这类截搭词可用以下语误来说明：

1. splinters（刺）/ blisters（水疱）   →   splisters
2. edited（经编辑的）/ annotated（经注释的）   →   editated
3. a swinging / hip chick（一个时髦 / 时新的女学生）   →   a swip chick
4. frown（皱眉）/ scowl（怒视）   →   frowl

这些截搭错误很典型，因为从每个词中切分出来的部分在目标词音节中的位置与其在原词音节中的位置完全一致。前面刘易斯·卡罗尔编造的例子却不是这样：由词fuming和furious结合产生的截搭词更有可能是fumious或furing。

1.3.3 规则的应用和误用

> 只要我有坚定的决心和恒心在遵守这些规则时一次都不违例，我觉得……四条规则就足够了。
>
> 勒内·笛卡尔（1596—1650）

自发的语误表明，前几章中作为语言能力讨论的形态和句法规则在我们说话时也可能被应用（或误用）。这种处理很难从正常的无差错言语中看出来，但是如果有人用groupment取代grouping（分组），用ambigual取代ambiguous（模棱两可），或用bloodent取代bloody（血淋淋），这就表明应用一般的规则来组合语素会构成可能有但实际上不存在的词。

屈折规则也有体现。加利福尼亚大学洛杉矶分校的一位教授曾说：*We swimmed in the pool（*我们在水池里游泳了）。他当然知道swim的过去式是swam，但还是错将一般规则应用于不规则形式。

形态音位规则看来既是语言能力规则也是语言运用规则。试考察英语中a/an交替的规则。本想说a system（一个系统）却说成an istem，本想说an early bird（一只早起的鸟）却说成a burly bird，这类语误表明音段错乱使一个辅音起头的名词变为元音起头的名词或者变化反过来时，不定冠词也会发生相应变化以适应语法规则。

说话人几乎不会犯类似*an burly bird和*a istem这样的错误，这就告诉我们有关语句产生各个阶段的一些情况。必须在early被误处理成burly的这个阶段之后，也就是在说话人想要发/b/音这个阶段之后，才应用决定用a还是an的规则（元音前用an，辅音前用a）。要是先在a或an之间做出选择，那么冠词肯定选an（否则，在首音出现错误后必须重新应用规则）。

同样，本想说Big Ben却说成了bin beg，这样的语误说明音位的误置发生在应用音位变体规则之前。也就是说，本想说的Big Ben的语音形式是[bɪg bɛ̃n]，其中口腔元音[ɪ]在[g]之前，鼻腔元音[ɛ̃]在[n]之前。可是，在实际说出的语句中，[ɪ]因为被放在误置的[n]之前而鼻化了，而[ɛ̃]却因为处在误置的[g]之前而发成了口腔元音。假如误置发生在音位应用鼻化这样的音位变体规则之后，结果可能就会说出发音为[bɪ̃n bɛg]的语句。

1.4 非语言的影响

有关言语理解的讨论表明语言处理涉及非语言因素，有时还受到非语言因素的干扰。非语言因素同样会影响言语产生。一个人在谈到某位理发师时，他本想说He made headlines（他成了报纸的头条新闻），却说成了He made hairlines（他做发型轮廓）。这两个复合名词的开头的音相同，都由两个音节构成，具有相同的重音模式，包含的第二个语素也相同，这些事实无疑在语误的产生中起作用；但是发型轮廓和理发师的关系或许也是一个起作用的因素。

同样的解释也适用于一位国会代表，他在谈到一项拨款生产轰炸机的法案时，本想说It can deliver a large *payload*（它能携带很大的有效载荷），却说成了It can deliver a large *payroll*（它能够携带丰厚的薪酬）。

其他语误表明，在形式上与想要说的语句无关的思想也可能对所说的话产生影响。一个人本想说I've never heard of classes *on Good Friday*（我从未听说过耶稣受难日还有课），却把日子说成了*on April 9*（在四月九日），因为那一年耶稣受难日正好是四月九日。这两个短语在语音和形态上都不相似；然而非语言的联系看来影响了所说的话。

正常的会话数据和通过实验得出的数据都给心理语言学家提供了证据，据此构建位于交际言语链起点和终点的言语产生和理解的模型。

2. 人类语言的计算机处理

人类依然是所有计算机中最异乎寻常的那一台。

约翰·F. 肯尼迪

直到几十年前，人们还认为语言"只属于人类——其他事物未必适用"。而现在，计算机进行语言处理已经司空见惯。**计算语言学**是语言学和计算机科学的分支学科，研究人类语言和计算机之间的相互作用。

计算语言学领域包括对书面文本和口头话语进行分析、把文本和言语从一种语言翻译成另一种、使用人类（而非计算机）语言进行人机交流，并为语言理论建模并对其进行验证。

2.1 频率分析、索引和搭配

（那位教授已经在一块块的小木板上写下了）他们语言中所有词的多种语气形式、时态形式和词尾变化形式，并且把所有的词汇都纳入了他的框架中，还非常严格地计算了各种书籍中小品词、名词、动词和其他词类数量的总体比例。

乔纳森·斯威夫特《格列佛游记》

乔纳森·斯威夫特曾预言计算机在语言方面的一种应用就是统计分析。任何文本或口头输入材料中的字母和语音、语素、词、词范畴、短语类型等等的相对使用频率（即"总体比例"）都可以迅速并且准确无误地计算出来。这样的输入材料又称**语料库**。

对100万词的美国英语书面材料进行的一次频率分析表明10个最常出现的词是：the, of, and, to, a, in, that, is, was和he。这些"小"词在语料库中所占的比例大约为20%，其中比例最高的是the，占到了7%。对美国英语口头材料也进行了一次与此类似的分析，但结果有所不同。这次的十大"赢家"是：I, and, the, to, that, you, it, of, a和 know，所占比例接近30%。这还只是通过语料库分析证实的口语和书面语之间的许多区别之一。英语中除了to之外的所有介词在书面语中出现的频率比在口语中出现的频率更高。并且不出意料的是，亵渎语和禁忌语（参见第十章）出现的数量在口语中比在书面语中多得多。

索引则比频率分析更进一步，它详细说明了文本中每个词的位置及其前后语境。对上一段文章进行索引不仅会显示words（词，复数）这个词出现了5次，而且还会显示出它是在那段文章中的哪一行出现的，并给出它的语境。要是有人选定了该词前后两边各占3个词宽的"视窗"，words这个词的索引看起来就会是这样的：

of one million	**words**	of written American
most frequently occurring	**words**	*the*, of, *and*
These "little"	**words**	accounted for about
percent of the	**words**	in the corpus
profane and taboo	**words**	(see chapter 10)

正如你能看见的那样，索引也许用途有限，因为它是"未经加工的"。改进索引的一个方法就是使用**搭配分析**。搭配是指两个或多个词在语料库中出现时，它们彼此间的空间距离很小。关键在于找到证据证明文本中一个词的出现会影响另一个词的出现。这样的分析必须是统计性的，并且样本要很大，得出的结论才有意义。前面对words进行的索引，由于数据材料不够多，所以也就没什么意义。要是我们以这整本书为文本，对words进行索引，那么，可能出现的样本就会证明words和written（书面的），words和taboo（忌讳）以及words和of就要比words和million等更有可能一起出现。

这样的分析可以在现有文本中进行（比如，莎士比亚的著作或《圣经》），也可以在任何语料库中进行，后者搜集了口头或书面来源的各种话段。这些研究的一个动因就是为了弄清楚著作或观点的出处。比如说，通过分析《圣经》的各种版本，就有可能弄清楚哪些段落是谁写的。在对《联邦党人论文集》进行的一个著名研究中，一篇有争议的论文的作者身份判给了詹姆斯·麦迪逊，而不是亚历山大·汉密尔顿。这件事是通过对这篇有争议的论文和这两位作者的那些著名的作品进行统计分析，并比较分析结果才成功完成的。

通过计算机对语音进行索引可能会揭示依靠人力几乎不可能发现的诗歌中的模式。对《伊里亚特》的分析表明许多含有大量希腊字母伊塔（/η/[①]）的诗句都与年轻人和求爱有关；含有希腊字母阿尔法（/α/）最多的诗句被认为是在模仿跺脚，或军队行军。利用计算机，文学专家可以研究诗歌或散文的特征，比如谐音、头韵、韵律和节奏。如今计算机能够完成这种繁重而呆板的工作，而以前这些活儿都得靠人们用纸和笔经过艰苦地工作才能完成。

2.2 信息提取和自动摘要

上岗

厌岗

下岗

一份职业自我总结，出处不明

许多人都利用因特网的搜寻功能来查找信息。典型的做法是，人们输入一个关键词，或许几个关键词，然后不可思议地看见，计算机反馈回来一些网址，其中都包含与那个关键词相关的信息。这个过程就是信息提取的一个例子。要找到包含的关键词与输入的关键词形式一模一样的网址或许是件很普通的事，但人们会应用一些语言分析。网址的反馈甚至排序，可以依据关键词出现的频率、关键词的不同形态形式、关键词的同义词，以及与该关键词相关的语义概念等等。例如，关键词bird

---

① 原著把这个字母写成/i/，显然是错误的。——译注

（鸟）可以按照bird, birds（名词复数）, to bird（动词不定式）, bird feeders（鸟儿喂食器）, water birds（水鸟）, avian（鸟类）, sparrow（麻雀）, feathers（羽毛）, flight（成群飞行）, migration（迁徙）等等形式来进行检索。

总之，信息提取就是用计算机来定位和呈现资料，这些资料或许是从很大的数据库中搜集来的。输入信息提取系统的内容包括词、语句或问题。计算机先对它们进行语言分析，然后利用分析结果从数据库中筛选出相关的信息。如今，运用先进的语言分析和统计分析，综合信息提取系统能够确认语料库或其他计算机存储器中有用的模式或关联。"**数据挖掘**"这个术语现在用来指高度发达的检索系统。

像bird（鸟）这样普通的关键词，倘若进行一次彻底的网上搜索的话，那么反馈回来的信息或许会多得你十辈子都读不完（在本文写作期间对该词进行了一次搜索，结果得到1.22亿个搜索结果）。很多数据可能会重复，有些信息或许比另一些信息重要。通过自动摘要程序，计算机能够消除冗余信息，并且识别出一批信息中最显著的特征。世界领导人、企业高管，甚至大学教授，所有这些人可能都要求整理出大量的文本资料，比如报告、报纸和学术文章。如果这些资料的形式都是计算机可读的，那么这些人就能够从自动摘要程序中获益。在21世纪的头几年，这样的情况越来越普遍。

典型的预想模式或许是用信息提取功能获得相关信息，比如100篇有关鸟儿的文章。这些文章的平均长度可能是五千个词。自动摘要程序就适用于这种情况，人们能够设置它，让它把文章的数量减少，比如说十分之一或百分之一。人们只需阅读最终的输出结果。这样，50万词的材料就能够缩减到五千或一万词，但其中包含了所有最相关的信息，并且人们可以在10到20分钟内读完。前总统比尔·克林顿是位快速阅读者，借助计算机自动摘要程序，他能够（在短时间内）吸收来自全世界超过100个消息来源的相关文章的内容。

自动摘要程序的种类很多，从最简单化的"打印每段的第一个句子"的程序到常常能够利用概念矢量（concept vectors）对文件进行语义分析并识别其重点的综合程序。概念矢量是指有意义的关键词列表，这些在段落中出现的关键词是衡量该段落重要性的标准，因此它们也是该段落是否应该归入自动摘要中的标志。总结性文件涵盖尽可能多的关键性段落中的概念，但要受到文件长度限制。

2.3 拼写检查程序

注意，一个词都不要拼错……拼写准确的女士会赢得极大的赞美。

托马斯·杰斐逊

拼写检查程序，并且将来可能还有发音检测程序，是计算语言学的一种应用，其精密程度各不相同。有的只会在词典中进行盲目的蛮力查找。有的则够聪明，如果正确的拼写为you're，它就会在your边上显示旗形标志，如果本该拼写为bare，它就会在拼错的bear旁加上旗形标志。人们常常会发现拼写检查程序被用作信息提取系统的前端程序，用来核对关键词，以防止因拼写错误而误导搜寻。

2.4 机器翻译

> 天哪，我觉得译员是两者中最难理解的！
>
> R．B．谢里登《批评家》

> 英语中——以及……任何其他自然语言中——都存在极为简单的句子，任何对两种有关语言有足够了解的人都会把它们独特地……而且毫不含糊地翻译成另一种语言，但我知道没有任何程序能够让机器也做出这种独特的翻译来。
>
> 耶希瓦·巴尔-希勒尔

克林顿总统需要的大量信息，其来源是用不同语言撰写的，这要靠译员努力工作来满足总统的要求。学者和商务人员也有类似的需求，并且这种需求自人类有书写系统以来就一直存在着（参见第十二章）。

利用计算机处理自然语言开始于20世纪40年代，当时的目的是发展**自动机器翻译**。第二次世界大战期间，盟军的科学家尽管没有计算机的帮助但也破译了敌人的通讯密码，从而证明他们有处理困难语言问题的技术。利用密码破译技术将一种语言翻译成另一种语言的想法是沃伦·韦弗在写给诺伯特·维纳的一封信中提出来的。韦弗是计算语言学领域的开拓者。他写道，"每当我看一篇俄语文章时，我都会说：'这篇东西实际上是用英语写的，但用了一些奇怪的符号编成了密码。我现在就动手破译它。'"①

自动翻译的目的是给计算机输入一段用**源语**写的文章，然后得到一段用**目的语**写成的文章，它不仅合乎目的语语法，并且意义也与用源语写的那段文章对等。在机器翻译的初期，人们相信通过在计算机的存储器内存入一部源语词典和一部目的语的、包含对应语素和词的词典，就可以完成上面这项任务。翻译程序会尝试把输入句中的语素与目的语中的相应语素匹配起来。可遗憾的是，经常发生的是早期机器翻译研究者称之为"输入语言，产出垃圾"的过程。

翻译不仅仅是语词之间一对一的替换。常常出现的情况是，在目的语中没有对应的词，词序也可能不同，比如把英语这样的主—动—宾（SVO）语言翻译成日语那样的主—宾—动（SOV）语言就是这样。另外，翻译习语、隐喻、行话等等时也会有困难。人工翻译，这些问题都能处理好，因为翻译人员知道两种语言的语法，并且能够利用对所谈内容和世界的综合了解来表达原文所想要表达的意义。机器进行翻译时，则往往会因为词汇歧义和句法歧义、两种语言结构的不一致、形态的复杂性以及其他跨语言的差别而受阻。有时即使进行人工翻译也很难得到好的译文，下面是一些"垃圾"翻译，它们被印在非英语国家的一些指示牌上作为旅游者"指南"：

> The lift is being fixed for the next day. During that time we regret that you will be unbearable.②

---

① W. N. Locke and A. D. Boothe, eds. 1955. *Machine Translation of Languages*. New York: Wiley.（原注2）

② 以下为各例句想表达的意思：电梯维修期间无法载客（bear 有"负载"的意思，但是 unbearable 不是"无法负载"，而是"令人无法忍受"）；修道院医院接受身患任何疾病的病人，并且他们不必是教徒（harbor 同时有"庇护"和"怀有"的意思）；送水的工作都由经理完成了（pass water 是英语习语，意思不是"送水"，而是"小便"）；接待客人请在大堂，不要在客房（entertain 有"接待"的意思，但也有"娱乐"的意思）；不要在儿童面前抽烟（应该说 smoking before 或者 in the presence of children, smoking of 后面接的是"抽"的对象）。——译注

（电梯将于明日维修。在此期间，你们将令人难以忍受，对此我们很抱歉。——布加勒斯特酒店大堂）

The nuns harbor all diseases and have no respect for religion.

（修女身怀一切疾病而且对宗教毫无敬意。——瑞士修道院内医院）

All the water has been passed by the manager.

（经理把小便都解完了。——德国酒店）

Because of the impropriety of entertaining guest of the opposite sex in the bedroom, it is suggested that the lobby be used for this purpose.

（由于在卧室娱乐异性客人很不得体，建议将大堂用于此目的。——苏黎世一酒店）

The government bans the smoking of children.

（政府禁止把儿童当烟抽。——土耳其）

类似的错误在下面这段访谈的译文摘选中也很明显，对娱乐节目表演者麦当娜进行的这次访谈刊登在匈牙利的《布里克报》上。

《布里克报》记者：麦当娜，请让我们把话题转到大家关心的问题上：你是那种能满足杰出男士的辣妹吗？

麦当娜：是的，是的。这样做能够使我美梦成真。在美国，如果一个女人在迪斯科舞厅里穿大胆的燕尾服，喝烈性的鸡尾酒，以此来接近她的猎物，那么没有人会认为她有精神病。

这样的"翻译"表明要找到合适的词是很困难的。然而，词汇选择还不是自动机器翻译中的唯一难题。把一种语言翻译成另一种时，还会有形态方面的挑战。比如，ungentlemanliness（缺乏教养）这样一个词当然能够翻译成任何一种语言，可是很少有语言会有一个与其意义完全相同的词，所以要用一个由多个词构成的短语来翻译它。同样地，mbukimvki是斯瓦希里语中的一个词，意为"脱掉衣服跳舞"。英语中没有一个表示这种做法的词，但并不是没有这种需要。

句法问题同样是复杂的。英语允许不同的句法复合式带上所有格形式，比如，that man's son's dog's food dish（那个男人的儿子的狗的食盘子）或the guy that my roommate is dating's cousin（我室友正在跟他拍拖的那个男人的堂兄）。把这些句子翻译成禁止使用这类结构的语言，并且不丢失原意，那就必须做大量的句子重构工作。

我们一直都在讨论对书面文本的翻译。把言语从一种语言翻译成另一种语言的情况又是怎样的呢？一方面，必须要有言语识别，或者说"从言语到文本"。另一方面，又必须"从文本到言语"。最普通的机器翻译方案是从言语到言语，它囊括了计算语言学中所有有关计算机运用人类语言的语法与人类进行交流，或者帮助人类彼此间进行交流的领域。概略地说，机器翻译的系列步骤如图9.3中的流程图所示：

图9.3 言语机器翻译的逻辑流程

2.5 能说会听的计算机

最初的几代计算机接收的信息都是通过获得人们高度称赞的打字机键盘输入的,并通过高速打印机和视频显示器做出回应。哈尔在需要时也可以这样做,但是在多数情况下他都用口语与同船者进行交流。普尔和鲍曼与哈尔谈话时,就好像他是一个活生生的人,并且他会用完全地道的英语来做出回应,而这些英语是他在自己短暂的几周电子童年期内学会的。

阿瑟·C. 克拉克《太空漫游历险记》2001年

理想的计算机是多种语言的。它应该"会说"计算机语言,比如公式转换语言和Java编程语言,和人类语言,比如法语和日语。要是我们能够像用母语与其他人交流那样(自由)地与计算机进行交流,那么在很多方面它都会对我们有帮助。然而,电影和电视中所描述的那种既能说人类语言又能听懂人类语言的计算机现在还不存在。

图9.3所示的翻译过程概括了计算语言学中有关人机交流的领域。一端是从言语到文本,另一端是从文本到言语,它们都是**计算语音学**和**计算音系学**的主要关注对象。机器理解语言的任务和语言生成的任务,不论其目的是为了把一种语言翻译成另一种语言,还是作为人机进行交流的一部分,它们都包括了**计算形态学**、**计算句法学**、**计算语义学**和**计算语用学**,所有这些学科都会在下面的小节中谈到。

2.5.1 计算语音学和计算音系学

计算语音学和计算音系学关心两件事:第一件事是用计算机程序把言语信号分析成为语音成分和音位成分。第二件事是把准确的信号发送到电子扬声器中,这样它就能够清晰地发出该语言的语音并将这些语音组合成语素和词。第一件事称为**言语识别**,第二件事称为**言语合成**。

言语识别

弗雷德里克还是少年时,就表现出了勇敢和胆识。
他父亲认为他应该跟自己学习航海。
哎呀!我就是他的保姆,这是我命中注定要做的事。
为了让这个有出息的男孩学徒当舵手——
对于一个勇敢的少年来说,这可是个不错的活儿,虽然肯定不会走什么大运。
尽管我是个保姆,但是如果你想把你的儿子培养成舵手的话,你或许比我做得更糟糕。
可我是个笨蛋保姆,总是驾船驶在暗礁上。
由于我的听力不好,听不见正确的指令,

弄错了自己总在心中念叨着的那个指令,
结果让这个有出息的男孩学徒做了海盗。

吉尔伯特　苏利文《班战斯的海盗》　1877年

当你听他人说外语时,你会注意到除歇气时外,言语是连续不间断的,你也会注意到很难把这段言语切分为语音和词。说话是一气呵成的。当电脑试图识别言语时,它所面临的就是这样的情形。

早期的言语识别器甚至根本就不去"听"单个的语音。程序设计人员把词汇的声学模式贮存在计算机的存储器中,并写好程序使计算机能够在言语信号中搜寻这些模式。计算机自带有一个大小固定的小型词库。另外,让计算机识别的言语最好是那个提供最初的词汇声学模式的人说的。让计算机理解不同说话人的言语可能会有困难,并且如果说了一个计算机自带词库之外的词,那么它就毫无头绪了。如果说出的词一气呵成,识别的精度也会下降。如果词的发音不完整,如把Mississippi(密西西比)说成missipi,常常也会导致计算机识别失败。协同发音现象也会把水搅得更浑浊。计算机中或许存有[hiz]作为词his(他的)的音系表达式,然而,序列his soap(他的肥皂)被发音成[hɪssop],其中词his被发音成[hɪs],原来的浊音[z]被发成了清音[s]。此外,词汇最好由语音不太相似的词组成,这样就可以避免弄混像pilot(舵手)和pirate(海盗)这样发音相似的词。倘若弄混了,也许就会像歌词中的那位少年那样造成严重后果。

现在,许多交互式的语音系统都有言语识别部分。它们会邀请你"按1或说'是'",按2或说'不'",或者做其他相似的事。这些系统的词库都非常小,所以它们可以搜寻言语信号看看能否找到与预先存入的关键词的声学模式相似的语音形式,一般来讲,它们都能找到,即识别成功。

现在市面上能够买到的言语识别软件更加精巧,它的词汇量更大,超过了2.5万个词,并且适用于私人计算机。为了达到高精度,它们必须接受训练以适应特定说话人的嗓音,并且它们必须能够在言语信号中探测出单个的音素。训练包括使用者说出计算机事先已经知道的许多语句,然后计算机从中抽取出该使用者所发出的每个音素的典型声学模式。在日后的使用中,计算机会用这些模式来帮助识别。

由于没有两句语句是完全相同的,也由于在言语信号中一般来讲都有噪音(非语音),言语识别中的组配过程就是统计性的。在语音的层面上,计算结果可能有65%的把握将输入信号中的某个音归为[l],有35%的把握将其归为[r]。这时就可能用另外一些因素来帮助做出决定。例如,如果计算机确定该音素前面的语音是[d],并且是词的首音,那么该音素就很可能是[r],因为在英语中没有词以[dl]作为首音。所以这种系统能够很好地使用自己的(程序设计人员的)关于语音序列限制的知识(参见第七章)。另一方面,如果该音素出现在词首,那么就需要更多的信息来判断它是音位/r/还是/l/。倘若其后的语音是[up],那么它就是/l/,因为loop(环)是词而*roop不是词。要是计算机不能够判定,它可能会提供一个选项清单,如lack(缺乏)、rack(行李架)等,要求使用该系统的人员做出判定。

即使是这些最新的系统也是靠不住的。当环境变得不利时,它们就会崩溃。如果使用者运用了大量的协同发音,使得语速很快(比如whatcha for what are you),并且存在大量的背景噪音,那么识别的精度就会暴跌。人在这样的环境中的表现则更出色。如果有人喃喃而语，你能够大概辨别出他们在说些什么，因为你有语境帮忙。在像社交聚会这样嘈杂的环境中，你也能够与你的舞伴交谈而不用去管背景中的噪音，这是因为你的大脑有能力把无关的声音都过滤掉，只专注于一个说话人的声音。这种效应非常显著，所以人们称其为"**鸡尾酒会效应**"。计算机处理噪音的能力与人们处理噪音的能力现在还不能相提并论，尽管旨在解决该难题的研究已经开始展示出一些积极的成果。

言语合成

> 大致上能成功模仿人类言语的机器是最难建造的，甚至连说出一个词也会牵涉到许多因素——词的屈折变化以及音调和发音的变异都非常多，因此，机械师为了仿造出它们都已经绞尽脑汁，江郎才尽了。
>
> 《科学美国人》杂志　1871年1月14日

> 如果你要说话，请说得清清楚楚；在你说出每个词之前，请仔细斟酌。
>
> 老奥利弗·温德尔·霍尔姆斯

人们早期想建造的"会话机器"是那种能够发声，并能模拟人类言语的机器。1779年，克里斯琴·戈特利布·克拉岑斯坦因造出了一台这样的机器而获得奖励。那是一台造得像管风琴的定音管的仪器……它能准确发出各种元音。在制造这个机器的过程中，他也回答圣彼得堡帝国科学院提出的一个问题。这个问题是："（使得）a, e, i, o, u 这五个元音互相区别开来的语音性质和特征是什么？"克拉岑斯坦因模仿人们发出这些元音时的嘴形，建造了一套"声学共鸣器"，并且通过一个振动的簧片使它们共鸣，该振动簧片能够产生空气脉冲，这类似于来自肺部的空气通过声带振动产生脉冲。

十二年之后，维也纳的沃尔夫冈·冯·肯普伦建造出一部更精致的机器，它用风箱产生气流来模拟从肺部压出的气流，还用了其他一些机械装置来"模仿"声道的不同组成部分。1850年，年轻的亚历山大·格雷厄姆·贝尔在爱丁堡见到了冯·肯普伦的机器的复制品，这部机器给他留下了极其深刻的印象，于是他试图和兄弟梅尔维尔一起造出一个"会说话的人头"来。他们用骷髅头铸出了一个人头模型，用各种材料造出了软腭、硬腭、牙、唇、舌和面颊等等，并安装了一个金属喉头，与喉头相连的声带是一条绷紧后插在槽缝里的橡皮带。他们利用一个键盘控制系统通过一套复杂的杠杆来操控（发声系统的）各个部分。这台精巧的机器能发出元音和一些鼻音，甚至还能产生一些简短的语音组合。

随着言语产生的声学理论的发展和电子技术的发展，在语音的机器生成方面已经获得了很大的发展。我们现在不必再造言语产生机制的物理模型；我们能够运用电子手段产生物理信号来模拟这个过程。

言语研究已经表明，所有语音都能分解成为数不多的声学成分。产生合成言语的一种方法是将这些重要的成分按适当的比例混合起来，具体的比例视模拟的语音而定。这很像按照食谱做汤，食谱可能写着："洋葱一个，胡萝卜三个，土豆一个，盐一勺，胡椒粉少许，加两夸脱水搅匀。"

用这种方法生成合成言语，也会有一张"食谱"，大致如下：

1. 先从一个频率与振动的声带相同的音调开始（如果合成的是妇女或儿童的声音，就把频率调高些；如果是男人的，就调低些）。
2. 加强与某一特定的元音，流音或者鼻音的音质所要求的共振峰相应的和声。
3. 给摩擦音加上咝音或蜂鸣音。
4. 给鼻音加上鼻腔共鸣音。
5. 突然暂时中断声音，以便产生出塞音和塞擦音。
6. 等等。

所有这些"配制成分"用电子技术混合起来，通过计算机产生出可理解程度很高的、声音大致自然的言语。由于第2项是该过程的核心，所以言语合成的这种方法被称为"**共振峰合成**"。

大多数合成言语仍然带有机器发声的特征或"腔调"，这是因为模拟过程中还有一些细微之处不精确，并且人们还未能充分了解处于变化状态中的语调和重音模式这类超音段因素。如果理解不正确的话，这类因素可能比人们的错误发音更难让人理解。目前，言语合成的主要研究领域正好与发掘母语者运用的节奏和语速规则有关，也正好与如何把这些规则编写成计算机程序有关。尽管如此，人们理解今天的言语合成器同理解操与自己所说的方言稍微不同的方言的人一样容易。要是语境足够准确的话，比如用合成声音来朗读天气报告（一项普通的应用），那么就一点问题都没有。

共振峰合成的另一种方式是"**拼接合成**"。拼接合成的基本单位是录制好的单元，比如，音素，音节，语素，词，短语和句子。这些录音都是由真人发声的。合成是指把单个的单元组合到一起，形成人们所需要的，由计算机说出的语句。

拼接合成中的难题在于如何设计出流畅的和自然的拼接过程从而使得计算机说出来的语句具有人类言语的流利度。到目前为止，除了简单的短语比如电话号码（这是电话公司信息服务部门使用的技术）外，拼接合成的言语中仍然有一种虚饰的声音，这是因为那些录音单元之间的拼接并非总是无缝的。

为了给言语合成器提供输入，一种被称作"**文语转换**"的计算机程序会将书面文本转换成为合成器能够运用的基本单元。对于共振峰合成器而言，"文语转换"程序会把输入的文本信息转换成语音形式。这项任务有点像第六章后面的一些练习题，其中，我们要求你们（读者）写出一些词的音标。当然，在对声音进行电子转换之前会先完成"文语转换"过程。

对于拼接合成器而言，"文语转换"程序会把输入的文本翻译为某种表达式，该表达式的基础是那些要被拼接在一起的单元。对以音节为基础的合成器来说，"文语转换"程序接收到The number is 5557766（那个号码是5557766）这个输入文本后，就会产出[ðə]① [nãm] [bər] [ɪz] [fajv] [fajv] [fajv] [sɛv] [ən] [sɛv] [ən] [sɪks] [sɪks]这样一组语音形式。这个合成器会在它的存储器中查寻这些音节并且把它们拼接在一起，并对不同音节之间的拼接处进行电子处理，以使其流畅、自然。

---

① 原文音标误作 θ，应为 ð，已更正。——译注

"文语转换"程序的困难很多。我们在此说说其中的两个。第一个困难是有关拼写相同但发音不同的词的问题。read（读）可能与red（红的）发音相同，比如在句子She has read the book（她已经读了这本书）中；可是在句子She will read the book（她将读这本书）中，它却与reed（芦苇）发相同的音。"文语转换"程序系统如何才能分辨出这种不同呢？要获得准确无误的答案，计算机必须像人那样拥有句子的结构知识才能做出正确的选择。没有层次结构的，线性的知识是不够的。例如，我们可以将"文语转换"系统的程序设定为当read前面是have的某种形式时，read的发音与red的相同。可是这种办法在几个方面都行不通。首先，have这个词既可从左边也可从右边远距离管辖read的发音，比如在下面这两个句子中就是这样，Has the girl with the flaxen hair read the book?（那个淡黄色头发的女孩读了这本书吗？）和Oh, read a lot of books, has he!（噢，读了许多书，他已经！）。需要了解潜在的句法结构，即has是主动词to read的一个助动词。可是，如果每当read附近有have时，我们就尝试将它与red发同样的音，那么我们会遇到这样的句子The teacher said to have the girl read the book by tomorrow（老师说让这个女孩明天读这本书），其中read的发音却与reed的相同。对线性分析来说，更难处理的是这样的句子，Which girl did the teacher have read from the book?（老师让哪个女孩读这本书中的内容？），在该句中的词have和read彼此相邻。当然，你知道这句中的read的读音与reed的读音一样，这是因为你懂英语，你知道英语的句法结构。只有通过句子的层次结构知识，才能有效处理这种"拼写相同而读音不同"的问题。我们会在本章后面讨论计算机句法的小节中学到更多有关该问题的知识。

第二个困难是拼写不一致的问题。下面是一首较长的诗歌中的两行诗句，它们很好地说明了这个问题：

I take it you already know （我以为已经知道）
Of *tough* and *bough* and *cough* and *dough*

每个带ough的词其读音各不相同，可是很难找出规则来规定何时gh应该发音为[f]，何时它不发音，以及ou如何发音。现代计算机有充足的存储能力来记录语言中的每个词的发音，每个词的发音变体和每个词的可能的发音，这可以通过大量的统计分析来确定。该清单可以包括首字母缩略词、省略词、外来词、专有名词、数词包括分数以及特殊符号，比如"#，&，*，%"等等。这样的一个清单是有用的，但计算机好像是在记忆而不是在断定词的发音。该清单中也包含了很大比例的，诸如ough这样的条目。这是词层面上的拼接合成的基础。然而，这样的清单却永远是没完没了的。新词、新的词汇形式、专有名词、省略词和首字母缩略词都在不停地加入到语言之中，并且常常是意想不到的。"文语转换"系统必须拥有转换规则来处理它的词典中没有的词项，如果这些词项必须被说出来的话，那么它们还必须是以比词小的单位为基础的共振峰合成器或者拼接合成器能够产出的。此处的难题与学习朗读时所面临的那些难题是相似的，特别当涉及专有名词或外来词的发音时，难题不仅很多而且令人望而生畏。

言语合成有重要的用途。它有益于视力有障碍的人们，因为它可以制作成"朗读机器"的形式，现在这样的机器市面上已经能够买到了。因接受过喉头切除手术而不能说话的病人，或者因其他需要治疗的情形而阻碍正常言语的病人都能利用言语合成器来表达思想。例如，美国北卡罗来纳州立大学的研究人员为一个患严重的多发性硬化症人开发了一套交际系统。该病人不能发出任何声音，除了能够点头外，全身都已经瘫痪了。利用头部动作表示"是"，头部不动表示"否"，这个病人能够选择出现在计算机屏幕上的词，并组词成句来表达思想，再通过合成器把这些句子说出来。

2.5.2 计算形态学

如果我们希望自己的计算机能够说出并理解合乎语法的英语，那么我们就必须教会计算形态学（参见第三章）。我们不能让计算机到处乱说诸如*The cat is sit on the mat，或*My five horse be in the barn这样的不合英语语法的语句。同样地，如果计算机要理解英语的话，那么它们就要知道sitting包含了两个语素，sit + ing，而spring只有一个语素； reinvent包含有两个语素，它们是re + invent，而不是rein + vent。

计算形态学就是通过计算机来处理词汇结构的学问。计算机必须知道词汇的结构才能理解词义，才能以正确的语法形式来使用词汇。为了处理词汇，计算机中设定了查找词根和词缀的程序。在一些情况下，这样的处理是简单易懂的。比如， books（书籍）很容易分析为book + s， walking（步行）分析为walk + ing， fondness（喜爱）分析为fond + ness， unhappy（不快乐的）分析为un + happy。这些个案，以及许多类似的个案都是容易处理的，因为它们的拼写很规范，其形态变化过程也很普遍。可是另一些词处理起来就比较困难，比如， profundity（深奥）应该分析为profound + ity, galactic（银河系的）分析为galaxy + ic，democracy（民主）分析为democrat + cy。

一种办法就是把一种语言的所有词汇的所有形态表达式都存入计算机的词典中。尽管当今的计算机能够处理如此巨大的计算工作量（好几百万个形态表达式），然而问题依然会存在，因为处理过程具有普遍性。一旦一个新词进入该语言，就像fax（传真）这个词在多年以前进入英语时那样，与之相连的一整套词形有可能随之出现的是：faxes, fax's, faxing, faxed, refax和faxable；许多不可能出现的词形是：*faxify, *exfar, *disfax等。这样的话，计算机的词典就会总是过时的。

再者，并非所有的形式表达式都是可预见的。尽管uglify这个词并不在词典中，但如果你听见它，你能理解它的意义，计算机也应该能理解它的意义，它的意思是"丑化"。同样地，合成法是一种普遍的构词过程，却不可能预知英语中所有可能的合成词。当pod + cast创造出podcast（播客）这个合成词时，任何计算机的词典中都没有这个词。

计算机必须具有这样的能力：它能够把词汇正确分解为它们的构成语素，它也能够理解每个语素及其在整个词义中的作用，并知道每个词能够放在句子中的哪些位置上。所以，计算形态学就是一大堆规则、例外和词汇/语素表达式互相交织在一起，其目的就是为了理解词汇的内部结构。

难题总是还在。如果计算机看见resent（愤恨）这个词，它如何才能知道这个词是由单一语素resent（中间的s发/z/音）构成的词，还是由re + sent这两个语素构成的词？这是下一节中讨论的话题。

2.5.3 计算句法学

> 恰当的秩序是万物的基础。
>
> 埃德蒙·伯克

首先，谈谈伊莱扎（ELIZA，一种计算机程序）。

病人：　男人都是一样的。
伊莱扎：何以见得？
病人：　他们总是用这样或那样的事来烦我。
伊莱扎：你能举出一个特定的例子来吗？
病人：　噢，我男朋友让我来这儿。
伊莱扎：你男朋友让你来这儿吗？
病人：　他说我经常情绪低落。
伊莱扎：听说你情绪低落我觉得很难过。

伊莱扎是一种计算机程序，设计这一程序的目的是用它来模拟精神病专家的间接提问方式与病人谈话。程序设计者收集了许多现成的短语，比如In what way?或Tell me more，存储在计算机的存储器中，当伊莱扎不能"理解"病人说的话时，这些短语会使得谈话持续下去。可是，当伊莱扎识别出某些句法类型时，它就会转换它们的形式，从而做出有意义的回应，如上例中伊莱扎的回声问"你男朋友让你来这儿吗？"伊莱扎中编写了一些句法知识，这使得它能够以病人的陈述为基础，造出合乎语法的语句，但是伊莱扎中却没有编写任何语义知识。如果一个病人说"我钓鳗鱼的渔具untherible"，伊莱扎就会回答"你钓鳗鱼的渔具untherible多久了？"伊莱扎是麻省理工学院的科学家约瑟夫·维曾勃姆在20世纪60年代设计的。尽管现在看来它的句法复杂程度较低，但是伊莱扎是最早考虑到英语句法的人—机交际尝试之一。

在伊莱扎出现25年后，杜克大学和北卡罗来纳州立大学的计算机科学家编写了"电路修复工作室"程序。它是设计来帮助技术员维修故障电路的一个系统。伊莱扎只接收键盘输入信息，并且产生打印输出信息，"电路修复工作室"与伊莱扎不同，它接受言语输入并把反馈信息说出来。它有自己的句法并且能够理解和说出句法上复杂的语句，下面的例子节选自一段维修期间的会话：

计算机：这是"电路修复工作室"，我能为您效劳吗？
技术员：我需要修复RS111电路。
计算机：我很熟悉那个电路。发光二极管应该交替闪烁1和7这两个数字。
技术员：发光二极管在哪儿？
计算机：发光二极管就在蓝色区域正中偏右的位置。
技术员：没亮。
计算机：当发光二极管关闭时，开关在什么位置？
技术员：开关是朝下的。

计算机：你把开关拨上来。

一旦计算机理解了技术员的言语，它就会利用语义和句法规则以及词汇和语素来生成合乎语法的、有意义的反馈语句，并通过合成器说出来。在很多情况下，这些规则与我们在第四章中见到的短语结构规则相似，比如，"冠词后接名词构成名词短语"。当然计算机的语义规则会要求它在switch（开关）前用定冠词the，因为它的"世界知识"告诉它在那个特定的电路中，开关只有一个。

要理解一个句子，你必须知道它的句法结构。要是你不知道dogs that chase cats chase birds（追赶猫的狗也追赶鸟儿）这个句子的句法结构，你就不会知道究竟是狗还是猫常追赶鸟儿。同样地，能够理解语言的机器也必须能够判定句法结构。**分析器**是一种计算机程序，它尝试模拟我们称为"心理分析器"的一种人脑官能。与心理分析器一样，计算机中的分析器利用语法把一个短语结构指派给一个词汇串。它所利用的短语结构语法和词库与我们在第四章中讨论过的相似。

例如，分析器中可能包含如下规则：S→NP VP，NP→Det N，等等。假设要求计算机分析The child found the kittens（这小孩发现了这些小猫）。自上而下分析程序会首先查寻语法规则，然而检查输入的词汇串的第一个词是否能够启动一个句子（S）。如果输入的词汇串的第一个词是限定词（Det），如前面的例句那样，那么查寻就是成功的，分析程序会继续查找名词（N），然后再查找动词短语（VP）。如果输入的词汇串碰巧是child found the kitten，那么该分析程序就不能够给它指派一个句法结构，因为这个词汇串的第一个词不是限定词，而它的语法要求一个句子（S）的句首词必须是限定词。这样，分析程序会报告说该句子是不合语法的。

由下而上的分析程序采用的是相反的策略。它首先检查输入的词汇串，并找出后接名词（child）的限定词（the）。规则会告诉它这是个名词短语（NP）。它会继续处理found，the和kittens这三个词，并建构出一个动词短语（VP），最后它会把名词短语和动词短语组合成一个句子。

当一个词同时属于几个不同的句法范畴时，分析程序可能会遇到麻烦。比如，在The little orange rabbit hopped（这个橙色小兔跳过去了）这样一个句子中，分析程序就可能误把orange（橙色的）当作名词。随后，当错误凸现出来时，分析程序会返回来尝试将orange判定为形容词。这种策略对合乎语法却令人迷惑的句子很有效，比如，The old man the boats和The Russian women loved died。这样的句子会在人们的心理分析器上产生花园路径效应。

就计算机而言，处理这种歧义句的另一种方式是尝试合乎语法的每一种平行的分析方法。只有能够完成对句子的分析的那种方法才是有效的。用这种策略来分析The Russian women loved died这个句子，就会有两种分析方法并行展开。一种把Russian看作形容词（俄罗斯的），另一种则把它看作名词（俄罗斯人）。前一种分析方法一直可以处理到The Russian women loved（这些俄罗斯女人爱慕），再往后就处理不了了，因为died（死了）不能出现在动词短语中的那个位置上。（该分析程序一定不能允许诸如The young women loved died这样不合语法的句子存在。）这种分析方法就不能完成对句子的分析，因为它不能对词died做出分析。当另一种分析方法发现Russian（俄罗斯人）和women（女人）这两个名词在一起时，它就推断有一个关系小句存在。如果women（女人）前面有词that，那么该关系小句就会凸现出来了（但英语允许省略掉that）。因此，分析程序能够把一个名词短语范畴指派给The Russian women loved（女人们爱慕的那个俄罗斯人）。这样，前面的那个句子可以分析为以died充当动词短语结尾的句子（女人们爱慕的那个俄罗斯人死了）。至此，这种分析方法就成功完成了对该句的分析。

有意思的是，人们现在还不清楚人类的心理分析器是否运用这种回溯策略或并行策略来处理歧义，抑或两种策略并用，或用另外的某种策略。这对心理语言学家而言仍然是难题。而解决这个难题却是很困难的，因为人们通常很容易处理歧义，理解说话人想要表达的意义。我们现在也没有见到很多证据证明人们需要做许多额外的工作来处理其他可能的意义。刁钻的语言学家必须含辛茹苦多年才能找到困扰人类的心理分析器的例子，比如，我们前面讨论过的花园小径句。

然而，计算机在有些情况下可能胜过人类。例如，试试想出下面这个句子的所有可能的意义：Time flies like an arrow（提示：其中的几个词可能属于多个句法范畴）。结果它有5种意义（至少）。通常的意义是"时间飞逝的方式是箭飞行的方式"（即"快"）。但它也能表示一种名为"时间苍蝇"的特殊苍蝇喜欢箭。或者，它能表示一个命令，即"（请）你用给箭计时的方式为（一群）苍蝇计时！"（比如用秒表）。再一种解读，也是要求他人为某物计时，但被计时的物体是"像箭一样的苍蝇"。还有一种（不大可能的）解读，你能找出来吗？①

人们大多不能发现这些可选的句子结构及其相应的意义。但是，装备有一些简单程序和一个词库（其中，time，flies和like每个都属于两种不同的语法范畴）的计算机分析程序就会像人们迅速发觉前面那个句子的（唯一的）一个意义那样，很容易地发现其他四种意义。其中的原因之一就是计算机没有背负语义分析的任务，而人类分析器则不然。许多解读的不可信似乎都阻止了分析过程。对人类分析器来说，句法和语言是紧密相连，不可切分的。

我们不仅希望计算机理解语言，我们也希望它们能够产出新的句子——这些句子不是预先存储的，这同样需要语法中有关句法规则的知识。在有些情况下，设置这种程序可能会很简单。例如，一个用来生成莎士比亚风格的侮辱性词语的计算机程序会把生成的结果分成下面三栏，第一栏中所列的是简单形容词，第二栏中是带连词符号的形容词，第三栏中是名词：

简单形容词	带连词符的形容词	名词
bawdy（卖淫的）	beetle-headed（傻瓜）	baggage（婊子）
churlish（粗鲁的）	clay-brained（笨脑壳）	bladder（趾高气扬的家伙）
goatish（好色的）	fly-bitten（饱受蚊虫叮咬的）	codpiece（男裤下体盖）
lumpish（迟钝的）	milk-livered（懦弱的）	hedge-pig（下贱猪）
mewling（啜泣的）	pox-marked（丑陋的）	lout（蠢人）
rank（下流的）	rump-fed（肥胖的，骄纵的）	miscreant（恶棍，无赖）
villainous（恶棍的）	toad-spotted（卑鄙讨厌的）	varlet（流氓，无赖）

计算机程序随机地从每栏中挑选一个来产出一个表示侮辱的名词短语。保证立刻就能骂人，you

---

① （请）为（一群）苍蝇计时，计时的方式是用一支带秒表的（有生命的）箭。（原注3）

goatish, pox-marked bladder（你这个好色的、丑陋的、趾高气扬的家伙），you lumpish, milk-livered hedge-pig（你这个迟钝的、懦弱的下贱猪）。

在复杂一些的语言生成过程中，计算机工作的出发点是要说的话的意义，这种意义可能是翻译系统产生的，也可能只是电脑在下一轮对话中要用到的信息，如"电路修复工作室"程序中介绍的那样。

言语生成系统首先把词项指派给要表达的思想和概念，这些词项必须适合与输出语言句法相符合的短语和句子。在分析的过程中，有两种不同的方法：自上而下方法和自下而上方法。使用自上而下方法时，系统从最高级别的句法范畴（比如句子）开始，逐渐地向下处理低等级的范畴，首先处理名词短语和动词短语，然后向下处理限定词、名词、动词和句子的其他部分，但这些处理总是符合句法规则的。自下而上方法则从处理词项开始，这些词项是表达想要的意义所必需的，然后把它们组合起来形成高一等级的句法范畴（现在还不知道在何种程度上人类的语言生成需要利用这其中的一种或几种方法。）

利用**转移网络**使语法使用图像化或程序化，从而确保合适的句法输出，这是一种方便可行的方法。转移网络是一种由节点（圆圈）和弧（箭头）组成的复合体。等同于短语结构规则S→NP VP的一个转移网络如图9.4所示：

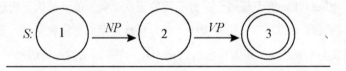

图9.4 S→NP VP的转移网络

节点上都标了号码以示区别，双环表示"最后"的节点。生成的目标就是对第一个节点到最后一个节点间的弧进行转换。

生成程序从节点1开始运行，知道首先产出的必须是一个名词短语。然后把一个合适的概念指派给那个名词短语。其他转移网络，特别是产出名词短语的那个转移网络，决定了该名词短语的结构。例如，产出名词短语的一个转移网络的一部分可能表述为一个名词短语（NP）可以是一个代词，其相应的短语结构规则是：NP→Pronoun。如图9.5所示：

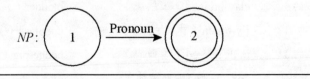

图9.5 NP→Pronoun的转移网络

为了满足句子（S）网络中的名词短语弧（NP arc），整个名词短语网络都被转移了。在该情况下，名词短语是由一个代词构成的，而这又是由所需要的概念决定的。然后这个名词短语弧在句子网络中就会向下一个节点移动，转移它的系统就在节点2中。为了使转移能够完成，必须根据要交流的概念建构一个合适的动词短语，并使得那个概念符合该动词短语的结构，这也可用另一个转移网络来表示。为了能够完成句子网络中的动词短语弧的转移，这个动词短语网络整个都被转移了。图9.6表明了动词短语复合体转移网络的一部分，它对应于短语结构规则VP→V NP。

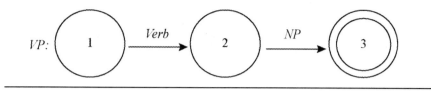

图9.6　VP→V NP的转移网络

一旦动词短语网络的转移完成，句子网络中的动词短语弧就会移动到最后一个节点中，系统会把句子发送出来供机器说出来或打印出来。

"电路修复工作室"会话中的最后一个句子是You put up the switch（你把开关拨上来）。它表达的概念是一个命令，要求使用者（你）把开关拨到向上的位置。它选择动词put up来表达这个概念；它选择名词短语the switch（这个开关）来表示计算机知道使用者已经熟悉了的那个开关。在句子网络中，转移首先从句法开始，然后移动到名词短语网络，它通过产出句子的主语，代词you（你）而得以完成。接着，名词短语弧被移动到句子网络节点2中。现在句法要求有一个动词短语。动作场景便移动到动词短语网络中。第一个弧被移动，并给出了动词put up（把某物向上拨）。这样又要求有另一个名词短语网络才能够完成动词短语的转移。该网络（没有表示出来）表明一个名词短语可能由一个限定词后接一个名词构成，在本个案中，就是the（这个）和switch（开关）。这个网络的转移完成之后，动词短语中的名词短语弧就被转移了，动词短语网络的转移便完成了，这样，句子网络中的动词短语弧便被移动，整个句子网络的转移完成，最终产出的句子是：You put up the switch（你把开关拨上来）。

因为任何网络中的基准都可能出现在任何其他网络中，甚至出现在同一网络中（这样就成功地保持了句法的递归性），只要有相对少量的网络就能生成大量的句子，这些句子也许是一个自然语言系统所需要的。但是必须指定这样的网络只能生成合乎语法的言语，而永不生成不合语法的言语。

2.5.4　计算语义学

如何表征意义是一个已经争论了几千年的问题，它持续地引发了语言学、哲学、心理学、认知科学和计算机科学领域内的许多研究。在第五章中，我们讨论过许多语义概念，一种自然语言系统会将这些概念融入其运行过程之中。为了讨论的方便，我们在此把计算语义学看作是在计算机中表征词汇的意义和语素的意义，以及它们的组合形式派生出来的意义的学问。

计算机语义学主要关注两个方面的内容。一个方面是在计算机中产出语言输入的语义表征，另一方面是提取一个语义表征并产出表达该意义的自然语言形式。在机器翻译系统中，这两方面相互契合浑然一体。理想的情况是（现在的系统都还不理想），计算机从语源中提取输入，创造出它的语义表征，并产出该语义表征在目标语中的语言表达形式。同样理想的情况是，意义在整个翻译过程中保持一致。在诸如"电路修复工作室"那样的会话系统中，计算机必须创造出使用者的语言输入的语义表征，对其进行处理，从而产出另一个语义表征，最后将它以日常语言的形式输出来给使用者。

为了生成句子，计算机会反复尝试以便找出适合的词来表达已经融入它的语义表征中的概念。在"电路修复工作室"会话系统中，计算机必须确定下一步要谈论的内容：开关，使用者，灯，导线134，或其他东西。它需要挑选词汇，挑选的依据在于它是想要断言物体的状态，还是询问物体的状态，向使用者提问，或者告诉使用者下一步要做的事项，如此等等。如果询问涉及使用者，那么就要选取代词you（你），如果主要关心的是开关的状态，那么就会选择词汇the switch（这个开关），或者a switch above the blue light（蓝灯上面的一个开关）。当意义的各个组成成分组合在一起后，就会调用我们已经见到过的句法规则来产出合乎语法的句子。

为了获得**言语理解**，计算机会反复尝试从它的语义表征库中找出适合输入语言的词汇和结构的概念。当技术员说I need to fix the RS111 circuit（我需要修好电路RS111），系统会确认I指使用者，need表示使用者缺少的东西，而计算机必须为他提供。计算机还知道如果修理是需要的东西，那么它就必须提供某物的运作信息。它将the RS111 circuit（电路RS111）认定为一个具有某些特征的电路，在其拥有的文档中存在含有这些特征的文件。因此，它推断那个特定电路的运作信息肯定是下面对话的中心内容。

计算机能够用许多种方法来表征概念，没有哪种方法是最好的，或者说比其他的方法更可取。所有的方法都有一个共同的特征：拥有一个计算机准备用来说话或理解言语的词汇和语素库。这样的一个词库会包含形态的、句法的和语义的信息，正如第三、四、五章中所讨论的那样。准确地说，如何构建信息结构依赖于它所要适合的特定应用语境。

在更高的层次上，词汇间的关系能够通过与我们前面所见到的转移网络相似（但目标不同）的网络方便地表征出来。节点代表词汇，弧代表词汇之间的题元角色（参见第五章）。那么，"你把开关拨上来"，这句话的表征形式可能如图9.7所示：

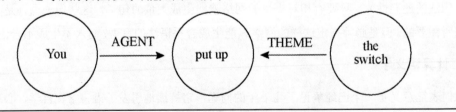

图9.7　You put up the switch的语义网络

这意味着使用者（你）就是施事，或者说是行为者，put up（把……拨上来）就是要实施的行为，实施的对象是题元，即the switch（这个开关）。

有些系统利用形式逻辑来表征语义。You put up the switch（你把这个开关拨上来）就可以用函数/主目形式来表征，其逻辑式为：

PUT UP （YOU, THE SWITCH）　（把……拨上来 [你，这个开关]）

用逻辑学家的行话来说，其中的PUT UP是一个"二位谓词"，主目是YOU和THE SWITCH。

词库表明谓词PUT UP的这两个主目之间的关系是适宜的。

二位谓词是及物动词的逻辑式，第一个主目做主语，第二个主目做直接宾语。在第五章中讨论语义学时，我们特别提到表征及物动词（比如put up）的意义的一种方法就是设置成对的成分（x, y），并且要求x puts up y为真。这与我们现在谈到的符号表示法要求谓词的主目用成对的实体的形式来表示是一致的。因此，已知句子you put up the switch，并将其表征为PUT UP（YOU, THE SWITCH），那么，通过确认由YOU的意义和THE SWITCH的意义构成的对子是否存在于表征PUT UP的意义所要求的对子的集合中，该句子的意义——无论是真还是假——便很容易计算出来。

自20世纪70年代以来，有两个著名的自然语言处理系统是利用谓词—主目方法来表征语义的。一个被其开发者特瑞·维诺格拉德称为"喜儿德路"（SHRDLU），它展示出了多种能力，比如能够理解问题，进行推理，学习新词，甚至解释其行为。它在由一个"积木世界"构成的语境中运行，在这个"积木世界"中有一张桌子，形状、尺寸和颜色多种多样的积木，一个用来移动积木的自动机械臂。人们能够用简单的句子向它提有关积木的问题，并命令它把积木从一个位置移动到另一个位置。

另一个系统被称为"月亮"（LUNAR），它是威廉·伍兹开发的。它能够回答用简单英语措辞的、有关宇航员从月球带回来的月球岩石样本的问题。"月亮"把英语问句翻译成逻辑表达式，然后它用该表达式来查询月球岩石样本信息数据库。

2.5.5 计算语用学

正如第五章中讨论的那样，语用学是"真实世界"与语言系统之间的互动。在"电路修复工作室"会话中，计算机知道在所谈论的环境中只有一个开关，没有别的开关，所以定冠词the是指称该物体的正确形式。但是，如果人提到a wire（一根导线），那么计算机就会问which wire（哪根导线），因为它知道在电路中有好几根导线。这就是计算机语用学的简单运作。

当一个句子在结构上有歧义时，比如，He sells *synthetic buffalo hides*（它们是人造的水牛皮呢？还是人造水牛的皮？），分析程序会计算每种结构。语义处理过程可能会排除其中的某些结构，如果这些结构是异常的话（在本个案中，皮革可能是人造的，但动物不可能是人造的，除非我们算上克隆的动物，所以第二种分析就能够被规则排除掉），但也常常会有一些歧义保留下来。例如，具有结构性歧义的句子John found a book on the Oregon Trail[①]，它的两种歧义结构的意义在语义上都是可以接受的。为了确定哪一种意义是说话人想要表达的意义，就需要情景知识。如果约翰在图书馆研究历史，那么它就很可能表示book about the Oregon Trail（有关"俄勒冈道路"的书）这种意义；如果约翰正在步行去俄勒冈的两周旅程中，那么book upon the Oregon Trail（书在"俄勒冈道路"上）这个意义就更合理一些。

许多自然语言处理系统都包含有语境知识和世界知识数据库。当遇到歧义情况时，语义处理程序能够查询该知识数据库。例如，"电路修复工作室"程序的句法部分会将句子*The* LED *is in the*

---

① "俄勒冈道路"指连接密苏里河和俄勒冈州境内谷地的东西向道路，历史上供大型运货马车运输和移民迁徙之用，长达3,500公里。——译注

*middle of the blue region at the top*①分析为两个结构。也就是说，这个句子有歧义。但这两种意义在语义上都有完好的概念结构形式，并且都是可能的。可是，"电路修复工作室"程序的知识数据库"知道"那个发光二极管（LED）位于蓝色区域的中央，并且那个蓝色区域又位于工作区的顶部，而不是那个发光二极管位于蓝色区域的顶部中央。计算机运用语用知识，或者说关于世界的知识来消除句子的歧义。

总结一下本节的内容，我们谈论了机器翻译问题。计算学的所有子系统（比如，音系，形态，句法）都与计算机把源语翻译为目标语的能力有关。对句法角色的认可程度越来越强，并且在过去的50年里发展起来的语义学和语用学的语言原则也得到了广泛应用，这二者使得运用计算机对简单的文本（诸如数学证明这样的受限语境中的文本）在充分研究了的语言（比如英语和俄语）之间进行合乎语法的、准确的翻译成为了可能。

对更复杂的文本进行翻译时，要想使译文语法上正确，语义上忠实，那就需要有人工的介入。利用计算机来辅助人类翻译者能够把翻译效率的系数提高10个以上，然而，现在距离旅行者突然取出"便携式翻译机"，握着放在本族语者的嘴边，就能接收到他们自己语言的译文的日子还很遥远。②

2.6 语法的计算机模型

> 在我制造出一个……我正在研究的问题的模型之前我决不满足。如果我能成功地制造出一个，我就是已经理解了；不然我就还没有理解。
>
> 威廉·汤姆生（开尔文爵士）
> 《分子动力学和光的波动理论》

> 理论只有正确和错误两种可能。模型还有第三种可能：正确但是不相关。
>
> 曼弗雷德·艾根《物理学家的自然观》

计算机分析言语时使用的语法可能与语言学家为人类语言构建的语法不一样，后者是语言能力的模型；前者在很大程度上跟语言运用的模型也不一样。计算机和人不同，二者达到相似的目的所用的方法也不一样。正如有效的飞行器不是任何一只鸟的复制品那样，计算机使用的有效的语法与人类语言的语法也不是一模一样的。

计算机常被用来模拟物理系统或生物系统，从而使得研究者能够安全地研究这些系统，有时甚至还不用花多少钱。例如，在实际飞行之前，可以先模拟一架新飞机的飞行，告知试飞员该飞机的安全限度。

计算机也能按照设置的程序来模拟一种语言的语法。一部精确的语法——说话人的心理语法的真实模型——应该能生成而且只生成该语言的所有句子。如果有一个合乎语法的句子不能生成，则

---

① 上文说 LED 的位置是 In the middle right of the blue region is the LED，多一个 right。——译注
② 在写作本节时，本书的一位作者正计划把一个言语识别器安装在一台掌上电脑上。这是通向便携式翻译机的第一步。（原注4）

表明这部语法有问题,因为人的心理语法有能力生成所有可能的、合乎语法的句子——一个成员无穷的集合。此外,如果这部语法有时产生一个说话人认为不合语法的词汇串,也表明该语法有缺陷。虽然在实际言语行为中,我们常常说出一些不合语法的词汇串——不完整的句子、口误等等——但我们一旦注意到就会判定它们为有语病的形式,我们的语法不会生成这样的词汇串。

在20世纪60年代,加利福尼亚大学洛杉矶分校的句法学家们开发出了一个语法的计算机模型,用来检验一部英语生成语法。近来,计算语言学家正在开发计算机程序,用来生成一门语言的句子,并利用当今各种语言学理论中的规则来模仿人类分析这些句子。这些计算机模型显示在语言的产生和理解过程中可能运用了一种书面语法,然而,这样的语法是否是人类语言处理的真实模型,人们对此还有争议。

因为语言能力和语言运用是非常复杂的,所以人们现在用计算机作为工具力图理解人类语言及其运用。我们已经着重指出了人类和计算机处理语言的方式之间的一些差异。例如,在听见和理解言语的过程中,人类似乎同时顺利地进行言语识别,分析,语义理解和利用语境消除歧义。然而,计算机通常有不同的组成部分来分别执行这些功能,可见这些组成部分之间的连接是松散的。

造成这种状况的一个原因是计算机一般只有一个功能强大的处理器,它每次只能执行一项任务。现在人们正在设计装有多个处理器的计算机,尽管这些处理器的功能没那么强大,但他们是互相连接在一起的。这些计算机的能力既依赖于每个处理器的运算能力,也依赖于它们之间的连接。这样的计算机能够进行**并行处理**,或者说能够同时执行好几个任务。

有了并行构架,计算语言学家或许更有能力为计算机设置程序,使其能够把从言语识别到语篇理解的所有语言处理阶段整合起来,并以这样的方式来理解语言,这样,计算机处理语言的方式就更加接近人类处理语言的方式了。

3. 小结

心理语言学研究**语言运用**或者说语言处理,即,在言语产生和理解过程中运用语言知识(能力)。

言语理解,即理解一句话的过程,需要具有能力进入心理词库,把言语中的词与它们的意义组配在一起。言语理解从感知**声学言语信号**开始。言语信号可以用**基频**(可理解为音高),音强(可理解为响度)和音质(可理解为语音之间的差异,比如,[i]和[a]之间的差异)来描述。言语的波形可以通过**声谱图**有时称为**声纹**直观地展现出来。在声谱图中,元音表现为深色波段,其中的频率强度最大。这些又被称为**共振峰**,是强调基频的某些谐波的结果,而基频则是由声带的形状决定的。每个元音都有其独特的共振峰模式。

言语信号是一条连续的语音流。听话人有能力把它切分成语言单位,并能把声学上有差异的语音识别为相同的语言单位。

对言语理解来说,感知言语信号是必需的但是还不充分。要完全理解一句话的意义,我们必须把词汇串**分析**为句法结构,因为言语的意义除了依赖词汇的意义之外,还依赖于词序和成分结构。有些心理语言学家相信我们在理解言语的过程中,既运用了**自上而下处理**方式也运用了**自下而上处**

理方式。自上而下处理方式除了利用来自感官输入的词汇信息之外，还利用了语义和句法信息，但自下而上处理方式只利用感官输入中所含有的信息。

心理语言学的实验研究的目标就是发现语言运用中的单位、阶段和过程。好些实验技术已经被证明是有用的。在**词汇判定**任务中，如果受试者认为口头的或笔头的刺激信息是一个词，则要求他们通过按钮对该刺激信息做出反应。在**命名**任务中，受试者阅读书面的刺激信息。在命名过程中测定反应时间（RTs），以及其他一些实验表明处理低频词比处理高频词所花费的时间要长一些，产出拼写不规则的词比产出拼写规则的词花费的时间要长一些，读出没有意义的语言形式比读出真正的词所花费的时间也要长一些。除了利用行为动作方面的数据（比如RT）之外，研究者现在还能够利用各种方式测量脑电波的活动，以便了解语言处理过程。

如果两个词在语义上或在语音上相互关联，或者甚至只是拼写相似，那么其中一个词就可能**启动**另一个词。语义上的触发效应已为一些实验所证明。比如，在一个句子中说出了nurse（护士）这个词，研究者发现与它相关的词比如doctor（医生）在词汇判定任务中的反应时间（RTs）就少些。当一个有歧义的词比如mouse用在没有歧义的语境中时，比如My *spouse has been chasing a mouse*（我爱人一直在追捕一只耗子），与它的两个意义相关的词也都会被启动，比如，rat（鼠）和computer（计算机）。

眼追踪技术能够判定一个句子中对读者来说的难点，因为读者读到这些难点时，都不得不返回去看该句前面的某一部分。这些实验提供了有力的证据证明人脑中的语言分析器在如何建构句子的树形结构方面是有偏向性的，这就解释了**花园小径效应**。

另一种技术称为"**影子跟读**"，实验中受试者尽可能快地重复正在对其言说的内容。受试者常常会纠正刺激句中的错误，这表明他们不只是重复自己听到的语音，而且在重复的过程中还会运用自己的语言知识。其他实验显示出该过程涉及存取心理语法知识，也显示出言语理解中的非语言因素的影响。

人们通过分析自发产生的言语错误研究了言语产生过程中的单位和阶段。预知的错误，即，说话人在说出他/她想要说的语句之前发出的一个语音，和"**斯普纳现象**"，即，语音或词被置换或颠倒，这都表明我们每次说出的不是一个语音，或者一个词，或者甚至不是一个短语。更合理的说法是，我们构建并储存着更大的语言单位，并且这些语言单位都有自己特定的句法结构。

词替代现象和整合现象表明词汇彼此之间在音系上和语义上是相互关联的。不合语法的语句的产生说明形态的、屈折的或句法的规则可能被误用了，或者说在我们说话时没能用得上，但是它同时也说明产生言语的过程实际上会涉及这样的规则。

计算语言学是研究计算机如何能够处理语言的学科。计算机常常辅助学者分析文学作品和语言，从事语言之间的翻译工作，并且还能用自然语言与人类使用者进行交流。

为了分析**语料库**，计算机能够从事词汇的频率分析，进行**检索**，即在数据库中定位词并给出紧接前后的语境，和找出**搭配**，即测量出一个词的出现是如何影响其他词汇出现的概率的。此外，计算机在以关键词为基础的**信息提取**，自动生成**摘要**，和**拼写检查**等方面都很实用。

在计算机发明后不久，它就被用来尝试从事语言之间的翻译工作。这可是件困难的、复杂的活儿。当计算机在不损失意义和合语法性的条件下拼命把**源语**中的文本（或言语）翻译成**目标语**时，其翻译结果通常令人啼笑皆非。

无论是把一种语言翻译成另一种语言，还是与人交流，计算机都必须有**言语识别**的能力，也就是将言语信号处理成音位、语素和词。它们还必须有将产出来的言语说出来的能力。**言语合成**分两步进行，"**文语转换**"程序首先将文本转换为一个一个的音素，或者转换为其他基本的单位，比如词或音节，接着"**共振峰合成**"程序对这些音素代表的语音进行电子模拟。然后，"**拼接合成**"程序先组配好事先录制好的语言单元（比如词），以此为基础来产出完整的语句。

识别言语并不是理解言语。计算机说出一个文本并不一定意味着它知道文本所说言语的意义。无论是理解言语还是生成言语，计算机都必须处理音位、语素、词、短语和句子，并且它还必须知道这些单位的意义（音位除外）。研究言语理解和言语生成的计算语言学有**计算语音学和音系学**、**计算形态学**、**计算句法学**、**计算语义学和计算语用学**等分支学科。

计算语音学和音系学将音位与言语的声学信号联系起来。这是言语识别和言语合成的基础。计算形态学处理词的结构，所以它会判定词bird（鸟）的意义同样适用于词birds，后者是前者的意义加上复数意义。计算句法学所涉及的是词的句法范畴以及短语和句子这些大一些的句法单位，它还会进一步涉及将句子分析成上面所说的这些组成成分，以便理解言语，或者将这些言语组成成分组配在一起形成更大的语言单位，以便生成言语。一种被称为"**转移网络**"的形式方法可以用来构建句法处理活动的模型。

计算语义学关心的是在计算机内部表征意义，或进行"**语义表征**"。为了能与人进行交流，计算机会创造出会话人对其所说言语的语义表征形式，并创造出它打算回应会话人的言语的语义表征形式。在进行机器翻译的环境中，计算机会生成源语输入的语义表征，并以目标语表达出源语输入的意义。

在**语义网络**或其他表征意义的形式方法中，语义表征可以是以逻辑表达式为基础的，它涉及谓词和主目。计算语用学可能影响计算机的理解或反馈，因为它考虑到了计算机系统具有的有关真实世界的知识，例如，在会话环境中只存在某个唯一的成分，所以定冠词the能够用来恰当地指称它。

可以给计算机设置程序，让它来建构某种人类语言的语法模型，这样就可以迅速地、彻底地检测该语言的语法。现代计算机的设计构架包括**并行处理**机，在设置程序后，就同时处理许多语言任务这方面而言，它们能够更加像人一样地处理语言。

4. 进阶书目

Allen, J. 1987. *Natural Language Understanding.* Menlo Park, CA: Benjamin/Cummings.

Bambrook, G. 1996. *Language and Computers: A Practical Introduction to the Computer Analysis of Language.* Edinburgh, Scotland: Edinburgh University Press.

Barr, A., and E. A. Feigenbaum, (eds.). 1981. *The Handbook of Artificial Intelligence.* Los Altos, CA:

William Kaufmann.

Berwick, R. C., and A. S. Weinberg. 1984. *The Grammatical Basis of Linguistic Performance: Language Use and Acquisition.* Cambridge, *MA:* MIT Press.

Caron, J. 1992. *An Introduction to Psycholinguistics.* Tim Pownall, trans. Toronto, Canada: University of Toronto Press.

Carroll, D. W. 2004. *Psychology of Language,* 4th edition. Belmont, CA: Wadsworth.

Clark, H., and E. Clark. 1977. *Psychology and Language: An Introduction to Psycholinguistics.* New York: Harcourt Brace Jovanovich.

Fodor, J. A., T. G. Bever, and M. Garrett. 1974. *The Psychology of Language.* New York: McGraw-Hill.

Frornkin, V. A., ed. 1980. *Errors in Linguistic Performance.* New York: Academic Press.

Garrett, M. F. 1988. "Processes in Sentence Production." In F. Newmeyer (ed.), *The Cambridge Linguistic Survey, Volume 3.* Cambridge, England: Cambridge University Press.

Gazdar, G., and C. Mellish. 1989. *Natural Language Processing in PROLOG: An Introduction to Computational Linguistics.* Reading, MA: Addison-Wesley.

Harley, T. A. 2001. *The Psychology of Language: From Data to Theory,* 2nd edition. Hove, UK: Psychology Press.

Hockey, S. 1980. *A Guide to Computer Applications in the Humanities.* London, England: Duckworth.

Johnson, M. 1989. "Parsing as Deduction: The Use of Knowledge in Language," *Journal of Psycholinguistic Research* 18（1）:105-28.

Jurafsky, D., and J. H. Martin. 2000. *Speech and Language Processing.* Upper Saddle River, NJ: Prentice-Hall （Pearson Higher Education）.

Ladefoged, P. 1996. *Elements of Acoustic Phonetics,* 2nd edition. Chicago, IL: University of Chicago Press.

Lea, W. A. 1980. *Trends in Speech Recognition.* Englewood Cliffs, NJ: Prentice-Hall.

Levelt, W. J. M. 1993. *Speaking: From Intention to Articulation.* Cambridge, MA: MIT Press.

Marcus, M. P. 1980. *A Theory of Syntactic Recognition for Natural Language.* Cambridge, MA: MIT Press.

Miller, G., and P. Johnson-Laird. 1976. *Language and Perception.* Cambridge, MA: Harvard University Press.

Miller, J. L., and P. D. Eimas (eds.). 1995. *Speech, Language, and Communicaton.* San Diego, CA: Academic Press.

Osherson, D., and H. Lasnik (eds.). 1990. *Language: An Invitation to Cognitive Science, Volume I.* Cambridge, MA: MIT Press.

Slocum, J. 1985. "A Survey of Machine Translation: Its History, Current Status, and Future Prospects."

Computational Linguistics 11 (1).

Smith, R., and R. Hipp. 1994. *Spoken Natural Language Dialog Systems.* New York: Oxford University Press.

Sowa,.J. (ed.). 1991. *Principles of Semantic Networks.* San Mateo, CA: Morgan Kaufmann.

Stabler, E. P., Jr. 1992. *The Logical Approach to Syntax: Foundations, Specifications and Implementations of Theories of Government and Binding.* Cambridge, MA: MIT Press.

Tartter, V. C. 1998. *Language and its Natural Processing.* Thousand Oaks, CA: Sage Publications.

Weizenbaum, J. 1976.*Computer Power and Human Reason.* San Francisco: W. H. Freeman.

Whitney, P. 1998. *The Psychology of Language.* Boston: Houghton Mifflin.

Winograd, T. 1972. *Understanding Natural Language.* New York: Academic Press.

____. 1983. *Language as a Cognitive Process.* Reading, MA: Addison-Wesley.

Witten, I. H. 1986. *Making Computers Talk.* Englewood Cliffs, NJ: Prentice-Hall.

5. 练习

1. 言语错误（也就是"口误"或"当众错说"）显示出语言能力与语言运用之间的差异，因为我们能识别出这些错误表明我们对合乎语法的句子是了解的。此外，言语错误也提供了有关语法的信息。下面的语句是加利福尼亚大学洛杉矶分校英语言语错误数据库中的一部分，该数据库中含有超过五千个英语言语错误。下面的语句中，许多实际上以前就观察到了。其中之一要归功于斯普纳博士。

A. 请说明下面每个言语错误涉及的语言单位或规则（也就是，音系的、形态的、句法的、词汇的或语义的单位或规则）

B. 请尽力说明错误的性质或其产生的机制。（注意：说话人打算说的语句在箭头的左边，实际说出来的语句在右边。）

例如：ad hoc →odd hack

a．元音部分　　b．两个词的元音部分颠倒或交换位置

例如：she gave it away→she gived it away

a．屈折形态变化　b．把规则动词的过去时变化规则不正确地应用于不规则动词。

例如：When will you leave? → When you will leave?

a. 句法规则　　b. 生成疑问句时，没有移位助动词。

（1）brake fluid → blake fruid

（2）drink is the curse of the working classes → work is the curse of the drinking classes (Spooner)

（3）I have to smoke a cigarette with my coffee →… smoke my coffee with a cigarette

（4）untactful → distactful

（5）an eating marathon → a meeting arathon

(6) executive committee → executor committee
(7) lady with the dachshund → lady with the Volkswagen
(8) are we taking the bus back → are we taking the buck bass
(9) he broke the crystal on my watch → he broke the whistle on my crotch
(10) a phonological rule → a phonological fool
(11) pitch and stress → piss and stretch
(12) Lebanon → Lemadon
(13) speech production → preach seduction
(14) he's a New Yorker → he's a New Yorkan
(15) I'd forgotten about that → I'd forgot abouten that

2. 利用声谱图可以辨认出说话人的事实基础是没有两个人的言语特征是一模一样的。请把你已经注意到的几个人的言语中的一些差异列举出来。你能想出理由来解释这样的差异吗？

3. 利用任意一种语言的双语词典①，试着通过查询下面英语句子中的每个词来翻译它们：
The children will eat the fish.
Send the professor a letter from your new school.
The fish will be eaten by the children.
Who is the person that is hugging that dog?
The spirit is willing, but the flesh is weak.

A. 让一个懂目标语的人给出每个句子的正确译文。通过比较这两种译文，你发现了哪些难点？请说出其中的5个来。

B. 让另一个懂目标语的人把这些合乎语法的译文再翻成英语。你观察到了哪些问题？这些问题与你在A部分提到的哪个难点相关呢？

4. 假如别人给了你一个剧本的手稿，并告诉你它要么是克里斯托弗·马洛写的，要么是威廉·莎士比亚写的（这两位作家都生于1564年）。进一步假设这部作品以及两位作家的所有作品都储存到了计算机中。请你描述如何利用计算机来帮助你判定这部神秘剧本的真正的作者。

5. 言语合成程序是有用的，因为它允许计算机不需要看见使用者就能传达信息。请想想言语合成程序在我们社会中的其他5种用途。

6. 言语识别程序的一些长处与言语合成程序的一些长处相似。一台能够理解言语的计算机不需要人用手或眼来给它传递信息。请想一想言语识别程序在我们社会中的其他5种可能的用途。

7. 仔细考虑下面的歧义句。解释歧义，给出最可能的解读，并说出计算机在其知识库中必须拥有何种知识才能成功获取这样的解读。

---

① 比如英汉词典，英日词典。——译注

例如：A cheesecake was on the table. It was delicious and was soon eaten.

    a. 歧义： it可以指a cheesecake（酪饼），也可指the table（桌子）。

    b. 可能的解读： It指a cheesecake（酪饼）

    c. 知识：桌子通常不是用来吃的。

（1） For those of you who have children and don't know it, we have a nursery downstairs.（教堂中的告示）

（2） The police were asked to stop drinking in public places.

（3） Our bikinis are exciting; they are simply the tops.（报纸上的泳衣广告）

（4） It's time we made smoking history.（反吸烟运动的口号）

（5） Do you know the time? （提示：这在语用上是个歧义句。）

（6） Concerned with spreading violence, the president called a press conference.

（7） The ladies of the church have cast off clothing of every kind and they may be seen in the church basement Friday.（教堂公告栏上的通知）

下面的三项是报纸的新闻标题：

（8） Red Tape Holds Up New Bridge

（9） Kids Make Nutritious Snacks

（10） Sex Education Delayed, Teachers Request Training

8. 请在谷歌搜索系统中搜寻 ELIZA。大概第一个链接会给你一个网址，你可在该网址中试一下 ELIZA，可以通过问 Why am I unhappy?（我为何不幸福呢？）这样的问题进行测试，或者要求 ELIZA 对 My friends all hate me.（我的朋友都恨我。）这样的陈述做出回应。

A. 列举出5个对你的问题或陈述的"聪明的"应答，并说说为什么你认为这些应答是"聪明的"。例如，如果你告诉ELIZA: My friends all hate me，ELIZA会回答说: Why do you say your friends all hate you?（你为什么说你的朋友都恨你呢？）这就是一个聪明的应答，因为它有意义，并且句法正确，时态运用恰当，还把第一人称代词me（我）正确地转换成了第二人称代词you（你）。

B. ELIZA做出的应答中哪些属于它的常备应答呢？例如，当ELIZA不"理解"你时，她会说Please go on.（请继续。）。

C. 请试着辨认出ELIZA用你的输入语句作为摹本来做出应答的一些方式。例如，如果你提到brother（兄弟）或者mother（妈妈），ELIZA会用含有family member（家庭成员）的短语来回应。

9. A. 下面的句子，每个句子后面附有用谓词逻辑符号写出的一个可能的语义表达式。请以课文中的例子和本练习 B 部分中的例子为基础，写出这些句子的语义网络表征形式。

（1） Birds fly. FLY (BIRDS)

（2） The student understands the question. UNDERSTAND (THE STUDENT, THE QUESTION)

（3） Penguins do not fly. NOT (FLY [PENGUINS])

（4） The wind is in the willows. IN (THE WIND, THE WILLOWS)

（5） Kathy loves her cat. LOVE (KATHY, [POSSESSIVE (KATHY, CAT)])

B. 下面还有5个句子以及它们各自的语义网络表征形式。请写出每个句子的谓词逻辑表达式。

（6） Seals swim swiftly.

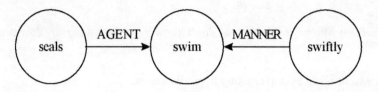

（7） The student doesn't understand the question.

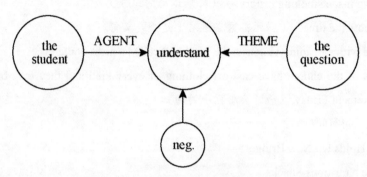

（8） The pen is on the table.

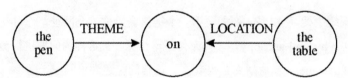

（9） My dog eats bones.

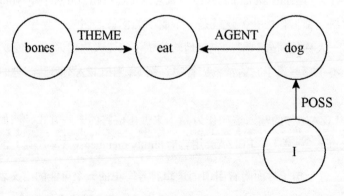

（10） Emily gives money to charity. （提示：give 是一个三元谓词）

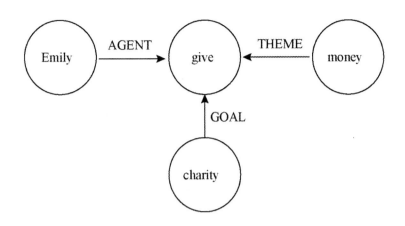

10. 让我们来玩"折磨计算机"的游戏。设想有一个相当好的形态分析程序。输入 kindness，它会分析成 kind + ness，输入 upchuck，它就会分析成 up + chuck，但是，如果你输入 catsup，而它却分析成 cat + s + up，你便会责备它。请再想出 10 个这样可能诱导计算机做出错误分析的词。

11. "文语转换"程序的主要问题是专有名词的发音问题。电话公司多么希望解决这个问题呀！但是这个问题却很难解决。请随便翻开一本电话簿，从任意选择的一个名字开始，尝试按照姓的字母排序把它们一个一个地读出来。在正确地读出了多少个姓之后，你会感到没有把握呢？如果你碰到杜克大学的篮球教练麦克·沙舍夫斯基（Mike Krzyzewski），你就可能处于无能为力的境地——但你只是不确定罢了。在编写本练习时，我们就经历了这样的事。下面是我们编写的练习：

Honeycutt

Honeywell

Hong

Hongtong

Honig

Honkanen

Honnigford

Honorato

Honore

Honour

Honrine

Hontz

我们认为自己能够把开头的四个读准，可是对 Honig 中的第一个元音就有点拿不准了，它该发 [o], [ɔ], [a]，甚至还是如 honey 中的第一个元音发 [ʌ] 呢？我们也不确定 Honkanen 中的重音位置究竟应该放在哪个音节上， Honore 中的最后一个字母的发音与巴尔扎克的名的发音是一样的吗？Honrine 的发音究竟是该与 benzine 同韵呢？还是该与 liemline 同韵？还有,所有的字母 h 都发音吗？或者只有一些不发音，如 honor 中的 h？请把这个练习做 10 遍,看看在你没把握之前，你自信能够正确读出的姓的平均数目是多少。这个练习在一定程度上表达出了计算机不得不读出姓名时所面临的巨大困难。

12. 在词典中查一个词与言语理解和言语产出中被称为词存取和词选择的过程之间的同与异是什么？请仔细考虑这些不同的过程所必须发挥的作用。

第四编
语言与社会

　　语言不是博学者或词典编纂者抽象的闭门造车，而是工作、需要、关系、快乐、情感、品位等的产物，是一代又一代人的创造；它的基础广阔坚实，紧贴着大地。

沃尔特·惠特曼

第十章　社会中的语言

> 语言是一座城市，每个人都为它添砖加瓦。
>
> 拉尔夫·沃尔多·爱默生《文学与社会旨归》

1. 方言

> 语言就是拥有陆军和海军的方言。
>
> 马克斯·魏因赖希[①]

　　讲英语的人都能相互交谈并能很好地相互理解。然而，却没有两个人讲得完全一样。有些差别是由于各自的年龄、性别、社会处境以及学习这种语言的地点时间的不同而造成的；这些不同反映在选词、发音和语法规则方面。说话者个人的语言特征被称为该说话者的**个人方言**。因此可以说，英语也就是由4.5亿种个人方言所组成的语言，或者说，英语方言的数量和讲英语的人数相等（该数量好像每天都在增长）。

　　与个人的情况相类似，说同种语言的不同群体，说得也不一样。无论是波士顿人、纽约人、芝加哥黑人、丹佛白人，还是阿尔布开克的西班牙后裔，他们讲英语的方式都表现出系统性的变异。当不同的群体说某种语言的方式存在系统性的变异，那么我们就认为每个群体说的是该语言的一种**方言**。方言是存在系统差异的语言能够互相理解的形式。每个讲话者，不论贫富，也无论所属地域或种族，都至少能说一种方言，这就像每个人都能说一种个人方言一样。一种方言并不是一种语言的次要形式或低等形式，从逻辑上来讲，它也不可能是这样！因为一种语言就是不同方言的集合。

　　然而，要决定两个言语社团之间的系统差异是由两种方言还是两种不同的语言所造成的，并不总是一件容易的事。可以采用单凭经验下的定义：当方言与方言之间彼此听不懂时，即当说某类方言的人再也听不懂说另一类方言的人讲话时，这些方言就变成了不同的语言。但是，给"彼此能听懂"下定义本身就是一件困难的事。讲丹麦语的丹麦人，讲挪威语的挪威人，讲瑞典语的瑞典人，他们可以相互交谈，可是丹麦语、挪威语和瑞典语却都被认为是不同的语言。这是因为这些语言在不同的国家使用，而且它们之间存在着有规律的语法差异。与此相似，印度和巴基斯坦的印地语和

[①] 据"维基百科"（http://en.wikipedia.org/wiki/A_language_is_a_dialect_with_an_army_and_navy），这句格言是魏因赖希做讲座时听一位身份不明的听众说的，谁是原创者学界有多种说法，但均无确证。——译注

乌尔都语之间也能够彼此听懂，尽管它们之间的差异还不如美国英语和澳大利亚英语之间的差异大。另一方面，中国的各种方言，例如官话和粤语，虽然相互之间听不懂，但仍被认为都是汉语方言，因为它们在同一国家里使用，并具有共同的文字书写系统。

在严格的语言学范围内区分方言和语言也不容易。方言和语言都是由说话者内在的规则系统——语法所造成的。例如，倘若规定语法之间存在20条不同规则就表示不同的语言，而少于20条不同规则就表示不同的方言，那么，这种做法就属于太过随意。为什么不是10条或30条规则呢？事实上，方言和语言存在于一个连续体内。既然互相听懂程度、语法差异性，以及政治或社会等级的存在都不是决定因素，那么语言学家无法就语言和方言的区别给出泾渭分明的定义，也就不值得大惊小怪了。不管怎样，我们将采用常规定义，把一种语言的方言定义为相互之间虽然存在系统差异、却具有基本相同的语法的、能够相互听懂的版本。

1.1 地域方言

> 语音学……言语的科学。那是我的专长……是爱尔兰人还是约克郡人（我）可以根据他的土腔来辨别。我无论听谁的口音都能听出他是哪里人，不出六英里以内。要是伦敦人，不出两英里以内，有时候出不了两条街。
>
> 萧伯纳《卖花姑娘》

当人们在地理上或社会阶层上处于分隔状态时，方言的多样化便会发展起来。某个地区或某个社团所说的语言中的变化，不一定会传播到其他地区或其他社团中去。在一个成员之间经常联系的语言群体中，语言的变化会传播开来并被儿童习得。然而，当某个交流障碍将一些语言群体分隔开来时——无论它是海洋、山川那样的地理障碍，还是政治、种族、阶级或宗教之类的社会障碍——语言的变化就不太容易被迅速传播，语言群体之间的差异会强化，差异的种类数也会增加。

方言差异与语言群体之间交流方面的隔离程度成正比。交流隔离指的是诸如18世纪时存在于美国、澳大利亚以及英国之间的那种状态。当时，尽管通过商业和移民，三地之间存在一些接触，但是一个澳大利亚人与一个英国人交谈的可能性明显小于与他另一个澳大利亚人交谈的可能性。目前，由于大众传媒及航空业的发展，这种隔离不如以前显著了，但是即使是在一个国家内部，地区之间仍存在一定程度的隔离，同时，我们还发现了许多地域方言。

方言差异消减是指不同的方言朝着一致性更多、差异更少的方向发展的趋势。尽管人们可能希望方言差异消减是大众传媒和便捷的旅行所造成的，可很少有证据支持这种理论。在英国，尽管在国家广播电视节目中只使用几种主要的方言，但方言的变化依然存在。在城市里，不同的群体都试图保持自己的特点，因此方言的差异甚至有所加大。另一方面，一些方言因为种种原因已经消亡，有些正在消亡。这一话题会在第十一章有关已经消亡的和濒临消亡的语言那一节中进行讨论。

语法的变化并不是在某个言语社团中突然发生的。变化是逐渐出现的，通常先在某个地区发生，然后缓慢地传播到其他地区。这通常要经过几代人才能完成。发生在某个地区但没有传播到其他地区的语言变化，常常造成了方言的差异。在某一特定地区（如，波士顿市或美国南部地区），当这种差异积累到一定程度时，当地所说的语言就具备了自己的特色，这种语言的变体就是**地域方言**。

1.1.1 口音

> 受过教育的南方人除了在词首使用 /r/ 之外，在其他地方是绝不会用它的。
>
> 马克·吐温《密西西比河上的生活》

地域性的音系或语音的区别就是通常所说的不同**口音**。我们可以说某个人带有波士顿口音、布鲁克林口音、中西部口音、南部拖腔、爱尔兰土腔等等。因此，口音指的是承载着有关说话者所操方言信息的言语特征，它能够揭示说话者在哪个国家或该国的哪个区域长大，或者是属于哪个社会语言群体。在美国，人们经常提到某人有英国口音或有澳大利亚口音；而在英国，人们常常提到的是美国口音。

"口音"这个术语也用来指那些非母语者的言语，非母语者是指那些将该语言作为第二语言来学习的人。例如，一个以法语为母语的人所说的英语就带有法国口音。在这个意义上，口音是指与母语的音系差异或是来自其母语的音系干扰。与地域方言的口音不同，这种外国口音并不能反映出说话人以前学习该语言时所在社团的言语（与其母语之间的）差异。

1.1.2 英语的方言

一位广播喜剧演员曾说过"梅森-迪克逊线①是you-all（你们）和youse-guys（你们大伙儿）的分界线"，这指出了英语在美国还有种种变体。地域方言告诉我们很多有关语言的变化情况，这些都会在下一章进一步讨论。美国英语的许多地域方言的源头，可以追溯到17至18世纪最初在北美定居的人们那里。这些早期的移民来自英国的不同地区，所讲的就已经是不同的英语方言。因此，美国最初的13个州就存在地域方言的差异。

到美国革命时，英属殖民地有三大主要方言区：新英格兰和哈德逊河一带所讲的北部方言、宾夕法尼亚地区的中部方言及南部方言。这些方言之间存在系统性差异，与英国国内所讲的英语之间也存在系统性差异。出现在英国英语中的某些变化扩散到了这些殖民地，有些则没有传过来。

带有/r/的词的语音变化，说明了地域方言是如何发展变化的。英格兰南部的英国人早在18世纪就不读辅音前边的和词尾的 /r/ 了。例如，farm（农场），farther（较远的）和 father（父亲），分别读作[faːm][faːðə]和[faːðə]。到18世纪末，这种读法在新英格兰和南大西洋沿海一带的早期移民中已成一般规则。新英格兰殖民区和伦敦之间保持着密切的商业往来，（新英格兰的）南方人送他们的孩子去英国受教育，这些都强化了"/r/-删略"这条规则。至今，波士顿、纽约和萨凡纳的方言口语中还保留着无/r/的特点。然而，后来的移民来自英格兰北部地区，那里仍保留着/r/；因此，随着美国边界向西移动，/r/也向西移动。来自这三个方言区的拓荒者一直向西扩张。他们方言的混合大大消减了他们方言之间的差异，这正是中西部和西部多数地区使用的英语彼此相似的原因。

另外几次移民潮则把说其他方言和其他语言的人带到了不同的地区。每个群体都在他们所定居

---

① "梅森-迪克逊线"（the Mason-Dixon line）是南北战争之前美国的南北区域分界线。——译注

社区的语言中留下了各自的印记。例如，不同地区的移居者发展了不同的方言，如宾夕法尼亚州东南部的德国人、费城西部的威尔士人、宾夕法尼亚州中部地区的德国人和苏格兰-爱尔兰人。

20世纪后半期，成千上万来自古巴、波多黎各、中美洲和墨西哥的拉丁裔移民来到美国的东海岸和西海岸。此外，大量来自太平洋沿岸国家如日本、中国、韩国、萨摩亚、马来西亚、越南、泰国、菲律宾和印度尼西亚新移民的语言也丰富了英语。来自俄罗斯和亚美尼亚的新的大语言群体也为丰富词汇和美国城市文化做出了贡献。因此，新移民定居地的语言受到移民者母语的不同影响，进而增加了美国英语的变体。

若算上所有将英语作为母语或第二、第三语言使用的人，说英语的人在世界上的分布范围是最广的。英语是一些国家的国语，如美国、加拿大大部分、不列颠群岛、澳大利亚和新西兰。多年以来，它也是那些曾为英国殖民地国家的官方语言，这些国家包括印度、尼日利亚、加纳、肯尼亚以及其他母语是英语的非洲国家。由于上述原因，这些国家都使用英语方言。大概有超过十亿人能够以有效的流利程度说英语。

音系差异

> 我在游历这个国家时注意到一些常用词在发音上有好些差别。……现在我想知道的是这种现象是否有对错之分。……如果说有一种发音方式是对的，那么我们为什么不都按这种方式发音，并强迫其他人效仿呢？如果没有对错之分，为什么一些人对这种现象又大惊小怪呢？
>
> "标准美国人"一文所引信件
> 载J. V. 威廉森和V. M. 伯克编《多样的语言》

比较一下无/r/方言和其他方言就可以说明美国英语的方言之间存在很多音系差异。这些变异给我们写作第六章（语音学）制造了许多困难。在第六章，我们希望通过参照带有不同语音的英语词来说明这些语音的差异。正如前面提到过的，某些学生将caught（抓住）发音为[kɔt]，其中元音为[ɔ]，却将cot（小屋）发音为[kat]，元音为[a]，可是其他学生将这两个词都发音为[kat]。某些人将Mary（玛丽）、merry（欢乐的）和marry（结婚）三个词的音发得完全一样；另外一些人则分别发音为[meri]，[mɛri]和[mæri]；还有人是把其中的两个词发成同样的音。南部地区将creek（小河）发音成 [krik]，带有紧元音[i]，在中北部地区，则为[krɪk]，带松元音[ɪ] 。许多讲美国英语的人将"pin"（别针）和pen（钢笔）发同样的音，而另外一些人却将pin发成[pĩn]，pen发成[pɛ̃n]。如果多样性确实是生活的调味品的话，那么美国的种种方言就为我们的生活增加了风味儿。

英国英语（或其方言）的发音与美国英语的方言的发音有很多系统的区别。通过互联网调查众多说美国英语和英国英语的人的结果表明，48%的美国人将luxury（奢侈）的中间辅音发成清音[lʌkʃəri]，而96%的英国人发成浊音[lʌgʒəri]。64%的美国人将data（数据）的第一个元音发成[e]，35%的人发成[æ]，而92%的英国人将该音发成[e]，仅2%的人发成[æ]。最一致的区别发生在主重音的位置上，大多数美国人把多音节词的重音放在第一个音节上而大多数英国人却放在第二或第三音节上，如cigarette（香烟）、applicable（可应用的）、formidable（可怕的）、kilometer（千米）和laboratory（实验室）。

英国也有很多地域方言，在语音学那一章中描述的英语元音，使用它们的是操被称为标准发音（RP）的方言的说话者，因为该方言在这个君主立宪制国家的法庭上被认可（接受）。在此方言中，位于head（头）和herb（草本植物）词首的 /h/是发音的，而在大多数美国英语的方言中/h/在herb中是不发音的。在美国英语（词）中发音的/h/，在一些英国英语方言中，大多数按常规却不发音，如将house（房子）发音成[aws]，hero（英雄）发音成[iro]。

在全世界使用的各种英语方言中还存在很多其他音系差异。

词汇差异

对同一事物，地域方言所用的词与其音系一样可能也是不同的。著名的方言学家汉斯·库拉斯在他的论文《你叫它什么？》中问道：

你叫它提桶还是吊桶？你是从龙头还是从水阀那儿接水？天黑了，你是放下百叶窗，还是遮光布，还是窗帘？婴儿坐的是婴儿车呢，还是宝宝车呢，还是摇篮车，还是童车？你是推着它走，驾着它走，还是拉着它走？

在英格兰，人们乘lift（电梯）去first floor（一楼）（指美国的second floor"二楼"），但在美国，用elevator指电梯；在伦敦人们买五加仑的petrol（汽油，不用gas），在英国public school（公立学校）是"私立的"（你必须付费），如果有个学生穿着pants（短裤，相当于美国英语中的underpants）不穿trousers（长裤，相当于美国英语中的pants）上学，那就会被送回家去换装。

如果你在波士顿要买tonic（汤力水），得到的将是在洛杉矶称作soda（苏打水）或soda-pop（果味汽水）的饮料；在洛杉矶，高速公路被称为freeway，在纽约称为thruway，在新泽西称为parkway，在英国称为motorway，在其他一些方言地区中称为expressway或turnpike。

方言地图集

库拉斯教授编撰出版了美国某些地区的**方言地图**和**方言地图集**，将方言差别按地理分布描绘在它上面。绘制该地图的方言学家们标注了讲话者用一个词或另外一个词指称同一事物的地方。例如，使用Dutch cheese（荷兰奶酪）一词的地区是不相邻的；在大部分位于西弗吉尼亚的一小块地方说话者用该术语来指称被其他人称为smearcase(农家鲜干酪，源自荷兰语smeerkaas一词，由动词smeren"散布"和kaas"奶酪"组成的复合词）的东西。

在类似的地图上，区域根据同一词的发音变异区分开来，如creek发音为[krik]和[krɪk]。除了其他语言区别，根据词的不同用法和多样的发音来确定的聚集区域就形成了**方言区**。

在地图上画出来的、将这些区域区分开来的线叫作**同言线**。当你跨过一条同言线时，你就是从一个方言区进入了另一个方言区。有时几条同言线恰好相交，通常发生在政治边界线上，或在河流、山脉这样的自然界线上。语言学家们把这些归类线条称作**同言线束**。这样一个同言线束，就能够界定一种地域方言。

DARE是《美国地域英语词典》（*Dictionary of American Regional English*）的缩写。这本词典由著名的美国方言学家弗雷德里克·G.卡西迪（1907—2000）主编。

这本著作体现了卡西迪和其他美国方言学家多年来研究成果和学术成就。对于那些对美国英语方言感兴趣的人来说，该书是重要的材料来源。该书的前四卷（包括A到Sk部分）已出版；第5卷（包括Sk到Z部分）将会在2009年出版。在该书的网站上，本书的重要意义被描述如下：

> DARE是一部参考工具书，它有别于任何其他的参考工具书。其目的不是要规定美国人应该如何说话，甚至也不是描述我们通常使用的语言，那种"标准"语言。相反，它试图记录那些不能在美国各地都能找到的英语的种种变体形式——那些不同地区有所不同的词语、发音和短语，那些我们在家而不是在学校学到的词语、发音和短语，或那些属于我们口头文化而不是书面文化的词语、发音和短语。虽然美国英语就国家的巨大规模而言是明显同质的，但仍有许多差异，构成了美国各个方言区的特点。这些差异正是DARE所记录的。

句法差异

系统性的句法差异也可区分不同方言。在大多数美国方言中句子可以做如下连接：

1. John will eat and Mary will eat. （约翰将吃，玛丽也将吃。）

   → John and Mary will eat. （约翰和玛丽都将吃。）

在南密苏里州的欧扎克方言中还可以做出下面的连接：

2. John will eat and Mary will eat. → John will eat and Mary.

两句被缩短连接的句子是删除转换的结果，类似于第四章练习题19中所讨论的情况。有歧义的句子 George wants the presidency more than Martha. 可以源自两种可能的"d-结构"：

3. George wants the presidency more than he wants Martha. （乔治想要当总统胜过他想要玛莎。）

4. George wants the presidency more than Martha wants the presidency. （乔治比玛莎更想当总统。）

在此例中删除转换要么从例（3）的结构中删除he wants，要么从例（4）的结构中删除wants the presidency。在类似的转换中，通过删除第一次出现的动词短语（VP）will eat得到John and Mary will eat，如例（1）所示。而大多数英语方言中没有在连接句中删除第二个VP的规则，如例（2）所示，所以在那些方言中John will eat and Mary是不合语法的。欧扎克方言的与众不同之处就在于它允许删除第二个VP。

某些美国方言说Have them come early!（让他们早点过来!）另外一些则说Have them to come early! 说后一种方言的很多人也用"双情态动词"，像He might could do it.（他可能会做的），或You might should go home.（你应该要回家）这样的表达法都是合乎语法的。一方面所有英语方言都允许助动词递归（参见第四章），但另一方面，绝大多数方言都严格限定动词短语只能包含一个情态动词。

允许双情态动词（如阿巴拉契亚英语）的某些方言也表现出了双宾语现象（如，I caught me a fish. 其中me是直接宾语而a fish是间接宾语——译注）；以及用前缀a- 构成进行体，如He came a-runnin'（当时他正跑过来）。因此，一些明显的句法特征将形成区分这些地域方言的句法同言线束。

在好几种美国英语方言中，其他方言用第一人称代词宾格me（我）的地方用主格 I（我）。这是一种受句法条件制约的形态差异。

方言1	方言2	
Between you and I	between you and me	（你我之间）
Won't he let you and I swim?	Won't he let you and me swim?	（他不会让你我游泳吗？）
*Won't he let I swim?		

在这些结构中，仅允许在并列的名词短语（NP）中使用I，如加星号（不合语法）的句子所示的。而Won't he let me swim?在两种方言中都是合乎语法的。方言1正在成长中，这些形式正在成为电视播音员、政治领导人和大学教授等所讲的标准英语，尽管纯语主义者仍对此用法表示不赞成。

在英国英语中，句子I could have done it（我本来可以完成它）中的代词it（它）可以删除，变为I could have done，这在美国英语语法的句法规则中是不允许的。而美国英语允许删除done it，美国人将其说成I could have，但这却不符合英国英语的句法规则。

尽管有这么多不同，我们还是能够听懂其他英语方言。即使地域方言在语音、词汇和句法规则上有很多不同，但是与语法的总体结构相比，这些区别还是次要的。许多规则和词汇都是方言之间共享的，这是同一种语言的种种方言可以相互听懂的原因。

1.2 社会方言

> 我语言所及的地方都是我的世界。
>
> 路德维希·维特根斯坦

很多情况下，社会界限和阶级差异如同界定地域方言的天然屏障一样具有限制性。所以，不同的社会群体演化成不同的方言，就不意外了。另外，就像某一地区的人之间的交流一样，某一群体的成员交流同样通畅而不受限制。但是，社会群体之间的交流却可能受到严重限制，好似一道汪洋那样的天然屏障横亘在各社会群体中间。

由于社会界限而产生的不同方言举不胜举。它们可能是基于社会经济状况、民族或种族差异、起源国甚至性别的差异。英美中产阶级使用的语言往往和工人阶级不同；在美国，非洲裔美国人使用的方言和欧洲裔、亚裔或者拉丁裔美国人有所不同；而且，正如我们看到的那样，女人和男人也有各自明显的言语特征。

因社会因素而产生的不同的方言叫作**社会方言**。与之相对应的是由于地理原因而产生的地域方言。然而，显而易见的是社会方言也受地域影响，地域方言也受社会因素影响，所以二者的区别不是预先决定的。

1.2.1 "语言规范"

> 我们可以不谈论新奇的语法，也不吃凤尾鱼吐司，但我们的厨房生活不见得就没文化。
>
> 玛丽·诺顿《借用者》

所谓标准英语，其实就是一个社团的习惯用法，只不过该习惯用法已被认可和接受为整个社会的习惯用法。除此之外，使用范围更大的地道英语，就是任何一种能够表情达意、完成交际目的的英语。

乔治·菲利普·克腊普
《近代英语：它的发展和当今的用法》

尽管每种语言都是各种方言的复合体，许多人在言谈和思想中，都把语言看作似乎是一个"有明确定义的"固定系统，这个系统附带着从该系统规范中分离出的各种方言。这是错误的，尽管它是很普遍的误解。一位语言学方面著述颇丰的作者曾指责1961年出版的《韦氏第三版新国际词典》的编者们混淆了"标准、次标准、口语、土语和俚语之间原有的差别，以至于将这些差别一笔抹杀"，还指责编者认为"好与坏、对与错、正确与不正确的区别不再存在"。在下一节我们将论证这些评论是没有根据的。

纯语主义者

一个说话口音这么难听的女人在哪儿也不能待，根本就不该活着。你该记得你是个有灵魂的、上天赐给你能说人话的人；该记得你的国语是莎士比亚、密尔顿和《圣经》所用的语言；别再坐在这儿像个生气的鸽子似的咕咕叨叨了。

萧伯纳《卖花姑娘》

规定主义语法学家或纯语主义者通常认为，只有那些政治领导人和国家新闻播音员所用的方言才是语言的正确形式（参见第一章有关规定语法的讨论）。这是学校的英语或语法课上教授的方言，它比很多其他方言更接近语言的书面形式，这也使其有了某种优越感。

丹麦大语言学家奥托·叶斯柏森，曾经嘲笑那种认为某种特定方言比其他方言都要优越的观点，他写道："我们将最好的作家所用的语言定为最好的语言，将语言写作最佳的作家算作最好的作家。那么，我们就只好在原地踏步了。"

占优势地位或有**权威**的方言，通常被称作标准方言。**标准美国英语（SAE）**是许多美国人说得非常相近的一种英语方言；不同于这个"标准"的方言被称为"费城方言""芝加哥方言""非裔美国人英语"等等。

SAE是一种理想化的标准语。没有一个人讲这种方言，即使某人讲这种方言，我们也不可能知道这就是SAE，因为标准的美国英语并没有精确的定义（和大多数方言一样，都很难明确定义）。在20世纪90年代时，教师们和语言学家们曾召开过一次会议，试图精确界定SAE。对于SAE应该是什么样子，这次会议并没有让大家满意。过去，国家新闻播音员所用的语言代表SAE，但现在这些人当中有不少人开始讲地域方言或是违规使用纯语主义者偏爱的英语。同样，英国广播公司（BBC）曾经主要使用讲标准英国英语的人员，但现在在BBC节目中也常能听到爱尔兰、威尔士、苏格兰和其他地区的英语方言。英国广播公司将其英语描述为"受过教育的专业人士所说的话"。

按照一些所谓"语言专家"的观点，偏离这种没有人能够定义清楚的"标准语言"造成了语言"危机"。一位规定语法学家曾问道："美国人将导致英语的死亡吗？"回答是，"我经过深思熟虑认为会是这样。"如第十一章所讨论的，语言确实会死亡，但是死亡的原因肯定不是语言不纯正。所有这些小题大做使人联想到马克·吐温在读了关于他的讣告之后打给美联社的电报："关于我死亡的报告实在是过分夸大了"。

这种将语言变化看作是语言堕落的观点，至少可以追溯到大约公元前200—100年，亚历山大时期的希腊语法学家那儿。当时所说的希腊语不同于荷马时代的希腊语，他们对此表示关切，认为早期的形式更为纯正。他们试图修正种种不完善，但都遭到惨痛的失败，一如他们的现代同行。同样，在公元8和9世纪，在巴士拉工作的穆斯林阿拉伯语法学家们曾试图纯化阿拉伯语，以便使它恢复到古兰经中的阿拉伯语那样完善的境地。

美国独立战争之后的许多年中，英国作家和记者们曾挑剔美国英语。托马斯·杰斐逊是他们早期的攻击对象。发表在《伦敦评论》上的一篇评论托马斯·杰斐逊所做的《弗吉尼亚州笔记》的文章写道：

真丢人，杰斐逊先生！为什么，在践踏我们国家的荣誉，并把它描述得比荒蛮之地好不了多少之后——请问为什么，还要不断地践踏我们语言的语法本身？……我的先生，我们将无条件地饶恕你对我们国民性格的所有攻击，这种攻击既软弱无力又僵化偏狭；但是将来请不要再损害，我们恳求你，不要再损害我们的母语！

1787年英国记者所担忧的后果，后来并没有出现，那些现代的纯语主义者所担忧的后果，同样也不会出现。从语言学的观点来看，一种方言既不比其他方言好，也不比其他方言坏，既不会更纯正，也不会更不纯，既不会更合乎逻辑或更不合逻辑，也不会更富于表达力或更不利于表达。仅仅是存在不同而已。更确切地说，它仅仅是反映在讲话者头脑中的一套不同的规则或词项。

任何以纯正语言为目的的学院和卫道士，都无法阻挡语言变化的潮流，任何人也不应该试图这样做，因为这种变化并不意味着语言不纯。事实上，对广大讲美国英语的人来说，现在对criteria（标准）和data（材料）与information（信息）一样都属于物质名词这件事并不感到担忧。信息可以包括一件事实或多件事实，但有人仍会说The information is。对于一些人来说，The criteria is或The criteria are同样都是正确的。那些说The data are的人也愿意或也可以说The datum（单数）is。

某一特定语言的标准方言（或权威方言）可能具有多种社会功能。在一个群体中，它的使用可以使人们团结在一起，或者为讲多种方言的言说者提供共同的书写形式。如果它是富人和有权有势的人所说的方言，那么对整个社会来说，这种方言可能具有重要的含义，所有渴望成功的人可能都不得不说这种方言，即使这种方言并不是他们自己的方言。

1954年，英国学者艾伦·罗斯出版了《当代英语中阶级差异的语言标识》（*Linguistic Class-Indicators in Present-Day English*）一书。书中作者比较了被标记为U类的英语上流社会的言语习惯与非U类讲话者的言语习惯。罗斯总结说，尽管上流社会有它自己专属的词语和发音，U类言语的主要特点是回避非U类的言语；而具有讽刺意味的是，非U类言语的主要特点是极力说起来像U类言语。例如，They've a lovely home（他们有一个美丽的家）是纯非U类的言语，因为它试图高雅些。非U类讲话者说wealthy（富有）和ever so（总是那么）；U类讲话者说rich（有钱）和very（很）。

非U类讲话者说recall（回忆）；U类讲话者只说remember（记得）。

非U类言语习惯通常**矫枉过正**，偏离被认为是"正确英语"的标准，比如often（经常）发音带[t]，或者说between you and I（你我之间）。讲U类言语的人，因为总体上对自己的方言比较自信，所以他们坚持把前者发音为[ɔfən]，把后者说成between you and me。具有讽刺意味的是，在有些情况下，非U类言语太普遍了，以至于它最终成了权威方言的一部分，这正是我们今天从often和between you and I /me这两个例子中所理解到的。

然而，没有哪种方言会比其他方言或语言更富于表达力、更符合逻辑、更复杂，或更具有规则。因此，任何对某一特定方言或语言所进行的优劣评价，都只是社会评价，没有任何语言学或科学的依据。

被禁止的语言

纯语主义者希望阻止语言或方言的变异，因为他们错误地相信语言有优劣之分，或者认为变异会败坏语言。作为政治控制的手段，一些语言和方言也会被禁止。俄语曾是俄国沙皇允许的唯一合法语言，禁止使用乌克兰语、立陶宛语、格鲁吉亚语、亚美尼亚语、阿塞拜疆语及其他所有在俄国统治下的少数民族语言。

直到大约20年前，路易斯安那地区英语、法语①，在南路易斯安那州实际上是禁止使用的，即便法律上可能并未明文禁止。年纪超过50岁的人报告说，他们在学校如果说法语则常常会受罚，尽管他们中有很多人在入学前从未听人说过英语。

印第安人居留地内的联邦和州立学校一度禁止使用美洲印第安语，这一现象持续了很多年。另外，法罗群岛也曾经禁止使用法罗语。日本人在1910年至1945年占领韩国期间，强制推行禁止说朝鲜语的命令。从古至今很多语言和方言曾不同程度地被禁止过。

2001年，《纽约时报》报道了"新加坡的领导人想要的是英语而不是新加坡英语"。虽然标准英语是新加坡各民族人民的共同语言，但是很多新加坡人并没有把英语当作母语来学习。他们说的是新加坡英语，一种融合了马来语、泰米尔语、汉语普通话和其他汉语方言（或者说"语言"）的英语形式。这些人成了新加坡"说地道英语运动"所针对的对象。

在法国，一个由"学者"组成的官方学会推行一种"标准语"概念，以此作为语言的唯一正确形式，他们还确定哪些用法才属于"官方法语"。若干年以前，这个学会还通过制订一条法规来禁止使用Franglais，即指源自英语的词语，如le parking（停车场）、le weekend（周末）和le hotdog（热狗面包）。当然，法国人现在仍然在使用这些词语，并且因为这类词语众所周知，又在广告中广泛使用，要知道在广告中引起注意比正确无误重要得多，因此这些禁令仅在政府文书中才能执行。

还有数以百计的乡村方言或土语（patois [patwa]），在大学院校也一律不准使用，尽管其中一些实际上是独立的语言，像法语、西班牙语和意大利语那样都是从拉丁语派生而来。法国各不相同的、极其丰富的方言和语言也都具有一个共性：它们都不是官方认可的法语。在确保官方语言唯一性的种种努力的背后，确实存在着一些政治动机和语言误导动机。

---

① 即Cajun English 和 Cajun French，其中的Cajun 指移居美国路易斯安那州的法国人后裔，尤指阿卡迪亚人。——译注

在过去（一定程度上也包括现在），一个来自外省的法国公民如果希望在法国社会取得成功，几乎都得学习巴黎法语——法国的权威方言。在几十年前，区域自治运动的成员要求拥有在学校和官方事务中使用他们自己的语言的权力。在法国奥克地区，流行歌手用奥克语（该地区的一种罗曼语）来演唱，以此作为对官方语言政策的抗议，并作为文化复兴运动的一部分。下面是一首用奥克语演唱的流行歌曲的最后的合唱部分（附有法语和英语的翻译）：

奥克语	法语	英语
Mas perqué, perqué	Mais pourquoi, pourquoi	But why, why
M'an pas dit à l'escóla	Ne m'a-t-on pas dit à l'école	Did they not speak to me at school
La lega de mon pais?	La langue de mon pays?	The language of my country?

（学校不教我自己家乡的语言，这是为什么，为什么？）

在法国布列塔尼地区也发生过一场声势浩大的运动，要求在学校使用布列塔尼人说的凯尔特语。法语属于罗曼语族语言，布列塔尼人说的凯尔特语与法语甚至不属同一语族[①]。布列塔尼人说的凯尔特语与爱尔兰语、盖尔语和威尔士语同属凯尔特语族（我们会在第十一章讨论这类语言的系属问题）。不管怎么说都不是语言的结构或是系属问题导致了布列塔尼运动，而是一个民族的尊严使然。尽管人们认为某个民族所说的语言没有"标准语"那么好，但他们有自尊心，并且他们还希望通过反对这种语言使用上的政治观，来保存自己所说的语言，这才导致了布列塔尼运动的爆发。

实践证明这些努力是成功的。1982年，新当选的法国政府颁布法令，通过学校教育、举办展览会和节日庆典来宣传布列塔尼地区、南部朗格多克地区和其他地区的语言和文化。可是在以前，如果学生说布列塔尼人说的凯尔特语，就必须在其脖子上挂木头鞋来进行惩罚。

在世界上的很多地方（包括美国）都禁止失聪者使用手语。在聋哑学校里，如果儿童使用任何手势，通常会受到惩罚，因为聋哑学校的目的是教会失聪儿童读懂唇语，并通过声音来进行交流。这种观点阻碍了聋哑儿童与语言之间的早期接触，它错误地认为儿童如果接触到手语，将学不会唇语或发出声音。在学会口语后变聋的人，常常能够利用他们的知识学会唇语并继续讲话。然而，这对从未听到过言语声音的人来说，却是非常困难的。而且，即使是最优秀的唇语者也只能理解大约三分之一的话语。请设想一下试图通过判断讲话者的唇型来决定讲的是lid（盖子）还是 led（lead "领导"的过去分词）会是多么困难。请将电视机设置为静音，然后看看，即使录下新闻节目并用慢速回放，甚至在你知道新闻主题的情况下，你又能理解多少。

美国宪法里没有提及国语。约翰·亚当斯[②]曾提议设立一所类似于法兰西学院（French Academy）的国立学会，以规范美国英语。但是，因为与"每个人都享有自由和公正"的目标不符，所以这一提议被全面否决。

近年来在美国兴起了旨在通过修改宪法将英语确立为官方语言的运动。一份"官方英语"提案

[①] 原文为 family（语系），事实上学界一般认为凯尔特语与法语同属印欧语系，但是语族（laguage group）不同。译文做了调整。——译注

[②] 美国第二任总统。——译注

分别于1986年在加利福尼亚州、1988年在科罗拉多州、佛罗里达州和亚利桑那州，以及1990年在阿拉巴马州获得通过。这些提案已被17个州的立法机关采纳。这种语言沙文主义受到了少数群体公民权利倡导者的反对，他们指出，这样的措施可能会用来阻碍许多不说英语但合法纳税的公民参与民事活动，如投票、接受公共教育等。幸运的是，在写作此书时，该运动似乎已经丧失了动力。

语言的复活

> 你们现存的种种语言中没有适合布林伯小姐的。它们肯定死了，全死了，然后布林伯小姐会像盗尸者一样把它们挖掘出来。
>
> 查尔斯·狄更斯《董贝父子》

一些民族努力保护自己的语言和文化，反对禁止他们的语言或方言的企图。这种努力减缓甚至逆转了语言消失的命运，法语在加拿大魁北克省的经历就是很好的例子。1961年，组建了魁北克法语办事处，旨在对魁北克地区的法语方言进行标准化。但是，具有讽刺意味的是，办事处拒绝这样做，原因是担心这样会影响魁北克省法语使用者与其他法语地区居民之间的交流和相互理解。人们认为标准化将在语言上孤立魁北克人并导致法语在加拿大灭绝。取而代之的是，该办事处利用其权力提倡魁北克人在日常生活中使用法语（不论何种方言）。

在大西洋对岸，盖尔语或爱尔兰语又重新在爱尔兰岛和北爱尔兰岛的成百上千所学校里教授，并且还有许多人将此曾一度濒临消亡的语言作为第一语言来学习。不过这些"反语言死亡"的运动不应该包括强行禁止任何语言。

休眠语言复活的一个生动案例发生在以色列。以色列的希伯来语学会承担了一项在人类历史上从未做过的工作——唤醒古代书面语以服务于现代人们日常交谈的需要。二十三位词汇学家研究了《圣经》和犹太法典以便为该语言增加新词。虽然有人企图保持该语言的"纯正"，但学会还是在大众的压力面前让步了。因此，银行支票的单数发音为check [tʃɛk]，复数则加上希伯来语的复数后缀-im构成check-im，尽管有人曾提议过用希伯来语hamcha'ah一词。与此类似，lipstick（口红）成功取代了 s'faton，pajama（睡衣）取代了chalifatsheinah。

1.2.2 非裔美国人英语[①]

> 这种语言，正是这种语言……它是黑人的最爱——说出词语，在舌头上控制、体验、把玩辞藻。这就是爱，是热情。其作用有如传教士：使你从座位上站立起来，全神贯注地倾听。所有可能发生的事情中，最糟的莫过于失去这种语言。
>
> 托妮·莫里森《新共和国中的访谈》 1981年3月21日

美国的地域方言大多没有坏名声。而有一些地域方言，例如没有r音的布鲁克林方言，却是所谓幽默的受害者，讲方言的人们会嘲笑南方人的"拖腔"或德克萨斯人的"鼻音"（即使并不是所有操

---

① 非裔美国人英语（AAE）实际上是紧密相连的一组方言，也被称为"非裔美国人乡土英语"（AAVE）、"黑人英语"（BE）、"内城英语"（ICE）或"美国黑人英语"。（原注1）

南方方言的人都带拖腔,也不是所有德克萨斯人都带鼻音)。

但北美英语中有一种社会方言仍然是这种无知偏见的受害者。这种方言就是非裔美国人英语(AAE),它是众多非裔美国人所讲的方言。由于社会、教育和经济的原因,这种英语方言的区别特征一直都存在。由于历史上对非裔美国人的歧视形成了社会隔离,使得此方言茁壮成长。另外,特别是近些年,许多黑人接受了将自己的方言,看作是一种真实身份认同的手段。

自从20世纪60年代民权运动兴起以来,AAE已成为全国公民注意的焦点。还有一些评论家试图将其使用等同于遗传性的智力低下以及文化丧失,声称AAE是"有缺陷的、不合逻辑的、不完善的"语言,并以此为上述错误观辩护。但是诸如此类的表述对任何语言都不适用,无论是用于非裔美国人英语、俄语、汉语还是标准美国英语,同样都是不科学的。那种文化丧失的荒诞说法,与那些认为某些方言或语言低下的想法,同样是荒谬的。一个人可能被"剥夺"了一种文化背景,但却富于另一种文化背景。

某些白人和黑人认为,只要通过一个人的言语就能够确认那个人的种族,因为他们相信不同的种族本来就说不同的话。这种想法显然是错误的。一个在英国养大的黑人小孩会讲英国的普通方言。一个在讲AAE的环境中长大的白人小孩,会讲AAE。孩子们根据他们听到的语言来建构自己的语法。

在这里,AAE比其他美国方言讨论得更广泛一些,这是因为AAE,不仅提供了有关一种主要语言的方言的规律性现象的很多例证,而且提供了与该语言的所谓标准方言之间的系统区别。大量研究表明,AAE和SAE具有的语言差别,与世界主要方言之间具有的语言差别是一样的。

AAE 的音系

在这一节,讨论了AAE和SAE的一些音系差别。因为AAE并不是单一的、统一的方言,而是指紧密相连的方言的总和,所以在本节中所讨论的,并不适用于所有讲AAE的人群。

R-删略规则

像好些英国英语和美国英语的方言一样,AAE也具有"r-删略"这条规则,即除了元音前面的/r/之外,删略其他所有的/r/。如,guard(卫兵)和god(上帝),nor(也不)和gnaw(咬),sore(痛)和saw(看见,过去时),poor(穷)和Poe(坡,人名),fort(堡垒)和fought(作战,过去时),及court(庭院)和caught(抓,过去时),因为有了这条音系规则,上述这些成对的词在AAE中发完全同样的音。

L-删略规则

对于一些说AAE的人来说,还存在"l-删略"规则,因此就产生了像toll(捐税)和toe(脚趾),all(一切)和awe(敬畏),help(帮助)和hep(时髦的)这样的同音词。

辅音丛的简化

在AAE中有一条辅音丛简化规则,它简化了辅音丛,特别是当辅音丛位于词尾位置时,或当两个辅音中有一个是龈音(/t/, /d/, /s/, /z/)时。应用这条规则可以删略表示过去时的词素,因此meant(意味,过去时)和mend(修补)都发音为men(男人,复数),past(过去的)和passed(pass+ed

通过，过去时）都发音为pass（通过）。当讲这种方言的人说I pass the test yesterday（我昨天通过了测验）时，他们并不是不知道过去时和现在时的区别，而是按照他们语法中的规则去读动词的过去时。

这种删略规则是非强制性的，并不总是使用。研究表明当词尾的[t]或[d]不是表示过去时的词素时更可能使用该删略规则，如，名词paste [pes]中的[t]与动词chased [tʃest]中的[t]相比，前者可能总是被删略，而后者则不然。人们还观察到词尾的[s]或[z]也存在这种区别，讲AAE的人更有可能保留诸如seats /sit + s/（座位）这类词（这里/s/表示复数）中的[s]，但却更有可能删略Keats /kits/（基茨，人名）这类词中的[s]，从而得到表层形式[kit]。

辅音丛的简化并不是AAE中独有的特征。对于其他方言（包括SAE）的许多言说者来说，它都是非强制性的。例如，在didn't（不，过去时）中，位于词中间的[d]常常被删略掉，因此发音为[dĩnt]。再者，位于词尾的清闭塞音前的鼻音通常被删略，结果[hint]发音成了[hĩt]。

中和鼻音前的[ɪ]与[ɛ]

AAE与许多地域方言一样，鼻辅音前的[ɪ]与[ɛ]没有区别，因此造成了pin（别针）和pen（钢笔），bin（箱子）和Ben（本，人名），tin（锡）和ten（十）等发音相同。这些词语中所用的元音，大致介于pit（坑）中[ɪ]和pet（宠物）中的[ɛ]两者之间。

双元音的简化

AAE中有一条规则：/ɔj/→/ɔ/。即将双元音/ɔj/（特别是在/l/之前）简化为单元音/ɔ/，取消了滑音，因此，boil（沸煮）和boy（男孩）都读为[bɔ]。这条规则在白人和黑人所说的南方地域方言中都是很普遍的。

齿间擦音的消失

将/θ/变为/f/，/ð/变为/v/是一个普遍的特征，因此Ruth（鲁斯，人名）读作[ruf]，brother（兄弟）读作[brʌver]。这种/θ/-/f/之间的对应关系在英国英语的一些方言中也是存在的，/θ/在那些方言里并不是一个音位。think（想）在伦敦土话中一律读作[fɪŋk]。

在this（这）、that（那）、these（this的复数）和those（that的复数）这些词中，词首的/ð/都读作[d]。这也不是AAE所特有的，而是某些地区的、非种族的英语方言的共同特征，在新泽西州和纽约市及波士顿市都发现了许多这样的方言。

喉塞音的替代

在AAE（和非AAE）中发现的另外一个普遍特征，是用喉塞音替代位于非词尾音节位置的齿龈塞音，因此人名Rodman（罗德曼）读作[raʔmən]，而词语rod（竿）读作[rad]。事实上，在有关语音学的第六章中我们观察到，在一些英语方言中喉塞音[ʔ]是/t/的普通音位变体形式。

所有这些区别都是系统的，受规则支配的，与发生在世界各地语言中的音变现象，包括标准英语的音变，都十分相似。

AAE 和 SAE 之间的句法差异

他的姿态像女士一样亲切，

他说话从来都不粗鲁无礼。

杰弗里·乔叟《坎特伯雷故事集》序言，69—70页

句法的区别也存在于各种方言之间。这种句法差异常被用来说明AAE不合逻辑，然而这些区别也说明，AAE在句法上像SAE一样复杂，一样符合逻辑。

多重否定

类似于AAE中 He don't know nothing之类的多重否定结构，在世界上的语言中是很常见的。这些语言包括法语、意大利语以及如本节中出自《坎特伯雷故事集》的引言所示的乔叟时代的英语等享有盛名的语言。在AAE中，多重否定是受句法规则制约的，并不是不合逻辑的，讲AAE的人也并不是缺乏逻辑的思想者，不知道否定加否定等于肯定，虽然这在代数里可能是对的，但在语言学中还得由语义规则来决定。

动词 BE 的删略

在许多情况下，如果在标准英语中动词可以缩略，AAE句子中该动词就被删略掉了；而如果在SAE中动词不可以缩略，在AAE中也不能被删略，如下面的句子所示：

SAE	AAE	
He is nice/He's nice.	He nice.	（他是好人）
They are mine/They're mine.	They mine.	（它们是我的）
I am going to do it/I'm gonna do it.	I gonna do it.	（我打算去做它）
He is/he's as nice as he says he is.	He as nice as he say he is.	（他像他说的一样是个好人）
*He's as nice as he says he's	*He as nice as he say he	
How beautiful you are.	How beautiful you are.	（你好美啊）
*How beautiful you're	*How beautiful you	
Here I am.	Here I am.	（我来了）
*Here I'm	*Here I	

这些例子表明，尽管这两种方言之间存在细小的系统差别，但句法删略规则在它们中都起作用。

习惯性的 BE

在SAE中，John is happy（约翰很高兴）这个句子既可理解为约翰现在高高兴兴的，也可理解为约翰总是高高兴兴的。在SAE中，只要通过词汇方式，也就是增加词语，就能够将它们区分清楚。人们不能不说John is generally happy（约翰平时很高兴）或者John is a happy person（约翰是个快乐的人）来区分John is presently happy（约翰现在很高兴）这句话的意思。

在AAE中，这种区分是通过句法来实现的；如果说话者指的是习惯性状态，则使用未发生屈折

变化的be。

John be happy.	"John is always happy."	（约翰总是很高兴）
John happy.	"John is happy now."	（约翰现在很高兴）
*John be happy at the moment.		（*约翰那时很高兴）
He be late.	"He is habitually late."	（约翰老迟到）
He late.	"He is late this time."	（约翰这次迟到了）
*He be late this time.		（*约翰这次迟到了）
Do you be tired?	"Are you generally tired?"	（你平时感到累吗？）
You tired?	"Are you tired now?"	（你现在感到累吗？）
*Do you be tired today?		（*你现在感到累吗？）

不合语法的句子，是因为习惯意义与at the moment（那时）、this time（这次）和today（现在）所表达的瞬间意义之间的冲突所造成的。这种惯常体与非惯常体之间的句法差异，也出现在SAE中，但是只存在于除be动词之外的其他动词之上。在SAE中，诸如eat（吃）和dance（跳舞）这些事件动词，当加上现在时词缀 -s后，仅表示习惯意义而不能指称正在进行的情状，这与诸如think（思考）或love（爱）这些静态动词所表达的意义形成了对照，如下面的句子所示：

John dances every Saturday night.	（约翰每周六晚上跳舞）
*John dances now.	（*约翰现在跳舞）
John loves Mary now and forever.	（约翰现在和永远都爱玛丽）

AAE 的历史

AAE的起始年代很容易确定，即1619年，第一批黑人带着镣铐到达弗吉尼亚州的时候。然而，有关导致AAE与其他美国英语方言之间产生系统区别的因素，却有许多不同的理论。

一种观点认为非洲奴隶从他们的殖民地主人那里学会了第二种语言——英语，AAE由此产生。虽然他们学会了基本的语法，但许多表面的差异一直存在，这在奴隶的小孩建构的语法中得到了反映，而他们的英语主要是从父母那里听来的。如果这些孩子当时接触到了白人所说的英语，那么他们的语法即使与普通的南部方言不是一模一样，但也许会更相似一些。这种方言差别的延续和发展，是由于美国社会的种族的隔离政策，孤立黑人所造成的。这种理论的提出者指出了这样一个事实，即AAE与SAE的语法，除了一些句法和音系规则造成的表层差异之外，基本上是相同的。

另一种意见越来越得到人们的支持，它认为AAE中的许多独特之处，是由奴隶们所说的非洲语言的影响造成的。17和18世纪期间，为了防止造反，那些讲不同语言的非洲人被故意集中在一起，这使他们之间交流不便，为了交流奴隶们被迫使用大家都有机会接触到的共同语言，即英语。他们发明了一种简化的形式，称作皮钦语（在下一节进行讨论）——这种语言融合了西非语言的许多特点。根据这种意见，AAE和其他方言之间的区别，主要由深层的句法差别而非表层的差异所造成。

很明显，AAE与美国南部英语方言的密切程度，高于它与其他方言的密切程度。这支持了这样一个观点，即认为黑人奴隶从南部的白人那里学会了第二语言——英语。下面的事实也可能解释上述的两种方言间的密切程度，即在数十年间，大批的南部白人的小孩都是由黑人妇女带大的，并且与黑人的小孩一起玩耍。南部方言的许多区别特征，也有可能就是通过这样方式从AAE中学来的。著名的民俗学家L.W.佩恩在美国方言学会1908—1909年的刊物上清楚地阐明了这一观点：

> 对我来说，在还算仔细地研究了阿拉巴马东部方言之后，我确信白人的语言，也就是我讲了一辈子的方言，我试图在此记录的方言，受到了黑人语言的影响，其影响之大超过了任何其他单一因素对白人语言的影响。

这种双向的相互改变仍在继续。源自AAE的词、短语以及用法不断地丰富了SAE；无论AAE的起源是什么，其他许多英语方言中所发生的变化都在影响着它。

1.2.3 拉丁美洲（西班牙）英语

美国英语方言中一个较大的语族，是母语为西班牙语的人及其后裔所说的语言。美国西南部曾是墨西哥的一部分，一个多世纪以来，来自南美洲和中美洲的西班牙语国家的大量移民，一直用他们的语言和文化充实着这个国家。在这些移民人群中，有些人的母语是西班牙语，但他们已经学会了英语或正在学习第二语言——英语，也有些人出生在说西班牙语的家庭里，但其母语却是英语，其中有些人只会说英语，而另外一些人会说第二语言——西班牙语。

没有人能够证明存在一种同质的拉丁美洲（英语）方言。除了双语者和单语者之间的差别之外，波多黎各、古巴、危地马拉、萨尔瓦多移民或他们的孩子所讲的方言之间，也存在着在某种程度的差别，它们与在西南部和加州的许多墨西哥裔美国人所讲的方言（称为墨西哥裔美国人的英语/奇卡诺英语）也稍有不同。

对于拉丁美洲英语方言的描述，因为历史和社会的原因而变得复杂。虽然很多拉丁美洲人都是双语者，但多达20%的墨西哥裔美国人只会讲英语。最近的研究也表明只会说英语的人数正在迅速增加。此外，双语者也并不是同质的语言群体，母语为西班牙语的人所具有的英语知识范围可能从被动（能够理解但不会说）到完全掌握。因为美国与墨西哥接壤而发生的边境语言接触，以及该地区人口中的很大一部分在社会上已经融合在一起，这些都强化了西班牙语对说英语的移民和英语母语者的影响。

说英语时，能说双语的拉丁美洲人，可能会在一个句子中插入西班牙语词或短语，或者在西班牙语和英语之间来回转换，这个过程叫作**语码转换**。这是一个由语言接触产生的普遍现象，它反映出两种语言的语法在同时起作用。加拿大的魁北克人从法语转换到英语，反之亦然；瑞士人在法语和德语之间转换。说双语的人群，只要说这两种语言时就会发生语码转换。而且，当语码转换出现在特殊的社会情景中时，则丰富了说话者的语言。

因为许多人都不了解语码转换，一个普遍的误解是认为说双语的拉丁美洲人所说的英语"支离破碎"，有时被称为西班牙英语或得克萨斯-墨西哥英语。其实，并不是那么回事儿。事实上，插入句子中的短语，总是为了与该语言的句法规则保持一致。例如，在西班牙语的名词短语中，形容词通常在名词的后面，这与英语名词短语（NP）的顺序相反，如下所示：

英语： My mom fixes green tamales.   Adj（形容词）   N（名词）

西班牙语： Mi mama hace tamales verdes.   N（名词）   Adj（形容词）

讲西语和英语双语的人在语码转换时可能会说：

My mom fixes tamales verdes.

或 Mi mama hace green tamales.

但不会说这样的句子：

*My mom fixes verdes tamales.

或 *Mi mama hace tamales green.

因为西班牙语的词序与插入的西班牙语名词短语的词序相反，英语的词序与插入的英语名词短语中的词序也相反。

需要强调的是这些人知道的不是一种而是两种语言，而且语码转换和一般语言知识一样是受语法原则约束的。

奇卡诺英语（ChE）

我们已经看到不存在形式统一的拉丁美洲英语，就好像不存在单一的SAE或美国英语方言一样。奇卡诺英语方言也不是同质的。尽管如此，我们仍然能够把它当作一种不同的美国英语方言，它是很多孩子的母语，即便不是成百万的，也是成千上万的美国人的母语。

它不是带有西班牙语腔调的英语，也不是SAE的一种不正确变体。与AAE一样，它是一种彼此能够理解的方言，与SAE之间存在系统的差别。然而，在这些差别中，许多都是由说话者的社会语境决定的。（AAE和许多"少数民族"方言也是这样的。）这种因说话者的社会境况不同而产生的语言差异被称为**社会语言变项**。例如，使用诸如双重否定这样的非标准形式常常与种族自尊心联系在一起，而后者则是社会语境的一部分。许多说奇卡诺英语的人（和说AAE的人）都能说两种方言；他们会根据社会情况使用奇卡诺英语（或AAE）或者SAE。

奇卡诺英语的音系变体

奇卡诺英语与其他方言一样是多种因素造成的。一个主要的因素是西班牙语的影响。奇卡诺英语和SAE之间的音系差别表明了这种影响。下面是一些系统的差别：

1. 第六章和第七章讨论过这样一个事实，即英语中有11个重读元音音位（3个双元音不计算在内）：/i, ɪ, e, ɛ, æ, u, ʊ, o, ɔ, a, ʌ/。然而，西班牙语只有5个：/i, e, u, o, a/。母语为西班牙语但是能说奇卡诺英语的人可能用西班牙语的元音系统代替英语的元音系统。这样就产生一些同音词，而这些同音词在SAE中的发音是不同的。因此，ship（船）和sheep（羊）的发音都像sheep；rid（摆脱）的发音像read（阅读），等等。母语为英语但是能说奇卡诺英语的人，尽管掌握了一套完整的美国元音系统的知识，但仍然会选择说奇卡诺英语方言。

2. ch和sh之间的交替；shook（shake的过去时）的读音听上去好像拼写为ch，check（支票）似乎拼作sh。

3. 一些辅音的清化，如/z/在easy（容易）中读为[isi]，在guys（伙计们）中读为[gajs]。

4. 在词首，用/t/代替/θ/，/d/代替/ð/，如thin（薄）读作[tin]，they（他们）读作[de]。

5. 词尾辅音丛的简化。war（战争）和ward（保护）的发音都像war；star（星）和start（开始）的发音都像star。这个过程也可删略过去时后缀（poked [戳，过去式] 发音像poke）和第三人称单数后缀（He loves her [他爱她] 变成了he love her）。词尾位置的龈音辅音丛的简化（例如，fast [快] 读起来好像是拼作fas）已经在包括SAE的所有英语方言中流传开来。尽管这一过程常常在说奇卡诺英语和AAE的人身上凸显出来，但实际上这一过程已经不再为某个方言所特有。

6. 奇卡诺英语在话语韵律，诸如元音的长度和语调调型等方面，可能也不同于SAE，这为奇卡诺英语增添了特殊的韵味。

7. 西班牙语的音序限制条件不允许以/s/开头的辅音丛置于词首，这个限制条件有时也适用于奇卡诺英语。因此，scare（惊吓）可能读起来好像拼写为escare，school（学校）读起来好像拼写为eschool。

奇卡诺英语的句法变项

奇卡诺英语和SAE之间也存在有规律的句法差异。西班牙语的否定句中即使别处另有否定词素，动词之前依然会有一个否定词素；因此，双重否定（之前提及的多重否定）是奇卡诺英语中常规的句法规则：

SAE	奇卡诺英语	
I don't have any money.	I don have no money.	（我身无分文）
I don't want anything.	I no want nothin.	（我什么也不要）

奇卡诺英语和SAE之间的另一个有规律的差异是用比较级词语more（更）表示more often（更经常），用介词out from（脱离）表示away from（远离），如下所示：

SAE	奇卡诺英语
I use English more often. （英语我更常用。）	I use English more.
They use Spanish more often. （西班牙语他们更常用。）	They use more Spanish.
They hope to get away from their problems. （他们希望从他们的问题中解脱出来。）	They hope to get out from their problems.

词汇方面的差异也是存在的，例如奇卡诺英语用borrow（向……借）代替SAE中的lend（借给）（如，Borrow me a pencil 借我一支铅笔），另外，还有许多其他的细微差别。在任何两种方言之间出现这种情况是完全正常的，并时有发生，例如，美国南方人使用动词mash（使劲压）表示push（按），如在电梯里说Mash the third-floor button（按下第三层楼的按钮）。

1.2.4 性别方言

方言是根据说话者群体来定义的，而说话者大多是按其所处的地理位置来划分群体。不难理解，居住在英国的人讲的是英国的方言，而住在美国的人讲的是美国的方言。地域方言是人们使用"方言"一词时所指称的最清楚、最普遍的意义。社会群体比地域群体更难以捉摸，因此，社会方言相应地描述得不够清楚，至今对社会方言的研究也不如地域方言。出人意料的是，把人类分成男人和女人，这种最明显的划分直到最近才引起（假如你会谅解此说法的话）方言学的较多关注。

1973年，语言学家罗宾·莱考夫写了第一篇特别关注女性和语言的文章，发表在一本重要的语言学杂志上。① 莱考夫的研究表明，由于社会的性别歧视引起的不安全感，使得女人比男人说的英语更"准确"。(例如，说Whom do you like?而不说who do you like?②）自莱考夫的研究以来，越来越多的学者在从事有关语言、性别和性别歧视的研究，调查男性和女性话语之间的区别及其背后的原因。

语言学家、作家黛博拉·坦嫩近期研究发现，两性之间还存在着其他的方言差异。例如，女人比男人更常用 I suppose（我猜想），I would imagine（我可以想象），This is probably wrong, but…（这可能是错误的，但是……）等表达法来"修正"自己的言语。女性经常使用疑问尾句来减弱说话的语气（如：He's not a very good actor, is he?"他不是位特别出色的演员，是吗"）。并且，女性比男性更多地使用礼貌语（如 please"请"，thank you"谢谢"）。坦嫩称男人和女人所使用的不同的英语变体形式为"性别方言"（genderlect，该词是由 gender"性别"和 dialect"方言"构成的截搭词）。粗略而言，她将这些差异归因于女性比男性更希望表现得合作、避免冲突。

许多语言（如果不是所有的话）中都存在男性语言和女性语言的变异。在日语中，尽管女性知道男人和女人都使用的标准方言，她们可能会选择说与之不同的女性方言。日语中有很多敬语——除常规意义之外旨在表示礼貌以及较低社会地位的词语。研究表明，据统计女性比男性更多地使用礼貌表达式。日语有正式的和非正式的动词屈折变化（参见第七章练习15），同样，女性更常用正式的言语形式。在日语中还有专门供女性使用的词语，尽管男性和女性都可以使用这些词。给人的整体印象是，日本女性说的是一种日语方言，与男性所说的不同。

日语中不同的性别方言的影响之一，表现在对导盲犬的训练上。因为事先并不知道未来主人的性别，所以狗学习的是英语指令，对于残障人士来说，使用英语指令比用两种语言形式来训练狗会更容易些。

坦嫩讨论过的差异，和日语性别方言的情形一样，更大程度上与语言使用而非语法规则相关。然而，男性和女性使用语言的差异有些也表现在语法上。美国路易斯安那州所说的穆斯科格语族中的夸萨蒂语中，男人说话时以/s/结尾的词语，女人说话时则以/l/或/n/结尾；例如，意思为"举起它"的词语，女人说时为lakawhol，而男人说时则为lakawhos。早期的探险家报道说，加勒比语印第安人中男性和女性使用不同的方言。在奇基托语（一种玻利维亚语）中，男性语言的语法包括名词的

---

① 出处：R. Lakoff. 1973. "Language and Woman's Place", *Language in Society*, 2:45-8.（原注2）
② 两种说法的意思都是"你喜欢谁"。——译注

性的差异，其中表示男性和超自然生物的名词用一种形态标记，而表示女性的名词用另外一种形态标记。在泰语中，可能用"礼貌小品词"结束话语，男人用kʰrap，而女性用kʰa（省略了语调），而且，泰语中也有一些代词和诸如"请"和"谢谢"之类的固定词语，给每种性别方言赋予区别性的特征。

女性说话方式一个明显的特征是女性说话的音高相对高一些，这主要是因为女性的声道更短。然而，研究表明，男女音高之间的差异，往往不能只归因于生理，这表明有些社会因素也可能在起作用，或许早在女孩习得语言时就开始了。

1.2.5 社会语言学分析

来自不同社会经济阶层的说话者，常常表现出系统的言语差别，此时地域和种族渊源不是引起这些差别的因素。这些社会阶层方言与其他方言有所不同，前者的社会语言变项尽管仍然是系统的，但经常本质上具有统计性。就地域方言和社会方言而言，某个区别性因素可有可无（对大部分情况而言），因此说faucet（水龙头）这个词的地域群体会一直使用这个词，说spigot（水栓）这个词的地域群体也会这样做。在其他因素相同的情况下，说非裔美国英语方言的人会有规律地用she pretty（她漂亮）来表示 she is pretty（她是漂亮的）。然而，社会阶层的方言会以更多的方式将彼此区别开来，例如，一个阶层的说话者可能在80%的情况下应用某一条规则，从而与在40%的情况下应用同一条规则的另一个阶层的说话者区分开来。

语言学家威廉·拉波夫在纽约市进行了一项语言的社会分析，关注焦点就是前面讨论过的"r-删略"规则，以及上层，中层和下层说话者使用它的情况①。这个经典的研究教给了我们很多关于如何进行语言的社会分析的方法。在此项研究中，拉波夫首先确认了主要为迎合三种不同阶层的客户的三家百货商店：萨克斯百货商场第五大道分店、梅西百货和斯·克莱因商场，分别为高、中、低档商场。为获得数据，他会去这三家百货商场，并且问可以在回答中引出词语forth和floor的问题。应用"r-删略"规则的人会将这两个词发音成[fɔθ]和[flɔ]，而不用此规则的人则会发音成[fɔrθ]和[flɔr]。

非常值得注意的是拉波夫所做的许多研究背后的方法论。尽管在分析数据时拉波夫会很小心地把种族和性别差异都考虑在内，但他与人交谈时，这些人都处于自然的放松状态，因此他们的言行方式也就各式各样。在收集数据时，他通过随意的、不造作的方式小心地引出自然说出的话语。最后，他会装着没有听见或不理解的样子引出两次同样的回答，这样就能够收集到非正式的、随意的言语和（第二次）更仔细地说出来的言语。

在萨克斯第五大道分店，有62%的回答者至少有时发出/r/音；在梅西百货里有52%，而在斯·克莱因商场里仅有21%。用拉波夫的术语来说，"r-删略"规则在社会中是"分层的"，较低社会阶层的方言中最常用这一规则。使得拉波夫的研究工作如此与众不同（而且是卓越的！）是他的方法论和他的发现，方言之间的系统差别能有效地根据语法规则应用的定量基础来定义，而不是根据规则的绝对出现或缺失来定义。他还说明了社会语境以及受其支配的社会语言变体，在语言变化中起着

---

① 出处：W. Labov. 1966. *The Social Stratification of English in New York City*. Washington, DC: Center for Applied Linguistics.（原注3）

重要的作用（将在第十一章中讨论）。

2. 语言接触

我们即使只有一条熟悉的狗相伴，也比与一个我们对其语言一无所知的人相处好得多。

圣奥古斯丁

人类是伟大的旅行家、商人和垦殖者。几乎所有文化的神话故事，都讲述了旅行探险的艰辛与磨难，如荷马的《奥德赛》中奥德修斯（尤利西斯）所经历的那些艰辛与磨难。毫无疑问，走出家门到外面世界中漫游会经历的磨难之一，就是你迟早会遇上和自己说不同语言的人。在世界的一些地方，你也许走到隔壁就会发现语言不通，而在另外一些地方你可能要跨越海洋才能发现不同的语言。因为这种情况在人类历史和社会中很普遍，所以出现了好些用来解决交际隔阂的沟通方法。

2.1 通用语

语言是一匹骏马，它能够把人带到遥远的国度。

阿拉伯谚语

世界上许多地区居住着说不同语言的人群。在这些地区，人群之间为了满足社会或商业交流的需要常常相约使用一种共同的语言，这样的语言被称为**通用语**。

在中世纪，一种商用语言逐步在地中海诸港口使用开来，该语言主要以演变成为现代意大利语和普罗旺斯语的那种语言为基础。人们称这种语言为通用语，即"佛兰卡语"。这个术语后来被泛化了，用来指称其他具有相似用途的语言，因此，任何语言都可能成为一种通用语。

英语已被称为"全世界人们的通用语"。法语曾一度是"外交上的通用语"。拉丁语曾经是罗马帝国和西方基督教的通用语，持续使用了上千年，这就像希腊语曾用作东方基督教的通用语一样。意第绪语很久以来一直用作犹太人的通用语，使得各国的犹太人之间能够相互交流。

更常见的情况是，通用语用作商用语言。在东非居住着数百个村庄，每个村庄都说他们自己的语言，但这一地区的许多非洲人至少学习了某种斯瓦希里语作为他们的第二语言。几乎在每个市场都使用这种通用语，大家都听得懂。尼日利亚也存在类似的情况，豪萨语是那里的通用语。

印地语和乌尔都语分别是印度和巴基斯坦的通用语。这个地区的语言状况非常复杂，以至于经常存在一些地域性的通用语——通常是通行于某个商业中心附近的一种当地方言。因此，达罗毗荼语系中的埃纳德语就是印度西南部城市迈索尔附近地区的通用语。帝制时期的中国也存在同样的情况。

在当代中国，94%的人说汉语，汉语可分为八大方言（或语族），这些方言大部分彼此难以理解。（粗略而言，汉语与日耳曼语族类似，诸如荷兰语、英语、德语、挪威语等。这些语言有相同的起源但彼此难以理解。这种情况在第十一章会详细讨论。）每个语族又包括成百上千种方言。除了汉语之外，还有五十多种"少数民族"语言，其中包括五个主要的少数民族语言：蒙古语、维吾尔语、藏语、壮语和朝鲜语。这种状况是复杂的，因此中国开始施行了涉及面很广的语言改革政策，推广一种称为普通话的标准语。这种普通话吸收了北京方言的发音、北方汉语方言的语法和现代汉语口语词汇。人们并不认为当地的语言和方言是低级的。推广这种"共同语"（普通话的字面意思）是为了让所有人都可以用这种通用语相互之间进行交流。

某些通用语是自然出现的；另外一些则是通过政府的政策干预才得以确立起来的。然而，在世界的许多地方，人们和相距仅有几英里远的近邻仍然无法交谈。

2.2 皮钦语

> 我包容"皮钦英语"……即使我被这种很棒的语言称为"属于女王夫人的伙计"。
>
> ——菲利普亲王，女王伊丽莎白二世的丈夫

典型的通用语是一种以大量母语者为基础的语言，母语属于同一语系的人们都有可能学习或使用这种通用语。然而，历史上常常会出现这样的情形，来自世界某地的传教士和商人到了另一遥远的地区，并且试图与那里的居民进行交谈。在这种情况下，由于双方的接触面非常狭窄，文化也过于悬殊，所以一种语言无法有效地发挥通用语的作用。取而代之的是双方（也可能是多方）以他们的本族语为基础创造出一种词项不多、语法规则不那么复杂的初级通用语。一般来说，许多词项都选自主导语言，该主导语言被称为**上层语**，另外一种或几种语言则对词库和语法的贡献较少。以这种方式混杂在一起形成的语言被称作**"皮钦语"**。

在17、18以及19世纪期间，沿着中国、非洲和新大陆的沿海一带涌现出许多用来与欧洲人打交道的皮钦语。奇努克混合语是美国太平洋西北部地区广泛使用的一种皮钦语。它不仅具有该地区诸如奇努克语和努特卡语等土著语言的特点，而且还具有法语和英语的特点。各个部落都将其作为通用语使用，在他们内部以及在他们与欧洲商人之间做生意。

一些语言学家提出原始日耳曼语（日耳曼语的最早形式）最初也是一种皮钦语，因为他们认为平常的语言变化，不能说明日耳曼语族诸语言同其他印欧语言之间的某些显著差异。他们的理论认为，在公元前的第一个千年间，居住在波罗的海沿岸的原始日耳曼部落，已经开与那些较先进的、具有航海文化的人做生意。这两个民族之间通过皮钦语进行交流，这种语言要么严重地影响了原始日耳曼语，要么直接就演变成了原始日耳曼语。如果这种理论成立的话，那么英语、德语、荷兰语和意第绪语最初也是一种简陋的皮钦语。

尽管皮钦语在某些意义上来说是不成熟的语言，但它们并非没有规则。其音系系统也同任何一种人类语言一样，都受规则支配。音位的总量通常较少，但每一个音位可能有多种音位变体形式。例如，在一种以英语为基础的皮钦语中，音位/s/有可能读作[s], [ʃ]或[tʃ]；[masin], [maʃin]和[matʃin]都表示machine（机器）的意思。

皮钦语也有一些语法规则。例如，在好些以英语为基础的皮钦语中，即使直接宾语不出现，接直接宾语的动词后面也必须加后缀 -m或 -im。下面是应用该规则的一些例子：

Mi driman long kil*im* wanpela snek.

* Mi driman long kil wanpela snek.

I dream of killing a snake.（我梦见杀死了一条蛇。）

Bandarap i bin kuk*im*.
*Bandarap i bin kuk.
Bandarap cooked (it).（[这]是班德拉普炒的。）

尽管如此，皮钦语的特征之一，是来自不同语言背景的说话者可以有不同的语法规则集合，这就使得该语言给人一种随意的感觉，而不是完全发展成熟的语言。日语是一种主宾谓结构（动词放最后）的语言，因此说以英语为基础的皮钦语的日本人会将动词置于句末，如，The poor people all potato eat（穷人都土豆吃）。说他加禄语（一种谓主宾结构的语言）的菲律宾人则会将动词放在句首，如，Work hard these people（拼命干活这些人）。

在皮钦语中的代词系统通常简单一些。例如，在以英语为基础的喀麦隆皮钦语中，与标准英语不同，代词系统没有性的区别，也没有完整的格的区别。

喀麦隆皮钦语			标准英语		
a	mi	ma	I	me	my
yu	yu	yu	you	you	your
i	i/am	i	he	him	his
i	i/am	i	she	her	her
wi	wi	wi	we	us	our
wuna	wuna	wuna	you	you	your
dɛm	dɛm/am	dɛm	they	them	their

与其基础语言相比，皮钦语中的介词可能会少一些，例如，在喀麦隆皮钦语中，fɔ的意思为to（给），at（在），in（在……内），for（为）和from（从），如下所示：

Gif di buk fɔ mi.	Give the book to me.	（把书给我。）
I dei fɔ fam.	She is at the farm.	（她在农场。）
Dɛm dei fɔ chɔs.	They are in the church.	（他们在教堂。）
Du dis wan fɔ mi, a bɛg.	Do this for me, please.	（请为我做此事。）
Di mɔni dei fɔ tebul.	The money is on the table.	（钱在桌上。）
You fit muf tɛn frank fɔ ma kwa.	You can take ten francs from my bag.	（你可从我包中取10法郎。）

然而，由于词汇量不大，皮钦语不能很好地表达意义上的细微差别。很多词项的语义负荷很重，需要依靠语境排除歧义。在奇努克混合语中，词muckamuck可以表示"吃、喝"或其他用嘴完成的活动。这就不免产生许多迂回和隐喻性的说法。所有这些因素加在一起赋予了皮钦语一种独特的韵味。要给"朋友"下个定义，还有什么能比him brother belong me（他属于我兄弟）更显得友好呢？在描写太阳时，还有什么能比lamp belong Jesus（耶稣的灯）更富有诗意呢？警察就是gubmint catchum-fella（政府抓人的人），胡子就是grass belong face（属于脸的草），还有当一个人很渴的时候是him belly allatime burn（他肚子一直在燃烧）。

皮钦语逐渐产生了负面的含义，这或许是因为许多皮钦语都与欧洲殖民帝国有关。《不列颠百科全书》曾把皮钦语描述成"一种不守规则的混杂语，充满了幼稚、粗俗和不标准的用法"。这种定义已经不再使用。近年来，人们更真切地认识到这样一个事实，即皮钦语反映了人类富有创造性的语言能力，下面这个例子绝妙地说明了这一点：一个中国佣人问他主人得过大奖的种猪是否生了小猪：Him cow pig have kittens?（他的奶牛猪生了猫崽吗？）本章章首引语中，对英国女王伊丽莎白二世的丈夫菲利普亲王的描述，也是这样的例子。

有一些人总想扫除皮钦语。通过大规模的教育，英语取代了新西兰毛利人说的一种皮钦语。中国政府当时禁止使用中国皮钦英语，结果该语言在19世纪末也消亡了，因为中国人获得了接触英语的机会，在与不说汉语的人进行交流时说英语更管用。

皮钦语一直受到不公正的中伤，但它们却发挥着有用的功能。例如，一个人能在六个月的时间内学会以英语为基础的皮钦语，足以开始接受各种半职业性的培训。如果为了同样的目的学习英语则需要花费10倍的时间。在一个存在很多种相互难以理解的语言的地区，皮钦语在将相似的种种文化统一起来的过程中发挥着极为重要的作用。

一般而言，皮钦语存在的时间很短，或许仅跨越几代人，尽管有些持续的时间会长一些。皮钦语可能会因所有的说话者都逐渐使用一种共同语而消亡。奇努克混合语就是这样的命运，该皮钦语曾在美国西北部广泛使用，而说该语言的人后来都学会了英语。同样，因为皮钦语常常被鄙视，说话者迫于社会压力而学习"标准"语言，通常是皮钦语以其为基础的那种语言。最后，正是因为皮钦语成功地统一了不同的语言社团，所以它才会死亡，这一点颇具讽刺意味；实践证明皮钦语非常有用，并且它传播广泛，因此在说皮钦语的社区里，一代又一代的人将其作为自己的母语。但是，当儿童们将皮钦语作为第一语言习得时，皮钦语已经不再是皮钦语，而是变成了克里奥耳语。

2.3 克里奥耳语

Padi dɛm; kɔntri; una ɔl we de na Rom.

Mɛk una ɔl kak una yes. A kam bɛr Siza,

a nɔ kam prez am.

威廉·莎士比亚《尤利乌斯·凯撒》3.2
由托马斯·德克尔译成塞拉利昂克里奥耳语

当儿童经常接触一种皮钦语并作为自己的语言输入时，他们就能学会这种语言，此时，该语言就不再是皮钦语，它享有非皮钦语的人类语言的很多基本特征，它比儿童们成长时期听到的皮钦语更丰富更复杂。这种语言被称为**克里奥耳语**。人们质疑儿童何以能够在初步输入皮钦语的基础上构建出克里奥耳语。答案在于皮钦语经过儿童的重新分析，其内在语法能力极大地丰富了这种语言，因此就变成了成熟的语言。

克里奥耳语通常出现在某些地区的奴隶种植园中。在那里，来自许多不同部落的非洲人仅仅通过这种种植园皮钦语就能相互交流。以法语为基础的海地克里奥耳语就是通过这种方式演化而来的，就像牙买加部分地区所说的"英语"的演化过程一样。格勒语是以英语为基础的克里奥耳语，美国佐治亚州和南卡罗来纳州沿海岛屿上的非洲奴隶的后裔说的就是这种语言。与海地的克里奥耳语有关的路易斯安那克里奥耳语，许多路易斯安那州的黑人和白人都说这种语言。多达一百万塞拉利昂人说的塞拉利昂克里奥耳语，该语言展示在本节前面的引语部分，它至少在某种程度上是由一种基于英语的皮钦语演化而来的。

巴布亚皮钦语是一种从美拉尼西亚皮钦英语演化而来的克里奥耳语，曾是巴布亚新几内亚广泛使用的口头通用语。它植根于以英语为基础的皮钦语，该皮钦语是在19世纪发展起来的，在说英语的商人和本地人之间进行交流时使用。因为新几内亚岛有很多种语言——在该岛屿上曾经有800多种不同的语言——皮钦语逐渐在土著居民中用作了通用语。

巴布亚皮钦语在20世纪被逐步克里奥耳语化了。（克里奥耳语化不是瞬间发生的过程，可能需要经过好几代人才能在说皮钦语的地区完全发展起来和传播开来。）克里奥耳语保留了一些基本皮钦语的简洁性——例如，代词系统可能比前面讨论过的喀麦隆皮钦语的区别更少一些——然而，它们在创造性和灵活性方面与非克里奥耳语是相同的。

巴布亚皮钦语有自己的书写系统、文学、报纸和广播节目；它甚至已经被用来在联合国会议上发表演讲。用巴布亚皮钦语撰写的论文（而不是有关巴布亚皮钦语的论文）已经出现在巴布亚新几内亚召开的语言学会议上，并且该国议会的辩论中也频繁使用这种语言。现在，巴布亚皮钦语是独立的巴布亚新几内亚获得承认的三大国语之一，其他两种语言是英语和另一种克里奥耳语"希利莫土语①"。

手语也可能是皮钦语。20世纪80年代，在尼加拉瓜一些失聪的成年人聚集到了一起，为了交流，他们构建了一种与其说是手语倒不如说像哑剧那样的简陋的交际系统。它具有皮钦语的特点，不同的人用不同的方式使用它，其语法规则很少而且变化不定。然而，在年幼失聪的儿童加入该社区后，令人惊异的事情便发生了。成年人简陋的手语被学习它的儿童大大强化了，以至于它发展成为了一种完全独立的手语，被称为尼加拉瓜手语。这是又一个说明简陋的皮钦语如何演化成为完全成熟的人类语言的例子，即一种克里奥耳语化的过程。因为模型语言的缺失，该过程只能通过人类儿童先天的某些基本的语法知识来解释。

对皮钦语和克里奥耳语的研究，非常有助于我们理解人类自然语言的特征以及由遗传决定的语法制约条件。

3. 使用中的语言

本书的主题之一，就是你拥有许多语言知识，可能你自己没有意识到，但这些知识可以通过语

---

① 原文为 Kiri Motu，应为 Hiri Motu 之误。后者为巴布亚新几内亚官方语言之一，是纯正莫土语的简化形式，又称"警察莫土语"或"莫土皮钦语"，说它是一种克里奥耳语未必准确。——译注

音学、形态学、句法学和语义学的规则表述清楚。同样，你也具有关于自己语言的深刻的社会知识。你知道如何恰当地与自己的父母、朋友、牧师和老师交谈。你知道什么时候可以说ain't，什么时候不可以说；你知道什么时候使用很酷的语言而什么时候说正式的语言；你知道什么时候称男性生殖器为dick（鸡巴），而什么时候称之为"男性生殖器"。特别是如果你是在近三十年内出生的，你甚至知道有关"政治正确的"语言，你会说mail carrier（邮递员）、firefighter（消防队员）和police officer（警官），而不说nigger（黑人）、wop（南欧黑肤人）、bitch（淫妇）。简言之，你知道如何恰当地使用自己的语言，即便有时你刻意不那么做。

正如你的地域方言在地理上将你归属为某个语言群体，你的社会方言则从社会的角度将你归类。你使用语言的方式也表明了你属于某个语言群体的倾向。帮派成员采用某种（严格的）会话语体来帮助他们证明自己的帮派身份。通过使用特殊术语，如"形态音位学"，或通过赋予诸如"语法"和"语言学家"这样的词某种特殊的意义，某项职业的成员就确认了自己的身份。男女同性恋者或许会选择使用某种能够确认其同性恋社团成员身份的语体来表达自己的思想。在社会中使用语言会有许多不同的方式，本节将讨论一些这样的方式。

3.1 语体

许多说一种语言的人懂得多种方言，同朋友交谈时使用一种方言，求职面试时或做课堂报告时使用另外一种方言，跟小孩说话时使用一种方言，与父母谈话时又使用另一种方言，等等。这些"情景方言"被称为**语体**或**语域**。

几乎每个人都至少能说非正式的和正式的两种语体。在非正式的语体中，常常使用缩约规则，表现否定和一致关系的句法规则可能被改变，所使用的许多词在正式的语体中是不出现的。

尽管非正式语体允许正式话语中不允许的某些缩写和省略，但它同样也是受规则制约的。例如，疑问句常常因删略主语"你"和助动词而被缩短。人们可以问Running the marathon?（在跑马拉松吗？）或You running the marathon?（你在跑马拉松吗？），代替了更正式的句子Are you running the marathon?（你正在跑马拉松吗？），但是你不能将疑问句缩短成 *Are running the marathon?。同样，Are you going to take the Linguistics 1 course?（你会选语言学1课程吗？）可以缩略为You gonna take the Ling 1 course?（你会选语言学1课程吗？），或者干脆缩略为Gonna take Ling 1?（会选语言学1吗？），可是不能缩略为 *Are gonna take Ling 1?。非正式谈话不是混乱的，甚至非正式语域都是受规则制约的，但其删略、缩约和措词规则与正式语言的规则有所不同。

说话者通常都具有使用多种语体的能力，这些语体介于正式语体和非正式语体两极之间。说少数民族方言的人有时表现出神奇的能力，他们能够在街巷闲谈的非正式语言和教室谈话的正式标准语言这两极之间来回换用种种语体。当威廉·拉波夫在研究美国哈莱姆地区年轻人说的AAE时，他遇到一些困难，因为这些年轻人在陌生人面前（下意识地）采用了一种不同的语体。需要花费许多时间和精力才能赢得他们的信任，使其忘记自己的谈话正被录音，从而使用不那么正式的语体。众所周知，拉波夫还指出语体的使用可以作为某一特定群体（例如家庭、帮派或教会）身份证明，和/或作为不属于被认为是敌对的或不受欢迎的群体的身份证明。

许多文化都具有支配语体的社会行为规则。在一些印欧语言中，用作昵称的"你"和用作敬称的"你"是不同的。德语的du和法语的tu只用于指称很熟悉的人；sie和vous是比较正式的，用来指称不很熟悉的人。法语中甚至有一个动词tutoyer，意为"使用tu形式"，德语中动词dozen表示使用非正式的或不大尊敬的语体。

其他语言在语体应用方面有一套复杂得多的规定。例如，说泰语的人用不同的词语表示"吃"；与熟人交谈时用kin（吃），与生人交谈时用thaan（用餐），而在正式场合或与职位较高的人或受人尊敬的人（例如教授）谈话时则用rabprathaan（用膳），而指和尚时，则专用chan（用斋）。实际情况比这更复杂。因为kin是最不正式的词，在家人吃饭时使用，但它也可用于指称动物，若用较为正式的术语来指称这些动物可能不太恰当。此外，kin还可以用在令人讨厌的生人身上，表示不敬或蔑视，它的潜在意思是对这类人，不值得使用正式词语来与其交谈。日语和爪哇语也是具有复杂语体的语言，在某些社会情景下一定得使用这些语体。

3.2 俚语

俚语就是这样的语言，它脱掉外套，往手掌上吐几口唾沫，然后就开始工作。

卡尔·桑德堡

哥们儿，别吃独食。

埃里奥特·因格贝尔

非正式语体的一个标志是**俚语**反复出现。几乎每个人都会使用并能识别俚语，但是却没有人能给这个词下个定义。使用俚语时通过将旧词与新意重新组合起来，为语言增加了许多新词。spaced out（间隔，分散），right on（对啊！），hang-up（精神不安）和rip-off（偷窃）都已在一定程度上获得了人们的认可。俚语同时也引入了一些全新的词汇，例如，barf（呕吐），flub（瞎搞）和dis（无礼言谈）。最后，俚语常常赋予旧词全新的意义。Rave 扩展后的词义是"通宵舞会"，在那儿吸食ecstasy（俚语，表示一种毒品）可以导致不眠；crib指某人的家，posse指某人的追随者。grass（草）和pot（锅）词义扩展后表示"大麻"；pig（猪）和fuzz（茸毛）是用来指"警官"的贬义词；rap（叩击；[俚]逮捕），cool（凉；[俚]杀掉），dig（挖掘；[俚]私货匿藏处），stoned（被石头击中；[俚]上瘾），bread（面包；[俚]钱），split（分裂；[俚]告密）和suck（吮吸；[俚]失望）这些词都扩大了它们的语义范围。

我们引用的这些词可能听起来就像是俚语，这是因为它们还没有被全部接受。诸如dwindle（消瘦；缩小），freshman（新手；大学一年级生），glib（随便的；油嘴滑舌的）和mob（暴民；流氓）这样的词以前都是俚语，但经过一段时间之后人们忘掉了它们"不雅"的原义。如何区分俚语词和正常词并不总是一件容易的事。似乎一直存在着这种分界不清的状况。1890年，约翰·S. 法默和W. E. 韩利合编了《俚语及同源词》（*Slang and Its Analogues*），书中谈道："俚语和标准英语是两个界定糟糕的范畴，人们从未明确描绘出它们的范围。"

1792年，弗里德里希·克里斯琴·洛克哈德曾写道："众所皆知，学生有自己十分独特的语言，学生社团之外的人理解不透彻。"这种情况从未改变。许多大学校园都出版了俚语词典为大学生提供了他们耍酷时需要的新潮词汇，其中很多意为饮酒和做爱。

一代人的俚语是另一代人的标准词汇。fan（如用在Dodger fan "道奇队球迷"中）曾是俚语，是fanatic（狂热的爱好者）的缩写形式。phone曾经也是俚语，是telephone（电话）的缩写形式，TV是television（电视）的缩写形式。在莎士比亚时代，fretful（烦躁）和dwindle（缩小）都是俚语，直到不久之前blimp（自满保守）和hot dog（热狗）都还是"十足的"俚语。

俚语的使用依地区而不同，因此，纽约的俚语与洛杉矶的俚语不同。slang（俚语）这个词本身在英国英语中就是scold（责骂）的俚语。

俚语词汇常常是在跟上新思想和新习俗的过程中"创造"出来的。它们可能比那些较守旧的词汇更能表达一种"潮流中人"的心态。下面的一则事实可以反映出这些词汇的重要性，有人认为有必要给从越南战场上遣返回来的战俘提供一个词汇表，其中有86个新俚语词和短语，从acid（麻醉药物）到zonked（喝醉）。该词汇表中的词汇（是由空军选编的）仅仅使用了五年。而且，到这些词汇公开时，有许多已经从该语言中消失了，也有许多新的俚语词汇被添加进来了。

许多俚语词是通过下层社会进入英语的，例如，crack作为cocaine（叮卡因）的特殊形式，payola（贿赂），C-note（一百元面值的钞票），G-man（联邦调查局探员），to hang paper（开空头支票），sawbuck（十元面值的钞票）等等。监狱俚语给我们提供了con（囚犯），brek｛年轻罪犯，来自breakfast（早餐）｝，burn（雪茄或香烟），peter（小牢房）和screw（监狱官）等词汇。

甚至从白宫到美国国会大厦都经常传出俚语来。称作家为pencils（铅笔；用铅笔写的人），报纸摄影师为stills（剧照），电视摄像师为sticks（指他们的三脚架），football（足球）则指总统军事副官随身携带的、内置国家安全机密的黑盒子。

tête现在是个正规的法语词，意为头，这个词曾经是个俚语词，从拉丁语词testa派生而来，本义为"陶罐"。有些俚语词汇似乎一直待在语言里，但从未改变其地位，从俚语变为"雅"语。莎士比亚使用短语beat it意为"滚开"（或礼貌一点为"走开"），现在许多说英语的人仍然认为beat it"为俚语表达法"。同样，用词pig（猪猡）来指警察，这种用法至少可以追溯到1785年，当时的一个作家称伦敦警察为China Street pig（唐人街猪猡）。

3.3 行话和专门语

通过缩短现有的词来创造新词，在这方面警察的名声很不好，例如用perp替代perpetrator（行凶者），用ped替代pedestrian（行人），用wit替代witness（证人）。更加使法庭记录员困惑的是团伙成员的证词，他也许会说他在dimday时分正在他的hoopty里，这时一个mud duck手持一把tray-eight企图to take him out of the box（意思是：大约"黄昏"时分，他正在自己的"汽车"里，一个"女人"手持"一把.38口径的手枪"企图"杀死他"）。

《洛杉矶时报》1986年8月11日

实际上，每种可理解的科学、行业、贸易和职业都有自己的一套词汇，依据使用这些"时髦"词语的人的身份，其中一些词汇被认为是俚语，而另外一些则是技术术语。这样的词汇有时被称为

行话或**专门语**。语言学的行话是由"音位、词位、格、词库、短语结构规则"等术语组成的。专业术语产生的原因有一部分是为了沟通明了，另一部分则是为了说话者对某个群体的身份认同，这个群体是指说话人能够与其分享行业趣旨的同事们。

早在公元3世纪，中国湖南省江永县出现了一种令人好奇的女性书面专门语。人们称它为"女书"，字面意义是"女性的文字"。在帝制时代的中国，女性受到性别压迫，没人教她们读书写字，因此，为了便于女性之间的表达，并为了阻止男人读懂她们最深的思想感情表达，她们发明了一种类似于、但又区别于普通中国表意文字的一种表意文字系统。女书通过一代又一代的中国妇女流传下来，一直到20世纪她们都小心地保守着这个秘密。通过女书，女性之间分享了她们从日记和诗歌到食谱和医疗方法中的每一个想法。今天仅有少数女性，另加一些男人能够读、写这种濒临消亡的女书，因为在现代的中国，女性比以前自由，受压迫少所以很少再需要用这种秘密文字了。至于通过共享一种语言的特征，如何提供一种凝聚机制将一个特定的群体团结在一起。在这方面，女书是一个极好的例子。

音节倒置词（verlan）是一种法语专门语，被年轻人，吸毒者和罪犯广泛使用。作为把团体成员凝聚在一起的标志，它让当权者不知所措。在音节倒置词中，通过把一个词的音节颠倒过来，并经过修改后再组合在一起发音，这样也遵守了该语言的音位结构规则。verlan一词来自法语l'envers（相反），首先划分该词的音节为l'en-vers，然后把它们颠倒过来成为vers-l'en，再去掉s得到verl'en，最后根据法语的正字法拼写为verlan。另外的例子是表示femme（女性）的词meuf和表示français（法语）的词céfran。有意思的是，无论你是不是罪犯，你都不能违反语言的规则，因此音位结构规则和正字法规则得以遵守。

由于不同的行业群体和社会群体使用的行话范围十分广泛（意义也十分隐晦），所以洛杉矶刑事法庭大厦内有专门供法庭记录员使用的图书馆，其中藏有有关医学术语、武器枪支、贸易名称、计算机行话以及街头俚语之类的书籍。

计算机时代不仅带来了技术革命，同时也引进了大量的、"黑客"使用的"计算机语言"这种行话。这些专业词汇的数量非常庞大，以至于《韦氏新世界计算机词典》用了400个页面载入了成千上万个计算机术语词条。许多人都很熟悉这样的一些词，如modem（猫，来自modulator-demodulator，调制器-解调器），bit（比特，来自binary digit，二进位数字），和byte（字节，eight bits，8比特）。计算机行话中存在大量的首字母缩略词和字母缩写词。ROM（read-only memory，只读存储器），RAM（random-access memory，随机存取记忆器[内存]），CPU（central processing unit，中央处理器）和DVD（digital video disk，数字化视频光盘），这些仅仅是其中的一小部分。

许多行话词语已进入标准语言。行话，很像俚语，从原先由小范围的群体使用向外扩散，直到被很多人使用和理解。

3.4 禁忌语还是非禁忌语?

性是个粗俗下流的词。

汽车保险杠贴纸

报纸上曾发表过一篇文章，其中有这样一段：

"这不是一所主日学校，而是一所法律学校，"法官在警告那些被告人时说，他不能容忍"挑选陪审团时使用咒骂语"。"我不能使我的市民同胞和未来的陪审员，受到污秽语言的污染，"他补充道。

语言怎么会是污秽的呢？事实上，语言又怎么会是纯洁的呢？语言是污秽的还是美的，这是由听话者的耳朵或者由整个社会的耳朵听出来的。作家保罗·泰鲁指出：

一句外国的詈词对人来说事实上并不鲁莽无礼，除非这人早年就学习过这个词并知道它的社会使用范围。

某个语音序列本身，不可能有什么东西使它本质上就是纯洁的或肮脏的、丑陋的或美丽的。如果你说缝衣服时针刺了自己的手，没有人会大惊小怪；但如果你把自己的老师称作针刺（俚语，意为蠢货），上面谈到的法官毫无疑问地就会指责这个"脏"字。

你知道自己语言中淫秽下流的词汇，而且你知道在哪些社会情境下说出这些词是可取的，被接受的，被禁止的，或是完全危险的。许多人记得儿童时期就学会了这些词，常常在大人面前无知地重复这些词而且——让人吃惊的——小苏珊或小约翰刚学会了关于词汇力量的新东西。

某些词汇在所有的社会中都被认为是**禁忌**——它们不能使用，至少在"礼貌场合"不能用。taboo（禁忌语）一词是从汤加语（一种波利尼西亚语）中借来的，在该语言中这个词指那些被禁止或应该避免的行为。当一种行为属于禁忌时，那么指称这种行为的词汇也就成了禁忌。也就是说，首先你被禁止做某事，然后你才被禁止谈论它。

被禁止的行为或词汇反映的是社会的特有习惯和观念。有些词汇可以在某些情况下使用，但不能在另一些情况下使用。在祖尼印第安人之中，举行宗教仪式时使用意为"蛙"的词takka是不合适的，必须用一个很复杂的复合词来代替它，逐字翻译就是several-are-sitting-in-a-shallow-basin-where-they-are-in-liquid（坐在浅盆中泡在液体里的几个）。

在哈利·波特的世界里，伏地魔没有名字，但人们叫他"你知道是谁（You-Know-Who）"。在某些社会中，带有宗教含义的词汇如果在正式场合之外或宗教仪式之外的情景中使用，就被认为是亵渎的行为。很多宗教都禁止信教者"亵渎主的名字"，而且这种禁忌已经延伸到使用詈词上，人们相信这些詈词是有魔力的。因此，人们把hell（地狱）和damn（该死的）变成了heck和darn，他们或许相信或者希望像这样变个花样就能蒙骗神祇。想象一下《麦克白》第二场第一幕的最后两句台词，如果它们被"清洁"为下面的句子：

Hear it not, Duncan; for it is a knell

That summons thee to heaven, or to heck①

（听见了吗，邓肯；这是丧钟，他召唤你去天堂，或者传唤你去地狱。）

难道你不认为其中丢失了一些意义吗？

一个地方的禁忌词汇在另外一个地方或许是可以接受的，反之亦然，这种认可随时间而变化。在19世纪30年代，一位访美的英国人范妮·特罗洛普曾评论说：

> 每天我都发现，过去人们教我当成与吃东西一样自然的某些事情，却是我周围的人所深恶痛绝的事情；许多我从未听说过带有令人反感的意思的词却完全被禁止使用，并且被最奇怪的释义短语代替。

有一些词当时在美国是禁忌语而在英国则不是，如corset（紧身胸衣），shirt（衬衣），leg（腿）和woman（妇女）。范妮·特罗洛普评论道：

> 这儿的女士对别人称自己为"妇女"极其反感……她们认为那个名词儿仅指较低阶层或不高雅的女性。我想她们确实犯了错，因为在世界所有国家里，女王、公爵夫人和伯爵夫人都被称为"妇女"。

在英国，bloody（血淋淋的）是或曾是一个禁忌词。据英国学者埃里克·帕特里奇说，1910年，萧伯纳的《卖花姑娘》在伦敦首次上演时，下面这段台词"惊吓了伦敦，甚至使整个帝国惊惶失措"：

"Are you walking across the Park, Miss Doolittle?"

（你打算步行穿过海德公园吗，杜丽特尔小姐？）

"Walk! Not bloody likely. I am going in a taxi."

（步行！我他妈才不会呢。我要打的去。）

帕特里奇补充说："女主角说出的这类禁忌词汇激发了人们对该剧的极大兴趣，人们等待着听到这种词，哪怕听得浑身发抖，毛骨悚然。"

《牛津英语辞典》上说bloody这个词，从1660年查理二世复辟时期开始就一直在口语中使用，并且"现在仍在下层阶级中使用，但有身份的人认为它是与淫秽或亵渎性语言等价的'粗俗'语言，在报纸上通常被印为b____y"。这个词的起源不是十分清楚。一种观点认为这个词从有关"耶稣的血"的誓言派生而来；另一种观点认为它与月经相关。学者们没有一致意见，公众也不知道。这种不确定本身就为我们提供了有关脏字的线索：经常使用这些词汇的人并不知道它们为什么是禁忌词，只知道它们是禁忌词。从某种程度上来说，这就是它们为什么仍然保留在语言中，用来表达强烈感情的原因。

在许多文化里，禁忌词汇中有很大一部分是与性、性器官和人体的自然功能有关的词。有些语言没有意为"性交"的本族语词汇，因此不得不从相邻的民族那里借入这样的词汇。其他语言中有许多表现这一种常见的、普遍的行为的词汇，但大多数被认为是禁忌词汇。

---

① 此处 heck 在《麦克白》原文中为 hell。——译注

两个或多个词汇或词句,可以具有同样的语义,有的可以接受,有的则会引起窘迫或恐慌。在英语中,从拉丁语中借入的词汇看上去很具有"科学性",所以好像很专业,很"纯洁";而相应的盎格鲁撒克逊本族词汇却是禁忌词。该事实反映了这样一种观念,即上流社会使用的词汇比下层阶级使用的词汇高贵。这种区别至少可以追溯到1066年威廉征服英国时期,当时"对贵妇人出汗、吐痰、行经分别用perspired,expectorated和menstruated来表示,而对一个厨娘则用sweated,spat和bled来表示"。这样成对的词汇如下所示:

盎格鲁撒克逊禁忌词	可接受的拉丁语衍生词	
cunt	vagina	(女性阴部)
cock	penis	(阴茎)
prick	penis	(阴茎)
tits	mammary gland	(乳房)
shit	feces	(粪便)

就语法规则而言,无法解释为什么vagina[vədʒājnə](女性阴部)一词是"纯洁的",而cunt[kʌnt](屄)却是"肮脏的";或者为什么prick(屌)或cock(鸡巴)是禁忌词汇,而用penis(阴茎)指男性生殖器却得到认可;也无法解释为什么每个人都defecate(大便),但只有粗俗的人才shit(拉屎)。许多人回避tits(奶子),fuck(肏)和balls(卵子)之类的词,甚至也回避像breasts(乳房),intercourse(交媾)和testicles(睾丸)这样的词。尽管这种喜好并没有语法依据,但接受或回避这些用法肯定具有社会语言学方面的原因,这就好像正式地、恭敬地、无礼地、非正式地说话、说哑谜一样的行话等说话方式,都有社会语言学上的原因一样。

3.5 委婉语

> 禁忌词汇不可用,
> 它的意思太直白。
> 盎格鲁,撒克逊,
> 淫语秽词莫上口。
> 含糊其词实可贵,
> 词不达意要保留。
> 虚伪名声无所谓,
> 不沾粗俗和下流。
>
> 献给二战时英国皇家空军的民歌

禁忌词汇或禁忌概念的存在促使了**委婉语**的产生。委婉语是一个词或短语,它可用来代替禁忌词,或用来回避恐怖或不愉快的话题。在许多社会中,由于死是可怕的,因此就存在许多与之有关的委婉语。人们不愿意说die(死)而比较倾向于说pass on(上路了)或pass away(过去了)。如果你所爱的人去世了,那些承办丧事的人很可能被称作funeral directors(葬礼主持人),而不是morticians

（承办丧事者）或undertakers（殡仪工）。还有feminine protection（女性保护）……

使用委婉语并不是新鲜事。据报道希腊历史学家普卢塔克在公元1世纪曾写道，"古代的雅典人……过去曾用吉利、礼貌的术语来掩盖事物的丑陋，给它们以礼貌、讨人喜欢的名字。因此，他们称harlots（妓女）为companions（伴侣），称taxes（纳税）为contributions（捐款），称prison（监狱）为chamber（房间）"。

前面提到过的那首诗极力劝告人们使用这样的委婉语。另一首诗也表达了同样的意思：

明言直语诚痛快，
妇女在场不应该。
"小便、解手"太干脆，
"洗手、化妆"更隐讳。
当众喝酒不雅观，
"有点头晕"情可原。
接吻本是痴人为，
切莫随意说"亲×"。

有些学者对于使用委婉语而反映出来的态度感到迷惑。有一本由莱因霍尔德·阿曼编辑的期刊，名为《诅咒语》（*Maledicta*，副标题为"言语侵犯行为的国际期刊"），"一直致力于自由地注释与研究过去和现在所有语言和所有文化中一切具有冒犯性或具有消极涵义的词语"。比尔·卡茨在《图书馆学刊》（*Library Journal*）1977年11月号上发表了一篇对上述期刊的评论，文章指出："肮脏的词或短语的历史是这本内容充实的刊物的核心研究课题……其中的文章是教授们撰写的，也有一些是非本专业人士所作，既富有学术性，又引人入胜。"

对澳大利亚英语中的委婉语所进行的一项学术研究说明，委婉语颇具创造性：

urinate（小便）：　drain the dragon（龙排水）
　　　　　　　　　siphon the python（虹吸蟒蛇）
　　　　　　　　　water the horse（给马饮水）
　　　　　　　　　squeeze the lemon（挤柠檬）
　　　　　　　　　drain the spuds（挤干马铃薯）
　　　　　　　　　wring the rattlesnake（绞响尾蛇）
　　　　　　　　　shake hands with the wife's best friend（与妻子最好的朋友握手）
　　　　　　　　　point Percy at the porcelain（让珀西对准瓷罐）
　　　　　　　　　train Terence on the terracotta（训练特伦斯坐陶罐）

have intercourse　shag（溜一溜）
（性交）：　　　　root（扎根）
　　　　　　　　　crack a fat（打爆肥油）

dip the wick（浸蜡烛心）

play hospital（玩医院）

hide the ferret（藏白鼬）

play cars and garages（玩车进车库的游戏）

hide the egg roll （sausage, salami）（藏起蛋卷[香肠]）

boil bangers（煮香肠）

slip a length（滑进一截）

go off like a belt fed motor（开动使用弹药带的马达）

go like a rat up a rhododendron（耗子钻杜鹃花）

go like a rat up a drain pipe（耗子钻排水管）

have a northwest cocktail（来杯西北鸡尾酒）

这些委婉语以及公认的源自拉丁语的"雅词"，与源自盎格鲁撒克逊的"脏词"之间的区别，都说明一个词或短语不仅有**外延意义**而且还有**内涵意义**，后者反映出说话人的态度、感情、价值评判等等。学习一种语言的过程中，孩子们学会了哪些词汇是禁忌词汇，而这些禁忌词汇在孩子们之间又是不同的，这取决于孩子们在成长过程中，他们所在的家庭或社会群体所接受的价值体系。

3.6 种族的和民族的诨名

用（描述人或事物特征的）诨名来指称不同宗教、民族或种族的人们，这告诉了我们有关这些词的使用者的一些情况。一般情况下使用的boy这个词不是禁忌词，但是当一个20岁的白人叫一个40岁的非裔美国人boy（小子）时，这个词就有了附加意义；它反映出说话者的种族主义态度。像kike（对犹太人的贬称），wop（对移居美国的南欧人的贬称），nigger或coon（对黑人的贬称），slant（对亚洲人的贬称），towelhead（对中东阿拉伯人的贬称）等词语，都可表达出社会上种族主义和沙文主义的观念。

人们常常会在意想不到的语境中发现这样的表述词语。报纸[①]上曾引用美国北卡罗来纳州罗利市会议与旅游局局长的话说："假如我们这地方破旧不堪，我们就根本没有机会[②]，把我们想要与之做生意的人吸引到这儿来。"据此，人们不禁会说，任何吸引12亿潜在中国游客的机会，都可能会因这样的说法而减少。甚至有些只是听起来像这类表述词语的词汇也许都应该回避（参见本章练习13）。华盛顿特区的一位行政官员，把他管理的基金描述为"一毛不拔的"（niggardly）[③]，也就是吝啬的意思，他因使用这个"有辱身份的词"，招惹众怒而辞职。

同样，使用动词to jew或to gyp/jip反映了人们对犹太人和吉普赛人的成见。许多人都没有意识到意为"欺骗"的动词gyp，来自"吉普赛人都是奸诈的"这一观点。如果偏见和压迫不复存在，

---

① 出处：*Raleigh News and Observer*, February 22, 1999.（原注 4）

② 原文 Chinaman's chance 是习语，意思是"机会渺茫"，句中是说连这样的渺茫机会都没有，习语中的 Chinaman（中国佬）是对华人的贬称。——译注

③ 这个词非常容易令人联想到黑人的贬称 nigger。——译注

那么这些词要么立即消失,要么就会失去其种族主义的涵义,但是因这些词汇没有消失或失去原意的迹象,所以使用这样的词汇就常常反映了种族主义,保留了偏见,分裂了人民。

然而,语言是具有创造性的,可变的,且一直处于变化之中。多数人使用的贬低少数人的表述词语,可能会被这些少数人用作表示团结和友谊的术语。因此,对于一些——我们强调是一些——非裔美国人来说,nigger这个词被用来表示好感。同样,通常有辱人格的词queer在一些男同性恋用来表示亲热,正如cripple或crip在一些有同类残疾的残障人士中同样用来表示亲热。

3.7 语言与性别歧视

博士,……学识渊博之士。

《美国大学词典》 1947年版

男实业家积极进取;女实业家盲目冒进。男实业家善于处理细节;女实业家爱挑剔。……他总是坚持到底,她是不知道适可而止。他立场坚定,她却难以对付。……他的决断则是她的偏见。他是见过大世面的,她只是到处转转。他不怕说出自己的想法,她是唠叨不休的,他总是认真地行使权力,她则是个权力狂。他的口风很严,她则是一直心怀隐秘。他在攀登成功的阶梯,她迈向顶峰则是靠枕头。

"如何区别男女企业家"
载加利福尼亚大学洛杉矶分校管理学研究生院《气球》杂志 XXII(6)

有关猥亵性语言、亵渎性言词、禁忌词汇和委婉语的讨论表明,一种语言的词语从内在的性质上来看没有好坏之分,但它可以反映个人或社会的价值取向。此外,一个说话者可以用带有正面涵义的词来指称一个人,而另一个说话者则可能选择一个不同的、带有负面意义的词来指称同一个人。例如,同一个人可以被一些人称为"恐怖分子",而被另一些人称为"自由战士"。一个女人可能被称为"男人婆"(或"夸夸其谈的妇解分子"),也可能被称为"勇敢的女权倡导者",这同样是由说话者确定的。用来指称某些个人或团体时所用的词,反映了我们个人的态度,这种态度与语言学无关,也反映了社会的文化和观念。

词典常常反映了社会的态度。在1969年版的《美国传统词典》中,用来说明词义的例子包括"男人般的勇气"和"男子汉的魅力"。对妇女则不同了,"女人的眼泪""女人的诡计"就是例子。在《韦氏美国英语新世界词典》1961年版中,honorarium(酬金)这个词被定义为"对一个有专长的男人提供服务所支付的费用,这种服务费没有固定的标准,在法律上也不是非付不可的。"尝试通过主张man实际上意为"人类"来改变此类定义中固有的性别歧视,在1973年被巧妙地搪塞过去了:

如果一个女人从船上被吹到海里,喊救命是这样喊的Man overboard(有人[男性]落水)。如果一个女人被肇事逃逸司机撞死了,则对司机的指控是manslaughter(过失杀人[男性])。如果她因公受伤,赔付的保险金是workmen's compensation(工人[男性]抚恤金)。但如果她到标有Men Only(仅限男人)门牌的门前时,她知道此告诫所要阻挡的不是动物、植物或无生命物体,而恰恰就是作为女性的她。①

直到1972年,在哥伦比亚大学,女教员的盥洗室门上仍写着Women(妇女),而男盥洗室门上则写着Officers of Instruction(教员)。然而,从语言学上来说,officer这个词在语义上是没有性别标记的。那时在哥伦比亚似乎很少有女教授,这反映到了这些称呼词语上面。这表明非语言社会含义,可以影响我们对词义的解读。因此,直到最近,许多人听到"我的表亲(cousin,表兄弟,表姐妹)是教授(或是医生,或是大学校长,或是钢铁工人),他们仍会认为这个表亲是个男人。"

另一方面,如果你听到某人说"我的表亲是护士(或是小学教师,或是秘书打字员,或是家务劳动者)",你可能得出结论认为说话者的表亲是女的。"我的邻居是一个白面金发(或红发人或深褐色头发的人)的人"这句话,大家理解为指称一个妇女,其原因不像前面那么清楚。看样子在我们的社会中至少头发的颜色是划分女性的基本范畴,但这一事实是否构成这些词的意义的一部分是有争议的。

男人用来指称妇女的语言,常常带有诋毁的涵义或性的涵义,对这些语言的研究分析表明这些词的历史可以追溯到很久以前。在它们刚刚进入语言时并不带有贬义,但是后来渐渐地获得了贬义。因此,从古英语词huswif(家庭妇女)派生出了hussy(荡妇)一词。就她们最初的职业来说,洗衣女工整理床铺,缝纫女工做缝纫,纺织女工摇纺车,护士照看病人。但是在一些家庭中,这些人显然都有了附带的义务,因为这些词语在其存在的某个时期都成了指称情妇或妓女的委婉语。

用于指妇女的词很多,这些词全部带有侮辱性或性暗示,例如:dish(盘子),tomato(番茄),piece(片子),piece of ass(屁股),piece of tail(尾巴,累赘),bunny(小兔子),chick(小鸡),pussy(猫咪),pussycat(猫咪),bitch(母狗),doll(娃娃),slut(母狗),cow(母牛),eye candy(悦目但肤浅的女人)等等。指称男人的与性有关的词就少得多。那些确实与性有关的词,像boy toy(年轻情夫),stud muffin(性感男子),hunk(健美男人)或jock(运动员)等,并不带有那些指称女性的词的那种贬义。

显然,语言可能用来加深性别歧视。它可以用来促进任何事业,无论这种事业是美好的还是邪恶的,是公正的还是不公正的。语言是极其灵活的,富于表达力。至于语言的某个方面或者某种语言是否怂恿了性别歧视,这是另一个问题。在我们尝试回答那个问题之前,让我们用英语作为例证以便更深入地探究这一主题。

3.7.1 有标记形式与无标记形式

在许多语言中,指称男性和女性的词语之间,存在着不对称现象。一个突出的事实是当指称男性和指称女性的词成对出现时,指称男性的词汇在大多数情况下是无标记的,而指称女性的词汇则通过附加一个黏着语素而构成,或者通过复合法构成。英语中有很多这样的例子:

男性	女性
prince(王子)	princess(公主)

---

① 出处:A. Graham. December 1973. "How to Make Troubles: The Making of a Nonsexist Dictionary," *Ms*.(原注5)

author（作者）	authoress（女作者）
count（伯爵）	countess（女伯爵）
actor（演员）	actress（女演员）
host（主人）	hostess（女主人）
poet（诗人）	poetess（女诗人）
heir（继承人）	heiress（女继承人）
hero（英雄）	heroine（女英雄）
Paul（保罗）	Pauline（保兰）

自女权运动出现以来，很多指称女性的有标记形式已被指称男性的形式所代替，并用来指称任一性别。因此，女人和男人一样都是authors（作家），actors（演员），poets（诗人），heroes（英雄）和heirs（继承人）。然而，如果女人是少数女性贵族中的一员，仍是countesses（女伯爵），duchesses（女公爵）和princesses（公主）。

其他指称男性和指称女性的成对词语，在意义上还有许多有趣的不同。虽然governor（州长）管理一个州，governess（家庭教师）照顾孩子，但mistress用得最广的意义不是女主人而是情妇，majorette也不是女少校，而是军乐队的女队长。我们说"未婚妈妈"而不说"未婚爸爸"，"职业女性"而不说"职业男性"。因为历史上对于有了孩子的未婚男子没有辱名，男人本来就有职业，只是最近才有了househusband（家庭主夫）这个词，这也反映了社会习俗的变化。

seminal这个词（来自semen"精液"）用来指称新的、重要的思想，也许是为了对此提出抗议，克雷尔·布斯·卢斯改写了易卜生的剧本《玩偶之家》，在该剧中，娜拉告诉她的丈夫，她怀孕了，但怀孕的方式"与只有男人才会经历的那种怀孕方式一样"。当她的丈夫问她什么是"男人怀孕"时，她回答道："怀上了思想，男性式的怀孕是在这儿（她敲了敲脑袋），这是一种高级的生产形式，女性式的怀孕是在这儿（她敲了敲肚皮）——一种非常低级的生产形式。"

还存在其他的语言不对称现象，例如，许多妇女在结婚后要用她们丈夫的姓。这种姓的变化可以追溯到早期法律上的惯例，其中一些保持到了现在。因此，我们常称某位妇女为杰克·弗罗姆金夫人，但除了带有侮辱性的意思以外，很少称某个男人为薇姬·弗罗姆金先生。然而，在其他文化中不一定有这种习俗。我们说约翰·史密斯教授和夫人，但很少（即使有的话）说菲利帕[①]·克尔博士和先生。在一次加利福尼亚大学洛杉矶分校校友会举办的宴会上，座位卡标明"弗罗姆金博士"应该就座的位置和"弗罗姆金夫人"应该就座的位置，虽然两者都有博士头衔。

称一个女子为spinster（老处女）或old maid（老姑娘）是带有侮辱性的，但是称一个男人为bachelor（单身汉）并无侮辱性。spinster这个词本身并无贬义，而附加涵义却反映了社会对于未婚女子所持的态度与未婚男子持的态度是不同的。

[①] 菲利帕（Philippa）是典型女性名字。——译注

3.7.2 表示通指的 He（他）

> 假如英语组织得恰当的话……那么就会有一个词，既可以表示"他"，也可以表示"她"，并且我能够写出这样的句子："如果约翰或玛丽来的话，他（heesh）想要打网球。"这样便会省去很多麻烦。
>
> A. A. 米尔恩 《克里斯托弗·罗宾的生日书》

无标记的名词，或者雄性名词（例如，actor "演员"，host "主人"，lion "狮子"）也用作总称，雄性代词也一样（例如，he "他"，him "他"[宾格]， his "他的"）。brotherhood of man（人类的同胞关系）包括妇女，但是sisterhood（姊妹关系）就不包括男人。句子My neighbor likes his new car（我的邻居喜欢他的新车）就允许邻居是女性，但是My neighbor likes her new car（我的邻居喜欢她的新车）就不允许邻居是男性。

托马斯·杰斐逊在《独立宣言》中写到"人人生而平等"和"组成政府的人经过统治者的同意得到手中的权力"，他并没有把men（人）作为包括妇女的全称名词使用。他对men的用法是精确的，因为在那时，妇女还没有选举权。在16世纪和17世纪，阳性代词不用作通指形式使用；当指称男人时使用he的种种形式，指称女人时使用she。代词they用作指称任一性别的人，即使所指对象是单数名词，如切斯特菲尔德爵士在1759年的声明所示："如果一个人生来就性情沮丧……they（他或他们）就没法控制。"

到了18世纪，语法学家（当然是男性）设立规则，指定以男性代词为全称代词，但直到19世纪，1850年英国国会的一项法令批准使用后，这条规则才被广泛应用。但是he的全称用法却被忽视了。1879年，在全是男性的马萨诸塞州医学会中，由于该组织的规定中用代词he指其成员，女医生都被禁止获得成员资格。

英语正在发生变化，这种变化反映了男人和女人都逐渐意识到语言可以反映社会态度，能强化陈规和偏见。people（人们）这个词越来越多地用来取代mankind（人类），personnel（人员）用来取代manpower（人力），nurturing（养育）取代mothering，to operate（操纵）取代to man，chair 或 moderator（会议主席）用来取代chairman（特别是那些嫌chairperson太笨拙的人），像postal worker（邮递员），firefighter（消防员），和public safety officer（公安人员）或police officer（警官）这样的词正在取代mailman，fireman和policeman。

对英语中无性别的单数第三人称代词已经提出了许多建议（例如：e, hesh, po, tey, co, jhe, ve, xe, he'er, thon, na），但是好像说话者并不倾向于采用其中的任何一种，似乎he和she还会暂时伴随我们一阵子。

萨丕尔-沃尔夫假说（第一章中讨论过）提出，语言编码即用词来表述诸如男性和女性等不同范畴的方式，常常微妙地影响着说话者思考这些范畴的方式。因此，人们可以争辩说，由于说英语的人常常被迫选择he作为无标记代词（如 One should love his neighbor "人们应该喜欢他的邻居"），并且只有当所指对象明显为女性时才选用she，他们才趋向于把男性当作主导。同样，名词要加特殊词缀来表示女性的事实，迫使人们从男性和女性的角度进行思维，由于加词缀而使得女性更像是派生出来的。不同的头衔,如Mr.(先生),Mrs.(夫人),Miss(小姐)和Ms.(女士)也强调了男性和女性的差别。(与日语相比较而言,尽管日语有明显的性别语言,但它用名词性范畴呈中性的语素 -san作敬称)最后,英语和许多其他语言中,贬低女性的词在数量上的优势,会造成一种更加容忍性别歧视行为的氛围。

然而,尽管人们确实可能会有性别歧视,甚至文化也可能会有性别歧视,语言能有性别歧视吗?换句话说,我们能够被我们的语言塑造成为我们不愿变成的那种人吗?或者语言只不过推动了我们可能拥有的任何自然倾向吗?这仅仅是社会价值的反映吗?现在语言学家、人类学家、心理学家和哲学家都在争论这些问题,而且还未得出明确的答案。

4. 秘密语和语言游戏

在世界各地,从古至今人们发明了种种秘密语和语言游戏。人们运用这些特殊的语言作为群体身份认同的工具,和/或不让外人了解正在说话的内容,正如之前作为专门语讨论过的音节倒置词,或者中国的女性文字"女书"。尽管在通常情况下只是为了好玩,就像《指环王》中人们使用的精灵语一样。

当使用目的是为了保密时,那么就有好几种使用方法;在移民家庭中,当父母不想让孩子们明白他们在说什么的时候,他们有时会使用自己的本族语,或者他们可能会将词拼写出来。在美国,奴隶们发明了一种奴隶主不懂的复杂代码。圣歌里唱的"希望的土地"或"以色列人走出埃及的大迁徙"就是指"北方"和"地下交通网"的秘密语。

有一种特殊的语言是伦敦东区土话,它是一种同韵俚语。没有人确切地了解它的起源。一种观点认为,19世纪中期在伦敦黑社会的犯罪分子中,这种俚语开始作为一种秘密语用来迷惑peelers(警察)。另一种观点认为,在20世纪初建设伦敦码头时,爱尔兰移民工人发明了同韵俚语来迷惑非爱尔兰工人。还有另一种观点认为,穿梭于英国各个市场之间讲故事、报新闻、朗诵民谣的街头吟唱者传播了这种俚语。

这种语言游戏的玩法是创造一个同韵的词来代替某个特定的词。这样,table(桌子)的同韵俚语可以是Cain and Abel(该隐和亚伯);missus(夫人)被称为cows and kisses(母牛和接吻);stairs(楼梯)是apples and pears(苹果和梨); head(头)是loaf of bread(面包一块),常缩略为loaf,如用在use yer loaf(动脑筋)中。一些伦敦东区土话同韵俚语词,已经漂洋过海传到了美国。在美国俚语中意为"金钱"的Bread(面包)这个词就来自伦敦东区土话bread and honey(面包和蜂蜜);brass tacks(基本事实)——"美国人喜欢认真做的"那些事情——源自表示facts(事实)的伦敦东区土话同韵俚语。

其他语言游戏,例如"猪拉丁语"①(Pig Latin),被儿童和成人用来娱乐。这样的语言游戏存

---

① "dog(狗)"发音为 og-day,"parrot(鹦鹉)"发音为 arrot-pay,"elephant(大象)"发音为 elephant-may,等等,请参见本章练习 6。(原注 7)
这是一种故意颠倒英语字母顺序构成倒读隐语的专门语。——译注

在于世上所有的语言之中，而且形式多种多样。在某些语言游戏中，每个词都要加上一个后缀；在另一些游戏中，每个元音后面要插入一个音节；还有押韵游戏，在游戏过程中要颠倒音位的顺序。在巴西的一种语言游戏中，要用 /i/ 代替所有的元音；印度儿童会学会一种孟加拉语游戏，在游戏过程中，要颠倒音节顺序（使人联想到了verlan），如将bisri（丑陋的）发音为sribi。

有一种基于文字的语言游戏，是通过增加笔画改变字母来掩饰被禁止的词。这样，FUCK（性交）通过改变它的四个字母，就变成了ENOR；CUNT（女阴）成了OOMF，所以现在听起来单纯的、无意义的词实际上是粗言秽语的代码。

澳大利亚中部的当地土著瓦尔比里人玩一种曲解词义的语言游戏。在这种语言游戏中，所有的名词、动词、代词和形容词都被语义对立的词所代替。因此，句子Those men are small（这些男人很小）意思是This woman is big（这个女人很大）。

这些语言游戏证明了音位、词、语素、语义特征等语言单位的存在，语言学家就设了这些单位来描写语法。这也证明了人类语言以及说这些语言的人的无限的创造力。

5. 小结

每个人都有自己独特的说话方式，称为**个人方言**。一个群体使用的语言称之为**方言**。一种语言的方言指的是该语言的种种形式，它们彼此之间能相互理解，但存在着系统差异。因为语言在演变，所以方言得以发展，语言在某个群体或某个地区发生的变化，可以不同于它在其他群体或地区发生的变化。这样便产生了**地域方言**和**社会方言**。美国的地域方言中的某些差异，可以追溯到来自英国的殖民定居者所说的不同方言。来自英国南部来的那些人说一种方言，而那些来自北部的人说另一种方言。此外，一方面，在那些与英国保持密切联系的殖民者身上，可以反映出英国英语的变化；另一方面，英国英语的早期形式则仍被保留在向西拓展的美国人中间，因为他们与大西洋彼岸的交流中断了。对地域方言的研究产生了**方言地图集**，采用**方言地图**标明了话语中具有特殊方言特点的各个地区。每一个地区用称为**同言线**的线条标出边界。

当一个族群在社会上被隔离时，社会方言就产生了，例如美国的非裔美国人。他们中的许多人所讲的方言被统称为非裔美国人（土话）英语，该方言与非非裔美国人所讲的方言不一样。

方言差异包括音系的或语音的差异（通常称为**口音**），词汇的差异以及句法规则的差异。方言之间的差异少于它们之间的相似之处，因此，说不同方言的人也可以相互交流。

在许多国家，把某种方言或方言群看作**标准语**，比如，**标准美国英语**（SAE）。虽然这种特定的方言在语言学上并不具有优越性，但一些纯语主义者认为这是唯一正确的语言形式。这种观点导致了一种认为非标准方言存在缺陷的想法，比如，有人对**非裔美国人英语**（有时称作"**美国黑人英语**"）就持有这种错误的认识，其实这是一些非裔美国人所使用的方言的集合。对非裔美国人英语的研究表明它像其他方言一样是合乎逻辑的、完整的、受规则支配的，并且富于表达力。拉丁裔美国人所说的方言也是这样的，这些人的母语或他们双亲的母语是西班牙语。说英语的拉丁裔美国人能说一种或两种语言。美国西南部所说的一种拉丁裔方言，被称为**奇卡诺英语**（ChE），由于主要受到西班牙语的影响，它与标准美国英语在音系上和句法上存在系统的差异。其他的差异还存在于许多非标准的种族方言和非种族方言之中。说双语的人从一种语言转换到另一种语言时，**语码转换**现象便出现了，它也会出现在一个句子中。它反映了两种语法的共同作用，并不表示是"支离破碎的"英语或西班牙语或其他语的形式。

从古到今人们一直在尝试通过立法确立使用某一特定方言或语言，有时甚至发展到禁止使用除了优选语言之外的其他语言。

在说多种语言的地区，一种语言可能会成为**通用语**，以方便人们之间进行交流。在另一些情况下，商人、传教士或旅行者，他们都需要与那些说他们不懂的语言的人进行交流，由此可能会产生**皮钦语**，这是以一种语言为基础——上层语——但在词汇、音系和句法上都简化了的语言。当一种皮钦语被广泛使用并成为孩子们的首要语言输入时，它就克里奥耳语化了。**克里奥耳语**的语法与其他语言的语法是相似的，当今世界许多地区都存在着起源于克里奥耳语的语言，其中包括失聪者使用的手语。

除了地域方言和社会方言之外，说话者可以根据语境使用不同的**语体**，或**语域**。**俚语**在正式场合或写作中不常使用，但在口语中用得很广；**专门语**和**行话**指某些特殊群体用于交流的专用词汇，它们方便了交际，提供了一种形成紧密关系的方式，并且将局外人排斥在外。

在所有的社会中，总有某些动作或行为让人皱眉，遭到禁止或被视为**禁忌**。因此，人们也回避使用指称这些禁忌行为的词语，或认为它们是"肮脏的"。语言本身不可能是污秽的或者干净的；对待特定词汇或语言表达法的态度反映了某一文化或社会对语言使用者的行为动作的看法。有些时候，俚语词汇可能是禁忌，然而具有同样意义的科学或标准术语在"文明社会"中却是可以接受的。禁忌词汇和禁忌行为导致了**委婉语**的产生，委婉语是用来取代那些应该回避的词语的词或短语。因此，powder room（化妆室）是toilet（盥洗室）的委婉语，而toilet本身又是lavatory（厕所）的委婉语，但是现在lavatory又比其替代词toilet更容易让人接受。

正如使用某些词可以反映社会对于性、人体的自然功能或宗教信仰所持的看法一样，某些词也反映出种族歧视、沙文主义以及性别歧视的态度。语言本身并没有种族歧视或性别歧视，但它反映了社会各界对此的看法。然而，蔑称的存在，以及像缺少无性第三人称单数代词等某些语法特征可能会保持和强化这种偏见，这对那些被称呼的人来说是一种侮辱。因此，文化影响语言，也可以认为语言可能会对它所反映的文化产生影响。

诸如音节倒置词和"猪拉丁语"这样的秘密语和语言游戏的发明或构建，验证了人类在语言上的创造性以及说话者对自己语言的音系、形态和语义规则的无意识知识。

6. 进阶书目

Bickerton, D. 1981. *Roots of Language*. Ann Arbor, MI: Karoma.

Cameron, D. 1992. *Feminism and Linguistic Theory*, 2nd edition. London: Macmillan.

Carver, C. M. 1987. *American Regional Dialects: A Word Geography*. Ann Arbor, MI: University of

Michigan Press.

Cassidy, F. G. (chief ed.). 1985, 1991, 1996, 2002. *Dictionary of American Regional English*, Volumes 1, 2, 3, 4. Cambridge, MA: Harvard University Press.

Chambers, J., and P. Trudgill. 1998. *Dialectology*, 2nd edition. Cambridge, UK: Cambridge University Press.

Coates, J. 1993. *Women, Men and Language*: *A Sociolinguistic Account of Sex Differences in Language*. Upper Saddle River, NJ: Pearson Education.

Fasold, R. 1990. *Sociolinguistics of Language*. London: Blackwell Publishers.

Ferguson, C., and S. B. Heath, (eds.). 1981. *Language in the USA*. Cambridge, UK: Cambridge University Press.

Holm, J. 2000. *An Introduction to Pidgins and Creoles*. Cambridge, UK: Cambridge University Press.

Labov, W. 1966. *The Social Stratification of English in New York City*. Washington, DC: Center for Applied Linguistics.

_____. 1969. *The Logic of Nonstandard English*. Georgetown University 20th Annual Round Table, Monograph Series on Languages and Linguistics, No. 22.

_____. 1972. *Sociolinguistic Patterns*. Philadelphia: University of Pennsylvania Press.

Lakoff, R. 1990. *Talking Power*: *The Politics of Language*. New York: Basic Books.

Simpson, J. 2005. *The Oxford Dictionay of Modern Slang*. Oxford, UK: Oxford University Press.

Tannen, D. 1990. *You Just Don't Understand*: *Women and Men in Conversation*. New York: Ballantine.

_____. 1994. *Gender and Discolirse*. New York: Oxford University Press.

Thorne, B., C. Kramarae, and N. Henley, (eds.). 1983. *Language, Gender, and Society*. Rowley, MA: Newbury House.

Trudgill, P. 2001. *Sociolinguistics*, *An Introduction to Language and Society*, 4th edition. London: Penguin Books.

Williamson, J. V., and V. M. Burke. 1971. *A Various Langriage*: *Perspectives on American Dialects*. New York: Holt, Rinehart, and Winston.

Wolfram, W., and N. Schilling-Estes. 1998. *American English Dialects and Variation*. London: Blackwell Publishers.

7. 练习

1. 如下所示，每对词的发音都至少按照一种美国英语方言标出了音标。对其中一些词你的发音有所不同，请按照你的发音写出音标。

  a. horse [hɔrs]   hoarse [hors]

  b. morning [mɔrnĩŋ]   mourning [mornĩŋ]

c. for	[fɔr]	four	[for]	
d. ice	[ʌjs]	eyes	[ajz]	
e. knife	[nʌjf]	knives	[najvz]	
f. mute	[mjutl]	nude	[njud]	
g. din	[dĩn]	den	[dẽn]	
h. hog	[hɔg]	hot	[hat]	
i. marry	[mæri]	Mary	[meri]	
j. merry	[mɛri]	marry	[mæri]	
k. rot	[rat]	wrought	[rɔt]	
l. lease	[lis]	grease (动词)	[griz]	
m. what	[ʍat]	watt	[wat]	
n. ant	[æ̃nt]	aunt	[ãnt]	
o. creek	[kʰrɪk]	creak	[kʰrik]	

2. 下面这个段落出自喀麦隆皮钦英语版本的《马可福音》。不要参阅后面给出的译文，看看自己能明白多少内容。说出喀麦隆皮钦英语和标准美国英语之间的一些异同。

a. Di fos tok fo di gud nuus fo Jesus Christ God yi Pikin.

b. I bi sem as i di tok fo di buk fo Isaiah, God yi nchinda (Prophet), "Lukam, mi a di sen man nchinda fo bifo yoa fes weh yi go fix yoa rud fan."

c. Di vos fo som man di krai fo bush: "Fix di ples weh Papa God di go, mek yi rud tret."

英文的译文[①]：

a. 神的儿子、耶稣基督福音的起头。

b. 正如先知以赛亚书上记着说："看哪，我要差遣我的使者在你前面预备道路。"

c. 在旷野有人声喊着说："预备主的道、修直他的路。"

3. 从1890年到1904年期间，由J. S. 法默和W. E. 韩利合著的《俚语及同源语》分七卷出版。下面的条目都包含在该词典中。针对每一个条目，（1）说出该词或短语是否仍然存在；（2）若已不存在，说出该俚语其现代的说法是什么；（3）若该词仍然存在但含义已经变化，请说出它现在的意义：

all out: 彻底地，例如All out the best.（完全是最好的。这个词语的起源可追溯到1300年。）

to have apartments to let: 做傻瓜；没有头脑的人。

been there: 例如 Oh, yes, I've been there.（啊，没错，这事儿我熟。）适用于素有经验的精明之人。

belly-button: 肚脐。

[①] 译文采用华语区通用的"和合本"《圣经》。——译注

berkeleys：女性双乳。

bitch：对女人最无礼的称呼，甚至比whore（妓女）一词更令人恼怒。

once in a blue moon：很少。

boss：主人、发号司令者。

bread：职业。（在1785年out of bread的意思就是"失业"。）

claim：偷窃。

cut dirt：逃走。

dog cheap：没有什么价值。（德克尔①1616年用过这个俚语：Three things there are dogcheap, learning, poorman's sweat, and oathes."学问、誓言，还有穷人的汗水，这三样东西一文不值。"）

funeral：例如 It's not my funeral.（这事儿和我不相干。）

to get over：诱惑，使人着迷。

groovy：墨守陈规的；不够聪明的。

grub：食物。

head：厕所（只用于航海）。

hook：结婚。

hump：搞砸。

hush money：封口费；勒索。

itch：性兴奋。

jam：情人或情妇。

leg bags：长筒袜。

to lie low：保持低调；等待时机。

to lift a leg on：发生性关系。

looby：笨蛋。

malady of France：梅毒（莎士比亚曾在1599年使用该俚语）。

nix：什么都没有。

noddle：头。

old：钱。（1900年用例：Perhaps it's somebody you owe a bit of the old to, Jack."杰克，这个人你可能欠了他一点钱。"）

to pill：满口陈词滥调。

pipe layer：政治阴谋家；野心家。

poky：狭窄，拥挤，愚蠢。

---

① 托马斯·德克尔是与莎士比亚同时代的戏剧家。——译注

pot: 一夸脱①；大量；奖品；小便池；擅长、优于。

puny: 新生。

puss-gentleman: 娘娘腔。

4. 假设有人请你帮忙给一本新俚语词典编写条目。请列出十个俚语词，并给每个词下一个简短的定义。

5. 下面是一些在英国英语中使用的词，在美国英语中却通常用不同的词来表示。看看你是否能将英国英语与美国英语中对等的词匹配起来。

英国英语

a. clothes peg
b. braces
c. lift
d. pram
e. waistcoat
f. shop assistant
g. sweets
h. (轿车的) boot
i. bobby
j. spanner

k. biscuits
l. queue
m. torch
n. underground
o. high street
p. crisps
q. lorry
r. holiday
s. tin
t. knock up

美国英语

A. candy
B. truck
C. line
D. main street
E. crackers
F suspenders
G. wrench
H. flashlight
I. potato chips
J. vacation

K. baby buggy
L. elevator
M. can
N. cop
O. wake up
P. trunk
Q. vest
R. subway
S. clothes pin
T. clerk

6. 猪拉丁语是一种常见的英语语言游戏；猪拉丁语也有方言，即规则不同的"语言游戏"形式。

A. 以下材料来自三种不同的猪拉丁语方言，每一种方言对以元音开头的词都有自己的规则：

	方言1	方言2	方言3
"eat"（吃）	[itme]	[ithe]	[ite]
"arc"（弧）	[arkme]	[arkhe]	[arke]
"expose"（暴露）	[ɛkspozme]	[ɛkspozhe]	[ɛkspoze]

（1）请说出每种猪拉丁语方言中对词的形式加以解释的规则；

（2）你如何用每种方言说honest（诚实）、admire（赞赏）和illegal（非法）这三个词？请写出这些词在每一种猪拉丁语中的音标。

B. 在猪拉丁语的一种方言中，strike（打击）这个词的发音是[ajkstre]，而在另一种方言中它读作[trajkse]。在第一种方言中slot发音成[atsle]，而在第二种方言中它读作[latse]。

（1）请说出这两种方言中的规则如何对同一个词的不同猪拉丁语形式加以解释；

（2）请写出这两种方言中spot（斑点）、crisis（危机）和scratch（抓挠）的音标。

7. 下面是表示不同英语语言游戏的一些句子。写出每个句子变形之前的形式；并说出该语言游

---

① 英制单位，约合1.14升。——译注

戏的"规则"。

 a. /aj-o tʊk-o maj-o dag-o awt-o sajd-o/

 b. /hirli ɪzli əli mɔrli kamliplɪlikelitədli gemli/

 c. Mary-shmary can-shman talk-shmalk in-shmin rhyme-shmyme.

 d. Bepeterper latepate thanpan nepeverper.

 e. thop-e fop-oot bop-all stop-a dop-i op-um blop-ew dop-own /ðapə fapʊt bapɔl stape dapi apəm blapu dapawn/

 f. /kʌbæn jʌbu spʌbik ðʌbɪs kʌbajnd ʌbəv ʌbɪŋglʌblɪʃ/ （此句出自20世纪70年代流行的儿童电视节目Ubby Dubby。）

8. 下面是两位朋友之间闲谈时可能会说的句子。说出每句话在标准美国英语中未缩减的完整句子。另外，用你自己的话（或者，如果你愿意的话，用正式的语言）说出从正式句子中派生出非正式句子的一条或多条规则。

 a. Where've ya been today? （你今天去哪儿了？）

 b. Watcha gonna do for fun? （你想玩什么？）

 c. Him go to church? （他去教堂？）

 d. There's four books there. （那儿有四本书。）

 e. Who ya wanna go with? （你想跟谁去？）

9. 请编写一份某行业或职业（例如，律师、音乐家、医生、码头工人）的专门语（或行话）词语表，并用非行话词语给专门语中的每个词下定义。

10. 请把诸如《美国独立宣言》《葛底斯堡演说》或《美国宪法》序言等任何著名的文件或演说的第一段"翻译"成非正式口语。

11. A栏中是伦敦东区土话同韵俚语的表达法，请将它们与其在B栏中的对应项匹配起来。

A	B
a. drip dry （滴干）	（1） balls （睾丸）
b. in the mood （有情绪）	（2） bread （面包）
c. insects and ants （昆虫和蚂蚁）	（3） ale （淡啤酒）
d. orchestra stalls （乐队前座）	（4） cry （喊叫）
e. Oxford scholar （牛津学者）	（5） food （食物）
f. strike me dead （把我击打至死）	（6） dollar （美元）
g. ship in full sail （船满帆）	（7） pants （裤子）

现在请你构建下列词的伦敦东区土话同韵俚语形式：

 h. chair （椅子）

 i. house （房屋）

j. coat （大衣）

k. eggs （鸡蛋）

l. pencil （铅笔）

12. A栏列出了B栏中的词的委婉语。将A栏的每一项与B栏适当的词匹配起来。

A

a. Montezuma's revenge （蒙提祖玛的复仇）

b. joy stick （欢喜手杖）

c. friggin' （该死）

d. ethnic cleansing （种族清洗）

e. French letter （法国信，旧用法）

f. diddle oneself （骗骗自己）

g. holy of holies （至圣所）

h. spend a penny （花一分钱，英式）

i. ladies' cloak room （女士衣帽间）

j. knock off （打晕，始见于1919年）

k. vertically challenged （垂直方向受到挑战的）

l. hand in one's dinner pail （交出饭盒）

m. sanitation engineer （卫生工程师）

n. downsize （缩小规模）

o. peace keeping （维持和平）

B

(1) condom （避孕套）

(2) genocide （种族灭绝）

(3) fire （解雇）

(4) diarrhea （痢疾）

(5) masturbate （手淫）

(6) kill （杀死）

(7) urinate （解小便）

(8) penis （阴茎）

(9) die （死）

(10) waging war （打仗）

(11) vagina （阴道）

(12) women's toilet （女厕所）

(13) short （个子矮小）

(14) fuckin' （要命）

(15) garbage collector （收垃圾的）

13. 请写一篇短文来辩护或批评如下陈述：

在听证会使用niggardly①（小气鬼）一词的人应该因缺乏敏感且使用近似于可耻的种族主义词语而受到谴责。

14. waitron和waitperson这两个词现在正展开竞争，看看是否能作为中性用词取代waitress（女招待）。请使用词典、互联网和其他任何你能想到的资源，预测哪个词将会胜出，或者两个候选词都会落选，并请说明理由。

15. 如果你可以上互联网，请搜索一下巴布亚皮钦语。你很快会找到有可能听到巴布亚皮钦语的网站。重复几次听同一段巴布亚皮钦语。如果不看文本或译文，你能听懂多少？然后跟着文本（通常会提供）听，直到你能听懂每个词。现在试听新的一段话。你的听力提高了吗？要做到听完第一遍就能听懂所说内容的一半，你认为自己需要做多少练习？

16. 有一种语言游戏非常流行，它因此出现在《华盛顿邮报》上。其玩法是选择一个词或（众

---

① 该词近似于歧视黑人的种族主义用词 niggar（黑鬼）。——译注

所周知的）短语，通过增加、去掉或改变一个字母来变更这个词或短语，然后提供一个新的（聪明的）定义。请阅读下面例子，试着找出让人得出这些解释的词语，然后自己试着写出10个这样的例子来。（提示：其中有很多是拉丁语）

Cogito eggo sum	我思故我是华夫饼
Foreploy	为了引诱女性上床而伪装自己
Veni, vipi, vici	我来，我是大人物，我征服
Giraffiti	下流话喷射得很高很高
Ignoranus	一个既愚蠢又混蛋的人
Rigor Monis	猫死了
Felix navidad	我们的猫有一条船
Veni, vidi, vice	我来，我见，我抽烟
Glibido	光说不练
Haste cuisine	法国快餐
L'état, c'est moo	这里我说了算
Intaxication	由退税带来的快感
Ex post fucto	"找不到邮件"

17. 乔治·奥威尔在其原创的并极具影响力的小说《1984》中，创造了"新话"一词，一种由官方强制推行的语言，目的在于压制群众。他写道：

> 给它造词的时候，使党员希望正确表达的每一种意思都可以确切地表达出来，而且说法往往还很微妙；至于其他的意思，甚至用间接手段获得这些含义的机会，都完全不存在。之所以能够做到这一点，部分是由于发明了新词，但主要还是靠取消那些让人讨厌的词汇，清除那些还带有非正统含义的词汇，可能的话，还要清除词汇的其他含义。举个简单的例子，新话中也有free（自由；没有）一词，但它只能用在This dog is free from lice（这条狗身上没有虱子），This field is free from weeds（这块地没有杂草）一类的陈述中，从前politically free（政治自由），intellectually free（思想自由）这种意义上的"自由"现在不能再用，因为政治和思想自由即使作为概念也已经不再存在，因此必定没有名称了。①

请评论这种"新话"。这种语言会达到它的目的吗？为什么呢？（提示：你也许要复习一下诸如语言的创造性和任意性这样的概念，这些概念在第一章的前面几页中讨论过。）

18. 在《1984》中，奥威尔提出如果一个概念不存在，那么它就是没有名称的。在下面引用的段落中，他认为如果一种罪行没有名称，那么该罪行就是无法想象的，因此也就不可能犯下这种罪行：

> 把"新话"作为唯一语言长大的人，不会知道free曾经可以表达"思想自由"，这好比从没听说过下棋的人没法知道queen（皇后）和rook（兵）还有别的含义。他不会有能力犯下许

---

① 译文引自"百度百科"（http://baike.baidu.com/view/1615746.htm），有修改。——译注

多罪行和错误，道理很简单，这些东西没有名称，因此无法想象。

请你评论一下这种理念。

19. 英语性别方言不同的一个方面是词汇的选择。例如，女人比男人更常说darling（亲爱的）、lovely（可爱的）；男人比女人更常用诸如home run（[棒球]本垒打）和slam dunk（[篮球]扣篮）这样的运动词语隐喻。请想一想两性之间不对称的其他词汇用法。

20. 研究性问题：历史上许多政权都禁用过语言。写一篇报告，提及几个这样的政权和被其禁止的语言，以及禁止语言的各种可能的原因（例如，你可能已经发现，西班牙在弗朗西斯科·弗朗哥［1936—1975］政权时期禁用巴斯克语，部分原因是巴斯克民族的分裂主义愿望，以及巴斯克人对他独裁统治的反对。）

21. 缩略英语（AE）是书面英语的一个语域，用于报纸的新闻标题和其他地方。下面是一些例子：

CLINTON IN BULGARIA THIS WEEK（克林顿本周访问保加利亚）

OLD MAN FINDS RARE COIN（老人发现罕见硬币）

BUSH HIRES WIFE AS SECRETARY（布什雇妻子为秘书）

POPE DIES IN VATICAN（教皇在梵蒂冈去世）

缩略英语并不是任意省略句子的某些部分，而是受语法规则制约的。

A. 将每条标题翻译成标准美国英语（SAE）。

B. 将AE与SAE区别开来的特征或规则是什么？

C. 我们会在其他语境（除新闻标题外）中发现缩略英语吗？如果是，请提供实例。

挑战性问题：

A. 上述新闻标题的参考时间是何时（例如，现在、不久的过去、遥远的过去、将来）？

B. 在事件谓语（例如，dies"死亡"）与状态谓语（例如，in Bulgaria"在保加利亚"）的各种可能的时态解释之间，是否存在差异？

第十一章 语言变化：时间的音节

语言的使用具有任意性，并且约定俗成，不可能一成不变，而总是处于起伏变动的状态之中；在某个时代被视为礼貌、优雅的言辞，在另一个时代可能就被当作粗俗、野蛮的。

本杰明·马丁《辞典学家》

所有活的语言都随时间而变化。幸运的是，相对于人的寿命来说，这种变化是相当缓慢的。倘若每隔 20 年我们就不得不重新学习自己的本族语，那就太不方便了。星象观测者也发现了类似的情况。由于各体星球的运动，星座的众星排列的形状不断变化。五万年以后，也许我们很难认出猎户座或大熊座；然而一年四季的变化却那么不易觉察。即使不谈天文学，从人类的角度来看，语言演变也是缓慢的。年复一年，我们几乎无法察觉自己的语言中发生了什么变化。然而，如果我们打开收音机，不可思议地收听到公元 3000 年用我们的"本族语"播出的广播，我们大概会以为收到的是外语电台。许多语言变化展示于书面文献之中。有关英语的历史我们所知甚多。这是因为英语作为书面语已有约 1000 年的历史。公元 1000 年前后在英格兰所讲的古英语，现在几乎不会有人把它认作英语。（当然，说我们语言的祖先并不把他们的语言称为"古英语"！）讲现代英语的人会发现根本听不懂古英语。有些大学课程是把他作为外语来学习的。

以下是《贝奥武夫》①中的一行诗，可以说明为什么古英语需要翻译出来②：

Wolde guman findan þone þe him on sweofote sare geteode.

He wanted to find the man who harmed him while he slept.

（他想找到在他熟睡时伤害他的那个人。）

大约在《贝奥武夫》问世 500 年之后，英国作家乔叟使用现在被称为中古英语的语言创作了《坎特伯雷故事集》。中古英语大约通行于 1100—1500 年，对于现代读者还比较容易理解，正如故事的开头部分所示：

Whan that Aprille with his shoures soote

The droght of March hath perced to the roote ...

---

① 约创作于公元 8 世纪的英国史诗。——译注
② 字母 þ 被称为"刺形符"（thorn），在该例中发音为[θ]，像 think 中 th 的发音。（原注 1）

When April with its sweet showers

The drought of March has pierced to the root ...

（阳春四月阵雨急，滋润万物解旱情。）

在乔叟之后 200 年，莎士比亚笔下的哈姆雷特使用的语言可以认为是现代英语的早期形式。哈姆雷特说道：

A man may fish with the worm that hath eat of a king, and eat of the fish that hath fed of that worm.

（一个人可以拿一条吃过一个国王的蛆虫去钓鱼，再吃那条吃过那条蛆虫的鱼。）

英语划分为古英语（449—1100）、中古英语（1100—1500）和现代英语（1500—目前）三阶段。这种划分有些武断，因为它是以英国历史上某些事件的时间为标志的，例如 1066 年的诺曼征服，从而对英语造成了深刻的影响。因此，英语的历史以及英语发生的变化在一定程度上反映了语言学以外的历史，正如下面的断代所体现的：

449—1066年	古英语	449年	撒克逊人入侵大不列颠
		6世纪	宗教文学
		8世纪	《贝奥武夫》
		1066年	诺曼征服
1066—1500年	中古英语	1387年	《坎特伯雷故事集》
		1476年	卡克斯顿开办印刷所
		1500年	元音大换位
1500—现在	现代英语	1564年	莎士比亚诞生

语言演变，指的就是说该语言的人们在语法上的变化。随着新一代的儿童习得改变了的语言，并进一步改变其语法，那么语言的变化就得逞了。口语如此，手语也一样。与所有活的语言一样，美国手语一直在变。在过去 200 年中，不仅新的手势不断引入，手势的形式也发生了变化，其变化方式近似于口语的历史演变。

考察英语在过去 1500 年中发生的变化，可以发现英语不仅词汇有变化，音系、形态、句法和语义部分也都发生了变化。在历史的进程中，语法没有哪个部分能够保持不变。虽然本章的用例大多出自英语，但所有语言的历史都表现出类似的演变。

1. 语音演变的规律性

那不是一条固定的规则：你刚刚才发明的。

刘易斯·卡罗尔《爱丽丝漫游奇境记》

美国南方代表了美国英语的一个主要方言区。例如，在非南方英语中带有双元音[aj]的词在南方通常发单元音[a:]。因此，1996 年亚特兰大奥运会期间，你也许听到当地电台或电视播音员说运动员去[ha:] "high" jump（跳高），当地居民也会邀请来客尝一尝佐治亚州著名的碧根果[pa:] "pie"（馅饼）。这两种方言之间[aj]—[a:]的对应说明了**规则的语音对应**；当非南方方言中的一个词带[aj]时，南方方言则用[a:]，所有这样的词都是如此。

　　I（我），my（我的），high（高），pie（馅饼）等词在英语方言中的发音差别并非古已有之。本章将讨论这种方言差别是如何产生的，为什么语音差别通常是规则的，且并不限于少数几个词。

1.1 语音对应

　　在中古英语中，mouse [maws]（小老鼠）被称为 mūs [mu:s]，这种 mūs 可能生活在某人的 hūs [hu:s]中，在那个时期 house[haws]（房屋）的发音为 hūs。一般说来，我们现在发[aw]音的地方，中古英语发[u:]音。与[aj]和[a]之间的对应关系一样，这也是一种规则的对应关系。因此 out [awt]（外面）曾发为[u:t]，south [sawθ]（南方）曾发为[su:θ]等等。类似这样的规则对应还可以找出许多，它们反映出英语新旧形式之间的联系。

　　我们在同种语言的新旧形式之间观察到的规则的语音对应，是语言中音系变化的结果，这种变化影响了某些语音或某几类语音，而不是个别词汇。如上所述，几个世纪以前，英语经历了由[u:]到[aw]的**语音替变**。

　　音系变化也可以用来说明方言之间的差别。在美国英语发展的早期阶段，美国南部地区的一些人已经将[aj]变为[a:]。但这种变化没有流传开来，也许是南部地区有些闭塞的缘故。许多方言在发音上产生差异，是因为语音替变的传播区域有限。是由流传区域有限的语言变化所造成的。

　　其他地方都发生了创新变化，而唯有该地区还没有，地域方言的差异便可能产生。与其他方言相比，地域方言可能相对保守。例如在美国阿巴拉契亚山区会发现把 it 读成 hit 的情况，这是早期英语中的标准发音，而[h]的脱落则是后来的创新变化。

1.2 祖语原始语

　　世界上许多现代语言起初是同一种语言的地域方言，后来被广泛使用，区别日渐扩大，最后各自变成独立的语言。罗曼语族诸语言——法语、西班牙语等等，曾是古罗马帝国所使用的拉丁语的各种方言。方音并非"退化"，而是自然音变造成的——凡有人说话，就有音变。

　　从某种意义上说，罗曼族诸语都是拉丁语的子孙，拉丁语就好比它们的先辈。因为它们有共同的祖先，各种罗曼语是有**谱系关系**的。早期的英语和德语也是一样的，是同一祖语的方言，他们的共同祖语是**原始日耳曼语**。所谓**原始语**就是一组亲属语的共同祖语，这些语言都从它发展而来。拉丁语和原始日耳曼语都是一个更古老的语言——**印欧语**或**原始印欧语**——的后代。因此英语、德语等日耳曼语与法语、西班牙等罗曼语是有谱系关系的。所有这些重要的民族语，一度都只是地域方言而已。

　　我们怎么知道日耳曼语和罗曼语有共同的祖先呢？其中一条线索就是大量的语音对应。如果你学过一种罗曼语，例如法语和西班牙语，你会注意到，在英语中以 f 开头的词，在罗曼语中对应的词会以 p 开头，如下例所示：

英语 /f/	法语 /p/	西班牙语 /p/
father （父亲）	père	padre
fish （鱼）	poisson	pescado

这种/f/—/p/的对应关系也是一个规则语音对应的例子。在日耳曼语和罗曼语之间有很多这样的对应关系，它们的普遍存在并非巧合。那么原因究竟是什么呢？一个合理的猜想是它们有一个共同的祖语，在这一祖语中，fish、father 这类词曾用/p/开头。我们推测用/p/而不用/f/，是因为这些词在更多的语言里面都是用 p 开头。在某个时刻，这个祖语的使用者分成两群，并失去联系。其中的一个群体经历了 p→f 的语音变化。最后，这个群体的语言就成了日耳曼语族的祖语。这种古代的语音演变导致了我们今天观察到的 f—p 的语音对应，如下图所示：

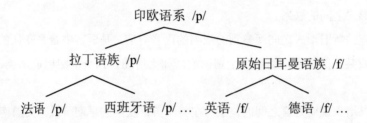

2. 音系演变

> 词源学家，……对他们来说元音并不重要，他们对辅音也毫不介意。
>
> 伏尔泰

规则的语音对应说明了音系的演变。在前面的章节我们讨论了说话者有关自己语言音系的知识，其中包括有关该语言中音位和音系规则的知识。音系的这些方面都会发生变化。

在大多数现代英语方言中，软腭擦音 /x/ 已经不是一个音位成分。night（夜）曾读为[nɪxt]，drought（干旱）曾读为[druxt]。这种音系变化——即/x/的消失——发生在乔叟至莎士比亚期间。所有曾经带/x/ 音的词都不再包含这个音了。在某些情况下它完全消失了，如 night 和 light（轻的）。在其他一些情况下/x/变成了/k/，像 elk（麋）（古英语 eloh [ɛɔlxɛ]。而在另外一些情况下它被元音所替代，像在 hollow（空的）（古英语 holn[hɔlx]）。苏格兰的一些现代英语方言，在某些词中保留了/x/的发音，例如 loch[lɔx]，意为 lake（湖）。

这些例子表明一种语言的语音库可以因为音位的丢失而产生变化，也可以因为新音位的增加而起变化。古英语中没有 leisure（闲适）[liʒər]中的音位/ʒ/。经过腭化过程——硬腭区发音部位发生的变化——某些场合的[z]发成了[ʒ]。最后[ʒ]音变为一个独立的音位。该音位出现在说英语的人都非常熟悉的法语单词中，如 azure[æʒər]（天蓝色的），这也强化了/ʒ/在英语中的音位地位。

一个语音的音位变体可以通过音变成为一个独立的音位。在古英语中没有/v/这个音位。然而，当音位/f/出现在元音之间时，便会产生音位变体[v]。因此，意思为 over（在……上方）的/ofer/在古英语中发音为[ɔvɛr]。

古英语中还有一个长辅音音位 /f:/，它与夹在元音之间的音位/f/形成对立。人名 Offa/of:a/发音为[ɔf:a]。长音[f:]后来发生音变，简化为[f]。这样长音/f:/在两个元音之间时读成[f]，与[v]形成对立，这使得英语中有可能形成/f/和/v/这样的最小对比对。因此，说话人将这两个音感知为不同的音位，实际上创造出一个新的音位[v]。

在所有语言的历史中都发生过类似的变化。/tʃ/ 或 /ʃ/ 都不是拉丁语的音位，但/tʃ/是现代意大利语的音位，/ʃ/是现代法语的音位，这两种语言都是从拉丁语演化而来的。在美国手语中，很多手势最初都是在腰或胸的高度打出的，而现在则提高到胸的上部与颈部之间，这也体现了一种"音系"上的变化。

所以在语言变化中，音位可能丢失（如/x/），可能增加（/ʒ/），还可能因音位变体的地位发生变化而形成（比如 [v] 原先是/f/ 的音位变体，后来变成了音位）。

2.1 音系规则

音系规则的相互作用可以导致词汇变化，例如名词 house（房屋）和 bath（洗澡）曾有别于动词 house（给房子住）和 bathe（洗澡），后者以短元音结尾。上面提到的将[f]在元音之间转变为[v]的那条规则，也将处于元音之间的/s/和/θ/转变成其音位变体[z]和[ð]。这条普通的规则使处于元音之间的擦音浊化。因此，动词 house 中的/s/就发为[z]，同样，/θ/在动词 bathe 中发为[ð]。

后来在英语语法中增加了一条规则，删除词尾非重读短元音（尽管在书写的时候仍保留词末元音符号）。这造成了清擦音与带声擦音的对立，英语的语音库中也增加了/z/和/ð/这两个新音位。动词 house 和 bathe 现在在心理词库中的表征是以带声辅音结尾的。

最终，非重读元音删除规则和元音间辅音的带声化规则从英语语法中消失了。规则的增加和丢失都可能导致整套音系规则的变化。

音系规则的变化能够造成、并且常常确实造成了方言的差异。在前一章中我们讨论了英语中增加了"r-删略"规则（除非/r/后面紧接着一个元音，否则/r/不发音），这条规则并未在英语中普遍开来。目前只在英国英语和美国英语的东北以及南方方言中存在 r 不发音的现象，由此我们可以看到这一规则的影响。

从语言整体的角度来看，音系演变是在几代人的更替过程中逐渐发生的，但对于个人而言，其语法也许反映出了这种变化，也许没有。这类变化无法加以规划，如同我们现在无法规划 2300 年英语中会发生哪些变化一样。在同一代人中间，这种语言变化只有通过方言差异才能体现出来。

2.2 元音大换位

大约在 1400—1600 年之间，英语发生了一次大变化，给词和语素带来了新的音位表征。这就是所谓**元音大换位**。中古英语的七个长元音或紧元音经历了以下的变化：

音变		实例		
中古英语	现代英语	中古英语	现代英语	
[i:] →	[aj]	[mi:s] →	[majs]	mice（鼠，复数）
[u:] →	[aw]	[mu:s] →	[maws]	mouse（鼠，单数）
[e:] →	[i:]	[ge:s] →	[gi:s]	geese（鹅，复数）
[o:] →	[u:]	[go:s] →	[gu:s]	goose（鹅，单数）
[ɛ] →	[e:]	[brɛ:ken] →	[bre:k]	break（打破，现在时）
[ɔ] →	[o:]	[brɔ:ken] →	[bro:k]	broke（打破，过去时）
[a:] →	[e:]	[na:mə] →	[ne:m]	name（名字）

把元音大换位展现在元音图上（图 11.1），我们可以看到高元音[i:]和[u:]变为复合元音[aj]和[aw]，而长元音的舌位提高，似乎填补了高元音留下的空档。另外，[a:]的位置被提前了，变为[e:]。

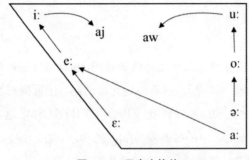

图 11.1　元音大换位

这些变化是规则的语音换位最生动的例子之一。数以千计的词的音位表征发生了变化。今天，在英语一些语素的替变形式上可以看出这次元音换位的一些影响：please（使高兴）— pleasant（令人高兴的）；serene（安详的）— serenity（安详）；sane（明智的）— sanity（明智）；crime（罪行）— criminal（罪犯）；sign（符号）— signal（信号）等等。在元音大换位发生之前，以上每对词中的元音发音都相同。由于**早期中古英语元音短化**规则，每对词中的第二个词元音变短了。其后发生的元音大换位仅仅波及了每对词中的第一个词。而第二个词由于是短元音，并未受到影响。这就是为什么今天形态上相关的词元音的发音缺不同，如表 11.1 所示。

表 11.1　元音大换位对现代英语的影响

中古英语元音	音变后的元音	短元音	元音发生音变的词	元音变短的词
ī	aj	ɪ	divine（神的）	divinity（神性）
ū	aw	ʊ	profound（深邃的）	profundity（深邃）
ē	i	ɛ	serene（安详的）	serenity（安详）
ō	u	a	fool（傻子）	folly（愚蠢）
ā	e	æ	sane（明智的）	sanity（明智）

元音大换位是造成英语中许多拼写（与读音）不一致的主要根源。因为我们的拼写系统反映的还是元音大换位之前词的发音方式。

3. 形态演变

除了变位的动词和变格的名词
他的儿子再也找不到任何心灵的成长的营养
对此他会非常满意吗？

威廉·考柏《学徒身份》

同音系规则一样，形态规则也可能减少、增加或改变。通过比较语言的新旧形式，或者考察不同的方言，我们可以观察到一些这样的变化。

在印欧语的历史上，形态规则发生了广泛的变化。拉丁语有一套**格词尾**的复杂系统，这些后缀根据名词和动词的语法关系添加到名词上。现在罗曼语已经找不到这些后缀了（关于语法格更为详尽的讨论，请参见第五章）。下面是拉丁语名词 lupus（狼）的**词尾变化**，即各种格的列表：

名词	名词词干			格词尾	格实例
lupus	lup	+	us	nominative（主格）	The wolf runs.（狼跑）
Lupī	lup	+	ī	genitive（属格）	A sheep in wolf's clothing.（披着狼皮的羊）
lupō	lup	+	ō	dative（与格）	Give food to the wolf.（给狼食物）
lupum	lup	+	um	accusative（宾格）	I love the wolf.（我喜欢狼）
Lupe	lup	+	e	vocative（呼格）	Wolf, come here!（狼，过来！）

刘易斯·卡罗尔在《爱丽丝漫游奇境记》中让爱丽丝给我们上了一节讲语法格的短课。爱丽丝已经变得很小，她在装着自己泪水的池子中游泳，同游的有一只小老鼠，她希望能同它交个朋友：

"跟这只老鼠说说话，"爱丽丝想，"嗯，不知道有没有用？这里样样事情都那么稀奇古怪，我想这只老鼠很可能也会说话；试一试反正没有坏处。"于是，她开口问道："老鼠啊，你知道怎样才能从这里出去吗？我在这里游来游去已经很疲劳了，老鼠啊！"（爱丽丝心里想跟老鼠说话就得这么说才对；她以前从来没有这样做过，不过她记得曾在哥哥的拉丁文文法书里看到过：A mouse（一只老鼠，主格）—of a mouse（一只老鼠的，属格）—to a mouse（给一只老鼠，与格）—a mouse（一只老鼠，宾格）—O mouse（老鼠啊，呼格）。）

爱丽丝举出了英语中主格、属格、与格、宾格和呼格的相应形式。

古希腊语和梵语中也有全面的格系统，通过名词后缀在形态上表现出来，古英语也是如此，如下面的名词形式所示（该名词意思是"石头"）：

格	古英语单数		古英语复数	
主格	stān	"stone"	stānas	"stones"

属格	stānes	"stone's"	stāna	"stones'"
与格	stāne	"stone"	stānum	"stones"
宾格	stān	"stone"	stānas	"stones"

现代语言像立陶宛语和俄语保留了早期印欧语格系统的大部分，但在大多数现代印欧语当中，语言演变将格系统消磨殆尽。在英语中，数个世纪以来的音系变化，造成了许多格词尾的消失。

英语保留了属格，写作 's，例如 Robert's dog（罗伯特的狗）。但是就名词而言这是格仅存的痕迹了。代词保留的痕迹稍多一点：例如 he/she 是主格，him/her 是宾格和与格，his/hers 是属格。

英语用同样富于表达力的介词系统取代了衰退的格系统。例如介词 to 常用来表示与格，介词 of 则表示属格。出现在动词后面的名词，如果中间没有插入介词，则该名词通常是宾格。

英语和大多数印欧语一样，在过去的一千年历经了广泛的形态变化，这些变化常常是由语言中音系规则发生变化而诱发的。

4. 句法演变

理解语法中的变化是理解语言变化的一个关键部分。

戴维·莱特福特《语言的发展》

当我们看到古英语形式的逐词翻译时，最令我们吃惊的是词序的差异。让我们再看看以下《坎特伯雷故事集》开篇的几句，这回是逐词翻译的：

Whan that Aprille with his shoures soote

When that April with its showers sweet

The droght of March hath perced to the roote...

The drought of March has pierced to the root...

（阳春四月阵雨急，滋润万物解旱情。）

在现代英语中，形容词一般位于它修饰的名词前面，因此我们说 sweet showers（滋润的阵雨）而不是 showers sweet。此外，直接宾语一般位于动词后面，因此第二句在现代英语里应该是 has pierced *the drought of March* to the root。

其余的变化还有标补语 that 的出现，在现代英语中，that 不可能出现在诸如 when 等以 wh-开头的词后面。不过，英语和其他语言的句法变化，在允许出现的词序变化方面表现最为显著，这个说法没什么问题。

英语中的句法变化是语法各模块之间相互关系的一个很好的证明。句法变化受到形态变化的影响，而形态变化又受到语言中音系变化的影响。

部分由于音系变化的原因，古英语中丰富的格词尾系统变得简化，这时说英语的人不得不更加依赖词序来传达名词短语的功能，如下句：

sē	man	þone	kyning	sloh
the（主格）	man	the（宾格）	king	slew
这个	男人	这个	国王	杀死了

（这个男人杀死了这个国王）

这个句子之所以被理解为 the man slew the king（这个男人杀死了国王），是因为（括号里的）格标记的缘故。谁对谁做了什么，听者是不会混淆的。同样，在早期英语中，动词有更丰富的"主语—动词一致"系统。例如动词 to sing（唱）有以下形式：singe（我唱），singest（你唱），singeth（他唱）和 singen（我们、你们或他们唱）。因此在很多情况下可以通过动词的屈折形态来确认主语。在现代英语中，唯一的一致标记就是 He sings 中第三人称单数的-s。

因此，在现代英语中，像 the man the king slew 这样主语和宾语逆序的句子，唯一合乎语法的情况就是在关系小句中，意为 the man that the king slew（国王杀了的男人）。如果要表达"这个男人杀了国王"这个意思，说现代英语的人必须依靠词序——主语—动词—宾语——或其他的句法手段，例如 It was the king that the man slew（这个男人所杀的是国王）的句式。

英语的词序变化反映了语法规则的变化。在古英语的动词短语（VP）中，中心语是后置的，如下面的短语结构规则（PS 规则）所示：

VP → NP V

古英语的短语结构与荷兰语和德语类似，这几种语言是近亲关系。英语的动词短语经历了参数设置的变化，变成了如下的中心语前置形式（但荷兰语和德语没有）：

VP → V NP

因此，现代英语的词序是 SVO，而古英语（还有现代的荷兰语与德语）基本是 SOV 词序。但是现代英语也在某些"老派的"表达方式里保留了原有的 SOV 词序，例如 I thee wed（我娶了/嫁给了你）。

这只是英语中由于形态简化导致的众多结果之一。简而言之，数个世纪以来，随着形态区分逐渐消失，词序变得更为严格。例如，尽管自古英语时期以来，"形容词—名词"的词序就是最常见的结构，英语的早期语法要比当代语法更倾向于允许"名词—形容词"的结构。

正如第四章中讨论过的那样，在现代英语中，如果句中有助动词，我们就通过把它移到 NP 主语之前来造出疑问句：

Can the girl kiss the boy?（这女孩能吻这男孩吗？）
Will the girl kiss the boy? （这女孩会吻这男孩吗？）
Has the girl kissed the boy yet? （这女孩吻了这男孩吗？）
Was the girl kissing the boy when you arrived? （你到的时候这女孩在吻这男孩吗？）

但是，如果没有助动词，在现代英语中需要用 do 来表达句子的时态。

Does the girl kiss the boy often? （这女孩常常吻这男孩吗？）
*Kisses the girl the boy often?

英语的早期形式中有一条更简略的规则，将动词短语中的第一个动词成分移到名词短语主语之前，哪怕它是个主动词。在莎士比亚时代的英语中，以下疑问句是合乎语法的：

Kisses the girl the boy often?

这种更为简略的动词移位规则仍存在于荷兰语与德语这样的语言中。在英语中造问句的规则却改变了，因此现在只有助动词可以移位。如果句中没有助动词，那么就要加进一个"占位的"助动词 do 来填补这个角色。这条规则的变化，部分是由于在古英语里 the boy 和 the girl 会有格标记，因此不会弄错到底是谁吻谁。事实上，那时候这个句子应该是：

Kisses the（主格） girl the（宾格） boy often?

在现代英语里，只有很基本的格系统。通常主动词后紧接的名词短语为直接宾语，因此如果形成疑问句时，需要将主动词提前，那么前后两个规则就会相互矛盾。引入 do 之后可以让主动词保持在原来的位置上，因此保证了句子的 SVO 词序，因而清楚地显示出句子的主语和宾语。

总的来说，形态简化导致的信息丢失，通过词序的严格化得到了补偿。这种句法变化需要数个世纪才能完成，因此其中常常有中间阶段。

从古英语到现代英语，与英语否定结构有关的句法规则也经历了一些变化。在现代英语中，否定通过加 not 或 do not 来表示，也可以用 never 或 no 这样的词来表示否定：

I am going　　　（我打算去）　→　I am not going（我不打算去）
I went　　　　　（我去了）　　→　I did not go（我没有去）
I go to school　　（我上学）　　→　I never go to school（我从不上学）
I want food　　　（我要吃的）　→　I don't want any food; I want no food（我什么吃的也不要）

在古英语中，主要的否定成分是ne。它通常出现在动词性成分之前[①]：

þæet   he   na   siþþan   geboren   ne   wurde
that   he   never   after   born   not   would-be
that he should never be born after that
（他决不该在此后出生）

ac   hie   ne   dorston   þær   on   cuman
but   they   not   dared   there on   come
but they dared not land there
（但他们不敢在那儿登陆）

[①] 出处：E. C. Traugott. 1972. *The History of English Syntax*. New York: Holt, Rinehart, and Winston.（原注2）

第一个例子中的词序不同于现代英语，并且其中有两个否定词：na（ne+a 的缩略形式；如 not+ever＝never）和 ne。正如我们所见，双重否定在古英语中是合乎语法的。尽管双重否定在现代标准美国英语中不合语法，但在某些英语方言里是可以的（例如滚石乐队的歌曲 I can't get no satisfaction《我得不到满足》）。

除了 ne+a→na 的缩略形式外，古英语中还存在着其他的否定缩略形式：ne 可以附加于 habb-（有），wes-（是），wit-（知道），和 will-（将），分别形成 nabb-、nes-、nyt-和 nyll-。

现代英语有缩略规则，将 do+not 变为 don't，will＋not 变为 won't 等等。在这些缩略形式中，否定成分的语音形式总是出现在最后，因为现代英语的词序是把 not 放在助动词之后。在古英语中，否定成分出现在缩略形式的开头，因为它在句子中的典型位置是在助动词之前。决定否定语素相对于助动词的位置的规则已经改变了。英语中另一个句法变化影响了构成比较级和最高级的规则。现在，我们通过在形容词后添加词缀 -er 或 -est 或在其前插入单词 more 或 most 来构成比较级或最高级。马洛里写于 1470 年的《亚瑟王故事集》一书中，出现了双重比较级和双重最高级，它们在今天是不合语法的，如：more gladder（更高兴），more lower（更低），moost royallest（最忠诚），moost shamefullest（最可耻）。

古英语和中古英语都允许分裂属格，也就是，在所有格结构中，用来描述所有者的词可以出现在名词中心语的两边：

Inwæres broþur ond Healfdenes （古英语）
Inwær's brother and Healfden's
"Inwær's and Healfden's brother"
（殷沃和黑尔夫登的兄弟）
The Wife's tale of Bath （中古英语）
"The wife of Bath's tale"
（巴斯妻子的故事）

现代英语不允许这样的结构，但是当形容所有者的词全部出现在名词中心语左边的时候，它确实允许相当复杂的属格表达，如：

The man with the two small children's hat
（带着这两个孩子的男人的帽子）
The girl whose sister I'm dating's roommate
（我跟她姐姐约会的那个姑娘的室友）

值得一说的是，如果我们只从文字记录上研究一种语言，例如对古英语和中古英语的研究就必然是这样，那么除非作者故意使用不合语法的句子，我们认定我们看到的只能是当时合乎语法的句子。因为无法询问该语言的本族使用者，我们只能推断哪些表达不合语法。这种推断使我们相信像 the Queen of England's crown（英国女王的王冠）那种短语在早期的英语中是不合语法的。在《坎特伯雷故事集》中的标题 The Wife's Tale of Bath（巴斯妻子的故事）而不是 The Wife of Bath's Tale 支持了这种推论。

这又是格词尾丢失导致的句法变化，当格系统衰落之后，没有足够的名词形态来承担起在语义上表达所属关系的责任。几个世纪以来，'s 取代了衰亡的属格标记，并因此使之拓展到了更大的句法单位，而不仅仅局限于名词。此外，作为本节句法演变讨论的主要内容，所有格结构中的词序越来越固定，而分裂属格结构现在是不合语法的。

5. 词汇演变

词汇也会发生改变，其中包括词汇范畴的改变，而词正是通过其词汇范畴来发挥功能的。

food（食物）和 verb（动词）这两个词通常用作名词，但是有人可能不愿意受拘束，把这些词都给"动词活用"了，分别表达"把……当作食物"和"把……当作动词"。如果我们这些说英语的人接受了他的用法，那么 food 和 verb 在我们的心理词库里面就又多了一个动词的词汇范畴。最近，一个电台播音员说国会在某件事情上 to-ing and fro-ing（来来回回），意思是"摇摆不定"。这个奇怪的复合动词是从副词 to and fro 变来的。在英国英语里面，hoover 的意思是"（用吸尘器）吸干净"，是个动词，来自专有名词 Hoover（胡佛），是一个吸尘器制造厂的名字。美国警察对抓住的嫌疑人会 Mirandize，意思是根据米兰达法规（Miranda rule）向犯人宣读其权利。因为这条法规制定于 1966 年，所以我们就有了一段专有名词变成动词的完整历史。就算是法国人，尽管他们并非以容忍语言创新而著名，也沦落到了"活用词汇"的地步。一个著名的广告说："Voulez-vous Cointreau avec moi？"字面上的意思是：您愿意和我一起喝君度酒吗？"这里的专有名词 Cointreau（君度），本来是个橙味酒的品牌，也被"动词化"了。

1844 年，telephone（电话）这个词被造出来的时候，完全是一个名词，意思是"声学设备"。1876 年的时候亚历山大·格雷厄姆·贝尔用这个词来称呼他的发明。到了 1877 年，这个词开始被用为动词，意思是"通过电话说话"。有些语言的动词有特殊的形态，例如法语的-er 词尾（parler "说"），或德语的-en 词尾（sprechen，说），上述词汇变化在这类语言中要比英语少见。因此法语中的名词 téléphone 不能作动词，而是要变成另一个词 téléphoner 来作动词。

在历史上可能还发生了其他的词汇范畴变化。remote（偏远的）这个词曾经只是个形容词，但是随着远距离控制装置的发明，复合词 remote control（遥控器）产生了，该词最终缩略为 remote，现在用作名词了，如今每家每户都有半打以上弄不清楚作用的 remotes，就是个见证。

北卡罗来纳州立大学最近有一则通知，邀请all faculty to sandwich in the Watauga Seminar（全体教师在沃托伽研讨会上吃三明治）。这并不是邀请我们去挤在一起，而是请我们自己带午餐。尽管已经存在to sandwich（挤在一起）这个动词，但是上述"吃三明治"这个新的动词性用法源于名词 sandwich（三明治），而不是动词to sandwich。

5.1 增加新词

> 他们硬是塞进来一个新词，就会挤出去一个旧词。
>
> 蒙田

我们在第三章讨论过新词进入语言的方式，包括从名字衍生新词（sandwich "三明治"），截搭（smog "烟雾"），逆构词（edit "编辑"），缩略（NATO "北大西洋公约组织"），以及缩写或截短（ad "广告"）。我们也看到可以通过派生程序来构成新词，如uglification（丑化），finalize（完成）和finalization（完成）。

复合是一种特别能产的构词手段，数以千计的普通词汇通过这种方式进入了英语，其中包括afternoon（下午），bigmouth（多嘴多舌的人），cyberspace（网络空间），day-tripper（一日游的旅客），egghead（知识分子），force feed（强使接受），global warming（全球变暖），icecap（冰盖），jet set（富翁环球旅游团），kilowatt-hour（千瓦时），laptop（笔记本电脑），moreover（再者），newsgroup（新闻组），9-11（911事件），offshore（离岸的），pothole（壶穴），railroad（铁路），skybox（豪华包间），takeover（接管），username（用户名），water cooler（水冷却器），X-ray（X光）和zookeeper（动物园管理员）。（请回忆一下，这些词可以有三种不同的写法：写成一个词，写成两个词，或用短横杠连起来。）

我们讨论过的另一种增大词汇量的方法是创造新词。社会常常需要新词去描述技术、体育和娱乐等方面的变化。语言对这些需要的满足既便利又富于创新。这些词可能是全新的，如steganography（信息隐藏术），指在电子文本中隐藏信息，或如micropolitan，指人口少于一万人的城市。有些词可能原本是为了某个目的创造出来的，但后来却用来服务于另一个相关的目的，就像google（谷歌），意思是"用谷歌搜索引擎进行网络搜索"。

英语甚至还能接纳新的黏着语素。比如在e-commerce（电子商务），e-mail（电子邮件），e-trade（电子贸易）等词中的前缀e-，意思是"电子的"，其历史仅有二十几年，而且最有趣的是它还导致了前缀s-的产生，出现了和e-mail对立的s-mail（普通邮件）。后缀-gate，意思是"丑闻"，是从20世纪70年代的水门（Watergate）窃听丑闻发展来的，现在成了表达这个意思的一个后缀。因此Irangate（伊朗门），是指与伊朗有关的丑闻事件，而Dianagate（戴安娜门）这个英国的用法，指的则是一桩涉及窃听已故前威尔士王妃戴安娜谈话的丑闻事件。现在正在发生变化的是后缀-peat开始被用于"数年连冠"，例如threepeat（三连冠）或fourpeat（四连冠），这两个词都是我们从报纸上观察到的。本书写作时，兰斯·阿姆斯特朗刚在环法自行车赛上第七次夺冠，我们都屏息凝神等待着——当然，你一定猜到了——sevenpeat（七连冠）。

有一个词因为太新，所以其拼写至今仍有疑问，就是dot com。我们常常会在杂志上看到.com和dot.com的字样，意思是"以互联网为主要业务的公司"。还有一个词语写为"24/7"，读为twenty-four seven，意思就是"全年无休"。这个词语也迄今没有收入任何一本词典，但在报纸或广播中经常会读到或听到。同样因为太新至今尚未被收入词典的是一些带黏着后缀-zilla的词，其意为"巨大或极度的"。如Shopzilla（巨型商场），bridezilla（原本性格温和、在婚礼前突然变得难伺候的新娘），英国乐队 Dogzilla，该词的来源是世界著名的日本电影怪兽 Godzilla（哥斯拉）。

5.2 借词或外来词

> 既不要借债，也不要放贷。
>
> 威廉·莎士比亚《哈姆雷特》，第一场第三幕

语言可不在乎上面所引的波洛涅斯的"箴言"。很多语言都热衷于**借词**。新词的另一个重要来源是从其他语言借用。当一种语言取用另一种语言的词或语素，并且把它纳入自己的词汇，这就出现了借词。借来的词项常常要调整发音，以符合借入语的音系规则。源语言中仍然保留着被借走的词，所以无须归还。大多数语言都会借用其他语言的词汇，因此，词汇可以分为本族语词和非本族语词，又称**外来词**。本族语词指其历史或**词源**可以追溯到该语言已知的最早阶段的词。

一种语言的借词方式可以是直接的，也可以是间接的。直接借词是指借用的词项是所借语言的本族语词。如，feast（盛宴）是直接从法语中借来的，并且可以追溯到拉丁语的 festum（节日）。另一方面，algebra（代数）是从西班牙语借来的，而西班牙语又是从阿拉伯语借来的。因此，algebra 是间接地从阿拉伯语借来的，西班牙语只是个中介。某些语言借词很多。阿尔巴尼亚语的借词非常多，以至于其保留的本族语词却少得可怜。另一方面，大多数美洲土著语言却很少从相邻的语言借词。

英语的借词很广泛。在两万个左右的常用词当中，大约有五分之三是借的。然而，在 500 个使用最频繁的词之中，仅有七分之二是借来的，因为这些词在句子中反复使用（它们大多数是功能词），本族语词实际出现的频率约为百分之八十。诸如 and（和）、be（是）、have（有）、it（它）、of（……的）、the（定冠词）、to（到……）、will（将）、you（你）、on（在……上）、that（那）及 is（是，第三人称单数现在时）这样的常用词，都是英语的本族语词。

5.2.1 透过借词看历史

> 即使一小段真实的历史，也极为稀有，故而总是弥足珍贵。
>
> 托马斯·杰斐逊

我们可以通过研究语言中借词的种类、来源和借用的时间来追溯英语民族的历史。在 1066 年诺曼人征服英格兰以前，居住在英格兰的主要是盎格鲁人、撒克逊人和朱特人。他们于公元 5 世纪来到不列颠，最终成为英格兰人，当时他们都是拥有日耳曼血统的民族。最初，他们讲日耳曼语诸方言，古英语就是直接由此演化而来。这些方言包含一些拉丁语借词，除此之外，很少有其他外来因素。这些日耳曼部落取代了早期的凯尔特族居民，后者对古英语的影响仅限于少数凯尔特语的地名（现代威尔士语、爱尔兰语和苏格兰盖尔语都是从凯尔特语演化而来的）。

诺曼人说法语，因此征服英国后的三个世纪之中，法语被用于所有的国家事务以及大部分商业、社会和文化事务。西撒克逊人的书面语被废弃，但英语的地域变体仍然用于家庭、教堂和集市。在这三百年间，大量的法语词汇进入了英语，下面是其中的一些代表：

government（政府）	crown（王冠）	prince（王子）	estate（房产）
parliament（议会）	nation（民族）	jury（陪审团）	judge（法官）
crime（罪行）	sue（控告）	attorney（律师）	saint（圣徒）
miracle（奇迹）	charity（仁爱）	court（法庭）	lechery（好色）
virgin（处女）	value（价值）	pray（祈祷）	mercy（慈悲）
religion（宗教）	chapel（小教堂）	royal（王室的）	money（钱）
society（社会）			

诺曼人入侵以前，当英格兰人杀牛（ox）取肉时，他吃牛肉（ox），如果杀猪（pig），他吃猪肉（pig），如果杀羊（sheep），他吃羊肉（sheep）。然而，"牛肉"在诺曼人的餐桌上是 beef（*boeuf*），"猪肉"是 pork（*porc*），"羊肉"是 mutton（*mouton*）。这些词都是从法语借到英语里来的，就像那些表示烹饪的词语 boil（煮），fry（煎），stew（炖）和 roast（烤）一样。多年以来，法国食品给英格兰的菜单提供了大量的借词：

aspic（花色肉冻）	bisque（比斯开虾酱汤）	bouillon（清汤）
brie（布里干酪）	brioche（奶油鸡蛋卷）	canapé（法式吐司）
caviar（鱼子酱）	consommé（清炖肉汤）	coq au vin（酒焖子鸡）
coupe（放水果冰淇淋的高脚杯）		crêpe（薄烤饼）
croissant（羊角面包）	croquette（炸丸子）	crouton（油炸的面包小块）
escargot（食用蜗牛）	fondue（干酪）	mousse（慕斯）
pâté（馅饼）	quiche（乳蛋饼）	ragout（杂烩）

文艺复兴时期，英语从外语借用了许多"学术"词汇。1475 年，威廉·卡克斯顿将印刷术引入英国。到了 1640 年，印行的英语书籍达到五万五千种。这些书的作者大量使用希腊语和拉丁语的词汇，因此，许多古希腊语和拉丁语的词汇进入了英语。

来自希腊语的词有 drama（戏剧）、comedy（喜剧）、tragedy（悲剧）、scene（场景）、botany（植物学）、physics（物理学）、zoology（动物学）和 atomic（原子的）。英语中的拉丁语外来词数量巨大，包括：

bonus（奖金）	scientific（科学的）	exit（出口）
alumnus（男校友）	quorum（法定人数）	describe（描述）

在 9 世纪和 10 世纪期间，斯堪的纳维亚入侵者最终在不列颠群岛上定居下来，并在英语中留下了痕迹。代词 they（他们，主格），their（他们的，属格）和 them（他们，宾格）是外来词，来源于古斯堪的纳维亚语，即现代丹麦语、挪威语和瑞典语的前身。英语仅在这段时期从其他语言中借用了代词。

bin（储物箱）、flannel（法兰绒）、clan（氏族）、slogan（标语）和 whisky（威士忌）这些词都来源于凯尔特语，在不同时期从威尔士语、苏格兰盖尔语或爱尔兰语借入。荷兰语也是借词的一个来源，许多词与航运有关：buoy（浮标）、freight（船运货物）、leak（泄漏）、pump（水泵）、yacht（游艇）。来源于德语的借词有 quartz（石英）、cobalt（钴）以及我们也许猜想得到的 sauerkraut（泡白菜）。从意大利语借用了许多音乐术语，包括描写歌剧院的词，如：opera（歌剧）、piano（钢琴）、virtuoso（演奏家）、balcony（戏院楼厅）和 mezzanine（楼厅前座）。意大利语还借给我们 influenza（流感），这个词来自意大利语中意为"影响"的那个词，因为意大利人认为流感受到星相的影响。

许多科学用词是间接地从阿拉伯语借来的，因为早期的阿拉伯人在这些领域的学术成就相当先进，其中 alcohol（酒精）、algebra（代数）、cipher（密码）和 zero（零）是一小部分有代表性的例子。由西班牙语直接借入的有 barbecue（烤肉）、cockroach（蟑螂）和 ranch（大牧场），以及 California（加利福尼亚），字面意思是"烧热的火炉"。在美国，讲英语的殖民者从美洲土著语言中借用词语。这些语言给了我们 hickory（山核桃木）、chipmunk（花栗鼠）、opossum（负鼠）和 squash（南瓜属植物）等词，美国州名几乎有一半都来自美洲土著语言。

英语也从意第绪语中借词，在美国许多非犹太人以及不讲意第绪语的犹太人使用意第绪语的词汇。甚至有个汽车保险杆上的贴纸声称 Marcel Proust is a yenta（马塞尔·普鲁斯特①是个长舌妇）。yenta 是一个意第绪语的词，意为"爱嚼舌头的女人"或"泼妇"。lox 是"熏鲑鱼"，bagel 是"油炸硬圈饼"，现在都成了英语词汇，就像 chutzpah（肆无忌惮）、schmaltz（过于伤感的作品）、schlemiel（笨手笨脚的人）、schmuck（笨蛋）、schmo（蠢人）和 kibitz（乱出主意）这些意第绪语的词语一样。

英语也大量借词给其他语言，尤其在技术、运动和娱乐领域。类似 jazz（爵士乐）、whisky（威士忌）、blue jeans（蓝牛仔裤）、rock music（摇滚乐）、supermarket（超市）、baseball（棒球）、picnic（野餐）和 computer（电脑）这些英语词或词语借入了各种语言，如特威语、匈牙利语、俄语和日语。

借译是指借来的复合词或词语，每个部分都从字面上对译为借入语。例如英语的 Marriage of convenience（假结婚）是法语 mariage de convenance 的借译。说西班牙语的人吃 perros calientes，这是英语 hot dogs（热狗）的借译，但是按照西班牙语语法的要求做了调整，颠倒了名词和形容词的位置。

5.3 词的消失

> 豌豆粥儿热
> 豌豆粥儿凉
> 豌豆粥儿在罐里放了九晚上
>
> 儿歌

词语也会从语言中消失，虽然旧词的消失从不像新词的出现那么引人注目。一个新词开始流行时，它不同寻常的出场会引起人们的注意；但是一个词是因为大家对它不再注意而消失——没有人

---

① 法国著名小说家。——译注

再想起它，也没有人再用它，它渐渐隐退。

读一读莎士比亚的著作，会发现许多英语的词已经消失，例如《罗密欧与朱丽叶》中的一些词：beseem（适合）、mammet（玩偶）、wot（了解）、gyve（桎梏）、fain（乐意地）和 wherefore（为什么）。朱丽叶哀泣："O, Romeo, Romeo! wherefore art thou Romeo"（哦，罗密欧，罗密欧，为什么你是罗密欧？），她问的是罗密欧为什么叫这个名字，不是他现在所处的地点。

近来，two bits（二十五美分）这个词语，似乎同 lickety-split（很快）一样，不再为年轻一代所用，正在消失的过程中。对这些词，比起年轻一代，祖父母一代懂的可能性要大得多。stile 这个词，意思是"穿过围篱或大门的阶梯"，已经不再广为人知。与此类似，描写农村事物的词汇，由于城市化正逐渐从语言中消失。pea（豌豆）是从 pease（豌豆，复数）逆构而来，但是 pease 已经不再使用了。porridge 的意思是"煮熟的麦片粥"，这个词也快要不用了，虽然它苟延残喘，在儿童故事《金发女孩和三只熊》里还有关于最佳喝粥温度的讨论，哈利·波特的早餐桌上也还有它的身影。

技术的演化也会导致词汇的消失。例如，acutiator 曾经表示"把武器磨得锋利的人"，而 tormentum 曾经指"攻城机"。战争技术的进步将这些词淘汰出局。尽管人们依然能够在词典里找到 buckboard（一种四轮马车）、buggy（轻型马车）、dogcart（轻型双驾马车）、hansom（双轮双座马车）、surrey（轻型四轮游览马车）和 tumbrel（两轮弹药车）等词，指的都是有细微差别的各种马车，但随着交通技术的发展，这些词多半会逐渐废弃，最终消失。

5.4 语义演变

> 因为这个国家的语言总在变化，斯特勒尔布勒格人中一代人听不懂另一代人的话。两百年之后，这些人①也不能和那些终有一死的邻居聊天（除了说几句家常话）。因此，虽然生活在自己的国家，他们却像外国人那样生活不便。
>
> 乔纳森·斯威夫特《格列佛游记》

我们已经知道，一种语言的词项可能增加或消失。另外，通过扩大、缩小或替变，词的意义即语义表征也会变化。

5.4.1 语义扩大

当某个词的语义扩大时，它仍然表达原来所有的意义，另外还多了一些意义。在中古英语中，dogge 表示特定类型的狗，但最终**扩大**为涵盖所有犬科的成员。holiday 一词起初意为 holy day，即有宗教意义的圣日。今天，我们用该词表示不必上班的任何一天。picture 这个词曾经指"画像"，但今天你可以用照相机甚至手机拍摄 picture（照片）。quarantine（隔离）曾仅限于指"40 天隔离"。

由于电脑时代的刺激，computer（电脑）、mouse（鼠标）、cookie（网络跟踪器）、cache（高速缓存）、virus（电脑病毒）和 bundle（捆绑销售）都是近期语义扩大的例子。footage 以前是指一定长度的电影或是录像，但现在指任意一段电子视频，比如 DVD，也不管其长度究竟能不能用英

---

① 他们自己是老而不死的。——译注

尺（feet）来衡量了。这里我们要表达一下与大家不同的意见：我们可以预测，google 这个词，虽然现在的意思是"用谷歌搜索引擎搜索"，但以后其意思会扩大到"使用搜索引擎在网上搜索"。

5.4.2 语义缩小

在英王詹姆斯钦定圣经译本（公元 1611 年）中，上帝说到草和树 to you they shall be for meat（对于你们来说是食物）（创世纪 1：29）。对 17 世纪说英语的人来说，meat 意为"食物"，而 flesh 才是"肉"。从那以后，语义的变化把 meat 的意义缩小为现代英语的意义（肉）。deer 曾表示"兽"或"动物"，它在德语中的同源词 Tier 现在仍然是这个意思。但英语中 deer 的含义已经缩小到只表示一种特定类型的动物"鹿"。类似的还有 hound，它曾是"狗"的通称，就像德语中的 Hund，而今天 hound 只指猎狗。davenport 曾经指"沙发"或是"小写字台"，但在今天的美国英语，其意思已经缩小到仅指"沙发"了。

5.4.3 语义替变

词汇可能经历的第三种语义变化是意义的替变。knight 的意义曾是"年轻人"，但在骑士制度的时代意义替变为"骑士"。lust（淫欲）原来的意义仅仅是"愉快"，并没有消极或情欲的联想。lewd（淫荡）原来只是"无知"的意思。immoral（不道德）原来的意思只是"不一般的"。silly 在古英语中曾意为"高兴的"，到了中古英语时期变为"幼稚的"，到了现代英语才变为"愚笨的"。现代英语词用滥了的 nice（好的）在一千年以前的意思是"无知的"。当朱丽叶告诉罗密欧 I am too *fond*，她不是在宣告自己非常喜爱罗密欧，她的意思是"我太蠢了"。

6. 构拟"死"语言

> 哈佛学者所称的"活的语言"，无异于廉价的模仿、低俗的曲解。像西班牙语和德语一样，意大利语尤其表现了堕落的欧洲那种放纵的政治热情、肉身的欲望和缺失的道德。
>
> 马修·珀尔《但丁俱乐部》

研究语言如何变化、发生了什么样的变化，以及为什么发生这些变化的语言学分支，称为**历史比较语言学**。它是"历史的"，因为涉及具体语言的历史；它是"比较的"，因为它研究语言之间的关系。

6.1 19 世纪的比较语言学家

> 如果在两种语言的词汇中找到一致性，且这种一致性出现得非常频繁，甚至能够归纳出字母之间相互转换的规则，那么在这两种语言之间一定有一种根本的关系。
>
> 拉斯姆斯·拉斯克

19 世纪的历史比较语言学家观察到某些语言之间存在着规则的语音对应，这成为他们建立理论的基础。他们认为表现出系统相似性与差异性的语言，都是来源于某个共同的源语言——也就是有谱系关系。

这些语言学家的主要目标是推衍和阐明存在于世界语言之中的谱系关系。他们旨在确立世界的主要语系，并且界定语言分类的原则。他们的工作是对前人研究的发展。

在孩提时代，威廉·琼斯爵士对学习语言就有着令人惊讶的爱好。他学习的语言包括古希腊语和拉丁语这样所谓的"死语言"。成年之后，因为同情反叛的美洲殖民者，他认为自己最好居住在印度。在那儿他成了一位法学家，在孟加拉最高法院任职。他同时还是一位"东方学家"，当时某些语言学家就是这样被称呼的。

在加尔各答他开始研究梵语，并在1786年发表了一篇论文，他发现梵语同希腊语和拉丁语"有很强的谱系关系……不可能是偶然形成的"。琼斯主张这三种语言具有"共同的来源"，并认为日耳曼语和凯尔特语也可能与之同源。

在琼斯发表他的重要论文大约30年之后，德国语言学家弗兰茨·葆朴指出了在梵语、拉丁语、希腊语、波斯语和日耳曼语之间的联系。与此同时，一位名叫拉斯姆斯·拉斯克的丹麦青年学者又证实了上述结论，并且将立陶宛语和亚美尼亚语也包括在内。拉斯克是从形式上描写相关语言之间某些音系差异具有规律性的第一位学者。

拉斯克对这些语言规律的研究，启发了德国语言学家雅各布·格林（以《格林童话》而闻名），他出版了四卷专著（1819—1822），详细说明了梵语、希腊语、拉丁语和日耳曼语之间规则的语音对应。引起格林和其他语言学家兴趣的，不仅是这些语言之间的相似性，也包括差异的系统性。拉丁语出现[p]的地方，英语常为[f]；拉丁语为[t]的地方，英语通常为[θ]；拉丁语为[k]的地方，英语为[h]。

格林指出，在日耳曼诸语言的早期历史中一定发生了某些音系变化，而这些变化没有发生在梵语、希腊语或拉丁语中。因为这些变化的规律性很强，它们被称为**"格林定律"**，如图11.2所示。

格林定律可以用语音的自然类来表示：浊送气音变为非送气音；带声塞音变为清塞音；清塞音变为擦音。									
早期阶段*	bh	dh	gh	b	d	g	p	t	k
	↓	↓	↓	↓	↓	↓	↓	↓	↓
晚期阶段	b	d	g	p	t	k	f	θ	x（或h）

*此"早期阶段"是指印欧语①。bh, dh, gh 等符号是"送气带声"塞音，通常称作"浊送气音"。

图11.2　格林定律（早期日耳曼语中发生的一种语音换位）

6.1.1　同源词

同源词是相关语言中由同一个源语言词根演变而来的词，就像英语的 horn（动物的角）和拉丁语的 cornū。不同语言里的同源词通常具有相同意义，但也并非总是如此。我们可以通过同源词观察语音的对应关系，从中推断语音的演变。如图11.3所示，梵语、拉丁语和日耳曼语（用英语来代

---

① 此处的"印欧语"指的是原始印欧语，而不是现代印欧语系的语言。——译注

表）的同源词之间有着规则的 p-p-f 的对应，这表明这些语言有谱系关系。印欧语中的*p 被假定为 p-p-f 对应的起源。①

印欧语	梵语	拉丁语	英语
*p	p	p	f
	pitar-	pater	father
	pad-	ped-	foot
	无同源词	piscis	fish
	paśu[a]	pecu	fee

[a] /ś/是一个发音不同于/s/的咝音。

图 11.3　印欧语中*p 的同源词

图 11.4 是更详细的对应表，图中为每种规则对应都列出一个代表性的例子。在大多数情况下，许多同源词组表现出相同的对应，据此，对原始印欧语中的读音做了构拟，如第一栏所示。

印欧语	梵语		拉丁语		英语	
*p	p	pitar-	p	pater	f	father
*t	t	trayas	t	trēs	θ	three
*k	ś	śun	k	canis	h	hound
*b	b	无同源词	b	labium	p	lip
*d	d	dva-	d	duo	t	two
*g	j	ajras	g	ager	k	acre
*bh	bh	bhrātar-	f	frāter	b	brother
*dh	dh	dhā	f	fē-ci	d	do
*gh	h	vah-			h	veh-ō	g	wagon

图 11.4　印欧语的一些语音对应

梵语的辅音变化最少，拉丁语多一些，日耳曼诸语言（根据"格林定律"）的辅音几乎经历了一次完全的重组。但是，音位和音系规则的变化，而不是个别词汇的变化，造成了非常有规则的语音对应，这使得我们能够构拟大部分印欧语的语音系统。

像格林认识到的那样，这些规则对应也能找到例外。他说："语音换位是一个总的趋势；并不是所有情况下都是如此。"卡尔·维尔纳在 1875 年解释了格林定律的一些例外。他提出了"维尔纳定律"，阐明了印欧语中 p, t, k 在某些情况下与 f, θ 和 x 不对应的原因：

维尔纳定律：当前面的元音是非重读元音时，f, θ 和 x 进一步变化为 b, d 和 g。

一批被称作"新语法学家"的青年语言学家超越了那种认为这种语音换位仅仅代表一种趋势的观点，主张语音规律没有例外。他们把语言学看作为一门自然科学，所以相信语音演变的规律是没

---

① 字母前的星号表示"构拟的"音，不是表示不可接受的形式。星号的这种用法只限于本章。（原注 3）

有例外的自然定律。然而，他们提出的"规律"却常常有例外的情况，不能总像维尔纳定律解释格林定律的例外情况那样做出引人注目的解释。不管怎样，这些语言学家的工作为研究语言演变以及演变的原因提供了重要的资料和见解。

19世纪早期的语言学研究对查尔斯·达尔文产生了一些影响，达尔文的进化论又反过来对语言学及科学的各个领域产生了深远的影响。某些语言学家认为语言有一个"生命周期"，并且根据进化规律演变。另外，他们相信所有语言都可以追溯到同一个祖先。这种生物自然主义理论有它真实的一面，但用来说明语言如何演变，以及一种语言如何演变为其他语言，就未免过于简单化了。

6.2 比较构拟

> 音节在时间和空间中喘息，
> 语言学家在后面紧紧追击。
> 从家里出发，在黑暗中寻搜，
> 追到高卢，追到希腊，追入挪亚方舟。
>
> 威廉·考柏《退休》

如果语言之间的相似不能归因于偶然或是借用，我们就可以得出结论说它们有关系。也就是说，这些语言都是通过语言演化，从一个祖语原始语演化而来的。

英语、德语、丹麦语、荷兰语、挪威语和瑞典语的基本词汇之间的相似性如此普遍，不可能出于偶然或是借用。因此我们推断它们有共同的祖先——原始日耳曼语。原始日耳曼语没有文字记录，当然今天不可能还有以原始日耳曼语为本族语的人在世。原始日耳曼语是一种假设中的语言，它的特征都是根据它的后代语言推断出来的。除了词汇相互关联之外，日耳曼语族诸语言还有很多共同的语法属性，例如相似的不规则动词表，尤其是动词 to be，这进一步佐证了它们之间的关系。

当我们知道或是怀疑某些语言之间有关系的时候，可以通过**比较构拟**部分地确定他们的原始语。如何通过应用这种**比较法**展开研究，我们将通过下面的这个简单的例子进行说明：

让我们回到英语、德语和瑞典语，我们发现，"人"这个词在三种语言里分别是 man [mæn], Mann [man] 和 man [man]。在很多对应的词表中，我们都能看到三种语言之间分别有 [m]-[m]-[m] 和 [n]-[n]-[n] 的规则语音对应，而这只是其中一个例子。在这些证据的基础之上，比较法使得我们可以在原始日耳曼语中为"人"这个词构拟*mVn 的形式。V 表示元音，其特征我们还不确定，因为尽管拼写相似，但是在不同的日耳曼语中，元音的发音却不同，如果没有更多的证据，我们也不清楚如何对它进行构拟。

尽管我们有信心相对准确地构拟大部分的原始日耳曼语，但我们永远无法确定，很多细节仍然模糊不清。为了树立对比较法的信心，我们可以把比较法用在罗曼语族上，例如法语、意大利语、西班牙语和葡萄牙语。他们的原始语就是著名的拉丁语，这样我们就可以验证这个方法。考虑一下下面的数据，主要看每个词的词首辅音。在这些数据里，法语的 ch 读[ʃ]，其余语言中的 c 读 [k]。

法语	意大利语	西班牙语	葡萄牙语	英语	
cher	caro	caro	caro	"dear"	（亲爱的）
champ	campo	campo	campo	"field"	（田野）
chandelle	candela	candela	candeia	"candle"	（蜡烛）

法语中的[ʃ]与其他三种语言中的[k]相对应。[ʃ]-[k]-[k]-[k]的这种规则的语音对应支持了这种观点：法语、意大利语、西班牙语和葡萄牙语来源于同一种语言。比较法引导我们在父语言的"亲爱的""田野"和"蜡烛"三个词的首辅音构拟了[k]，并且显示[k]在法语中变为[ʃ]，而在意大利语、西班牙语或葡萄牙语中没有经历这种变化，保留了父语言（拉丁语）中原来的[k]。

为了使用这种比较法，分析家在可能有关系的语言的同源词中识别规则的语音对应；对于每一种对应，他们都推断出一个父语言中最可能的语音。用这种方法有可能构拟出父语言整个语音系统的大部分。这样，可以确认各种子语言在从父语言演化而成的过程中发生的种种音系变化。有时分析者为他们构拟的父语言选择的语音，是在对应组中最常出现的语音。这就是"多数起支配作用"的原则，上面我们用四种罗曼语言说明了这种原则。

其他考虑因素的重要性可能会超过"多数起支配作用"原则。考虑到某些音系变化出现的可能性的大小，分析家也许会构拟一个较少出现的语音，甚至是一个在对应中根本不存在的语音。请思考一下下面四种假想语言中的材料：

语言 A	语言 B	语言 C	语言 D
hono	hono	fono	vono
hari	hari	fari	veli
rahima	rahima	rafima	levima
hor	hor	for	vol

凡是语言 A 和语言 B 出现 h 的地方，语言 C 都有 f，语言 D 都有 v。因此，我们得到了/h/-/h/-/f/-/v/这样一组语音对应关系。根据比较法的"多数起支配作用"原则，我们可以首先考虑在其父语言中构拟语音/h/；但是另外一些有关历史演变的资料以及语音研究的成果告诉我们，h 很少变为 v。相反，/f/和/v/发音为[h]的情况却不仅在历史上常常出现，而且常常作为一条音系规则存在，并且可以在声学上做出解释。所以语言学家在父语言中构拟了*f，规定在语言 A 和 B 中"f 变为 h"，语言 D 中，"f 变为 v"。研究者显然需要有经验和学识才能得出这样的结论。

就这些材料而论，其他的对应是没有问题的。它们是：

    o-o-o-o   n-n-n-n   a-a-a-e   r-r-r-l   m-m-m-m

它们导致我们为父语言构拟了*o, *n, *a, *r 和*m，也导致了语言 D 中发生了"a 变为 e"和"r 变为 l"的语音变化。这些都是世界上许多语言都有的"自然"音变。

现在可以为这种原始语构拟词汇了，它们是 *fono, *fari, *rafima 和*for。在这个例子中，语言

D 是三种语言中最创新的，因为它经历了三种音变。而语言 C 是最保守的，因为就这些数据而言，它和原始语最一致。

在前面的例子里提到的音变都是无条件音变，这些音变的发生与语音环境无关，下面是有条件音变的一个例子，选自意大利语的三个方言。

标准方言	北方方言	伦巴第语	
fis:o	fiso	fis	"fixed"（固定的）
kas:a	kasa	kasə	"cabinet"（储藏橱）

语音对应组为：

f-f-f, i-i-i, s:-s-s, o-o-< >[①], k-k-k, a-a-a, a-a-ə

/*f/, /*i/ 和 /*k/ 这三个音是直接构拟出来的。如果知道 s: 这样的长辅音常常会变成 s（回想一下古英语里的 f: 变成 f），那我们会为 s:-s-s 这组对应构拟一个 *s:，在北部方言和伦巴第方言中发生了辅音短化的变化。

在这些（非常有限的）资料中，有证据表明了词尾元音的弱化，这也是我们前面讨论过的英语中的一种语音变化。我们为 o-o-< > 这组对应构拟了一个 *o，为 a-a-ə 这组对应则构拟了一个 *a。在伦巴第方言中发生了条件音变，词末的 o 被删除了，但别的地方的 o 保留了下来。a 在词尾变成 ə，但在别的地方还是 a。从我们所有的数据来看，音变的条件，就是词尾位置。其余位置的元音没有发生变化。我们可以构拟一个原始方言，其中包括 "*fis:o" 和 "*kas:a"，意思分别是"固定的"和"储藏橱"。

琼斯、葆朴、拉斯克和格林敏锐地觉察到存在着一种早已消亡的祖语，正是通过这种比较法，19 世纪的语言学家才能开始构拟这个早已消亡的祖语。这是一种兴盛于大约 6000 年前的语言，我们一直称其为"印欧语"。

6.3 历史证据

> 你知道我的方法，它建立在对琐事的细微观察之上。
>
> 亚瑟·柯南·道尔爵士
> 《歇洛克·福尔摩斯回忆录》中的"博斯科姆比溪谷案"

比较法不是探索语言或是语系历史的唯一方法。此外，在数据不足或是无法构拟的时候，比较法也无法解决某些问题。例如我们如何了解莎士比亚、乔叟、《贝奥伍夫》作者的英语发音？这种比较的方法在许多细节上留下了疑问，而我们又没有可以为我们提供直接知识的录音资料。

对于许多语言来说，文字记录可以追溯到 1000 多年以前。语言学家研究这些记录，可以发现语言曾经是如何发音的。早期手稿的拼写提供了大量信息，告诉我们现代语言较古老的形式在语音

---

① 空括号表示语音的丢失。（原注 4）

系统上是怎么样的。两组拼写不一样的词，读音很可能也不一样。当某些拼写法被确定的时候，就可以对真实发音做出中肯的猜测。例如，我们用不同的元音拼写 Mary（玛丽）、merry（愉快的）和 marry（结婚），因此我们可以推断出，在某一时期，大多数说话者把这三个词读得不一样，很可能是[meri]、[mɛri]和[mæri]。但至少在一种现代美国英语方言里，只有/ɛ/能出现于/r/之前，因此这三个词统统都读[mɛri]。这种方言就是语音换位的结果，当/e/和/æ/出现于/r/之前时就变成了/ɛ/。这是另一个条件音变的例子。

英语手稿中出现的非英语词为我们推测早期发音提供了另一条线索。假设有一个法语词被借入英语，而且已经知道这个词含有元音[o]，那么这个借词的拼写方式揭示出某个特定的字母-发音之间的对应关系。

还可以从其他的文献中寻求证据。私人信件是极好的资料来源。语言学家喜欢分析文化程度不高的拼写者所写的信件，因为他们会根据自己的发音方式误拼某些词。例如，在英语历史上的某个时期，词干拼有 er 的词似乎都按 ar 发音，就像现代英国英语中 clerk（职员）和 derby（赛马）发为 clark 和 darby 一样。还有一些蹩脚的拼写者始终把 perfect 写为 parfect，这就可以帮助语言学家发现早期的读音。

那个时期规范语法学家的论著也提供了线索。从 1550 年到 1750 年间，在英格兰有一批被称为"正音学家"的规范论学者试图维持英语的"纯洁性"。在规定人们应该如何讲话的同时，他们透露了人们那时实际上是怎样讲话的。假若美国有一位健在的正音学家，那么他可能在发音手册上写道："念 Cuba 时带有尾音 r 是不正确的"，以后的学者们就可以知道有一些讲英语的人就是这样发音的。

文学作品中的双关语和韵文也为了解早期发音提供了一些最好的线索。如果两个词的元音和末尾的辅音相同，那么这两个词就押韵。当某个诗人用名词 wound（伤口）与动词 found（找到，find 的过去时）押韵时，这显然表明两个词的元音是一样的：

Benvolio: … 'tis in vain to seek him here that means not to be found.

Romeo: He jests at scars that never felt a wound.

班伏里奥：……他故意让人找不到，所以在这儿寻他也是白费劲。

罗密欧：没有受过伤的人才会讥笑别人身上的伤痕。

莎士比亚的韵文对于构拟伊丽莎白一世时期的英语音系是有帮助的。例如，在十四行诗第 11 首中，convert（转变）与 depart（离开）押韵，这进一步证实了 er 当时发作 ar 的结论。

将上面说到的这些方法和比较法配合使用可能是最有效的。通过文字记录，我们或许能够比较几种方言中不同词汇的发音方式。在此基础上我们能够推断出早期的语音形式，并了解语音总藏和音系规则发生了什么变化。

历史比较语言学家利用文字记录研究语言，这是一项富于挑战性的工作。但是这远不如试图在没有文字历史的语言中寻找谱系关系那么困难。语言学家首先必须转写各类语言的大量数据，从音系、形态和句法上对这些数据进行分析，并为谱系关系建立基础，如并非由偶然或借用因素导致的基本词汇的相似性以及语音对应关系。然后,才能运用比较法构拟已经灭绝的原始语。

语言学家已经用这种方法揭示了美洲土著语言之间的许多密切关系,并成功构拟了美国印第安原始语。在大量非洲语言的研究中也取得了类似的成就。语言学家把在非洲使用的大量语言分成四个大语系:非-亚语系、尼罗-撒哈拉语系、尼日尔-刚果语系以及科伊桑语系。例如,索马里语属于非-亚语系,祖鲁语属于尼日尔-刚果语系,而南非使用的霍屯督语则属于科伊桑语系。如果有新的发现,或者出于新的分析需要,这些语系分类是可以修正的。

7. 灭绝语言与濒危语言

任何语言都是人类独有的集体智慧的最高成就,就像生命体一样神圣、神秘,而又深不可测。

迈克尔·克劳斯

我总是为语言的消失而感到遗憾,因为语言是民族的谱系。

萨缪尔·约翰逊

当一种语言不再有儿童学习,它就会死去、灭绝。语言学家将语言的死亡分成了四个主要的类别:

1. **语言的突然死亡**发生的条件是所有使用这种语言的人都去世或罹难。曾经使用于塔斯马尼亚岛上的塔斯马尼亚诸语言就是这样灭绝的。尼克尔诺语——一种曾经使用于加利福尼亚的美国印第安语也是如此。

2. **语言的急性死亡**与语言的突然死亡都是突然发生的。但并不是因为所有的使用者都死去了,而是他们都不再使用这种语言。这种变化的突然出现,常常是因为使用者面临着政治压力或种族灭绝的威胁,想要生存下来就必须停止使用自己的语言。嵌入在其他文化中的土著语言就是这样消亡的。为了避免被认为是"土著",人们不再使用本族语。儿童无法学会不在其语言环境中使用的语言,于是当最后一个使用者死去时,这种语言也就死去了。

3. **语言的慢性死亡**是最为常见的语言灭绝现象。它常常出现于与一个优势语言接触的少数社群语言中,例如与英语接触的美洲印第安人的语言。一代代过去,越来越少的儿童学习这些语言,最终再也没有新的学习者。当某种语言的最后一代使用者死去时,人们就说这种语言也死去了。在 18 世纪的英国,康沃尔语就遭遇了这样的命运,南北美洲的很多土著美洲语言也是一样。

4. **语言自下而上的死亡**指的是仅存活于某些特定环境之下的语言,例如礼拜语言。拉丁语和某一时期的希伯来语都是这类语言。它与语言慢性死亡的不同之处在于,后者在苟延残喘的过程中,仍在家庭或村庄偶尔、非正式地使用。人们早在几个世纪前就已经不在日常情境活中使用拉丁文,其使用仅限于学术与宗教语境。

很多美洲土著语言已经死亡或者即将死亡。根据语言学家迈克尔·克劳斯的说法,在美国幸存的土著语言中,仅仅百分之二十还有儿童在习得。数百种土著语言已经消失。一些曾经广为使用的美洲印第安语言，如科曼奇语、阿帕奇语和切罗基语，在每一代人中的母语者越来越少。

大限已至的语言都曾经存在过很长的时间。赫梯语和吐火罗语是两种印欧语，它们都不存在了。赫梯语在三千五百年前消亡，而吐火罗语的两种方言则在公元 1000 年左右寿终正寝。

语言学家已经将很多语言列入了濒危名单。他们试图保护这些语言，方法是研究和记录这些语言的语法（语音、音系等），并为后世留下最后几位使用者的录音资料。通过它们的语法，每一种濒危语言都为了解人类认知的本质提供了新证据。在其文学、诗歌、仪式言语和词的结构中，每种语言都保存了一种文化的集体智慧的成就，从而提供了观察人类状况的独特视角。语言的消失是个悲剧：不仅是对这个世界的洞察消亡了，一个文化用以自我维持与更新的主要载体也就此消逝。

方言一样也会灭绝。语言学家认为美国的很多方言都濒临灭绝。例如，社会语言学家沃尔特·沃夫兰研究的是北卡罗来纳州海滨小岛奥克拉科克的方言。研究该方言的一个理由是为了保护这个方言。由于太多的年轻一代离开了小岛，并在其他地方生儿育女，这一方言正濒临灭绝，这是个方言慢性死亡的例子。度假者和退休者纷纷涌来，稀释了当地方言人口的比率，吸引他们来到这个岛的就是它独特的个性，具有讽刺意味的是，其中也包括岛民离奇的方言。

语言学家保护濒危语言的努力，并不是孤军奋战。在语言俱乐部，有时甚至是在政府的资助下，成年人和儿童将濒危语言作为文化的象征来学习。"盖尔林"（Gael Linn）是一个爱尔兰的民间组织，为成年人开设爱尔兰盖尔语的语言课程。爱尔兰和北爱尔兰数以百计的公立学校都完全用盖尔语上课。在美国的夏威夷州，正在开展一场保护和教授该岛的土著语言——夏威夷语的运动。

联合国也关心濒危语言问题。1991 年，联合国教科文组织通过了一个决议，决议规定：

> 鉴于任何一种语言的消失对人类而言都是不可挽回的损失，推动以语法、词典和文本的形式对濒危灭绝和正在消亡的语言进行描述，从而对这种情况做出反应，是联合国教科文组织一项极为迫切的任务。

有时候，一种语言也可以从文字记载中复活。数百年来，古典希伯来语仅用于宗教活动，但今天，由于犹太人强烈希望使用自己祖先的语言，该语言在经过某些现代化之后，成了以色列的国语。

记录正在消亡的语言，不仅在社会和文化方面有重要意义，而且对这些语言的研究也有重要的科学意义。通过考察一大批不同类型的语言，语言学家就能够创造出一种有关语言的综合理论，它既可以解释语言的共性，也可以解释因语言而异的个性。

8. 语言的谱系分类

> 无论梵语有多么古老，其结构都令人惊叹。她比希腊语更完美，比拉丁语更丰富，而且比两者都更为精密优雅。然而，无论动词词根，还是语法形式，她跟两种语言的关系都非常亲密，绝不可能是因为巧合；确实，这关系如此亲密，语文学家在考察这三种语言后，不得不相信它们来自某个共同的源头，而该源语也许已不复存在。
>
> 威廉·琼斯爵士　1786 年

我们讨论了不同的语言如何从某种语言演化而来，以及历史比较语言学家如何将语言分为像日耳曼语或罗曼语这样的不同语族，并且构拟出祖语的早期形式。当我们考察世界语言时，我们从中看出种种相似和相异之处，可以用来进一步证明，语言之间是在哪种程度上相互关联，还是根本互不相关。

用英语、德语和越南语从 1 数到 5，可以看出英语和德语之间有越南语（下表中音调省略）所不具有的相似之处：

英语	德语	越南语
one（一）	Eins	mot
two（二）	zwei	hai
three（三）	drei	ba
four（四）	vier	bon
five（五）	fünf	nam

英语和德语之间的这种相似性是普遍存在的。有时表现得极为明显（man/Mann"男人"），有时则稍显隐晦（child/Kind"孩子"）。除了偶然的情况之外，它们和越南语之间没有规则性的异同之处。

如果继续用人类谱系来做比喻，我们可以说英语、德语、挪威语、丹麦语、瑞典语、冰岛语等都是姐妹语言，因为它们源自同一个父语言，而且它们彼此之间的关系，比起其中任何一种语言同其他非日耳曼语（例如法语和俄语）都要来得亲近。

罗曼语族诸语言也都是姐妹语言，它们共同的祖先是拉丁语。如果我们把这个亲戚关系的比喻推至极处，我们可以说日耳曼语和罗曼语是"姨表亲戚"，因为它们各自的父语言——原始日耳曼语和早期拉丁语，是同胞姐妹。

所有来自大家族的人都知道，既然有姨表亲戚，也就有远房亲戚，几乎包括具有家族血脉的所有成员。印欧语系也是如此。如果日耳曼语和罗曼语真的是姨表亲戚，那么希腊语、亚美尼亚语、阿尔巴尼亚语，甚至是已经灭绝的赫梯语和吐火罗语，都可以算作是远房亲戚。同样具有谱系关系的还有爱尔兰语、苏格兰盖尔语、威尔士语以及布列塔尼亚语，它们的原始语是凯尔特语，曾一度广泛使用于整个欧洲大陆和不列颠群岛。布列塔尼亚语使用于法国西北海岸地区的布列塔尼，是 7 世纪时从不列颠逃离的凯尔特人带过去的。

俄语同它的姐妹语言保加利亚语、塞尔维亚-克罗地亚语、波兰语、捷克语和斯洛伐克语都是英语的远亲，波罗的语族的立陶宛语同它的姐妹语拉脱维亚语一样，也与英语有谱系关系。然而，这些语言的一个近邻爱沙尼亚语却不是英语的亲戚。像威廉·琼斯指出的那样，梵语虽然在地理上相距遥远，但仍然是英语的亲戚。它的后代印地语和孟加拉语主要使用于南亚地区，也是英语的一个远房亲戚。在现代伊朗使用的波斯语，也是英语的一个远亲。还有使用于伊朗、伊拉克和土耳其地区的库尔德语；以及使用于巴基斯坦和阿富汗的普什图语，也都是英语的亲戚。在上一段提到的所有语言，除去爱沙尼亚语以外，都有或远或近的谱系关系，因为它们都是从印欧语派生出来的。

图 11.5 是印欧语系谱系树的简略形式，该图表现了所列语言的谱系和历史的分类。这幅图有某

种程度的简化。例如，从图上看，所有的斯拉夫语都是姐妹语言。似乎曾经有这样的一个戏剧性情节：说原始斯拉夫语的人在某天忽然把自己分成了九支，每一支都走上了不同的分化道路。其实，这里的九支语言是有层次的，某些语言之间比跟另一些更亲近。换言之，我们今天看到的分化成九支的斯拉夫语，其分化是在一个长时段内逐次发生的。类似的情况也适用于其他语族，包括印欧语在内。

另一处简化是图中没有包括"已经灭绝的语言"，即在演变过程中死亡的，且没有留下任何后代的语言。我们提到过的赫梯语和吐火罗语就是印欧语系中的这样两种语言。家族谱系树也没有说明在现代语言进化过程中必定存在过的一些中间阶段。语言的演变不是突变，这就是为什么将语言谱系树与生物谱系树相比较作用有限。最后，由于版面的原因，有些印欧语言在该图表上没有标示出来。

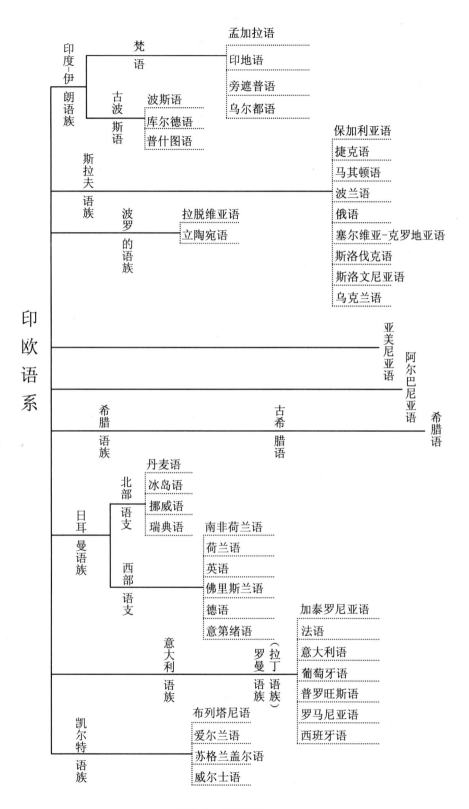

图 11.5　印欧语系

世界诸语言

> 那时，天下人的口音、言语，都是一样的。
>
> 《创世纪》11：1
>
> 我们下去，在那里变乱他们的口音，使他们的言语彼此不通。
>
> 《创世纪》11：7

世界上的大多数语言并不属于印欧语系。语言学家同样尝试根据其谱系关系将非印欧语分类。这个工作包括确认那些共同构成一个语系的语言，以及存在于它们之间的谱系关系。

语言学家最常被问的两个问题是："你能说多少种语言？"以及"这世界上有多少种语言？"这两个问题都很难精确回答。大多数语言学家都或多或少熟悉几种语言，而且很多人都是**多语者**，也就是说好几种语言的人。1519年至1558年在位的神圣罗马帝国皇帝查理五世，就是一位多语者，因为他宣称："我对上帝说西班牙语，对女人们说意大利语，对男人们说法语，对我的马说德语。"

至于第二个问题，人们很难弄清世界上的语言的精确数目，因为怎么样才算一种语言而不是一种方言，对这一点有很多不同的意见。

这两个问题共有的一个难点，是回答的标准总是在变。熟悉一种语言，并不是一个简单的是否问题，那么对于一种语言，你究竟必须懂得多少，才能说你"听得懂并且能说"那种语言呢？还有，两种方言的差异大到什么程度，才能算是分化成了两种语言？有一个标准是互懂度。只要两种方言是可以相互理解的，那么人们就普遍认为这两种方言不能看成是独立的语言。但互懂度也是个相对的概念，我们中间所有跟说我们本族语不同方言的人谈过话的都会知道，我们往往不能完全理解对方。

印度-伊朗语族里面的印地语和乌尔都语在图11.5中被列为不同的语言，但两者的口语形式是互相可以听懂的，因此也可以争论，认为它们是同一语言的两种方言。但这两种语言的文字体系不同，而且使用者的宗教信仰和国籍也不一样（大多数说印地语的都是印度的印度教教徒；而说乌尔都语的人则是巴基斯坦的穆斯林）。因此，怎样才算一种独立的语言，并不总是只取决于语言学因素。另一方面，在中国，互相听不懂的语言，常被认为是同一种语言的方言，因为他们有共同的文字系统和文化，而且都在同一个政治疆域之内使用。

最近估算的世界语言总数（2006年）大概不到七千种，包括手语在内（细节可以参见网址 http://www.ethnologue.com/web.asp）。仅洛杉矶一地，所说的语言就有大约八十多种。在好莱坞中学就读的学生回到家，会听到他们的父母说阿姆哈拉语、亚美尼亚语、阿拉伯语、马绍尔语、乌尔都语、僧伽罗语、伊博语、古吉拉特语、苗语、南非荷兰语、高棉语、乌克兰语、柬埔寨语、西班牙语、他加禄语和俄语等。

发现哪些语言之间有谱系关系，而哪些却没有谱系关系，总是让人吃惊的。在地处偏远的尼泊尔使用的尼泊尔语是一种印欧语，而匈牙利语尽管处于印欧语系的四面包围之中，自己却不是一种印欧语。

本书是一本入门读物，不可能给出一个关于语系、语支和语言的穷尽性列表。此外，某些语言的谱系关系尚未确立。例如在日语和土耳其语之间是否有谱系关系的问题上，语言学家就分成两派。下文的我们会用一些章节简单讲几个语系及其成员。这些语系看上去都互不相关，也和印欧语系没有关系。但是，这可能是由于无法充分深入到遥远的过去，以便发现那些已经被时间抹去的共同特征。我们不能排除世界语言同源的可能性，这种观点认为所有语言都来自一个"源语"，有人称之为**诺斯特拉提克语**。如果不是人为隐藏起来了的话，它就是被埋在了历史的深处。对这个饶有兴味的题目感兴趣的读者，可能会想读一下加利福尼亚大学伯克利分校的乔安娜·尼科尔斯教授的著作。当然，如果谷歌一下 nostratic，会找到更多的信息。

乌拉尔语系是除了印欧语系之外，使用于欧洲大陆的另一主要语系，匈牙利语、芬兰语和爱沙尼亚语是这个语系的主要代表语言。

非-亚语系的语言由使用于北非与中东的一个语言大家族构成，包括希伯来语和阿拉伯语等现代闪语，还有在圣经时代使用的阿拉米语、巴比伦语、迦南语和摩押语。

汉藏语系包括世界上使用人口最多的语言——汉语普通话，有约十亿中国人说汉语普通话。该语系也包含所有的汉语方言，以及缅甸语和藏语。

非洲的许多语言都属于尼日尔-刚果语系，包括九百多种语言，这些语言又可分为一些语族，比如科尔多凡语族和大西洋-刚果语族。后者包含了诸如斯瓦希里语和祖鲁语等语言。

还有一个很大的语系就是南岛语系，也包括了约九百种语言，分布于相当广阔的区域之中，从距离非洲海岸不远的马达加斯加一直到夏威夷。夏威夷语本身就是一种南岛语。使用于新西兰地区的毛利语、使用于菲律宾群岛的他加禄语，还有使用于新加坡与马来西亚的马来语，也是南岛语。这里仅举几例。

在南北美洲有数十个语系与上百种语言曾经被使用过或正在使用。这些语系之间的谱系关系，我们知之甚少。而且，因为其中很多语言正趋于灭绝，所以如果想对美洲印第安诸语系有一个像语言学家对印欧语那样的彻底了解，希望甚微。

9. 语言的类型

> 所有的东方民族都把语言和词汇一起阻塞在喉咙里，如希伯来人和叙利亚人。所有地中海的民族都将其清晰的发音往前推至硬腭，如希腊人和亚洲人。所有西方的民族都在齿间切断他们的词语，如意大利人和西班牙人……
>
> 塞维利亚的伊西多尔　公元7世纪

有很多给语言分类的方法。本章已经讨论过的是根据语族分类的方法——谱系分类法。这个方法很像是按照血缘关系给人分类。另一种给语言分类的方法则不管其谱系归属，而是根据某种语言特征来分。如果还用人打比方，这种方法就像是用身高、体重、政治倾向、宗教、富裕程度等来给人分类一样。

到现在为止，我们已经在书中提示，可以用各种各样的方法给语言分类。从音系角度来分，我们有声调语言和语调语言之别——就像泰语和英语的对立。语言也可以用元音音位的数目来分,从最少的三个到多达十几个。语言也可以依据什么样的辅音和元音组合可以构成音节来进行分类。日语和夏威夷语允许的音节种类很少(多数情况下是 CV 和 V),而英语和大多数印欧语都允许很多种不同音节的出现。语言可以用音长来区分音位,也可以不用;可以有鼻音元音音位,也可以没有;可以有塞擦音,也可以没有;可以用重音充当音位(如英语),也可以不用(如法语)。

从形态学的角度来说,语言可以根据动词和名词形态的丰富程度来分。例如,越南语几乎没有词汇形态,因此它的词汇是单语素的,既没有名词复数后缀,也没有体现动词和名词一致关系的词缀。英语这类语言的形态丰富程度居中,与古英语和拉丁语或今天的俄语相比,形态变化少得多。还有些语言——语言学家称之为"多式综合语"——有极度丰富的形态变化。一个词可以由十个甚至更多词缀组成,承载了相当于一个英语句子的全部语义。

从词汇的角度来看,语言的分类可以依据是否有英语的 a 和 the 那样的冠词;可以用代词系统;或是根据如何区分人称、性、数;还可以用亲属称谓词;或者用名词的性,例如德语名词的阴、阳、中三性;或是第三章提到的斯瓦希里语的多种名词分类,如此等等。

每种语言里都有包括了主语(S),宾语(O)和动词(V)的句子,尽管一个句子中可能不同时拥有这三个成分。从句法的观点看,语言可以根据句子中这些成分的基本顺序或最常见的顺序来分类。有六种可能的顺序——SVO(主语、动词、宾语),SOV, VSO, VOS, OVS, OSV——也就允许有六种可能的语言类型。在所有接受调查的语言之中 SVO 和 SOV 类型的语言是六种类型中比例最高的两个,几乎占了所有语言的 90%,并且这两种类型语言所占的比例也大致相等。英语、西班牙语和泰语是 SVO 语言,而德语、荷兰语和日语是 SOV 语言。

在 SVO 语言里,助动词在主动词前面,副词在主动词后面,介词在其中心词前面。下面是英语的例子:

They are eating. (Aux-V)
他们在吃饭。(助动词+主动词)
They sing beautifully. (V-Adv) (试比较*They beautifully sing.)
他们唱歌唱得很好。(主动词+副词)(试比较:*他们唱得很好唱歌。)
They are from Tokyo. (Prep-N)
他们来自东京。(介词+名词)

在 SOV 语言里面,情况正好相反。助动词在主动词的后面,副词在主动词的前面,介词(也译作"前置词")现在要称为"后置词",则在中心词的后面。下面是日语的例子:

Akiko　　　wa　　　　sakana　　　o　　　tabete　　iru(V-Aux)
晶子(人名)　话题标记　鱼　　　　宾语标记　吃　　　在(动词—助动词)
"Akiko is eating fish."
(晶子正在吃鱼。)

Akiko   wa   hayaku   tabemasu（Adv-V）
晶子   话题标记   快   吃（副词—动词）

"Akiko eats quickly."

（晶子吃得快。）

Akiko   wa   Tokyo   kara   desu（V-Post P）
晶子   话题标记   东京   来自   是（动词—后置词）

"Akiko is from Tokyo."

（晶子来自东京。）

这些区别，以及许多类似的区别，都是基于一个底层的参数选择：短语中心语的位置。SVO 语言是中心语后置的，而 SOV 语言是中心语前置的。

为什么 SVO 类型和 SOV 类型的语言在语言中占据绝对的优势，这个问题尚未完全弄清楚，但是语言学家已经观察到有两条优先的原则或限制条件：

主语位于宾语之前

动词短语（VP）的组构成分——要么动宾（VO），要么宾动（OV）

只有 SVO 和 SOV 是满足这两条原则的类型。除此之外最常见的类型是 VSO，这里举的是他加禄语的例子，这是一种在菲律宾群岛广泛使用的语言：

Sumagot   siya   sa   propesor
answered   he   the   professor
回答了   他   这个教授

"He aneswered the professor."

（他回答了这个教授的问题。）

VSO 语言在人们调查过的语言中大约占了 10%——也就是除了 SVO 和 SOV 之外所占比例最大的语言类型。在 VSO 语言里，主语在宾语之前的那条限制原则仍然适用，但就没有动词短语（VP）的组构成分了（VS 不能算一个成分）。因此，似乎主语在宾语之前的原则，是最普遍的。

在剩下的类型中，VOS 和 OVS 都有动词短语（VP）成分，但是违反了主语在宾语之前的原则。这两种类型很罕见，在人们观察过的语言中只占极少部分。最后，OSV 语言同时违反了两条原则，因此这种语言可能有，也可能根本没有。有些语言学家提出，在人们指出的两种或三种 OSV 类型的语言中，其中的 OSV 词序都是从一个不同的、更基本的顺序衍生出来的。

我们说一种语言是 SVO 型，不是说这种语言只可能有 SVO 的词序。语言类型和句子中句法范畴的词序之间的相关性是一种优先词序，而且在很多情况下可以打破这种优先词序。不同语言遵守优先词序的程度不同，有多有少。因此，当一位著名的喜剧演员在网络电视上说 "Believe you me（你相信我）" 的时候，尽管句中词序是 VSO，但是人们仍然能够听懂，而且还仿效他。《星球大战》中著名的绝地武士尤达大师，说的英语虽然奇怪，但是人们完全能够理解，这种怪异的效果就是通过 OSV 的词序达到的（除了名词短语之外，宾语也可能是补足语）。下面是一些尤达大师说的话：

Sick　　I've　　become.
病　　我已经　　变得

（我已经病了。）

Around　　the survivors　　a perimeter　　create.
在……周围　　幸存者　　环形防线　　修建

（在获救者周围修有一道环形防线。）

Strong　　with the Force　　you are.
强大的　　与原力在一起　　你是

（与原力在一起你是强大的。）

Impossible　　to see　　the future　　is.
不可能的　　理解　　未来　　是

（理解未来是不可能的。）

When　　nine hundred years　　you reach, look　　as good　　you will not.
当……时候　　900岁　　你到达　　看起来　　一样好　　你将不

（当你活到900岁时，你看起来就不会这样好了。）

对于语言学家来说，诸多的语言和语系为研究普遍语法提供了必要的数据。尽管这些语言在很多方面都有差异，但它们也有很多方面相当近似。我们发现，从北方的格陵兰到南方的新西兰，从东方国家到西方国家，都有相似的语音、相似的音系和句法规则，以及相似的语义系统。

10. 语言为什么演变?

> 得想点儿办法把我们的语言一劳永逸地固定下来……我实在看不出，一种语言有什么必要非得一直不断改变。
>
> 乔纳森·斯威夫特　1712 年

> 语言的稳定，与僵尸同义。
>
> 厄内斯特·威克莱

没有人确切地知道语言为什么变化以及如何变化。像我们已经指出的那样，语言的变化不是突然发生的。讲英语的人并不是某天早上醒来后突然决定改用 beef 这个词表示"牛肉"；也不是某一代人的孩子们长大以后就开始采用新词。语言的变化是渐进的，尤其是音系和句法系统的变化。

当然，对于任何一个讲话者来说，某些变化也许是瞬间发生的。当人们习得一个新词时，它不是逐渐习得的，尽管对于它的各种可能用法的全面了解也许会来得慢些。当一个新的规则被纳入讲话者的语法中，这个规则在该语法中可能有，也可能没有。也许开始它是一个可选规则，因此有时用，有时不用。这或许由社会环境或其他外部因素所决定，但就规则来说，它或是存在于语法之中以供调用，或是根本不在其中。所谓语言演变的渐变性，指的是某些变化在整个语言社会中的传播过程。

语言演变的一个基本原因是儿童习得语言的方式。没有人教孩子语法规则；每个孩子独自建构自己的语法，从所接受到的语言输入中归纳出规律。正像在第八章中讨论的那样，儿童语言的发展是按阶段进行的，直到接近成年人语法为止。儿童的语法同成年人社会所具有的语法从来不会完全一样，因为儿童接受多种多样的语言输入，某些规则也许被简化了或过度泛化，所用词汇上可以显示出几代人积累起来的细微差别。

对于老一代人来说，某些规则的使用可能具有随意性。例如，在某些时候，他们可以说 It's I（是我〔主格〕），而在另一些时候说 It's me（是我〔宾格〕）。不太正式的风格通常用于同儿童交流的情况，作为年轻一代，他们在这种结构中也许只用代词的宾格形式 me。在这种情况下，语法就会由此改变。

某些演变的发生原因相对来说较容易理解。电视出现之前，没有 television（电视）这个词。后来它很快变成一个常用的词项。借词也是这样，一般来说，它服务于某种实用的目的，因此它们被语言借入，也没有什么神秘之处。其他的变化则较难解释，例如英语中的元音大换位。

语言变化的一个可信的原因是同化现象，这是一个调音省力的过程。在这个过程中，某个语音影响了与它相邻或在它附近的语音的发出。由于同化，鼻辅音前面的元音常常被鼻化，因为在鼻辅音实际发音之前，降低软腭发鼻音是最容易的。结果就造成它之前的元音被鼻化。一旦元音被鼻化，原本要通过鼻辅音来提供的对立关系，光靠鼻化元音就可以单独承担，于是冗余的辅音就可以删除。现今，世界上许多语言都存在着口元音和鼻元音之间的对立，正是这种语音历史演变引起的结果。

在构拟早期的法语时，人们假设 bol（盆）、botte（高筒靴）、bog（打牌）、bock（烈性黑啤酒）和 bon（好）曾经的发音分别为[bɔl]、[bɔ̃t]、[bɔg]、[bɔk]以及[bɔ̃n]。在 bon 这个词中有鼻化元音，这是由于词尾鼻辅音造成的。后来发生了一个条件音变，删除了词尾的鼻辅音，bon 在现代法语中发音就成了[bɔ̃]。这个鼻化元音独自保持了与其他词之间的对立关系。

另一个例子来自英语，说明了这种同化的过程怎么会改变一种语言。在古英语中，词首的[kʲ]（就像 cute 起始的语音一样），后面接/i/的时候，会被进一步腭化，最终变成现代英语里的硬腭塞擦音/tʃ/，如下例所示：

古英语（c=[kʲ]）	现代英语（ch = [tʃ]）	
ciese	cheese	（奶酪）
cinn	chin	（下巴）
cild	child	（小孩）

人们在许多语言的历史中发现了这种腭化过程。例如在特威语中，意为"憎恨"的词曾被发音为[ki]。[k]先变成[kʲ]，后变成[tʃ]，以至于现在的"憎恨"发音为[tʃi]。

调音省力过程会使得发音更为相似，而这种倾向则与维持不同语音对立关系的要求相冲突。因此，两个语音发音相似时，为了避免混淆，也会发生音变。在之前的例子中我们见过从/f/到/h/的变化，就可以通过[f]与其他语音之间的声学相似性来进行解释。

类推变化指的是规则的泛化，通过它可以使得需要个别学习和记忆、例外或不规则的语素数目减少。正是通过对 plow（犁，单数）/plows（犁，复数）以及 vow（誓言，单数）/vows（誓言，复数）的类推，人们才先开始用 cows（母牛，复数）作为 cow（母牛，单数）的复数，代替原来的 kine。事实上，复数规则变得更加泛化了。

复数规则继续进行类推变化，特殊复数形式的规则化就是证明。如下面这些借词：datum（数据，单数）/ data（数据，复数）、agendum（议事日程，单数）/agenda（议事日程，复数）、curriculum（课程，单数）/ curricula（课程，复数）、memorandum（备忘录，单数）/ memoranda（备忘录，复数）、medium（媒介，单数）/ media（媒介，复数）、criterion（标准，单数）/ criteria（标准，复数）和 virtuoso（艺术能手，单数）/ virtuosi（艺术能手，复数）等。在许多说英语的人那里，这些名词的不规则复数形式正在被规则的复数形式所取代：agendas、curriculums、memorandums、criterias、virtuosos。在某些情况下，借词原有的复数形式被认为是单数（如 agenda 和 criteria），因此，新的复数是一个"复数的复数"（如 agendas）。此外，许多人现在把 data 和 media 看作没有复数形式的名词，就像 information（信息）。所有这些变化都是为了"节约记忆"，减少必须死记硬背的不规则形式的数量。

过去时规则也在经历着泛化。通过类推 bake（烤，原型）/baked（烤，过去时）和 ignite（点燃，原型）/ignited（点燃，过去时），很多成人和儿童开始时都说 I waked（而不是使用不规则的过去时形式 woke） last night（我昨晚醒了），She lighted（而没有使用不规则的过去时形式 lit）the bonfire（她点着了篝火）。在今天的词典里，这些规则的过去时形式排列在不规则的过去时形式之下，这两种形式目前处于共存阶段。

同化和类推变化可以解释一部分语言变化，但不能解释其他语言变化。语法简化和规则化的同时也出现了语法的细化或复杂化的现象。古英语中的句法规则变得更为复杂，迫使英语接受更加严格的词序，与此同时，格词尾却开始简化。由于要简化的趋势与限制可能歧义的需要是相悖的，许多语言变化是为了取得两者之间的平衡。

许多因素促成了语言演变：语法的简化、为维持可理解性而发生的细化、借词，等等。处于语言学习阶段的儿童是实现这些变化的行动者，他们将变化纳入自己的语法。尽管儿童无法完全学会成年人的方言显然是一个促成因素，语言演变的确切原因仍然难以把握。也许语言变化的原因与万物变化的原因一样：变化是事物的本质。正如赫拉克利特在多少个世纪之前所指出的那样，"万物皆流，变动不居。唯有变化，方是永恒"。

11. 小结

语言是变化的，像"**语音替变**"这样的语言变化，可以在所有语言的历史中找到。存在于同一语言的不同发展阶段、同一语言的不同方言以及不同语言之间的**规则语音对应**关系，就是语言变化的佐证。从同一种来源"派生"出来的语言之间存在着**谱系关系**。存在谱系关系的语言曾经是同一语言的不同方言。例如英语、德语和瑞典语曾经是日耳曼语的早期形式，也就是**原始日耳曼语**的方言。而罗曼语的早期形式，例如西班牙语、法语和意大利语，则是拉丁语的方言。追溯得再久一点，原始日耳曼语的早期形式、拉丁语以及其余语言，都是**印欧语**的方言。

语法的各个成分都可能发生变化，包括音系、形态、句法、词汇和语义。词、语素、音位和所有类型的规则都会增加、丢失或变化。词和语素的意义也可以**扩大**、**缩小**或**替变**。通过**借词**可以增加词汇，从而产生了词库中的**外来词**。此外也可以通过创造新词、截搭、复合和缩略以及其他构词程序来增加词汇。另一方面，随着某些单词因不再使用或者废弃，如 typewriter（打字机），词库也可能会缩小。

研究语言演化的学问叫作**历史比较语言学**，语言学家使用**比较法**来确认有谱系关系的语言，寻找**同源词**之间的规则语音对应，并系统地构拟早期的**原始语**。**比较构拟**使得语言学家能够窥测早期的语言情况，并确定某一语系的历史，然后可以用一个类似于图 11.5 的树形图将其表示出来。

根据最近的估计，现在（2006 年）世界上的语言大约不到七千种，其中包括手语。这些语言根据彼此之间的谱系关系，组成了语系、语族等。这些语言中许多正濒临灭绝，因为每一代人中学习该语言的儿童越来越少。然而，为了这些濒临灭绝的语言和方言为普遍语法研究提供的知识，也为了这些语言所承载的文化，人们正在努力保护这些语言。

没人知道语言变化的全部原因。有些语音变化是同化的结果，同化是一个使发音变得容易的基本生理过程。其他的语音变化，如"元音大换位"，就更加难以解释。语法方面的一些变化可以解释为**类推变化**，或规则的泛化，使语言变得更有规则，例如用 cows 代替 kine，用 waked 代替 woke。

儿童学习语言时对语法的重构会引起语言的变化。语法可以简化与规则化，就像印欧语中格形态的丢失一样。但这种简化会被其他方面的复杂化所补偿，例如词序变得更为严格。在简单（语言必须是可以学会的）和复杂（语言必须富于表现力并且相对来说没有歧义）之间，总是保持着一定的平衡。

12. 进阶书目

Aitchison, J. 2001. *Language Change: Progress or Decay?* 3rd edition. Cambridge, New York, Melbourne: Cambridge University Press.

Anttila, R. 1989. *Historical and Comparative Linguistics.* New York: John Benjamins.

Baugh, A. C., and T. Cable. 2002. *A History of the English Language,* 5th edition. Upper Saddle River, NJ: Pearson Education.

Campbell, L. 2004. *Historical Linguistics: An Introduction,* 2nd edition. Cambridge, MA: MIT Press.

Comrie, B. (ed.). 1990. *The World's Major Languages.* New York: Oxford University Press.

Hock, H. H., and B. D. Joseph. 1996. *Language History, Language Change, and Language Relationship: An Introduction to Historical and Comparative Linguistics.* New York: Mouton de Gruyter.

Lehmann, W. P. 1992. *Historical Linguistics: An Introduction,* 3rd edition. London, New York:

Routledge.

Lightfoot, D. 1999. *The Development of Language: Acquisition, Change and Evolution.* Oxford, England: Blackwell.

Pyles, T., and J. Algeo. 2005. *The Origins and Development of the English Language,* 5th edition. New York: Thomson/Wadsworth.

Trask, R. L. 1996. *Historical Linguistics.* London: Hodder Arnold.

Traugott, E. C. 1972. *A History of English Syntax.* New York: Holt, Rinehart and Winston.

Wolfram, W. 2001. "Language Death and Dying, " In Chambers, J. K., Trudgill, P., and Schilling-Estes, N. (eds.). *The Handbook on Language Variation and Change.* Oxford, UK: Basil Blackwell.

13. 练习

1. 自公元 449 年以来，英语的音系系统发生了很多变化。下面是一些古英语中的词（给出了拼写和语音形式）以及它们在现代英语中的拼写和发音。它们是英语中典型的规则语音变化，请说出：每个例子中发生了怎样的语音变化？

例如：古英语：hlud [xluːd] → 现代英语：loud

变化：（1）[x]丢失了；

（2）长元音[uː]变成[aw]。

古英语		现代英语
a. crabba [kraba]	→	crab（螃蟹）

变化：

b. fisc [fɪsk] → fish（鱼）

变化：

c. fūl [fuːl] → foul（肮脏的）

变化：

d. gāt [gaːt] → goat（山羊）

变化：

e. lǣfan [læːvãn] → leave（离开）

变化：

f. tēþ [teːθ] → teeth（牙齿，复数）

变化：

2. 元音大换位在现代英语中还残留着一些痕迹，比如下列意义相关的词对：

（1）serene（宁静的）/ serenity（宁静）　　[i]/[ɛ]

（2）divine（神性的）/ divinity（神性）　　[aj]/[ɪ]

（3）sane（明智的）/ sanity（明智）　　[e]/[æ]

分别列举五对意义相关的词，像例（1）那样将[i]和[ɛ]相关，像例（2）那样将[aj]和[ɪ]相关，像例（3）那样将[e]和[æ]相关。

      [i]/[ɛ]   [aj]/[ɪ]   [e]/[æ]

（1）

（2）

（3）

（4）

（5）

3. 下面给出了一些摘自古英语、中古英语和早期现代英语文献的句子，它们体现了英语语法中句法规则发生的一些变化（注意：这些句子中，早期的英语拼写形式和词已经按照现代英语加以改写。比如古英语句子 His suna twegen mon brohte to þœm cynige 改写为 His sons two one brought to that king，而在现代英语中，正确的词序是 His two sons were brought to the king "他的两个儿子被带到了国王那里"）。请用下画线标出每个句子中与现代英语不同的地方。用现代英语重写句子。说明现代英语应该发生了哪些变化。

例　　句：It *not* belongs to you.（选自莎士比亚《亨利四世》）

现代英语：It does not belong to you.（这不属于你。）

变　　化：在英语的某个时期，构成否定句只需要简单地在动词之前加上not即可。今天，否定句必须在not前加上do的适当形态形式。

a. It nothing pleased his master.

b. He hath said that we would lift them whom that him please.

c. I have a brother is condemned to die.

d. I bade them take away you.

e. I wish you was still more a Tartar.

f. Christ slept and his apostles.

g. Me was told.

4. 年鉴和年历（包括网络在线版本）常常会刊登一份新词表。在 20 世纪 90 年代，几个新词进入了英语，如：Teflon（特氟龙，聚氟乙烯）和 e-business（电子商务）。在此之前，随着计算机时代的到来，一些新词，比如 byte（字节），modem（解调器），也纷纷进入英语。还有些词的语义扩大了，如 memory 不仅仅指记忆，还指计算机的存储器，而 crack 则指一种类型的可卡因。与体育相关的新词包括：threepeat（三连冠），skybox（运动场上的豪华包厢）。还有一些复合词，如：air ball（篮球术语，投篮中三不粘的空心球），contact hitter（棒球术语，某一种击球手），nose guard（棒球，中擒卫）。2000 年后进入英语的词有 Viagra（伟哥），Botox（肉毒杆菌），Sudoku（数独），Sambuca（一种茴香酒，喝时将酒点燃并投入一颗新鲜的咖啡豆）。

A. 请再找出近十年来进入英语的五个词或复合词，并简要说明其来源。

B. 想出三个可能要过时的词（提示：比如flapper "苍蝇拍"，groovy "时髦的"，slay/slew "杀，现在时/过去时"。词典上标出archaic（〈旧〉）的词条也是很好的来源。）

C. 想出这样三个词，词典中并没有标出其为动词，但是你曾听到或见过它们被用作动词。例子：He went to piano over at the club 这句话的意思（我们猜测）就是"他去俱乐部弹钢琴"。

D. 想出三个词，由于技术变化，它们已经或马上就要过时。例子：mimeograph（滚筒油印），这是一种复制方法，因为静电复印技术的发展，该词正在消亡。

5. 下表列出了10个现代法语词（给出了音标）在拉丁祖语中对应的音位形式。

拉丁语	法语	注释
kor	kœr①	heart（心）
kantāre	ʃãte	to sing（唱）
klārus	klɛr	clear（清楚）
kervus	sɛr	deer（鹿）
karbō	ʃarbõ	coal（煤炭）
kwandō	kã	when（什么时候）
kentum	sã	hundred（百）
kawsa	ʃoz	thing（东西）
kinis	sãdrə	ashes（灰尘，复数）
kawda /koda②	kø①	tail（尾巴）

以下的表述是对还是错？请给出理由。

	对	错
a. 现代法语中表示"东西"的词表明，如果在拉丁语里的/k/出现在元音/o/的前面，在法语里/k/就会变成/ʃ/。	___	___
b. 法语中表示"尾巴"的词可能来自拉丁语的/koda/，而不是/kawda/。	___	___
c. 这些数据可以说明的一个历史变化是，[s]成为法语中音位/k/的音位变体。	___	___
d. 如果曾经有个拉丁语词是 kertus，在现代法语中这个词大概会变成[sɛr]（只考虑词首辅音）。	___	___

6. 下面是用 12 种语言从 1 数到 5，使用标准的罗马字母转写。其中 6 种语言属于印欧语，6 种不属于印欧语。其中哪 6 种是印欧语？（下面的问题仅供娱乐：你能辨认出几种语言？如果你能正确辨认出全部 12 种语言，那么我们会在本书的下一版中提及你的学校。你可以直接把答案和所属单位寄给本书的作者 Rodman 或 Hyams。）

---

① œ 和 ø 都是前元音和圆唇的元音。（原注 5）
② /kawda/和/koda/在两种拉丁语方言中都表示"尾巴"。（原注 6）

	L1	L2	L3	L4	L5	L6
（1）	en	jedyn	i	eka	ichi	echad
（2）	twene	dwaj	liang	dvau	ni	shnayim
（3）	thria	tři	san	trayas	san	shlosha
（4）	fiuwar	štyri	ssu	catur	shi	arbaʔa
（5）	fif	pjeć	wu	pañca	go	chamishsha

	L7	L8	L9	L10	L11	L12
（1）	mot	ün	hana	yaw	uno	nigen
（2）	hai	duos	tul	daw	dos	khoyar
（3）	ba	trais	set	dree	tres	ghorban
（4）	bon	quatter	net	tsaloor	cuatro	durben
（5）	nam	tschinch	tasŏt	pindze	cinco	tabon

7. 请推荐三种方式使得社会可以采取行动，保护语言的多样性。既要实际可行，又要明确。例如，"鼓励濒危语言的本族儿童学习该语言"就不是一个好的答案，因为它既不够实际（他们为什么要这样做？），又不够明确（"鼓励"究竟是指什么？）。

8. 英语词汇是由本族语词和成千上万的外来词组成的。请在提供词源信息的词典中查找下列词。试想一下，每个词是如何从某种特定的语言那里借过来的。

比如：skunk（臭鼬）是一个美洲土著语的词，指一种欧洲殖民者不熟悉的动物，所以他们将这个词借入到自己的词汇，这样他们便可以指称这种动物了。

a. size（尺码）　　　　h. robot（机器人）　　o. skunk（臭鼬）　　　v. pagoda（佛塔）
b. royal（王家）　　　　i. check（支票）　　　p. catfish（鲶鱼）　　　w. khaki（卡其布）
c. aquatic（水上的）　　j. banana（香蕉）　　　q. hoodlum（流氓）　　x. shampoo（香波）
d. heavenly（天的）　　k. keel（龙骨）　　　　r. filibuster（海盗）　　y. kangaroo（袋鼠）
e. skill（技术）　　　　l. fact（事实）　　　　s. astronaut（宇航员）　z. bulldoze（恐吓）
f. ranch（牧场）　　　　m. potato（土豆）　　　t. emerald（祖母绿）
g. blouse（女衬衫）　　n. muskrat（麝鼠）　　u. sugar（砂糖）

9. 类推变化是一种将语言的规则泛化的倾向，也是语言演变的一个主要原因。我们提到过两个实例，复数规则和过去时形成规则的泛化。比如，cow/kine 变成了 cow/cows；light/lit 变成了 light/lighted。再想出至少三个属于类推变化引起的非标准用法实例。他们指示着语言未来可能发生的变化。（提示：想想那些非常普遍的规则，在你知道的方言或语体中这种规则是否都过度泛化了，比如：通过加 -er 构成比较级。）

10. 仔细研读下面摘自莎士比亚《哈姆雷特》第四幕第三场的片段，指出伊丽莎白时代的英语和目前的现代英语在表述上的每一处不同（如第三行的 thou 现在变成了 you）。

Hamlet: A man may fish with the worm that hath eat of a king, and eat of the fish that hath fed of that worm.

哈姆雷特：一个人可以拿一条吃过一个国王的蛆虫去钓鱼，再吃那吃过那条蛆虫的鱼。①

King: What dost thou mean by this?

国　　王：你这句话是什么意思？

Hamlet: Nothing but to show you how a king may go a progress through the guts of a beggar.

哈姆雷特：没有什么意思，我不过指点你一个国王可以在一个乞丐的脏腑里作一番巡礼。

King: Where is Polonius?

国　　王：波洛涅斯呢？

Hamlet: In heaven. Send thither to see. If your messenger find him not there, seek him i' the other place yourself. But indeed, if you find him not within this month, you shall nose him as you go up the stairs into the lobby.

哈姆雷特：在天上；你差人到那边去找他吧。要是你的使者在天上找不到他，那么你可以自己到另外一个所在去找他。可是你们在这一个月里要是找不到他的话，你们只要跑上走廊的阶石，也就可以闻到他的气味了。

11. 下面是四种波利尼西亚语的一些数据。

毛利语	夏威夷语	萨摩亚语	斐济语	注释	原始波利尼西亚语（待完成）
pou	pou	pou	bou	"post"（邮政）	*
tapu	kapu	tapu	tabu	"forbidden"（禁止的）	*
taŋi	kani	taŋi	taŋi	"cry"（哭泣）	*
takere	kaʔele	taʔele	takele	"keel"（龙骨）	*
hono	hono	fono	vono	"stay, sit"（待，坐）	*
marama	malama	malama	malama	"light, moon"（光，月亮）	*
kaho	ʔaho	ʔaso	kaso	"thatch"（茅草）	*

a. 找出语音对应关系组。（提示：共有 14 组。比如：o-o-o-o, p-p-p-b。）

b. 为每组语音对应关系构拟一个原始语音。指出你观察到的音变。比如：

　　o-o-o-o　　＊o

　　p-p-p-b　　＊p　　p → b 在斐济语中

c. 完成表格，将构拟的词填充到"原始波利尼西亚语"一栏中。

---

① 译文采用朱生豪 1935 年译本。——译注

12. 请思考下列来自两种美洲印第安语的数据：

耶灵顿-帕维奥 佐语=YP	诺斯福克-莫纳 奇语 =NM	注释
mupi	mupi	"nose"（鼻子）
tama	tawa	"tooth"（牙齿）
piwɨ	piwɨ	"heart"（心脏）
sawaʔono	sawaʔono	"a feminine name"（女子名）
nɨmɨ	nɨwɨ	"liver"（肝脏）
tamano	tawano	"springtime"（春天）
pahwa	pahwa	"aunt"（姑/婶）
kuma	kuwa	"husband"（丈夫）
wowaʔa	wowaʔa	"Indians living to the west"（住在西边的印第安人）
mihi	mɨhɨ	"porcupine"（豪猪）
noto	noto	"throat"（喉）
tapa	tape	"sun"（太阳）
ʔatapɨ	ʔatapɨ	"jaw"（下腭）
papiʔi	papiʔi	"older brother"（哥哥）
pati	petɨ	"daughter"（女儿）
nana	nana	"man"（男人）
ʔati	ʔetɨ	"bow" "gun"（弓，枪）

A. 找出其中的语音对应。（提示：共有 10 组辅音对应，6 组元音对应。比如：p-p, m-w, a-a, 和 a-e。）

B. (1) 对你在上题（a）中确认的每组对应关系，只要不包含 m 或 w 的，都为它构拟一个原始语音（如，为 h-h 构拟 *h；为 o-o 构拟 *o）。

(2) 如果原始语音经历了变化，指出变化是什么，以及发生变化的是哪种语言？

C. (1) 每当在 YP 中出现 w 时，在 NM 的相应位置会出现什么？

(2) 每当在 YP 中出现 m 时，在 NM 中与之对应的两个语音是什么？

(3) 以 m 在 YP 语词汇中的位置为基础，你能预测它在 NM 语的词中与之对应的语音是哪个吗？为什么是这样？

D. (1) 对于在 a 中找到的有关 m 和 w 的三组对应，你应该构拟两个还是三个原始语音？

(2) 如果你选择的是三个原始语音，那么它们是哪三个？它们在 YP 和 NM 这两个子语言中变成了什么语音？

(3) 如果你选择的是两个原始语音，那么它们是哪两个？它们在 YP 和 NM 这两个子语言中变成了什么语音？有关语音的变化，你需要做出什么进一步的陈述？（提示：根据原始语音所处的语音环境，它可能会变成两组不同的语音。这是条件音变的一个例子。）

E. 以上面的练习为基础，请构拟出 YP 和 NM 这两种语言的共同祖语中所有与之对应的词（比如，将 porcupine "豪猪" 构拟为 *mihi）。

13. 生活在蛋国岛（Eggland）的居民曾经以煮得半熟的鸡蛋为食，生活和美。他们讲一种原始蛋语。人们开始争论吃蛋时，哪一头应该先打开，大头还是小头？这个问题意见不一，纷争乍起。争执各方都后撤到该岛的一端，彼此再也不与对方说话。今天，蛋国说两种语言，大头蛋语和小头的蛋语。下面是这两种语言的数据。

A. 找出每一对同源词中的语音对应组，然后构拟这些同源词在原始蛋语中对应的词的形式。

B. 找出影响了每一种语言的语音变化。如果可能，请用语音类来表述这种变化。（提示：共有三个条件音变。）

大头蛋语	小头蛋语	注释	原始蛋语（待完成）
ʃur	kul	omelet（炒蛋）	*
ve	vet	yoke（蛋黄）	*
rɔ	rɔk	egg（蛋）	*
ver	vel	egg shell（蛋壳）	*
ʒu	gup	soufflé（蛋奶酥）	*
vel	vel	egg white（蛋白）	*
pe	pe	hard-boiled（讨人厌的）	*

第十二章 文字：语言的 ABC

冥冥指动天书成，
虔诚睿智难变更，
涕泗滂沱泪千行，
一字半句消不成。

奥玛·海亚姆《鲁拜集》

好记性不如烂笔头。

中国谚语

本书强调的是语言的口头形式。代表我们语言知识的语法则被认为是一个将语音（手势）和语义联系起来的系统。我们习得和使用语言的能力反映了人类至关重要的进化发展。语言不是由某个个人或民族发现或创造的。人类语言能力看来是由生物本能和遗传基因所决定的。

人类语言的书面形式则并非如此。即使没有正式的教学，儿童通过接触语言就可以自然地学会说话。但是文盲要想扫盲，即学会读书写字，则必须有意识地做出努力并接受教育。

在文字发明之前，有用的知识必须用脑子记住。信使把要传递的讯息记在脑子里。重要的学问由长辈口头传授给下一代。即使在当今世界，还有很多有声语言没有文字系统，但其口头文学仍很丰富。然而人类的记忆是短暂的，人脑的存储量也是有限的。

书面文字可以克服这些缺陷，使得信息的交流穿越时空。文字可以让社会将其文学、历史、科学和技术永久地记录下来。因此，文字的创造和发展是人类最伟大的成就之一。

我们这里所说的文字是指用以代表语言的许多视觉（非手势）系统中的任何一种，包括书面形式的手写、印刷和电子显示等多种形态。也许有人会说，我们今天已经有电子录音技术，还可以用照相机和摄影机来制作电影、电视等，文字已经开始过时了。但是，假如文字消亡，就没有电子学知识供工程师学习；实际上今后很多年也不会有什么技术发展。不会再有电影和电视的剧本、文学作品，也不会有书籍、邮件和报纸。这也可能会有一些好处，那就是不再会有垃圾邮件、匿名诽谤信或"小号字体文字"①，但这点好处与所造成的损失相比就太得不偿失了。

---

① 原文 fine print，指在合同等文件中用小号字体或者模棱两可的语言对条件、限制等的表述。——译注

1. 文字的历史

　　一个埃及的传说记述道：当透特神将其发现的文字之道透露给泰莫斯国王时，善良的国王却将文字视为人类文明之敌而大加谴责。他抗议道："儿童和青少年一直都是靠自己的勤奋专注来学习并记住传授给他们的知识，（若有了文字，）他们就会不再专心向学，疏于记忆的训练。"

威尔·杜兰特《文明的故事》第 1 卷

　　关于文字的发明，就像语言的起源一样，传说和故事众多。根据古希腊传说，也是底比斯城的创建者——腓尼基王子卡德摩斯发明了字母，并将它带到希腊。中国的一个寓言故事也说，生有四目的龙之神[①]仓颉创造了汉字，另一个寓言则说，最早的文字是中国传说中白色独角兽麒麟背上的符记[②]。而在其他神话中，人类的语言和文字是巴比伦的尼波神和埃及的透特神所恩赐的。一位犹太教法典学者阿基巴拉比坚信，字母早在人类诞生之前就已存在；而照伊斯兰教的教义，字母是由真主安拉亲自创造的，他没有把文字留给众天使，而是恩赐给了人类。

　　这些故事固然美妙，但显然在写下第一个词之前，人们已经说过的词不计其数。文字的发明在人类历史上相对较晚，而且其发展是渐进的。绝不可能有一位才华横溢的祖先某天早晨醒来后，决定说："今天我要发明一套文字。"

1.1 图画文字和表意文字

　　百闻不如一见[③]。

中国谚语

　　文字很可能起源于先民的早期绘画。岩洞中的绘画称为**岩画**，在西班牙北部阿尔塔米拉石窟就有发现，就是两万多年前人类的作品，我们至今仍能"读"到。它们是当时人类生活的真实写照。它们为何而作，我们不得而知，也许是一种审美的表达，而不是用图画来传递信息。但后来的一些绘画却明显是"以图为字"，即**图画文字**[④]。与现代文字不同，每一幅图或图画文字都是所代表事物的直接形象。其符号的形式和意义之间有一种非任意的关系。不带解说词的连环漫画也属于图画文字——即它们直接地表达了所要交流的思想。这种早期的"文字"形式直接代表现实世界中的事物，而不通过语言给这些事物所起的名称，因此它们并不代表有声语言中的词和语音。

　　无论在古代还是今天，图画文字在世界各地都有发现：非洲各部落、美洲土著（包括美国阿拉斯加和加拿大的因纽特人）、秘鲁的印加人、西伯利亚的尤卡吉尔人（Yukagirian）和大洋洲土著。今天，国际通用的道路标志仍使用图画文字，因为并非所有的旅行者都懂当地语言。这种符号人人都能看懂，因为它们不依赖于任何语言。例如，美国国家公园管理局使用的各种符号，旅游者不需要懂英语也能理解（见图 12.1）。

[①] 纬书《春秋元命苞》中记载仓颉"龙颜侈侈，四目灵光"，道教奉之为神。——译注
[②] 未见麒麟白色的说法；仓颉造字传说中提到他受龟背纹理的启发，也许是此说来源。——译注
[③] 英文字面意思为 "一张图画胜过千言万语"。——译注
[④] pictogram 或 pictography 所指的对象有的其实还不是文字，比如告示牌上的图示，也有译作"文字画"的；本书也用以指埃及的象形文字。与前者相比，后者是更为成熟的文字。——译注

图 12.1

以上 6 个符号选自美国国家公园管理局在公园和娱乐场所用于表明活动及服务设施的 77 种符号。以上符号表示：环境研究区域、小卖部、男厕、女厕、垂钓、圆形剧场。有些符号上标有禁止性斜杠——一条对角穿过符号的红杠，表示禁止某项活动。

图画文字一旦被公认为代表某一事物，其意义就引申为该事物的属性或与之有关的概念。于是，画着太阳的图画可以表示"温暖、热量、光线、白昼"等等。至此，图画文字开始代表概念，而不再仅仅是事物。这样的图画文字称为**表意文字**（即"意念图画"或"意念文字"）。

图画文字和表意文字的区别并不总是一清二楚的。表意文字倾向于不太直接地代表所指事物，我们必须通过学习才能明白某个特定表意文字的意义。而图画文字则更为直观。例如，由一个黑色圆圈在中间加一条横穿其间的红斜杠组成的"严禁停车"符号，是一个表意文字，它以抽象方式表示"严禁停车"这一概念。同一个符号如果由一辆正在被拖走的车辆来表示，就比较直观，更像一幅图画文字。

图画文字和表意文字不可避免地会逐渐定型和程式化，以便使大多数人能看懂。这样发展起来的简化规约使得直观的图像扭曲变形，以至于不了解整个体系就不容易理解符号的意思。而随着表意文字也开始代表那些表达概念的语音——亦即语言中的词，它们便成了语言符号。这一阶段是文字发展中具有革命意义的一步。

1.2 楔形文字

> 新郎，让我爱抚你，
> 我珍贵的爱抚比蜂蜜更甜蜜，
> 在灌满蜂蜜的洞房里，
> 让我享受你的甘美，
> 狮子啊，让我爱抚你。
>
> 译自以楔形文字书写的一首苏美尔诗歌

我们关于文字所知道的许多知识，来自六千多年前在美索不达米亚南部（今日伊拉克）创造古文明的苏美尔人留下的记载。苏美尔人的祖先已不可考，但他们留下的无数泥版上刻有商业文件、史诗、祷文、诗歌、谚语等等。由于这些书面记录极其丰富，研究苏美尔人的学者正陆续出版一部关于其书面语的长达 17 卷的大词典。词典的第一卷已于 1984 年问世。

苏美尔人的文字是迄今所知最古老的文字。苏美尔人是一个重视商业的民族，随着商业往来日益复杂，他们对永久性记录的需求也日益迫切。于是，一套复杂的图画文字和一个用以计数的"木签"系统产生了。下面是几个例子：

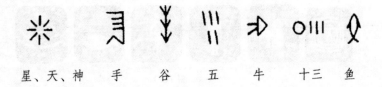

星、天、神　手　谷　五　牛　十三　鱼

随着时间的推移,苏美尔人把这套图画文字加以简化并变为惯例。人们用一种楔形的尖笔在黏土做成的泥版上刻写这些符号,这些泥板受沙漠中的烈日炙烤而硬化,成为永久性的记录,远比现代纸张和电子文档更具持久性。如果原版的美国独立宣言是用这种方式写成,今天就不再需要修复和保护。这一形式的文字就叫作楔形文字——字面意思就是"楔形的"(该词源自拉丁语 cuneus"楔")。从下面的例子可以看到苏美尔的图画文字是如何发展为**楔形文字**的①:

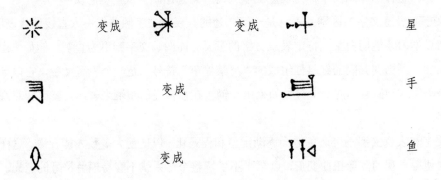

从最右边一栏楔形"文字"的形状我们已看不出(苏美尔人恐怕也如此)它们所代表的意义。随着楔形文字的演化,它的使用者开始把这些符号看作它们所代表的事物之名,而不是事物本身。最终,楔形文字开始表示语言中的词,这样的系统被称为**表语文字**,或**词语文字**。在这种最古老的文字中,符号既代表词也代表概念,无论多么抽象,其形式可能仍有象形之处。因此,作为一种词语文字系统的符号,**语素文字**就是既代表概念又代表语言中表示该概念的词或语素的表意文字。

楔形文字的传播遍及中东和小亚细亚。巴比伦人、亚述人和波斯人都借用了楔形文字。在采纳楔形文字语符②的过程中,借用者常用它们来表达本族语中语词音节的读音。楔形文字就以这种方式演化成为一种**音节文字**系统。

在音节文字系统中,语言的每一个音节都有自己的符号来表示,词的书写则以音节为单位。楔形文字从来不是纯粹表音节的,可以代表整个词的大量符号也保存下来了。亚述人保留了许多语词符号,尽管只要他们愿意,其语言中的每个词都可以用音节来书写。因此,他们可以将 ⟨symbol⟩ mātu(国家)写成:

---

① 表示"牛"的图画文字后来发展成英语中的字母 A。(原注 1)
② "语符"原文为 character,指文字符号,比如在字母文字中是字母,在汉语中就是汉字。——译注

ma	a	tu

波斯人（约公元前 600—400）为自己的语言设计了一套大大简化了的音节字母，而不太使用语词符号。在大流士一世（公元前 521—486）统治时期，这一文字系统使用非常广泛。其语符图示举例如下：

	da
	di
	fa
	ma
	tu

表情符是成串的文本语符，横过来看就形成表达某一特定情绪的面部表情。它们主要用于电子邮件和短信，表达某种情感。它们是一种与楔形文字类似的现代图画文字系统，把同样的符号以不同的方式组合起来，表示不同的概念。大多数使用电子邮件的人都能认出笑脸 :-)，知道它表示"不严肃"或"只是开玩笑"。以下是几个不太常用的表情符，及其普遍接受的意义：

:'-(	（哭泣）	:-S	（古怪）
:^D	（非常喜欢）	:-)~	（垂涎三尺）

表情符的发明、使用及流行，一定程度上反映出像楔形文字这样的文字系统当初是如何传遍整个国家的。

1.3 画谜原理

如果图像符号与其所代表的词之间不再具有任何视觉上的联系，它便成了代表该词读音的**表音文字符号**。这样，一个符号就可以用来表达语言中所有读音相同的词——即同音异义词。例如，☉ 这一符号若代表英语中的 sun（太阳），那么，它还可以用于像 My ☉ is a doctor （我的儿子〔son〕是医生）这样的句子中①。这一句子便是**画谜原理**的一个例子。

画谜指用与某个词读音相似的事物的图像来表示该词的现象。例如，👁可能代表 eye（眼睛），也可能代表第一人称代词 I。这两个单音节词的读音相同，虽然它们意义不同。同样，✈️💿可以代

---

① 因为 sun 和 son 是同音异义词。——译注

表 belief（信仰）(be + lief = bee（蜜蜂） + leaf（树叶） = /bi/ + /lif/)，而 🐝🍃 可以是它的动词形式：believes①。

专有名词也可以用这种方法"书写"。假设 | 这一符号代表 rod（杆子），𝄞 代表 man（男人），那么，|𝄞 就代表人名 Rodman（罗德曼），尽管这一名字与"杆子"和"男人"都没什么关系。像这样的组合常常形成特定的格式，或变为缩略形式，以便书写变得较容易。例如 Rodman 可以写作 |大或 メ。

笑话、谜语和广告中都运用画谜原则。一个著名的冰淇淋公司的广告词为"31derful flavors②"。

画谜系统并不是很有效的，因为许多语言中的词并不能分解为一个个表达独立意义的语音序列。例如英语中的 English（/ɪŋ/ + /glɪʃ/）一词就很难用画谜原理来表现。Eng 自身没有任何意义，glish 也是如此。

1.4 从象形文字到字母文字

在苏美尔图画文字的鼎盛时期（约公元前 4000 年前后），埃及人也使用一种与此相似的文字系统，即后来被希腊人称为"圣书字"（hieroglyphics，希腊语 hiero "神圣的" + glyphikos "雕刻"）的象形文字。这种早期的"神圣雕刻"也是源于图画文字，如下所示：

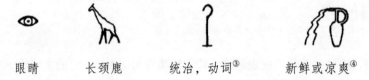

眼睛　　　长颈鹿　　　　统治，动词③　　　新鲜或凉爽④

最终，这种图画文字也开始同时代表概念和表示这一概念的词。一旦发展到这一步，象形文字就演变为真正的表语文字系统。通过画谜原理，埃及象形文字也演变成一种音节文字。

居住在今天黎巴嫩的闪族腓尼基人注意到了埃及象形文字和苏美尔文字的旁支。到了公元前 1500 年，他们发明了一种由 22 个语符组成的文字系统，又称西闪语音节表。音节表中的大部分语符只代表辅音，元音及音节的其余部分则由读者通过自己的语言知识来补上（如 Cn y rd ths?⑤）。因此，西闪语音节表既是一个**音节表**，又是一个**辅音字母表**。

古希腊人曾经试图借用腓尼基人的文字系统，但因为希腊语的音节结构十分复杂，这套文字作为音节表并不理想。和腓尼基语不同，希腊语的元音不由其语法环境决定，因此其文字系统要求元音有其独立的表达符号。幸运的是，腓尼基语的辅音比希腊语多，所以希腊人借入腓尼基文字后，他们就用那些多余的辅音符号来表示元音。结果就诞生了**字母文字**，这是一个同时标示辅音和元音的文字系统（alphabet "字母"一词来自希腊字母表的头两个字母：alpha 和 beta）。

今天使用的字母文字系统大都是从希腊的字母文字系统演变而来的。古代意大利西北部的伊特

---

① leaf 的复数形式是 leaves，与 believes 中的 lieves 同音。——译注
② 即"31 种绝妙口味"，利用"1（one）"与 wonderful（绝妙的）中的"won"同音。——译注
③ 这个象征符号描绘了法老的权杖。（原注 2）
④ 水从瓶中淌出来。（原注 3）
⑤ 英语母语者能补出元音：Can you read this?（你能读这个吗？）——译注

鲁里亚人（Etruscan）先知道了这套字母，然后通过他们罗马人也知道了，他们将它用于拉丁文的书写。这种字母文字伴随着西方文明四处传播，最后全世界大部分民族都接触到并有机会使用字母文字了。

有一种观点则认为，字母不是一种发明，而是一种发现。假如语言不是由离散的单个语音组成，那么谁也不可能发明出一套字母来表达这些音。当人们开始用一个符号代表一个音位时，他们不过是把自己对语言的语音系统的直觉知识变成了一种自觉的知识。他们不过是发现了自己早已"知道"的事实。此外，只有当每一个单独的音都具有某种心理现实性时，儿童（和成人）才能学会一个字母文字系统。

2. 现代文字系统

> ……然而，他们的书写方式非常奇特，既不像欧洲人那样从左到右；也不像阿拉伯人那样从右到左；既不像中国人那样自上而下；也不像加斯加琴人[①]（Cascagian）那样自下而上，而是像英国的女士那样从一页纸的一角横斜着写到纸的另一角。
>
> 乔纳森·斯威夫特《格列佛游记》

我们已经提到世界上使用的各种文字系统：词语文字或表语文字、音节文字、辅音字母文字和字母文字。世界上大多数的书面语言都使用字母文字系统，即使像汉语和日语那些自有文字系统原本不用字母的语言，为了和外国人沟通、使用电脑和互联网等特殊目的，也采用了字母记音系统。

2.1 词语文字

在词语文字或表语文字系统中，每个书面语符代表一个词或语素的意义和发音。显然，这种含有成千上万不同语符的文字系统非常烦琐。另一方面，《韦氏三版新国际词典》的编辑声称，词典收入了超过 45 万个词目，可所有这些词的书写只用了 26 个字母，加上小圆点、连字符、撇号以及空格。这就不难理解，为什么世界上大部分地区的词语文字在其发展过程中都逐步让位于字母文字了。

汉语和日语的文字系统是两大例外。汉字有三千五百多年不曾中断的历史。它主要是词语文字，每个语符（字）代表一个单个的词或语素。两个词或语素可以组成更长的词，如表示"生意"的"买卖"由"买"和"卖"这两个词组成。这一点很像英语中的复合构词。

假如英语和其他印欧语言使用词语文字，就会显得很别扭，因为这些语言中有大量的屈折语素，如 intolerant（不宽容的）、impossible（不可能的）和 incontinent（无节制的）中的 in-、im- 和 iŋ-；动词的屈折变化形式，如 take, takes, took 和 taking；和名词的屈折变化形式，如 cat, cats 和 cat's。除非有语符的大量增生，这些屈折变化形式很难表达。而汉语则正相反，几乎没有什么屈折变化。

即使不需表示屈折形式，汉语词典还是收录了数以万计的字。但一个人"只"需要认识 5,000 个左右的字，就可以读懂报纸。为了提高识字率，中国政府出台了几次汉字简化方案。这件事早在

[①] 斯威夫特在书中生造的民族。——译注

公元前 213 年就进行了首次尝试。当时，学者李斯发表了一张经官方批准的列有三千多个汉字的字表，这些汉字都是他通过省略了一些不必要的笔画简化而成的。这就像有的词典编写者把 amoeba（变形虫）写成 ameba 那样。从那以后，一代又一代的中国学者不断地增添新的汉字并简化旧的，造成了汉字的冗余、歧义和复杂。近代的汉字简化运动继续着历史悠久的传统，既保持汉字的基本形式，又使其便于学习和使用。

中国政府采用了一种罗马字母的拼写系统，称为**拼音**。现在拼音与汉字系统同时使用，以针对一些特定的目的。城市街道上的许多指示牌既有汉字也有拼音，方便了外国旅游者。政府并不想让汉语拼音取代传统的汉字，而是把汉字看作中国文化的一个组成部分。此外，对中国人来说，汉字书写是一种艺术——即**书法**；几千年来的诗歌、文学、历史都保存在古老的文字系统中。

保留传统汉字的另一个理由是，它使所有识字的人能够互相交流，即使他们的口语互不相通。在中国这个数百种语言、方言并存的国度，文字在历史上一直是国家统一的一个因素。中国有句谚语说，十里不同音①。统一的文字系统就像一把大镰刀，削平了语言上的差异，使人们得以交流。

使用汉字与使用阿拉伯数字的情况十分相似，后者在许多国家都通用。例如，5 这个语符在英语、法语和芬兰语中的语音序列都不同。在英语中是 five [fajv]，在法语里是 cinq [sæk]，在芬兰语中是 viisi [vi:si]。但是不管在这些语言中的音系形式如何，它的意思都是"五"。同样，"米"在汉语不同的方言口语中读音不同，但其书面语符都一样。如果中国的汉字变成字母文字的话，那么，汉语里的每一种方言不仅在口语上有差异，而且文字上也将大相径庭，而不同言语社团之间也将无法再进行书面上的交流。

2.2 音节文字

音节文字比词语文字有效得多，而且可以减少记忆负担。但是，有些语言的音节结构过于复杂，其中包含许多辅音丛（如 tr 或 spl），不能有效地使用音节表来书写。要明白其中的困难，不妨先考察一下英语的音节结构：

I（我）	[aj]	V	ant（蚂蚁）	[ænt]	VCC
key（钥匙）	[ki]	CV	pant（气喘）	[pænt]	CVCC
ski（滑冰）	[ski]	CCV	stump（树桩）	[stʌmp]	CCVCC
spree（狂欢）	[spri]	CCCV	striped（有条纹的）	[strajpt]	CCCVCC
an（不定冠词）	[æn]	VC	ants（蚂蚁，复数）	[ænts]	VCCC
seek（寻找）	[sik]	CVC	pants（裤子）	[pænts]	CVCCC
speak（说）	[spik]	CCVC	sports（体育）	[spɔrts]	CCVCCC
scram（滚开）	[skræm]	CCCVC	splints（木片，复数）	[splɪnts]	CCCVCCC

上表并没有穷尽英语中的所有音节结构；有些音节的韵尾可能会有 4 个辅音，如 strengths [strɛŋkθs]（长处，复数），triumphs [trajəmpfs]（胜利，复数）。英语有三十多个辅音，元音也至少有

---

① 原文为 people separated by a blade of grass cannot understand each other，直译为 "草叶之隔，言语不通"。——译注

12 个,不同的可能音节的数目非常庞大。正是由于这个原因,英语和其他印欧语语言都不适合采用音节文字。

而日语却比较适宜使用音节文字,因为日语中所有的词可以用大约 100 个音节来表示,其中大部分是辅音—元音结构(CV),而且音节下面也没有辅音丛。日语有两套字表来书写这些音节,每套有 46 个语符,称为**假名**。全部日语都可以用假名来书写。**片假名**用于书写外来词,同时还有与欧洲文字系统中的斜体字相类似的作用。书写本族词则用**平假名**。在同一个词中,平假名语符也可以用表意语符来表示,这些语符称为**日语汉字**,是从汉语借来的。因此,日语的文字系统一部分是词语文字,一部分是音节文字。

在第一个千年纪,日本人曾经用汉字来书写自己的语言。然而,口头日语并不像口头汉语(这两种语言没有谱系关系)。日语有丰富的屈折变化,动词可以有三十多种不同的形式,仅仅使用词语文字并不合适。以经过修改的汉字为基础,学者为日语设计了音节语符,用以表示屈折变化词尾和其他的一些语法语素。因此在日语的书写中,汉字通常用于表示词根,平假名则用作屈折变化的标记。

例如,日语中汉字"行"表示"去",其读音为[i]。"去"的过去时,在正式口语中为 ikimashita,写作"行きました",其中平假名きました代表音节 ki,ma,shi,ta。名词方面,日语没有屈折变化,通常可以用汉字单独书写。

从理论上说,日语中所有的词和语素都可以用平假名来书写。但日语有许多同形异义词,如英语 lead pipe(铅管)或 lead astray(引入歧途)中的 lead,而用日语汉字书写可以消除由这种用音节文字书写而造成的歧义,比如英语中的 can 在 He saw that gasoline can explode(can "罐":他看到汽油罐爆炸。/ can "会":他明白汽油会爆炸。)这一句子中产生的歧义。此外,日语汉字已经是日本文化不可分割的一个组成部分。

1821 年,在美国,印第安土著切罗基人塞阔雅常被称为"切罗基人的卡德摩斯",他为本族的切罗基语发明了一种音节文字系统。塞阔雅的文字流传至今,基本没有变化,确实对切罗基民族裨益很大,当之无愧是他们的一大骄傲。这种文字的音节表包含 85 个符号,其中许多源自拉丁语的语符,可以用来行之有效地转写切罗基语的口语,举例如下:

在一些语言中，一个字母语符可以在某些词中用来表示一个音节，如在 bar-b-q①这样的词中，单个字母就可以代表音节（b 代表[bi:]或[bə]，q 代表[kju]）。

2.3 辅音字母文字

闪语文字系统的字母只表示辅音，例如希伯来语和阿拉伯语。这样的语言很适合使用字母，因为其大部分词的词根都由辅音构成。例如，阿拉伯语中的辅音组 ktb 是与"书写"义有关的词的词根。因此，katab 表示"写"，而 aktib 表示"我写"，kitab 则是"一本书"，等等。把不同元音插入三个辅音构成的词根，就能表达屈折和派生。

就是因为这样的结构，掌握阿拉伯语口语的人有时就能猜出被省略的元音是什么，jst lk y cn rd ths phrs, prvdng y knw nglsh②。然而，英语和闪语毫无联系，在英语结构中元音对于读写都至关重要。例如，如果把英语句子 I like to eat out（我喜欢在外面吃）中的元音省略，写成"lk t t t"，就不知所云了。

闪语字母可通过附加符号来表达元音。这一则是出于保留宗教文献真实发音的愿望，二则是出于对学习读写该语言的儿童或外国人的敬意。在希伯来语里，可以在辅音字母的下面、上面或中间标上小圆点或其他小记号，来表示相伴随的元音。例如，ל 在希伯来文字中代表[l]这个音。如果没有标出其他记号，它后面的元音是靠语境来决定的。而 לֶ（下面标有排列成小三角的小圆点）则表示它后面所接的元音是[ɛ]，因此，לֶ 代表的是[lɛ]这一音节。

这些系统被称为辅音字母文字，因为其中只有辅音才是发展完备的字母符号。有时候它们被看作是音节文字，因为一旦读者或作者意识到了元音，那么该辅音似乎就代表了整个音节。而对于一个真正的音节文字来说，人们只要知道每个符号的音值，就能正确地发出这个音，不会有歧义。一旦你掌握了日语的音节表，你也能以（大致）正确的发音念日语，即使你对意思一无所知（这种音节文本并不总能显示词与词之间的界限，也不显示像语调那样的韵律特征）。但这在阿拉伯语或希伯来语是行不通的。

2.4 字母文字

字母文字既容易学，又便于使用，为任何一种人类语言注音，它都是最有效的。

字母文字有时又称为**语音文字**，但后者并不能真实反映出字母使用的原则。语音与字母一一对应的做法，不仅效率低，而且不符合直觉，因为我们不需要用两个不同的字母分别表示 pit（坑）中的[pʰ]和 spit（吐痰）中的[p]。在文字中表达语音中的非音位区别，只会使人困惑，因为说话者很少能察觉到这些区别。音标的功能是出于描写的目的把所有人类语言的语音记录下来，除此之外，大多数（即便不是全部）字母系统都是根据**音位原则**来设计的。

在 12 世纪，一位冰岛学者为当时的冰岛语文字设计了一套源自拉丁字母的正字法。同时代的其他学者对正字法改革也颇感兴趣，但当时唯有这位冰岛人为他的正字法原则留下了记录，他被称

---

① 即 barbeque（烧烤）一词省略元音的写法。——译注
② 即为 just like you can read this phrase, proving you know English.（这就好比如果你懂英语，也就能读懂这句话。）——译注

为"第一位语法学家"（因为他的那篇未署名论文是当时一部语法论文集的首篇）。他所发明的正字法显然是根据音位原则来设计的。他使用最小对比对来表现区别性对立；他没有给[θ]和[ð], [f]和[v]的清带对立以及[k]和[tʃ]的软腭硬腭对立分别设计不同的符号，因为在他看来，这些对立代表的分别是/θ/, /f/和/k/的音位变体。他并没有使用这些现代术语，但他所设计的那套字母表中的字母代表了那个世纪冰岛语中的区别性音位。

韩国国王世宗（1397—1450）在学者的帮助下设计韩语的音位字母时，认识到同样的原则对韩语也适用。世宗读书勤奋，他发现用来书写韩语的三万多个汉字不利于读写能力的普及。国王努力的成果就是被称为**谚文**的韩语字母，其中包括17个辅音和11个元音。

谚文字母是根据音位原则来设计的。虽然韩语中有[l]和[r]这两个音，世宗却只用一个字母来代表它们，因为它们是同一音位的音位变体（见第七章练习3）。[s]和[ʃ], [ts]和[tʃ]也是同样的情况。

在设计语符本身时，世宗展现出更多独创性。辅音的字母写法描绘了调音部位和调音方式。如代表[g]这个音的书写符号是ㄱ，表示舌根上升到软腭。代表[m]这个音的封闭符号 口 则表示紧闭双唇。谚文的元音的写法是垂直或水平的长线条，有时在这些线条上附加一些小标记，如 ㅣ 代表 /i/, ㅜ 代表/u/, ㅏ 代表/a/。它们和块状的辅音很容易区别。

在韩语的文字中，谚文语符组合成方块形，每个方块对应于一个音节。虽然这些音节方块由字母语符组成，但它们却使韩语看上去像是用音节文字写成的。如果我们用同样的方式来书写英语，Now is the winter of our discontent（现在是令我们不快的冬季）看上去就会是：

No   i   th   wi   te   o   ou   di   co   te
W   s   e   n   r   f   r   s   n   n   t

这里字母之间的距离比音节间的距离小，而音节间的距离又比词之间的距离小。韩文的例子可以参见本章末尾练习9中的第10项，或上网查找。

这些特征使韩语的文字在世界上独树一帜，与欧洲人、阿拉伯人、汉人、加斯加琴人，甚至与"英国的女士"的语言都迥然不同。

许多语言有自己的字母，而且每一种语言都发展出某些将字母语符串变换为语音序列（读）和将语音序列变换为字母语符串（写）的方法。从我们已经举过的英语、冰岛语和韩语的例子可以看到，支配语言语音系统的规则在语音与语符之间的关系上起着重要的作用。

欧洲诸语言的字母大都使用拉丁（罗马）字母，并根据各自的特点加上附加符号标记。例如，西班牙语用/ñ/来表示 señor（先生）中的腭化鼻音音位；德语增加了一个变元音符号，来表示某些拉丁语中没有的某些元音（如 über"在……上方"）。通过附加符号标记的增补，日语音节表中的 46 个假名就可以用来表示日语的 100 多个音节。附加符号标记还可以用在泰语这样的声调语言的文字中，用来表示音节的声调。

有些语言同时使用两个字母，来表达一个单一的音，又称**合成符**。英语中有很多这样的合成符，如 she 中的 sh (/ʃ/), chop 中的 ch (/tʃ/), sing 中的 ng (/ŋ/), loaf（块）中的 oa (/o/)等。

除了欧洲语言之外，土耳其语、印度尼西亚语、斯瓦希里语和越南语等也采用了拉丁字母。新近开发出文字系统的其他一些语言,在其字母中使用一些国际音标的注音符号,比如特威语中就使用了 ɔ, ɛ 和 ŋ。

斯拉夫语族的许多语言,包括俄语,用的是西里尔字母。这种字母因圣西里尔[①]而得名。这种字母未经拉丁文为媒介,直接从希腊字母派生而成。

许多当代字母,如阿拉伯语、波斯语(伊朗)、乌尔都语(巴基斯坦)以及包括印地语在内的印度次大陆的许多语言所使用的字母,根本上都是从古代闪语音节表中派生出来的。

图 12.2 显示的是罗马字母发展的一个粗略的时间表:

公元前 15,000 年	—	作为图画文字的岩洞绘画
……		
公元前 4,000 年	—	苏美尔人的楔形文字
公元前 3,000 年	—	埃及圣书字
公元前 1,500 年	—	腓尼基人的西闪语音节表
公元前 1,000 年	—	古希腊人借用腓尼基人的辅音字母
公元前 750 年	—	伊特鲁里亚人借用希腊字母
公元前 500 年	—	罗马人将伊特鲁里亚/希腊字母演变为拉丁文

图 12.2 罗马字母发展的时间顺序

3. 阅读、书写与言语

……英语如此变化多端,
言语写下亦是如此,
所以我祈求上帝,
不要让我把它写走了样……

杰弗里·乔叟《特洛勒斯与克丽西德》

文字的发展把我们从时间和空间的束缚中解放了出来,但在大多数语言中口头语言仍然居于首要地位,并且是多数语言学家最关注的对象。不过,文字本身也会引起人们的兴趣。

书面语在一定程度上反映了组成一种语言语法的要素和规则。字母表达音位系统,尽管未必是直接的表达。在大多数文字中,词的独立性是通过词之间的空格来体现的。然而,日语和泰语在书写时并不要求在词与词之间空格,而说话者和书写者仍然知道单个的词怎么分。另一方面,没有一种文字用这种方式来区分一个词中的单个语素,即使说话者知道单个语素怎么分(英语中偶尔用连字符来表达同样的功能,如 two-fold "双重",bone-dry "透干")。

不同语言在其文字要使用多少标点符号方面各不相同。有的语言很少或不用标点符号,比如汉

[①] 基督教教士,曾在斯拉夫各民族传播东正教,为便于传教创制了西里尔字母。——译注

语①。德语中所有名词的首字母都大写，这也是一种标点符号。英语用标点符号来区分句子和短语，并用来表示问句、语调，重音和对比。

请考虑以下例 1 和例 2 这两个句子在意义上的区别：

1. Jack, thinks Jill, is smart.（杰克，吉尔认为很聪明。）

2. Jack thinks Jill is smart.（杰克认为吉尔很聪明。）

例 1 中的逗号说明，是杰克被认为很聪明。而在例 2 中，被认为很聪明的人是吉尔。在这里逗号的使用相当于言语中的停顿，而如果念句子的时候使用停顿，意思就会变得一目了然。

同样，使用感叹号或问号能把作者的意图表现得更加清楚：

3. The children are going to bed at eight o'clock.（简单陈述）（孩子们 8 点钟睡觉。）

4. The children are going to bed at eight o'clock!（命令）（孩子们 8 点钟睡觉！）

5. The children are going to bed at eight o'clock?（疑问）（孩子们 8 点钟睡觉？）

在例 6 和例 7 中，逗号和引号的使用对句法产生了影响。在例 6 中，he（他）可以指约翰，也可以指其他人，但在例 7 中，这个代词绝不可能指约翰：

6. John said he's going.（约翰说他会去。）

7. John said, "He's going."（约翰说："他会去。"）

用于紧缩形式或所有格的撇号也能提供在口语中得不到的句法信息，如：

8. My cousin's friends（指一个表兄弟）

9. My cousins' friends（指两个或两个以上的表兄弟）

因此，文字某种程度上可以反映口语，而标点符号甚至可以区别口语中没有加以区别的两种意义，如例 8 和例 9 所示。不过，通常是口语能表达书面语所不能表达的意思。

例 10 为正常的书面形式：

10. John whispered the message to Bill and then he whispered it to Mary.

（约翰把消息悄声告诉比尔，然后又悄声告诉玛丽。）

其中的 he 可以指约翰或比尔。而在口语形式中，如果把 he 念得特别重一些（这种额外的重音又称**对比重音**），那就一定是指比尔；如果 he 只按正常重音念，那就是指约翰。

说话者通常可以使用对比重音来强调句子中的任何一个词。而在书面语里，作者有时会把被强调的词的字母全部大写，用斜体字或加下画线来表示强调。

尽管这种"视觉"手段在英语中确实很有用，但对于像汉语这样的语言是否管用，就很难说了②。在日语中，可以用片假名写一个词来表示强调。

---

① 这样说古汉语比较合适，现代汉语的标点符号相当丰富。——译注
② 汉语中至少加下画线或下加点同样管用。——译注

在书面语中使用斜体有许多不同功能,其中一种功能是表示斜体的词本身就是所指对象,如 *sheep* is a noun ("羊"是名词)。有一首孩子们大声唱出来的谜语,就是利用这种差异玩文字游戏:

Railroad crossing, watch out for cars
How do you spell it without any *r* 's?

(铁路横穿过,车辆小心哪,不用字母 r,你咋拼写它?)

该谜语的答案是"i-t",其所玩文字游戏之搞笑处在于,如果用书面形式写下来,那么第二行就是:

How do you spell *it* without any r' s?

书面语比口语更保守。这就是为什么英语的拼写系统中充斥着元音大换位(在第十一章里曾讨论过)之后的剩余物。我们写作的时候,要比说话时更倾向于遵循在学校里学到的规则戒条。我们可能会写"it is I",但只会说"it's me"。像这样非正式的表达在口语中比比皆是,但可能会被文字编辑、勤奋的英语教师和细心的作家"纠正"过来。因此,语言学家如果想要描写人们通常使用的语言,就不能仅仅依靠书面语,除非除此之外没有别的可供研究,比如研究死语言就是如此(参见第十一章)。

3.1 阅读

在第八章里,我们已经讨论过幼儿是如何习得母语的。我们注意到语言的发展(无论是有声语言还是手语)是一个有着大量天赋因素、受生物机制驱动的过程。父母亲并没有教孩子语法规则。实际上连他们自己都没有察觉到这些规则。幼儿其实自然而然就倾向于从周遭听到的语言中发现这些规则。在西方文化中,大部分孩子还要学习阅读和书写。然而我们学习读写的方式和习得有声语言或手语是非常不同的。

首先,最为显而易见的是,儿童年纪很小就开始学习说话(或打手势),而学习阅读则一般要到入学的年龄(大多在 5—6 岁左右,尽管有的孩子要更大一些才能做好阅读的准备)才开始。第二个重要的区别是,从很多文化和语言来看,所有儿童都能习得有声语言或手语,尽管很多儿童从来没有学习过读写。这也许是因为他们所出生的文化本身就没有文字,即他们的语言没有书面形式。例如,奇卡索语或萨波特克语等很多印第安语只是近几年才发展出书面语,这往往是通过语言学家的努力才做到的,这些语言学家想要把这些濒危语言从灭绝的边缘挽救过来。同样不幸的是,有的儿童虽然出生于有读写能力的社会,却没有学会阅读,这或许是因为他们在阅读上有特定的残疾——**诵读困难**,或者是因为他们没有得到适当的阅读教育。然而重要的是要认识到,即便是那些文盲的孩子和成人,也都有一部关于他们本族语的心理语法,他们有能力说话或打手势,还能完全正确地理解别人。

有声语言或手语的习得发展与阅读学习之间最重要的区别,在于后者需要具体的指导和有意识的努力,而语言习得则无此需要。怎样才能最有效地教人学会阅读,始终是这几十年来争议不休的话题。人们尝试过三种主要的方法。第一种叫"全词认读法"。这种方法教孩子通过机械记忆来大约 50—100 个词，通常是通过看一个故事里反复出现的词，如在 20 世纪 50 年代学读书的人们所熟知的"迪克和简"（Dick and Jane）系列故事里的那些词：Run，Spot[①]，Run。其他词则是逐步习得的。这一方法不是教孩子根据组成那些词的单个音"念出声来"，而是把书面语看作像汉语那样的表语文字，把单个的书面语符对应于整个词或词根。这一方法没有发挥英语（以及大部分有读写能力的社会中的文字系统）以字母为基础的优势，在这样的文字中符号对应于该语言中的单个语音（基本相当于音位）。这种方法不无讽刺意味，因为字母文字最容易学，而且在为任何人类语言注音方面都最为有效。在过去半个世纪中，中国的儿童通过罗马字母学习认字。在日本，识字教学从平假名开始，这套音节表能直接、毫无歧义地代表日语词的读音。而为土著语创制的典型文字系统都是以音位为基础的。

强调字母和语音之间对应关系的阅读教学法又叫"字母认读法"，这一方法为婴儿潮[②]时期出生的人们所熟知。这种方法一开始先教孩子字母的读音，然后鼓励他们根据字母和语音之间对应关系的知识把词念出声来。因此，假如你已经学过 gave（"给"）这个词的读音（知道这里的 e 是不发音的），那么你就会很容易地读出 save（"节省"）和 pave（"铺地"）的发音了。

但是，就像我们在第六章里所讨论的那样，英语和其他很多语言在字母和读音之间的对应并不那么完美。例如，gave, save 和 pave 的读音规则并不能用于 have。正因为存在着大量这样的例外，有些学校就采用了另一种阅读教学法——"全语认读法"（又称为"以文学为本"或"指导阅读法"），在 20 世纪 90 年代最为流行。这一方法的一个主要原则是不应该直接教字母发音，而是应该根据所接触的文本让孩子自己将语音和字母联系起来。例如，应该鼓励孩子根据句子的语境或通过寻找所读故事情节或图画中的线索，来搞清楚不熟悉的词的意思，而不是像字母认读法那样把词念出声来。全语认读法背后的哲理就是，学阅读和学说话一样属于一种自然行为，孩子基本上可以无师自通——我们在前文已经讨论过，这一假设至少是有问题的。用这种方法，教师主要的工作就是让阅读成为一种愉快的经验。为了达到这一目的，老师给孩子们一些能让他们读起来身心投入的书，并鼓励他们自己写故事，以此来培养他们对阅读和文字的热爱。

尽管全语认读法直觉上很有吸引力——毕竟谁会否认优秀文学作品和创造性表达在学习中的教育价值——但研究结果清楚地表明，认识字母与读音之间的关系在认读习得中是至关重要的。全语认读法的另一个假设是，老练的成人读者在阅读时看到词并不读出声来，所以这种方法的支持者质疑阅读教学中注重读出声来这种做法的价值。然而，研究显示，以上假设反过来说才正确：老练的成人读者其实在脑子里是把词念出声来的，而且念得非常快。另一个研究用两组大学生进行比较，一组学生学用字母认读法，另一组学生用全语认读法，同时来认读一些不熟悉的书写符号，如阿拉伯语的字母。那些受过字母认读法训练的学生可以认读更多的生词。用计算机模拟孩子学习阅读的模型也取得了类似的研究结果。课堂研究也将字母认读法与全词认读法和全语认读法做过比较，结

[①] 斯波特（Spot）是书中一条狗的名字。——译注
[②] 指 1947 年到 1961 年第二次世界大战后美国出生率猛增的时期。——译注

果也表明，对初学者来说，系统使用字母认读法效果更好。

研究表明，聋哑儿童在充分掌握了手语之后，学习阅读还是有困难，这与认为字母认读法有优势的观点不矛盾。这一点也不难理解，因为字母原则需要我们了解声音和符号之间的规律，而这是聋童所不具备的。因此，对于听力健全的孩子来说，一旦他们对音位的不自觉知识变成自觉的认识，不让他们失去这一优势就是合情合理的。

在这一点上，研究阅读的心理学家和语言学家达成的共识是，阅读教学必须立足于对字母和语音之间联系的切实了解，而让孩子觉得阅读有趣并且有意义的全语认读活动应作为字母认读法教学的辅助。这一共识也得到很多老师的认可。从这样的研究出发，目前联邦政府在美国各地推广包含字母认读法在内的阅读课程。

3.2 拼写

"你是用 v 还是 w 来拼写这个词的？"法官问道。

"法官大人，这取决于拼写者的鉴赏力和想象力。"山姆回答道。

查尔斯·狄更斯《匹克威克外传》

如果文字可以完美地表达口语，那么也就不会出现拼写改革运动了。第二章已谈到英语正字法系统中的一些问题。正是这些问题，使得萧伯纳写了下面这段话：

……正是作为一种能读会写的动物，人类超越了被称为"野兽"的动物，成就了人性的卓越。是的，必须写作的正是我与我的同类。在过去 60 年间，我以写作为业。在写作上我已竭尽所能，要知道我所用的这套字母之不完善简直令人绝望，它早在英语诞生前几百年就已设计出来，而且用来记录的是另外一种极其不同的语言。即使是这样的一套字母，也因为愚蠢的正字法沦落到荒诞不经的地步。它所遵循的理念认为，拼写不是为了表达词的语音和意义，而是为了体现词的起源和历史。于是，一个聪明的儿童被命令拼写 debt（债务）一词，如果合情合理地拼作 d-e-t，就会因为漏写了 b 而挨一顿教鞭，这都是因为当年凯撒大帝拼写这个拉丁词的时候用了一个 b①。

字位（即字母）与音位之间的不规则对应，常被用来作为"为什么约翰尼不会阅读？"的一个原因。同形异义词，如 lead [lid] 和 lead [lɛd]，对拼写改革运动起到了推波助澜的作用。相同发音的不同拼写、不发音的字母，以及"丢失的字母"，都被认为是英语需要一个新正字法系统的原因。下面举例说明英语拼写和语音之间的不一致之处：

发音相同 拼写不同	发音不同 拼写相同	不发音字母	缺失的字母
/aj/	**thought**（思想）/θ/	**listen**（听）	**use**（用）/juz/
	though（虽然）/ð/	**debt**（债）	**fuse**（融合）/fjuz/

---

① 出处：G. B. Shaw. 1948. Preface to R. A. Wilson, *The Miraculous Birth of Language*. New York: Philosophical Library.（原注4）

aye（赞成）	Thomas（托马斯）/t/	gnome（土地神）
buy（买）		know（知道）
by（在……旁）	ate（吃，过去时）/e/	psychology（心理学）
die（死亡）	at（在）/æ/	right（正确的）
hi（嗨）	father（父亲）/a/	mnemonic（记忆术）
Thai（泰国人）	many（许多）/ɛ/	science（灵知）
height（高度）		talk（说话）
guide（引导）		honest（诚实的）
		sword（剑）
		bomb（炸弹）
		clue（线索）
		Wednesday（星期三）

今天大部分英语词的拼写，根据的是 14、15 和 16 世纪的英语口语。那时的拼写者认为没有必要以统一的方式拼写同一个词。就连莎士比亚也曾用几种不同的方法来拼写自己的名字。在他的剧本中，第一人称单数代词就有 I, ay 和 aye 等几种不同的写法。

15 世纪引进印刷术之后，那些过时、特别的拼写方式开始广为流传，变成稳定的写法。因为许多早期的印刷者并不以英语为母语，拼写错误经常公然出现在印刷品中。

提倡拼写改革的人发现有必要使用正确反映词读音的统一拼写法。就这一点而言，拼写改革确有必要，然而问题是很多学者热情过了头。由于他们十分崇尚古典希腊语和拉丁语，他们改变了英语词的拼写，以便与其词源保持一致。如果在拉丁语词中有一个 b，那么英语也得加上，即使这个字母并不发音。若原有的拼写中有 c 或 p 或 h，那么这些字母也都加上，如下例所示：

中古英语的拼写		"改造后的"拼写
indite	→	indict（控告）
dette	→	debt（债）
receit	→	recipt（收条）
oure	→	hour（小时）

时至今日，拼写改革仍然是个问题。广告商们常常把 though（虽然）拼作 tho, through（通过）拼作 thru, night（夜）拼作 nite。《芝加哥论坛报》曾一度使用这样的拼写，直到 1975 年才放弃。拼写习惯很难改变，而且很多人认为这种修改过的拼写方式不符合规范。

今天的英语拼写系统主要依据较早期英语中词的读音。自那时以来英语语音系统发生的很多变化，并没有反映在现有的拼写中，这是因为印刷品的普及和学院派的保守使拼写固化了。

由于这些原因，现代英语正字法并不总能反映我们关于英语音系的知识。但这一损失却又部分地得以抵消，因为它使我们不用借助翻译也能阅读和理解先人在几百年前的著述。如果我们的语言在拼写和读音之间是一一对应的关系，那么我们就很难看懂《美国宪法》或《独立宣言》，更不用说莎士比亚或狄更斯的著作了。

语言变化不止。要想在拼写和读音之间维持一种完美的一一对应的关系是不可能的，也不是绝对可取的。例如同音异义字的情况，有时候同样的语音拼写不同反而会有帮助，如：

The book was red.（当时那本书是红的。）
The book was read.（当时那本书已经读过了。）

刘易斯·卡罗尔不无幽默地切中了要害：

"你们每天上多少小时的课？"爱丽丝问道。
"第一天 10 小时，"滑稽龟说，"第二天 9 小时，依次递减。"
"这种安排真奇怪！"爱丽丝喊道。
"人们所以把这叫作上课（lessons），"鹰首狮身怪说，"因为一天比一天减少（lessen）[①]。"

发音不同但是拼写相同，还有一些别的原因。一个语素在不同的语境中可能有不同的读音。相同的拼写表明，不同读音表示的是同一个语素。表复数的语素就是这种情况。它总是被写成 s，不管是 cats 后面的[s]，还是 dogs 后面的[z]。

同样，下列形式中元音的语音实现遵循规则的模式：

aj/ɪ	i/ɛ	e/æ
divine/divinity	serene/serenity	sane/sanity
（神的 / 神性）	（安详的 / 安详）	（心智健全的 / 心智健全）
child/children	obscene/obscenity	profane/profanity
（孩子 / 孩子们）	（淫秽的 / 淫秽）	（渎神的 / 渎神）
sign/signature	clean/cleanse	humane/humanity
（签署 / 信号）	（干净 / 净化）	（人道的 / 人性）

考虑到这些，一些学者认为英语使用的是一种**形态音位正字法**，而不仅仅是音位拼写法。如果要正确地读英语，形态音位的知识必不可少。英语不同于西班牙语那样正字法只体现音位的语言。

其他一些例子进一步说明不规则拼写的动因所在。比如在 debt 中的 b，也许会使我们想到与此相关的一个词：debit（借方），而在这个词中 b 是发音的。这一原则也见于下面这些成对的词：sign/signal，bomb/bombardier（炸弹/投弹手），gnosis/prognosis/agnostic（神秘直觉/预测/不可知论的）。

如果同一种拼写可能造成混乱，那就可以用不同的拼写来代表一个语素的不同读音。例如在某些情况下，英语音系的一条规则可以在某些情况下把 /t/ 变为 /s/：

democrat（民主党人） → democracy（民主）

之所以部分地采用这种不同的拼写形式，是因为该规则并不适用于所有语素，例如，art + y 是 arty

[①] lesson（课）和 lessen（减少）同音异义。——译注

（附庸风雅的），而不是*arcy。同一个语素什么时候拼写相同，什么时候又需要改变，这在很多情况下都取决于音位对应于字位的一般规则。

其他的次规则也很明显。当 c 后面是 y, i 或 e 时，它就变成 /s/，如 cynic（愤世嫉俗者），citizen（市民），censure（谴责）。因为如果 c 位于词的末尾，或者后面跟有以上元音以外的元音（coat, cat, cut 等），它总是发作[k]，所以不会造成混乱。th 这一拼写在元音之间（这是历史上元音间辅音浊音化规则的结果）以及在 the, they, this 和 there 这样的功能词中，总是发作[ð]，而在其他情况下都读成清音[θ]。

另外还有一个重要原因，可以说明为什么拼写不能总是与词的读音联系在一起。英语不同的方言有各种不同的发音。说伦敦土话（Cockneys）的人省略"h"，而在波士顿人和美国南方人的方言中是不发 r 这个音的；又如 neither（两者都不）这个词美国人发作[niðər]、[najðər]或[niðə]，英国人发作[najðə]，爱尔兰人则发作 [neðər]；有些苏格兰人把 night 发作[nɪxt]；同样一个词，Chicago（芝加哥）和 Chicawgo，hog（肉猪）和 hawg，bird（鸟）和 boyd，都有人念；英国英语中 four（四）念[fɔ:]，而美国中西部念[fɔr]，南部则念[foə]；在美国 orange（橙）至少有两种念法：[arəndʒ]和[ɔrəndʒ]。

虽然方言的读音各不相同，但共同的拼写却表明了我们想要说的是什么。书面语超越地区方言很有必要。有了一个统一的拼写系统，美国的亚特兰大人与英国的格拉斯哥人就可以通过文字进行交流。如果每一种方言都按其读音来拼写，那么英语民族之间的书面交流将举步维艰。

3.3 拼读

发音之最佳通则，乃以偏离文字最小者为最雅正。

塞缪尔·约翰逊 1755 年

写作与博雅者为伍，发音向俚俗者看齐。

本杰明·福兰克林《穷查理年鉴》

尽管口语具有第一性，高于书面语，但后者却常常备受青睐。书面语的稳定、恒久和生动形象，使得有些人偏爱它胜过转瞬即逝且难以捉摸的言语。蛋头先生表达的态度相当典型，他说："我宁可看到这一切落到纸面上。"

然而，书面语对于言语的影响却很有限，主要见于**拼读**这一现象。我们发现，自 16 世纪以来，拼写在某种程度上影响了标准发音。其中最重要的变迁源自 18 世纪词典编纂者和学校教师的影响和规条。在那个世纪，一部分人坚持必须按拼写发音，另一部分人则坚持必须按发音拼写，两派争论十分激烈。于是，18 世纪印制的许多词典都纷纷出台了词的"优先"发音，而其中的"最高权威"就以这种方式影响了词的发音。

拼写对于发音的影响，还见于在正常日常言语中很少用到的词。在 18 世纪之前，许多以 h 开头的词，晚至 18 世纪，其中的 h 是不发音的。那时候，honest（诚实的）、hour（小时）、habit（习惯）、heretic（异教徒）、hotel（旅馆）、hospital（医院）、herb（药草）中的 h 都不发音。尽管拼写中有 h，像 honest 和 hour 这样的常用词，h 仍不发音；而其他不那么常用的词则获得了"拼读"（按照拼写发音），如今其中的 h 是发音的。目前 herb（草药）这个词正处于这种变化之中，在英国英语中 h 发音，而在美国英语中一般不发。

同样，出现在许多词拼写中的 th 过去曾读作[t]，如 Thomas（托马斯）。后来，这些词的发音大都经历了由[t]到[θ]的变化，如 anthem（国歌）、author（作者）和 theater（剧院）。人名的略称常常反映了早期的读音：如 Catherine（凯瑟琳）的略称 Kate（凯特），Elizabeth（伊丽莎白）的略称 Betty（贝蒂）、Arthur（亚瑟）的略称 Art（亚特）。often（常常）中的 t 常常要发音，尽管历史上它是不发音的，而现在最新的词典上则把前者作为可选的发音变体列出。

在地名的发音上，可以清楚地看到拼写对读音的影响。Berkeley（伯克莱）在美国加利福尼亚州发成[bʊrkli]，尽管它来自英国英语的[baːkli]。马萨诸塞州的 Worcester（沃斯特）[wʊstər]或[wʊstə]在美国的其他地方常念成 [wʊrtʃstər]（沃切斯特）；salmon（鲑鱼）在美国大部分地区念作[sæmən]，而许多南部人会把[l]音发出来，念成[sælmən]。

虽然书面语对口语有一些影响，但它却不能改变语言的基本系统——语法。相反，文字直接或间接地反映了每个说话者所掌握的语法。

4. 小结

文字是文明的基本工具之一。没有文字，世界就不可能是我们今天所知道的样子。文字的前身是"以图为字"，用**图画文字**直接、直观地表达对象。当图画变得不再那么一目了然时，图画文字就成了**表意文字**，其意义引申为与原先描绘的物体相关的概念。当表意文字与代表所表达的概念的词联系起来时，就被称为**语素文字**。语素文字构成的表语文字是真正的文字系统，因为其符号代表了语言中的词。

苏美尔人首先发明了一套图画文字系统，用以记录商业交易。这个系统后来又扩大到其他各种用途，最终发展成高度定形（尖头笔①写成的）的**楔形文字**。通过应用**画谜原则**，楔形文字概括发展为其他的文字系统。画谜原则指用一个词或音节的符号代表与其读音相同的另一个词或音节。

埃及人也发展了一套图画文字系统，称为**圣书字**（或**象形文字**）。这套文字影响了许多民族，包括腓尼基人，他们后来创制了西闪语音节表。希腊人借用了腓尼基人的文字系统，在根据自己的本族语改造腓尼基文字的过程中，他们用符号来代表辅音和元音，由此发明了第一套字母。

世界上正在使用的文字系统有四种：（1）**表语文字**（**词语文字**），即每个符号或者语符代表一个词或语素（如汉语）；（2）**音节文字**，每个符号代表一个音节（如日语）；（3）**辅音字母文字**，每个符号代表一个辅音，而元音则可以用附加符号标记来表示（如希伯来语）；（4）**字母文字**，每个符号（大部分情况下）代表一个元音或辅音（如英语）②。

与说话和理解不同，读写必须通过有意识的教学才能学会。美国有三种阅读教学法：全词认读法、全语认读法和字母认读法。前两种方法教儿童认识整体的语词，而不顾及单个的字母和语音。

---

① stylus-ized（尖头笔写成的）和 stylized（定形的）两词的拼写、发音都很接近，是作者故意为之。——译注
② 确切地讲，汉语是"语素音节文字"，每个汉字代表一个音节，同时大多代表一个语素。——译注

字母认读法则强调语言中词的拼写与发音的对应关系，从而对儿童内在的音系知识加以运用。

文字可能对口语产生一些小小的影响。语言随时间而变化，文字则倾向于更加保守。因此，拼写并不总能准确地反映发音。此外，当口语形式和书面语形式背离时，有些词可以按其拼写而发音，有时这是发音改革者努力的结果。

保守的拼写系统也有优点。共同的拼写形式可以使所说方言分歧很大的人们通过文字来交流，最好的例子就是方言互不相通的中国。此外，它还可以使我们按照其原有的语言面貌阅读并理解几个世纪以前的文献。再者，尽管词的发音和拼写之间缺乏某种对应，拼写还是经常会反映说话者关于语言形态和音系的知识。

5. 进阶书目

Adams, M.J. 1996. *Beginning to Read*. Cambridge, MA: MIT Press.

Biber, D. 1988. *Variation across Speech and Writing*. Cambridge, England: Cambridge University Press.

Coulmas, F. 1989. *The Writing Systems of the World*. Cambridge, MA: Blackwell Publishers.

Cummings, D. W. 1988. *American English Spelling*. Baltimore, MD: The Johns Hopkins University Press.

Daniels. P. T., and W. Bright, (eds.). 1996. *The World's Writing Systems.* New York: Oxford University Press.

DeFrancis, J. 1989. *Visible Speech: The Diverse Oneness of Writing Systems*. Honolulu: University of Hawaii Press.

Gaur, A. 1984. *A History of Writing*. London, England: The British Library.

Sampson, G. 1985. *Writing Systems: A Linguistic Introduction*. Standford, CA: Stanford University Press.

Senner, W.M., (ed.). 1989. *The Origins of Writing*. Lincoln: University of Nebraska Press.

6. 练习

1. A. 用你自己发明的图画文字"写"出下列词：

    a. eye　　　　　　（眼睛）

    b. a boy　　　　　　（一个男孩）

    c. two boys　　　　（两个男孩）

    d. library　　　　　（图书馆）

    e. tree　　　　　　（树）

    f. forest　　　　　（森林）

    g. war　　　　　　（战争）

    h. honesty　　　　（诚实，名词）

    i. ugly　　　　　　（丑陋）

    j. run　　　　　　（跑）

k. Scotch tape （透明胶带）

l. smoke （烟）

B. 这些词中哪些最难用这样的方式来象征化地表达？为什么？

C. 下列句子如何反映图画文字存在的问题？

"A grammar represents the unconscious, internalized linguistic competence of a native speaker."

（语法反映母语者不自觉的内在语言能力。）

2. 画谜是用那些名称和所表示的词或音节发音相似的事物的图画来表达该词或音节的方法。如，👁 这个符号可能用来代表 eye（眼睛）、I（我），或者 idea（观念）中的第一个字母。

A. 运用画谜原则，"写"出下面的词：

a. tearing （撕扯，现在分词）

b. icicle （冰柱）

c. bareback （无马鞍的）

d. cookies （小圆饼干）

B. 为什么用这样一种文字来表示英语中的所有词会很困难？举一个例子来说明。

3. A. 请构建一些非罗马字母来代替表示下列英语语音的字母：

t r s k w tʃ i æ f n

B. 用在上题中构建的字母符号，加上表示其他语音的规范字母符号，用你"新创"的正字法改写下列词：

a. character （性格）

b. guest （宾客）

c. cough （咳嗽）

d. photo （照片）

e. cheat （欺骗）

f. rang （鸣响，过去时）

g. psychotic （精神病的）

h. tree （树木）

4. 假设英语的文字不是字母系统而是音节系统。请用大写字母作为符号表示下列词所必需的音节单位，并列出你的"音节表"。例如：根据给出的 mate, inmate, intake, elfin 这样的词，你可以用大写字母来代表音节：A = mate, B = in, C = take, D = elf。此外，用你的音节表改写下面的词，如：inmate — BA, elfin — DB, intake — BC, mate — A。（音节符号的数量以必需为限，不要冗余。）

a. childishness （幼稚，名词）

b. childlike （孩子般的）

c. Jesuit （耶稣会会士）

d. lifelessness （无生命，名词）
e. likely （很可能）
f. zoo （动物园）
g. witness （目击者）
h. lethal （致命的）
i. jealous （嫉妒的）
j. witless （不明事理的）
l. lesson （[一节]课）

5. 在下列成对的英语词中，加粗部分的发音相同但拼写不同。你能想到"拼写应该保持不同"有什么理由吗？（提示：reel 和 real 的读音相同，但是 reality 说明后者含有一个音位/æ/。）

A	B	理由
a. I **am**（我是……）	**iam**b（抑扬格）	
b. g**oo**se（鹅）	pr**o**duce（生产）	
c. fa**sh**ion（时尚）	**c**omplication（并发症）	
d. New**t**on（牛顿）	**or**gan（器官）	
e. **n**o（不）	**kn**ow（知道）	
f. hym**n**（颂歌）	**hi**m（他，宾格）	

6. 在下列成对的英语词中，加粗部分的拼写相同但发音不同。请试着给出一些理由，说明 B 列中的词为什么拼写不应改变。

A	B	理由
a. mi**ng**le（使混合）	lo**ng**（长的）	g 在 longer 中是发音的
b. li**n**e（线条）	childre**n**（孩子，复数）	
c. **s**onar（声纳）	re**s**ound（[使]回响）	
d. **c**ent（美分）	mysti**c**（神秘的）	
e. crumb**l**e（弄碎）	bom**b**（炸弹）	
e. cat**s**（猫，复数）	dog**s**（狗，复数）	
g. stag**n**ant（停滞的）	desig**n**（设计）	
j. s**e**rene（安详的）	obsc**e**nity（淫秽，名词）	

7. 下面每个句子的书面形式都是有歧义的。怎样才能在说句子的时候消除其歧义呢？

如：John hugged Bill and then he kissed him.

要得出 John hugged and kissed Bill（约翰拥抱并亲吻了比尔）这一意义的话，要用正常重音（重音在 kissed 上）。如果意义是 Bill kissed John（比尔亲吻了约翰），那么在 he 和 him 上都要有一个对比重音。

a. What are we having for dinner, Mother?

b. She's a German language teacher.

c. They formed a student grievance committee.

d. Charles kissed his wife and George kissed his wife too.

8. 下列句子的书面形式没有歧义，但如果念出来就会有歧义。请说明为了在书写中使得意义明确无误都采取了哪些办法。

a. They're my brothers' keepers.

b. He said, "He will take the garbage out."

c. The red book was read.

d. The flower was on the table.

9. 请把下面的 10 个书写样例分别对应于 10 种语言。本章有足够的暗示可以帮你完成其中的大部分（这些样例以及本书中许多其他例子，都出自肯尼思·卡兹纳所著的《世界上的语言》（*Languages of the World* by Kenneth Katzner, 1975, New York: Funk & Wagnalls ）。

a. _____ 切罗基语   (1) 仮に勝手に変えるようなことをすれば、

b. _____ 汉语   (2) Κι ό νοῦς του ἀγκάλιασε πονετικά τὴν Κρήτη.

c. _____ 德语（哥特风格） (3) «Что это? я падаю? у меня ноги подкашиваются»,

d. _____ 希腊语   (4) וְהָיָה בְּאַחֲרִית הַיָּמִים נָכוֹן יִהְיֶה הַר

e. _____ 希伯来语   (5) Saá sáre yi bɛn atekyé bí á mpɔ̀torɔ áhyɛ́

f. _____ 冰岛语   (6) 既然必须和新的群众的时代相结合。

g. _____ 日语   (7) ᎢᏊ ᎠᏲ ᎠᏐᎶ ᏣᎳᎩ ᏣᎳᎢ.

h. _____ 韩语   (8) Þótt þú langförull legðir sérhvert land undir fót,

i. _____ 俄语   (9) Pharao's Anblick war wunderbar.

j. _____ 特威语   (10) 스위스는 독특한 체제

10. 下面这些标语印在一家西班牙航空公司的安全卡上。请辨认每一种语言。

(1) **Para su seguridad**

(2) **For your safety**

(3) **Pour votre sécurité**

(4) **Für ihre Sicherheit**

(5) **Per la Vostra sicurezza**

(6) **Para sua segurança**

(7) **あなたの安全のために**

(8) **Для Вашей безопасности**

(9) **Dla bezpieczeństwa pasażerów**

(10) **Za vašu sigurnost**

(11) Γιά τήν ἀσφάλειά σας
(12) Kendi emniyetiniz için
(13) من أجل سلامتك

11. 法国的百科全书编纂者狄德罗和达朗贝尔写道：

  汉语没有字母系统；这种语言本身与字母不相容，因为组成汉语的语音数量极其有限。要想用法语或者任何其他语言的字母来传达汉语的语音，都是不可能的。

请对此做出你的评论。

12. 这里有一些表情符。看看你能不能给每个符号都赋予意义。这里并没有唯一正确的答案，因为它们在语言中出现的时间太短，还来不及约定俗成。脚注里列出了一套可能的答案。①

 a. >: -(

 b. :-#

 c. 8: —(

 d. : D

 e. : -(o)

 f. :-(O)

 g. |-)

 h. :/)

13. 正如语词可以有同义词（sad"哀伤"、unhappy"不开心"），表情符也一样。比如，:-> 和:-)都表示"只是开玩笑"。

 A. 如果你使用电子通信，请想出三个不同表情符意义大致相同的例子。

 B. 根据不同的理解，表情符也会有歧义。这一点你在前面的练习中也许已经发现了。请举三个例子，说明一个表情符可以有两种不同的解释。

14. 请创造 5—10 个表情符并确定其意义。不要查找资料照抄。要有创意！例如，让表情符 3:>8 表示"胡说！"

15. 给下面的句子加句号、逗号、冒号、大写字母等标点符号，使其有意义：

that that is is that that is not is not that that is not is not that that is that that is is not that that is not

16. 想出三个（或更多）语音和拼写相匹配的"多数规则"，然后再想出每条规则的若干例外，这些例外使得学习英语阅读变得困难。在我们的课文里，我们注意到 brave, cave, Dave, gave, slave 等词，其中的 a 后面跟着一个不发音的 e，念作[e]，但是 have 是个例外，因为其中的 a 念[æ]。还有一个例子，ea 这一拼写在 beak, leak, peak, weak 和 teak 这些词里念[i]，但例外是在 steak 或里根总统的名字 Reagan 里念作[e]，还有在 read 的过去时里念[ɛ]。

---

① a. 恼怒；b. 闭口不言，c. 自傲，d. 哈哈，e. 吃惊，f. 我在大喊；g. 视而不见；h. 不好笑。（原注 6）

17. 请查阅互联网、好的图书馆或其他资源，调查一下"女书"的情况，并用由来已久的 5 个 W（what "什么"，指事情；who "谁"，指人物；where "哪里"，指地点；when "何时"，指时间；why "为什么"，指原因）回答下列问题：

   a. 什么是"女书"？
   b. 谁与"女书"有关？
   c. 哪里曾经有过"女书"？
   d. 何时曾经有过"女书"？
   e. 为什么会有"女书"？
   f. 假想：在何种情境下别的国家也会出现一种类似"女书"的文字？①请设想并描述。

---

① 原有的问题 f 针对中国以外的读者，译文做了调整。——译注

术语表

英语术语	汉语译名	定义	
AAE		非裔美国人英语[①]（African American English）的缩写。	参见美国黑人英语、**AAVE**。
AAVE		非裔美国人乡土英语（African American Vernacular English）的缩写。	参见美国黑人英语、**AAE**。
abbreviation	缩写	一个词的缩短形式，例如，prof 是 professor 的缩写。	参见**截短词**。
accent	（1）重音；（2）（3）口音	（1）语音上突显，参见**重读音节**；（2）某个特定地域方言的音系或发音，例如，南方口音；（3）非母语者读外语的发音，例如，法国口音。	
accidental gap	偶然缺位	构成可能存在但并不实际存在的词项的音系或形态形式，例如，blick, unsad。	
acoustic	声学的	与声音的物理属性相关的。	
acoustic phonetics	声学语音学	对语音物理属性的研究。	
acoustic signal	声学信号	包括言语在内的任何声源所产生的声波。	
acquired dyslexia	获得性诵读困难	一个以前有阅读能力的人在脑部受损之后失去正确阅读的能力。	
acronym	缩略词	由几个词的首字母组成并且作为一个词来发音的词，例如，PET 是 *positron-emission tomography*（正电子发射断层成像）的缩略词。	参见**字母缩写词**。
active sentence	主动句	这类句子深层结构中的名词短语主语也是其表层结构中的名词短语主语，例如，The dog chased the car.（这条狗追着那辆汽车跑。）	参见**被动句**。
adjective (Adj)	形容词（**Adj**）	既是句法范畴，也是词汇范畴，作**形容词短语**的中心语，对名词的所指起到限定或者描述的语义作用。例如，tall（高）、bright（明亮）、intelligent（聪明）。	参见**形容词短语**。
adjective phrase (AP)	形容词短语（**AP**）	既是句法范畴，也是短语范畴，其中心语是一个可能伴随前置修饰语的形容词，出现于名词短语内部，或者作动词 to be 的补足语。例如，worthy of praise（值得赞美）、several miles high（几英里高）、green（绿的）、more difficult（更难）。	
adjunction	附接	一种移位操作，复制已有的节点并产生一个新的层次，使得发生移位的语类附着于它。	
adverb (Adv)	副词	既是句法范畴，也是词汇范畴，指限制动词的词，比如 quickly（迅速地）是方式副词，而 soon（很快地）则是时间副词。副词在句子中的位置取决于其语义类型，例如，John will soon eat lunch（约翰很快会去吃午饭）John eat lunch quickly（约翰吃午饭吃得很快）。	

[①] 无论前面有没有"参见"字样，定义中以黑体字表示的术语在本术语表中有专门的词条。（原注1）

续表

英语术语	汉语译名	定义	
affix	词缀	一种附着于词干或词根的黏着语素。	参见前缀、后缀、中缀、外接缀、词干、词根。
affricate	塞擦音	一种语音，先是塞音的闭合，紧接着是作为擦音特征的缓慢除阻；语音上是一个"塞音+擦音"的序列，例如，chip 中 ch 的发音[tʃ]，就像是[t] + [ʃ]。	
African American (Vernacular) English (AA(V)E)	非裔美国人（乡土）英语（AA(V)E）	非洲裔美国人，或者是一个从小在说非洲美国英语的地方长大的人所说的方言英语。	参见美国黑人英语。
agent	施事	名词性短语的题元角色，该短语的所指做出动词所描述的动作，例如，George hugged Martha（乔治拥抱了玛莎）。	
agrammatic aphasics	语法缺失失语症患者	患语法缺失（症）的人。	
agrammatism	语法缺失（症）	通常因布罗卡区受损而导致的语言紊乱，患者在处理句法的某些方面出现困难，尤其是功能范畴。	参见布罗卡区。
agreement	一致（关系）	指一种变化过程，根据它，句子中的一个词由于该句中另一个词的属性而发生改变，比如语法上的性或者数，例如，在英语中如果主语是第三人称单数，规则动词上就要加一个 s。	
allomorph	语素变体	一个语素的其他语音形式，例如，cats（猫）、dogs（狗）和 kisses（吻）中表示复数的语素分别是/-s/, /-z/ and -/ez/这些形式。	
allophone	音位变体	一个音位可预测的语音实现，例如，在英语中[p]和[pʰ]是音位/p/的音位变体。	
alphabetic abbreviation	字母缩写词	由几个词的首字母组成并且按字母逐个发音的词，例如 MRI 是 *m*agnetic *r*esonance *i*maging（磁共振成像）的缩写。	参见缩略词。
alphabetic writing	字母文字	一种文字系统，其中在典型情况下每一个符号代表一个音段。	
alveolar	龈音	一种抬高舌头顶住齿龈隆骨而发出的语音，例如：[s]，[t]，[n]。	
alveolar ridge	齿龈隆骨	紧挨着前齿之后的硬腭。	
ambiguous, ambiguity	有歧义的，歧义	这两个术语用来描述一个词、短语或者句子具有多个意义。	
American Sign Language (ASL)	美国手语（ASL）	美国聋人社区使用的手语。	参见手语。
analogic change	类推变化	一种语言变化，在变化中规则会扩展到先前不受影响的形式，例如，通过复数形式规则的泛化，或者是对规则的复数形式进行类推，cow（母牛）的复数形式从早先的 kine 变成 cows。也称内部借用。	
analogy	类推	以某个形式为范本来构建其他相似的形式，例如，根据bow与bows, sow与sows之间的对立，说英语的人开始以cows来取代cow早先的复数形式kine。同样，根据sing / sang / sung, ring / rang / rung等类似的形式对立，也会使说英语的人将bring（带来）的过去式类推为*brang。	
analytic	分析的	描述一种仅根据其意义即可判断为真的句子，无论处于何种语境，例如，kings are male（国王是男的）。	参见矛盾。

续表

英语术语	汉语译名	定义	
anomalous	异常的	语义上不合式的，例如 Colorless green ideas sleep furiously（无色的绿色理念愤怒地睡着）。	
anomaly	异常	对语义规则的违反，由此会产生无意义的词语，例如，The verb crumpled the milk（那个动词弄碎了牛奶）。	
anomia	命名不能症	**失语症**的一种形式，其患者找词困难。	
antecedent	先行语	一个有代词与它同指的名词短语，例如，在句子 the man who is eating bit himself（那个在吃东西的男人咬了自己）中，the man who is eating 是代词 himself 的先行语。	
anterior	前腔（音）	发音部位在腭-齿龈区域之前的辅音语音特征。包括**唇音、齿间音、龈音**。	
antonymic pair	反义词对	两个发音相同（亦即同音异义）但拼写不同而且意义相反的词，例如，raise（养育）和 raze（摧毁）。	参见**自反义词**。
antonyms	反义词	在某一个语义属性上相反的词，例如，tall/short 两个词都描述高度，在这一点上相同，但是在高的程度上相反。	参见**级差反义词对、互补反义词对、关系对立词**。
aphasia	失语症	脑受损后的语言丧失或紊乱。	
arbitrary	任意的	描述语言（包括手语）的一种属性，由于这种属性，一个词的发音方式（或者一个手势的打法）与其意义之间没有自然或者内在的关系。	
arc	弧	是转移网络图示中的一部分，用箭头表示，常有文字标示，用来连接两个节点。	参见**节点、转移网络**。
argot	专门语	特定人群（比如飞行员或者语言学家）使用的专门词汇，例如，语言学术语 morphophonemics（形态音位学）。	
arguments[①]	论元	与一个动词同时出现的各种 NP，例如，在句子 Jack loves Jill（杰克爱吉尔）中，Jack 和 Jill 就是 loves 的论元。	
argument structure	论元结构	与某类特定动词同时出现的各种 NP，叫它的论元，例如，**不及物**动词仅带一个作主语的 NP，而**及物**动词则可以同时带一个作主语的 NP 和一个作直接宾语的 NP。	
article (Art)	冠词（**Art**）	限定词若干次类中的一类，例如，the, a。	
articulatory phonetics	发音语音学	对声道如何发出语音的研究；语音的生理学特征。	
aspirated	送气	描述一种清塞音，在塞音除阻之后的一小段时间内声带保持打开，发音时喷出一小股空气，例如，pit（坑）中的 [pʰ]。	参见**不送气**。
assimilation rules/assimilation	同化规则/同化	改变音段的特征值以使它们更为相似的一种音系变化过程，例如，当其后有[+鼻]辅音时，元音也变成[+鼻]。也称**特征传递规则**。	
asterisk	星号	符号*用以表示不合语法或者异常的用例，例如，*cried the baby, *sincerity dances。在历史语言学和比较语言学中表示构拟形式。	
auditory phonetics	听觉语音学	对听者如何感知语音的研究。	

[①] 在形式逻辑中，function/argument 一般翻译成"函数/主目"，详见第九章（375—380页）。——译注

续表

英语术语	汉语译名	定义	
autoantonym	自反义词	具有两个相反意义的词，例如，cleave兼有"切开"和"粘住"两个意义。	参见反义词对。
automatic machine translation	自动机器翻译	运用计算机将一种语言译成另一种语言。	参见源语，目标语。
Aux[①]	助动词	包含助动词和抽象地表示"时"的语素的句法范畴。也称INFL，其功能相当于一个句子的中心语。	
auxiliary verb	助动词	动词的成分，传统上称为heiping verbs（"帮助动词"），与一个动词短语中的主要动词同时出现，并在"时"等属性上对其加以限定，例如，have, be, will。	
babbling	咿呀语	婴儿出生后最初几个月内发出的声音，渐渐地，这些声音最终只包括在其家人所说语言中出现的语音。聋儿在说咿呀语时伴随着手势。	
baby talk	宝贝儿语	很多成年人与儿童讲话时使用的一种具有特定风格的言语，其特征之一为夸张的语调。	参见妈妈语、儿童导向语（儿向语）。
back-formation	逆构词（法）	从一个老词中除去词缀来创造一个新词，例如，从donation（捐助，名词）创造出donate（捐助，动词）；或者除去被误认为是词缀的部分来创造新词，例如，从editor（编辑，名词）创造出edit（编辑，动词）。	
backtracking	回溯	指这样一个过程，当感官数据表明某个分析（通常是自上而下分析）已陷入歧途，则取消该分析步骤，并重新从该分析与数据相符的那一步开始，例如，对句子 The little orange car sped 进行句法分析时，先把 orange 分析为名词，而后又将它重新分析为形容词。	参见自上而下处理。
base	词基	词缀所依附的任何一个词根或词干。	
bilabial	双唇音	双唇合拢发出的语音。	
bilingual language acquisition	双语语言习得	在三岁之前（几乎）同时习得两种或多种语言，而且每种语言的习得都能达到本族语水平。	
birdcall	鸟叫	鸟类发出的一个或多个短音符，传递与即时环境有关的信息，比如危险、进食、筑巢、群集等。	
bird song	鸟语	鸟类发出的较复杂的音符模式，用以标记领地范围和吸引同伴。	
blend	截搭词	一个由两个或多个词的成分合并而成的词，例如smoke（烟）+ fog（雾）合并为smog（烟雾）。	
blocked	堵塞	由于此前应用的一个形态规则使得一个派生过程被阻止[②]，例如，Commun + ist（共产主义者）一词进入英语之后，像 Commun + ite（类似于 Trotsky + ite，托洛茨基主义者），或 Commun + ian（类似于 grammar + ian，语法学家）这样的词就不再需要也不会形成。	
borrowing	借用	从一种语言往另一种语言纳入一个外来词，例如，英语从荷兰语借用了 buoy（浮标）一词。	参见外来词。

[①] 原文小写为 aux，按照一般用法，改为首字母大写。——译注
[②] 定义原文指"一个派生过程"本身，考虑到 blocked 的词性，对表述进行了修改。——译注

英语术语	汉语译名	定义	
bottom-to-top language death	语言自下而上的死亡	一种语言除了在特定环境外不再使用，例如，拉丁语这样的礼拜语言。	参见语言的突然死亡、语言的急性死亡、语言的慢性死亡。
bottom-up processing	自下而上处理	对语言输入的数据驱动型分析，从音素那样的小单位开始，进而逐步处理较大的单位，如词和短语，直到对全部输入都进行处理，这种处理的结果经常是一个完整的句子和语义解释。	参见自上而下处理。
bound morpheme	黏着语素	一种必须附着于其他语素的语素，例如–ly, –ed, non-，黏着语素指：前缀、后缀、中缀、外接缀和一部分词根，比如 cranberry（蔓越莓）中的 cran。	参见自由语素。
bound pronoun	受约束代词	一种代词（更通常的说法是代形式），其先行语在话语中被明确提及。	参见非受约束、自由代词。
broadening	扩大	一种语义变化，词的意义与时俱进，变得更广，例如，dog 曾经只指一个特定种类的狗。	
Broca, Paul	保罗•布罗卡	19 世纪法国神经学家，指出人脑左侧的一个特定区域为语言中心。	
Broca's aphasia	布罗卡失语症		参见语法缺失（症）。
Broca's area	布罗卡区	人脑左半球的前部，该部位受损会导致语法缺失（症），亦即布罗卡失语症，也称"布罗卡区域"（Broca's region）。	
calligraphy	书法	汉字的书写艺术。	
case	格	名词和代词的一种属性，在一些语言中，通常根据冠词和形容词在句子中的功能，由词的形态形式来表示，例如，I 是英语第一人称单数代词的主格，有作主语的功能；me 则是宾格，有作宾语的功能。	
case endings	格词尾	根据名词的语法功能加上的后缀，比如 's 在英语中是所有格，表明领有，例如，Robert's sheepdog（罗伯特的牧羊犬）。	
cause/causative	致使格	名词短语的题元角色，该短语的所指是造成某种变化的原因，例如，The wind damaged the roof（风刮坏了屋顶）中的 wind。	
cerebral hemispheres	脑半球	脑的左右两个半球，由胼胝体连接。	
characters (Chinese)	（汉）字	汉语文字的单位，代表一个语素或词。	参见表意文字、表意语符、语素文字。
Chicano English (ChE)	奇卡诺英语（ChE）	美国西部和西南部的双语墨西哥裔美国人所讲的一种英语方言。	
child-directed speech (CDS)	儿童导向语（儿向语）	一些成年人有时与儿童讲话时使用的一种语调夸张的特殊言语，有时称为宝贝儿语。	参见妈妈语。
circumfix	外接缀	一种黏着语素，其各部可以同时出现在词根之前和之后，例如，德语词 geliebt（动词"爱"的过去分词）中的 ge-t，指"被爱"，其词根为 lieb（爱）。	
classifier	标类语素	标明名词语义类的语法语素，例如，斯瓦希里语中指称人工制品（比如床和椅子）的名词，单数用标类语素 ki 做前缀，复数用 vi，即 kiti（椅子，单数）、viti（椅子，复数）。	

续表

英语术语	汉语译名	定义	
click	啊音	一种语音，发音时把气流吸进嘴并迫使气流在发声器官之间发出尖锐的声音，例如，经常拼写成 tsk 的这个词的发音。	
clipping	截短词	将较长的词减缩一部分，成为一个较短的词，词义不变，例如，phone（电话）是由 telephone 截短而来的。	参见缩写词。
closed class	封闭类	一种范畴，通常是功能范畴，很少有新词加入，例如，介词和连词。	参见开放类。
coarticulation	协同发音	将语音特征传递到邻接音段以使得它们发音更为相似，例如，当后接[+鼻]辅音时元音也变为[+鼻]。	
cocktail party effect	鸡尾酒会效应	非正式术语，描述一种可以过滤掉背景噪音、专注于某个特定声源或某一特定人话语的能力。	
coda	韵尾	音节韵腹之后的一个或多个音系音段，例如，priest /prist/（神父）中的 /st/。	
code-switching	语码转换	在同一句子或话语内部，在两种语言或方言之间来回切换。	
cognates	同源词	同源语言中由同一个祖语词根演变而来的一组词，比如英语的 man 和德语的 Mann。	
coinage	创造新词	构建、发明新词，使其成为词库的一部分，例如，podcast（播客）。	
collocation analysis	搭配分析	文本分析，揭示一个词的出现在多大程度上影响其他词在它附近的出现。	
comparative linguistics	比较语言学	历史语言学的分支，通过对同源语言的比较研究语言演化。	
comparative method	比较法	语言学家通过考察若干种后代语言中的对应形式来推断其祖语形式的方法。	
comparative reconstruction	比较构拟	通过应用比较法，对一组有亲缘关系的语言共同祖语中的形式进行推断。	
competence, linguistic	能力，语言的	通过心理语法来表征的语言知识，这种语法可以解释说话者的语言能力和创造性。大多数情况下，语言能力是无意识的知识。	
complement	补足语	一个短语中除了中心语以外的一个或多个成分，它们使得短语的意义完整，并由动词进行 C-选择。在短语 found a puppy（找到一条小狗）中，a puppy 是动词 found 的补足语。	
complementary distribution	互补分布	在这种情况下，相关的音素从不同时出现在相同的语音环境中，例如，英语中的[p]和[pʰ]。	参见音位变体。
complementary pair	互补反义词对	两个反义词，其相互关系为其中一个词的否定是另一词的意义，例如，alive（活着）的意义就是 not dead（没死）。	参见级差反义词对、关系对立词。
complementizer (Comp)	标补语（Comp）	既是句法范畴、也是功能范畴的一类词，包括 that, if, whether 等，能够引入一个嵌套句，例如，his belief that sheepdogs can swim（他认为牧羊犬会游泳的观点），I wonder if sheepdogs can swim（我想知道牧羊犬是不是会游泳）。标补语的作用是把一个句子转变为补足语。	
compositional semantics	组构语义学	一种意义理论，通过对较小单位的真值或意义应用句法规则来计算较大单位的真值或意义。	
compound	复合词	由两个或多个词组合而成的词，例如，washcloth（毛巾）、childproof cap（儿童安全帽）。	

续表

英语术语	汉语译名	定义	
computational linguistics	计算语言学	语言学和计算机科学的一个分支学科,研究人类语言的计算机处理。	
computational morphology	计算形态学	用于分析词汇结构的计算机编程。	
computational phonetics and phonology	计算语音学和音系学	用于将言语信号分析为音素和音位的计算机编程。	
computational pragmatics	计算语用学	用于在确定词语的意义时考虑语境和情景的计算机编程。	
computational semantics	计算语义学	用于确定词、短语、句子和话语意义的计算机编程。	
computational syntax	计算句法学	用于分析句子结构的计算机编程。	参见分析、自下而上处理、自上而下处理。
concatenative (speech) synthesis	拼接(言语)合成	计算机通过将预先录制好的、由真人发音的基本语言单位,比如音素、音节、语素、词、短语或句子,组合起来产生言语。	
concordance	检索	一种把文本中的词按字母顺序排列的索引,标明每个词出现的频次、在文本中的位置及其语境。	
conditioned sound change	条件音变	在特定语音语境中发生的音系的历史演化,例如,处于元音之中时/f/音变为带声的/v/。	
connectionism	连接主义	用复杂的方式把简单的、类似神经元的单位连接起来,使得不同的连接具有不同的强度,而且这些连接可以通过接触语言数据而得到加强或削弱。通过运用由这样的连接构成的网络来构建语法模型的方法,就是连接主义。例如,在音系上,音位/p/, /t/和/k/之间的连接(都是清塞音且是一个自然类)要强于音位/p/, /n/ 和/i/之间的连接。在形态上,play/played(玩,原形/过去式)和dance/danced(跳舞,原形/过去式)之间的连接,要强于play和danced之间的连接。在语义上,melody(旋律)和music(音乐)之间的连接,要强于melody和 sheepdog(牧羊犬)之间的连接。在句法上,句子 John loves Mary(约翰爱玛丽)和 Mary is loved by John(玛丽被约翰所爱)之间的连接,要强于句子John loves Mary 和 Mary knows John(玛丽认识约翰)之间的连接。	
connotative meaning/connotation	内涵意义	与词相关联的联想或情感意义。两个词或词语可以有相同的外延意义,但内涵意义不同,例如,president(总统)和commander-in-chief(总司令)。	
consonant	辅音	发音时气流有某种程度收紧的语音。	参见元音。
consonantal	辅音的	将阻音、流音、鼻音这些[+辅]的语音类和其他[-辅]的语音(元音和滑音)区别开来的语音特征。	
consonantal alphabet	辅音字母表	辅音字母文字①系统的符号。	
consonantal alphabet writing②	辅音字母文字	符号只表征辅音的文字系统,元音依靠语境推断出来,例如,阿拉伯语。	

---

① 见下注。——译注
② 原文为 consonantal writing(辅音文字),但是这个术语在本书中没有使用,根据实际情况修改为 consonantal alphabet writing。——译注

续表

英语术语	汉语译名	定义	
constituent	成分	短语结构树中的句法单位,例如,the girl 是句子 the boy loves the girl（那个男孩爱那个女孩）中的一个名词短语成分。	
constituent structure	成分结构	作为每个句子基础的、按照层级配列的句法单位,比如名词短语和动词短语。	
constituent structure tree	成分结构树		参见短语结构树。
content words	实义词	构成词汇主要部分的名词、动词、形容词和副词。	参见开放类。
context	语境	出现在一个话段之前的话语以及说话人、听话人对真实世界的知识。	参见语言语境、情景语境。
continuant	通音	发音时气流在口腔中流通顺畅的语音;除了塞音和塞擦音以外的所有语音。	
contour tones	曲拱调	音高在不同水平间变动的声调,例如,升调就是从低到高地变动。	
contradiction	矛盾	描述一种仅根据其意义即可判断为假的句子,无论处于何种语境,例如,kings are female（国王是女的）。	参见分析的、同义反复。
contradictory	矛盾的	互为否定衍推:其中一个句子为真必然意味着另一句子为假,反之亦然,例如,"门开着"和"门关上了"是一对矛盾的句子。	参见衍推。
contralateral	对侧	指刺激在身体的一侧（左侧/右侧）和脑半球的另一侧（右半球/左半球）之间传送。	参见同侧。
contrast	对立	如果一对形式只通过各自的一个语音本身就可以将两个形式区别开来,那么这对语音就构成对立,例如,fine and vine 中的[f]和[v]对立,但是[spik]和[spʰik]（speak 一词两种不同的念法）中的[p]和[pʰ]就不是。	参见最小对比。
contrasting tones	区别性声调	声调语言中会构成不同词的不同声调,例如,在努佩语中,发高调的 bá 和发低调的 bà 意思分别是"味道酸"和"数数"。	
contrastive stress	对比重音	为了强调一个词或表明一个代词的所指而额外增加的重音,例如,在句子 Joe hired Bill and he hired Sam（乔雇了比尔,他雇了山姆）中,如果对比重音在 he 上,那么通常会理解是比尔而不是乔雇用了山姆。	
convention, conventional	规约,约定俗成的	词的形式与意义之间的约定关系,尽管这种关系一般都具有任意性。	
Cooperative Principle	合作原则	一条宽泛意义上的原则,内容涵盖各种会话准则。它的表述是为了有效地交流,说话人应同意提供足够的、相关的信息。	
coordinate structure	并列结构	一种句法结构,其中两个或多个属于相同句法范畴的成分通过 and（和）或者 or（或）这样的连词连接起来,例如,bread and butter（面包和黄油）,the big dog or the small cat（大狗或者小猫）, huffing and puffing（虚张声势）。	
coreference	同指	两个指称相同实体的名词短语之间的关系。	
coreferential	同指的	描述指称相同实体的名词短语（以及代词）。	
coronals	舌冠音	发音时舌尖或舌叶向上抬的一类语音,包括龈音和腭音,例如,[t],[ʃ]。	

英语术语	汉语译名	定义	
corpus	语料库	为了语言研究和分析从口头或书面资料中搜集起来的一批语言数据。	
corpus callosum	胼胝体	连接左右脑半球的神经纤维。	
cortex	皮质	形成脑外部表面的大约100亿个神经元;也称灰质。	
count nouns	可数名词	可以计数的名词,例如,one potato(一个土豆)、two potatoes(两个土豆)。	参见**物质名词**。
cover symbol	指类符号	表征语音类的符号,例如,C表示辅音,V表示元音。	
creativity of language, creative aspect of linguistic knowledge	语言的创造性,语言知识的创造性	说话人把语言中数量有限的语言单位组合起来,构造和理解无限多新句子的能力。	
creole	克里奥耳语	这种语言开始时是皮钦语,最终通过被儿童学习掌握而成为一个言语社团的第一语言。	
critical age hypothesis	关键期假说	该假说认为,在早期童年和青春期之间有一个学习第一语言的时间窗口,一旦过了这个时间段,第一语言习得几乎总是不完整的。	
critical period	关键期	早期童年和青春期之间,儿童可以轻松、迅速、不需外部干预习得语言的时期。过了这个时期语法的习得变得困难,某些个体无法全面完成语法习得。	
C-selection	C-选择	根据动词或者其他词汇项能带的补足语的句法范畴(C 代表 categorial "范畴的"),来给它们分类,有时也称**次范畴化**,例如,find(寻找)C-选择,或者说它的次范畴是名词短语作补足语。	
cuneiform	楔形文字	以一种楔形尖头笔书写语符的文字形式。	
data mining	数据挖掘	通过应用先进的统计工具,从巨大、多样的数据来源中提取并使用信息的复杂手段。	
declarative (sentence)	陈述(句)	断言某一特定情景存在的句子。	参见**疑问(句)**。
declension	词尾变化	名词、代词、形容词和限定词在语法关系、数和性等范畴上屈折变化或格变的列表。	
deep structure	深层结构		参见 **D-结构**。
definite	有定的	描述一个名词短语指称说话人和听话人都知道的一个特定对象。	
deictic/deixis	直指	指这样一些词或词语,其指称依赖于语境和说话人在时空中的取向,例如,I(我)、yesterday(昨天)、there(那里)、this cat(这只猫)。	
demonstrative articles, demonstratives	指示冠词,指示代词	指一类词,比如this(这)、that(那)、those(那些)、these(这些),句法上有冠词的功能、语义上表直指,这是因为当它们出现时需要语境来确定名词短语的所指。	
denotative meaning	外延意义	一个词或词语的指称意义。	参见**内涵意义**。
dental	齿音	发音位置术语,用于描述辅音发音时舌头抵住或接近门牙的状态。	参见**齿沿音**。
derivation	派生	将规则应用于底层形式使其生成表层形式的各步骤,例如,从句法的S-结构派生D-结构,或从音位形式派生语音形式。	

续表

英语术语	汉语译名	定义	
derivational morpheme	派生语素	指添加到词干或词根上以形成新词干或新词的一种语素，可能但不必然导致句法范畴发生变化，例如，-er加到像kick（踢）这样的动词上，会产生名词kicker（踢的人）。	
derived structure	派生结构	任何通过应用转换规则而产生的结构。	
derived word	派生词	通过附加派生语素而得到的形式，例如，通过 firm（坚定的）+ ly 派生 firmly（坚定地）。	
descriptive grammar	描写语法	指语言学家对心理语法（包括单位、结构和规则）的描写或为之建立的模型。也指对说话人知道的语言知识做出的明确陈述。	参见规定语法、教学语法。
determiner (Det)	限定词（Det）	既是句法范畴、也是功能范畴的一类词或词语，与名词形式结合则形成名词短语，包括the和a这样的冠词、this（这）和that（那）这样的指示代词，以及each（每个）和every（每个的）这样的量词。	
diacritics	附加符号	附加在书面语符上面的符号，用于注明各种语音特征，如**音长、声调、重音、鼻音化**；书面语符上能改变其通常音值的额外符号，例如，在西班牙语字母n上面加浪线 [~]，表示是腭化鼻音，而不是龈鼻音。	
dialect	方言	一种语言变体，其语法与其他语言变体相比有系统性的差异。差异可能包括词汇、音系、句法和语义等方面。	参见地域方言、社会方言、优势方言。
dialect area	方言区	通过一种特定语言变体的使用优势或一种语言变体的特定特征来定义的地理区域，例如，"桶子"一词说bucket但是不说pail的区域。	参见方言、方言地图集、同言线。
dialect atlas	方言地图集	编辑成集的**方言地图**，展示在哪些地区的当地言语中出现特定的方言特征。	
dialect leveling	方言差异消减	各方言之间趋于一致或者差异减少的变化过程。	
dialed map	方言地图	一种地图，展示在哪些地区的当地言语中出现特定的方言特征。	
dichotic listening	双听技术	用于研究脑的实验技术，受试者的左右耳分别听到不同的听觉信号。	
digraph	合成符	用两个字母表示单个的音，例如，enough（充足）中的 gh 表示[f]。	
diphthong	复元音	元音+滑音的组合，例如，bite, bout, boy中的[aj, aw, ɔj]。	参见单元音。
direct object	直接宾语	当名词短语在深层结构中直接处于动词短语（VP）的下方并且紧挨着动词时所具有的语法关系；及物动词的名词短语补足语，例如，the boy found the puppy（那个男孩找到了那只小狗）中的the puppy。	
discontinuous morpheme	非连续语素	由多个部分组成、出现在一个词或句子不同位置的一种语素，例如，德语geliebt（动词"爱"的过去分词）中的ge和t。	参见外接缀。
discourse	话语	由一个以上的句子构成的一个语言单位。	
discourse analysis	话语分析	对由多个句子组成的宽泛的言语单位的研究。	
discreteness	离散性	人类语言的基本特性，即较大的语言单位被认为是由较小的语言单位构成的，例如，cat（猫）被认为是由音位/k/, /æ/, /t/构成；the cat（那只猫）则被认为由the和cat构成。	

英语术语	汉语译名	定义	
dissimilation rules	异化规则	改变音段的特征值使它们更不相似的音系规则，例如，一条擦音异化规则：在另一个擦音之后/θ/发音为/t/。在有这条规则的英语方言中，sixth（第六）/sɪks + θ/发音为[sɪkst]。	
distinctive	区别性的	描述相互对立的语言元素，例如，[f]和[v]是区别性的音段；带声是辅音的一个区别性的语音特征。	
distinctive features	区别特征	能够解释为什么音位能使不同词的意义构成对立的那些语音特性，例如，带声、紧。也称为**音位特征**。	
ditransitive verb	双及物动词	一种表面上可以带两个名词短语作宾语的动词，例如，在句子 He gave Sally his cat（他给了莎莉他的猫）中的 give。双及物动词短语经常有一种替换形式，即在第一个名词短语的位置换上一个介词短语，比如 He gave his cat to Sally（他把他的猫给了莎莉）。	
dominate	统制	在**短语结构树**中，从标为 A 的节点到标为 B 的节点，如果能够找出一条持续向下的路径，那么 A 统制 B。	
downdrift	下漂	在声调语言中一个话段内声调的绝对音高逐渐降低的情况。在下漂中，各声调之间保持它们的相对音值。	
D-structure	D-结构	一部转换语法的短语结构规则所生成的一切短语结构树。这部语法中的基本句法结构。	参见**转换规则**。
dyslexia	诵读困难	各种阅读障碍的统称。	
Early Middle English Vowel Shortening	早期中古英语元音短化	一次将元音短化的音变，比如criminal（罪犯）中的第一个 i 就发生了短化。由于criminal一词没有受到"元音大换位"的影响，结果形成了 crime（犯罪）/criminal这样的词对。	
ease of articulation	调音省力	说话人为了移动调音器官更简易或更高效而调整其发音的趋势。语音和音系规则往往是调音省力的结果，例如，英语中的一条规则：元音在鼻辅音之前鼻化。	
Ebonics	美国黑人英语	**非裔美国人英语**各种方言的别称，该术语最早于1997年使用。	
embedded sentence	嵌套句	在短语结构树中的一个句子，它出现在另一个句子之中，例如，句子You know that ***sheepdogs cannot read***（你知道牧羊犬不识字）中的斜体加粗部分。	
emoticon	表情符	成串的文本语符，横过来看就形成表示一种特定的情绪的面部或图形，例如，[8<表示"沮丧"。常用于电子邮件。	
entailment	衍推	两个句子之间的关系，其中一个句子为真时可推断另一句也为真。例如，Corday assassinated Marat（科黛暗杀了马拉）和 Marat is dead（马拉死了）这两句话，如果第一句为真，那么第二句也必然为真。	
entails	衍推	如果一个句子为真必然意味着第二个句子也为真，那么第一个句子衍推第二个，例如，The sun melted the ice（太阳融化了冰）衍推 The ice melted（冰融化了），因为如果前一句为真，那么后一句也为真。	

续表

英语术语	汉语译名	定义	
epenthesis	增音	在单词中插入一个或多个音素，例如，在 children（孩子，复数）中插入[ə]，就生成[tʃɪlədrən]，而不是[tʃɪldrən]。	
eponym	名祖	源自专有名词的词，比如用"赫兹"这个人名作频率的单位。	
etymology	词源（学）	词的历史；对词汇历史的研究。	
euphemism	委婉语	一个词或短语，可用来代替禁忌词或回避提及某些行为或者话题，例如，把 toilet（厕所）说成 powder room（化妆间）。	
event/eventive	事件/事件句	描述活动的一类句子，比如John kissed Mary（约翰吻了玛丽），与之相对的是描述状态的句子，比如John knows Mary（约翰认识玛丽）。	参见状态/状态句。
event-related brain potentials (ERP)	事件相关脑电位（ERP）	受到不同类型的刺激后，脑的不同区域发出作为反应的电信号。	
experiencer	经历者	名词短语的题元角色，该短语的所指对某种事物进行感知，例如，Helen heard Robert playing the piano（海伦听见罗伯特在弹钢琴）。	
extension	外延	词语意义中属于指称的部分；名词短语的所指。	参见指称、所指。
feature matrix	特征矩阵	一种音素音段的的表征方法：列表示音段，行表示特征，每个小格里填写一个+或-来表示该音段是否具有该特征。	
feature-changing rules	特征改变规则	改变音段特征值的音系规则，使各音段之间更相似，或者更不相似。	参见异化规则。
finger spelling	手指拼写	打手语时代表字母的手势，用来拼写没有对应手势的词	
flap	闪音	一类语音，发音时舌头轻触齿龈隆骨然后收回。经常是/t/和/d/在latter（后者）和ladder（梯子）这类词中的音位变体。也称弹舌音。	
form	形式	指一个语素或者词的音系或手势表征。	
formant	共振峰	对言语进行频率分析时，某个频带的强度高于相邻的频率，这在声谱图显示为一条深色的谱线。不同的元音表现为不同的共振峰模式。	
formant (speech) synthesis	共振峰（言语）合成	计算机通过混合电子声学成分产生声音；不使用预先录制好的真人语音。	
fossilization	固化	第二语言学习的一个特征，指学习者达到某个稳定的水平之后，似乎不能进一步习得二语语法中的某些属性。	
free morpheme	自由语素	能构成一个词的单个语素，例如，dog（狗）。	
free pronoun	自由代词	指称某个没有在句中明确提及的对象的代词，例如，Everyone saw it（大家都看见它了）中的 it。又称非受约束代词。	
fricative	擦音	一类辅音，发音时声道收紧，变得非常狭窄，以致发音时发生摩擦，例如，[s]，[f]。	
front vowels	前元音	舌头在口腔中处于前伸位置的一类元音，例如，[i]，[æ]。	
function word	功能词	没有明显语义内容但具有语法功能的词；功能词包括：连词、介词、冠词、助动词、标补语和代词。	参见封闭类。
functional category	功能范畴	功能词范畴中的一种，包括限定词、助动词、标补语和介词。这些范畴并不是词汇或者短语范畴。	参见词汇范畴、短语范畴。

续表

英语术语	汉语译名	定义	
fundamental difference hypothesis	根本差异假说	第二语言习得（L2）与第一语言习得（L1）存在着根本的差异。	
fundamental frequency	基频	在言语中声带振动的速率，用F_0标示，读作F零，被听话人感知为**音高**。	
garden path (sentences)	花园小径（句）	乍看起来不合语法的句子，但是随着进一步的句法处理，结果发现它们是合乎语法的，例如，The horse raced past the barn fell（跑过谷仓的马倒下了）。	
generic term	通指形式	适用于整个类别的词，比如在句子 The wombat lives across the seas, among the far Antipodes（袋熊住在海的那边，在遥远的新西兰和澳洲之间）中的 wombat。一个通常是阳性的词用来同时指阴阳两性，例如，mankind 表示"人类"（原意是"男人"）；阳性代词用作中性形式，如句子 Everyone should do **his** duty（每个人都应该尽自己的职责，his 原指"他的"）。	
genetically related	有亲缘关系的	描述从一种共同的早期语言发展而来的两种或多种语言，例如，都从拉丁语发展而来的法语、意大利语和西班牙语。	
glide	滑音	一种语音，发音时口中气流没有阻碍或阻碍很小，且其前后总是紧挨着一个元音，例如，we（我们）中的/w/，you（你，你们）中的/j/。	
gloss	释义词	一种语言中给出的词，用来解释另一语言中词的意义，例如，house 就是法语词 maison 的英语释义词。	
glottal/glottal stop	喉塞音、声门塞音	喉门收紧时发出的语音；声带紧闭而空气在**喉门**处被完全阻断，此时发出的就是喉塞音。	
glottis	喉门、声门	声带之间的开口。	
goal	目标	名词短语的题元角色，该短语的所指是动词动作的方向，例如，句子 The kids went to the theater（孩子们朝着剧院走去）中的 the theater。	
gradable pair	级差反义词对	两个反义词，其相互关系为其中一个多就是另一个少，例如，warm（暖）和 cool（凉）；暖多就是凉少，反之亦然。	参见互补反义词对、关系对立反义词。
gradual language death	语言的慢性死亡	语言经过几代人的时间后消失，说这种语言的人一代代递减，直至绝迹。	参见语言的突然死亡、语言的急性死亡、语言自下而上的死亡。
grammar	语法	对说话人语言能力的心理表征；说话人关于自己语言的知识，包括其音系、形态、句法、语义及词库。对说话人心理语法的描述。	
grammar translation	语法翻译法	第二语言学习的一种方法，学生记忆单词和句法规则，并将它们在母语和目标语之间进行互译。	
grammatical case	语法格		参见格。
grammatical category	语法范畴	传统上被称为"词性"（parts of speech）；也称句法范畴；语法范畴相同的词语通常可以相互换用而不损害其合语法性，例如，**名词短语**、**动词短语**、**形容词**、**助动词**。	
grammatical morpheme	语法语素	句法规则所需的功能词或黏着语素，例如，句子 He wants to go（他想去）中的to和want词尾的s。	参见屈折语素。

续表

英语术语	汉语译名	定义	
grammatical relation	语法关系	名词短语在句子中所能占据的若干结构位置中的任何一个。	参见主语、直接宾语。
grammatical, grammaticality	合乎语法,合语法性	描述合式的、符合句法规则的词序列。	
graphemes	字位	字母文字系统的符号;字母表中的字母。	
Great Vowel Shift	"元音大换位"	英语大约在公元1400—1600年之间发生的一次音变,造成7个长元音的音位发生了改变。	
Grimm's Law	格林定律	雅各布·格林(Jakob Grimrn)提出的定律,描述日耳曼诸语言的早期祖语在语音系统中发生的音系变化。	
Hangul	谚文,韩语字母	于15世纪按照音位原则为书写韩语而设计的字母表。	
head (of a compound)	(复合词的)中心	复合词中最右边的词,如 doghouse(狗屋)中的 house。通常能表明该复合词的范畴和大概的意义。	
head (of a phrase)	(短语的)中心语	短语中的核心词,其词汇范畴界定该短语的类型,例如,名词 man 是名词短语 the man who came to dinner(来赴宴的男人)的中心语;动词 wrote 是动词短语 wrote a letter to his mother(给他母亲写了一封信)的中心语;形容词 red 是形容词短语 very bright red(浓艳红)的中心语。	
hemispherectomy	脑半球切除术	这项手术移除脑的一个半球。	
hierarchical structure	层级结构	将句子的各个部分按照其句法范畴分组和次分组,例如,the bird sang(这只鸟唱了歌了)[[[the] [bird]] [sang]];词中语素的分组和次分组,例如,unlockable(无法锁上的)[[un] [lock] [able]]]。层级结构一般用树形图来表示。	
hieroglyphics	圣书字、象形文字	约公元前4000年,埃及人使用的一种图画文字系统。	
hiragana	平假名	用于书写本族词的日语音节表,通常与表意语符(日语汉字)一起使用。	参见日语汉字。
historical and comparative linguistics	历史比较语言学	语言学的分支学科,研究语言如何演化、发生了怎样的演化,以及演化发生的原因。	
historical linguistics	历史语言学		参见历史比较语言学。
holophrastic	独词语	儿童习得语言的一个阶段,在这个阶段里,一个词表达类似一个短语或句子的复杂信息。	
homographs	同形异义词	拼写相同,发音也可能相同的词,例如,bear 的意义即是"忍受",也指"熊"(此例两词发音相同);lead 即指"铅",也指"领导"(此例两词发音不同)。	
homonyms/homophones	同音形词/同音词	两个发音相同、拼写也可能相同的词。例如,to(到……)、too(也)、two(二),再如,bat 可以指"蝙蝠"这种动物,可以指"棍子",还可以在 bat the eyelashes(眨动睫毛)中表示"眨"。	
homorganic nasal rule	同位鼻音规则	一条音系上的同化规则,指改变鼻辅音的调音部位这一特征,使其与后面紧接的辅音一致,例如,在 impossible 一词中,/n/在/p/前发音为/m/。	

续表

英语术语	汉语译名	定义	
hypercorrection	矫枉过正	偏离被说话人认为"更为正确"的"规范",比如说 between he and she(在他和她之间),而不是通常说的 between him and her。	
hyponyms	下义词	这类词的意义是意义较为一般的词的具体实例,例如,"红、白、蓝"是"颜色"一词的下义词;"三角形"是"多边形"的下义词。	
iconic, iconicity	象似,象似性	形式与意义的非任意关系,形式与其意义相像,例如,(某些)洗手间门上表示男女的符号。	
ideograms, ideograph	表意文字,表意语符	词语文字系统的语符,往往高度风格化,表示一个概念,或表示表达该概念的词的发音。	
idiolect	个人方言	个人的说话方式,反映他用的语法。	
idiom/idiomatic phrase	习语	意义不遵循**语义组构性**原则的词语,即,可能与其组成部分各自的意义不直接相关①,例如,kick the bucket(字面意思:踢开桶子)意思是"死"。	
ill-formed	不合式的	描述不合语法或异常的词序列。	
illocutionary force	示意语力	言语行为意图达成的效果,比如警告、许诺、威胁、打赌,例如,I resign(我辞职)的示意语力就是辞职行为。	
imitation	模仿	人们认为儿童语言习得中存在的一个机制,儿童按照它通过模仿成人的言语来学习语言。	
immediately dominate	直接统制	如果在短语结构树中标为 A 的节点处于标为 B 的节点的上一级,那么 A 直接统制 B。	
impoverished data	贫乏的数据	指儿童听到的不完整的、有噪声的和缺乏结构的话段,包括口误、错误的开头,不合语法和不完整的句子,而且缺乏有关抽象的语法规则和结构的具体证据。也用来指**刺激贫乏**。	参见**刺激贫乏**。
Indo-European	印欧语	对许多现代语族的祖语的描述性命名,这些语族包括日耳曼语族、斯拉夫语族和罗曼语族。也称**原始印欧语**。	
infinitive	不定式	动词的非屈折形式,例如,(to) swim(游泳)。	
infinitive sentence	不定式句子	没有时标记、因而是带 to 形式的嵌套句,例如,He believes sheepdogs to be fast readers(他认为牧羊犬阅读速度很快)中的 sheepdogs to be fast readers。	
infix	中缀	指加在一个词根或者词干内的词缀。	
INFL		inflection(屈折)一词的缩写,该术语有时用来替代 Aux;**句子**的中心语。	
inflectional morpheme	屈折语素	根据句法规则附缀在词上的黏着语法语素,例如,表示第三人称单数的动词后缀 -s。	
information retrieval	信息检索	运用计算机在数据库中搜索有关某个主题的项目的过程。	参见**数据挖掘**。
innateness hypothesis	天赋假说	认为人类天生就有一套为所有的人类语言提供了基本设计的**普遍语法**。	
instrument	工具	名词短语的题元角色,该短语的所指是执行动作所用的工具,例如,句子 Houdini picked the lock with a paper clip(胡迪尼用一个回形针打开了锁)中的 a paper clip。	

---

① 原文说 unrelated(无关),表达上过于绝对,故此改为"不直接相关"。——译注

英语术语	汉语译名	定义	
intension	内涵	词语意义中固有的、非指称性的部分,也称涵义。	参见涵义、外延。
intensity	音强	听觉信号的强度,被感知为响度。	
interdental	齿沿音	一类语音,发音时舌尖插在上下齿之间,例如,thought(思想)和 those(那些)这两个词的第一个音。	
interlanguage grammars	中间语语法	在习得大体完整的目标语语法的过程中,二语学习者创造的中间语法。	
International Phonetic Alphabet (IPA)	国际音标(IPA)	由国际语音学会设计的语音字母表,用于表示所有人类语言中所发现的语音。	
International Phonetic Association (IPA)	国际语音学会(IPA)	成立于 1888 年的组织,旨在从事语音研究并编制国际音标。	
interrogative (sentence)	疑问(句)	对某一特定情景是否存在提出疑问的句子。	参见陈述(句)。
intonation	语调	一个短语或句子的音高曲拱。	
intransitive verb	不及物动词	不能带(不能 C-选择)直接宾语作补足语的动词,例如,sleep(睡觉)。	
ipsilateral	同侧	指刺激在身体的一侧(左侧/右侧)和脑半球的同一侧(左半球/右半球)之间传送。	参见对侧。
isogloss[①]	同言线	将有方言差异的地区分隔开来的地理边界,例如,地图上的一条线,在其一侧的区域大多数人说 faucet(水龙头),在另一侧则大多数人说 spigot(水栓)。	
jargon	行话;杂乱语	某种职业、专业或群体的成员所特有的特殊词汇,例如,语音学家使用的 glottis(喉门)。也指韦尼克失语症患者有时使用的无意义词。	参见专门语。
jargon aphasia	杂乱性失语症	一种失语症形式,症状是音位被更换导致产生无意义词,产生此症状的经常是严重的韦尼克失语症患者。	
kana	假名	两个日语音节表中的语符,片假名和平假名。	
kanji	日语汉字	日语术语,指日文中使用的汉字。	
katakana	片假名	一个日语音节表,通常用于书写外来词,有类似英文中斜体字的效果。	
L2 acquisition	二语习得		参见第二语言习得。
labial	唇音	在双唇间发出的语音,例如,[b], [f]。	
labiodental	唇齿音	发音时下唇与上齿接触的语音,例如,[v]。	
labio-velar	圆唇软腭音	发音时舌后部抬向软腭同时圆唇的语音。英语中的 w 是一个圆唇软腭滑音。	
larynx	喉	喉咙中由肌肉和软骨组成的结构,包含声带和喉门,常被称为"声箱"。	
Late Closure Principle	最新闭合原则	关于语言理解的一个心理语言学原则,即,将新到来的材料连接到最新近处理过的短语上,例如,句子 He said that he slept yesterday(他说他昨天睡觉了)把 yesterday 与 he slept 联系起来,而不是与 he said 联系起来。	

---

① 作语言名称时指"混合语",例如 Chinook Jargon(奇努克混合语)。——译注

英语术语	汉语译名	定义	
lateral	边音	发音时气流从舌头一侧或两侧流出的语音，例如，[l]。	
lateralization, lateralized	偏侧化，偏侧化的	该术语用以描述①定位到脑的某一侧的认知功能。	
lax vowel	松元音	一类元音，发音时声带紧张程度较低，较少倾向于读成复元音，例如，put [pʊt]（放）中的[ʊ]。大多数松元音不出现在音节的末尾，故此[bʊ]不可能是一个英语词。	参见紧/松。
length	音长	一种韵律特征，指音段的持续时间。两个语音可能在音长上构成对立，例如，日语 /biːru/（啤酒）中的第一个元音是 [+长]，但是在 /biru/（楼房）中就是 [-长]，也就是音长短。	
lexical access	词汇提取	在心理词库中搜索一个音系串以便确认它是否是实际词的过程。	
lexical ambiguity	词汇歧义	由于词有多重意义而造成的多重句子意义，例如，He blew up the pictures of his ex-girlfriend（因为blow up 有"爆炸"和"放大"两种意义，于是句子也至少有两种意义）。	
lexical category	词汇范畴	名词、动词、形容词和副词等词一级句法范畴的统称。属于实义词的范畴，如 man（男人）、run（奔跑）、large（大的）和 rapidly（很快地），与功能范畴的词完全不同，如 the 和 and（和）。	参见**功能范畴、短语范畴、开放类**。
lexical decision	词汇判定	心理语言学实验中受试者的一项实验任务，即当一个口说或打印的刺激呈现出来时，受试者必须判定该刺激是否是词。	
lexical gap	词汇缺位	可能但并不存在的词；遵循语言的**音系规则**却没有意义的形式，例如，英语中的 blick。	
lexical semantics	词汇语义学	语义学的分支学科，研究词义以及词之间的意义关系。	
lexicographer	词典编纂者	编纂或制作词典的人	
lexicography	词典学	词典的编纂和制作。	
lexicon	词库	指语法的一个组成部分，包含说话人在语素和词方面的知识；一个说话人的心理词典。	
lexifier language	上层语	为某种皮钦语（或克里奥耳语）的大部分词项提供基础的优势语言。	
lingua franca	通用语	使用不同语言的人通用的一种语言，可用于交流和商业，例如，英语是国际航空飞行员的通用语。	
linguistic competence	语言能力		参见能力，语言的。
linguistic context	语言语境	出现在短语或句子之前、有助于澄清意义的话语。	
linguistic determinism	语言决定论	**萨丕尔-沃尔夫假说**的最强形式，认为我们所说的语言决定我们如何对世界进行感知和思考。	
linguistic performance	语言运用		参见运用，语言的。
linguistic relativism	语言相对论	**萨丕尔-沃尔夫假说**的较弱形式，认为不同的语言编码不同的范畴，因此说不同语言的人以不同的方式思考世界。例如，如果语言中表达颜色的词的数量贫乏，那么其说话人对色阶会不太敏感。	

---

① 原文用的是 refer to（指称），考虑到术语的描述性，故此改为"描述"。——译注

续表

英语术语	汉语译名	定义	
linguistic sign	语言符号	在一个单位中有一种形式黏附在一种意义上的语音或者手势，典型的例子是口语中的语素和手语中的手势。例如，dog 是一个语言符号，它的形式是发音[dag]，它的意义是"犬类"，或任何我们对"狗"的定义。	
linguistic theory	语言学理论	这种理论由原则所构成，描绘一切人类语言的特征；"人类语言的定律"；普遍语法。	
liquids	流音	一类辅音，其中包括/l/和/r/以及它们的变体，具有类似元音的声学特征并可充当音节核心。	
loan translations	借译	每个组成部分都从字面上译成借入语的复合词或词语，例如，从法语的 mariage de convenance 借译为英语的 marriage of convenience（假结婚）。	
loan word	外来词	一种语言中源自其他语言的词，例如，日语的 besiboru（棒球）是来自英语的外来词。	参见借用。
localization	定位	认为脑的不同区域承载不同认知系统的假说。	参见偏侧化。
logograms	语素文字	词语文字或表语文字系统中的字符。	
logographic writing	表语文字		参见词语文字。
machine translation	机器翻译		参见自动机器翻译。
magnetic resonance imaging (MRI)	磁共振成像（MRI）	一种研究人体器官（包括脑）的分子结构的技术，可用于确定脑损伤的部位。	
main verb	主要动词	在动词短语中用作中心语的动词，例如，句子 Dagny will always save money for travel（达格妮总是会为了旅行攒钱）中的 save。	参见（短语的）中心语。
manner of articulation	调音方式	气流通过声带时的受阻方式。塞音、鼻音、塞擦音和擦音都属于调音方式。	参见调音部位。
marked	有标记的	在级差反义词对中，不用于程度问句的那个词就是有标记的，例如，在"高／低"这个词对中，"低"是有标记的成员，因为我们通常问"这座山有多高"，而不是"这座山有多低"；在阴阳性词对中，含有派生语素的那个词（通常是阴性的词）是有标记的，通常是阴性词，例如，princess（公主）是有标记的，而 prince（王子）是无标记的。	参见无标记的。
mass nouns	物质名词	通常不能计数的名词，例如，milk（牛奶）、water（水）；two milks 不合语法，除非解释为"两种牛奶、两罐牛奶"等意思。	参见可数名词。
maxim of manner	方式准则	一种会话规约，说话人应简要且有条理，避免歧义和晦涩。	
maxims of quality	质真原则	一种会话规约，说话人不应说谎，也不应提没有依据的主张。	
maxim of quantity	适量准则	一种会话规约，说话人对会话的贡献应按照会话的要求说得不多也不少。	
maxim of relevance	相关准则	一种会话规约，说话人对会话的贡献应与讨论的事情相关、有联系。	
maxims of conversation	会话准则	人们看来在给话语带来连贯性时所遵守的会话规约，比如适量准则。	
mean length of utterances (MLU)	语句平均长度（MLU）	儿童话段中词或语素的平均数量。在界定语言习得的阶段上，它是比年龄更精确的量度。	

英语术语	汉语译名	定义	
meaning	意义	手势或话段中能使我们理解所传达信息的概念或语义。语言中的词语通常有两个方面，一是形式——发音或者手势，二是意义。	参见外延、内涵、涵义、指称。
mental grammar	心理语法	描写语法努力为之建立模型的内化语法。	参见语言能力。
metalinguistic awareness	元语言意识	与大体上无意识的语言"知识"相反，指说话人对语言和语言使用有意识的认识。本书主要是有关元语言意识的。	
metaphor	隐喻	讲述一个事物的词语被用来暗指另一个事物时所表达的非字面的、暗示的意义，例如，句子 The night has a thousand eyes（字面意思：夜晚有一千只眼睛）被用来表示"人们在夜晚会不知不觉地被别人观察"。	
metathesis	换位	给音段重新排序的音系过程，往往通过调换两个连续的发音来完成，例如，ask [æsk]（问）在某些英语方言中的发音为 [æks]。	
metonym, metonymy	转喻	把一个词替换为另一个与之紧密相关的词或词语来表达，例如，用 gridiron（橄榄球场）指称美式橄榄球运动。	
Minimal Attachment Principle	最少连接原则	理解语言过程中的一项原则，即听话人创造出合乎语法的最简单结构，例如，把语句 the horse raced past the barn 理解成一个完整的句子（那匹马跑过谷仓），而不是一个包含关系小句的名词短语，好像说的是"那匹跑过谷仓的马"。	
minimal pair (or set)	最小对比对	除了出现在相同位置的一个音位不同之外其余完全相同的两个（或多个）词，例如，pain /pen/（疼痛）、bane /ben/（祸害）、main /men/（主要的）。	
modal	情态动词	除了 be, have 和 do 之外的助动词，比如 can（能够）、could（可能）、will（将）、would（会）、must（肯定）。	
modularity	模块性	对脑和心智的分化，将其分为相互作用但独立自主的不同部分。	
monogenetic theory of language origin	语言起源的单源论	认为所有语言都来源于同一种语言的信念。	参见诺斯特拉提克语系。
monomorphemic word	单语素词	由单个语素组成的词。	
monophthong	单元音	简单元音，例如，bɛd 中的 ɛ。	参见复元音。
monosyllabic	单音节的	只有一个音节，例如，boy（男孩）、through（穿过）都是单音节的。	
morpheme	语素	语言意义或功能的最小单位，例如，sheepdogs（牧羊犬，复数）这个词包含三个语素，sheep（羊）、dog（狗）和表示复数的功能语素-s。	
morphological parser	形态分析器	使用构词规则将词分析为成分语素的过程，经常编制为计算机程序。	
morphological rules	形态规则	将语素组合成词干和词的规则。	
morphology	形态（学）	对词的结构的研究；是语法的组成部分，包含构词规则。	
morphophonemic orthography	形态音位正字法	在英语这样的文字系统中，需要形态音位的知识才能正确地朗读，例如，在 please/pleasant 中，ea 分别代表 [i:] 和 [ɛ]。	

续表

英语术语	汉语译名	定义	
morphophonemic rules	形态音位规则	规定语素发音的规则；根据这些规则的规定，一个语素可能有不止一个发音，例如，英语中表示复数的语素 /z/ 按照规则可以发音为 [s], [z] 或 [əz]。	
motherese	妈妈语		参见儿童导向语（儿向语）。
naming task	命名法	一种实验技术，用于测量从看见一个印在纸上的词到大声说出这个词之间的反应时间。	
narrowing	缩小	语义演变的一种，词义随着时间变得不像以前那么宽泛，例如，deer（鹿）曾经是"动物"的意思。	
nasal (nasalized) sound	鼻音，鼻化音	一种语音，发音时软腭下垂，鼻腔打开，使得而空气同时从鼻子和嘴流出，例如，/m/。	参见口音。
nasal cavity	鼻腔	位于喉咙和鼻子之间的通道，言语发生时如果软腭打开（下垂），那么气流就会从这个通道通过。	参见口腔。
natural class	自然类	用该集合所有成员都具有的语音属性或特征来描述的一类语音，例如，塞音类。自然类可用比该类中任何一个成员的特征集合都更小的特征集合来定义。	
negative polarity item (NPI)	否定极项	在否定情况下合乎语法但在简单肯定句中不合语法的词语，例如，句子 James hasn't got a red cent（詹姆士一文不名）成立，但是 James has a red cent（詹姆士有钱一文）不成立；其他例子还有 give a hoot（介意），pot to piss in（些许财产），any（任何）。	
Neo-Grammarians	新语法学家	一批 19 世纪的语言学家，宣称音变（即音系的演变）的发生没有例外。	
neurolinguistics	神经语言学	语言学分支，研究人类语言的习得和运用背后潜在的脑机制；语言的神经生物学研究。	
neutralization	中和	在特定环境下消除两个音位之间对立的音系过程或规则，例如，某些英语方言中，/t/和/d/在元音之间的发音都是带声闪音，如 writer 和 rider 所示，这就中和了它们在是否带声上的区别，两个词因此发音相同。	
node	节点	短语结构树形图中带有文字标示的分支点；转移网络图示中的一部分，用圆圈标示，两个圆圈通过弧连接在一起。	参见弧、短语结构树、转移网络。
noncontinuant	非通音	一类语音，空气经过声道时在口腔中暂时受阻。	参见塞音、塞擦音。
nondistinctive features	非区别特征	通过规则可预测的音素语音特性，例如，英语中的送气特征。	
nonphonemic features	非音位特征		参见非区别特征。
nonredundant	非冗余	区别性的语音特征，例如，塞音、带声，但英语中的送气特征不是。	
nonsense word	无意义词	音系上允许存在但没有意义的形式，例如，slithy。	
Nostratic	诺斯特拉提克语系	假设的第一种人类语言。	
noun (N)	名词（N）	即是句法范畴、也是词汇范畴的一类词，可用作名词短语的中心语，比如"书、珍（人名）、真诚"。许多语言的名词都有数、格和性的语法变化，并且与限定词连用。	

续表

英语术语	汉语译名	定义	
noun phrase (NP)	名词短语（NP）	即是句法范畴、也是短语范畴的一类词语，带某种形式的名词或代词作为其中心语，在句子中用作主语或各种宾语。	
nucleus	韵腹	一个音节中声学能量最大的部分；音节中的元音部分，例如，meet /mit/（遇见）中的 /i/。	
obstruents	阻音	一类语音，由非鼻塞音、擦音和塞擦音组成。	参见响音。
onomatopoeia/ onomatopoeic	拟声词/拟声的	指发音暗示其意义的词，例如，meow（喵喵）、buzz（嗡嗡）。	
onset	声母	音节韵腹前的一个或多个音位，例如，priest /prist/（神父）中的 /pr/。	
open class	开放类	词汇上属于实义词的一类词，常会增加新词，例如，名词、动词。	
Optimality Theory	优选论	一项假说，认为存在着一个普遍性的、由有序的音系限制所组成的集合，其中限制的级别越高，对该语言所施加的影响就越大，例如，英语中有一项限制：阻音序列处于词尾的带声特征不会不一致。	
oral cavity	口腔	言语产生时气流经过的口内区域。	参见鼻腔。
oral sound	口（部）音	一类非鼻音语音，发音时软腭抬起，鼻腔关闭，于是气流只能从口腔流出。	参见鼻音。
orthography	正字法	语言的书面形式；拼写。	
overgeneralization	过度概括	儿童把不规则的动词和名词按照规则动词和名词来处理，例如，用 bringed, goed, foots, mousse 这些规则形式来代替 brought（带来，过去式）、went（走，过去式）、feet（脚，复数）、mice（老鼠，复数）这些不规则形式。这表明儿童已经习得规则变化的规则，但还不知道存在着例外。	
palatal	腭音	一类语音，发音时舌前部抬向上腭。	
palate	腭	口腔上壁位于齿龈隆骨之后的骨质部分。	
paradigm	词形变化表	从一个词根语素派生而来的一组形式，例如，give, gives, given, gave, giving（给，原形、第三人称单数、过去分词、过去式、现在分词）；woman, women, woman's, women's（女人，原形、复数、单数所有格、复数所有格）。	
paradox	二难	一种不可能给出真值的句子，例如，在某一个村子里，理发师给所有不为自己剃胡子的人剃胡子，而不给任何自己剃胡子的人剃胡子，在这个语境下，the barber shaves himself（理发师给自己剃胡子）就是一个二难句。	
parallel processing	并行处理	计算机由于装有多个中央处理器而具备的同时处理多个任务的能力。	
parameters	参数	普遍语法为某个特定的语言现象而设置的由备选项构成的小集合。例如，普遍语法规定，短语必须有一个中心语并可带补足语；一项参数说明（一个或多个）补足语应置于中心语之前还是之后。	
paraphrases	释义句	具有相同真值条件的句子；具有相同意义的句子，除了在强调上可能有较小的区别，例，he ran up a big bill 和 he ran a big bill up（他付了一大笔账单）。	参见同义句。
parse	分析	依据句法规则判定每个词串的合语法性并给合乎语法的词串指派语言结构的行为。	

续表

英语术语	汉语译名	定义	
parser	分析程序	一种计算机程序,它依据计算机存储器中储存的句法规则来判定每个词串的合语法性,并给合乎语法的词串指派语言结构。	
participle	分词	出现在助动词 be 和 have 之后的动词形式,例如,句子 John is kissing Mary(约翰正在吻玛丽)中的 kissing 是现在分词;句子 John has kissed many girls(约翰吻过很多姑娘)中的 kissed 是过去分词;句子 Mary was kissed by John(玛丽被约翰吻了)中的 kissed 是被动分词。	
passive sentence	被动句	此类句子中的动词复合体包含 to be 的一个形式,后接动词的分词形式,例如,The girl was kissed by the boy(那个男孩被那个女孩吻了);The robbers must not have been seen(那些劫匪当时肯定没被看见)。被动句的D-结构中及物动词的直接宾语,在其S-结构中用作主语。	参见主动句。
performance, linguistic	运用,语言的	在语言产生和理解中对语言能力的运用;与语言知识不同的行为,例如,语言能力允许出现长达100万词的句子;语言运用则阻止这样的事发生。	
performative sentence	施行句	包含施行动词的句子,用于完成某种行为。施行句是肯定句和陈述句,使用第一人称和现在时,例如,在合适的情景下由治安法官说出以下的话:I now pronounce you husband and wife(我现在宣布你们结为夫妻),就是婚礼行为。	
performative verb	施行动词	一种动词,在特定情况下的用法构成言语行为,例如,当 resign(辞职)一词用在句子 I resign 中时,就被解释为一个辞职的行为。	
person deixis	人称直指	使用其指称完全依赖于语境的词项来指人,例如,比如 I(我)、he(他)、you(你,你们)等代词以及像 this child(这个孩子)这样的词语。	参见直指、时间直指、地点直指、指示冠词。
petroglyph	岩画	史前人类在岩石上所作的画。	
pharynx	咽(喉)	声道内位于喉门上方的管或腔,言语产生时气流从其中经过。	
phone	音素	音位的语音实现。	
phoneme	音位	对立性的音系音段,其语音实现可以通过规则预测。	
phonemic features	音位特征	音位的语音特性,根据它们能够解释为什么音位使不同词的意义构成对立,例如,带声、紧。也称区别特征。	
phonemic principle	音位原则	作为字母文字系统基础的、典型情况下一个符号表示一个音位的原则。	
phonemic representation	音位表征	在应用音系规则之前对词和句子的音系表征。	
phonetic alphabet	音标	用来代表言语中语音音段的字母符号,其中每个字母和每个语音是一一对应的关系。	
phonetic features	语音特征	对不同音段加以区分的音段的语音特性(例如,带声、鼻音、龈音)。	
phonetic representation	语音表征	应用音系规则之后对词和句子的表征;对词和句子的发音做符号转写。	
phonetic similarity	语音相似性	指称共有大部分语音特征的语音。	

英语术语	汉语译名	定义	
phonetics	语音学	对语言中的语音的研究,研究它们如何发生(**发音语音学**),如何被感知(**听觉**或**感知语音学**),以及它们的物理属性(**声学语音学**)。	
phonographic symbol	表音文字符号	文字系统中表示词的语音的符号。	
phonological rules	音系规则	应用于音位表征以派生语音表征或发音的规则。	
phonology	音系(学)	语言的语音系统;语法的组成部分,包括语音的库藏(语音和音位单位)以及它们组合和发音的规则;对所有语言的语音系统的研究。	
phonotactics/phonotactic constraints	音位配列学/音位配列制约	描述音位排列成串的可能性的规则,例如,(英语中)位于词首的鼻辅音后面只能带元音。	参见可能的词、无意义词、偶然缺位。
phrasal category	短语范畴	出现在短语结构规则左侧的那一类句法范畴,因此是由其他范畴所构成,其中包括其他短语范畴,例如,名词短语。	参见词汇范畴、功能范畴。
phrasal semantics	短语语义学		参见句子语义学。
phrase structure rules	短语结构规则	语法中的原则,规定句法范畴和短语结构树的成分组构,例如,VP → V NP。	
phrase structure tree	短语结构树	一种树形图,其中每个节点都有句法范畴,可以揭示短语和句子的线性和层级结构。	
phrenology	颅相学	一种伪科学,其做法是通过检查颅骨上的凸起来确定人格特质和心智能力。它对神经语言学的贡献,是其"研究"方法高度暗示脑结构的模块化理论。	
pictograms	图画文字	符号与所表示的物体相像的一种文字形式;一种非任意的文字形式。	
pidgin	皮钦语	一种简单但是由规则支配的语言,发展出这种语言,是为了供所说语言互相不能听懂的人交际所用,常常以某种称为"上层语"的语言为基础。	
Pinyin	汉语拼音	为汉语普通话建立的一种字母文字系统,用西式字母来表示其单个语音。	
pitch	音高	听话人感知到的语音的**基频**。	
pitch contour	音高曲拱	句子的语调。	
place deixis	地点直指	使用其指称完全依赖于语境的词项来指地点,例如,here(这里)、there(那里)、behind(在……背后)、next door(隔壁)。	参见 直指、时间直指、人称直指、指示冠词。
place of articulation	调音部位	辅音发音时声道内发生收紧的部分。	参见调音方式。
polyglot	多语者	会说多种语言的人。	
polymorphemic word	多语素词	由不止一个语素所构成的词。	
polysemous/polysemy	一词多义的/一词多义	描述单个的词有多个紧密关联又略有不同的意义,例如,face 既有"人脸"的意思,又有"钟面、表盘"和"建筑物的墙面"的意思。	
positron-emission tomography (PET)	正电子发射断层成像(PET)	检测脑活动的变化并将这些变化与定位的脑损伤及认知任务联系起来的方法。	
possessor	领有者	名词短语的题元角色,某物属于该短语的所指,例如,句子 The dog's tail wagged furiously(狗的尾巴猛烈地摇摆)中的 the dog。	

续表

英语术语	汉语译名	定义	
possible word	可能的词	遵循语言的**音位配列制约**但是没有意义的语音串，例如，gumble。也称**无意义词**。	
poverty of the stimulus	刺激贫乏		参见**贫乏的数据**。
pragmatics	语用学	对语境和情景如何影响意义的研究。	
predictable feature	可预测特征	非区别性、非对立性的冗余的语音特征，例如，英语不带声塞音的送气特征，或英语元音的鼻音特征。	
prefix	前缀	指添加在词根或者词干前起首处的词缀，例如，在 inoperable（不可操作的）中的 in-。	
preposition (P)	介词（P）	既是句法范畴、又是功能范畴的一类词，可作介词短语的中心语，例如，at（在……）、in（在……里面）、on（在……之上，接触）、up（在……之上，不接触）。	
prepositional object	介词宾语	在 D-结构中直接处于**介词短语（PP）**下一级的名词短语的语法关系。	
prepositional phrase (PP)	介词短语（PP）	既是句法范畴，又是短语范畴，由一个介词中心语和一个作补足语的名词短语组成，例如，father of the bride（新娘的父亲）中的 of the bride①。	
prescriptive grammar	规定语法	由语法学家建立的语法规则，试图对什么才应该是说话人的语法规则做出规定，而不是对它们本身是什么进行研究。	参见**描写语法**、**教学语法**。
prestige dialect	权威方言	有权势的人通常所说的、被规定语法学家视为正确的方言。例如，标准发音（RP）的（英式）英语、英国王室所说的方言。	
priming	启动	一种实验程序，对于一个特定的词，根据受试者以前是否听到过与它相关的词，来测量从听见它到提取它的反应时间。	
Principle of Compositionality	语义组构性原则	一种语义解释原则，表明一个词、短语或者句子的意义取决于它的组成部分（语素、词、短语）以及他们在结构上是如何结合的。	
productive	能产的	指能被自由使用并应用于所有形式来创造新词的形态规则，例如，在形容词上加上 -ish 的意思是"有一点那种性质"，如 newish（有点新的）、tallish（有点高的）、incredible-ish（有点不可思议的）。	
pro-form	代形式	替代在话语其他地方出现的词或短语，或者通过情景语境才能加以理解的一类词。代词是最著名的代形式，不过像 did 这样的词也可以在以下句子中用作"代动词短语"：John washed three sheepdogs and Mary did too（约翰给三条牧羊犬洗了澡，玛丽也是）。	
proper name	专有名词	一个或多个词，指称人、地方或者其他有着说话人和听话人所共知的独特指称的实体。在书写时通常要首字母大写，例如，Nina Hyams（妮娜·海姆斯）、New York（纽约）、Atlantic Ocean（大西洋）。	
prosodic feature	韵律特征	语音的延续时间（音长）、音高或响度。	

---

① 原文的例子就是 father of the bride 本身，这显然不对，因为这是个名词短语，中心语是名词 father，故此译文做了必要的修改。——译注

续表

英语术语	汉语译名	定义	
Proto-Germanic	原始日耳曼语	语言学家给英语、德语以及其他日耳曼语的祖语所起的名字	
Proto-Indo-European (PIE)	原始印欧语（PIE）		参见印欧语。
protolanguage	原始语	第一种可确认的语言，有亲缘关系的语言都是从它发展而来的。	
psycholinguistics	心理语言学	语言学的一个分支学科，研究语言运用、语言习得以及言语的产生与理解。	
radical language death	语言的急性死亡	一种语言由于所有的说话人都停止说它而消亡。	参见语言的突然死亡、语言的慢性死亡、语言自下而上的死亡。
rebus principle	画谜原理	用图画文字来表示文字的音值，例如，用 bee（蜜蜂）的图画来表示动词 be（是）或语音 [b]。	
recursive rule	递归规则	一条短语结构规则，短语据此在其右侧重复自己的范畴，例如，VP → VP NP，由此，对应于说话人的语言能力，允许出现可能无限长的短语结构。	
redundant	冗余的	描述通过音段其他特征值可预测的非区别性、非音位性特征，例如，英语中的[+带声]特征对于任何[+鼻]音位来说都是冗余的，因为所有鼻音都是带声的。	
reduplication	重叠	一种形态变化，重复或复制全词或词的一部分来产生新词，例如，wishy-washy（淡而无味的）、teensy-weensy（很小的）、hurly-burly（吵吵闹闹）。	
reference	指称	名词短语意义中与某个实体相关联的部分。陈述句意义中与真值相关联的部分，或真或假。也称外延。	参见所指、涵义。
referent	所指	词语所指定的实体，例如，句子 John knows Sue（约翰认识苏）中的 John 的所指是名为 John 的真人；句子 Raleigh is the capital of California（加利福尼亚州的首府是罗利）的所指真值为假。也称外延。	
reflexive pronoun	反身代词	以 -self 结尾的代词，通常要求有一个名词短语在同一个句子（S）中作先行语，例如，myself（我自己）、herself（她自己）、ourselves（我们自己）、itself（它自己）。	
regional dialect	地域方言	人们在具体的地理区域中说的方言，可能因该地域的整体性而产生，并由此得到强化。例如，波士顿方言之所以保留下来，是因为大量波士顿人及其后裔持续地生活在波士顿地区。	参见社会方言。
register	语域	适于一特定社会环境的语言的风格变体。也称风格。	
register tones	调域调	平调；高调、中调或低调。	
regular sound correspondence	规则的语音对应	在不同语言或方言中同一个词的相同位置出现不同的语音，这种平行关系存在于数量可观的词中，例如，非美国南方英语中的 [aj] 对应于美国南方英语中的 [a:]。这种对应也存在于同一种语言较新和较老的形式之间。	

续表

英语术语	汉语译名	定义	
relational opposites	关系对立反义词	一对**反义词**，其中一个词描述两个对象之间的关系，另一个词则描述同样关系中两个对象互换时的情形，例如，parent/child（父母/孩子），teacher/pupil（老师/学生）；John is the parent of Susie（约翰是苏西的父亲）与 Susie is the child of John（苏西是约翰的孩子）表达同样的关系。	参见**级差反义词对、互补反义词对**。
retroflex sound	卷舌音	一类语音，发音时舌尖卷起并退到齿龈隆骨之后，例如，许多说英语的人发的/r/音。	
rime	韵体	音节中的韵腹 + 韵尾，例如，rain /ren/（雨）中的 /en/。	
root	词根	复合词去掉所有词缀后剩下的语素，例如，un + system + atic + ally 无系统地）中的 system（系统）。	
rounded vowel	圆唇元音	发音时撅起嘴唇的元音，例如，[o]。	
rules of syntax	句法规则	语法原则，可以解释句子的合语法性及其层级结构和词序，以及是否存在结构歧义，等等。	参见**短语结构规则、转换规则**。
SAE			参见**标准美国英语**。
Sapir-Whorf hypothesis	萨丕尔-沃尔夫假说	此假说认为语言结构影响说该语言的人对其周围世界的看法。往往表述为其较弱的形式，即**语言相对论**，和其较强的形式，即**语言决定论**。	
savant	白痴天才	在一个认知领域表现出特殊才能而在其他方面则有缺陷的个人。白痴语言天才有非凡的语言能力，但在一般智力上有缺陷。	
second language acquisition	第二语言习得	在习得第一语言的过程中或习得完成之后，再习得另外一种或多种语言。也称二语习得。	
segment	音段；切分	（1）语言中出现的单个语音；（2）将话段分为语音、语素、词和短语的行为。	
semantic features	语义特征	一种通过它们人可以理解词和句子意义的概念性要素，例如，[female]（[女性]）是名词 girl（女孩）和 filly（小雌马）的语义特征；[cause]（[致使]）是动词 darken（使变暗）和 kill（杀）的语义特征。	
semantic network	语义网络	一种由弧和节点构成的网络，用来对句子的语义信息进行表征。	
semantic priming	语义启动	指一种效应，如果预先接触一个与要识别的词（例如"医生"）在语义上相似的词（例如"护士"），与预先接触一个语义上相距较远的词相比，在前一种情况下能更快地完成识别。也就是说，"护士"一词在语义上启动了"医生"一词。	
semantic properties	语义特性		参见**语义特征**。
semantic rules	语义规则	通过较小单位（如名词短语和动词短语）的意义来确定较大单位（如句子）意义的原则。	
semantics	语义学	对语素、词、短语和句子的语言意义的研究。	
sense	涵义	词语意义中固有的部分，与语境共同决定词语的指称。也称**内涵**。例如，对一个名词短语，比如 the president of United States in 2006（2006 年的美国总统），如果知道它的涵义或内涵，就可以判断 George W. Bush（小布什）就是其所指。	参见**内涵、指称**。

续表

英语术语	汉语译名	定义	
sentence (S)	句子（S）	词语的一种句法范畴，在 D-结构中至少由一个名词短语（NP）后带一个动词短语（VP）构成。也叫 TP（时短语）。S 的中心语是 Aux 这个范畴。	
sentential semantics	句子语义学	语义学分支学科，研究比词大的句法单位的意义。	
separate systems hypothesis	分立系统假说	双语儿童为其正在习得的每一种语言都分别建立起不同的词库和语法。	
shadowing task	影子跟读任务	一种实验技术，要求受试者在听人说话的同时尽可能快地复述他们听到的话。在该任务中，受试者常常会无意识地更正输入中的"错误"。	
sibilants	咝音	一类语音，声学上的特征是高频区丰富，听起来像"咝"声，包括塞擦音、龈擦音和软腭擦音，例如，[s]。	
sign	手势	在聋人使用的手语中一单个手势（可能带有复杂的意义）。	
sign language	手语	聋人使用的语言，其中诸如语素和词这样的语言单位以及语法关系都通过手和其他肢体的动作来生成。	
sisters	姐妹	在一个短语结构树中，直接在同一节点之下的两个范畴，例如，在动词短语中，动词（V）和作直接宾语的名词短语（NP）就是姐妹。	
situational context	情景语境	关于谁在说话、谁在听话、被谈论的对象是什么，以及有关我们生活在其中的世界的一般性事实的知识，用来帮助解释意义。	
slang	俚语	非正式言语中所使用的词和短语，经常由关系紧密的社会组织或年龄群体创造并传播，而且变化迅速。	
slip of the tongue	口误	不由自主地偏离意图说出的话段。也称言语错误。	参见**斯普纳现象**。
social dialect	社会方言	群体成员所说的方言，这些群体由社会经济阶层、种族背景、原居住地或性别所界定，由于社会阶层的整体性这种方言得以长期保持。	参见**地域方言**。
sociolinguistic variable	社会语言变项	其出现随着说话人所处的社会语境而发生变化的语言现象（比如双重否定）。	
sonorants	响音	元音、滑音、流音和鼻音组成的一类语音；非阻音。	参见**阻音**。
sound shift	音变	音系的历史演化。	
sound symbolism	语音象征	认为特定语音组合出现在语义类似的词之中，例如，gleam（闪亮）、glisten（闪闪发光）、glitter（闪烁）等与视觉有关的词中都有 gl。	
sound writing	语音文字	有时指一个字母表示一个语音的文字系统。语音文字系统不采用音位原则，与语音转写类似。	
source	来源	名词短语的题元角色，该短语的所指是动作发生的起点，例如，句子 Mr. Wells just arrived from Mars（威尔斯先生刚从火星来）中的 Mars。	
source language	源语	在自动机器翻译中指被翻译的那种语言。	参见**目标语**、**自动机器翻译**。
specific language impairment (SLI)	专门性语言障碍（SLI）	无其他认知缺陷的某些儿童面临的语言习得上的困难。	
specifier	指定语	**X-杠理论**中 X' 左面姐妹的范畴，例如，名词短语（NP）中的**限定词**或者动词短语（VP）中的**副词**。它是中心语的修饰语，而且经常是非强制性的。	

续表

英语术语	汉语译名	定义	
spectrogram	声谱图	言语分解为各组成部分频率后的视觉表征,其中 x 轴标记时间,y 轴标记频率,以灰度等级标示音强,颜色越暗表示音强越大。也称声纹。	
speech act	言语行为	说话人在语境中使用语言完成的动作或意图,语言的意义由听话人推断出来,例如,在某些语境中,说 There is a bear behind you(你背后有一头熊)这句话可能有警告的意图,而在其他语境中则仅仅是对事实的陈述。	参见**示意语力**。
speech error	言语错误	无意中偏离了意图说出的话段,经常导致不合语法、无意义词、异常等。	参见**口误**、**斯普纳现象**。
speech recognition	言语识别	在计算机处理中,将语音分析为音素、音位、语素和词的能力。	
speech synthesis	言语合成	通过声学模拟的语音或预先录制的语音单位产生言语的电子过程。	参见**共振峰合成**、**拼接合成**。
speech understanding	言语理解	用于解释言语的计算机处理,言语识别是其中的一部分。	
spelling pronunciation	拼读	按照词的拼写发音,而不考虑本族语者的实际发音,例如,将 Wednesday(星期三)念成 wed-ness-day。	
split brain	分裂脑	癫痫手术的结果,胼胝体被切断,因此脑分裂为两个半球;人们研究分裂脑患者,以便确定每个脑半球在认知和语言处理中所起的作用。	
spoonerism	斯普纳现象	由于把音位音段颠倒或互换造成的言语错误,例如,本想说 you have missed my history lecture(你们缺席了我的历史课),结果却说成了 you have hissed my mystery lecture(你们在我的推理小说课上发出嘘声);得名于19世纪牛津大学的一位教授威廉·阿奇博尔德·斯普纳(William Archibald Spooner)牧师。	
S-selection	S-选择	根据中心语的语义范畴以及动词或其他词项能带何种补足语而对这些词所做的分类,例如,动词 find(找到)S-选择有生主语以及意义具体的名词短语(NP)作补足语。	
S-structure	S-结构	通过对 D-结构应用转换规则而产生的结构。它在句法上最接近实际话段。也称**表层结构**。	参见**转换规则**。
standard	标准(方言)	被认为是规范的(地域或社会)方言。	
Standard American English (SAE)	标准美国英语(SAE)	被一些规定语法学家认为是英语恰当形式的一种理想化的英语方言。	
states/statives	状态/状态句	描述存在状态的一类句子,比如 Mary likes oysters(玛丽喜欢牡蛎),与之相对的是描述事件的句子,比如 Mary ate oysters.(玛丽吃了牡蛎)。	参见**事件/事件句**。
stem	词干	可以在上面添加一个或多个词缀的词基,以便创造出一个更加复杂的形式,可以是另外一个词干或词。	参见**词根**、**词缀**。
stops	塞音	气流在口腔内被暂时并完全阻断的 [-通] 音,例如,/p, n, g/。	
stress, stressed syllable	重读、重音,重读音节	在词中与其他音节相比有更大音长、响度以及音高的音节,因此该音节感知上更加突显。也称**重音**。	

续表

英语术语	汉语译名	定义	
structural ambiguity	结构歧义	可以通过不同的短语结构分析来解释为什么相同的词串有两个或多个意义的现象，例如，He saw a boy with a telescope（他通过望远镜看见了一个男孩/他看见了一个拿着望远镜的男孩）。	
structure dependent	结构依赖	（1）普遍语法中的一项原则，即**转换规则**的应用决定于短语结构的特性，而不是缺乏结构的词的序列或具体的句子；（2）儿童建构规则的方式，不考虑结构中具体的词或其意义，而是利用自己对句法结构的知识。	
style	风格	一种情景方言，例如，正式言语、非正式言语；也称**语域**。	
subcategorization	次范畴化		参见 C-选择。
subject	主语	当名词短语在短语结构树中处于 S 下一级时的语法关系，例如，在句子 The zebra has stripes（斑马有条纹）中的 the zebra。	
subject-verb agreement	主语—动词一致	根据作主语的名词短语的某个特性，比如数或性，给主要动词加上屈折语素。在英语中，当主语是第三人称单数现在时，就要在动词上加上 s，例如，比较一下两个句子：A greyhound runs fast（一辆灰狗巴士跑得快）；Greyhounds run fast（几辆灰狗巴士跑得快）。	
sudden language death	语言的突然死亡	一种语言在所有使用它的人都在短期内去世或被害时消亡。	参见**语言的急性死亡**、**语言的慢性死亡**、**语言自下而上的死亡**。
suffix	后缀	指添加在语素或者词干末尾的词缀，例如，句子 Lew is taller than Bill（路比比尔高）中 taller（更高）一词末尾的 -er。	
summarization	摘要	计算机扫描文本并将该文本最突出的要点提炼出来。	
suppletive form	异干交替形式	这个术语指规则变形的规则不能适用的屈折语素，例如，go（去）的过去时是 went。	
suprasegmentals	超音段	韵律特征，例如，**音长**、**声调**。	
surface structure	表层结构		参见 S-结构。
syllabary	音节表	音节文字系统的字符。	
syllabic	成音节	那些可以充当音节核心（韵腹）的语音所具有的一项语音特征；所有元音都成音节，流音和鼻音在 towel（毛巾）、button（按钮）、bottom（底部）这些词中也成音节。	
syllabic writing	音节文字	语言中的每个音节都有其自己的字符来表示的文字系统，例如，日语中的**平假名**。	
syllable	音节	由**声母**、**韵腹**和韵尾构成的音系单位，例如，elevator（电梯）一词有四个音节：el e va tor; man（男人）一词则只有一个音节。	
synonyms	同义词	具有相同或几乎相同意义的词，例如，pail 和 bucket（都是"桶"的意思）。	

续表

英语术语	汉语译名	定义	
synonymy	同义	在任何情况下句子都具有相同真值的意义关系，例如，the boss put off the meeting（老板推迟了会议）；the boss put the meeting off（老板把会议推迟了）；the boss postponed the meeting（老板推后了会议）。	参见释义句。
syntactic category/class	句法范畴/类		参见语法范畴
syntax	句法（学）	组成句子的规则；心理语法的组成部分，表征说话人对短语和句子结构的知识。	
T (Tense)	T（时）	一个有时用来代替 Aux 的术语。TP 中心语或句子中心语的句法范畴。	
taboo	禁忌	被认为不适合于"礼貌社会"的用词或行动，例如，用 cunt, prick, fuck 这些词表示阴道、阴茎和性交。	
tap	弹舌音	一类语音，发音时舌头迅速轻触齿龈隆骨，如同英国英语中一些 /r/ 的发音。也称闪音。	
target language	目标语	在自动机器翻译中，指将源语翻译后得到的那种语言。	参见源语、自动机器翻译。
tautology	同义反复	在所有情景下皆为真的句子；仅从词的意义即可判断为真的句子；如 Kings are not female（国王不是女性），也称分析的。	
teaching grammar	教学语法	为了帮助人们学习外语或其本族语中的其他方言而编写的一套语言规则。	参见描写语法、规定语法。
telegraphic speech	电报式言语	其中可能省略了语法语素以及功能词的儿童话段，例如，把 He is going out（他正出门）说成 He go out。	
telegraphic stage	电报式言语阶段	儿童语言习得在二词句阶段之后的一个阶段，期间儿童说的主要是电报式言语。	
tense/lax	紧/松	将元音分为两类的特征。与对应的松元音相比，紧元音通常时长更长且舌位和音高更高，如英语的[i, e, u, o]是紧元音，具有[+紧]的特征，而对应的[ɪ, ɛ, ʊ, ɔ]是与之对应的松元音，具有[-紧]的特征。	参见 lax vowels。
text-to-speech	文语转换	一种计算机程序，它将书面文本转换成供言语合成器使用的基本单位，比如供共振峰合成器使用的音素，或者供拼接合成器使用的双音素、双音节，等等。	
thematic roles	题元角色	句子中动词和名词短语的语义关系，例如，**施事**、**主位**、**经历者**、**工具**、**目标**、**来源**。	
theme	主位	名词短语的题元角色，该短语的所指承受动词的动作，例如，句子 George hugged Martha（乔治拥抱了玛莎）中的 Martha。	
time deixis	时间直指	使用指称完全依赖于语境的词项来指时间，例如，now（现在）、then（当时）、tomorrow（明天）、next month（下月）。	参见直指、指示冠词、人称直指、地点直指。
tip of the tongue (TOT) phenomenon	"话到嘴边"（TOT）现象	从心理词典中提取一个特定的词或词语时常会遇到的困难。命名性失语症患者的承受的是这种问题的极端形式。	参见命名不能症。
tone	声调	**声调语言**中音节的对立性音高。两个词可能除了这种音高上的差异之外其他一切相同，例如，泰语中带下降音高的 [naa] 意为"脸"，但是如果带上升音高意思就是"厚"。	参见调域调、曲拱调。

英语术语	汉语译名	定义	
tone language	声调语言	一类语言，其音节的声调或音高具有音位性，因而音段相同的词会因为声调的不同而成为不同的词，例如，汉语普通话、泰语。	参见声调。
top-down processing	自上而下处理	语言输入的预期驱动型分析，它首先假定一个像句子这样的大的句法单位已经到位，然后逐层将其分析为越来越小的成分（例如，短语、词、语素），这些成分最终被拿来与感觉数据或听觉数据进行比较，以便证实这种分析的有效性。倘若该分析无法通过验证，那么程序就会退回到先前得到验证的那个点，然后重新开始。	参见自下而上处理，回溯法。
topicalization	话题化	将句法成分移动到句子前面的转换过程，例如，从句子 I love dogs very much（我非常喜欢狗）派生出 Dogs I love very much（狗我非常喜欢）。	
TP	时短语	该术语有时用来代替"句子"。中心语为 Aux 的短语范畴。	
transcription, phonemic	转写，音位的	使用语音符号对语音作音位表征，忽略可以通过规则预测的语音细节，通常写在两道斜杠之间，例如，pan（平底锅）和 span（跨度）的音位转写分别为 /pæn/ 和 /spæn/，而语音转写应分别为 [pʰæn] 和 [spʰæn]。	
transcription, phonetic	转写，语音的	把音标符号写在方括号里来表征语音。它们可能表示非区别性的、的可预测的特征，比如送气和鼻音，例如，pot 的语音转写为 [pʰɑt]，而 man 则为 [mæn]。	
transfer of grammatical rules	语法规则的转移	学习者将其第一语言的规则应用到自己正在努力习得的第二语言上。第二语言学习者带有的"腔调"，就是其第一语言的语音和音系规则转移的结果。	
transformational rule, transformation	转换规则，转换	一条句法规则，应用于作为句子基础的短语结构树（既可以是 D-结构，也可以是已经受到转换影响的中间结构），并通过移位或插入成分派生出新结构，例如，wh 移位和 do 的插入转换规则将深层结构 John saw who 和表层结构 Who did John see（约翰看见了谁）联系了起来。	
transformationally induced ambiguity	转换所致歧义	通过一次或多次转换将不同的 D-结构映射到相同的 S-结构上所导致的现象，例如，歧义句 George loves Laura more than Dick，可以通过以下两个 D-结构分别转换派生出来：George loves Laura more than Dick <u>loves Laura</u>（乔治爱劳拉比狄克爱劳拉多），或者 George loves Laura more than <u>he loves</u> Dick（乔治爱劳拉比他爱狄克多），在相同的表层结构之下，是两个底层结构各自通过一次转换，将下画线部分的文字删除后分别得到的。	
transition network	转移网络	一种图形表征方式，利用带文字标注的弧所连接的节点来描述语法的句法和语义关系。	参见节点、弧。
transitive verb	及物动词	C-选择强制性的名词短语作补足语的动词，例如，动词 find（找到）。	
tree diagram	树形图	对短语或句子中线性和层级结构的图形表征。**短语结构树**。	

续表

英语术语	汉语译名	定义	
trill	颤音	一类语音，发音时部分舌头顶着部分上腭振动，例如，西班牙语 perro（狗）一词中的 /r/ 是通过在齿龈隆骨之后振动舌尖来发音的；/r/在法语 rouge（红的）一词中可以通过小舌振动来发音。	
truth condition	真值条件	判断句子是否为真时必须了解的情况，因此是陈述句的意义或**涵义**的一部分。	
truth value	真值	"真"或"假"；用于描述陈述句在语境中的真实性。**真值条件语义学**中陈述句的**指称**。	
truth-conditional semantics	真值条件语义学	一种意义理论，其基础是知道句子何时为真、何时为假这一语义知识。	
unaspirated	不送气	发音不带声的塞音，发音时双唇的闭塞一消除声带就开始振动，如 spot（地点）中的 [p]。	参见**送气**。
unbound	非受约束	其指称取决于语境而不是话语的代词或代形式。	参见**自由代词**、**受约束代词**。
unconditioned sound change	无条件音变	一种在所有语音语境中都发生的音系的历史演化，例如，在英语的"元音大换位"中，无论出现在词的任何位置，长元音都发生了改变。	
ungrammatical	不合语法	描述不遵循语法规则的结构。	
uninterpretable	无法解释的	描述因为有无意义词而无法确定其意义的话段，例如，All mimsy were the borogoves（borogoves 全都一本正经，borogoves 是无意义词）。	
unitary system hypothesis	单一系统假说	双语儿童最初为其正在习得的两种（或多种）语言仅建构一个词库和一套语法。	
Universal Grammar (UG)	普遍语法（UG）	The innate principles and properties that pertain to the grammars of all human languages. 一套天赋的原则和特性，适用于所有人类语言的语法。	
unmarked	无标记的	该术语用来指级差反义词对中用于程度问句的那个词，例如，在"高/低"这个词对中，"高"是无标记的成员；在阴阳性词对中，不含有派生语素的那个词是无标记的，通常是阳性词，例如，prince（王子）是无标记的，而 princess（公主）是有标记的。	参见**有标记的**。
uvula	小舌	软腭后缘悬垂的肌质附着体。	
uvular	小舌音	发音时舌后部向**小舌**抬起的一类语音。	
velar	软腭音	发音时将舌后部向**软腭**抬起的一类语音。	
velum	软腭	口腔上壁的硬腭之后的部分。	
verb (V)	动词（V）	既是句法范畴、又是词汇范畴的一类词，可作动词短语的中心语。动词表示动作、感觉和状态，例如，climb（爬）、hear（听见）、understand（理解）。	
verb phrase (VP)	动词短语（VP）	词语的句法范畴，含有作其中心语的动词以及动词的补足语，比如名词短语或介词短语，例如，gave the book to the child（把那本书给那个孩子）。	
verbal particle	动词小品词	形式上与介词相同的一类词，与动词连用时有特定的意义。与介词不同，小品词在句法上的特征是其既能够出现在动词之后，也可以调换顺序到短语的右端，例如，短语 spit out（恶狠狠地说）中的 out，可以说 He spit out his words，也可以说 He spit his words out（两句的意义都是：他恶狠狠地把话说了出来）。与此比较，He ran out the door（他跑出门）可以说，但是 He ran the door out 就不可以说，这里的 out 是介词。	

续表

英语术语	汉语译名	定义	
Verner's Law	维尔纳定律	对某些印欧语言的语音系统中一种有条件音变的描述,其内容是:当前面的元音是非重读元音时,不带声的擦音发生音变。由卡尔·维尔纳提出,用来解释格林定律的一些例外。	参见**格林定律**。
vocal tract	声道	口腔和鼻腔,连同声带、喉门和咽喉等所有在产生语音时可能涉及到的部位。	
voiced sound	带音	发音时声带振动的一类语音。	
voiceless sound	清音	发音时声带打开、无振动的语音。	
voiceprint	声纹	**声谱图**的普通说法。	
vowel	元音	发音时气流通过**口腔**无明显收紧的一类语音。	
well-formed	合式的	描述合乎语法、符合句法规则的词序列。	参见**合乎语法、不合式的**。
Wernicke, Carl	韦尼克,卡尔	神经病学家,他表明在脑左半球的特定部位受损导致特定类型的语言障碍。	
Wernicke's aphasia	韦尼克失语症	韦尼克区受损而导致的一种失语症。	
Wernicke's area	韦尼克区	左脑的背面(后面)部分,如果损坏会导致特定类型的失语症。也称"韦尼克区域"(Wemicke's region)。	
wh questions	wh问句	以一个或多个wh开头的词(who(m)"谁"、what"什么"、where"哪里"、when"何时"、how"如何")开始的疑问句,以及语言中不带 wh 词而相当于 wh 问句的句子,例如,Who do you like(你喜欢谁)。	
word writing	词语文字	每个字符代表语言中的一个词或语素的文字系统,例如,汉字。	参见**表意的、语素的**。
X-bar theory	X-杠理论	一种普遍模式,规定所有的短语范畴(即,NP, PP, VP, TP(=S), AdjP, AdvP)的内部组织结构都可以分化为三个层次:XP, X'和 X①。	
yes-no question	是非问句	询问某种情景是否成立的一类疑问句,例如,Is the boy asleep(那个男孩睡着了吗)。	

---

① 原文为 NP, N', and N, 是明显的笔误,特此更正。——译注

汉英术语对照表
（按音序排列）

B

白痴天才 savant
宝贝儿语 baby talk
保罗·布罗卡 Broca, Paul
被动句 passive sentence
鼻腔 nasal cavity
鼻音，鼻化音 nasal (nasalized) sound
比较法 comparative method
比较构拟 comparative reconstruction
比较语言学 comparative linguistics
边音 lateral
标补语 complementizer (Comp)
标类语素 classifier
标准（方言） standard
标准美国英语 Standard American English (SAE)
表层结构 surface structure
表情符 emoticon
表意文字，表意语符 ideograms, ideograph
表音文字符号 phonographic symbol
表语文字 logographic writing
并行处理 parallel processing
并列结构 coordinate structure
补足语 complement
不定式 infinitive
不定式句子 infinitive sentence
不合式的 ill-formed
不合语法 ungrammatical
不及物动词 intransitive verb
不送气 unaspirated
布罗卡区 Broca's area
布罗卡失语症 Broca's aphasia

C

C-选择 C-selection
擦音 fricative
参数 parameters
层级结构 hierarchical structure
颤音 trill
超音段 suprasegmentals
陈述（句） declarative (sentence)
成分 constituent
成分结构 constituent structure
成分结构树 constituent structure tree
成音节 syllabic
齿沿音 interdental
齿音 dental
齿龈隆骨 alveolar ridge
创造新词 coinage
唇齿音 labiodental
唇音 labial
词典编纂者 lexicographer

词典学 lexicography
词干 stem
词根 root
词汇范畴 lexical category
词汇判定 lexical decision
词汇歧义 lexical ambiguity
词汇缺位 lexical gap
词汇提取 lexical access
词汇语义学 lexical semantics
词基 base
词库 lexicon
词尾变化 declension
词形变化表 paradigm
词语文字 word writing
词源（学） etymology
词缀 affix
磁共振成像 magnetic resonance imaging (MRI)
次范畴化 subcategorization
刺激贫乏 poverty of the stimulus

D

D-结构 D-structure
搭配分析 collocation analysis
代形式 pro-form
带音 voiced sound
单一系统假说 unitary system hypothesis
单音节的 monosyllabic
单语素词 monomorphemic word
单元音 monophthong
弹舌音 tap
地点直指 place deixis
地域方言 regional dialect
递归规则 recursive rule
第二语言习得 second language acquisition

电报式言语 telegraphic speech
电报式言语阶段 telegraphic stage
定位 localization
动词 verb (V)
动词短语 verb phrase (VP)
动词小品词 verbal particle
独词语 holophrastic
堵塞 blocked
短语范畴 phrasal category
短语结构规则 phrase structure rules
短语结构树 phrase structure tree
短语语义学 phrasal semantics
对比重音 contrastive stress
对侧 contralateral
对立 contrast
多语素词 polymorphemic word
多语者 polyglot

E

腭 palate
腭音 palatal
儿童导向语（儿向语） child-directed speech (CDS)
二难 paradox
二语习得 L2 acquisition

F

发音语音学 articulatory phonetics
反身代词 reflexive pronoun
反义词 antonyms
反义词对 antonymic pair
方式准则 maxim of manner
方言 dialect
方言差异消减 dialect leveling
方言地图 dialect map

方言地图集　dialect atlas
方言区　dialect area
非连续语素　discontinuous morpheme
非区别性特征　nondistinctive features
非冗余　nonredundant
非受约束　unbound
非通音　noncontinuant
非裔美国人（乡土）英语　African American (Vernacular) English (AA (V) E)
非音位特征　nonphonemic features
分词　participle
分立系统假说　separate systems hypothesis
分裂脑　split brain
分析　parse
分析程序　parser
分析的　analytic
风格　style
封闭类　closed class
否定极项　negative polarity item (NPI)
辅音　consonant
辅音的　consonantal
辅音字母表　consonantal alphabet
辅音字母文字　consonantal alphabet writing
附加符号　diacritics
附接　adjunction
复合词　compound
复元音　diphthong
副词　adverb (Adv)

G

格　case
格词尾　case endings
格林定律　Grimm's Law
个人方言　idiolect

根本差异假说　fundamental difference hypothesis
工具　instrument
功能词　function word
功能范畴　functional category
共振峰　formant
共振峰（言语）合成　formant (speech) synthesis
固化　fossilization
关键期　critical period
关键期假说　critical age hypothesis
关系对立反义词　relational opposites
冠词　article (Art)
规定语法　prescriptive grammar
规约　convention
规则的语音对应　regular sound correspondence
国际音标　International Phonetic Alphabet (IPA)
国际语音学会　International Phonetic Association (IPA)
过度概括　overgeneralization

H

涵义　sense
汉语拼音　Pinyin
行话　jargon
合成符　digraph
合乎语法　grammatical
合式的　well-formed
合语法性　grammaticality
合作原则　Cooperative Principle
喉　larynx
喉门　glottis
喉塞音　glottal/glottal stop
后缀　suffix
弧　arc
互补反义词对　complementary pair

互补分布 complementary distribution
花园小径（句） garden path (sentences)
滑音 glide
"话到嘴边"现象 tip of the tongue (TOT) phenomenon
画谜原理 rebus principle
话题化 topicalization
话语 discourse
话语分析 discourse analysis
换位 metathesis
回溯 backtracking
会话准则 maxims of conversation
获得性诵读困难 acquired dyslexia

J

机器翻译 machine translation
鸡尾酒会效应 cocktail party effect
基频 fundamental frequency
及物动词 transitive verb
级差反义词对 gradable pair
计算句法学 computational syntax
计算形态学 computational morphology
计算语言学 computational linguistics
计算语义学 computational semantics
计算语音学和音系学 computational phonetics and phonology
计算语用学 computational pragmatics
假名 kana
检索 concordance
矫枉过正 hypercorrection
教学语法 teaching grammar
节点 node
结构歧义 structural ambiguity
结构依赖 structure dependent

截搭词 blend
截短词 clipping
姐妹 sisters
介词 preposition (P)
介词宾语 prepositional object
介词短语 prepositional phrase (PP)
借译 loan translations
借用 borrowing
紧/松 tense/lax
禁忌 taboo
经历者 experiencer
句法（学） syntax
句法范畴/类 syntactic category/class
句法规则 rules of syntax
句子 sentence (S)
句子语义学 sentential semantics
卷舌音 retroflex sound

K

开放类 open class
可能的词 possible word
可数名词 count nouns
可预测特征 predictable feature
克里奥耳语 creole
口（部）音 oral sound
口腔 oral cavity
口误 slip of the tongue
口音 accent
扩大 broadening

L

来源 source
类推 analogy
类推变化 analogic change

离散性 discreteness
俚语 slang
历史比较语言学 historical and comparative linguistics
历史语言学 historical linguistics
连接主义 connectionism
领有者 possessor
流音 liquids
颅相学 phrenology
论元 arguments
论元结构 argument structure

M

妈妈语 motherese
矛盾 contradiction
矛盾的 contradictory
美国黑人英语 Ebonics
美国手语 American Sign Language (ASL)
描写语法 descriptive grammar
名词 noun (N)
名词短语 noun phrase (NP)
名祖 eponym
命名不能症 anomia
命名法 naming task
模仿 imitation
模块性 modularity
目标 goal
目标语 target language

N

脑半球 cerebral hemispheres
脑半球切除术 hemispherectomy
内涵 intension
内涵意义 connotative meaning/connotation

能产的 productive
能力，语言的 competence, linguistic
拟声词/拟声的 onomatopoeia/onomatopoeic
逆构词（法） back-formation
黏着语素 bound morpheme
鸟叫 birdcall
鸟语 bird song
诺斯特拉提克语系 Nostratic
偶然缺位 accidental gap

P

派生 derivation
派生词 derived word
派生结构 derived structure
派生语素 derivational morpheme
皮钦语 pidgin
皮质 cortex
偏侧化，偏侧化的 lateralization, lateralized
胼胝体 corpus callosum
片假名 katakana
拼读 spelling pronunciation
拼接（言语）合成 concatenative (speech) synthesis
拼音 Pinyin
贫乏的数据 impoverished data
平假名 hiragana
普遍语法 Universal Grammar (UG)

Q

奇卡诺英语 Chicano English (ChE)
歧义 ambiguity
启动 priming
前腔（音） anterior
前元音 front vowels
前缀 prefix

嵌套句 embedded sentence
切分 segment
清音 voiceless sound
情景语境 situational context
情态动词 modal
区别特征 distinctive features
区别性的 distinctive
区别性声调 contrasting tones
屈折 inflection (INFL)
屈折语素 inflectional morpheme
曲拱调 contour tones
权威方言 prestige dialect

R

人称直指 person deixis
任意的 arbitrary
日语汉字 kanji
冗余的 redundant
软腭 velum
软腭音 velar

S

S-结构 S-structure
S-选择 S-selection
萨丕尔-沃尔夫假说 Sapir-Whorf hypothesis
塞擦音 affricate
塞音 stops
闪音 flap
上层语 lexifier language
舌冠音 coronals
社会方言 social dialect
社会语言变项 sociolinguistic variable
深层结构 deep structure
神经语言学 neurolinguistics

声道 vocal tract
声门 glottis
声门塞音 glottal/glottal stop
声母 onset
声谱图 spectrogram
声调 tone
声调语言 tone language
声纹 voiceprint
声学的 acoustic
声学信号 acoustic signal
声学语音学 acoustic phonetics
圣书字、象形文字 hieroglyphics
失语症 aphasia
施行动词 performative verb
施行句 performative sentence
施事 agent
时 Tense (T)
时短语 Tense Phrase (TP)
时间直指 time deixis
实义词 content words
示意语力 illocutionary force
事件/事件句 event/eventive
事件句 eventive
事件相关脑电位 event-related brain potentials (ERP)
是非问句 yes-no question
适量准则 maxim of quantity
释义词 gloss
释义句 paraphrases
手势 sign
手语 sign language
手指拼写 finger spelling
受约束代词 bound pronoun
书法 calligraphy

树形图 tree diagram
数据挖掘 data mining
双唇音 bilabial
双及物动词 ditransitive verb
双听技术 dichotic listening
双语语言习得 bilingual language acquisition
咝音 sibilants
斯普纳现象 spoonerism
松元音 lax vowel
送气 aspirated
诵读困难 dyslexia
缩略词 acronym
缩小 narrowing
缩写 abbreviation
所指 referent

T

特征改变规则 feature-changing rules
特征矩阵 feature matrix
题元角色 thematic roles
天赋假说 innateness hypothesis
条件音变 conditioned sound change
调音部位 place of articulation
调音方式 manner of articulation
调音省力 ease of articulation
调域调 register tones
听觉语音学 auditory phonetics
通音 continuant
通用语 lingua franca
通指形式 generic term
同侧 ipsilateral
同化规则/同化 assimilation rules/ assimilation
同位鼻音规则 homorganic nasal rule
同形异义词 homographs

同言线 isogloss
同义 synonymy
同义词 synonyms
同义反复 tautology
同音形词/同音词 homonyms/ homophones
同源词 cognates
同指 coreference
同指的 coreferential
统制 dominate
图画文字 pictograms

W

外接缀 circumfix
外来词 loan word
外延 extension
外延意义 denotative meaning
韦尼克,卡尔 Wernicke, Carl
韦尼克区 Wernicke's area
韦尼克失语症 Wernicke's aphasia
维尔纳定律 Verner's Law
委婉语 euphemism
文语转换 text-to-speech
wh问句 wh questions
无标记的 unmarked
无法解释的 uninterpretable
无条件音变 unconditioned sound change
无意义词 nonsense word
物质名词 mass nouns

X

X-杠理论 X-bar theory
习语 idiom/idiomatic phrase
下漂 downdrift
下义词 hyponyms

先行语 antecedent
限定词 determiner (Det)
相关准则 maxim of relevance
响音 sonorants
象似，象似性 iconic, iconicity
小舌 uvula
小舌音 uvular
楔形文字 cuneiform
协同发音 coarticulation
心理语法 mental grammar
心理语言学 psycholinguistics
新语法学家 Neo-Grammarians
信息检索 information retrieval
星号 asterisk
形容词 adjective (Adj)
形容词短语 adjective phrase (AP)
形式 form
形态（学） morphology
形态分析器 morphological parser
形态规则 morphological rules
形态音位规则 morphophonemic rules
形态音位正字法 morphophonemic orthography

Y

咽（喉） pharynx
言语错误 speech error
言语合成 speech synthesis
言语理解 speech understanding
言语识别 speech recognition
言语行为 speech act
岩画 petroglyph
衍推 entailment
衍推 entails
谚文，韩语字母 Hangul

一词多义的/一词多义 polysemous/ polysemy
一致（关系） agreement
咿呀语 babbling
疑问（句） interrogative (sentence)
异常 anomaly
异常的 anomalous
异干交替形式 suppletive form
异化规则 dissimilation rules
意义 meaning
音变 sound shift
音标 phonetic alphabet
音段 segment
音高 pitch
音高曲拱 pitch contour
音节 syllable
音节表 syllabary
音节文字 syllabic writing
音强 intensity
音素 phone
音位 phoneme
音位变体 allophone
音位表征 phonemic representation
音位配列学 phonotactics
音位配列制约 phonotactic constraints
音位特征 phonemic features
音位原则 phonemic principle
音系（学） phonology
音系规则 phonological rules
音长 length
龈音 alveolar
隐涵 implicature
隐喻 metaphor
印欧语 Indo-European
影子跟读任务 shadowing task

优选论 Optimality Theory
有标记的 marked
有定的 definite
有歧义的 ambiguous
有亲缘关系的 genetically related
语法 grammar
语法翻译法 grammar translation
语法范畴 grammatical category
语法格 grammatical case
语法关系 grammatical relation
语法规则的转移 transfer of grammatical rules
语法缺失（症） agrammatism
语法缺失失语症患者 agrammatic aphasics
语法语素 grammatical morpheme
语境 context
语句平均长度 mean length of utterances (MLU)
语料库 corpus
语码转换 code-switching
语素 morpheme
语素变体 allomorph
语素文字 logograms
语调 intonation
语言的创造性，语言知识的创造性 creativity of language, creative aspect of linguistic knowledge
语言的急性死亡 radical language death
语言的慢性死亡 gradual language death
语言的突然死亡 sudden language death
语言符号 linguistic sign
语言决定论 linguistic determinism
语言能力 linguistic competence
语言起源的单源论 monogenetic theory of language origin
语言相对论 linguistic relativism
语言学理论 linguistic theory

语言语境 linguistic context
语言运用 linguistic performance
语言自下而上的死亡 bottom-to-top language death
语义规则 semantic rules
语义启动 semantic priming
语义特性 semantic properties
语义特征 semantic features
语义网络 semantic network
语义学 semantics
语义异常 anomaly
语义组构性原则 Principle of Compositionality
语音表征 phonetic representation
语音特征 phonetic features
语音文字 sound writing
语音相似性 phonetic similarity
语音象征 sound symbolism
语音学 phonetics
语用学 pragmatics
语域 register
元音 vowel
"元音大换位" Great Vowel Shift
元语言意识 metalinguistic awareness
原始日耳曼语 Proto-Germanic
原始印欧语 Proto-Indo-European (PIE)
原始语 protolanguage
圆唇软腭音 labio-velar
圆唇元音 rounded vowel
源语 source language
约定俗成的 conventional
运用，语言的 performance, linguistic
韵腹 nucleus
韵律特征 prosodic feature
韵体 rime
韵尾 coda

Z

杂乱性失语症 jargon aphasia
杂乱语 jargon
早期中古英语元音短化 Early Middle English Vowel Shortening
增音 epenthesis
摘要 summarization
真值 truth value
真值条件 truth condition
真值条件语义学 truth-conditional semantics
正电子发射断层成像 positron-emission tomography (PET)
正字法 orthography
直接宾语 direct object
直接统制 immediately dominate
直指 deictic/deixis
指称 reference
指定语 specifier
指类符号 cover symbol
指示代词 demonstratives
指示冠词 demonstrative articles
质真原则 maxims of quality
致使格 cause/causative
中和 neutralization
中间语语法 interlanguage grammars
（复合词的）中心 head (of a compound)
（短语的）中心语 head (of a phrase)
中缀 infix
重叠 reduplication
重音 accent, stress
重读，重读音节 stress, stressed syllable
咝音 click
主动句 active sentence
主位 theme

主要动词 main verb
主语 subject
主语—动词一致 subject-verb agreement
助动词 Aux
助动词 auxiliary verb
专门性语言障碍 specific language impairment (SLI)
专门语 argot
专有名词 proper name
转换 transformation
转换规则 transformational rule
转换所致歧义 transformationally induced ambiguity
转写，音位的 transcription, phonemic
转写，语音的 transcription, phonetic
转移网络 transition network
转喻 metonym, metonymy
状态/状态句 states/statives
自动机器翻译 automatic machine translation
自反义词 autoantonym
自然类 natural class
自上而下处理 top-down processing
自下而上处理 bottom-up processing
自由代词 free pronoun
自由语素 free morpheme
（汉）字 characters (Chinese)
字母缩写词 alphabetic abbreviation
字母文字 alphabetic writing
字位 graphemes
阻音 obstruents
组构语义学 compositional semantics
最少连接原则 Minimal Attachment Principle
最小对比对 minimal pair (or set)
最新闭合原则 Late Closure Principle

汉英语言名对照表[①]

（按音序排例）

阿巴拉契亚英语　Appalachian English
阿尔巴尼亚语　Albanian
阿肯语　Akan
阿拉伯语　Arabic
阿拉米语　Aramaic
阿拉瓦克语族　Arawakan
阿姆哈拉语　Amharic
阿帕奇语　Apache
阿塞拜疆语　Azeri
埃多语　Edo
埃及阿拉伯语　Egyptian Arabic
埃及语　Egyptian
埃纳德语　Kannada
爱尔兰语　Irish
爱沙尼亚语　Estonian
奥吉布瓦语　Ojibwa
奥克语　Langue d'oc
澳大利亚英语　Australian English
巴比伦语　Babylonian
巴布亚皮钦语　Tok Pisin
巴斯克语　Basque
柏柏尔语族　Berber
班图语族　Bantu
邦托克语　Bontoc
标准美国英语　Standard American English (SAE)
冰岛语　Icelandic

波兰语　Polish
波利尼西亚语　Polynesian
波罗的语族　Baltic
波斯语　Persian (Farsi)
玻利维亚语　Bolivian
伯塔瓦托米语　Potawatomi
布列塔尼亚语　Breton
藏语　Tibetan
朝鲜语（韩语）　Korean
达罗毗荼语系　Dravidian
大西洋-刚果语族　Atlantic-Congo
大峡谷达尼语　Grand Valley Dani
丹麦语　Danish
得克萨斯-墨西哥英语　Tex-Mex
德语　German
俄语　Russian
法罗语　Faroese[②]
法语　French
梵语　Sanskrit
非-亚语系　Afro-Asiatic
非裔美国人乡土英语　African American Vernacular English (AAVE)
非裔美国人英语　African American English (AAE)
菲菲语　Fe?Fe?
腓尼基语　Phoenician

[①] 表中语言名涉及语系、语族、语言、方言等，英文名只注专名部分，在保证明确的前提下一般省略 family, group, language(s), dialect 等词语。

[②] 也拼写为 Faeroese。——译注

斐济语　Fijian'
吠陀梵语　Vedic Sanskrit
芬兰语　Finnish
佛兰卡语　Frankish
佛里斯兰语　Frisian
弗里吉亚语　Phrygian
盖尔语　Gaelic
盖丘亚语　Quechua
高棉语　Khmer
格勒语　Gullah
格鲁吉亚语　Georgian
古波斯语　Old Persian
古吉拉特语　Gujarati
古斯堪的纳维亚语　Old Norse
古希腊语　Ancient Greek
古英语　Old English
海地克里奥耳语　Haitian Creole
汉藏语系　Sino-Tibetan
汉语　Chinese
汉语　Han
汉语普通话　Mandarin (Chinese)
豪萨语　Hausa
荷兰语　Dutch
赫梯语　Hittite
黑人英语　Black English (BE)
霍皮语　Hopi
霍屯督语　Hottentot
加勒比语　Carib
加泰罗尼亚语　Catalan
迦勒底语　Chaldee
迦南语　Canaanite
柬埔寨语　Cambodian
捷克语　Czech
喀麦隆皮钦英语　Cameroonian English Pidgin
卡罗克语　Karuk
凯尔特语族　Celtic
康沃尔语　Cornish

科尔多凡语族　Kordofanian
科曼奇语　Comanche
科萨语　Xhosa
科伊桑语系　Khoisan
科依科依语　Khoikhoi
克罗地亚语　Croatian
库尔德语　Kurdish
夸萨蒂语　Koasati
魁北克手语　Quebec Sign Language (Langues des Signes Quebecoise, LSQ)
拉丁美洲英语　Latino English
拉丁语　Latin
拉丁语族　Latin languages
拉脱维亚语　Latvian
立陶宛语　Lithuanian
卢干达语　Luganda
路易斯安那地区法语　Cajun French
路易斯安那地区英语　Cajun English
路易斯安那克里奥耳语　Louisiana Creole
路易西诺语　Luiseño
伦巴第语　Lombard
罗马尼亚语　Romanian
罗曼语族　Romance
马来语　Malay
马宁卡语　Maninka
马其顿语　Macedonian
马绍尔语　Marshallese
马斯科吉语系　Muskogean
毛利语　Maori
美国黑人英语　Ebonics
美国南方英语　Southern English
美国手语　American Sign Language (ASL)
美国印第安原始语　Amerindian protolanguage
美国英语　American English
美拉尼西亚皮钦英语　Melanesian Pidgin English
美拉尼西亚语族　Melanesian
美洲土著语　Native American languages

美洲印第安语　American Indian languages
蒙古语　Mongolian
孟加拉语　Bengali
米却肯阿兹特克语　Michoacan Aztec
缅甸语　Burmese①
苗语　Hmong
摩押语　Moabite
莫霍克语　Mohawk
纳瓦霍语　Navaho
南部刚果语　Southern Kongo
南岛语系　Austronesian
南非荷兰语　Afrikaans
内城英语　Inner City English (ICE)
尼泊尔语　Nepali
尼加拉瓜手语　Nicaraguan Sign Language
尼克尔诺语　Nicolegu
尼罗-撒哈拉语系　Nilo-Saharan
尼日尔-刚果语系　Niger-Congo
努佩语　Nupe
努特卡语　Nootka
挪威语　Norwegian
诺斯福克-莫纳奇语　Northfork Monachi
诺斯特拉提克语　Nostratic
欧扎克方言　Ozark
帕库语　Paku
旁遮普语　Punjabi
皮拉罕语　Pirahb
皮罗语　Piro
葡萄牙语　Portuguese
普罗旺斯语　Provenues
普什图语　Pashto
奇基托语　Chiquitano②
奇卡诺英语　Chicano English (ChE)
奇卡索语　Chickasaw
奇努克混合语　Chinook Jargon
奇努克语　Chinook

切罗基语　Cherokee
日耳曼语族　Germanic
日语　Japanese
瑞典语　Swedish
萨波特克语　Zapotec
萨摩亚语　Samoan
塞尔维亚-克罗地亚语　Serbo-Croatian
塞拉利昂克里奥耳语　Krio
僧伽罗语　Sinhalese
闪语族　Semitic
斯堪的纳维亚语族　Scandinavian
斯拉夫语族　Slavic
斯洛伐克语　Slovak
斯洛文尼亚语　Slovenian
斯瓦希里语　Swahili
苏格兰盖尔语　Scots Gaelic
苏格兰英语　Scottish English
索马里语　Somali
索索托语　Sosotho
他加禄语　Tagalog
塔斯马尼亚语族　Tasmanian
泰米尔语　Tamil
泰语　Thai
汤加语　Tongan
特威语　Twi
图霍诺·奥哈姆语　Tohono O'odham
土耳其语　Turkish
吐火罗语　Tocharian
瓦坎蒂语　Wakanti
瓦老语　Warao
威尔士语　Welsh
维吾尔语　Uighur
乌尔都语　Urdu
乌克兰语　Ukrainian
乌拉尔语系　Uralic
西班牙英语　Hispanic English

———
① 也作Myanmar。——译注
② 也作Chiquito。——译注

西班牙英语　Spanglish	意第绪语　Yiddish
西班牙语　Spanish	因纽特语　Inuit
希伯来语　Hebrew	印地-乌尔都语　Hindi-Urdu
希腊语　Greek	印地语　Hindi
希腊语族　Hellenic	印度-伊朗语族　Indo-Iranian
希利莫土语　Hiri Motu[①]	印欧语系　Indo-European
夏威夷语　Hawaiian	英国英语　British English
现代英语　Modern English	英语　English
新加坡英语　Singlish	原始波利尼西亚语　Proto-Polynesian
匈牙利语　Hungarian	原始日耳曼语　Proto-Germanic
亚美尼亚语　Armenian	原始斯拉夫语　Proto-Slavic
耶克斯语　Yerkish	越南语　Vietnamese
耶灵顿-帕维奥佐语　Yerington-Paviotso	爪哇语　Javanese
伊博语　Ibo	中古英语　Middle English
伊拉克阿拉伯语　Iraqi Arabic	中国皮钦英语　Chinese Pidgin English
伊斯姆斯-萨波特克语　Isthmus Zapotec	壮语　Zhuang
意大利语　Italian	祖鲁语　Zulu
意大利语族　Italic	祖尼语　Zuni

[①] 原文误为 Kiri Motu，已更正。——译注

汉英人名对照表

(按音序排列)

阿尔施泰德　Alsted
阿基巴拉比　Rabbi Akiba
阿曼，莱因霍尔德　Reinhold Aman
阿斯奎思，玛戈　Margot Asquith
阿特伍德，玛格丽特　Margret Atwood
埃尔金斯，约瑟夫　Joseph Elkins
埃克尔斯，约翰　John Eccles
艾德，乔治　George Ade
艾根，曼弗雷德　Manfred Eigen
艾列奥特，托玛斯　Thomas Elyot
艾略特，乔治　George Eliot
爱默生，拉尔夫·沃尔多　Ralph Waldo Emerson
爱因斯坦，阿尔伯特　Albert Einstein
安珊笛　Sandra Thompson
奥，特瑞　Terry Au
奥玛·海亚姆　Omar Khayyám
奥尼尔，尤金　Eugene O'Neil
奥斯本，罗伯特　Robert Osborn
奥维尔，乔治　George Orwell
巴尔-希勒尔，耶希瓦　Yehoshua Bar-Hillel
巴拿姆　P. T. Barnum
葆朴，弗兰茨　Franz Bopp
鲍迪隆，弗朗西斯·威廉　Frances William Bourdillon
贝尔，亚力山大·格雷厄姆　Alexander Graham Bell
贝卡努斯　J. G. Becanus
贝克，马克　Mark Baker
贝卢吉，厄休拉　Ursula Bellugi
比尔斯，安布罗斯　Ambrose Bierce
伯克　V. M. Burke
伯克，埃德蒙　Edmund Burke
柏拉图　Plato
勃朗宁，罗伯特　Robert Browning
博伊森　Boysen
布朗，罗杰　Roger Brown
布龙菲尔德，伦纳德　Leonard Bloomfield
布罗卡，保罗　Paul Broca
查理五世　Charles V
达尔文，查尔斯　Charles Darwin
达朗贝尔　D'Alembert
达马西奥，安东尼奥　Antonio Damasio
达马西奥，汉娜　Hanna Damasio
戴，克拉伦斯　Clarence Day
德博德，斯特拉　Stella de Bode
德克尔，托马斯　Thomas Decker
德莱顿，约翰　John Dryden
狄奥尼修斯，色雷斯人　Dionysius Thrax
狄德罗　Diderot
狄更斯，查尔斯　Charles Dickens
狄金森，艾米莉　Emily Dickinson
笛卡尔，勒内　René Descarte
丁尼生，阿尔弗雷德·洛德　Alfred Lord Tennyson
杜兰特，威尔　Will Durant
杜丽特尔，伊莉莎　Eliza Doolittle
杜马尔赛　Du Marsais
法默，约翰　John S. Farmer
范根斯，瑞克洛夫·米歇尔　Ryklof Michel van Goens
范斯坦，罗伯特　Robert N. Feinstein

菲利普亲王　Prince Philip
菲利普斯，科林　Colin Phillips
菲奇，特库姆塞　W. Tecumseh Fitch
腓特烈二世　Frederick II
费尔，约翰　John Fell
弗朗哥，弗朗西斯科　Francisco Franco
弗雷格，戈特劳伯　Gottlob Frege
伏尔泰　Voltaire
福兰克林，本杰明　Benjamin Franklin
盖泽尼加，米歇尔　Michael Gazzaniga
戈德温，塞缪尔　Samuel Goldwyn
格莱斯，保罗　H. Paul Grice
格莱特曼，莉拉　Lila Gleitman
格里森，让·贝尔科　Jean Berko Gleason
格林，阿姆泽尔　Amsel Greene
格林，雅各布　Jakob Grimm
格林菲尔德，帕特瑞西亚　Patricia Greenfield
格施温德，诺尔曼　Norman Geschwind
格斯纳，约翰内斯　Johannes Gesner
古尔德，史蒂芬·杰伊　Stephen Jay Gould
哈勒　M. Halle
哈洛，琼　Jean Harlow
海斯，凯茜　Cathy Hayes
海斯，凯斯　Keith Hayes
海亚姆，奥马尔　Omar Khayyám
韩利　W. E. Henley
汉密尔顿，亚历山大　Alexander Hamilton
豪泽，马克　Marc D. Hauser
荷马　Homer
赫拉克利特　Heraclitus
亨特，利　Leigh Hunt
惠特克，哈里　Harry Whitaker
惠特曼，沃尔特　Walt Whitman
霍恩比，尼克　Nick Hornby
霍尔姆斯，老奥利弗·温德尔　Oliver Wendell Holmes, Sr.
基尔沃比，罗伯特　Robert Kilwardby

吉尔伯特，威廉　William Gilbert
吉尔伯特和苏利文　Gilbert and Sullivan
加德纳，艾伦　Allen Gardner
加德纳，比阿特里思　Beatrice Gardner
加尔，弗朗兹·约瑟夫　Franz Joseph Gall
加拉德特，托马斯·霍普金斯　Thomas Hopkins Gallaudet
杰斐逊，托马斯　Thomas Jefferson
酒井邦嘉　Kuniyoshi Sakai
聚斯米利希，约翰·彼得　Johann Peter Suessmilch
卡茨，比尔　Bill Katz
卡德摩斯　Cadmus
卡克斯顿，威廉　William Caxton
卡莱尔，托马斯　Thomas Carlyle
卡罗尔，刘易斯　Lewis Carroll
卡西迪，弗雷德里克　Frederick G. Cassidy
卡辛斯基，西奥多　Theodore Kaczinski
卡兹纳，肯尼思　Kenneth Katzner
开尔文　Kelvin
凯勒，海伦　Hellen Keller
凯洛格，露爱拉　Luella Kellogg
凯洛格，温思罗普　Winthrop Kellogg
坎明斯　e. e. cummings
考柏，威廉　William Cowper
柯蒂斯，苏珊　Susan Curtiss
克尔，菲利帕　Philippa Kerr
克拉岑斯坦因，克里斯琴·戈特利布　Christian Gottlieb Kratzenstein
克拉克，阿瑟　Arthur C. Clarke
克腊普，乔治·菲利普　George Philip Krapp
克莱门斯，塞缪尔·朗赫恩　Samuel Langhorne Clemens
克劳斯，迈克尔　Michael Krauss
克里斯特尔，戴维　David Crystal
克利马，爱德华　Edward Klima
克林顿，比尔　Bill Clinton
肯尼迪，约翰　John F. Kennedy

肯普伦，沃尔夫冈·冯　Wolfgang von Kempelen	米尔恩　A. A. Milne
库拉斯，汉斯　Hans Kurath	米夏厄里斯　Michaelis
拉波夫，威廉　William Labov	缪勒　M. Muller
拉伯雷　Rabelais	莫里哀　J. B. Moliere
拉迪福吉德，彼得　Peter Ladefoged	莫里森，托妮　Toni Morrison
拉斯克，拉斯姆斯　Rasmus Rask	穆勒，约翰·斯图亚特　John Stuart Mill
拉斯尼克，霍华德　Howard Lasnik	纳什，奥格登　Ogden Nash
拉特纳，南·伯恩斯坦　Nan Bernstein Ratner	尼科尔斯，乔安娜　Johanna Nichols
莱考夫，罗宾　Robin Lakoff	涅姆贝齐，西布西索　Sibusiso Nyembezi
莱特福特，戴维　David Lightfoot	纽曼，埃德温　Edwin Newman
朗博（萨维奇-朗博），苏　Sue (Savage-) Rumbaugh	纽珀特，埃丽莎　Elissa Newport
朗博，杜安　Duane Rumbaugh	诺顿，玛丽　Mary Norton
朗兹伯里，托马斯　Thomas R. Loundsbury	帕尼尼　Panini
李尔，爱德华　Edward Lear	帕斯卡，布莱兹　Blaise Pascal
林奈，卡尔　Carl Linnaeus	帕特里奇，埃里克　Eric Partridge
卢里亚　S. E. Luria	帕特森，弗朗辛"彭尼"　Francine "Penny" Patterson
卢斯，克雷尔·布斯　Clare Booth Luce	培根，罗杰　Roger Bacon
卢梭，让-雅克　Jean-Jacques Rousseau	佩恩　L. W. Payne
鲁凯泽，穆里尔　Muriel Rukeyser	佩里格林，伊莱贾　Elijah Peregrine
罗森布卢斯，阿图罗　Arturo Rosenblueth	佩皮斯，塞缪尔　Samuel Pepys
罗斯，艾伦　Alan Ross	皮特，威廉　William Pitt
罗素，伯特兰　Bertrand Russell	平克，斯蒂芬　Stephen Pinker
洛夫廷，休　Hugh Lofting	珀尔，马修　Matthew Pearl
洛克哈德，弗里德里希·克里斯琴　Friedrich Christian Laukhard	普拉贾帕提　Prajapati
	普雷麦克，安　Ann Premack
洛思，罗伯特　Robert Lowth	普雷麦克，戴维　David Premack
马丁，本杰明　Benjamin Martin	普林尼，老　Pliny the Elder
马克思，格鲁丘　Groucho Marx	普卢塔克　Plutarch
马洛，克里斯托弗　Christopher Marlowe	齐姆普莉，艾安思·玛利亚　Ianthi-Maria Tsimpli
马洛里　Malory	恰佩克，卡雷尔　Karel Capek
玛士撒拉　Methuselah	乔姆斯基，诺姆　Noam Chomsky
麦当娜　Madonna	乔叟，杰弗里　Geoffrey Chaucer
麦迪逊，詹姆斯　James Madison	切斯特菲尔德　Chesterfield
梅尔，彼得　Peter Mayle	琼斯，丹尼尔　Daniel Jones
梅尔维尔，赫尔曼　Herman Melville	丘吉尔，温斯顿　Winston Churchill
门罗，帕梅拉　Pamela Munro	丘奇　Church
蒙田　Montaigne	撒迦利亚　Zacharias

萨美提克　Psammetichus
萨丕尔，爱德华　Edward Sapir
塞阔雅　Sequoyah
塞万提斯　Cervantes
塞维利亚的伊西多尔　Isidore of Seville
桑德堡，卡尔　Carl Sandberg
莎士比亚，威廉　William Shakespeare
圣奥古斯丁　St. Augustine
圣胡安的胡安·瓦尔特　Haurte de San Juan
圣路加　St. Luke
圣西里尔　St. Cyril
史伯里，罗杰　Roger Sperry
史密斯，阿玛尔　Amahl Smith
史密斯，尼尔　Neil Smith
世宗　Seijong
斯金纳　B. F. Skinner
斯洛宾，丹　Dan Slobin
斯普尔茨海姆，约翰　Johann Spurzheim
斯普纳，威廉·阿奇博尔德　William Archibald Spooner
斯泰因，格特鲁德　Gertrude Stein
斯威夫特，乔纳森　Jonathan Swift
梭罗，亨利·戴维　Henry David Thoreau
索斯，罗伯特　Robert South
泰鲁，保罗　Paul Theroux
泰莫斯　Thamos
坦嫩，黛博拉　Deborah Tannen
汤姆生，威廉　William Thomson
汤普森　Thompson
特雷斯　H. S. Terrace
特罗洛普，范妮　Fanny Trollope
特吕福，弗朗索瓦　François Truffaut
吐温，马克　Mark Twain
托马斯，迪伦　Dylan Thomas
瓦勒里乌斯·马克西姆斯　Valerius Maximus
威尔逊　R. A. Wilson

威根　A. W. Wigan
威克莱，厄内斯特　Ernest Weekley
威廉·琼斯　William Jones
威廉森　J. V. Williamson
韦伯斯特，诺亚　Noah Webster
韦弗，沃伦　Warren Weaver
韦尼克，卡尔　Carl Wernicke
维曾勃姆，约瑟夫　Joseph Weizenbaum
维尔纳，卡尔　Karl Verner
维纳，诺伯特　Norbert Wiener
维诺格拉德，特瑞　Terry Winograd
维特根斯坦，路德维希　Ludwig Wittenstein
魏因赖希，马克斯　Max Weinreich
温特，杰克　Jack Winter
沃，伊芙琳　Evelyn Waugh
沃尔夫，本杰明　Benjamin Whorf
沃夫兰，沃尔特　Walt Wolfram
沃勒，"胖子"　Fats Waller
伍兹，威廉　William Woods
西蒙，尼尔　Neil Simon
希波克拉底　Hippocrates
希罗多德　Herodotus
萧伯纳　George Bernard Shaw
谢里登　R. B. Sheridan
雅可布森，罗曼　Roman Jakobson
亚当斯，约翰　John Adams
亚里士多德　Aristotle
亚瑟·柯南·道尔　Arthur Conan Doyle
叶斯柏森，奥托　Otto Jespersen
伊文思，玛丽·安　Mary Ann Evans
因费尔德，利奥波德　Leopold Infeld
因格贝尔，埃里奥特　Elliot Ingber
约翰逊，杰奎琳　Jacqueline Johnson
约翰逊，塞缪尔　Samuel Johnson
詹姆士四世，苏格兰国王　James IV of Scotland